黄帝之研究

王振堂 著

科学出版社
北京

内 容 简 介

本书立足于对1万年以来的以图画文字形式编著的"天书"的释读，初步但确定地给出了中国远古史上女娲时代及有蟜氏、伏羲时代及少典氏，特别是黄帝族群的真实存在。认为1万年前的山西吉县柿子滩“头顶七星脚踏六星蜂形人”天书乃黄图腾的源头。由宁夏贺兰山“骷髅十字”天书，与《说文解字》《周髀算经》《国语・晋语四》等相关材料，给出了娲与骷髅的考释。而8000年前的陕西华县老官台遗址出土的“三足双波纹潜十字四等分天地”彩陶钵是“典，五帝之书”及少典氏天书。特别是6300年前左右临潼姜寨遗址159号墓出土的“四分又八分天地阴阳五鱼”彩陶盆、贺兰山[illegible]字天书、河南固始县汉画像砖的[illegible][illegible]字天书、具茨山岩画的[illegible]四联体与南北斗及极星同一画面均为帝字天书。结合《淮南子》《吕氏春秋》等材料，对帝进行了释读。全书初步、系统地体现出了女娲、伏羲时代及黄帝族群实有其史、确有其事。

本书适合于从事中国远古文明研究的专家学者，及对此感兴趣的爱好者参考阅读。

图书在版编目（CIP）数据

黄帝之研究 / 王振堂著. —北京：科学出版社，2015. 3

ISBN 978-7-03-043933-8

Ⅰ.①黄… Ⅱ.①王… Ⅲ.①黄帝–人物研究 Ⅳ.①K827. 1

中国版本图书馆CIP数据核字（2015）第055587号

责任编辑：孙　莉　肖丽娟 / 责任校对：张凤琴

责任印制：苏铁锁 / 封面设计：张　放

科 学 出 版 社 出版

北京东黄城根北街 16 号

邮政编码：100717

http://www.sciencep.com

北京凌奇印刷有限责任公司 印刷

科学出版社发行　各地新华书店经销

*

2015年 3 月第　一　版　　开本：16　787 × 1092

2015年 3 月第一次印刷　　印张：21　插页：1

字数：490 000

POD定价：　98. 00元

（如有印装质量问题，我社负责调换）

序

中国远古，在甲骨文之前，有一个漫长的由图画文字编写的天书时代。这些年来岩画与彩陶画的发现及研究，为我们打开了走向远古时代、阅读远古人们精心编著的天书的大门。2001年考古学界在山西吉县柿子滩岩棚发现一幅距今1.0万～0.9万年、头顶七星脚踏六星、亦蜂亦巫的岩画，我们称其为蜂形人岩画。它饱含着一万年前柿子滩人们对天文学（蜂形人带动南北斗，以北天极为中心，作大环绕旋转）、生态学（人与蜜蜂形成了特殊的相互依托的关系）、图腾学（姓氏来源及传乘，或如有人说遗传密码）、图画文字学（甲骨文之前的象形文字）等初始的但却相当深刻的科学认识。这幅岩画内容传承性记载在《山海经》中，《中次六经》“有神焉，其状如人而二首，名曰骄虫，是为螫虫，实维蜂蜜之庐”；《海内北经》“大蠭其状如螽”“蟜为人虎文，胫有膂，在穷奇东，一曰状如人”。现在一些学者经研究认为“骄，即蟜”“蟜即蜜蜂，是以蜜蜂为图腾”。由此可知人们已逐渐接近一万年前蜂形人岩画的本质。依据蜂形人的形象，可判定它是甲骨文中黄字的源头。蜂形人是黄图腾。

贺兰山有一幅距今1.0万～0.4万年的骷髅十字岩画，笔者称其为骷髅十字圭表。它同样包含着史前人们对天文学（这是靠日影定向、指路、计时、制历的聪明创造）、生态学（骷髅在野外经风吹、雨淋、日晒的变化）、图腾学（这是一幅描述图腾形象的岩画）、图画文字学（此是一部内容丰富的天书）等诸多问题的初始的但却科学的认识。这幅岩画传承式的记载在《大荒经》中，“有神‘十’人，名曰女娲之肠，化为神，处粟广之野，横道而处”。《淮南子·说林训》记有：“黄帝生阴阳，上骈生耳目，桑林生臂手，此乃女娲七、十之化也。”女娲七、十之化的“十”是有手臂、有耳目的。这个名曰女媧之肠的“十”与有手臂耳目的“十”，应该都是女娲的“十”。10年前王增永详细考释了媧，是由女、口、冎构成，冎“是被人剔完肉的人骨架”，是祖骨崇拜。两千年前的《说文解字》已经做了类似的考证，只不过长期以来，无人敢过问。“媧，从女咼声”，咼则由口及冎构成，而口“人所以言也”是表声的，冎，“剔人肉置其骨也，象形，头隆骨也”，可知媧是女、口、头隆骨，应是远古人们发明创造的“骷髅十字圭表”。由《周髀算经》的卑、《说文解字》的卑、甲骨文中的卑，足证卑是圭表，是用一只手握“甲”，而“甲，人头空为甲”“人头空为骷髅”（《说文解字》）。

一万年前走来的蜂形人族群，骷髅十字圭表族群，两者可能就是一个族群，他们日益发展，十分强大，最后形成一个以“蟜”为耦合图腾的族群。这个图腾以虫标示蜜蜂，以夭代表人，以冎表述骷髅。这个蟜是一个氏族，在距今2600多年的重要国别史书《国语·晋语四》中有确实的记载：“昔少典氏娶有蟜氏生皇帝、炎帝。”现代一些研究家们依据这一记载，肯定地认为“蟜是黄帝的母亲氏族”，从而可以明确黄帝族群源于一万年前的女娲（包括黄）。

距今8000年前左右，中国古人发现不在同一直线上的三个支点可以确定一个平面的数理公理。当时人们一定相当欣喜。在这一两千年间，广阔地域内几乎所有陶器类型中都出现了三足型器皿，我们称其为鼎盛时代。在鼎盛时代，距今8200 ~ 7300年，华县老官台遗址出现了一个沿外缘绘一圈红环，内绘双波纹潜十字四等分天地的三足彩陶钵。四等分是用来观测与确定二至二分点的。三足，充分证明是平置在地平面上（由所有三足器的使用可知）的，四等分潜十字构成一个地平坐标观天仪。一个水平“十”字是四卦，是初始八卦。进一步发展，在渭水流域见到更多的八等分天地的观天仪，那是八卦。这些三足八分天地的彩陶图正是《说文解字》中明确记述的：“典，五帝之书。”这也就是《国语·晋语四》所说的少典氏。

距今6300年左右，姜寨159号墓，保存的八等分的阴阳五鱼彩陶盆，是一万年以来的北斗天文学的有蟜氏与八千年前的八卦天文学的少典氏结合形成的以北天极为中心八等分天地的赤道坐标天文学的天书。是“帝”字天文学。其天文学意义是非九天则大畞的北天极为中心，南北斗绕北天极作小环旋转；其生态学背景是大批的种类繁多、形象生动、彩色鲜艳的狩猎野生动物图画缺白，而以活鱼为主要形象的生活时代。这部天书的内容在《淮南子·天文训》中有着清晰地记载：“帝张四维，运之以斗”“斗南中绳，日夏至”“斗北中绳，日冬至”。至少可以说中国古远的“帝”诞生于距今6300年前的姜寨，或其附近。

贺兰山还有一幅岩画，高嵩称其为“一张地图”，至少距今6000 ~ 4000年。这幅岩画的所有内容，几乎皆记述于两千多年前成书的《淮南子·天文训》中。这幅岩画中的⊠，就是本书研究核心“帝”。河南固始县汉代画像砖中的⊠⊠，是两个“帝”。河南具茨山发现的岩画中有四联⊠，进一步证明这个⊠是与天上的大环有关。而天上大环不止一个。《吕氏春秋·有始览·序意》：“黄帝之所以诲颛顼矣，爰有大环在上，大矩在下，如能法之，为民父母。”其所言及的就是天上的大环。上述这些由图画文字编写的天书，初步释读，足以证明中国远古史的女娲、伏羲、黄帝是确实存在的氏族或时代。它们实有其史，实有其事。这些天书的编写，充分表述一万年以来，中国远古人们的，虽然是初始的，但却是严谨的天文学、生态学、图腾学、图画文字学的科学水平和科学成就。

目　录

一、背　　景

中国远古史在疑古派的“层累叠式”、洋奴派的“想像赋造”、西方海盗帝国思维及极端优等民族傲视一切的攻击面前，长期处于守势，先是退守至“远古神话”防线。“神话”虽可以顽抗，但也不堪一击。于是一批研究者退守“历史传说”阵地，基本上放弃了春秋战国时诸子百家乃至于秦汉许多学者追宗问祖时所获得并保留下来的星星点点的，甚至是只言片语的极其珍贵的远古信息，将许多重要的科学问题浸泡在人为铸造的“传说”茧甲之中。凡言黄帝、炎帝，必以“传说”为前提。现今已有大量的相当丰富的有关远古历史的野外科学考古资料，信手拈来便可以充分证明黄帝、炎帝的真实存在，且其与春秋战国、秦汉时代慎终追远之文献记载相符，然而，一些长篇巨幅的关于远古史的通俗读物，仍然停留在“传说”原地，实属令人费解。

人们在探讨黄帝源流，即华夏族群的源流时，为了跳出“传说”的茧甲，干脆从中国猿人那一个又一个骨骼化石、一堆又一堆燃烧灰烬、一批又一批打制石器、一幅又一幅生动岩画、一钵又一钵彩色陶器开始追宗问祖。它们描述了中华民族的祖先的实际经历，展现了他们一步步走来的里程。本专题仅从长江、汉水、秦岭以北的地域，时间上则以距今1.3万～0.4万年为区段，以骨刻文字、陶刻陶绘天书、岩刻岩画为内容，十分简要地考释之。文献依据，仅以本人所能阅览到的相当有限的资料为主，以此为基础，系统地分析这一时空范围的远古人群信息中的有关黄帝的确实的历史。

（一）信息的垂直与横向扩散

1. 值得深入探讨的问题

曾祥旺（1983，81）[1]在研究百色地区旧石器时提出：百色地区的大尖状器，与陕西蓝田平梁地区的大尖状器、贵州观音洞的厚三棱尖状器、山西丁村大三棱尖状器、内蒙古大窑村南山的大尖状器，百色的锛形砍砸器与观音洞的半手斧砍砸器、丁村的似手斧石器及四川铜梁的锛形砍砸器类似。他认为，百色地区的旧石器，无论所使用的石料、加工的方法还是器物的式样，都与我国传统的旧石器一致。百色地区的旧石器和我国已报道的旧石器的一致性，是值得深入探讨的问题。

他认为，在时间上百色与观音洞的旧石器时期相近。所列举的蓝田、观音洞、丁村、大窑、铜梁等遗址虽然都是旧石器，但时间各有不同。如蓝田距今100万～70万年，丁村距今12万年，观音洞旧石器初期和铜梁距今2.16万年。在空间上，百色距观音洞不过数百千米，然而距离北方的蓝田超过1000千米，丁村、大窑更远于蓝田。在那样遥远的年代，又相隔1000千米以上，主要旧石器的石料选取、加工制作及器物式样却一致，倘若是偶然，那就不必深究了，但若是必然，则值得深入探讨。旧石器本身有那么多值得深入探讨的一致性，那么旧石器整个时代中三个突出的、具有划时代特征的事物的一致性，不更应深入思考，甚至认真探讨？

黄崇岳[2]认为中国旧石器时代大致可以划分为三个阶段，第一阶段以火的使用为标志，是用木棒和粗糙石器进行狩猎的阶段；第二阶段以石球与刮削器的广泛使用为标志；第三阶段，以弓箭的出现为标志。这就是说，火的使用、石球的制作、弓箭的发明各自在时间和空间方面也应存在着某种程度的传播继承关系。从距今100万～20万年的诸多遗址皆存在灰烬可知，在此期间火的使用已相当普遍；从距今10万～5万年的诸多遗址中石球相当集中可知，制作石球的活动也已普及；弓箭的普及只能在距今1.2万～0.8万年实现。深入研究火、石球、弓箭的传播继承关系，有助于正确认识华夏祖先的来龙去脉。

火的使用“第一次使人支配一种自然力，从而最终把人同动物界分开”（恩格斯：《反杜林论》）；“火是人类从自然界获得解放的一个巨大的推动力”（郭沫若，1976，《中国史稿》）。中国远在180万年前的元谋人遗址及西侯渡遗址已有确切的用火足迹。距今100万～70万年的蓝田猿人、距今70万～50万年的北京猿人、距今30万～20万年前的金牛山、鸽子洞遗址皆有用火遗迹。距今20万～1.0万年的众多遗址皆有使用火的实证。就现有考古信息所积累的知识，很难分析判断这些用火遗址之间在用火机制方面有何种关联。但火的使用在华夏先民进化与统一中的作用应是非同寻常的。

火种，即火源、火种的移动及火种的保存；火堆的长期维持，即火的控制；柴材的运取及积存；等等，皆是远古先民面临的管理火的难题。火源，或因山林自燃、或雨天雷电引击、或人工击打燧石而获得。火种移动，从一处运往另一处，往往是必要的。远古时代，我国北方广布原始针阔混交林，林内随处可见大块松脂瘢节，又称“松树明子”，一般长1～2米，宽10～20厘米，厚5～10厘米，呈扁长条块状，点燃后可缓慢燃烧，劈成小块后也可使用，取火及移动火种，甚至保存火种皆可靠它。火堆的长期燃烧，必须靠足够量的木材。少量的枯枝落叶及干枝，既难收集，又易于燃尽。对于远古人群而言，在原始林中易于获取、易于搬运又不易燃尽的木材是10～20厘米胸径的“站杆”，即林业上所说的“立枯木”。生长到10～20厘米胸径的“站杆”，因多种原因而枯萎，枯萎后，枝叶剥落，主干枯立。3～7年后，其材质仍很易燃烧，根部枯腐后易于推倒，且易于搬运及劈断。

前述石器的相近性，是否在火的使用上也有相近性，不得而知。中国猿人发展到新人，至少经历了180多万年使用火的过程。火可以烤熟食物，减少疾病，且烤熟的肉食可促进体质进步，加速脑髓的发展。火能御寒，克服了气候限制。火能防御野兽，降低夜间猛兽袭击的危险性。此外，火可改善居住条件。在这180万年期间，火的功能仍是这些原始的内容。只是到了制造陶器的时代，远古人群用火才跃上了一个新的台阶。

2. 10万年前的许家窑人与石球

许家窑遗址（图1.1）距今13万～10万年，位于山西省阳高县古城镇乡许家窑村西

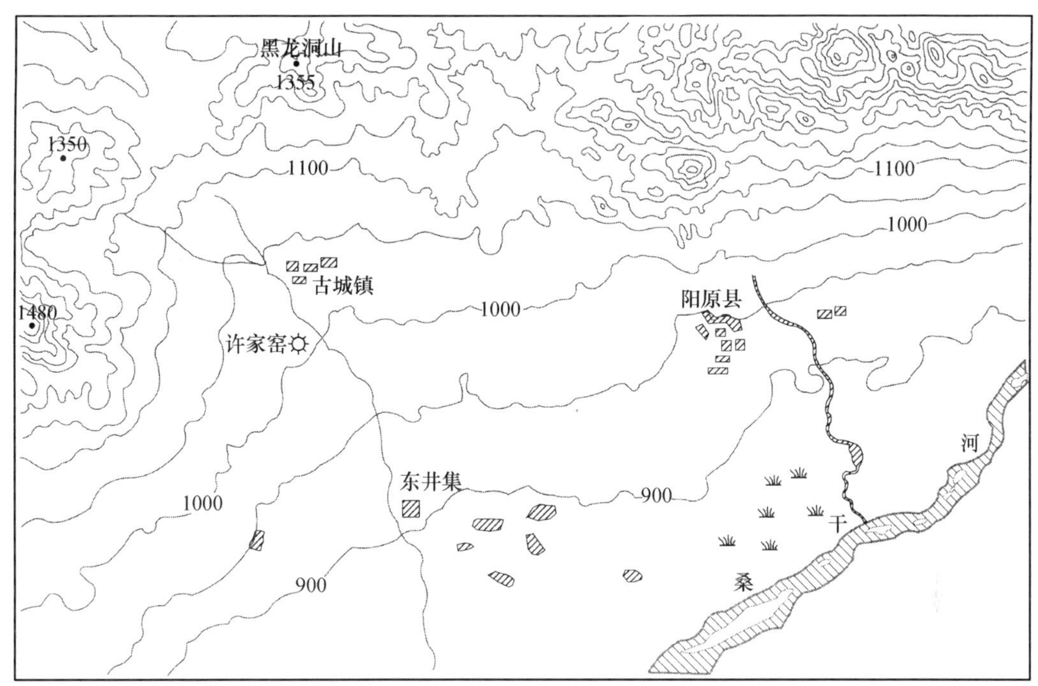

图1.1　许家窑遗址地势图

南的两叉沟。遗址分布面积很大，沿桑干河的一条小支流犁益沟两岸向南延伸，一直到河北省阳原县东井集乡侯家窑村的大坡底。遗址地处1000米等高线附近，地势平坦。其西侧是南北走向、横跨桑干河两岸的黄羊尖山（2420米），经1480米山地至1350米山地。遗址北靠的熊耳山，横卧于桑干河北岸。西端邻近1350米山地北缘，自西向东，1355（黑龙洞山）、至1412米（崔家山）、1777米（武家山）、1750米（平顼山）及2035米（黄花梁）等山地连续不断，与桑干河南岸的恒山夹成一条东西近100千米、南北宽10～20千米的狭长的河谷盆地。此地因泥河湾遗址的发现而被考古界称为泥河湾盆地。据《阳原县志》（1997年）称，泥河湾盆地在200万年前是一个面积达9000平方千米的大湖。实际上，这里只能形成一个3000平方千米的湖泊，《县志》所称的9000平方千米大湖应包括黄羊尖山体以西的大同盆地。

按图1.1的等高线分布状况，可推断泥河湾湖最大时湖岸邻近1000米等高线。许家窑人的生存时期，至少应在900米等高线附近，湖水面积也达2000平方千米。当时湖边有着广阔的湿地、芦苇及草丛，这是春秋两季鱼类集群产卵的场所。产卵场一般水深0.5～1米，恰是许家窑人用木棒尖石构造的捕鱼工具发挥效用的场所。湖岸的草丛又是春季时鸟类产卵育雏的场所，鸟卵几乎是春夏之交“青黄不接”之时天赐给人的财富。

按许家窑人生存时期的泥河湾湖岸位于900米等高线计，则邻近遗址周边的山地相对高程一般为300～500米，相对遗址而言为中低山，山上生长松、云杉、冷杉、蒿、禾本科、藜科等植物（《阳原县志》，1997，644页）。山地边缘又分布着大面积的缓平的山前平地及草原。湖水面积缩小以后，除留下湿草草地及沼泽之外，还形成大面积的成片沙地，有的沙地可达几十平方千米。沙地是鸵鸟生存繁衍的重要场所。遗址中出土的鸵鸟化石表明，围猎易捕获的动物是许家窑人经常的活动。

许家窑遗址除发现鸵鸟化石之外，还发现大量的至今仍生存的动物。啮齿类的动物有鼠兔、中华鼢鼠、拟布氏田鼠。较温顺的动物有：蒙古马、野驴、赤鹿、葛氏斑鹿、普氏原羚、鹅喉羚、羚羊、野猪。凶猛野兽有狼、虎等。已经灭绝的动物有瑙曼古棱齿象、披毛犀、河套大角鹿、许家窑扭角羊、岩氏扭角羊、原始牛等。软体动物也占有相当大的比例，大体上皆属于北方现生种，喜栖于较温湿的丘陵地带的森林或灌丛。有塔形钻头螺、同形慢行蜗牛、间齿螺、凸圆盘螺。未见关于鸟类及鱼类化石的更多记述。

许家窑人化石主要发现于离地面8～12米的砂质黏土和黏土质粉砂中。先后共发掘获得17件，计有顶骨11块，其中两块完整；枕骨2块；左上颌骨一块并附连四颗牙齿，右侧下颌枝一块；另有单个牙齿2枚。它们代表了10多个男、女、老、幼不同的个体，从7岁幼儿到年过半百的老人，平均年龄在30岁左右。许家窑人头骨壁厚，但顶骨内面脑膜中动脉分枝已比北京猿人细微复杂，颅顶较高，头骨最宽处位置也靠上（王玉哲，《中华远古史》，2000，26页），与北京猿人相比，更接近现代人。许家窑人头骨同大荔人、金牛山人、丁村人、山顶洞人一样，具备某些白种人不突出、黑种人不明显、只有黄种人显著的特征。如顶骨与枕骨之间的印加骨、下颌骨内侧面犬齿与臼齿之间的下颌圆枕等。

石球是人类在制造飞行器过程中所取得的光辉灿烂的成就。虽然它不如火的使用、陶器的发明、弓箭的制作等那样长期而深刻地影响着人类的生存与发展，但在石器发展史中，特别是在人类武器发展历程中具有划时代的意义，令我们悟到许家窑人、丁村人时代人脑结构飞跃趋于复杂、人类思维能力日臻完善、人类制造活动及完善程度更加精细。石球的大量制造是对这一切的最真实的记述。

许家窑遗址发掘石器14041件，其中石球1079件，最大者重1500克，直径10厘米；最小者不足100克，直径5厘米。有的石球滚圆，有的是半成品和毛坯，它们清楚地显示出石球制作的全过程。一个遗址中竟发掘出这么多石球，在世界考古学上颇为罕见。马新等在专著中着重指出“石球在旧石器初期便已出现”（马新，齐涛：《中国远古社会史论》，2003年，科学出版社，第25页）。且“蓝田猿人与匼河遗址的石器中，曾发现一些制作简单粗糙的球形石器”（张宏彦，2003，142页）。砍斫器在石器中所占比例较小，但与石球一样，皆是捕猎野兽的重要工具。这就是说，早在距今100万～70万年，人类已有了对远投石器效力的思考及制作行为。到了旧石器中期，石球（图1.2）大量出现。张宏彦认为：由于冰期气候的影响，华北地区草原广泛发育，古人在视野开阔、不易隐藏的草原地带猎取野驴、野马、黄羊等大型群栖性动物，就需要

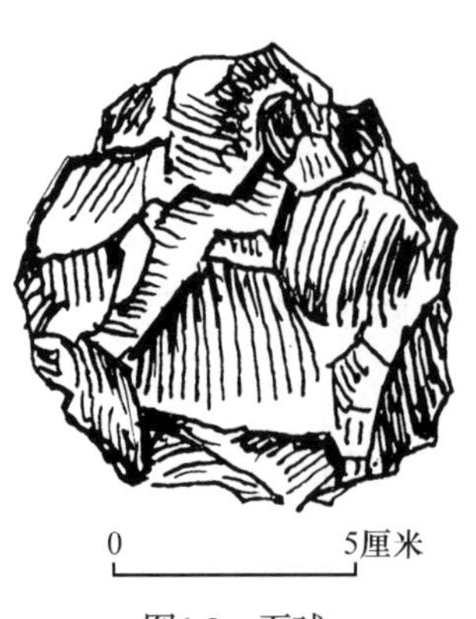

图1.2 石球

一种威力较大的远距离投掷武器以提高猎取的成功率。可见，生态资源与人脑进化有着密切关联。

许家窑人距今13万～10万年，这正是晚更新世距今13万～6万年白洋淀海进发生发展的时期。从距今10.5万年，海水向华北平原全面推进，直达白洋淀，海进遍布白洋淀以东广大地区。整个大陆处于气候大暖期。马兰黄土底部安氏鸵鸟蛋化石在北京斋堂、胶东邹平和辽宁等地的广泛发现，有力地证明了华北地区气候至少是干热的。优越的气候条件与丰足的动植物资源，促进了人口的增长，推动了人们离开山洞走向旷野，促进了人们思维的转变，推动了人脑结构的复杂化。

3. 尖状器的分布及石球的扩散

标枪、石球、弓箭，广义而言，皆是飞行器，是人类发展历史上人工制造的第一批飞行器。只不过它们的原动力源于以人类手臂为主的体内动能。它们的动能原理、飞行路线、器物结构及中耙概率等皆是今天一切飞行器的源头。无论如何复杂的工程实践，也无论如何艰难的人脑设计思维，都是从这里发源的。但不能因此就认为远古人们已懂得飞行器原理。要说明的是，从100万年前到1.0万年前的一批又一批遗址中的粗简石球到较精制石器；从少量石球到大批量石球，再到少量石球，直至石球消退；以及从粗制尖状器到精制尖状器，再到少量石镞出现，再到大量的普遍的弓箭的制作及使用，是实物历史连续演化的过程，是华夏远古人们连续发展演化的实证，是任何人捏造不出来的。

尖状器（图1.3）是制作标枪或石矛尖头的基础性技术及材料，甚至有些就是主要材料（张宏彦，《中国史前考古学导论》，2004，112页），图1.3给出蓝田、周口店、丁村、沙苑遗址的尖状器，它们多为沿石片两边修整，使之相交成尖刃。

在旧石器时代，尖状器除精、糙制作工艺有所区别外，大小形式基本未发生改变。由此可知，标枪的枪尖部位随着时程的变化而更加尖锐，更易于射入猎物的皮肉，其他性质则变化不大。

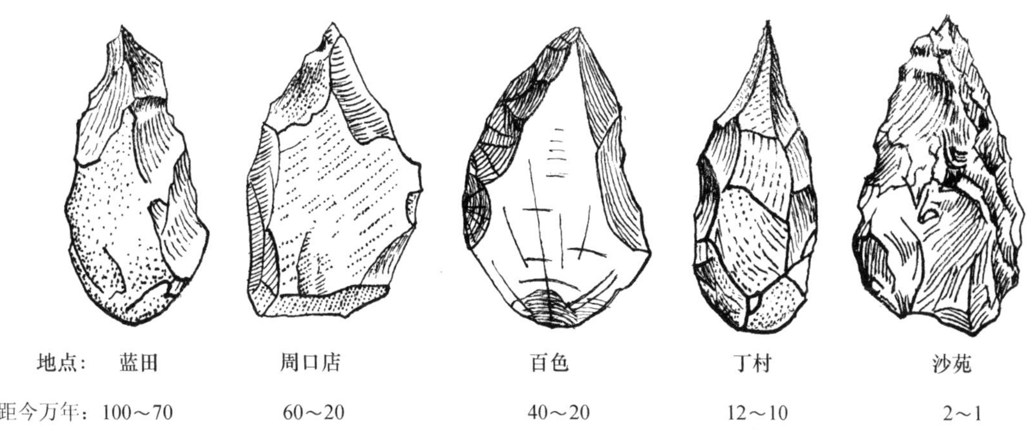

地点：	蓝田	周口店	百色	丁村	沙苑
距今万年：	100～70	60～20	40～20	12～10	2～1

图1.3　旧石器时代尖状器

在石球发展演进过程中，丁村人遗址群是一个最有说服力的时空节点，时间上承上启下，空间上联结四面八方。丁村人处于距今12万～7万年，上接许家窑人，下承4.0万年前的小孤山和2.4万年前的下川遗址。丁村遗址群居于汾河两岸，至少已发现20多个地点留存丁村人的化石（王玉哲，25页）。丁村位于汾河东岸，依邻1403米的塔儿山西麓。塔儿山东西宽约30千米，南北长约100千米，总面积约为3000平方千米，其上布满了针阔混交林。汾河西岸为一片广阔的低山丘陵，也布满了针阔混交林。汾河从这两片百里长的山地中间穿过，此山地北端接连开阔的临汾平原，南端毗邻广阔的侯马平原。优良的自然环境提供了梅氏犀、纳玛象、扁角鹿、赤鹿、梅花鹿、野马、野驴、豺、狼、熊、狐、大群羚羊、原始牛、水牛、很大的鲤鱼和青鱼、河狸、蚌，以及螺类（王玉哲，25页；郭沫若，15页），丰富的食物资源滋养了丁村人。远古人们裸足行进在山间荒芜小路上，每天往返半径只能是30千米，丁村人恰居于这个地域的中心地带。20多个丁村人化石地点，可以认为至少有20个左右的丁村人群体生活在这个中心附近。丁村人已经走出了天然的山洞，进入一个新的时代，采取新的办法防寒、躲避风雨、保持火种、控制与管理火源。

石球虽然在旧石器时代初期便已出现，但其大量出现却是在许家窑时代之后。许家窑出土的数以千计的石球，证明那里可能是石球的制作场。若不是石球制作场，则必是较长时期的围捕动物的狩猎场。丁村遗址较许家窑人晚，丁村诸多遗址多有石球出土。此后，西北、华北、东北等地旧石器晚期遗址不断有石球出现。距今4万年前的辽宁海城小孤山遗址，距今2.4万年的山西沁水下川遗址、刘家岔遗址等处石球数量较为集中（马新、齐涛，2003，27页）。郭沫若提到丁村人把石灰岩的厚而平的砾石，沿着周围的边缘对击，打制成大大小小的球形投掷器。张宏彦则讲，球形器多用质地稍软的石灰岩等材料，经打击、磕碰而成。旧石器时期，石球制作粗糙，球面棱角分明，可称多面体石球。旧石器中期以后，采用两个石球对磕碰的方法加工毛坯，且球体制作得较圆整。

当石球在某些中心出现并被继承之后，邻近这些中心的氏族人群尚未进入石球制作阶段，这时他们见到石球的功效，便要依靠相邻的这两个氏族人群的融汇性与交往性。只有两个相邻氏族人群之间有了某种形式的交流，不会制作石球的群体方能迅速地学会制作石球。有些历史文献已叙及远古时期人群有过大规模的较长距离的迁移，迁移过程有利于人们的混杂与交往，从而加速各氏族人群之间的知识与技术的交流。

4. 2.8万年前的峙峪人

距今2.8万年的峙峪人出土于山西省峙峪村，峙峪遗址位于朔州城西北15千米、黑驼山主峰东南10千米左右。峙峪西、北、南三面环山，处于七里河（又称峙峪河）二级阶地上。东及东南面临桑干河北支源马关河与源子河河谷平原及河谷湿地。峙峪人发现于峙峪河与小泉沟汇流处的一个沙丘中，现存一块人类枕骨。遗址中发掘出10000多件石器，包括砍砸器、各类刮削器，有些已具有原始细石器形态。石器原料有脉石英、硅灰石和黑色火成岩。与峙峪人遗骨并存的有大批动物遗骸化石，其中至少有野马120

四、野驴88头、普氏羚羊150头；完整动物牙齿5000多颗，其中野马、野驴牙齿4000多颗。峙峪人背靠的主峰高2147米、东西60多千米、南北50多千米。总面积不少于3000平方千米的黑驼山，里面的山林及灌丛的动物种类及数量皆很大，但是遗址中却以丘陵及草原的野马、野驴、普氏羚羊、鹅喉羚、披毛犀、鸵鸟等为主。

由于野马、野驴、羚羊、披毛犀、鸵鸟等动物喜栖于干燥环境，说明当时峙峪一带的气候比较干燥。但是，遗址地层中有水牛存在，而水牛是适应温暖湿润河边及沼泽环境的。李壮伟[3]认为，水牛的存在，并不能说明峙峪地区气候温润，而很可能是动物随季节而迁居，夏季，南方动物北上，冬季，北方动物南移。倘若确实如此，则峙峪人所居存的地址很可能是一个基本稳定的临时营地。冬季来临之前，他们随着一些南迁的动物向南移行；春季，他们又沿着南下的路线返回峙峪。春、秋两季，也是峙峪比较干燥的时节，大批草原动物出现在朔州平原上，正是峙峪人狩猎的大好时期。

峙峪人用火，遗址中存留烧骨、烧石，但未发现火塘与灰烬堆。从180万年前以来，几乎无处不见火的遗迹，长时期的普遍用火应有着内在的传承与扩展机制。石球同火一样，在10多万年前许家窑人、丁村人时代已得到广泛的传承。但峙峪遗址上万件石器中几乎再未发现石球，这应如一些历史学家们所提出的，石球这个经历了数万年实践的有效的狩猎武器的消失，证明其被新的更有效的武器所代替。峙峪遗址发现的石镞，虽然极少，但已代替了石球，表明实际数量应相当不少。

峙峪遗址最突出的是，我国迄今为止发现最早的，也是批量最大的在兽骨上的人工刻划符号和图像痕迹。刻划符号有圆点、三角、左右斜线、横竖直线、网纹等。还有在一片野马肱骨碎片上刻划的两幅狩猎图像，刻划精细，线条简洁流畅，构图严谨（杨国勇，2002，8页）。陈建生认为，这是中国文字的源（《刻划——中国文字的源头之二》，《化石》1997年第1期）。如此而论，甲骨文字的源头确应从峙峪人开始探讨。在陶刻之前有兽骨刻划及岩画应是当时人们实际生活的需要，是一种由强烈愿望驱使所造就的业绩。我们今天难以理解当时人们生活、生产与心理的状态，但兽骨刻划及岩画的制作则是他们文化思维的集中体现。

5. 弓箭代替石球

从距今10万年前后的许家窑人、丁村人大量而广泛地制造石球，到距今一万年前后较多的遗址出现弓箭，中间经历了“石球大量减少”这样一个重要过程，正如张宏彦所说：“与弓箭相适应的是石球大量减少，说明它作为一种狩猎工具已被弓箭所代替了。”（15页）。在“石球与大脑思维”相互作用中，在距今10万～5万年这个阶段，石球的投掷也从用人体手臂转变为借助绳索或5～10厘米胸径的弹力强大的去掉枝叶的树干抛投。这两者又是促进弓箭诞生的基础。飞行器的抛投方式从抛射转变为弹射，人们头脑中必须经过弹射思维的积淀。这也说明弓箭的出现应经历了由个别到普遍的演进过程。

吕振羽[4]（44页）认为，黑龙江顾乡屯发现的石器，说明人们已知道用弓箭了。广东西樵山人已经知道用弓矢了。弓箭的出现体现了旧石器向新石器时代的过渡。顾乡屯遗址的时代为距今4万～2万年。郭沫若（24页）认为：距今2.9万年的山西朔县峙峪人的石镞（如图1.4），可能已发明弓箭这种前所未有的武器。这是一件用燧石制作的锋利的尖状石镞。沙苑遗址细石器中有石镞，可以证明当时已发明并使用弓箭（王玉哲，2000、53页）。

由此可知，弓箭出现在旧石器时代晚期、新石器时代到来之前。当时的人们“还不知把石器磨光”“不知道制造陶器”“不知道把野兽驯养成为家畜”“不知道种植的方法”（王玉哲，43页）。恩格斯在《家庭、私有制和国家的起源》一文中指出：弓箭的发明和使用，在当时乃是决定性的武器；有了弓箭，猎物便成了日常的食物；打猎也成了普通的劳动部门。弓箭未出现之前，每次围猎需10多个人甚至30多人同时投掷手中的石球或标枪，才可能制服一只较大的猎物。使用弓箭之后，3～5人就可以在距离猎物20～30米之处射杀之。弓箭击中猎物的概率改变，杀伤猎物的效力改变，人与动物之间的危险冲突显著减少，捕猎中的伤亡日趋减少。总之，当时的人们可以用较少的人力获取足够的野生动物，为农业、畜牧业、制陶业发展提供了充足的人力。

至少可以认为，从峙峪到沙苑，距今3万年已出现了弓箭，并在距今3万～1万年有了相当迅速的传播与提高。弓箭决定性地改变了人群和野生动物之间的关系，或者说改变了当时人们肉食供应的状况，从而在本质上改变了人群内部的劳动分工。弓箭在人群中具有足够数量时，精壮劳力提着弓箭与标枪出去打猎，老、弱、病、孕、残皆可留居营地，从事其他工作。比如运取柴材、控制火堆、看管捕获到的山兽、挖采更多的野生植物的可食部分，春季还可捕捉螺、蟹，拣取鸟蛋，等等。充足而多样的食物进一步促进了人体各个器官的平衡发展变化，人们的创造能力、劳动技巧、生殖繁育能力增强，进而人口迅速增加。

弓箭的使用与普及使劳动力分流，导致狩猎之外的时间增多，剩余食物出现，确保人口增加的诸多条件出现，等等，使当时的人们有更充裕的劳力和时间磨制工具、修缮窝棚或窑坑、留存种子及野兽的幼仔甚至制作装饰品。总之，弓箭越普及，弓箭制作越精良，捕猎效率越高。捕猎效率越高，则可分流的劳力和狩猎外的时间越多，人们用于

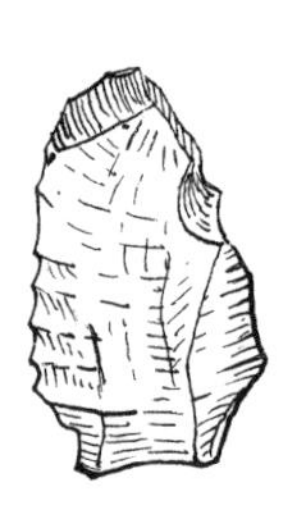
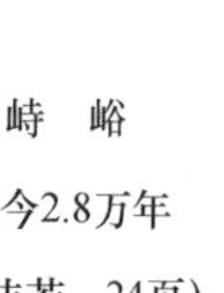

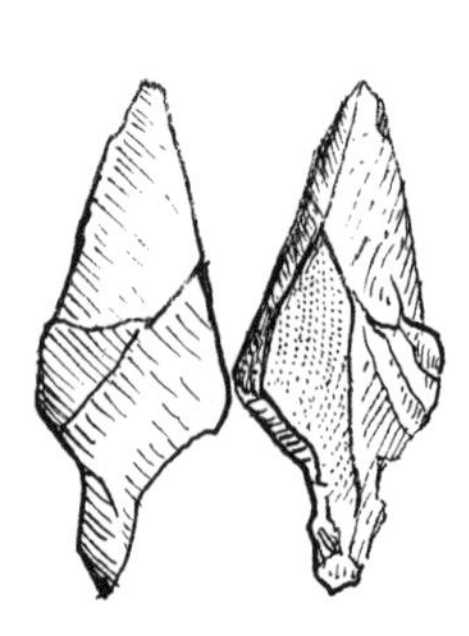

峙　峪	下　川	北京龙骨山	沙　苑
距今2.8万年	距今2.4万～1.6万年	距今1.8～1.0万年	距今1.0万年
（郭沫若，24页）	（苏秉琦，28页）	（郭沫若，10页）	（苏秉琦，33页）

图1.4　箭镞石器

其他方面的工作和思维越充分，此时的人类得到一个更加广阔的发展空间。

我国远古关于弓箭狩猎最多又最形象的记述应是贺兰山与阴山岩画，据岩画研究者推断，它们出现在距今1.0万～0.4万年。岩画的弓箭形象在“天书”专题中也有简介。“天书”中已强调《山海经·大荒经》及《山海经·海内经》是“天书”，是久远以前的岩画。《山海经·海内经》记述：“少暤生般，般始为弓矢。”少暤即少昊，矢即箭，这应是中国关于“始为弓矢”的最早的文字记述。它说的可能是某一个地域或某一氏族群体“始为弓矢”者为“般”，即便如此，始作弓箭也应在旧石器时代之末、新石器时代之初。少暤是何许人？按《左传》将其与黄帝、炎帝、共工并列，《大荒经》将其与女娲、伏羲同提，《山海经·大荒东经》又记述：“东海之外有大壑，少昊之国，少昊孺帝颛顼，弃其琴瑟。”可知少昊确有其人或其氏族。他们的来源及存在也是源远流长的，而且在东方。少昊氏族群中最早制造弓箭的人是“般”。这应是一幅久远的岩画，是关于中国弓箭制造的最可贵的文字传承。可以说：弓箭早已有之，文字创造还必是基于岩画或骨刻、陶刻符号。

6. 一万多年前的虎头梁遗址

距今一万年前后，距今1.3万～0.8万年，正值冰河期后升温期，是华夏新旧石器时代之间发生巨大转变的时期。在这一时期内，弓箭开始传播，陶器不仅出现且开始传播，石器较普遍出现局部磨光现象，初始农具及初始农耕出现，窝棚应已较多出现。李衡眉（2001，29页）认为：旧石器时代晚期遗址已经遍布全国各地，其分布范围除华北、西南等传统地区外，北达黑龙江，东到浙江、台湾，南抵云贵、两广，西至青藏高原。现今发现的旧石器时代晚期遗址，远远超过旧石器时代早期和中期遗址的总和[5]。

中国远古史以前所未有的宏大气势进入到新的发展时期，这一时期除局部磨光石器、弓箭、陶器、新的有组织的繁育人口等重大的划时代标志之外，人群从局部的数量有限的山洞走向旷野，由暂时居住在一个地点向初始定居转化。简易的避风雨、防严寒的蓬草窝棚也是这一时期人群的重要成就。张宏彦（2004，190页）认为：“旧石器时代中期开始，出现过一些旷野类型遗址，如山西阳高县许家窑、朔县峙峪、阳原虎头梁和四川汉原富林遗址均发现有灰烬等用火遗迹，可知曾有人在此居住过。推测这类遗址的房屋，可能是用树干、树枝、树叶、茅草、兽皮等材料搭造的窝棚式建筑。利用简易材料建筑住房，是旧石器时代中、晚期人类文化的主要成就之一。”

泥河湾湖东南岸的虎头梁遗址，距今1.3万～1.0万年，倘若也计入这一时期，则它有一个十分值得探讨的问题，这就是遗留在野地上的三个灰烬遗迹。《县志》称其为炉灶坑，有人称其为“篝火遗迹”，还有人称其为“火塘”。仔细辨识“火塘”或“炉灶坑”的具体情形，便知这确实是个坑或塘。南侧编号为H3-5的“坑”呈长椭圆形，长1.7米，宽0.8米，深5～16厘米。另一个椭圆形火塘宽1.8米，长近4米。北侧圆形火塘直径为1.8米，如图1.5所示。“坑”的存在表明在生火之先已用石器修葺深浅及大小，这是为了维持较长时间的燃烧而为。按南侧火塘1.8米计算，火塘两侧各应有2米宽的活动

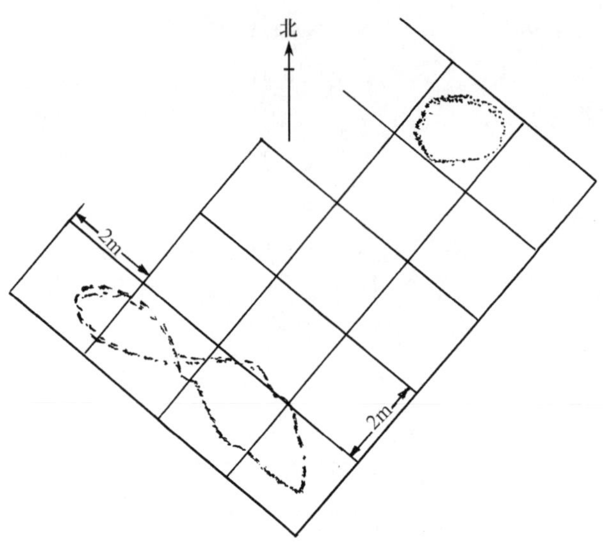

图1.5　虎头梁遗址火塘分布图

空间，于是应取3～5米长的10～20厘米径粗的支架木4～6根两两在一端交叉，用藤本细条捆绑成一个叉架，每两个叉架可支起一个8～10厘米径的横梁，三个叉架可支起两个相连的横梁。南侧两个椭圆火塘，很可能就是总长6～8米的联体窝棚。

两个叉架之间用径5～8厘米的直木连接，以便摆放蒿草。蒿草或干或湿，铺平一定厚度便可防风防雨。联体窝棚两端若能用蒿草封闭，火塘中又可以连续控制火势，则窝棚内也可以抵御严寒。圆形火塘周围各有2米的活动空间，应是一个单体马架窝棚。若如此，单体窝棚与联体窝棚之间的空地约为6米。这三个火塘很可能是一群人搭建的半永久性窝棚。虎头梁遗址的人们应该进化到同柿子滩人相近的水平，他们也开始使用弓箭，处于半定居状态，夜晚靠北斗指路、定向、计时、制历；白天依日影定向、计时、制历。以他们的思维水平，制造如此简单的窝棚还是可能的。有了这种窝棚，方可进一步演化成半地穴式简易住房。

火、弓箭、窝棚（居洞穴者除外），应是这一时期普遍存在且通行运用、习以为常的活动。陶器仅在部分遗址中出现，但南方与北方皆有，质地也都很初始，表明它正在传播之中。少量的局部磨光的石斧、石锛、石锄、石镰在个别遗址中出现，一些遗址出现了粮食遗迹，说明对人类又一个有着长久而深刻影响的事物——粮食，正开始在更多的遗址中传播发展。从距今1.2万～0.8万年的近4000年，人工取火、弓箭、窝棚、陶器、粮食，很快得到广泛的传播及发展。它的下限是距今0.8万年，即距今8000年时旧石器时代向新石器时代过渡已经完成，到处是新石器，窝棚已被半地穴式房屋所代替，陶器制造已规范化，粮食已有了贮窖。渔网、纺织等新生事物业已开始传播。中国远古大地普遍进入新石器时代。

（二）距今1.3万～0.4万年我国古人群生存环境

1. 冰河期后

近10万年来人类经历了一个漫长而苦寒的冰河期，冰河期内又有几次较明显的冰期与间冰期变化。最近一次冰期大约发生在距今3.0万～1.0万年间。欧洲、亚洲及北美洲陆地北纬37°以北的广大地区曾覆有10～30米厚的冰盖[6]。由于冰期与间冰期气温下降与回升、陆地大面积冰盖增厚或消融、降水量较大幅度地增减、河流入海量显著变化等原因，海平面在冰期退缩、在间冰期涨进。海平面大幅度下降时，海水远离今天的海岸线；海平面上升时，海水向陆地推进。距今2.4万～1.5万年的海退，渤海、黄海大部分已成大陆，古黄河与古辽河在渤海平原交汇，交汇后的河流已深入东海地区[7]。

冰河期内冰期与间冰期的转换，虽然是缓慢地，往往历经一两万年，但对整个地球表面造成了巨大的改变。对古人群来说，除海进、海停与海退外，还有三个重大的影响。一是山地雪线大幅度升降，也是平原地区0℃等温线南北的迁移。二是冷暖气团交汇地区暴雨和洪水带的南进和北退。三是湿地与湖泊的大幅度扩展与收缩。地质时间的这四大方面的改变，深刻而显著地影响着古人类的生存与发展。晋代葛洪在《神仙传·卷三·王远》中记述麻姑仙女之言：“已见东海三为桑田。”马新等认为这可能包含着我们的先人对海进海退的模糊记忆。陆巍等讨论了近5万年以来，因冷暖气团交汇带的南进和北退影响，导致中国古人群三次南北大迁移的过程[8]。冰河期内中国古人群必然还有上山下山迁移及东进西退的过程。这些过程是解开关于我国远古人群的诸多疑团的重要原因[9]。

冰河后期，距今1.3万～1.0万年，总的趋势是持续增温，气候不断转暖，山区冰雪消融，降水量增大，河水漫溢，湖泊普遍形成。一月份平均气温0℃线由江淮地区向北退移。距今1万～8000年间进入全新世大暖期，我国西部陇南地区气候比现今温和，温度约高3℃，降雨多在200毫米左右。进入大暖期以后，气候仍有过明显的波动，高山地区出现小冰河期的冰进，距今7400年左右发生云南贡嘎山海螺沟冰进；距今5700～5000年发生天山乌鲁木齐河源冰进[10]。这一时期的高山地区冰进，可能与形成岱海东河沿剖面6000及5000年前后两次融冰褶皱层的短期降温事件[11]相关。对于距今8000～4000年间的古人群来说，小冰期的进退，同样有着海进海退、雪线升降及暴雨带迁移的压力的影响，被他们推动着大规模地往返迁移。海进期，古人群沿我国海岸自东向西移进；海退时，人群又由西向东移进。与海进同时，山地雪线抬升，古人群则由低地向高地移动；反过来，古人群则由高山向低地移动。海水西进、雪线抬升的同时，我国境内暴雨与洪水区则由南向北推进，于是生活在低地、湖边或河岸的古人群必须向更高的地段或向洪水带两侧迁移。总之，距今8000～4000年有过三次海进、两次海退，相对应地，古人群也必然有三次东西、南北、上下的迁移。对于本书而言，这一背景是不可忽视的，因为“不寿者八百岁”的黄帝氏族恰恰活跃于这一时期。

2. 距今1.3万～0.3万年我国北方的气温变化

气候直接影响植被和水域的状况，植被和水域状况影响整个生态系统的改变。生态系统的改变决定着人类生存的生物营养资源的变化。气候主要包括日照、降水、风沙、气温等方面的内容。较大范围的地域空间和较长时间的历史作用主要是降水和气温变化。气温在地域空间尺度上的作用更为直接。关于距今8000～4000年的冰河期后的气温变化，有许多文献做了较仔细的研究。我们着意的是我国北方，特别是北京地区、陇西高原的气候变化。冰后期，此区间内的气温总趋势是呈持续增长，但仍有着较大幅度的波动。

杨志荣[12]选择内蒙古南部鄂尔多斯泊江海子、大青山调角海子、凉城县岱海等内陆封闭湖泊，对其进行湖沼沉积物的平均50年的高分辨率人工采样。通过对样品进行^{14}C测年及物理、化学、生物定量测试分析，结合该区古土壤、冰缘地貌、湖泊演化、树木年轮等综合分析校正，初步建立了该地区长时期的气温变化序列。我们取其距今12000～3000年间的区段，并将坐标原点加以改变，列于图1.6。曲线给出温度与现今当地年均值差的变化的连续过程，从中可以见到距今1.2万～0.4万年，总的趋势是在0℃线（图中横虚线）以上呈持续增加，但波动在0～3℃，有4个峰值，5个低谷。温度变幅在2℃左右。距今9500～9400年、8000～7500年、6800～5700年、4500～4300年为增温高峰；距今11000～10600、8500～8200、7300～6900、5600～4800、3300～2500年为降温低谷。4次升温高峰对应着4次海进。两次降温低谷可能与小冰河期的冰进相关联。发生在距今7400年的云南贡嘎山海螺沟冰进，最终导致距今7300～6900年的降温低谷。

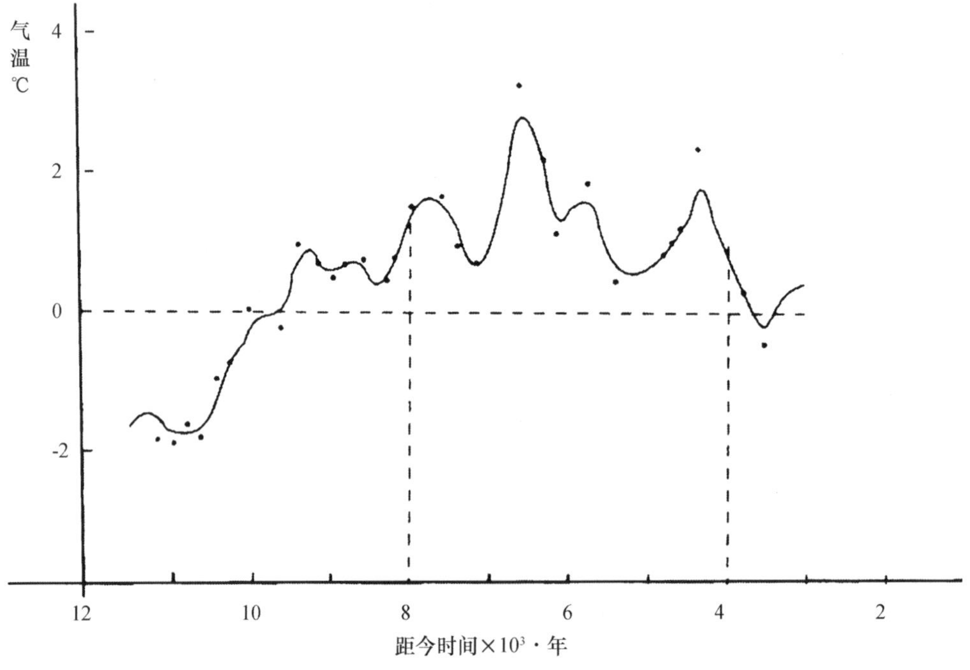

图1.6　西北地区距今1.2万～0.3万年气温变化曲线

发生在距今5700～5300年天山乌鲁木齐河冰进（含5400年前祁连山敦德冰芯）[13]与距今5600～4800年的温度低谷有着因果关系。范围在数千，甚至数万平方千米；时间在百年，以至于数百年；幅度在2℃～4℃波动，虽然不能同冰期与间冰期的作用相比，但对古人群来说，其影响仍相当明显。古人群地域范围，历史时期的迁移、扩散及社会发展，与这种温度、降水变化有着密切的关联。黄帝氏族的动向也与这些气候波动有着重要的联系。

3. 冰河期后的海进、海停及海退

冰河期后我国绵长的海岸线发生了明显的海进、海停和海退，这是我国东部沿海地区生态环境演变的一个重大事件，对我国远古人群的生存和发展有着深刻的影响，在中华远古文化史中留下了难以磨灭的印迹。距今一万年左右，海水开始西进，西进的海水在距今8000年左右到达现今海岸线位置。此后海平面持续上升，海水突破现今海岸线，向平原和谷地推进。对应距今8000～7500年的升温高峰，海进达最大范围[14][15][16]，渤海西海岸进抵太行山东麓，渤海北岸位于燕山南麓。今天的北京平原当时为同渤海相连的"北京湾"，海淀区的高里掌、坟庄就是当时的海缘区，有泥炭形成。如图1.7，海进达最大范围之后，未发现明显的海停便转而发生海退。距今5600～4500年，出现明显的海岸停顿，且很少变化。对应温度曲线是一个宽平的低谷与狭窄的峰区。

此次海停与我国古人群的诸多重大变化相关联。海停位置与时间区段值得加以探讨。它标示着我国北方气候有一个相对稳定时期。从辽南大孤山附近三道贝壳堤遗迹可以得知一些主要信息。三道贝壳堤中离海最远的位于大孤山西北刘叉坨子、王家坨子一带，距现今海岸11～13千米，高出海面7～10米。贝壳沿基岩线残丘近坡脚处堆积，呈宽2～4米、坡度8°～10°的环带状，贝壳层厚20～30厘米，主要由褶牡蛎（ostrea plicatala）壳组成，下伏为约1米厚的黄褐色粉砂，夹薄黑灰色淤泥。^{14}C测定贝壳层的年龄为距今4270±120年。这是一个平均值。没有给出贝壳堤形成之前与停止形成时的时间间隔。对此，可以借助天津歧口贝壳堤的数据推算。歧口贝壳堤厚85厘米，贝壳堤底部和上部^{14}C测定年度差为940±100年，进而给出贝壳体每年平均累积0.09厘米。两地虽然相距较远，但贝壳堤形成的原理，即海水动力学过程，应是相近的。贝壳堤厚度由海停过程中海岸线停止少动的时间决定。由此推出辽南大孤山贝壳堤标示的海岸停止时间，至少有200～300年。考虑贝壳堤出露海水距今至少已有4200多年，受风雨的作用，其高度肯定有显著下降，海停时间至少应有400～500年，海停应出现在距今8000～5000年。由温度曲线可知，距今6800～5700年有一个长时期的稳定的增温2～3℃的区间，应对应贝壳堤下1.0米厚的黄褐色粉砂堆积层，正是神农时代后期，少典氏娶于有蟜氏、生成炎帝与黄帝的仰韶文化充分发展时期；也是后岗与大汶口文化初期、蚩尤与少昊两大氏族集团形成并向北向西发展时期。

大孤山贝壳堤形成时期，海岸至少高出现今海面7～10米，虽然有地壳的沉降和上升等作用，但当时至少有10米水深。文献认为：距今五六千年前，辽南地区海岸线遗址

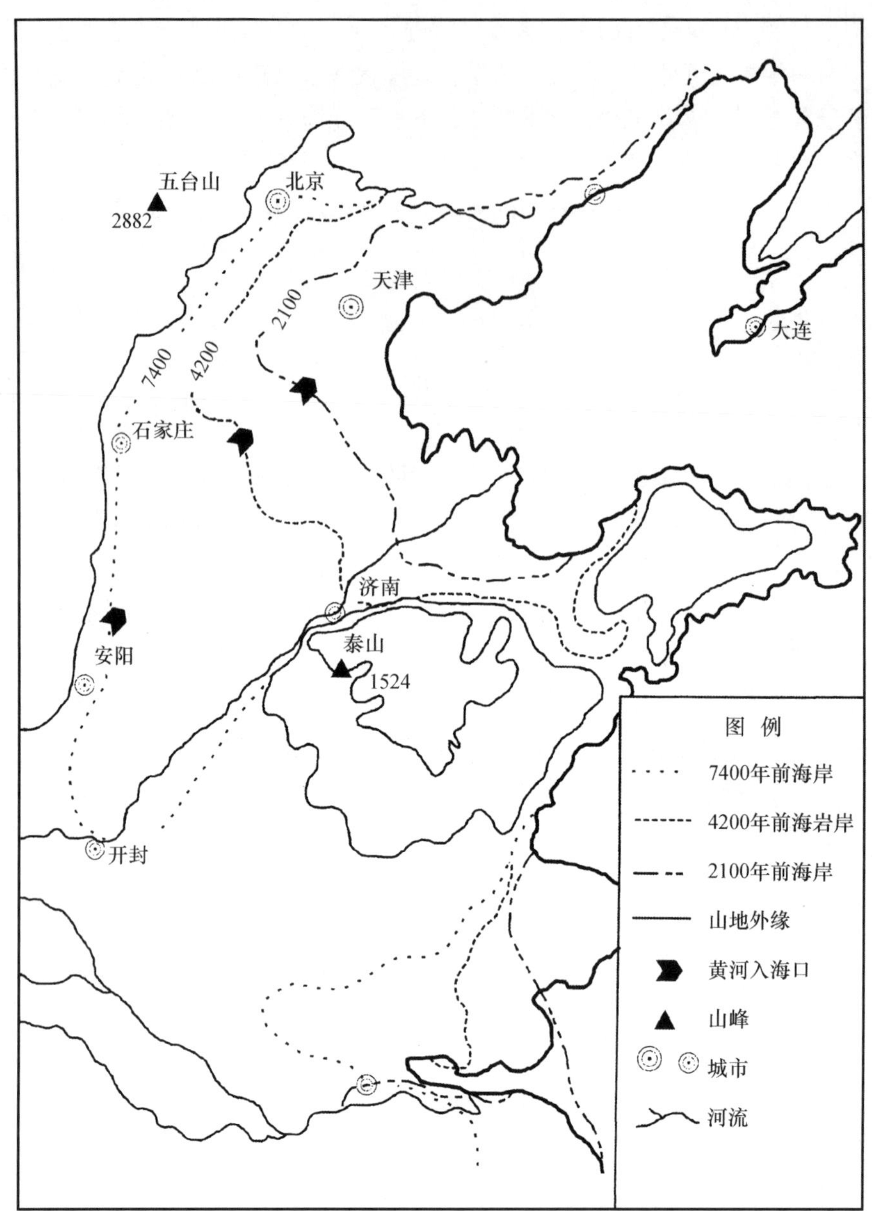

图1.7　距今8000～4000年海进、海停及海退略图
（焦北民：《中国自然地理图集》，111页，有所修改）

高出现在10～15米[17]。也就是说，燕山山前相当广阔的平原及丘陵仍处在海水之中。大孤山贝壳形成时期，正是海岸停止进退（或缓慢变化）的时期，我国北方气候相对稳定，正与距今6500～5500年黄帝、炎帝、蚩尤、共工等方国集团间大规模战争时期相吻合。

4. 湖泊河流水域的变化

冰河期后，随着陆地覆冰线的北退，极地寒冷气团南下的强度及距离也相应降低和缩小，冷暖气团交汇而形成的多雨区也相应地北移。雨区进一步北移之后，原有的多雨区便进入相对的少雨干温或干寒区。由于各地的地形地势不同，植被原状及改变速度不同，降水的分布量及高峰出现的年限便有较大变化，用一个统一的模式概括范围较广大的地域恐难实现。北美和欧洲北部在距今8500～6000年、5000～4900年有两次寒冷多雨的气候期，其原因是经向环流活动增强，陆地温度迅速降低，降水量明显增加，洪水经常泛滥，中纬度地带广泛发生河流侵蚀。这两次寒冷多雨气候期，与我们见到的图1.6的温度曲线中距今9000～8200年、7300～6900年、5600～4800年三个低温期相近，只是距今8500～6000年这一区间与其他许多研究结果相比过于粗糙。胡镜荣[18]认为距今9000～8500年、6000～5500年为华北平原的两个寒冷多雨期，与图1.6温度低谷有较多的契合。此期为河流活跃期，前一个寒冷多雨期气温较低，雨量较大，河流流量与流速也较大。后一个寒冷多雨期，气温较前一个为高，降雨量却有所减少，河流流量减少一半，流速也相应减少。华北的河流几乎都来自西部、北部山地，甚至更远的西北高原，它们的水情应在一定程度上反映了西北高原、太行山、阴山及燕山山地的降水状况。

这一时期，我国北方古人群面临降水较多，河流水量较大、流速较快的状况，但河流的丰枯变率较小，洪峰年际变化也较小。我国最大河流长江荆江地段距今4500～2200年间，历时2300余年，洪水水位仅上升0.2米，平均每年上升0.0087米[19]，上升速度极为缓慢，是一个洪峰流量年际间相对稳定时期。这种稳定除降雨量年际之间变幅较小外，主要是聚水区植被良好，枯枝落叶层深厚，蓄水能力强，丰枯调节作用大。所以这个时期所有河流携带的泥沙含量都很少。人们都知道黄河最早仅称“河”，《诗经》中关于“河”的篇章着实不少：“谁谓河广，一苇航之”“泛彼柏舟，在彼中河”。其中有一首人们都熟悉的“坎坎伐檀”：“坎坎伐檀兮，置之河之干兮”“河水清且涟猗”“河水清且直猗”“河水清且涟漪”，这是歌颂“黄河”当时不仅清澈，而且翻着波浪、打着旋涡奔流而下。这首诗为“魏风”，是西周初期分封于黄河与汾水之间的魏国的“采风”。魏后来被晋献公（公元前676～公元前651年）所灭。这就是说黄河在距今2700年以前是清澈的，其原因是两岸生长着高大的树木。

由于植被良好、枯枝落叶层深厚、蓄水能力强，华北西北部的桑干河也应是丰枯比率较小、水量丰盈。桑干河在汉唐以前是可以通航的[20]。元代的著名的《运筏图》记述了当时水量充沛、河道宽大，又记载了桑干河上游森林遭受严重破坏的情景。距今8000～4000年我国古代人群面临冰河期后气温升高、雨水充沛、河流纵横、湖泊星罗棋布的自然环境。湖泊沼薮是重要的生态资源库。许多河流流入低洼地带便形成串珠状的众多湖沼及湿地。对于《黄帝之研究》相当重要的桑干河（其下游称永定河），其上游至下游之间就有着众多的泡沼。仅以今天北京市内为例，可见一斑。桑干河自太行山北侧出山之后今称永定河，绕过香山南侧，经石景山北折，过衙门口流向东山，经田村，在紫竹院附近形成一个沼泽湿地，再偏向东北在德胜门外向东南行，自此形成一大片沼泽湿地，一直留存至今，经修治后构成什刹海、北海、中南海半人工湖；进而东南向，过正阳门、芦草园，入龙潭湖湿地，在贾新花园流出城外。这是桑干河永定河段最古老的一条故道[21]，流淌处留下了一系列的湖沼，直到今天还没有被完全湮没。我国北方的湖泊都与河流不可分割，北京市内现存的湖泊既是河流的故道，又是远古以来的河流积水区。还有一些湖泊是河流的尾端所形成的内陆湖，现今的青海、岱海，历史上的居延海（西海）、北海，皆属此类。

我国北方众多湖泊都经历了收缩、膨胀、再收缩的过程，类似海水撤退，涨进、再撤退。近万年湖体变化，研究得较明确的是白洋淀。它可以作为我国北方湖泊在地质时期演变的一个典型。在玉木冰期（我国称大理冰期）时，西伯利亚冰川、冻土扩张，冬季季风特别强劲，中国东部季风区各自然带向南移动达纬度4°之多。白洋淀地区处于冰缘气候带的前缘，在这样的气候条件下，白洋淀基本干涸。距今7500年之前，由于寒冷气团衰退，东南部湿热气团时常进入华北地区，致使气温升高、雨量增加，一度干涸的白洋淀首先在低洼处兴起，这些湖底一般埋深20～40米。此后，由于海水西进，并达最大程度，海面上升使地面坡度变缓、河流流程缩短，也使近海河流由侵蚀转为堆积、曲流发育、流水不畅、低洼地带大面积积水成湖。加之气候进一步温湿多雨，河流水量丰富，促使白洋淀水域面积扩张到近万年来的最大范围[22][23]。距今2500年以后，由于气候向温凉偏干旱方向转化，更由于河流中上游山地自然植被的严重破坏，白洋淀周围的众多河流携带的大量泥沙淤积在白洋淀及其周边，致使白洋淀极度收缩，并且破碎成97个大小不一的泊淀，总面积只有366平方千米，不足其扩张最大时的1/10。这就是说，古代文献中记述的众多湖泊，都经历了一个相似的过程，有的甚至已经湮没。比如《山海经·海外南经》中的青水，即后来的圃田泽，现今已不复存在。《山海经》中的与黄帝有重要关联的北海，现今也已基本不复存在，破碎成数千个大小不一的淖沼。

5. 中国古人群面对的动物资源

由于动物有骨骼存在，且古人群遗址留下了许多关于它们的宝贵资料，通过它们，我们可以较清晰地了解到古人群利用动物的种类、数量；结合遗址出土的工具，我们可以进一步判断古人群与动物的关系，特别是可以深入讨论古人群社会发展的阶段。距今12000～8000年间，即冰河期后迅速增温的初期，我国古人群处于初始定居生活阶段。这时我国古人群有三个突出特点，一是由于刚刚萌生农业和定居生活，群体内人口密度不大；二是渔猎工具原始；三是由于固定在一个地区（搭盖简易的遮蔽风雨的窝棚），渔猎活动半径有限。分析距今12000～10000年的仙人洞（29°N，117°E）、神仙洞（31°N，119°E）、南庄头（29°N，116°E）、青山头（45°N，115°E）等遗址可知，当时捕获的动物都是以易于围捕的鹿类为主。如仙人洞遗址，鹿类占88%以上，野猪及犬科的狐、狼、貉较少。从神仙洞与青山头遗址可知，当时人群捕获物中也以鹿类为主，鼬科的獾类和鼠科、鼢鼠科的中小型动物的种类较多。从经纬度可知，我国从东到西，从南到北，古人群捕获的动物种类十分相近，表明距今12000～8000年我国古代社会发展有着明显的同步性，且是石器和陶器的相近也可证明这一点。

表1.1　距今8000～6000年中国古人类遗址动物群

遗址名		甑皮岩	河姆渡	石子山	姜寨	左家山
经纬度		25°N 110°E	30°N 121°E	34°N 117°E	34°N 109°E	45°N 125°E
距今（年）		8123～7670	6595～6319	6900	6740～6480	6886～6723
动物名称（名后数字为遗址兽骨存量）	鹿科	梅花鹿100	梅花鹿	鹿类353	梅花鹿48	东北狍40
		麂100	麋鹿		麂19	斑鹿15
		漓江鹿4	水鹿、赤麂		獐21、麝3	獐5
		水鹿1	獐、小麂			
	野猪					野猪18
	家养	猪67	猪	猪194	猪85	猪18
				牛32	黄牛2	牛1
					犬2	犬2
	其他	水牛100	水牛			
		狐、貉各1	犬、貉		貉5	灰狐8
		猫3、豹1	虎		猫1、虎1	虎4
		大灵猫1	大灵猫		豺1	
		小灵猫1	小灵猫			
		椰子猫1	花面狸			
		苏门羚1	青羊		黄羊2	马1
		獾3	猪獾	獾2	獾	
		亚洲象1	亚洲象			
		猴2	猴类			
		豪猪2	豪猪、穿山甲		刺猬1	
					中华鼢鼠4	鼢鼠2
			黑熊		黑熊2	
			水獭		兔1	水獭3
		中华竹鼠1			中华竹鼠2	
		褐家鼠1	黑鼠			
		板齿鼠1				
		鸟类	鸟类		鹤、鸡、雉各1	鸡14
		龟鳖类			鹈鹕1	鳖3
	鱼贝	鱼类	鱼类	鱼类1	草鱼2	鲶鱼2
		贝类	贝类	贝类46	鲤鱼2	蚌类
家养动物/陆生动物		0.21		0.64	0.42	0.16

表1.1给出的是距今8000～6000年中国古人类遗址动物群的状况。这一时期，中国古人群遗址动物群有以下突出特点：动物遗骸数量大，种类多；普遍出现家猪饲养；各遗址较普遍地出现虎、豹、犀、象等难以捕获的动物，虽然应多是老、弱、伤、病个体，但也表明人群内人口数量增加，参与围捕行动的人数较多，一般30～80人，还表明围猎兽类的工具弓箭的普及其效力的增大。动物种类多、数量大表明古人群对动物的生态特性认识得更加深入，由于认识深入才有了捕获幼猪、幼牛、幼犬、幼羊，并加以成功的人工饲养等活动。人们在追逐与捕获幼兽的长期实践中，逐渐认识到哪些动物可以驯化；哪些幼仔在断哺之前捕到、断哺期捕到，还是断哺后一小段时间捕到后易于驯化，于是捕回后逐渐驯化成功。将某些动物的生态野性驯化成家养生态特性，这是古人群的又一个重大的科学成就。从这一时期家猪多数为一龄幼体推断，此时古人群驯养动物的最高科技成就，是开始熟悉并认识到野猪的产仔地点、产仔时间、哺乳期，尤其是断哺期。由于有了对野猪群的生育特性的初步科学认识，才能将捕回的一定数量的不需人工哺乳的野猪饲养长大。未进入断哺期的幼仔捕回后，不易饲养长大，只能吃掉。一龄野猪饲养，进而过渡到二龄、三龄成猪加以留存，从而开始了家猪群的形成。由猪及犬、及牛、及羊，甚至及马、及鸡，这是半农牧半渔猎经济阶段，即"以佃以渔"时期必经的过程。

袁靖在《论中国新石器时代居民获取肉食资源方式》（《考古学报》，1999年第7期，1～22页）一文给出姜寨后期（距今5500～4950年）、崧泽（距今6123～5748年）、圩墩（距今5877～5509年）、西王村（距今5650～4950年）、大汶口（距今6022～5983年）、大溪（距今6350～5250年）、案板（距今5380～4800年）、石岭下（5452～4800年）、班村（5950～5550年）等距今6000～5000年九个古人类遗址动物群的情况。从中可以见到如下特点，其一，一部分遗址中野生动物数量趋于极少，表明遗址附近相当距离内已无这些动物可捕，或因农田开垦，或因森林过渡樵采，或说明遗址内的粮食与牲畜数量已够遗址内人们分享。这一时期是我国母系氏族社会最繁荣，也恰是其向父系氏族社会转化的时期，由于物质的丰余，确保了一夫一妻家庭式生活的形成与逐渐发展，从而导致母系氏族社会的崩溃和父系氏族社会的出现及发展。其二，从物质基础与能源基础角度评述，家养动物几乎囊括了现今存在的所有种类。其种类之多、数量之丰是一个不可忽视的条件。由于社会发展不平衡，虽然各遗址都处于距今6000～5000年间，但家畜数量与其占遗址所发现的动物总数的比例明显不同，计算结果表明，崧泽为0.30、大汶口为0.50、案板为0.61、石岭下为0.81。有些遗址或因野生动物资源丰富，或因家养动物数量不足，渔猎活动仍占主要地位，社会转化也处于较低时期。中国远古社会只有到了距今5000年左右，粮食生产与家畜饲养才达到足以保障父系氏族社会稳定并迅速发展的水平。

（三）考古学确认的距今1.3万～0.4万年的历史时期

这里的考古学是指近代历史时期、专业考古人员所进行的严格而系统的田野考古科学。大范围的考古活动打开了远古人类生存活动的历史大门。距今1.3万～0.8万年是中国远古史中十分特殊的一个时期，地质学上称其为玉木或大理冰期末，考古学上称其为旧石器时代向新石器时代转变时期，或称中石器时代。这一段仅有4000多年的岁月，同其前后相比，匆匆而短暂。可是就在这个时期，在中国远古大地上，弓箭得到广泛的传播；陶器从南到北皆有发现；虎头梁等遗址出现了疑似窝棚式定居点；峙峪遗址与贾湖遗址出现了最早的一批骨刻符号及图案，其中柿子滩遗址栩栩如生的岩画应是这一时期图画文字的经典之作。且柿子滩岩画清晰地告知我们，早在它之前的久远的时期，华夏远古人们已经有了自己的天文学；这一时期各地皆有以老祖母为统领的人群从旧石器时代迈向新石器时代，流传最为丰富的女娲造人、女娲补天、女娲断鳌足定四极等神话是这个时代的真实写照。

当我们走近距今8000～6500年众多的遗址，不能不惊叹，几乎无一处不存在诸多的趋同。首先，它们都已进入初始定居、半农半牧新石器阶段，石磨棒（球）的磨制、陶器的制作、家猪的饲养、渔网编制、纺轮的存在、弓箭的使用、半地穴式房屋的建造、有孔玉器的琢磨，尤其是不同形制的土葬等，皆具备明显的趋同性，完全可以称其为具有统一性，甚至许多事物的发展演化过程都是相同的。由于西南、西部及北部连绵的高大山体的阻隔，东部、东南部海洋的广袤，可以认为远古华夏大地基本处于封闭状态。在东西、南北各3000多千米的广大空间内，仅距今8000～6500年间就涌现出众多遗址、诸多事物的趋同，不能不催促人去思考是什么原因造成的。

首先是定居地的分布格局。古人群定居地没有足够数量、足够的密度及合理的距离，不可能实现定居地之间信息的较快交流，也就不可能有如此广阔空间内、如此众多事物的趋同。华夏远古遗址几乎皆依山、傍水、靠林、居平阜。定居区内有充分的多样化的食物来源。这一切又必须由地形地势、局地气候（甚至小气候：光、温、风）、河湖水泽及森林草薮决定。按50千米一条边，将华夏大地划分成50千米×50千米的网格，其中至少有3000个网格，每个网格内有一处具备远古人群所需要的条件。当冰河期后大地转暖时，古人群迅速发展，远在距今1.2万～0.8万年，便已逐渐形成了古人群定居地的分布格局。若3000个网格中至少有1/3已有远古人群定居，每个定居地平均按30人计，当时应有近3万人；若每个定居点80人，则有8万人。

再者，华夏大地的人群应源于相近的人猿类群，它们具有相似的禀赋和天性，具备相似的遗传特质、生态特性及社群思维。定居人群与定居人群之间兼容性较强、排他性较弱。只有这些本性，才能在较短时期内，使定居地之间的信息得以更快地交流。三者，在距今1.2万～0.4万年，由于冰河期后气候仍有200～500年的较明显的波动，特别是海进、海停、海退，雪线上移及下推，湖泊扩张及收缩，暴雨区南移或北进，迫使定居初期的人们放弃家园，实施较长距离的移居，加速了人群组成的混合，也更新了各居群内的生产技能及生活知识，促进了大面积、多种事物的趋同。

由于距今1.2万～0.8万的弓箭、陶器、草棚、农耕等的趋同，特别是距今8000～6500年间的大范围的多内容的趋同，奠定了距今6500～5000年更广泛更深刻的统一，从而为距今6000～4500年的华夏的政治、经济、军事上的第一次大统一提供了充分的准备条件。在距今1.2万～0.4万年诸多科学技术趋同中，柿子滩岩画记述的北斗天文学、贺兰山岩画给出的女娲之肠天文学及老官台遗址的四分彩陶钵开创的八卦科学，在距今6500～5000年得到了广泛的传播，并特化成天圆八卦、地方八卦图及八角纹等符号，从而进一步产生了赤道天文学。这就是《黄帝之研究》的核心内容。

1. 中石器时代

中国远古史明确划分为旧石器时代与新石器时代，旧石器时代向新石器时代过渡时期，有人称其为新石器早期，有人称其为旧石器晚期，还有人称其为中石器时代，一般认为距今1.3万～0.8万年。这一时期至少有七个突出的特征。其中磨制石器，局部磨光，张宏彦（2003，113页）认为磨制石器出现在距今1万年左右。磨光石器中较精致的已安上木柄，有的钻孔穿绳。有些遗址出现砍伐器、石斧、石锛、石磨盘、石磨棒等农业用具。

陶器是这一时代的新生事物。陶器是利用火的威力改变事物的物理化学性质而制造出的新事物，出现在距今1万年左右，虽然火候低、质地粗糙、吸水性强、器形简单，但具有传播快、分布广、文化区域间差异显著等特点。华北发现的最早的陶器在距今1万多年的徐水县南庄头遗址；华南发现的最早的，见于江西万年仙人洞和吊桶环、湖南道县玉蟾岩、广西桂林庙岩遗址。当时陶器制造工艺比较复杂，以陶土加水及羼合料，手工成形，阴干，放入专门挖造的窑内烧制而成。陶器能在短短一两千年内迅速普及，表明在1万年以前的古人群中已经有了必要的信息沟通机制。

旧石器中期以前的古人群，在寒冷的北方能够长期定居，必须有山洞（或相应的居所）、火及足够的食物，三者缺一不可。中石器时代的古人群走上草原，虽然可能是暂时的、短期的定居，但躲避风雨及防御冬季或寒冷的夜晚必须有相应的居所，这是定居的先决条件。用较细的树干、树枝、树叶、茅草及兽皮等材料搭建窝棚居室，应是旧石器中后期人类文化的主要成就之一。遗憾的是，很难见到这些建筑材料的遗容。但是，若没有它们就不可能有初始定居的生活及以后的半地穴式居室，更不可能有初始农业、牧业的发生发展。

史前农业发生期，在距今1.2万～0.9万年。这时的农业是“砍倒烧光”“火耕农业”，不翻土耕作，播种前将草、木砍倒、晒干、烧光，然后撒播或挖穴播种。江西万年仙人洞和湖南道县玉蟾岩遗址都发现1万年前的稻谷花粉和硅酸体，玉蟾岩还发现几粒稻谷。河北徐水南庄头遗址发现1万年前的加工谷物用的石磨盘、石磨棒等。南方以稻作为主，北方则以粟、黍为主。粟为谷子，加工后为小米；黍为糜子，加工后为大黄米。农业的出现，必须以相当稳定的定居场所为前提，否则必是只种不收。

家畜饲养也起源于这一时期，它的前提是弓箭的普及、食物的剩余、及劳力可以分流。弓箭普遍使用，人们狩猎成功率增大，所获猎物种类增多、数量增加，且对猎物的生物习性也逐步熟悉，当猎物有剩余时，人们可以偶尔暂时豢养幼兽，特别是在剩余粮食食物或有一定剩余劳力时，豢养动物的事业由个别的、暂时的发展到经常的有一定数量时，家养业就出现了。广西桂林甑皮岩遗址猪骨骼65%的个体年龄在1～2岁，比自然寿命10岁小得多，犬齿和颌骨发育较弱，可能是家猪。河南舞阳贾湖遗址距今9000年，11条狗分别埋在居住地和墓地里，狗可能是最早被驯养的动物。陕西临潼白家村遗址有完整的狗骨架，渭水流域也可能是最早驯化狗的地域。贾湖黄牛骨被鉴定为家养。

人群自身的生产在此期间应经历三次重大的变化。一是不固定的两个氏族族外婚。因初始定居生活，必然转变为固定的两个氏族的族外婚，这是第二次变化。而此时，由于初始定居必然因粮食、家畜资源有限，不能供养过多的人口，一般只能是20～30人在一起活动，最多也就是50～80人，这是一个以血缘纽带联结的两个氏族群体。如果这个群体选择的立地条件优良，经过20～80人共同努力，10～20年就会紧迫地感到人手不够：经常要有足够的人力出外渔猎；定居点内还要磨制石器，特别是制造箭镞；制作陶器；获取及搬运木材；豢养幼兽；采集食物；春秋两季修缮窝棚等，因此，增加人口数量成为群体内人人关心的大事。这时，由于两个氏族之间男女配对性交关系不固定，所以很快就会发现后代兄弟姐妹之间又可能出现群婚问题，这便是初始定居人群的第三个难题。在第三个难题的压力下，各氏族群体逐渐转变为族外对偶婚。第三个难题的解决也会在人类历史上留下深刻记忆，对“女娲造人”的传诵应与此有关。我们认为这应是中国远古史的女娲时代。

2. 大地湾文化时期

由于中国古代人群分布空间的广域性和历史连续时间的久远性，考古界划割的“文化”分期纷纭复杂，有时又各执一词，莫衷一是。就距今8500～6500年我国历史背景而论，现已发掘的遗址中，时间久远、连绵性强、内容丰富而全面的应属大地湾。我们这里将距今8500～6500年这一时期统称为“大地湾文化时期”，以期与古史记载的初始八卦出现的伏羲时代相吻合。属于这一时期的文化遗址有磁山、裴李岗、查海–兴隆洼、后李、彭头山（皂市、大溪前期）、河姆渡、马家浜、李家村等众多遗址。从这些遗址中，我们可以见到远古时代生产技术、科学文化的诸多趋同性。表1.2给出了各个方面的质的趋同性。

首先是时间的基本相近，这些遗址皆处于距今8500～6500年，河姆渡遗址则晚延千年。再者，陶器。陶器皆用泥沙成型，以窑烧制，泰山、太行山、洞庭湖、杭州湾皆以泥条盘筑；燕山北侧的，泥圈叠接，其技术要领应与泥条盘筑相近；至于大地湾一期出现的贴模制型，应是这一时期最初始的制陶技术。第三是普遍的谷物生产。北方旱制农业几乎皆是黍、粟；南方则为稻，而南北方交接处则出现稻、黍共存，表明农作技术有着地域性的统一。第四，在石器制作方面，几乎北方主要遗址皆发现石磨盘和石磨棒，即或形制有所差别，但基本功能可能相近，这是一个特殊的带有广域的统一性的技术。第五，渔网。从六盘山西（陇西）、燕山南北至洞庭湖、太湖等，如此遥远的地域间隔，都有网坠，表明编织渔网和使用渔网的技术也有广域的趋同性。第六，纺织，从西北到西南，陶、石、木纺轮的存在，表明纺织技术在距今8000～6500年已出现了广域的趋同性。第七，弓箭的普遍使用。弓箭的发明是人类征服自然，在物理科学方面的一个重大的升华和飞跃。弓和弦两者结构成一体，依靠它们的反作用力，创造出人类前所未有的武器。它不仅具备链球、标枪和掷石块的有效击中远方目标的特性，更减少了人们的体力消耗，加快了连续发射的速度，提高了击中目标的准确性，增大了对野生动物的杀伤力。这是大地湾时期第七个，也是从东到西、从南到北诸多遗址中皆出现的事物。第八是房屋建造。房屋建造是古人战胜自然的一个杰作。房屋建造以木柱为支撑，屋中央由无火堂发展到有火堂。除南方遗址很早就出现地面以上建房外，在这一时期，几乎所有北方建房皆为半地穴式。这一点也具有广泛的趋同性。第九，墓葬有趋同性，墓葬在世界各地的远古人群中，差异十分显著，有火葬、水葬、天葬（或鸟葬、兽葬）。我国距今8000～6000年的诸多遗址中，几乎皆以土葬为特征。无论有坑、无坑或深埋、浅埋，都是以土掩尸。还有一个较普遍的特征：墓地集中。墓葬不是一种技术，但却反映了人们对死亡的看法，是社会观念的突出反映，表明在中国远古时代已有着理念方面的深刻影响及广泛传播的过程。第十，琢玉。它是一种技术，但不是第一性生产，而是人们的艺术、甚至科学技术需求的反映，属于上层建筑范畴。在我国古代东方，从南到北都发现了玉饰和玉器。目前看来，西部地区距今8500～6500年的遗址尚未发现玉饰和玉器，但较普遍地出现了绿松石、石、骨饰器物。彩陶绘画也是上层建筑，从南到北，从东到西，虽然彩绘图案多种多样、各不相同，但以陶器为底质，以彩漆为画液，甚至皆以彩笔为工具是类同的。以上这些在距今6500～6000年纷纷出现在各处，这应是精神文化方面的趋同内容。

距今8000～6500年左右，应特别言及的是，有些玉器和陶器既不是生产工具也不是生活用具，更不是艺术品，有些历史学者称其为法器，其中有些物件实际是科学仪器，这也是上层建筑。大地湾文化的老官台遗址，在这一时期出现了陶钵内部彩绘条纹指向四方成十字形的器物。它是我国最早的一批四等分天地的量天度地的仪器，是八卦的前身，即古文献所谓的“初始八卦”，更是《黄帝之研究》的一个源头信息。《黄帝之研究》称其为伏羲时代。

除了这个“四分陶钵”较孤立之外，上述谷物、陶器、石器、渔网、纺轮、弓箭、房屋、穿孔玉器等都在这一时期于相当广阔的地域空间内出现，我们称其有着广域的趋同性。这深刻地表明，从距今8500年，一直到距今6500年，在此两千年间，在中国大地上曾经有过不止一次的生产技术、社会生活、科学技术及文化艺术方面众多信息的流通传递。各地相继进入初始定居的“以佃以渔”的阶段，相邻聚落的交往可能是信息流通的主要方式。但是较长距离的人群的缓慢的移动，如海水西进100～200千米，推动近海人群的西迁；湖沼膨胀迫使人群向高海拔地带移动等，也必是信息交流的重要条件。

总之，大地湾时期，中国先民在诸多方面的趋同性，为后续仰韶文化即神农时代的进一步趋同，奠定了相当有意义的基础。

表1.2　大地湾时期各遗址共同特征表（距今8500～6500年）

遗址位置	六盘山西	太行山东	嵩山周边	燕山北侧	泰山地区	洞庭湖西	杭州湾	太湖地区	汉水中游	桂林
遗址名称	大地湾一期	磁山	裴李岗	查海上宅–兴隆洼	后李北辛	彭头山皂市	河姆渡一期	马家浜罗山角	李家村	甑皮岩（上层）
距今（年）	8200～6900	7400～7000	7300～6600	8000～7000	7500～7000	8500～6600	7000～6700	6900～6700		8000～6500
谷物	黍、油菜籽	粟	黍、稻	?	粟	稻	稻	稻	稻、黍	芋、薯
石器	磨盘、磨棒	磨盘、磨棒	磨盘、磨棒	磨盘、磨棒	磨盘、磨棒	石磨棒	石磨盘、石磨球			
陶器	贴模	泥条盘筑	泥条盘筑	泥圈套接	泥条盘筑	出现泥条盘筑	泥条盘筑	手工制作		手工制作
渔网	石网坠		石网坠	石网坠		石网坠		陶网坠		石网坠
纺轮	陶纺轮		石纺轮 陶纺轮			纺轮 （城背溪）	石、陶、 木 纺 轮	陶纺轮		
房屋	半地穴	半地穴	半地穴	半地穴	半地穴	半地穴	木栏干式	地上		洞穴、贝丘
墓葬	墓地、坑	墓地、坑	墓地、坑	墓地、坑	坑	墓地、浅坑	墓地、无墓坑	墓地、土埋无坑		无墓坑
弓箭	骨镞		骨镞	石镞、骨镞	骨镞	石镞	骨镞	石镞、骨镞		石镞、骨镞
牲畜	猪、狗、 鸡、牛	猪、狗	猪、羊、 狗、牛	猪、羊		猪、牛、羊	猪、狗、羊			猪、牛
玉器	穿孔绿松石			玉龙、穿孔		玦、环、璜	玉块	穿孔玉块		
定向器物	四分钵									
耒耜	石耜		石耜					骨耜、木耜	骨耜	
刻划符号	陶刻符号		甲骨刻符							

3. 仰韶文化时期

越来越多的历史学者认同我国远古文化可以大致划分为东南、西南、西方、北方、东方及中原等大的区域。每个区域内有着相近的文化特征。一个区域内存在着文化信息的“交流”与技术统一过程。陶器、弓箭、渔网、房屋甚至土葬的趋同性，表明大的区域之间也存在着文化“交流”或影响，只不过尚未重视研究清楚这一“交流”及趋同过程。

距今6500～5000年，众多历史学者称其为仰韶文化时期。这一历史时期，我国大地上各个区域几乎都发生着母系氏族社会走向繁荣昌盛，并向顶极阶段发展。在这个时期，石器由天然锋利、少数磨制向全部磨制、锋利刃口转化；社会经济由以渔猎占50%以上向农牧业占50%以上转化；社会分工由人员、场所不明确划分向人员专职及分区明确转化；社会财富由公共所有、平等分配，经家族所有、家族内分配，向家庭私有、不平等分配转化；集团管理阶层由社会公推、没有特权，向财富占有者攫取领导地位并享有特权转化；婚姻制度则由族外群婚，经族外对偶，向一夫一妻转化；葬制由家族性、血缘性、平等性、男女分离性，向家庭性、亲缘性、不平等性、成年男女合葬转化；社会组织结构则由血缘集团向氏族邦国集团转化；这个时期的一个极为突出的特点是密集村落区向城卫邦国发展。城卫邦国的实质只能是保护集权者手中的私有财富，且仅在客观上起到保护多数人的作用。

从表1.3中可以看到，这一时期多数大的区域皆进入耜耕农业阶段。加之生产工具磨刃与穿孔，使生产效率大幅度提高、粮食产量显著增加。大量的剩余粮食的贮存，促进了劳动力分工的进一步发展，促进牲畜数量增多，最后促成了财富的集中与人群贫富的分化。土坑墓葬是中国古代取之不尽、用之不竭的历史文献宝库。随葬品由差异较小向富者种类多、数量大，贫者一无所有转化。这一时期的最后阶段出现了成年男女合葬墓，此为氏族社会的一个重大的质的变化，是阶级社会最小细胞——家庭迅速形成并进入发展阶段的铁证。陶器生产进入到慢轮修整或制作阶段，确保了制陶的质量和大批量生产，西北地区首先出现了大规模制陶场，大量的陶器生产不仅是为了自己消费，且应该是为了交换。于是可知《易经》关于神农时代的“日中为市”之记载不是凭空捏造，而是有史实可依。祭坛、祭祀坑、祭祀遗迹广泛存在，深刻地表明当时的人们集群信仰、统一理念已经形成，并且强化，为以后的围城邦国的出现及广域范围的统一战争奠定了强有力的思想文化基础。中华文化上游区间的三个极具特色的事物：圆、方祭坛，刻符卜骨、岩画与陶刻符号文字，八卦及其符号，在这一时期已经广泛出现。八角纹符趋于广泛分布。八角纹的统一，表明中国古代十分而广泛地重视这一个意义重大的事物。祭祀理念的普遍出现，表明整个中国古代大地的人们皆进入了一个相近似的社会阶段，但不同祭祀方式的存在又表明各地区社会理念存在着显著的差别，这在以后远古大统一中又分别起到重要的作用。理念的相近有助于统一；社会观念的差异又有助于那些具备推动社会前进的观念的邦国集团兴盛发达。总之，仰韶时代所取得的社会各个方面的成就，为黄帝时代的到来奠定了全面雄厚的基础。黄帝时代铜器的出现、贫富阶层分化的发生并形成、父系氏族社会萌发、大规模战争的出现，皆从仰韶文化即神农时代发展而来，这正是《易·系辞》记载的“神农氏没，黄帝、尧舜氏作”的历史过程。

表1.3　仰韶时期（距今6500～5000年）各遗址共同特征表

<table>
<tr><th colspan="2">遗址
内容</th><th>仰韶</th><th>后岗一期
石岭下</th><th>大河村</th><th>赵宝沟
红山</th><th>大汶口
早期</th><th>大溪</th><th>崧泽</th></tr>
<tr><td colspan="2">石器</td><td>磨制具刃</td><td>磨制具刃</td><td></td><td>磨制穿孔
具刃</td><td>磨制穿孔
具刃</td><td>磨制钻孔
具刃</td><td>磨制穿孔</td></tr>
<tr><td colspan="2">新农具</td><td>石镰、石犁</td><td>石镰、石犁</td><td>石镰、石犁</td><td></td><td></td><td></td><td>石犁</td></tr>
<tr><td colspan="2">制陶</td><td>盛行轮制</td><td>轮制，红顶碗?</td><td>慢轮修正</td><td>红顶碗</td><td>轮制</td><td>慢轮修整</td><td>出现轮制</td></tr>
<tr><td colspan="2">分工</td><td>明显分工完成</td><td>分工</td><td></td><td></td><td></td><td>男女分工</td><td></td></tr>
<tr><td colspan="2">剩余财富</td><td>贮窖</td><td>贮窖</td><td>贮窖</td><td>贮窖</td><td></td><td></td><td></td></tr>
<tr><td colspan="2">婚嫁</td><td>一夫一妻</td><td></td><td></td><td></td><td>一夫一妻</td><td></td><td></td></tr>
<tr><td rowspan="2">墓葬</td><td>葬式</td><td>单人葬
双人葬</td><td>单人葬</td><td>单人葬</td><td></td><td>出现双人葬
男女合葬多</td><td></td><td></td></tr>
<tr><td>葬品</td><td>贫富差距大</td><td>多者数十件
少者1～2件</td><td></td><td></td><td>多者60件
少者0件</td><td></td><td>多者20～30件
少者1～2件</td></tr>
<tr><td colspan="2">房室</td><td>对偶单间</td><td></td><td></td><td></td><td></td><td></td><td></td></tr>
<tr><td colspan="2">城堡</td><td>出现城堡</td><td></td><td>出现古城</td><td></td><td>晚期出现
古城</td><td>出现古城</td><td></td></tr>
<tr><td colspan="2">性宗拜</td><td>陶祖</td><td></td><td></td><td></td><td></td><td></td><td></td></tr>
<tr><td colspan="2">祭祀</td><td>城内祭坛</td><td></td><td></td><td>祭祀坛、石钺</td><td></td><td></td><td></td></tr>
<tr><td colspan="2">文字</td><td>陶刻符号</td><td></td><td></td><td></td><td>晚期已有
刻文</td><td></td><td></td></tr>
<tr><td colspan="2">八卦</td><td>人面鱼八分盆</td><td>西水坡八角纹
玉制法器</td><td>鹳鱼石斧
图</td><td></td><td></td><td></td><td></td></tr>
</table>

4. 龙山文化时期

龙山文化处于大汶口中晚期（距今5000～4500年）、屈家岭前期（距今5070～4635年）、庙底沟二期（距今4780±145年）、良渚早期（距今5000～4500年）、马家窑（距今4500～4400年）、大河村（距今5300～4800年）、陶寺前期（距今4500年）、红山前期（距今5000～4500年）等诸文化遗址给出的时间区段。野外考古注重对石器、陶器、房屋、窖穴、墓葬、饰物、动物骨骼、植物残留体等物件的调查考证。龙山文化以前的新石器时代的主要考古内容如此。龙山文化时期则增加了诸多新的内容，如与铜有关的器物、父系氏族社会的突出特征、雨后春笋般在各地形成的土城、目前很少能够识别的古老的“天书”、战争（关于战争，历史界尚少见有专门的论著）。

更久远之前没有埋葬死者的习惯，《孟子·滕文公》记述：“盖上世尝有不葬其亲者，其亲死，则举而委之于壑。”孟子是在叙述墨子关于治丧厚薄之争时讲这一段话。“上世谓太古”，即太古时弃尸于沟壑。进一步发展，如《易·系辞下·二章》所述：“古之葬者，厚衣之以薪，葬之中野，不封不树，丧期无数。”封土墓葬应是从旧石器时代晚期开始，逐渐演化发展，到龙山文化时期，中国古代长期延续的墓葬制度进入一个新的阶段，且基本定型，其中包括男尊女卑、官民有别、贫富差异的社会等级制度的映像。就墓葬本身而言，有墓穴大小、随葬品的多少特别是葬具的形式的差距。

自有墓葬以来，土葬一直是华夏大地的最主要埋葬形式。在距今7500～6500年间，男女分葬，同性合葬，随葬品少而趋于均等，少有男女合葬，无葬具（仅发现半坡遗址M152墓穴四壁曾有木板痕迹。张宏彦，219页）。少量的随葬品，说明个人手里有了一点儿属于自己的物质产品。距今7000～6000年，同性合葬墓消失，多为单人葬。距今6000～5000年单人葬墓穴明显分化出大、中、小之别，大、中型墓穴随葬品多而贵重，小墓几乎无随葬品，有则仅是生产工具与极简单的生活用具。这一时期出现了年龄相若的成对男女的合葬墓，并且开始出现了棺椁葬具。距今5000～4500年，葬具有了相当普遍的发展。

位于东北方的红山文化，以石板和石块砌筑石棺为主。位于东中部的大汶口文化晚期及龙山文化早期，各个遗址区都发现一些具有葬具的墓，有的是木椁，有的石椁。位于西北的柳湾遗址半山类型（公元前4650～公元前4350年）的257座墓葬，广泛使用木质葬具。这就是说，中国远古，葬具的使用时间起于距今6600年左右，泛滥于距今5000年前后。这是《黄帝之研究》不可忽视的一个内容。据《商君书·画策篇》所记：“黄帝之世，官无供备之民，死不得用椁。”可知，黄帝时代已经有了管理百姓的“官”，且“官”死了“不得用木椁”。椁，棺材外面套的大棺材。黄帝时代为距今6500～5500年间，葬具已有相当普遍的发展，黄帝约令“官”死不得用“椁”，具有明显的时代特征。

一夫一妻父系家庭的出现，与剩余财富个人占有的私有制同时降生。粮食、牲畜、陶器、玉器、石器等为物质财富；科学技术、艺术及文字应属于精神财富。众多的历史著作关注了物质财富的剩余和占有。庙底沟二期（距今4900～4500年）侯马乔山底遗址发现两座大粮仓，容积分别在25立方米和40立方米以上。庙底沟二期遗址（距今4800年）26个灰坑中出土的家畜骨骼，远远超过该遗址仰韶文化时期168个灰坑中家畜骨骼的数量，二者至少相差8倍。家畜的种类也有所增加。陶器的大批量生产，以河南商丘红山庙为最典型，随葬时用136个瓮缸存放在一起，在生产能力和速度方面远超过该氏族当时所需用的数量。物质的较多剩余，直接促进社会发生两个方面的深刻变化。一是交换的加强，二是私人占有的普遍出现。由于久远的根深蒂固的死人和活人会过着同样的生活的观念，墓葬直接反映着社会的实际情况。墓葬所反映的私有制的形成，具备以下特点，一是大、中、小墓制等级形成，它是由死者生前社会财富占有量决定的；二是随葬品的数量和质量的绝对差异，它也是由生前社会财富占有量决定的；三是大墓的数量小于5%，这是一个十分突出的指标，它深刻地标示被少数人占有着社会财富的绝大部分。这是一个自私有制产生以来，至今仍没有改变的严酷的现实，是没有任何办法可以否定或掩盖的铁的证据。

仰韶文化时期，从葬制变化已清楚看到母系氏族向父系氏族的转化。仰韶文化初期，普遍见到的是多人二次合葬墓。人们的习俗、观念及葬事形制皆较为相近。仰韶文化中晚期，较多地区大量出现单人一次葬，表明社会中关于母系大家族的习俗、观念及形制都发生了质的变化。仰韶文化后期与龙山文化初期出现的男女双人合葬墓，表明以男人为主的一夫一妻的习俗、观念及形制已开始形成。父系氏族社会的本质性标志就是一夫一妻的家庭制。龙山文化前期，父系氏族制已经形成。龙山文化中后期，较多地方出现的陶祖、石祖，则是整个社会理念对父系氏族社会的确认。许多岩画中将男根及绘有男根的人都画成宽臂高大的“大人”，标示着整个社会已完成了对男性的崇敬。

父系氏族社会的经济单位是家庭，家庭内的分工是丈夫获取食物及制作劳动工具，因此劳动工具的所有权归丈夫；丈夫也是新的食物资源家畜的所有者，甚至后来的奴隶也归丈夫所有。这时我们见到的随葬品中，作为生活用具的陶器，男女基本一致，甚至女人比男人还多；但劳动工具石器，男人几乎比女人多一倍。一些遗址中随葬的猪、狗，特别是猪下颌，也是男人比女人多。时间恰在距今5500～4500年，大汶口文化、崧泽文化、良渚文化等皆呈现这种特征。这证明，以男子为主的单一的家庭已经形成，且以男方家为依据的一系列的亲属关系也基本确定。

这时“亲属关系在一切蒙昧民族和野蛮民族的社会制度中起着决定作用”。“父亲、子女、兄弟、姊妹等称谓，并不是简单的荣誉称号，而是一种负有完全确定的、异常郑重的相互义务的称呼，这些义务的总和便构成这些民族的社会制度的实质部分。”可知，亲属关系是父系氏族社会制度的实质部分，在氏族的社会制度中起着决定性作用。正因为如此，《商君书·画策》第一段即阐述“神农既没，以强胜弱，以众暴寡，故黄帝作为君臣上下之义、父子兄弟之礼、夫妇妃匹之合”，制定了一系列父系亲属的社会制度。义者，仪也，即法度；礼，礼节；妃匹，关系。总之，其制度化了亲属关系的诸多礼仪。

《商君书·画策》保存了距今5000～4500年的即是后黄帝时代透彻而深刻的“作为”君臣、父子、兄弟、夫妇之间的法度，为父系氏族社会的内部关系的稳定给出了制度规范。这是难得的记载，更是黄帝对中国远古社会的诸多贡献中的一个十分重要的贡献，因为它是社会制度的实质部分，更是社会制度中起着决定作用的部分。

注 释

[1] 曾祥旺：《广西百色地区新发现的旧石器》，《史前研究》1983年第2期。

[2] 黄崇岳：《简论我国母系氏族社会的形成、发展和繁荣》，《史前研究》1983年第2期。

[3] 李壮伟：《山西化石人生存的自然环境》，《史前研究》1983年第2期。

[4] 吕振羽：《中国历史讲稿》，人民出版社，1984年。

［5］　李衡眉：《中国史前文化》，广东人民出版社，1996年。
［6］　C.E.P.布路斯克：《地质及历史时期气候变化的事实（上）》，《气象学译报》1957年第4卷第3期。
［7］　徐家声：《华夏古陆的沉浮》，海洋出版社，2001年。
［8］　陆巍、吴宝鲁：《试论第四纪晚期中国古人类三次迁移与气候变化》，《地理学报》1997年第52卷第5期。
［9］　陆巍：《中原新石器文化与古气候的关系》，《地理科学》1999年第19期。
［10］　张鸿义：《北天山第四纪古冰川作用的研究》，《第四纪研究》第55～70页。
［11］　田广金、〔日〕秋山进午：《岱海考古（二）》，科学出版社，2001年，第4页。
［12］　杨志荣：《我国北方农牧交错带人类活动与环境的关系》，《北京师范大学学报（自然科学版）》1996年第3期。
［13］　施雅风：《中国全新世大暖期气候与环境》，海洋出版社，1992年，第1～120页。
［14］　郭旭东：《晚更新世以来中国海平面的变化》，《地质科学》1979年第4期。
［15］　王一曼：《渤海湾西北岸全新世海侵问题的初步探讨》，《地理研究》1982年第1卷第2期。
［16］　耿秀山：《中国东部晚更新世以来的海水的进退》，《海洋学报》1981年第3卷第1期。
［17］　中国科学院贵阳地球科学化学研究所第四纪孢粉组、^{14}C组：《辽宁省南部一万年来自然环境的演变》，《中国科学》1977年第6期。
［18］　胡镜荣、石凤英：《华北平原古河道发育的环境条件及其沉积特征》，《地理研究》1983年第4期。
［19］　周凤琴：《荆江近5000年来洪水位变迁的初步探讨》，《历史地理》1986年第4期。
［20］　史念海：《黄土高原主要河流流量的变迁》，《中国历史地理（第22辑）》，1992年，第27页。
［21］　李宝田、郑平：《河流的赠品，劳动的丰碑》，《燕京春秋》，北京出版社，1982年。
［22］　王会昌：《一万年来白洋淀的扩张与收缩》，《地理研究》1983年第2卷第3期。
［23］　王乃昂：《历史时期甘肃黄土高原的环境变迁》，《历史地理（第八辑）》，上海人民出版社，1990年，第16～32页。

二、天　书

许多人对“天书”都有定义，归纳起来，不外乎：远古留下的文字记述，当今尚一时难以释读者。《黄帝之研究》所要言及的“天书”主要是关于远古历史上发生的重大历史事件的记述，其中还包括长期以来似是释解了的，实际上被严重歪曲误读的那些文献材料。冰河期后，近一万年左右，远古人群中发生了一系列重大的历史事件，如对人口繁荣昌盛规律的掌握、弓箭的发明制造及推广、陶器的烧制及普及、定居生活及居住场所的解决、农耕及畜牧的萌芽，特别是与定居及农耕生活相伴的原始天文学的出现。这些重大事件给初始定居人群的生产及生活带来了巨大的变化，在他们的心灵深处产生强烈的印象，于是他们千方百计地记述这些事件，并刻意长久留存。这些记述，从1万多年前转抄翻版到5000年前，再从5000年前转抄翻版至2500年前，便到了对中国文化史有着重大影响的春秋时代。百家争鸣的气氛，陶冶了一批出类拔萃的英才，哲学方面有老子李耳，历史科学方面有左丘明，军事科学方面有孙武，文学方面有不知名者编著的《诗经》、天文、数学及卜筮混杂在一起的《易经》，还有社会伦理道德方面的孔子。孔子将他以前的中华文化划分为两大类，一类是社会伦理人常，他将这部分文化发扬光大，其影响长久及于后世；另一类被他称为“怪、力、乱、神”。《论语·述而》明确申明：“子不语怪、力、乱、神。”这些“怪、力、乱、神”文化，我们从司马迁那里“余不敢言”得之，《山海经》中充满了它们。从此，便注定了这批巨大的文献信息的悲惨命运。

倘若从一万年前记起，到2500年前的孔子为止，那些充满“怪、力、乱、神”的记述，至少历经了7500年。这7500年间的“怪、力、乱、神”到了汉武帝“罢黜百家，独尊儒术”这“一场灾难和持久的不幸”之后，基本上被排挤于正统经典殿堂之外，甚至大量地被摒弃。当“五经四书”同科举考试、升官发财、光宗耀祖紧密地长期地联系在一起时，驱使一大批文人成为那几本“五经四书”的囊虫，成为四体不勤、五谷不分的封建社会的卫道者。我们应当庆幸，在正统殿堂的沉重压迫下，竟然保存下来了《山海经》这部怪书，还应庆幸《逸周书》及《易经》等书中还残留了少部分被修葺的“怪、力、乱、神”内容。春秋战国时代，诸子百家在追宗问祖时也保留了少量的“怪、力、乱、神”材料，使我们有望回到被孔子的门生们砍去了的7500年前的那个时代，结合现代野外考古的大量信息，正确认识久远的祖先们的足迹。

天书要用文字书写，由于中国文字是象形方块字，实际应源于原始图画，有人称6000多年前的仰韶文化半坡遗址等处的陶刻符号是中国文字的孑孓。孑孓即幼芽。现今看来，陶刻符号、陶刻文字、陶刻及陶绘图画，只是中国文字源头的流脉之一。大量留存在悬崖峭壁上的岩画，也是中国文字的一个源头，而今发现的距今10000～9000年的柿子滩遗址岩画，应是这类源头的一个明证。殷墟遗址保存的大量甲骨文字，还发现于其他地区。这应属于兽骨、兽胛及龟甲刻划的文字之类。且这类文字目前最早发现于峙峪遗址，而峙峪遗址距今2.8万年，即，倘若按兽骨刻画图绘计，中国文字的源头应在距今2.8万年前，即人们开始发明创造弓箭但尚未制作陶器的时代。玉刻与金文虽然晚于陶刻与岩画，但也有许多天书留存至今。岩画、甲骨文、金文与部分陶绘皆属于象形文字。

"天书"专题未阐述《夏书》问题，但《夏书》是存在的。《夏书》的存在清晰地证明，在甲骨文之前有相应的文字问世，而且已形成《书》籍。《夏书》的存在可佐证《山海经》中关于禹夏之前诸王、诸帝的记述，其《大荒经》《海内经》《西次二经》《北次三经》《中山七经》记述了中国远古史上的一个众帝时代，其中"女娲之肠""有神十人""精卫填海"等皆是远古史中极其珍贵的信息。它们不是神话，更不是传说，而是有图绘文字记述的天书，长期以来被歪曲误读，掩盖了它们光辉灿烂的面目。《大荒经》中包含的中国远古天文学的"天书"，长期以来被淹没冷落，刘宗迪在《失落的天书》中给予了详细评述。在此，我们称之为"少昊天文学""七衡天文学"，它们应在世人面前展现自己的光辉。

（一）中国远古陶刻文字与陶绘天书

中国历史久远绵长，有连续，有间断，留下诸多疑云，是否有更加古老的"书"，现称"天书"传世，自汉以来争论不休。关于《山海经》是否为禹、益时代所作，各执一词。有这样一种看法：禹、益是信史时代，"当时还没有书写材料""人文历史全靠口头流传""原始时代能有书传世吗"？用现代人的"书"与纸这个"书写材料"的大众化了的观念，去拷问四五千年前甚至近万年的疑云，会收到相当广泛的实效。这个立论忘记了"书写材料"是逐步演化的。在汉代发明纸之前是用帛的；帛之前是用竹、木简的；竹木简之前是铜器；铜器之前是龟甲和兽胛；龟甲和兽胛之前是岩石和绝壁，同时，还有泥陶器壁。我们的先人留下了一批又一批的极其珍贵的用文字书写的历史材料，其中陶刻及陶绘文字及天书是重要的部分，是甲骨文之前的昙花一现！

实际上，骨刻出现在距今2.8万年的峙峪遗址，陶刻符号出现在距今7000年的大地湾遗址，贾湖遗址的甲骨刻符距今也已7000年左右。倘若认为岩画确是中国古文字不可缺少的源头，柿子滩岩画已有1.0万～0.9万年岁月。在中国远古文字发展演化过程中，陶刻与陶绘是一个相当重要的阶段。由于其操作较骨刻、甲刻及岩画容易，距今0.8万～0.6万年几乎所有聚落内皆具有烧制与刻绘的能力及条件。且其器皿还具有易于保存与传递的特性。所以，我们今天能够见到广泛分布的陶刻陶绘遗迹，见到从组字成句发展到组句成文，即天书的演化系列。陶刻陶绘在中国远古文字发展演化中功不可没。

1. 距今8000～6000年前的陶刻符号

中国陶器发明至少有12000年的历史，陶器不仅在盛水、熟食、贮藏等诸多方面改变了人们的生存状况，而且在文化艺术方面推动着华夏远古文明向更高层次发展。就我国文字发展过程而言，陶器留下了一批可保存的文字书写材料。目前发现的最早的陶刻符号，应属于距今8200～7300年（公元前6220～公元前5360年）大地湾遗址陶片上的刻划[1]。距今6000多年的西安半坡仰韶文化陶刻发现30多种符号。此后，相继在陕西临潼姜寨及二里头遗址发现类似的陶刻符号，柳湾遗址有陶器彩绘符号。虽然陶器上的每一个刻划较简单，但不是当时制作陶器的人们随意而无目的地刻上去的。众多研究过这些刻划的史学界人士皆认为这是中华文字的先导。“西安半坡出土的陶钵口沿上刻有符号，这些刻划符号，可以肯定地说就是中国文字的起源或者中国原始文字的孑遗。”“从陶器上的图形纹饰推测，当时还应有象形文字。”“从仰韶文化算起，我国文字已有六千多年的历史。”[2]就岩画文字而言，中国文字的历史可能更加久远。

王增永《华夏文化源流考》[3]认为，人类早期的各种符号，无论是象形的还是抽象的，都是早期人类思维和文化的反映；每个符号都具有实在的含义，表达了当时人们的思想和感情；后来的文字即源自这种人类早期符号。

陶刻符号（图2.1）被称为文字的孑遗，每个刻符应该曾表达远古人们的某种实在的含义，可能也是单个文字。由于是单个刻划，难以猜度它代表的意义。我国文字形体之发展，经由陶器的简单刻符进而到陶刻文字，即抽象像形符号，再经过地域内的沟通与约定俗成，从而成为表义的单字，进一步发展进入到“组字成句”阶段，再向前发展则“组句成文”。我国在远古大统一之前，地域辽阔，各方发展不平衡，虽然有石器、耕作、畜牧、陶器、渔网、纺轮、土葬等多方面的趋同发展，但文字难以统一，从刻符到文字，各地都要经过千年以上的发展历程。东方、南方、西方、北方及中原各地有各自的约定俗成的文字。只有到了黄帝大统一时代，这些文字才有可能进一步趋同。有些原本属于某一方的文字，经过新的约定俗成，得以在当时在地域性范围内推广与发展，一直留存至今。这应是黄帝时代仓颉氏族造字的实际“造”的过程和意义。

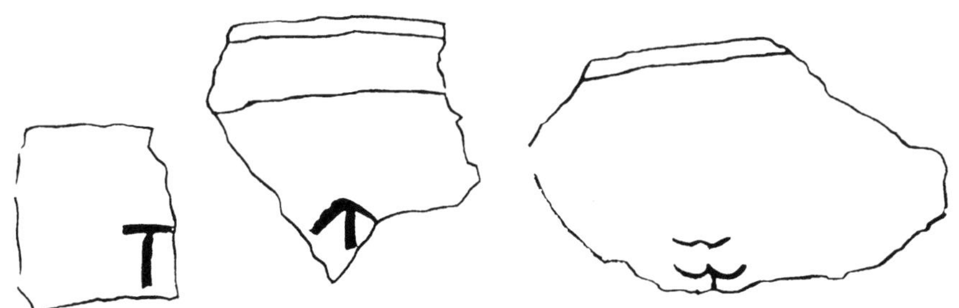

图2.1　距今8000～7000年陶刻符号

2. 5000年前的陶刻文字

在文字中最简单、最具普遍意义、易于流传的是数字符号，现今发现的半坡、姜寨、柳湾、二里头等遗址陶刻符号意义难以猜度，但依据西周甲骨[4]（王宇信《西周甲骨探论》，1984）关于一些数字符号的记载，似乎可以看到陶刻符号中某些符号与西周甲骨数字之间有所关联。

有些历史著作开始探讨文字的源流传承，认为“巫”“昊”“皇”“贞”等字与久远的陶刻符号或陶绘图案有着源流传承关系。这些皆有待进一步考证，但它们已经揭开了深入探究中国远古文化的新的一幕。文字的进一步发展，必然走向组字成句。

图2.2是距今5000～4000年良渚文化江苏吴县澄湖出土的双耳陶壶的四字陶符，这四个字引起了史学界极大的关注，许多人进行解读，其中李学勤的释读甚近情理，释为“巫戌五俞”。他将释为巫是合情理的，是石斧或玉钺的抽象符号，释戌，莫若释咸更为合适，巫与咸在这里不是人，而是两个物件，谁据有这两个法器，谁就可以通天。于是是天梯或是船，↑是向上，上指日、月、风、云、雷、雨。将其释为“巫咸通天”更为合理。这表明良渚文化已开始了“组字成句”的文字发展阶段。

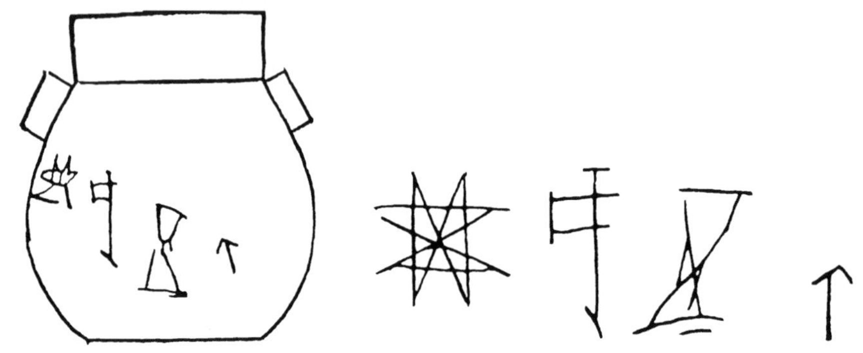

图2.2　吴县澄湖所出四字陶文

类似“巫咸通天”组字成句的陶刻，还有江苏高邮龙虬庄出土陶文，如图2.3。该文似是左、右两部分明显不同。左部以连笔螺环划刻为主，右部以不连笔单划为主。有人认为它似是用一种文字释译另一种文字的陶版。若果真如此，则表明这是使用两种不同文字的势力强大的氏族集团之间为了交流关系而进行的释译，其意义非同一般。

文字发展的重要阶段是组字成句，组字成句进一步发展演化为组句成文，以期表达更复杂、重要的事物。现在已经发现多个由十数个字组成的成文，它们也可能是一个长句，倘是一个长句，必然表达一个重要的完整的事件。图2.4是良渚文化浙江余杭南湖遗址出土的陶文，李学勤释读其为“朱旷戋石，网虎石封”。

有些陶盆、陶罐等器物的纹饰或彩绘，不只是艺术作品，更似是在叙述某种重要的事物。图2.5为距今5000～4500年辽宁小河沿遗址出土的深腹盆上的饰纹（引自《文物》1982年第3期）。有人释读该图形为三组原始文字，其意为：天穹突然爆炸，打了一个大雷，光芒普照，隆隆之声回旋不绝。

图2.3 江苏高邮龙虬庄陶文（南京博物馆藏）

图2.4 余杭南湖所出多字陶文

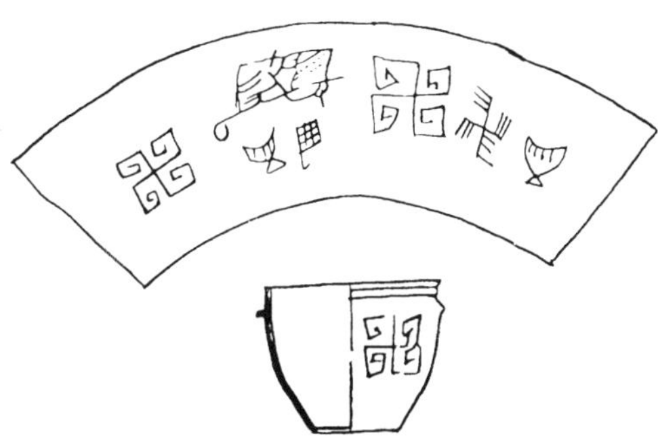

图2.5 辽宁小河沿深腹盆饰纹

3. 陶绘天书

《黄帝之研究》一书，甚或就是“黄帝”深刻涉及的一批陶绘天书。对陶绘天书的科学释读，将清晰地揭示黄帝时代及黄帝氏族的来龙去脉。距今8000多年的老官台遗址的“三足双波纹潜十字四等分彩陶钵”与黄帝有着不可分割的关联。“三足”强调这是个具足的陶皿；“双波纹”关注几何图案；潜十字，主要指由双波纹几何图案潜在构成的“十”字；四等分是初始八卦的关键，它将钵，特别是人们观测的天地四等分，甚至包括对季节及方向四等分。此应是司马迁所记述的“泰皇兴神鼎一”的神鼎，进一步发展则为两个交叉重叠的潜形双十字，将盆及天地八等分。这便是《说文解字》所注明的“典，五帝之书”。

6300年前的姜寨遗址159号墓随葬的边沿四分盆内彩绘阴阳鱼又四分的“帝”之天书，很难令人们相信它就是“帝”，它就是最古老的浑天仪，它就是炎、黄时代到来的最有力的证据。司马迁《史记 · 封禅书》所记《黄帝制宝鼎三》，应包含此类神器。这个潜形十字四等分沿边又八等分天地的阴阳五鱼彩陶盆，是贺兰山岩画及《淮南子》中的报德之维的⊠源头；更是汉画像砖⊠ ⊠及具茨山四联体⊠的祖元。

这些多字陶文及诸人的释读，表明距今6000 ~ 5000年，确实已有文字记载，这些记载日益受到探求远古史的人们的关注。每组陶文应是当时生活着的人们对生存攸关的大事的记述，只要进一步深入研究，一定能够更确切地解读它们。它们是我们先民们留给我们的永远放射着灿烂光芒的瑰宝，是最珍贵的信息资源。

（二）岩画、岩刻、骨刻及殷墟甲骨书契

岩画不一定全是天书，但其中确有记述远古人群重大事件的天书，释读它们，必将揭开近万年来远古史的真实面目。我们需要朋友的关怀和支持，更需要向别人学习先进的科学的东西；但不需要他们指手画脚，说三道四，更不要马首是瞻，仰他人鼻息。对于这一万年历史，我们应科学地、实事求是地寻找它们的足迹，给出确切可信的答案。

远古祖先为我们留下了众多的岩画。有些地区，特别是中原地区留存的岩画，由于它们中包含关于野合及性崇拜的内容，被汉代以后的人们视为亵渎灵魂、不堪入目，于是便逐渐地用其他凿刻所替代。这也是由于偏见与无知而对久远文化遗存的一种毁灭。《易经》记述的“河出图，洛出书”，被人们猜度了两千多年，实际上这里讲的应是黄河两岸悬崖上的岩画及伊洛水岸边岩崖上的“天书”，后来都因自然或人为因素而磨灭。近一时期，日益在偏远地区发现岩画，并有更多的人投入到对岩画历史的研究中。在数以万幅计的岩画中，有一些是由十几个或数十个画面构成，整幅画是在记述一个重大的事物或历史事件，这可称得上是古人留给我们待解的天书。

1. 贺兰山岩画天书

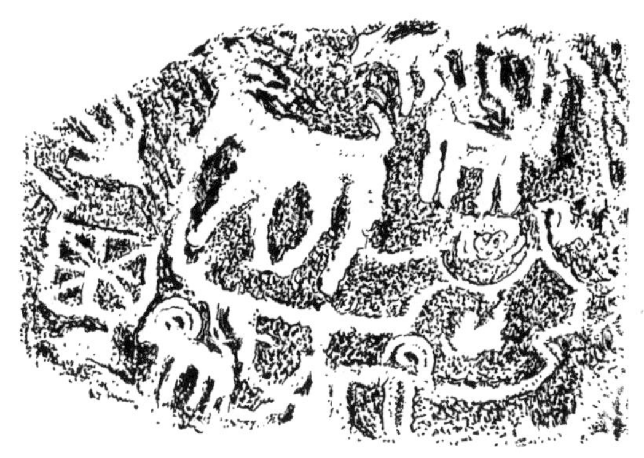

图2.6　距今4500年以前贺兰山岩画

贺兰山是一座名山，地处宁夏与内蒙古阿拉善左旗交界处，位于大河套北下黄河的西岸，南北总长200千米，东西宽20～50千米，主峰贺兰山为3566米，平均海拔1200米，沿着黄河西岸突兀拔地而起，山势险峻，悬崖峭壁雄伟壮观。贺兰山岩画主要分布在东西两侧的悬崖峭壁及山体腹地的山石之上，还有一些刻画在山麓散布的石块与较大的石片上，至少有上万幅，且内容和题材十分丰富，有游牧狩猎、太阳图形、刀斧石索、人面像类人首，上至天文、下至地理、天神地祇、神话传说、生殖崇拜等，蔚为壮观，气势非凡。此处仅选取几幅与黄帝，特别是与远古天文学有关的图案加以探讨。

《黄帝之研究》将要突出考释这一幅贺兰山早期岩画。如图2.6所示，该岩画被高嵩解读为一幅地图[6]。他认为，右侧居中刻的睡羊，表示羊圈的位置。中间大羊和它蹄下的线条，表示羊群放牧时的路线及活动范围……左上方手印表示对牧场的领有。“⊠”字符号是表示氏族身份的徽标。他经过深思熟虑，推敲明白“⊠”字符号是一个氏族的徽标。进一步考证，将证明此点是十分正确，且又极其重要。遗憾的是他没有追究为什么依“米”字加框“□”符号为族徽。

贺兰山岩画中还有一幅以⊠为核心的图，如图2.7，李祥石[7]等认为这是一幅车辆（人骑？）图。由于⊠只是单一的四方柜，其尺度远大于周边的人、畜，很难说是车轮，而其周边仅在右上角处似一车辆，实际又不是车辆。此处的⊠与图2.6中的⊠十分相近，但周边三组图形与其毫无相似之处。解开这一幅天书，应有更重要的意义。贺兰山

图2.7　以⊠为核心的岩画　　图2.8　⊠的衍生图腾

岩画中还有许多组成复杂、寓意深刻的图组，或者称之为天书。之所以称之为天书，是由于其中的每个组成部分都是一个字或一组字，它们构成一篇记述着久远真实往事的文章。图2.8应是[illegible]符号或图腾的衍生物。

2. 不同图腾集团间性交往契约

贺兰山岩画必有许多天书有待学者们去释读，图2.9可能是一幅与《国语·晋语四》“重耳婚媾怀嬴”及《山海经》中的黄帝生白马、黄帝生犬戎的记载相符合的岩画天书。这是《黄帝之研究》遇到的关于黄帝的、既有古籍记述又有岩画天书佐证、有专家相应的考论的一个重大问题。图2.9图一侧是一个男人，阳物明显勃起，图的中央有一位女人，女阴符号外延。男、女四边分别布有马、羊、牛（或豕）与犬（按体形大小应是犬），四畜阳物外伸。马、羊、牛、犬是四个图腾，四个图腾代表着四个氏族，四个氏族都以阳物为特征。如此，不能不联想到《国语·晋语四》中“同生而异姓者，四母之子”的“四子”记载。正如李衡眉所言：黄帝的婚姻是对偶婚，因为他同时与四个女人发生联系[8]（1996，111页）。追本求源，可追溯到《山海经·海内经》：“黄帝生骆明，骆明生白马。”（185页）《山海经·大荒北经》：“黄帝生苗龙，苗龙生融吾，融吾生弄明，弄明生白犬，白犬有牝牡，是为犬戎。”（178页）骆明与白马，苗龙与白犬，为图腾系列，可知，此图中应为四母同生四子，四子中有骆明、苗龙。骆明为马图腾，苗龙为犬图腾。此图应是黄帝氏族与四个氏族的女子通婚的最原始的记载，是“四母之子”的天书，是性交往契约。

图2.9　图腾集团性交往契约

这部天书也可以作如下释读，李衡眉认为人类在解决自我封闭的同一图腾集团内部人本身生产这一重要矛盾时，那些兴旺发达的图腾集团间“公开承认不同图腾之间的性关系交往，并以契约的形式建立起不同图腾集团间的性关系交往的联盟”。这幅岩画，男人和女人是一个图腾，分别与马、羊、牛、犬四个图腾集团签定性交往契约。这是一部契约联盟天书。由《国语·晋语四》及《山海经》的记载可知，这是一部黄帝氏族集团与其他四个图腾集团的婚姻契约。

仔细斟酌这幅图画，男人，也就是黄帝氏族集团，右手拿了一个长方形的器物，依其他史书记述，这应是黄帝的合符。合符又是一种军事联盟的信物。由此可知，这幅岩画不仅是性交往契约联盟，更是一个军事联盟契约书。因而推知，《山海经》中的黄帝与女魃、《史记·五帝》中的“轩辕乃修德振兵”“教熊罴貔貅貙虎”皆应是不同图腾集团间的军事联盟契约关系。至于《史记》中的“时播百谷草木，淳化鸟兽虫蛾”，既可能是驯化鸟兽虫蛾，又可能与这些图腾集团间建立经济联盟关系，贺兰山岩画中也有一些表现的是经济联盟关系。

由此，再思考图2.6中的手印，以及图2.6与图2.9中的两只羊的头型与尾部相似、身躯皆较大等，特别是以后将考证图2.6是一幅天文观测天书，可以认为黄帝与其他图腾集团间又可能签订了天文观测合作契约，即久远之前的科学合作契约书。

3. 阴山及内蒙古岩画

阴山岩画，在《水经注·河水（卷三）》中有过清楚的记载：“河水又东北历石崖山西，去北地五百里，山石之上自然有文，尽若虎马之状，粲然成著，类似图焉，故亦谓之画石山。”又记曰：“河水自临河县东迳阳山南”“东流迳石迹阜西，是阜破石之文，悉有鹿马之迹，故纳斯称焉。”两处岩画皆在黄河自今磴口北上，在狼山东流，过屠申泽（又称窳浑泽），今之乌梁素海前后，即秦汉时高阙之南。《水经注·河水》岩画应与盖山林《阴山岩画》《内蒙古岩画》[9]中的狼山及阴山岩画相近。

阴山及内蒙古岩画主题多样，内容丰富，与《黄帝之研究》有关的，也是本考力图择释的，有造人，即繁殖生育主题；北斗七星、南斗六星；十字标示；蛙、蛙人、蛙形人，葫芦；四分、六分、八分圆之符号；图腾，特别是人、弓箭、射羊的岩画。可以肯定地认为，岩画是甲骨文之前的中国文字的一个极为重要的阶段。站在现代科学立场，用科学手段，特别是持科学态度释读这些岩画，并取得一系列的岩画科学成果，是近期中国远古史研究中的重大事件。岩画是揭开华夏5000年甚至近万年光辉面纱的最真实、最可信的一种基石。

周兴华[10]认为史前岩画就是原始人最早的图画文字，是原始人类的语言信息。若此，阴山岩画及内蒙古地区广布的岩画，也必是这些地区原始人群的图画文字，是他们的语言信息。诸多的岩画图形中饱含着远古人们留给我们的话语。贺兰山与内蒙古岩画的历史时程分布究竟如何，尚未发现相关研究。关于我国北方岩画年代的粗线条的描述，大致是距今3.0万年、1.0万年、0.8万年、0.4万年，甚至还有历史时期的岩画存在。数量有限的，但对于考证新旧石器时代交替时更为重要的岩画，应是距今1.2万～0.8万年间的岩画。

4. 星座与十字岩画

当人们尚未深知北斗、南斗及立杆测影和“十”字圭表对距今1.3万～0.8万年前的远古人群生存发展所产生的重要作用时，误读许多珍贵的信息是可以理解的。图2.10是阴山以北广袤的四子王旗草原上少有的在地面上集中分布的南、北、东、西各有1500米的白色石灰石圈。岩画就刻在石灰岩石面上，画面迎向苍天。盖山林认为这幅岩画左方是一片圆形凹穴，右边是一个马蹄印（116页）。并在后文（126页）引述“蹄印的凹裆和脚印的凹裆与女阴容易发生类似的联想”，认为岩画右边是一个马蹄印，有它的合理性。但倘若说左右两种不同图案确实合而构成一幅岩画，似应进一步商榷。左边凹穴整体构形呈北斗形象，但是八星，不是七星。李约瑟《中国科学技术史》第四卷“天文”（181页）讨论了北斗“招摇”可能是牧夫座γ星，它在公元前1500年前已经离开了恒星区。“招摇”应是北斗第八星。若此幅岩画左图案记述的是北斗八星，则表明至少距今4000～3500年以前，这里的人们以北斗定向。右图也应是一个天象，呈现马蹄形状的天象，只有弯弯月牙与之相仿。

图2.10　内蒙古乌兰察布盟查干哈沙图地面分布的一片白色石灰岩上的岩画（盖山林，116页）。画面高0.12米，宽0.5米。左方8个圆形凹穴，右边一个马蹄印

黄河从兰州以北穿出甘青高原之后，沿内蒙古腾格里沙漠南缘向东奔流。此处的南岸，由北向东南接连分布有香山、屈吴山、六盘山、垅山，这一脉大山两侧的河谷是黄帝族集团北向发展的路途。其存留的岩画值得人们认真关注。黄河北岸腾格里沙漠南缘、腾格里额里斯苏木以北60千米左右查拉格日村附近，有两座拔地而起的高山，当地人称其为双鹤山。山内深沟峡谷两侧的岩石上分布着天书一般的岩画。图2.11是双鹤山清水沟第4组岩画（297图）。盖山林认为上方6个圆圈组成一个星座，下面是一个“十”字，是一幅天体岩画，其中的“十”字是天神或太阳神的象征。可以说，他对这幅岩画的释读接近了它的本质。如果我们将以后所关注的柿子滩岩画、具茨山岩画与这里的岩画对比分析，便可知，这6个圆圈及8个凹穴组成的图案是南斗6星与北斗8星。“十”则应是“十”字圭表。图2.11表示的应是，雕刻岩画的人们夜晚依靠北天极的南斗6星定向、计时、制历；白天则可能依靠“十”字状设备定向、计时、制历。图2.12中双鹤山清水沟另一幅类似“十”字的岩画（299图），盖山林认为画面是一人形，双臂平伸，两腿叉开，躯干挺直，是一简约化的图像。就岩画描绘的形象进行推敲，它描绘的应是一个木制的“十”字。认为下部是叉开的双脚，似是可以。但更应解释为木制

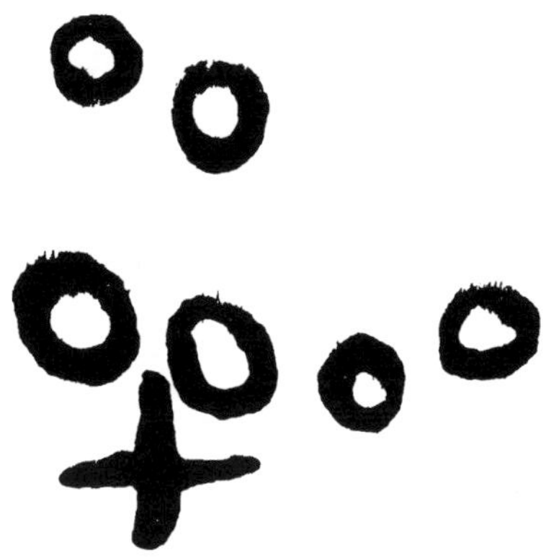

图2.11　内蒙古腾格里沙漠南缘双鹤山清水沟第4组岩画。高宽皆0.23米。上方，6个圆圈，下方一个十字。（盖山林、盖志浩《内蒙古岩画的文化解读》，89页）

图2.12　清水沟岩画，高0.15米，宽0.14米（盖山林、盖志浩《内蒙古岩画的文化解读》，89页）

"十"底部为一掩埋的土堆。与图2.11相比较，二者虽然皆呈"十"字形，但前者不固定，后者似应是固定的，以土堆掩埋固定。

图2.13是一幅形象特殊的内蒙古岩画，盖山林认为这幅岩画是"一个符号化的舞者或巫师，头顶柱状物，双臂平伸，象征性地手指张开，下身用一直线表示，最下方呈三角形，以示伫立于大地"。头形以上为柱状是对的，此柱状与全身柱状是连贯的、笔直的、同形、同宽的，整体应是直立木柱。双臂平伸上举，确是象征性的，但臂末端是三叉形，不似手指，应是两支平展而上翘的树枝。所以我们称它为类"树形"十字岩画。"下身用一直线表示"应为"整体呈直立木柱状"。最下方呈三角形，以示伫立大地。

如果参照后文"女娲之肠"专题"十字圭表"小节中的贺兰山岩画太阳与人形十字圭表，则可信赤峰阴河北岸康家山类树形十字岩画也是圭表的一种形象。由于阴山及内蒙古岩画跨越时间很长，许多岩画断代问题尚是一个难题，其中轮形符号，有的明显是车轮，有的应是太阳符号，有的则值得推敲。圆或椭圆内绘"十"字符号，是否含有四等分天地的意义？倘若有，则表明与四个方向、四个季节及四个节气有关。桌子山岩画中有一幅似是天书的图案。见下图（图2.14）。图中突出表示圆圈十字，人牵牛。此图颇有些主题感。图中椭圆内绘十字像是农田的"田"字。牛似是围绕绘有"十"字的椭圆旋转而行。

如果将这幅岩画看作一部天书，它可能描述的是，一年四季从二十八宿的牛宿开始，人们可以见到太阳自西向东周年视运动。这可能与中国远古六历之一的殷历有关。殷历用甲寅年十一月甲子日平朔冬至为历元、殷历冬至在牵牛初度（即牛宿，摩羯座）。倘若此幅岩画记载的确实是古人们以殷历为纪元，以十一月甲子日平朔牵牛初度为冬至，则深刻表明当时在茫茫内蒙古草原上生活的人们已经有了一整套完善的观天测地、定向计时、制历预测四季的方法。

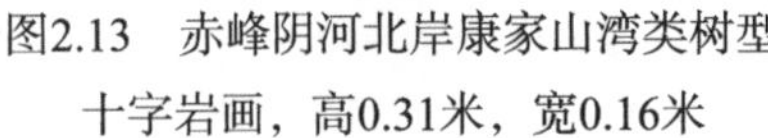
图2.13　赤峰阴河北岸康家山湾类树型十字岩画，高0.31米，宽0.16米

图2.14　圆环十字人牵牛图

阴山岩画的六星十字、七星月芽、不同形式的“十”字符号、牵牛“十”字圆环，倘若释读基本无误，则可信阴山与内蒙古岩画中蕴藏着更为丰富的天书。阴山及内蒙古岩画，由于笔者研究得十分有限，目前尚未见到更多与“黄帝”直接有关联的画幅，但整个地区的岩画可告知我们，在茫茫北方草原，先辈们在天文学方面的成就同样是光辉灿烂的。有些岩画十分重要，如贺兰山的骷髅十字、具茨山的⊠四联体[11]岩画，将在以后各有关专题中详加讨论。

5. 7000年前的甲骨刻划及殷墟甲骨与金文书契的图画文集

华夏先民远在7000年前就已经开始了相当工整的龟甲刻画与石器刻划。贾湖遗址M344、M378等墓穴内刻纹的龟甲及甲骨上的刻划[12]（图2.15），有人认为是刻画符号，有人则认为是单个文字。

为了进一步说明岩画同甲骨文一样是在用图画文字集记述重大的历史事件或历史过程，我们从甲骨文与金文中各选取了一幅十分逼真的图画。这里的每个字都是一幅小画。整幅画又由若干幅小画组成。

左图为刻在龟腹甲上的卜辞，龟甲有两处断隔裂纹。释文为：“庚辰卜，宾贞：囗王卤南冋黍。十囗月。”可以见到“贞”“王”、卤、南、冋、黍皆近似图画。特别是卤、冋、黍就是图画。右图为“二祀邲其卣”铜器铭文。释义为：“丙辰，王令邲其史？？于夆，田？宾贝五朋。在正月。遘于妣丙彡日大乙爽。隹王二祀。既？于上下帝。”可以看出这一版金文几乎每一个字皆是一幅小画，这些小画组成一幅画集。画集记述的是正月丙辰日商王令邲其操办一系列重大事务。

这里强调甲骨文与金文是图画文集（图2.16、图2.17），主要是因为整个《黄帝之研究》皆是借助甲骨文与金文这个图画文字桥梁通向黄帝时代，甚至通向更加久远的神农、伏羲、女娲时代。每一片甲骨成文或金文版面皆是一部天书，这些天书从王懿荣

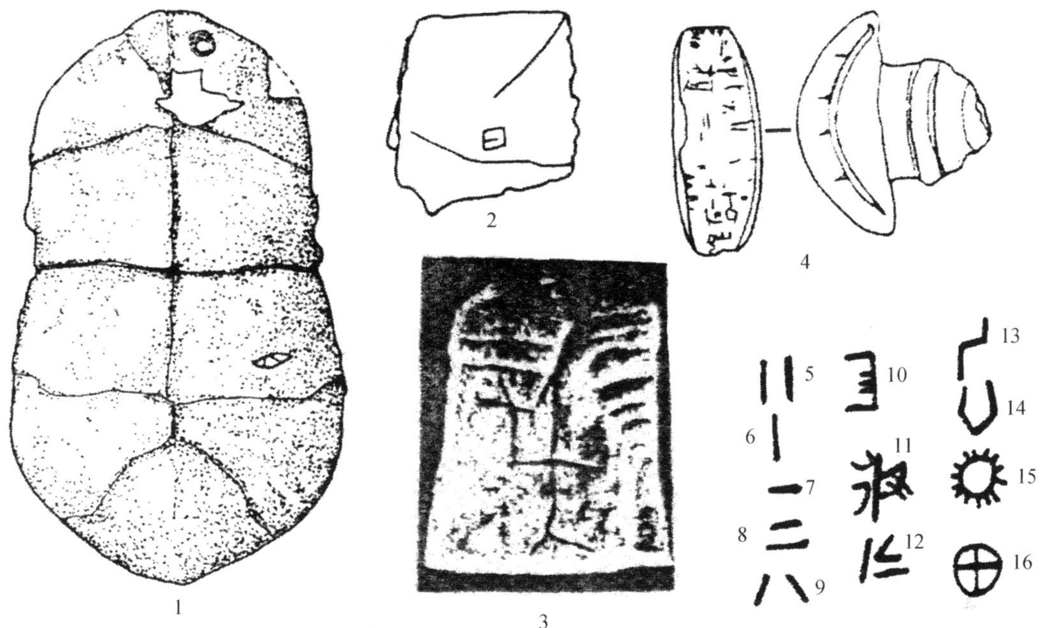

图2.15　贾湖龟甲刻符及石器契刻

（取自刘宝山，2003，11页图17.参照张新斌2010，总序二）

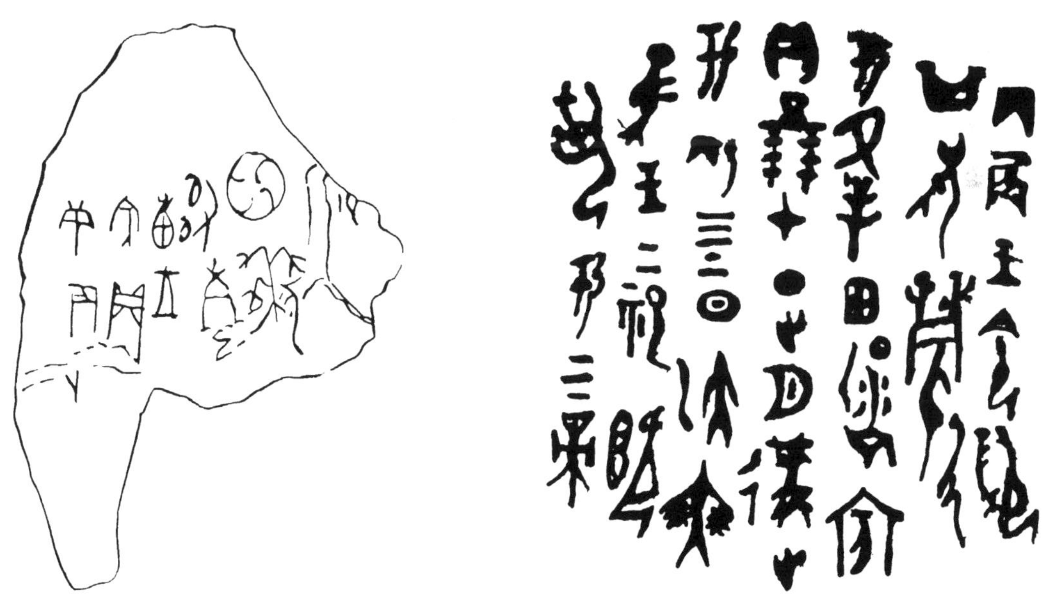

图2.16　甲骨文乃象形图集　图2.17　金文亦象形图集

（摘自常玉芝《殷商历法研究》[13]，420、107页）

开始，经过刘鹏、董作宾、胡厚宣、郭沫若、于省吾等人的刻苦用心，几乎多数已经破译，使得我们今日能够顺利地通过这座桥梁，走近更加久远的时代。后文将会见到柿子滩岩画的蜂形人，经有蟜氏到有尾之黄与无尾之黄；从“女娲之肠”，经过甲骨文中的赐、易到“黄帝生阴阳”；从贺兰山岩画中的骷髅十字，经甲骨文的“十”到《说文解字》的“人头空为甲”；从六千年前的半坡陶刻符号米，经贺兰山岩画⊠、汉画像砖⊠ ⊠，及具茨山四⊠联体岩画，再经甲骨文的⊠，最后到帝。中国远古史走完了一个又一个坚实而漫长的历程。

《尚书·多士》曰：“惟殷先人，有册有典。”这应是真实的。由于刻在甲骨上的文字皆是遵循严格格式化了的卜辞通例，它们不是当时通行的文稿，有些先商重大的历史事件难有专章记述。但金文与甲骨刻辞不同，虽然明显地留存着组画成文的痕迹，但大多数应为当时通行的文稿，深入研究殷商历史者，应重视这一问题。

（三）《大荒经》是众帝之书

1.《大荒经》

《大荒经》是现存《山海经》的一个组成部分，《山海经》是汉哀帝（公元前6～公元前1年）时刘歆父子整理编纂的。刘歆校勘奏表称：“《山海经》者，出于唐虞之际，皆圣贤之遗事，古文之著明者也，其事质明有信。”王充（公元27～97年）《论衡·别通篇》认为：“禹、益……以所闻见作《山海经》，非禹、益不能行远，《山海》不造。然则，《山海》之造，见物博也。”刘正义说（1992年，岳麓书社《山海经·跋》）：“《山海经》的成书虽非唐虞之世，但其中的许多素材来源可能要上溯到荒古。”

现今日益增多的学者们从本质上认识到《山海经》是中国古文献中的一块瑰宝。杨超认为：《山海经》是上古时代一部“百科全书”，“这本书很少有篡改的事”“一般是纪实的，比较可靠的”，是古代博知多能的巫们（与后世专门从事迷信的巫婆之类本质相异）出于生产和生活需要而记述的信息[14]。徐南洲就《山海经》中记载的农业、手工业、交通、兵器、歌舞乐器、天文历法、日影测量、岁星周期、气象观测、医学医药、矿产资源、治水工程等科学与实践的事实，提出《山海经》是一部中国上古的“科学史书”[15]。黄建中认为《山海经》是一部记录我国上古口传的“史地书”。徐显之认为《山海经》是一部我国最古的“氏族社会志”[16]。

《山海经》大量、详细、真实地记述了黄帝的事迹。最重要的是全面记载了黄帝、蚩尤时期势力强大的邦国联盟集团之间的统一战争。这些最原始的记述文字，来源于久远之前的岩画，历经数千年译释，很少改变初衷。《山海经》中《大荒经》则是记述从女娲到商汤数千年间我国远古社会曾经发生的诸多重大事件的史实。至于《大荒经》何时编辑成书，又何时纳入《山海经》，不得而知。据东晋郭璞在《注山海经叙》中所言："庶几令逸文不坠于世，奇言不绝于今，夏后之迹靡刊于将来，八荒之事有闻于后裔，不亦可乎？"可知，《大荒经》中所记述的应是"八荒之事"的一部分，甚至主要部分。郭璞所注的《山海经》中应已包括了《大荒经》的内容。而郭注的《山海经》又源于西汉刘秀刊校的《山海经》。司马迁所云"至《禹本纪》《山海经》所有怪物，余不敢言之也"，及《论语》中"子，不语怪、力、乱、神"，也可能已包括了《大荒经》中的"女娲之肠"、互人"能上天下地""不寿者八百岁""应龙杀蚩尤""人面鸟身""出入水则必风雨""声闻五百里""有人方齿虎尾""九首蛇身""夸父不量力，欲追日景""有人一目，当面中生""有人三面""有人有翼""生月十有二""有人三身""帝俊之妻生十日"等怪力乱神之物。也就是说《大荒经》中的资料来之久远，皆是荒古先民绘制的图形岩画，是孔丘、司马迁等人难以理解的"怪物"。

刘宗迪认为，《山海经》原本没什么神秘，讲的只是远古人们司空见惯之事，反倒是读《山海经》的人与研究《山海经》者少见多怪，加之注疏者的"东拉西扯"及探究者故作深奥，竟给这部平淡无奇、朴实无华的书罩上神秘色彩，成为不解之谜（见本书之导言）。仅《山海经》一部书，许多远古时代的人、书、事，往往到了一些人手下，便坠入五里云雾，这是中国远古史研究的一大怪事。

《大荒经》，就其内容而言，可以独立成一部书。就其名称而言，在于"荒"字。"荒"字之内涵，"草淹地也""未开垦也"、废弃荒失、偏僻荒疏、充耕无收、荒芜远极也。《大荒经》的编撰者或命名者，因其中内容荒芜远极，引申而名之曰《大荒经》；也可能因商、周朝廷只顾自己的歌功颂德，对《经》的诸多内容弃失废耕；或因正统殿堂文化对这些荒远无稽的记载不屑一顾，甚至因"怪、力、乱、神"而遭贬，遂成为《大荒》之辞。

2. 女娲、黄帝、炎帝

就《大荒经》所记内容分析，它可称华夏远古史上最珍贵的天书。书中所载"女娲之肠"，可以说是中国历史文献中记载女娲最为久远、最重要、最真实的、有据可查的信息。后文将在"女娲之肠"专节中详述之。《经》中关于"蚩尤作兵"的记载应是华夏远古史中难以再找到的如此久远的"兵"的源头。《大荒经》中关于黄帝记载字数最多，十分珍贵，一共记述了黄帝的四项活动，黄帝与蚩尤战争、黄帝衍生犬戎、黄帝管理东海与北海、黄帝得夔，声闻五百里。见表2.1。

表2.1　《大荒经》表一之女娲、炎帝、黄帝

称号	经部	记述
女娲	西	有神十人，名曰女娲之肠，化为神，处栗广之野，横道而处
炎帝	西	有（互）〔氐〕人之国，炎帝之孙名曰灵恝，灵恝生互人，是能上下于天
黄帝	西	有北狄之国。黄帝之孙曰始均，始均生北狄。 有轩辕之台，射者不敢西向射，畏轩辕之台。 有轩辕之国。江山之南栖为吉。不寿者乃八百岁
	北	有人衣青衣，名曰黄帝女魃。蚩尤作兵伐黄帝，黄帝乃令应龙攻之冀州之野。应龙畜水，蚩尤请风伯、雨师，纵大风雨。黄帝乃下天女曰魃，雨止，遂杀蚩尤。魃不得复上，所居不雨。叔均言之帝，后置之赤水之北。叔均乃为田祖。魃时亡之。所欲逐之者令曰："神北行！"先除水道，决通沟渎。 大荒之中有山，名曰融父山，顺水入焉。有人，名曰犬戎。黄帝生苗龙，苗龙生融吾，融吾生弄明，弄明生白犬，白犬有牝牡，是为犬戎，肉食。有赤兽，马状，无首，名曰戎宣王尸。 有儋耳之国，任姓，禺号子，食谷。北海之渚中有神，人面鸟身，珥两青蛇，践两赤蛇，名曰禺强
	东	东海之渚中有神，人面鸟身，珥两黄蛇，践两黄蛇，名曰禺号。黄帝生禺号，禺号生禺京（原注：即禺强）。禺京处北海，禺号处东海，是惟海神。 大荒东北隅中有山，名曰凶犁土丘。应龙处南极，杀蚩尤与夸父，不得复上，故下数旱，旱而为应龙之状，乃得大雨。 东海之中有流波之山，入海七千里。其上有兽，状如牛，苍身而无角，一足，出入水则必风雨，其光如日月，其声如雷，其名曰夔。黄帝得之，以其皮为鼓，橛（原注：犹击也）以雷兽之骨，声闻五百里，以威天下

3. 蚩尤、共工、夸父

蚩尤、共工、夸父（表2.2）在中国远古史中的贡献、地位不亚于黄帝、炎帝，但由于在炎、黄统一战争中，皆属于战败的一方，所以虽在《大荒经》中有记载，但在秦汉以后便逐渐被淡忘。

《大荒经》中，把蚩尤作为黄帝的对立面进行记述；共工以禹的对立面为主而写。将《海内经》中所记炎帝之妻生炎居，炎居生节并，节并生戏器，戏器生祝融，祝融生共工，与表一中的"炎帝之孙，名曰灵恝，灵恝生互人，是能上下于天"联系起来，可知《大荒经》与《海内经》中关于炎帝的记载，皆是其孙代之后的内容。也可以说《大荒经》与《海内经》中没有炎帝时代的直接资料，仅保存了炎帝残存势力的信息。联系湖南子弹库帛书所记"共工置闰"可知，共工是炎帝后裔中贡献相当重大的氏族或方国。共工可能曾是华夏北方一个势力强大、贡献非浅的氏族方国。

表2.2 《大荒经》表二之蚩尤、共工、夸父、少昊

称号	经部	记述
蚩尤	北	夸父将饮河而不足，将走大泽，未至，死于此。应龙已杀蚩尤，又杀夸父，乃去南方处之，故南方多雨。 蚩尤作兵伐黄帝，黄帝乃令应龙攻冀州之野。应龙畜水，蚩尤请风伯、雨师，纵大风雨。黄帝乃下天女曰魃，雨止，遂杀蚩尤
	东	大荒东北隅中有山，名曰凶犁土丘，应龙处南极，杀蚩尤与夸父，不得复上，故下数旱，旱而为应龙之状，乃得大雨
	南	有宋山者，有赤蛇，名曰育蛇。有木生山上，名曰枫木。枫木，蚩尤所弃其桎梏，是为枫木。有人方齿虎尾，名曰祖状之尸
共工	西	西北海之外，大荒之隅，有山而不合，名曰不周（负子），有两黄兽守之。有水曰寒暑之水，水西有湿山，水东有幕山。有禹攻共工国山
	北	共工臣名曰相繇，九首蛇身，自环，食于九土。其所歍（原注：呕，犹喷吒，尼，止也）所尼，即为源泽，不辛乃苦，百兽莫能处。禹湮洪水，杀相繇，其血腥臭，不可生谷，其地多水，不可居也。禹湮之，三仞三沮，乃以为池，群帝因是以为台，在昆仑之北。 有系昆之山，有共工之台，射者不敢北乡
	《海内经》	炎帝之妻、赤水之子听訞生炎居。炎居生节并，节并生戏器，戏器生祝融，祝融降处江水，生共工。共工生后土，后土生噎鸣，噎鸣生岁十有二
	《海外北经》	共工之臣曰相柳氏，九首，以食于九山。相柳之所抵，厥为泽溪。禹杀相柳，其血腥，不可以树五谷种。禹厥之，三仞三沮，乃以为众帝之台。在昆仑之北，柔利之东，相柳者，九首人面，蛇身而青。不敢北射，畏共工之台。台在其东。台四方，隅有一蛇，虎色，首冲南方
夸父	北	大荒之中有山，名曰成都载天。有人，珥两黄蛇，把两黄蛇，名曰夸父。后土生信，信生夸父。夸父不量力，欲追日景，逮之于禺谷。将饮河而不足也，将走大泽，未至，死于此。应龙已杀蚩尤，又杀夸父，乃去南方处之
	东	大荒东北隅中有山，名曰凶犁土丘。应龙处南极，杀蚩尤与夸父
少昊	北	有人一目，当面中生。一曰是威姓，少昊之子，食黍
	东	东海之外有大壑，少昊之国。少昊孺帝颛顼于此，弃其琴瑟
	南	有缗渊，少昊生倍伐，倍伐降处缗渊

4. 颛顼、喾、俊

表2.3所列是颛顼、喾、俊各氏族首领。按字数而论，颛顼仅次于黄帝，但80%的文字皆是与他们后世相关联的资料。与颛顼直接相关的仅以下几处，“孟翼之攻颛顼之池”“少昊孺帝颛顼”于少昊之国，“沈渊，颛顼所浴”；“颛顼死即复苏”等。《大荒经》中关于禹的记载，可谓生动具体。有“禹攻共工之国”“禹湮洪水，杀相繇”“禹攻云雨，有赤石焉生栾”“其西有山，名曰禹所积石”等。

俊在中国远古史上是一个讨论甚多的难题，或称俊为喾，或称俊为舜等。就《大荒经》而论，女娲、炎帝只在《西经》中有记述，黄帝只在北、西、东《经》中有记述，

南经则无黄帝。蚩尤、共工、夸父、禹、舜也只在一两经中有记载。只有颛顼与俊在大荒四经中皆有记述。帝俊姬姓、姜姓、姚姓。姬姓属于女娲黄帝系统，姜姓乃伏羲炎帝系列，姚姓也应有其渊源。三大系统的姓氏人群同时隶属于“俊”的统一天下，很可能俊（表2.4）是黄炎大统一以后，距今5500～4500年，与颛顼、喾、尧舜一样，是一个跨度数十年，甚至百年的帝代。

表2.3　《大荒经》表三之颛顼、喾

称号	《西经》	《北经》	《东经》	《南经》
颛顼	颛顼生老童，老童生祝融，祝融生太子长琴，是处榣山始作乐风。 颛顼生老童，老童生重及黎，帝令重献上天，令黎邛下地，下地是生噎，处于西极，以行日月星辰之行次。 有池名孟翼之攻颛顼之池。 大荒之中有山，名曰大荒之山，日月所入。有人焉，三面，是颛顼之子，三面一臂。三面之人不死。是谓大荒之野。 有鱼偏枯，名曰鱼妇，颛顼死即复苏。风道北来……	东北海之外，大荒之中，河水之间，附禺之山，帝颛顼与九嫔葬焉。 卫丘方员三百里，丘南帝俊竹林在焉，大可为舟。……。丘西有沈渊，颛顼所浴。 有叔歜之国。颛顼之子，黍食，使四鸟：虎、豹、熊、罴。 西北海外流沙之东有国，曰中輪，颛顼之子，食黍。 西北海外黑水之北有人，有翼，名曰苗民。颛顼生驩头，驩头生苗民，苗民釐姓，食肉。有山，名曰章山	东海之外有大壑，少昊之国。少昊孺帝颛顼于此，弃其琴瑟	又有成山，甘水穷焉，有季禺之国，颛顼之子，食黍。 有国曰颛顼，生伯服，食黍
喾				帝尧、帝喾、帝舜葬于岳山

表2.4　《大荒经》表四之帝俊

称号	西经	北经	东经	南经
帝俊	有西周之国，姬姓，食谷。有人方耕，名曰叔均。帝俊生后稷，稷降以百谷。稷之弟曰台玺，生叔均。叔均是代其父及稷播百谷，始作耕。 有人反臂，名曰天下虞。有女子方浴月。帝俊妻常羲生月十有二，此始浴之。 （165页注：俊宜为喾，喾第二妃生后稷也）	东北海之外，大荒之中，河水之间，附禺之山，帝颛顼与九嫔葬焉。……，皆出于（卫丘）方员三百里，丘南帝俊竹林在焉，大可为舟。丘西有沈渊，颛顼所浴	有中容之国，帝俊生中容，中容人食兽、木实，使四鸟：豹虎、熊、罴。 有司幽之国。帝俊生晏龙，晏龙生司幽。司幽生思土，不妻；思女，不夫。食黍食兽，是使四鸟。 有白民之国。帝俊生帝鸿，帝鸿生白民。白民销姓，黍食，使四鸟：虎、豹、熊、罴。 有黑齿之国。帝俊生黑齿，姜姓，黍食，使四鸟。 有五采之鸟，相乡弃沙。惟帝俊下友，帝下两坛，采鸟是司	大荒之中有不庭之山，荣水穷焉。有人三身，帝俊妻娥皇生此三身之国，姚姓，黍食，使四鸟。 有襄山，又有重阴之山。有人食兽，曰季釐之国。 东（南）海之外，甘水之间，有羲和之国。有女子，名曰羲和，方（日浴）［浴曰］于甘渊。羲和者，帝俊之妻，生十日

（四）少昊天文学、七环四斗仪

《大荒经》中一个十分重要的内容是少昊天文学，刘宗迪在《失落天书》中对此作了专章论述。此处为了引申“太极”的彡分野及女娲之肠的相关天文学，强调少昊天文学、少昊之国、《山海经》中与少昊天文学及“太极”的彡形分野相关的问题。

1.《大荒经》中七对日月出入之山

《大荒东经》与《大荒西经》中各有七座特殊的山，这七对山皆在“大荒之中”，《东经》各山皆为“日月所出”，《西经》各山皆为“日月所入”。而《经》中其他各山，皆不具有这一特征。具体内容如下（表2.5）。

表2.5

《大荒东经》	《大荒西经》
东海之外，大荒之中，有山名大言，日月所出。	西海之外，大荒之中，有方山者，上有青树，名曰柜格之松，日月所入也。
大荒之中，有山名合虚，日月所出。	大荒之中，有山名曰丰沮玉门，日月所入。
大荒中，有山曰明星，日月所出。	大荒之中，有龙山，日月所入。
大荒之中，有山名曰鞠陵于天，东极离瞀，日月所出。	大荒之中，有山名曰日月山，天枢也，吴姖天门，日月所入。
大荒之中，有山名曰猗天苏门，日月所出。	大荒之中，有山名曰鏖鏊钜，日月所入者。
大荒之中，有山名曰壑明俊疾，日月所出。	大荒之中，有山名曰常阳之山，日月所入。
大荒之中，有山名曰孽摇颓羝，上有扶木，柱三百里，……，一日方至，一日方出，皆载于乌	大荒之中，有山名曰大荒之山，日月所入

东、西经中七对山，除皆在“大荒之中”及东方日月之所出、西方日月之所入外，七座山中间一座皆有所注明。《东经》中间之山曰鞠陵于天，其后注明“东极离瞀”。“东极离瞀”不应释为“东极、离瞀”为二山。应释为：看上去比其他山远而高，或将“东极”释为正东。由此可以对照东方多处出土的五峰上月、日合字之陶刻。《西经》中间的山曰日月山，附言“天枢也，吴姖天门”，“天枢”直译“天之轴”。即日月围绕这个轴由南而北，再由北而南转移。合理释读“东极离瞀”与“天枢”是深入了解《大荒经》的核心。七对山中还有两座山上的两株树很特殊。《东山经》最末的名之曰孽摇颓羝，上有扶木。这个扶木主杆“柱”高三百里，其叶如芥。“有谷，曰温源谷。汤谷上有扶木，一日方至，一日方出，皆载于乌。”扶木，十日，一至一出与皆载于乌，在中国远古传承了许久，后来演化为“神话”“神树”“神乌”或“金乌”。《大荒西经》中第一座山“方山”，上有青树，名曰柜格之松，是这座山的重要标志。柜格之松在后来的文献中未见如扶木一般的演化。以上是借助刘宗迪的分析为主。

若以鞠陵于天为七座山的中心，并以《大荒经》中所列山的顺序为观天所依托的山之顺序，则孽摇颓羝位于鞠陵于天之后，易被误认第五座山，刘宗迪将其安排第七座山似不合适，虽然一日方至、一日方出也含有日月所出之义。第七座山应是：有女和月母之国，是处东极隅以止日月，使无相间出没，司其短长。大荒东北隅有山，名曰凶犁土丘。

2. 对于《大荒经》中日月出入之山的释读

刘宗迪在《失落的天书》中简要介绍了历来学者对于《大荒经》中日月出入七对山的科学释读。清代常德陈逢衡经研究指出："《大荒经》言日月所出者六（刘按：陈氏显然未记入孽摇頵羝一山），盖各于一山测量其所出入之度数以定其行次也。""《大荒西经》言日月所入者七，盖各山皆设有官司属，以记其行次，然后汇而录之，以合其晷度，如今时各有节气不同也。"陈氏释《经》的卓识，长期以来湮没无闻，真是一种悲哀。吕子方认为：《大荒经》七对日月出入之山是"远古农人，每日观察太阳出入何处，用来定季节以便农耕的资料，这是历法的前身"。郑文光在《中国天文学源流》一书中，也已确认《大荒经》中"六对太阳出入的山，实际上反映了一年内十二个月太阳出入于不同的方位，有经验的人完全可以据此判定出月份来"。

如此而言，《大荒经》中七对日月出入之山，曾是一部完整的识日月、定季节的天书，七对山应编辑在一处，但现今读《大荒经》，则从女娲至商汤囊括数千年之久；内容包罗众多：有日月出入之山、有各具特征的方国、有自黄帝至禹夏的多次战争，等等。从这些已被编纂者搅浑了的纷纭复杂资料中，探讨清楚七对日月出入之山本出于一辙，确实是卓识。能否从这个已经萃拨出来的"历法的前身"再深究一步，来考释其存在时的背景、人世及相关的科学内容。

刘宗迪提出《大荒东经》曾言"东南隅"，未先云"东北隅"，表明它是按从南到北的顺序进行叙述的，七座日出之山也必定按自南到北的顺序排列，即：大言、合虚、明星、鞠陵于天、孽摇頵羝、猗天苏门、壑明俊疾。大言最南，壑明俊疾最北，两座山标志着寒暑往来的极限，对应一个回归年的循环。在大荒世界的人看来，每年年末，日出之太阳逼近大言山时，则临近冬至，农历十一月了。冬至之日，太阳从大言山升起。此后，太阳升起之地调转方向，向北回归，移向合虚山。太阳在合虚山附近升起时，为农历十二月。太阳在明星之山升起时，为农历一月。太阳移向鞠陵于天时，白昼在增长，长夜在缩短，大地在回春。当太阳在这个"东极离瞀"升起时，正是一年之中第一个日夜等长之时，也是太阳在正东方升起、正西方落去，可能因此称西方落日之处为"吴矩天门"。当太阳升出的地点继续北移，移至壑明俊疾时，为夏时白昼最长的一天，即是夏至。也是太阳北移最极限之点，此后又向南移。《经》中所载"处东极隅以止日月"之山应是"凶犁土丘"，其国号为"女和月母之国"。

3. 大汶口日、月、五峰天书

大汶口文化是我国远古一个相当重要的遗址群，在公元前4300～2500年，即距今6300～4500年，按本书的分期，应纵贯仰韶文化与龙山文化两个大的时期。在山东莒县、诸城等处相继发现一批刻有一两处符号的陶尊，这些符号都刻在陶尊表面极显眼的位置。有些符号不止出现在一地，说明其具有局部地带的普适性。山东莒县陵阳河出土

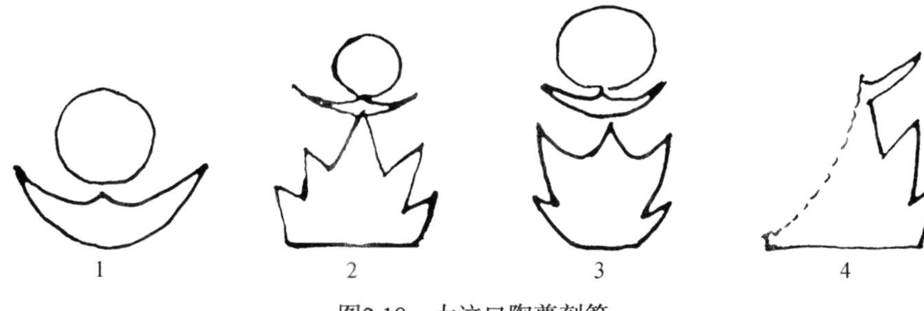

图2.18　大汶口陶尊刻符

陶尊刻有图2.18中的1与2；而莒县大宋村陶尊则刻有图中的3，它们虽不完全相同，但相当接近。许多专家十分重视这些图案，从不同的角度进行了释读。有人还亲自去实地进行过考察。

归纳诸家的见解，大致如下。这些陶刻符号是与天象有关的记录。在一切天文仪器发明之前，远古人们的观测活动往往借助某些天然标志物进行。莒县陵阳河是一处史前天文遗址，陵阳河小山岗是距今4500多年以前的天文台。站在小山冈上可以依据东方不远处的寺固山的五个山峰上太阳及月亮升起的时间判定冬至、立春、春分、夏至、立秋、秋分六个节气。由于日、月、地三者的关系，一个月之内，太阳与月亮有一次相对、一次相背，各占朔望月的一半；一年之中平均有12个月；而其在观测者头顶的天空东升西落的轨道，春秋分时节几乎相重合，冬、夏至又分列南北两个极端。大汶口日月五峰陶刻实际是一部关于远古时代日月五衡图的天书。它是在记录，他们已经发现并运用日月在天空运行的轨迹与冬、夏至及春、秋分的关系，这些轨迹可以直接依托东西方的山头作为标志物进行观察。

这部天书的内容在《周髀算经》“七衡图”中有清楚的记述：“凡为日月运行之圆周，七衡周而六间，以当六月节。”“以当六月节”就是十一月冬至、十二月至一月间的立春、二月春分、六月夏至、七月立秋、八月秋分共六个月的节气。冬至前后，太阳在天空的轨迹抵达南方最远处，日出与日落点也在最南侧的山头附近。而此时的月亮在天空的轨迹（即“日月运行之圆周”）则移至观测者的头顶附近，月出月落点移至东北及西北处的山头。夏至时则相反。冬夏至之间，日月运行之圆周逐渐移向冬夏至圆周的居中地带，临近春、秋分前后，日出日落点在正东正西点。与日月运行圆周的移行同时，大地和气候、气象也正逐渐变化。日、夜之长短也同时变化，这就是说，距今6300～4500年的大汶口文化的陵阳河附近的人们在陶尊上所刻画的日、月五峰图案不止是一个字，而是他们当时观天、预断气候、编制历律的一部完整的天书。且这部天书的内容清楚地记述在两千多年以前的《周髀算经》之中。

陆思贤、李迪认为，圆日在山尖位置时是对应春分这一天，日出正东方，日落正西方，白天、黑夜的时间等长，此与《尚书·尧典》所记“寅宾日出，平秩东作，日中星鸟，以殷仲春”相对应。“日出正东方，日落正西方”正是“日中”，而夜观星空，鸟星上中天，称“星鸟”。“日中”“星鸟”正是春分时节的天象，《尚书》称“以殷仲春”。他们认为“平秩东作”是农田播种的开始。且他们认为图2.18中的1是迎日祭奠的图画文字，绘画在大缸上，这个大缸就是祭器。这些看法应是正确的。但更重要的是五千多年以前的大汶口文化的人们所刻画的这些图案一定饱含着他们亲身观测到的日月运行的规律。

4. 少昊之国

刘宗迪依据《大荒东经》第二句：“大荒东南隅有山，名皮毋地丘。”确认《大荒东经》七座山是从东南隅开始的推断。这就是说，大言山之南还有山，但日出地点对于观测者来说，大言山为最南之限。观测者是在东、西两脉南北走向的山丘之间。第二句话给出七座山的排列顺序，那么，《大荒东经》第一句话：“东海之外有大壑，少昊之国。”应是指东、西七对山之间实施观测的方国是“少昊之国”。而少昊之国处于东西两条南北走向的山丘之间的“大壑”。“大壑”应释为宽阔的山谷。接下来记述的“少昊孺帝颛顼于此。弃其琴瑟”，明确给出少昊与颛顼的关系。孺，释者注：义未详。实际，不应释为“义不详”。“孺”者“孺子也”，少年或年少者为孺。“少昊孺帝颛顼”可释为“少昊培育了年少的颛顼”，或者释为“颛顼年少时就生活或活动在少昊之国”。

颛顼在少昊这里做什么，他与七对日月出入之山又有何关系？上节已叙及清代学者经研究，十分卓识地指出：日月所入者七，盖各山皆设有官司属，以记日月之行次。现在看《大荒西经》所记：“颛顼生老童，老童生重及黎，帝令重献上天，令黎邛下地，下地是生噎，处于西极，以行日月星辰之行次。”这里有三处仅从字面出发，长期以来被误解。一是“生”，二是“上天”与“下地”，三是“献”与“邛”。“生”在这里至少有三种释读：生育之生；分生、派生；消亡之后，重生。“生”被释为生育之生甚多，我认为这里应是分生、派生之生。这里记述的是少昊国的观天记月制历的活动，不是一两个人所能完成的，确是“各山皆设有官司属，以记日月之行次”。按“颛顼生老童，老童生重及黎”可知，这个“官属”分生三个观测层次。“重”观测汇总东山，“黎”观测汇总西山，观测汇总于“老童”，老童再交报给“颛顼”，此处的颛顼虽然年少，但确已深透地掌握了日月出入的规律。

“重”及“黎”是两个人名，或就是两个“职称”，即“神”。“献”与“邛”是重、黎的活动方式，不应释译为人名。“上天”与“下地”长期以来，出于人们对“神”的误解，皆不自主地释为升天与入地。升天与入地是对的，但《经》中是指日月之升天与入地，不是重及黎升天与入地。结合“献”是向上奉献；“邛”为山丘、高丘，可释为“重负责观测东山的日月升起的过程，将结果向上奉交”“黎负责观测西方山丘的日月落入的过程，将结果上报”。“黎”在西山观测日月下地的过程，还有特殊的一个层次，即“下地是生噎，处于西极”。“噎”是一个人或一个司职，而他专门负责“西极”的日之入地，也即“日月之山”日之入地。这一天的日落之时，是一年之中春分和秋分时节；也是定向的正东正西方向，更是一年春种、秋收的起始之时。因此，在西极“日月之山”专职设置“噎”观察、管理之，并将结果报于主管日月“下地”的黎。所以如此释读，还因为“颛顼生老童……，以行日月星辰之行次”。倘若站在“神”的立场将“以行”释为老童、重、黎行使或推动“日月星辰之行次”，则对整个《大荒经》甚或七对日月升落之山的释读便神仙化了。倘若将“以行”释读为“负责”或“行使管理”“观测预报”“日月星辰之行次”，则对《大荒经》或七对日月出入之山的释读就可能还历史一个本来的面目。从而明确少昊之国是利用东西两侧七对山峰观测日月升落的方国。

5. 少昊天文学

倘若将远古人们观测日月星辰之行次，以期计时、制历，指导自己的生活生产劳作皆看作天文学范畴，则发生在远古少昊之国的以七对东西分布的山体日月出入行次计时、计月、制历活动，可称为少昊天文学。少昊天文学源远流长，直到现代，有些农村的老人还观察太阳在一年中出入的位置来确认四季的变化。倘若将《大荒经》中关于少昊天文学的记载看做是中国远古文献的经典，则《周髀算经》中关于七衡图的记述应是两千多年前的关于日月出入行次的天文学的另一部经典。也可以称其为“七衡天文学”，“少昊天文学”就是“七衡天文学”，它是中国远古天文学的一个独特的分支。

任何一个天文学，必须有可参照的坐标系。刘宗迪认为《大荒经》中的日月出入七对之山，是“以山峰为参照的天文坐标系统”“这一由天际群山构成的天文观测坐标系，与后世天文学中以四周地平线为参照的地平坐标系或者以寰宇黄道带为参照的天球坐标系异曲同工，其精度和普适性尽管不可同日而语，但是，其原理和功能则同出于一辙”[17]。依据这个古老而原始的以山峰为参照的坐标体系，所进行的观象授时及建立的时间节律，足以满足当时群山环抱的少昊国的人们日出而作、日入而息、春耕秋收、夏耘冬藏年复一年轮回流转的需要。这就是说这个简单的天文坐标系是实用的有效的。这是《大荒经》真实记载的中国远古天文学的一个分支的第一个问题。

少昊天文学的第二个问题是东、西之极。东极鞠陵于天，称东极、离瞀，刘宗迪认为称此山为“东极”，说明山在正东方，为东方的基准。关于西极，刘宗迪将《西经》中“大荒之中有山，名曰日月山，天枢也，吴姖天门，日月所入，重献上天，令黎邛于地，下地是生噎，处于西极，以行日月星辰之行次”连读，不在嘘与颛顼之间断段，则将“日月山”与“西极”连成一体，于是他认为“足证日月山正是与‘东极’鞠陵于天遥相对应的‘西极’，为西方之基准”。如此，不仅确认了整个天文系统中的“东”“西”两极，而且将颛顼、老童、重及黎也皆容纳于观测体系之中，他们皆是天文观测体系中的官属。若将袁柯所注“此噎即嘘”（见沈薇薇，183页注22）代入文中，则进一步确知，日月之山有专人司职，称为神，即是噎。由此可知，《大荒经》确实地记载了至少距今5000～4500年少昊之国已经有了“东极”与“西极”的观念，虽然可能仅限于东山与西山之间这个较狭窄的大荒之中，但东、西“极”的观念已形成。

少昊天文学的第三个问题是“天枢”。东极与西极确定后，必然引导人们认识两极之间有一条无形的轴，这条轴早在少昊时代已经被认识，并清楚地记称为“天枢”。这个“天枢”呈正东正西向分布。少昊国的观察者们必然发现冬至时日出日入点在七对山的最南端，夏至时在七对山的最北端，春分与秋分日出、日入皆经由东西两极，整个系统围绕两极之间的无形的轴转来转去。久而久之，便形成了“天枢”这一重要观念。如果观测者站在东极的山端，倘若还有孤立之树，日出那一时刻，便可以见到树影在地面形成一条直线，一直伸向无限远的正西方，细心的观测者便可认知正西方那一点恰是西极。同样，站在西极山端的观测者，或依据孤树，或依据竖立的圭杆，可见到相反的情景，日落之前，一条直线伸向无限远的东方。从这一天以后，日出、日入点便移向南方或北方，东西极之间便形成一条无形的轴。

少昊天文学第四个问题是被后世天文文献称为“七衡”或“三衡”的曲线。观测者除观察每天日月出入点外，必然还要认识太阳及月亮每天在出山点与入山点之间有一条视运动轨迹。七对山头，当然会留下令当时人印象深刻的七条视运动曲线。虽然在天空中不可能如彩虹般留下痕迹，但在人们头脑中会形成一条又一条类似“天枢”的无形的曲线。这便是七对日月出入之山天文学以及批量形成“并封三环玉”及“七衡图”的科学实践基础。虽然《大荒经》所记载的少昊天文学与“并封三环玉”及“七衡”天文学孰为源头尚待讨论，但它们和这七对日月出入之山的天文学，应与当时人们的生产及生活息息相关。对于少昊及相关时代人们来说，一年之中，至少有三条视运动曲线最受关注。第一条是太阳在最南方的视动轨迹，太阳到了这条曲线时，时值冬至，白天最短，夜间最长，天气从此更加寒冷。第二条为起自东极入于西极，即春秋分两天的太阳视动曲线。第三条为最北端太阳的视运动曲线，太阳在这里时是夏至。就观察月亮而论，太阳移向最南端曲线时，月亮移向北端，历经一次圆亏；同样，太阳移向与移开最北端曲线时，月亮移向或移开南端曲线。

少昊天文学第五个问题是刘宗迪提出的《大荒经》中“四极之山”连线而成的无形“十”字。他认为这个“十”字实际构成了一个天文观测地平坐标系，为经天纬地、观象授时提供了可靠的空间框架。他认为，仰天观象，通过对日月星辰出入方位确定时节，首要前提是“辨方正位”，确定准确的东、西、南、北四个正方位。只有首先确认了正南与正北，才能知晓何时日当中午、何时为午前、何时为午后；只有确认了正东、正西，才能确定太阳出入的南北方位，才能认知春分、秋分。无形的“十”字及无形的地平坐标系是中国远古天文学的一个基础核心，我们将在后文中详加叙述。在此，仅就上述见解作以简介。

6. 有兽如貍，一目三尾

少昊天文学有“以山峰为参照的天文坐标系统”，有天球的枢与极，有日、月运行的三环、五环、七环轨迹，《周髀算经》称之为七衡图，我们称其为三衡、五衡、七衡天文学，以此确定二分二至，借以指导人们生产生活活动。实际上，刘宗迪所分析的无形“十”字是地平坐标系，远古人们依托的三个山头、五个山头，甚至《大荒经》中的七个山头，是人们赖以观天的一架大型仪器。人们利用东西两侧的山头观测确定日出（或日落）的三、五、七对点，对应天上日、月运行的三、五、七个轨迹，从而确知地面上的冬至、夏至、春分、秋分等三、五、七组节气，甚至12个月。这是少昊天文学提供给当时人们的十分珍贵的天文学知识，并用三、五山形符号顶托日月彩绘陶画表述这一成就。但以山峰为参照物或作为仪器，受到地形地势极狭窄的严格限制，不可能搬到其他地方运用。其时间应在距今6500～4000年，繁盛地域应在泰山附近。

《山海经·西次三经》最后一座山，翼望山，有兽，“其状如貍，一目而三尾”。这是一架典型的“三环仪”，其原理与少昊天文学相同，其优点是随时随地可以制作、可以装置、可以移动。释这部天书所记载的“三环仪”，必须注意“一目而三尾”的重要性。这是一架貍形三环仪，“一目”必在头部，“三尾”必在后部，因貍一般体长不超过1米，此三环仪目尾之间不超过1米。一目设置在貍头，是观测者用以观察后端的尾部的。尾如何装置不得而知，或如扇形，或三支尾直立装在一条横木上。貍有四肢，可长可短，平放在地面上，令三支尾在一平面上，与东方或西方地平线平行，则可将三条尾对应日出的冬至点、春秋分点、夏至点，于是便可以进行日、月“三环”轨迹起没点的观测。

以这架貍形三环仪为基准，可以理解《山海经》特别是其中《大荒经》《海外四经》《海内经》中所记的那么多以三为基数的怪物、怪兽，甚至怪人。“三祭无枝”“三株树”“三苗国，其为人相随”，这是一类。“服常树，其上有三头人，伺琅玕树”“有人三身，帝俊妻娥皇生此三身之国”，这类可称其为“人形三环仪”。《中山五经》首山，多䲷鸟，其状如枭而三目；《南次三经》有鸟，白首、三足、人面等，应是鸟兽形三环仪。这些三环仪的结构与功能初始于何时，残存至《山海经》记载时历经多少岁月，又生多少畸变，已不得而知，但是三环仪的原理及初衷应是一致的。

除了典型的貍形三环仪之外，《山海经》中还有三种比较特殊的三环仪值得一提。一是《南次二经》成山，“四方而三坛”，四方对应地方，在四方的成山上，人工修筑三个祭坛。这三个祭坛若以三角形排布或南北一字等距排开，便可以作为三环仪。二是《大荒西经》在“大荒之山，日月所入”之后记述“有人焉，三面，是颛顼之子，三面一臂。三面之人不死，是谓大荒之野”。此段记述非同寻常。它告知我们，在少昊国内司职观测七对山峰日月出入的颛顼属下的人们，最后竟然生成“三面一臂”的人形三环仪。由“三面之人不死”及“是颛顼之子”可知，这既是颛顼制作（所生之子），又是一架观天的仪器（不死）。这架仪器可以处于“大荒之野”。三是《海外西经》“奇肱国，其人一臂三目，有阴有阳，乘文马。有鸟焉，两头，赤黄色，在其旁”。这是一架安置在马形坐架上的人形三环仪，三目应在一个平面上，成一行排列。一臂实际是臂形单杆。以单杆为基准，三目可安排在冬至、春秋分、夏至日出点上。也可以反过来，以三目各目孔为基准，以孔与杆的连线确定三个日出点。这是一阴一阳之一例。也可以按观察日出点为阳；利用此仪器观察日影变化计时、定向、制历作为阴。直接记述阴阳，这是《山海经》关于阴阳记载的一例。它的原理与后文“黄帝生阴阳”专题所释读的柿子滩北斗与蜂形人十字之阴阳相近。

7. 七环四斗仪

《山海经·北次三经》第十座山，景山，“有鸟焉，其状如蛇，而四翼、六目、三足，名曰酸与”，是一个极其奇特怪异之物。这是一部天书，它记述了在远古时代有一个异常的怪物，此怪物有一个鸟首、蛇一般的长身，以及蛇尾一样的尖尾、三足、四翼、六目。可以说这是《山海经》中记述最完整、最精彩的一件“活”物，“活物”之意是指记述它时，它正在被使用。在释读此部天书，或者考证这一怪物时，必须安排清楚首、体、尾、足、翼、目的合理位置，然后又必须正确处理一首、一体、一尾、三足、四翼、六目这六个数据。否则不可能正确认识这部精巧的物件。

首是向前的，目是长在首的两侧且对称左右，于是首左三目，首右三目，应呈扇形分布于首之两侧。蛇身是长的，其后有一钝尖尾。三足应是在身体的中部，稳定地支撑身体及身上的一首、六目、四翼等部件。正常鸟翼长在首后胸部两侧足的上部，此物件的四翼应两两相对成十字形安置在三足上方的胸之部位，与尾共同构成一个十分重要的物件，倘若如此，则可称这四翼一尾之物件为“七环四斗仪”。于是我们在《山海经》中见到的是一架完整而完美的观天的仪器。所以称其为“活”鸟。首先是三足可以活动，由于三足的活动，鸟头可低下，鸟尾可抬起；相反，鸟头可抬起，鸟尾可低下。

这只身体如蛇一般修长的鸟，一定装置在平而高的台上。当白天，它的头向东时，头与其两侧的六目共七个观测标，于是每个标指示一个七环的日出点，这便是此物件的一项重要功能。夜晚，可将蛇状尾端指向北天极，四翼如果安置成十字形位置，则四翼一尾既是一个计时器，又是一个二分二至点的校正仪。之所以称其为四斗仪，是因为四支鸟翼要依靠北斗在每夜旋转的位置计时，一年之中又要依靠斗柄指北、指东、指南、指西，从而确认二分二至，“四斗”是四翼与北斗的简称，不是四个北斗。

所以称其为“一架精巧而完美的观天仪器”，除了它本身具有七环与四斗双向功能之完美性外，还由于《山海经》各部中不止一处记有相类似的六目、六足、四翼、六首、五尾等怪鸟、怪兽、怪物，但皆不如它完整完美。《南山首经》青丘之山，“有鸟焉，其状如鸡而三首、六目、六足、三翼”。《西次三经》天山“有神焉，其状如黄囊，赤如丹火，六足四翼，浑敦无面目”；章莪山“有兽焉，其状如赤豹，五尾一角”。《北山首经》归山“有鸟焉，其状如鹊，白身，赤尾，六足”。《东山首经》栒状山“有兽焉，其状如犬，六足，其名从从”。《海外西经》“开明南有树鸟，六首”。这些六首、六足、六目、五尾、四翼之物件，可能皆与七环或四斗有关，但多不完整，或因转记传抄有误，或因各物件到了《山海经》成书时，仅供祭祀之用，本身已不完整。

从这里开始，我们已经明白，《山海经》中那些荒诞不经的“所有怪物”，应以科学的态度对待。有些怪物就是大自然中存在的、天赋的特质，如《西山首经》华山第8座竹山，有兽，状如豚而白毛，毛大如笄而黑端，名曰豪彘；第17座山黄山，有鸟，其状如鸮，青羽、赤喙、人舌，能言，名曰鹦鹉；《海外南经》，在舜葬东，湘水南，其状如牛，苍黑一角；《北山首经》第六座山虢山，“其鸟多寓，状如鼠而鸟翼”；第8座山丹熏山，有兽，状如鼠，而兔首麋身，以其尾飞，名曰耳鼠。这是一大类。上述诸例为豪猪、鹦鹉、犀牛、蝙蝠、鼯鼠等。另一大类，也是《山海经》中记述的数量最多、形态奇怪、多是距今6000～4000年、甚至更加久远之前远古人们的天文仪器，是当时人们习以为常的物件，也可能是他们后来崇拜的图腾。那些一角、一目、一臂、一手、一足的人、鸟、兽，其身份与价值很容易确认。那些“八首人面、八足、八尾”“八首人面，虎身十尾”“彘身而八足，蛇尾”之物，以及“其神状虎身而九尾”“有兽焉，其状如狐而九尾、九身、虎爪”“有木，百仞无枝，上有九欘，下有九枸（182页）”“有兽焉，其状如羊，九尾四目，其目在背”等，都是有根有源、有其不可估量的价值，有待进一步深入探讨。

注　释

［1］王大有：《三皇五帝时代》，中国社会科学出版社，2000年，第259页。

［2］郭沫若：《中国史稿（第一册）》，人民出版社，1976年，第118页。

［3］王增永：《华夏文化源流考》，《中国社会科学出版社》，2005年。

［4］王宇信：《西周甲骨探论》，中国社会科学出版社，1984年。

［5］蒋书庆：《破译天书——远古彩陶花纹揭秘》，上海文化出版社，2011年。

［6］高嵩：《贺兰山早期岩画例诂（二）》，《2000宁夏国际岩画研讨会文集》，宁夏人民出版社，2001年。

［7］李祥石：《发现岩画》，宁夏人民出版社，2005年。

［8］李衡眉：《中国史前文化》，广东人民出版社，1996年。

［9］盖山林、盖志浩：《内蒙古岩画的文化解读》，北京图书馆出版社，2002年。

［10］周兴华：《岩画探密》，宁夏人民出版社，2002年。

［11］佚名：《禹州具茨山岩画岩刻》，大公网河南频道讯，2009年1月16日。

［12］刘宝山：《黄河流域史前考古与传说时代》，三秦出版社，2003年。

［13］常玉芝：《殷商历法研究》，吉林文史出版社，1998年。

［14］杨超：《〈山海经〉及其相关的几个问题·代序》，《山海经新探》，四川省社会科学院出版社，1986年。

［15］徐南州：《〈山海经〉——一部中国上古的科技史书》，《山海经新探》，四川省社会科学院出版社，1986年。

［16］徐显之：《〈山海经〉是一部最古的氏族社会志》，《〈山海经〉与中华文化》，湖北人民出版社，1999年。

［17］刘宗迪：《失落的天书——〈山海经〉与古代华夏世界观》，商务印书馆，2006年。

三、骷髅十字圭表、女娲之肠、复合图腾蟜

“女娲”是一个时代，距今1.3万～0.8万年。在这个时代，弓箭得到普及；陶器正在广泛推广；简易窝棚式居宅已在各地兴起；初始农田与畜牧这俩孪生兄弟业已诞生；人类自身的繁衍也进入有组织、有秩序、有成效的族外群婚阶段。有些问题在“背景”专题中已作了探讨。它应是中国开始有抽象符号信息传承的重要时代。仅从《黄帝之研究》所涉及的这些抽象符号信息来看，内容十分丰富而确实。

立杆测日影，即“太极”，也是“一”或“丨”，是这个时代最突出的天文科学成就。“太极”发展演化的最重要阶段是“女娲七、十之化”与“女娲之肠”。“七、十之化”的重大结局是“黄帝生阴阳”。黄帝与女娲明确而直接的关联是“黄帝生阴阳”“此乃女娲七、十之化”。“七”是北斗七星之“七”，“十”在甲骨文中读“甲”，其义也不是数字“十”，而是“甲”。被读作甲的“十”有着明确的发展演化过程的记载。“十”“始于一，见于十”，进而“始于十，见于千”。“千”在久远之前是一个符号，应为“♀”。“♀”的头部是甲，而“人头空为甲”“人头空为骷髅”。“十”演化的最突出的形象是骷髅十字圭表。

贺兰山与阴山岩画中，有着“十”字形圭表的几种形象，其中有的是“十”演化过程的标记性符号。“十”演化的最终形象是“骷髅十字圭表”，这便与“人头空为甲（‘十’字为甲）”“人头空为骷髅”的记载联系在一起。《大荒西经》记：“有神十人，名曰女娲之肠。”其“十”便是“骷髅十字圭表”，而“女娲之肠”的“肠”则是用目观察“昜”、或日月、或阴阳之“昜”。女娲之“娲”的字根“咼”又是剔其肉、置其骨的头隆骨，即骷髅，十字骷髅成了女娲时代最具标志性的天文仪器。这个长期被误读了的“女娲之肠”是一部天书，是中国1万年以前远古史留存下的最珍贵的符号信息。

骷髅十字圭表及“女娲之肠”引领我们走进中国远古天文科学的殿堂，让我们进入一万年以来的中华历史的途程。在这个途程中，先民们撒布了许多金光灿烂的天书。《黄帝之研究》中所展示的《山海经·大荒西经》的“女娲之肠”、《淮南子·说林》的“黄帝生阴阳”及《国语·晋语四》“少典氏娶有蟜氏，生黄帝与炎帝”，以及一万年前柿子滩岩画的蜂形人，便令我们了解虫、人、骷髅咼三者的密切关联，从而追索甲骨文中的“蟜”字，得知“蟜”是虫、人、咼三者的复合图腾。这些专题的研究使我们接近以往很少深入了解的时代。

（一）女娲时代

1. 记述女娲的古代文献

女娲是华夏女始祖，有专门“天书”记述，近万年以来远古女性祖宗之中，她是

最辉煌、最了不起的人物。《大荒经》，我们称其为众帝之书，它清楚记述了“女娲之肠”这部历经万年悠久岁月而不毁的“天书”。《大荒西经》第三自然段：“有神十人，名曰女娲之肠，化为神，处栗广之野，横道而处。”其后的第四自然段记曰：“有人名曰石夷，来风曰韦，处西北隅，以司日月之长短。有五采鸟，有冠，名曰狂鸟。”不知原文这两段是否连接，倘若是连接的，则应有助于正确理解女娲之肠是“以司日月之长短”的，以及女娲用五采石补天的实际内容。《大荒经》是记述女娲的最早文献，记载的是“有神十人”“处栗广之之野”的女娲之肠。

王增永在《华夏文化源流考》一书中提出：女娲的“娲”字，最早的记载应是西周厉王、宣王之时的《史籀篇》，当在周宣王主政之始的公元前824年前后。《史籀篇》中有“娲”字，许慎在《说文解字》中释注：“古之神圣女，化万物者也。”王增永认为“《史籀篇》是我国见于著录的第一部尚处于萌芽状态的字典”。且《说文解字》又是许慎历时22年呕心沥血于公元121年编成的不朽的中国第一部字典巨著，编纳了200多个《史籀篇》之字，其中的“娲”字之释，不可能不包含《史籀篇》之意。也就是说：“古之神圣女，化万物者也。”可能取材于比公元前824年更早的文献信息。

关于女娲的最早记载，一般皆认为是《楚辞·天问》。屈原大约生于公元前339年，卒于公元前278年。“天问”可按公元前300年前后计算。“天问”虽然是一首抒发情怀的长诗，但却不乏屈原的伐天之问。约在第80句，屈原对女娲提出了伐问：“女娲有体，谁制匠之？”不同版本的楚辞译注，对这句话有不同的解读。按《楚辞》原文考虑，这是屈原发问女娲造人的问题。应释为：人既然是女娲所造，那么女娲的身体又是哪个匠人制造的呢？关于女娲造人的明确的文字记载，见于《太平御览》卷78所引《风俗通》：“俗说天地开辟，未有人民，女娲抟黄土作人，居务，力不暇供，乃引絙于泥中，举以为人。”这里表述十分清楚，女娲之前是没有人的，女娲抟黄土作人，最后，因“力不暇供”，便引絙于泥造人。“女娲造人”最让唯物史观的人们所不齿。但同是《风俗通》所记女娲之事却截然不同：“女娲祷神祠，祈而为女媒，因置婚姻。”袁珂认为：“固是女娲造人神话之发展。”人们忽略了“因置婚姻”这一重大的历史功绩。

女娲炼五采石补天，同女娲造人一样曾广为流传。《淮南子·览冥训》记曰：“往古之时，四极废，九州裂，天不兼覆，地不周载，火爁炎而不灭，水浩洋而不息，猛兽食颛（注：善良）民，鸷鸟攫老弱，于是女娲炼五色石以补苍天，断鳌足以立四极，杀黑龙以济冀州，积芦灰以止淫水。淫水涸，冀州平，狡虫死，颛民生。背方州（注：大地），抱圆天（注：古人认为天圆地方）。和春阳夏，杀秋约冬，枕方寝绳。阴阳之所壅沈不通者，窍理之；逆气戾物，伤民厚积者，绝止之。当此之时，卧倨倨，兴眄眄，一自以为马，一自以为牛，其行蹎蹎，其视瞑瞑，侗然皆得其和，莫知其所由生。”

《淮南子·说林训》中的“黄帝生阴阳，上骈生耳目，桑林生臂手，此女娲之所以七十化也”，是长期以来一些文献将女娲，甚至也将黄帝“神灵”化的依据。当然更是女娲造人的旁证。关于女娲的另一问题是《礼记·明堂位》所载：“夏后氏之鼓，足。殷，楹鼓。周县鼓，垂之和钟，叔之离磬、女娲之笙簧。”（180页）《世本·作篇》：“女娲作笙簧，笙，生也，象物贯地而生，以匏为之，其中空而受簧也。”（见袁珂，46页）。纵观以上文献记述，女娲有“女娲之肠”“女娲造人”“女娲炼五色石补天”“女娲七十化”“女娲作簧”，以及女娲“因置婚姻”等几个影响深远的问题。

《山海经·大荒西经》是唯一记述“女娲之肠”的古籍，现今见到的最早的整理校注的是晋郭璞版本，于是郭璞之注，可视为对文献最早的释读。注“女娲之肠”曰：“或作女娲之腹。”又注“化为神”曰：“女娲，古神女而帝者，人面蛇身，一日中七十变，其腹化为此神。”郭注显然站在“神”的立场，取材于“传言女娲人头蛇身”及《淮南子》中的“女娲之所以七十化也”。郭璞在此处又加入“一日七十变”，《淮南子》的“七十化”，到了郭璞等人笔下竟又变为“一日七十变”。女娲“神”化的力量和速度增大。郭璞所站位的“神”的立场是孔子“不语怪、力、乱、神”的神。受历史文化的局限，他既不站在孔子不语立场，也不站在《易经·系辞·十一章》“民咸用之谓之神”的立场。郭璞之后，凡站在“神”的立场的注释，可视为皆源于郭。现代影响较大的袁珂编著的《中国神话传说词典》，关于“女娲之肠”全用的是郭璞注释原文。

在公元前139年，即汉武帝建元二年，淮南王刘安献出的《淮南子》一书中，“女娲补天”归属于“览冥训”，此时“共工触不周山”位在“天文训”篇。到了东汉王充时，按王充（公元27～97年）34岁计，历时200年，“儒书”（不知哪部儒书）则将共工触不周山与女娲补天联系在一处，成为一个更难以拆解的“神话”，使其具有完整性、完美性，从而有更大的诱惑性。女娲补天在老一辈人中，家喻户晓，深入人心。可见文化宣传的威力。将近两千年前的王充在《论衡·谈天篇》中，已对“女娲补天”有了多方面的质疑。

王充说：“儒生言：共工与颛顼争为天子，不胜，怒而触不周之山，使天柱折、地维绝。女娲炼五色石以补苍天，断鳌足以立四极。天不足西北，故日月移焉；地不足东南，故百川注焉。”“此久远之文，世间是之。”文雅之人“不敢正议”“以天道人事论之，殆虚言也”。“且夫天者，气邪？体也？如气乎，云烟无异，安得柱而折之？女娲以石补之，是体也，如审然，天乃玉石之类也。石之质重，千里一柱，不能胜也。如五岳之巅不能上极天，乃为柱。如触不周，上极天乎？不周，共工所折，当此之时，天毁坏也。”“如审毁坏，何用举之？断鳌足以立四极，……，夫不周，山也，鳌，兽也，夫天本以山为柱，共工折之，代以兽足，骨有腐朽，何能立之久？”“且鳌足可以柱天，体必长大，不容于天地，女娲虽圣，何能杀之？”“足可以柱天，则皮革如铁石，刀剑矛戟不能刺之，强弩利矢不能胜射也。”王充在这里淋漓尽致地批驳了儒生之言。

2. 女娲居地

无论是传说，还是神话；无论是确认女娲补天、女娲之肠、女娲七十之化，还是否定女娲这些神力，都说明中国远古史中有一个轰轰烈烈的女娲时代。它不是一个人，也不是一个氏族，而是一个相当长的历史时期。时间距今1.3万～0.8万年。在此期间，中国远古大地上发生旧石器时代向新时器时代转化。弓箭的发明、陶器的制作、农耕的萌芽、野生动物的驯化、简易窝棚的搭建，特别是原始天文学的出现，将人们的生产和生活推向一个更高的阶段。这一时期，所有的氏族群体皆以老祖母为核心。柿子滩有女娲岩画，贺兰山有“女娲之肠”，垅东有女娲居地。在这个4000年左右的时代里，诸多老祖母统领她们的儿孙们，为我们今天开辟了辉煌的业绩，创造了许多基石性的事物。她们留给距今8000～6000年的人们的居地绝不止一处，认识并理解这一问题，才能正确地知晓女娲时代。

在历史文献中，具体记载女娲生地痕迹的应是《水经注》（如图3.1）。《水经注·渭水》（卷十七）记，渭水上游北侧最大支流，今称葫芦河，《水经注》则称瓦亭川，入渭河口处称“新阳崖水，即陇水”。《水经注》主要记述如下：陇水东北出陇山（实际是大陇山，六盘山）西南流，称瓦亭川，北侧注入黑水、泌水，过成纪故城东，再南，纳入成纪水，成纪水过成纪城南。张华、夏峰认为此成纪为汉置成纪，在今静宁县治平川，称治平成纪[1]。治平川，即今之治平川。《水经注》称“庖牺所生之处”。瓦亭水东南流，纳受渠水，受渠水应是今之清水河。瓦亭水西南出显亲峡，西侧纳入石岩水，石岩水出北山，有女娲祠。“庖牺之后，有帝女娲焉，与神农为三皇矣。”瓦亭水又南经显亲县故城东。《水经注》虽然没有明确表述北山是女娲故里，但有祠，则说明了后人祭祀之源。

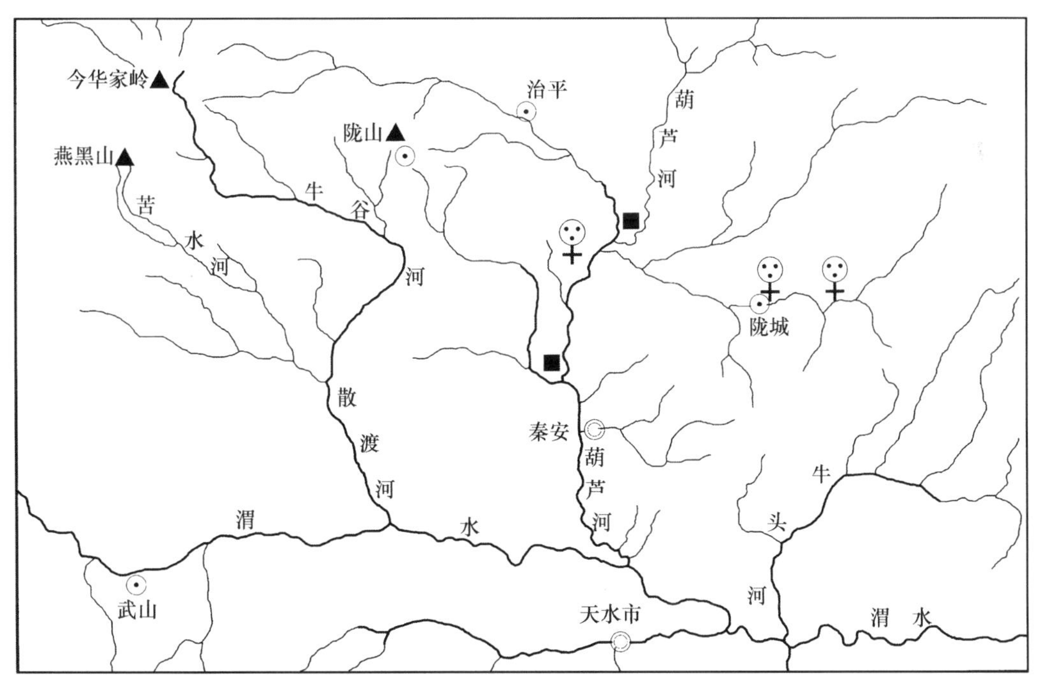

图3.1《水经注》中的女娲居地（用符号♀表示）

大地湾遗址，为我们提供了距今8000～5000年一个地点的典型的历史演化过程。我们又一再强调女娲时代从距今1.3万年～0.8万年，张忠尚、王建祥主张：“伏羲女娲文化是大地湾文化的先驱，大地湾文化是伏羲、女娲文化的继承和发展。”[2]就在大地湾遗址正东10千米左右的陇城镇便又是“娲皇故里”。明胡缵宗所编《秦安志》记：“陇城北有女娲庙，庙建于汉以前。”清道光年间所编《秦安志》记：“陇城镇东有‘娲皇故里’牌坊。”就是说大地湾遗址正东10千米处的女娲庙、娲皇故里牌坊，不会是空穴来风、后人编造。陇城风台山上曾建有女娲庙，陇城南7千米处的风茔为女娲葬地，陇城东风峪西崖曾有一洞穴，当地人称“女娲洞”。

一个秦安县境内，葫芦河流域竟有两处女娲祠庙。一处是《水经注》记载，在葫芦河中游西岸北山上；一处在清水河中游，葫芦河上中游东侧陇城镇。表明女娲在这一地区有着长久的深远的影响。当我们在下一节解读女娲之肠时，就会发现贺兰山也留存着女娲的重要标志，应是图腾。同样，当解读“女娲七、十之化”后，也必然发现山西吉县柿子滩及中原地区禹城县具茨山上也留存着女娲的重要标志。女娲对古华夏的西方和北方曾经有着长久而广泛的深刻影响。文献中记述的关于女娲的那么多的“怪、力、乱、神”，只要揭去它神秘化的面纱，便会还原一个神奇而真实的女娲时代。

3. 女娲造人

这里之所以先探讨女娲的居地，然后再探讨女娲造人，是因为女娲无论在天上或地上造人，总要有一个造人的场所。秦安北山或陇城镇、山西吉县柿子滩、贺兰山、具茨山都有女娲的身影，而女娲所处的时代距今1.3万～0.8万年，恰是我们在“背景”专题“中石器时代”所言及的，远古人群进入初始定居、弓箭发明并普及、陶器使用并普及等重大变化已经完成之时。弓箭的使用，很快改变了人群的食物状况。食物的充足，必然会有更多的劳力可以从事陶器的制造、木材的搬运、牲畜的豢养。这些产业的出现，又迫切需要增加更多的人口、更多的劳力。而此期间业已稳定的两合氏族定居点内，不固定的两合男女婚配关系，只需2～3代人便会出现兄弟姊妹之间的杂婚问题。这是有组织地严格确定兄弟姊妹不允许性交原则的两合氏族又遇到的人口生产的重大障碍。

远古人群定居时代的到来，也正是聚落形成与发展时期，这时的聚落内婚姻是“两合氏族的群婚”，氏族与氏族间男人群体与女人群体性关系交往是社会地组织起来了，甲氏族女人群体是乙氏族男人群体的妻子，乙氏族女人是甲氏族男人的妻子，但个体与个体之间的性关系则是不确定的，也就是没有社会地组织起来。李衡眉认为，距今1.8万～1.0万年前的山顶洞人的婚姻形态也一定具备“两合氏族群婚”的特点（2001，72页）。这时，中国远古大地出现了更多地在山前水旁建立起的“两合氏族群婚”的聚落。这种其乐融融的聚落必然走向相对稳定的“血缘内婚”阶段，一旦牢固稳定，就只能有两种前途。一者封闭，走向衰弱消亡；一者发生以下两方面的重大变化。

聚落有组织分裂与聚落间交融整合是这一时期人群能否生存发展的一个重大的变化，哪一个老祖母领导的聚落采取了这种措施，那一个聚落的人口便会迅速增加，个体的体质、能力便增强，聚落各项事业便兴旺发达。此时必须改变个体与个体性关系的不确定性，走向相对稳定的性关系，这是十分重要的变化。张宏彦认为新石器时代初期，距今1.2万～0.9万年，仙人洞及甑皮岩等洞穴中已有了“多个家庭性质的生活消费单位”。到了新石器时代早期，距今9000～7000年，聚落的社会结构可能为：若干小家庭组成一个家族，再由若干家族组成一个氏族，整个聚落可能是以氏族为基础的生产生活共同体（2004，192、194页），人口有200～300人，远古社会进入到“既知其母，又知其父”的时期。

一方面解决了聚落结构组成的更新；一方面又完成了“祈而为媒，因置昏姻”，人口迅速繁衍，人群很快壮大，这就是距今1.3万～0.8万年前一批老祖母完成的造人的伟大功业，后代世世相传。人们将天山这幅岩画，称为造人形象（图3.2）。无论形成于一万年前，还是三四千年前，它可能告知我们的都是“女娲”老祖母造人那个时代的具体形象。图的正面有一男一女，但女体大身高，男人虽然男根长大，但体小身形较矮，应以女为主。女戴头饰，男人圆形头脸，头顶光圆，两者脚前下方是两排作热烈舞蹈姿势的小人，上排34人，下排21人。在小人下方又有三人，一个斜身躺卧，双腿叉开，为一女性，头脸圆形，头项光圆。其对面一人体形较大，也带头饰，男根指向女阴。在这一男一女右侧还有一男人，头呈下宽上狭梨形，头顶横平无饰，男根也指向女阴。王炳华认为“群列的小人，十分明白地显示了祈求生殖、繁育人口的强烈愿望”。

图3.2 女娲造人形象参照图

（新疆呼图壁县西南75千米，天山北麓，雀尔沟，康家石门子峭壁，王丙华认为此岩画距今3000年，为土著人生殖崇拜岩画）

这幅岩画生动地给出了数千年前造人生子的强大效应。戴有头饰、体大身高的女性与圆脸光头相对矮小的男子配成一对；与此同时，带有头饰氏族的男子又与圆脸光头的女人配成一对；同时圆脸光头的女人，也与梨头平顶男人交媾。这是一章天书。它表述两个氏族一男一女配对，同时还吸引第三类型的人群加入繁育，已经生出了一大批生龙活虎的小人。从稳定定居生活初期形成的聚落内两合氏族群婚走向持续地时常地更新聚落结构组成，并有组织地实施基本稳定但并不严格固定的男女性关系，是远古人类自身生产的重大进步，也是距今1.3万～0.8万年间中国远古社会的重大的成就。神化这一时期的所有成功实现人口迅速繁衍的老祖母，称她们是造人的“女娲”“女娃”不为过。至于后来江湖术士又增添了用水和黄泥造人，甚至加上草造人，将人又分成三、六、九等，应属于封建阶级御用文人为了蒙骗广大人民群众而捏造的。批判这种蒙骗性的捏造是必要的，但不能由此就否定了近万年来人间流传的女娲时代“造人”，特别是女娲“祈而为媒，因置婚姻”是人类繁衍历史过程中必须经过的一个重大的门槛。由两合氏族群婚走向一男一女基本稳定的“对偶家庭”（李衡眉，2001，35页），此种转变绝非易事，只有经历了沉痛教训，又能从严重损失中燔然醒悟的聚落才能逃此劫难。而将较稳定、又不严格固定的一对一小家庭“社会组织”化的“因置婚姻”，也需经过强有力的组织及影响。

应该特别强调，女娲造人的记载及传说，特别是新疆呼图壁县造人岩画，告知我们，在史前远古时代，有一个人口突然增长的时期，在中国北方，就是女娲老祖母们统领氏族的时代。这个时代恰是距今1.2万～0.8万年左右初始定居时期，此时旧石器已基本完成向新石器转化。呼图壁岩画不仅告知我们造人盛期的存在，而且告知我们大人和小人的数量比例，由此即可看出一个时期内造人的速度；小人共计55人，大人7人，小人比大人多了8倍，这是人类走上合理自生产的重要阶段。

4. 女娲补“屋庑之天”与“天下”之天

女娲补天是女娲时代老祖母们的几大功绩之一，其中补屋庑之天可能是一个内容。王充曰：“岂古之天若屋庑之形，去人不远，故共工得败之，女娲得补之乎？”应是一语中的，女娲所补确应是原始的屋庑之天。但是女娲之时的“屋庑之天”不是王充所习见的砖瓦构建的房屋，更不是今天人们头脑中的高楼大厦，而仅是图1.5所给出的虎头梁遗址标示的“女娲时代的居室”，亦即虎头梁遗址所能见到的3～5个浅灰坑之上的简易的茅草窝棚。它们恰是今天高楼大厦的源头。这些茅草窝棚，在雨季，只要棚内有适量的燃火，便可以防御风雨潮湿；在冬季，只要有足够的烧柴，便可以使人免受风雪严寒的袭击。这些窝棚是远古人群从山洞走向更广旷的原野的天堂。但是，在“一风三日吹倒山”的春天；在“八月秋高风怒号”的秋天，茅草会很容易被掀翻，天便漏了。谁能聪慧地解决这个难题，谁便是当时人们“天堂”的救世主。

在一万年前的远古人群居住的条件下，解决这一难题不是一件小事，用黄豆粒到蚕豆粒大小的小石块，按一定比例混杂和泥，抹压茅草以后，如果泥石混合的抹层适当厚，在春季抹上可以抗住雨季的冲刷，可一直挺到秋季。秋季再抹一次，又可以挺到第二年春季。与泥混合的小石块，一般什么颜色皆有，黄色、白色、黑色、灰色、红色、紫色等。取五采石补屋庑之天，其功业已是不朽，不必越过这个屋庑之天去补苍茫无形之天。

从上述“屋庑之天”可知，天有许多种，如“日、月、星辰之天”“四季运行之天”“天神、天帝之天”“民以食为天的天”“天气好坏之天”“天下大小”之天，等等。对于《淮南子·览冥训》中的“女娲炼五采石补天”，何以非要将它释译为女娲补的是天神、天帝之天，补的是“上天”之天？为何补的不是“日、月、星辰之天”“民以食为天之天”“天下大小”之天？“天下”在古代又称为“社稷”，为国家之代称。大国有天下，小国也有天下。往更远古之前推之，一个氏族群体所活动的苍天下的范围之内可谓之“天下”。《淮南子·览冥训》中有关的全文为：“往古之时，四极废，九州裂，天不兼复，地不周载。火爁炎而不灭，水浩洋而不息，猛兽食颛民，鸷鸟攫老弱。于是女娲炼五采石以补苍天，断鳌足以立四极”。《淮南子》在这一段文字中，并没有说“天塌了”“天漏了”，更没有说“天必须补了”。仅说的是：“四极废，九州裂，天不兼复，地不周载。”回至一万年前，氏族人口迅速繁衍（见“女娲造人”小节），弓箭开始普遍使用，家畜放牧范围在扩大，于是原有的氏族群体所占有的四周边界被破坏，原有的氏族群体据有的领土被割裂，原有的苍天之下的资源不再尽归自己所有，地域不再全是自己所辖。氏族群体的天、地日渐分割而狭小。随着周边更多人群对山林的开发，女娲居住区内猛兽增多，鸷鸟掠人之事也常有发生。由于周边人群的烧山垦地，火爁炎而不灭；且由于此时恰是冰河期后增温期，水浩洋而不息。

在上述背景下，所有的老祖母们都开始“补苍天”“正四极”，首先是“断鳌足以立四极”。“四极”不是天之四极，而是“天下”之四极，地面上的东、南、西、北四个最远的边界。而“立”，有“站立”“立柱”“订立契约”“设立”之立等，《淮南子》并没说“断鳌足”就是以四足顶立苍天之四极。鳌是大鼋，其成鼋直径可达1米左右，一万年前的人们可能以其作为订立盟契、划定边界的信物。或者断鳌之四足，将断足之鳌放在两个氏族群之间的地界上，以示标记，对方见了便不再侵扰。四极只是四个点，很难使本氏族群的广大的“天”“地”不受侵扰。为此，必须选取不同颜色的石块，在四个边界垒置多个石堆。南边地界用红石堆，西方用白色石堆，北方用黑的，东方用灰色或蓝色。氏族居住地周边用黄色的石头堆积。这应是用五彩石补“天下”之天的又一内容。

《汉书·郦食其传》曰：“王者以民为天，而民以食为天。”“民以食为天”的苍天，应是在断鳌足给出的四极之内的“狩猎场”“捕鱼场”“采蛋场”“放牧场”及居住区周边的耕种与采择野生植物的场所。这些是一万年前氏族群体赖以活命的“苍天”。在“四极废，九州裂，天不兼复，地不周载”的氏族群体，甚至已到了氏族集团之间互相侵扰的状态下，补“天下”之天、“定四极”是首要条件。在“四极正”前提下，进一步补“民食”之天，也是一个重大的问题。

对于氏族群体而言，保护这些场所，就是保护自己的“苍天”，保护自己的食物资源。为此，设置足够明显的相当永久性的标志，便是“积石”。选取，即“炼”不同颜色堆积在不同的地方，并告知，或与相邻的氏族群体约定，便起到保障作用。古籍中多处记载“禹所积石”，应是这种积石标示的延续，只是大禹用它来标示自己到过的地方，已经不单是“食天”之示。

1.3万～0.8万年前，初始定居时期，一个氏族群体有3～5个以老祖母为核心的家族，她们的最大年龄平均不足55岁，初始生育年龄为14周岁，停止生育年龄为40岁，有效生育期26年，每两年生一个，最多可能生13个。去掉不孕率、死胎率、早产、流产及幼儿死亡率，步入成年的儿女不足50%。按50%计，每个家族的老祖母可有6～7个儿女。按家族老祖母年龄为55计，其子女有半数为女儿，即4个女儿，其最大女儿只有41岁，她也按上述生育率计算，大女儿可有3个14岁以上的少年劳力存在。此时老祖母自己家族成年劳力与少年劳力总和不能超过10人。假若，这个家族原本是由三个姐妹组成的核心，那她们家族的劳力有望超过30人。此时的异姓家族组合的氏族群体一般有3～5个家族，其总人口约有80～150人，平均100人左右。它是由20～50人组成的群体经过数千年漫长岁月发展而来。

按有些文献所给出采集狩猎时期良好的生存条件1平方英里只能供应1～2个人生存。即2.6平方千米供1～2人生存。初始定居人群虽然条件大为改善，食物来源较前充足，但仍不可能脱离2.6平方千米的自然资源空间。每个氏族群体居住区内按100人计，需要自然资源空间不能少于300平方千米。以居住点为圆心、以10千米为半径绘一个圆，其总面积在300平方千米左右。这仅仅是100多人采集食物的区间。夏季6～8月，正是植物生长旺季，也是山林内动物分散隐藏不易捕猎时期。山林及草地中，只有少数植物的茎、叶、根或根茎可以采食，果实种子只有榆钱类少数几种可以采食。夏季除了采集食物区间之外，仍然需要狩猎场、捕鱼场、牲畜放牧场、保护鸟类的产卵场不被其他人占据，这些地段必须设置标志，与相邻的氏族群体定盟契，或共同所有，或互不侵扰。这也应是距今1.3万～0.8万年的人们在“四极正”的前提下，必须补好的“苍天”。以不同颜色的积石分别设置在狩猎场、捕鱼场、放牧场、采卵场，以及自己居住区周围的采集蔬果场，也应是补苍天的主要内容。

5. 女娲补日、月、星辰之天

《淮南子》中所记述的女娲补天的历史自然背景，其中“四极废，九州裂”“地不周载”“火爁炎而不灭，水浩洋而不息，猛兽食颛民，鸷鸟攫老弱”皆是发生在地面上的、与一万年前氏族群体社会生存直接相关的问题。可以说与“日、月之天”没有直接关联。“补屋庑之天”“补天下之天”“补民以食为天之天”符合《淮南子》所记述的背景要求。补天背景中，只有“天不兼复”可以解读为与“日、月之天”有关的内容。“兼”按陈广忠注为“尽”，即“天不能尽复”。“复”可以释为“重复”“恢复”“答复”“复盖”之复，等等，何以必须释为覆盖之复？《说文解字》释复仅为“行故道也”。倘若按“兼”为“尽”，“复”为“行故道也”释读，则“天不兼复”应释为：天不能完全复行故道。

中国远古史研究往往跳不出神话、神学、玄学、甚至儒家的奇谈怪论的泥潭。古人早已言及女娲补天与原始历法之间的关系，但对“古人的真见卓识，今人之论女娲神话者俱未曾一顾，究其原因，在由于古典学术传统的断殁，文、理分途，现代学者大多对于古代天文学传统一问三不知，缺失相应的古学背景，因此，也就无从发现和理解女娲补天故事的天文学底蕴了”（刘宗迪，2006，223页）[3]。这可能是远古史研究跳不出迷惘之界的原因之一。远古文、理严重分途，今之文、理分途更为严重。中学是人生铺垫文化知识基础的最重要的时间，何故要文、理分途呢！

女娲补天见于《淮南子》，又见于《列子》，而《列子》又被人说成是晋朝人造伪所致。无论如何造伪，东晋孝武帝时的张湛是确实存在的。张湛，约公元340～370年，即距今1600年前，注《列子·汤问》女娲补天时称：“阴阳失度，三辰盈缩，是使天地之阙，不必形体亏残也。女娲，神人，故能炼五常之精以调和阴阳，使晷度顺序，不必以器质相补也。”张湛这段议论，是他悟到的，还是研讨他所见到的更古的文献而得出的，不得而知。但他清楚地表达出：女娲补天的前提，不是天的形体亏残，而是阴阳失度，三辰盈缩，天地运行有不足的情况下补天的；所谓补天，是调和阴阳，使晷度顺序。以上两点说得十分明白。但“不必以器质相补”需要进一步说明。女娲从一万年之前的蜂形人“十”字圭表发展演化到骷髅十字圭表，皆有图绘文字可证，且确是“调合阴阳，使晷度顺序”。由此也可反证女娲是解决晷表、调和阴阳的“神人”。“民咸用之为神”，是真正的“神”。清代学者俞正燮在《癸巳存稿》卷十二“补天”一节中按云：“女娲炼石补天者，以玉为仪器。断鳌足以立四极者，仪器榹足也。以义推之，非有奇异。”俞氏的“非有奇异”是站在远古实际历史的立场所作的判定。他认为女娲炼石补天是以“玉为仪器”，大体是正确的。补天是为解决“阴阳失度，三辰盈缩，天地之不足”，而其结果是“调合阴阳，使晷度顺序”，这确是一项“非有奇异”的天文活动。而其关键必少不了天文仪器。这个仪器，从立杆测影的太极，历经“十”字圭表、北斗及“蜂形人十字圭表”，最精彩的是“骷髅十字圭表”。

五彩石之“五”及“石”告知我们，女娲补天之时一定有五个方位、五个地点，甚至五个结节，而这“五”必与五色石有关。五个方位，东、南、西、北四方，加上观天者所站立的“上天下地”之中央，恰是五方。五个地点，应与冬至、春分、夏至、秋分四个结节相关联。观测者站立中央，应设黄色之石，南侧安置红色石、北侧黑色石、西侧白色、东侧青或蓝色石。一年之中，傍晚，为北斗杓尾指正北时，冬至来临；指正东，春分将至；指正南，临近夏至；指正西，秋分时节。白天，立杆测影，中午，杆影相比最长且指向正北黑色石块堆时，冬至；中午，杆影最短且与南侧红色石在一条线上，为夏至；当太阳从东侧青色石堆方位升起，日落于白色石堆方位，冬季之后为春分，夏季之后为秋分。

总之，女娲补天本不该神秘化、江湖术士化，而是“非有奇异”的最古老的久远之前时代，老祖母们观天、定向、计时、制历的天文活动。“阴阳失度，三辰盈缩、天地之不足”出现在距今1.3万～0.8万年初始定居的时代，“补天”补的确实是这些问题，而解决的关键是“晷度顺序”。此段信息，既证明了“补天”者是女娲，女娲确应在初始定居时期；又证明了“晷度顺序”确是女娲时代的功业。女娲时代是中国远古天文学最初始、最原始的时期，而且有最少干扰、最无拘无束编著的《淮南子》真切的记载。

（二）太极，立杆测影

包括太极在内，《黄帝》走的是艰难的释《经》之路。《周易·序》曰："易有太极。"《周易·系辞十一章》又言："易有太极，是生两仪。两仪生四象，四象生八卦。"八卦源于太极。《黄帝》的本质是中国远古天文史考，更是华夏远古赤道天文学与八卦天文学考。由此，对"太极"的考释不能不是重要的起点。

1. 女娲时期人们对定向、计时、制历的迫切需要

距今1.3万～0.8万年应是远古人群初始定居时期。"背景"专题中给出的距今1.3万～1.0万年间虎头梁遗址，应是开始阶段，一个集群的人口有20～50人，马新、齐涛认为："至多不会超过百人。"（2003，154页）发展到距今8500～7900年的后李文化，历经约3000～4000年，人们较普遍地进入到稳定聚落时期，后李文化西河聚落遗址发现房址10余间，按每间居室住3～4人计，西河聚落约有40～50人。与西河遗址时间相近的贾湖聚落，发现房基30余座，人口约在80～150人。在女娲时代后期，弓箭普及、陶器的小批量制作、农田初垦、住房开始完善、牲畜定式围养，老祖母女娲们较普遍地解决了有组织地造人、较好地完成了房屋补天等问题，人口在3000～4000年增加了3～5倍，由20～50人增至80～150人。我们称这一时期为女娲时期或百人时期。它是女娲时代，或称中石器与新石器交接时期的人口特点。

有两幅岩画具体地给出了这个时期原始聚落的真实情景。虽然两幅岩画成图的时间并不在距今1.3万～0.8万年，但它们却描绘了相同的情形。云南沧源岩画（图3.3），是一幅村落图。从画面上看，房子排列有序，表明当时人们已有了一定的社会组织，并能建造比较复杂的干栏式房屋。图中有70多人、9只牲畜。房屋在用途上也出现了分化。村寨中央的大房子，似为公共集会的场所，或首领或老祖母、孕妇及幼童的住房。周围

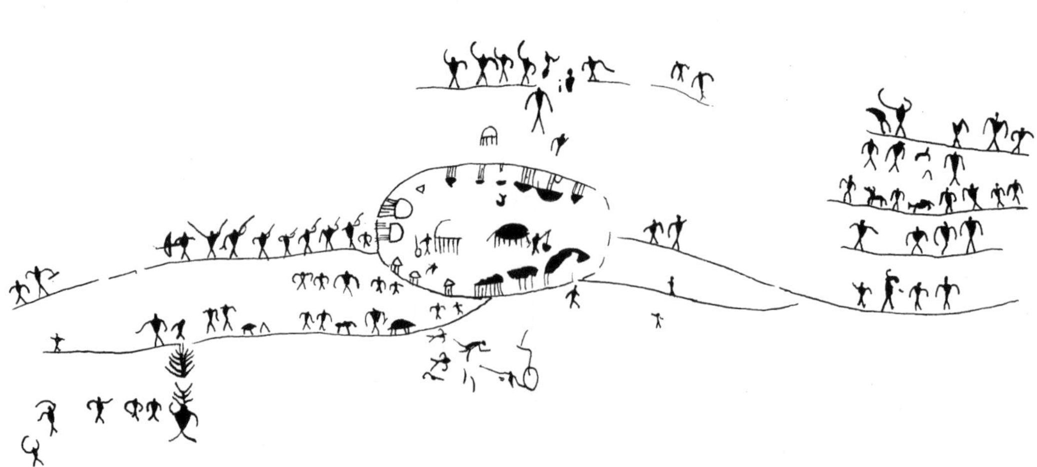

图3.3　云南沧源岩画之百人时期定居图

较小的房子则为民居，而村寨外的房子可能是粮仓，或看守人的住所。村内还有人在舂米，似在准备一次盛大的宴会（陈兆复[4]，138、141页）。

西藏日土县塔康巴地岩画，表现的是古代部族迁徙的内容（图3.4）。此画长约8米、宽约3米，刻画有120多个人的图像及22只牲畜，主要描绘了一次部落迁徙活动。中间有八列行走的人物，均为侧面形象，有的背负重物、有的牵赶畜群、有的手拄木棍，其行走方向一致，体形大小相同。在这些人物之间，还刻有巫师、部落首领、猎人及武士等。在画面的左侧有一个身材高大的人物，躯干如圆瓶形，身着长袍，双手张开，立于一铺垫物上，可能是该部落的首领或巫师，也许是图腾。画面下方有人驱赶成群的牛羊，大约是牧者。

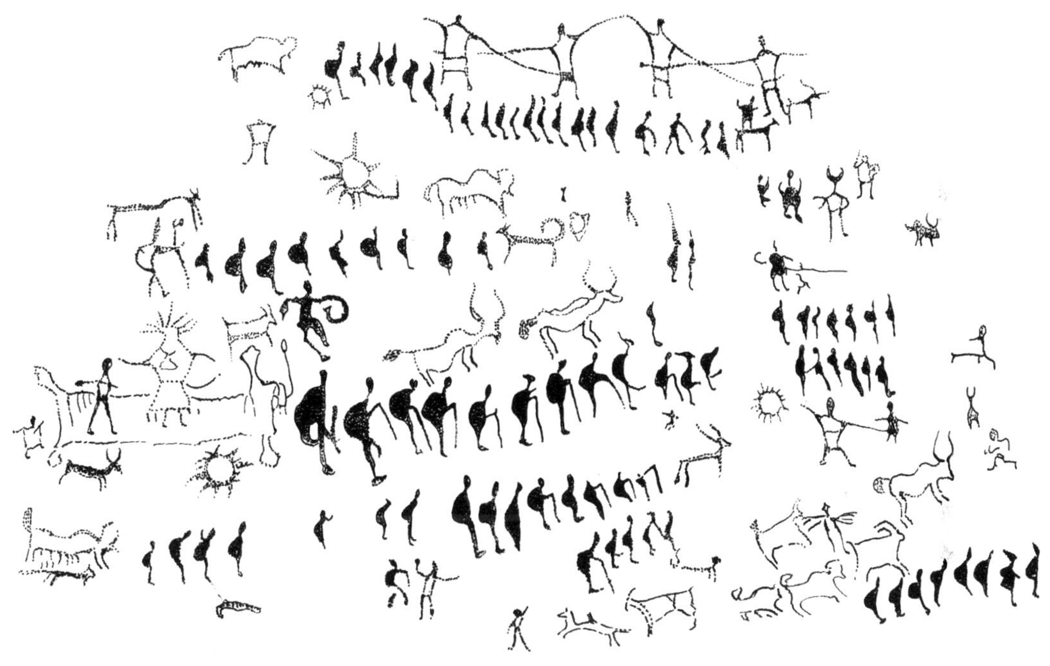

图3.4 西藏日土县塔康巴岩刻迁徙图

女娲时期，由于粮食的生产、牲畜的围养，特别是茅草棚及房屋的出现、半农牧半渔猎定居生活，使老、幼、孕、弱、病的休养生息，严寒冬季的饥寒交迫，躲避风霜雨雪的袭击，预防狼、虫、虎、豹的干扰等旧的矛盾得以解决。随之而来的住房冬季取暖烧柴的采运、粮食贮量不足、围养牲畜数目较少，导致人们必须频繁出猎而且出猎人群必须适时返回定居区等新的矛盾又凸显出来。特别是冬季，由于食物不足，野生果蔬难以采挖。定居人群必须经常组织数量充足的青壮人员频频离开定居区，追逐鱼群、围捕野兽，以解决数十口人的温饱问题。这是初始定居人群生存的一大难关，解决了这一难关的古人群便能沿着新的阶梯继续攀登，渡不过去，便逐渐衰减，甚至消亡。

按定居群体80人计，冬季每天每人至少需要1.5千克带骨肉，110天减去聚落内粮食、牲畜最大贮备期50天，还有60天必须围捕野生动物。其总量为60天 × 1.5千克/

天·人×80人=7200千克。马鹿、野牛单体重100～200千克，野猪40～50千克，狍子、羊类一般20～30千克，按平均个体重45千克计，整个冬天至少需捕获160只野生动物。110天内，平均每天至少捕猎1.5只，这是“百人时期”定居者生存发展不可缺少的最低条件。“百人时期”遗址内野生动物骨骼一定是种类最多、数量也比其前后时期皆大，几乎囊括了当地当时所有的动物，大到“虎”、小到“鼠”。如此才能确保初期20～50、后期80～150人渡过艰苦的冬季。80人按3/5出猎，应有30～50人。

初始定居时期的定居点几乎皆选在山间盆地、高山边缘的低山地带及河流岸边阶地。古人群面对的虽然是种类多、数量大的野生动物群体，但资源还是有限的，围猎活动的资源半径不能小于10千米。由于古人靠赤裸的双脚在原始无路的丛林或泽薮中穿行，资源半径一般不能大于追猎人群往返2～3天的路程，即30～50千米半径。追捕野生动物的时间一般应在11月中旬之后树叶凋落了的冬季，至第二年3月中旬新叶开始封山之前。此间，动物不易于隐蔽，人员在山林或草丛中行走也不困难。时间区间一般在110天左右。初期定居的人群，虽然尚无明确分工，但冬季仍需留守足够的人员负责少量牲畜的饲管及每天每个住所消耗的大量烧柴的采运。此部分人至少也应有1/5。留存于定居点的老、幼、孕、病，有些人可参加部分留守劳动，一个正常群体中，此类人至少应占总人口的1/5。出猎的人群只能占定居人口的3/5。

能够组织30～50人出猎的群体，一定有足够的领导、组织及计算能力，人群出猎时，居住点还应有一定数量的存贮食物。出猎人群至少应初步估算在野外存留的时间，在此期间，至少应确定捕获的猎物和向居住点运送猎物的数量，或每天派人往返运送，或猎获预定数量达到时，全体出猎人员一次性返回。无论怎样往返，出猎人群离开定居点时要有预知的方位，返回时要有准确的方向。或者有路程的标示，或者有良好的判定方向的知识，甚至仪器，这就是立杆测影及夜间北斗定向、计时，甚至包括以后的四卦、八卦产生的历史背景。

对于出猎人群，获取足够猎物负重返归时，要尽可能取最近的路程，在最短时间、以最小的体力消耗、较少贻误地到达定居点。这是他们迫切要解决的问题。凡是对此问题解决得好的“百人”群体，生存与发展的机遇就会迅速增强；凡不能解决这一迫切问题的群体，必将因冬季的饥寒病弱而衰减，甚至解体。对于初始定居时期的人群，出猎往返定向是生存发展的一个重大的科学难题。我们远古的先民们，面对这一难题，找到了二分天地立杆测影及夜间依靠北斗定向计时的方法。并以定居点为中心，在已知东、南、西、北四个方位，再加上东南、西南、西北、东北共八个方位设置明显标记，或悬挂半永久性的标志，当然也应包括某些方向的巨石、山峰或大树等永久性标志。

远古初期定居人群的农业牧业刚刚兴起，采集狩猎仍处于主要地位，所以往来出猎时分辨方向是突出的需要。这应是距今13000～8000年的情况。待农业进一步发展，畜牧业进入到依赖粮食饲喂、粮食生产在聚落中起主要作用时，判定春来秋往，以适时播种与收获，便成为突出的需要，于是在立杆测影基础上的深入观测日月星辰的运转规律、准确计时制历便成了重大的科学问题。这是远古天文学进一步发展的历史背景。应是距今8000～6000年的情景，是“四维”“八卦”，甚至二十八宿产生的背景。

2. 立杆测影

李约瑟[5]认为：“在所有天文仪器中，最古老的是一种构造简单、直立在地上的杆子，至少在中国可说是如此。这杆子白天可用来测太阳的影长，以定冬夏二至（自殷代迄今一直称为‘至’），夜间可用来测恒星的上中天，以观测恒星年的周期。”（259页）立杆测影是中国最古老的天文活动，测日影之杆是中国远古第一个天文仪器，被中国古籍定名为圭表或日晷。《周髀算经》中“日高图”称“髀者，表也”；由沈括《梦溪笔谈·象数一·改历之争》所记“立冬晷影与立春之影相若”，可知周朝以髀为表，古代天文学家们又称表为晷。有时，又称日影为晷。立杆测影在我国究竟古老到什么时候，现已很难考证。它应源于初始定居人群定向、计时及制历的需要，至少产生于距今13000～8000年。

立杆测影有着较长的利用与发展时间，至少经一两千年方臻于完善。天文考古学者认为，立杆测影，最开始时可能利用人、树、立石等自然物，逐渐演进成立杆测影，进而立固定杆，再进一步立固定尺寸的杆。这些“早期的圭表都没有保存下来”（陆思贤[6]，250页）。即或保存下来，一根腐朽的木棍、竹竿，难免被考古挖掘者忽略。如果距今8000～6000年的陶刻符号是远古人们记述某些事物甚或重大事物的标志，则在已发现的陶器刻划中，有些可能是圭表的抽象符号。如 |、一、L、⊥等。若这些确是立杆圭表的抽象符号，则表明立杆测影必远在这些抽象符号形成之前，至少距今8000年以上。最早记述立杆测影的远古文献是《山海经》中的“夸父追日”与“寿麻正立无景”。最真实记录立杆测影的是贺兰山岩画，它们皆表明数千年前远古人群确实有过立杆测日影的活动。

太阳是一个巨大的发光球体，它的中轴线与地球表面设置的与其平行的圭杆中轴线之间可以构成一个平面，这个平面在太阳光未被遮挡时，是由光所构成的。观测者留意的是测杆背面的阴影面，实际是光线的投影面。太阳在高空中没有任何固定的参照物，而测杆背部的阴影则是太阳在天空运行路线的印迹。测杆阴影面实际是个三角形，其底边是测杆在基准面上的投影，古人称其为日影或“晷”。此投影线的长短由测杆的长度及太阳的高度决定；线的方位，即角度变化则由太阳在天空运行的位置决定。其长度与角度在一天之内不停地变更；一年之中每日的同一时刻也不相同，但“晷”在不同年份相对应的一天内却是相当的，而且周而复始。观测者确定“晷”的角度变化，实际是以它的眼睛为一个点或以它自身与测杆中心线之间构建的参照面为基准。参照面有无限多个，最初最有价值的是三个。一个是观测者脚下的地平基准面；再一个是观测者站在测杆的正北（或正南）构建的参照面，即子午面；另一个是观测者站在测杆的正东（正西）所构建的参照面，即卯酉面。立杆测影，初看起来是一个十分简单的设施，实际上，它却在观测者周围构建成三个抽象的平面。无论是有形的，还是无形的，观测者皆可依据它们来判定日影移行的方位。这就是说，立杆测影的本质，就是依据这三个平面所构建的地平坐标系来观察和认识日影周日、周年变化规律。

中国远古文献记述立杆测影的应是距今4200年前的《海外北经》及更为久远的《大荒北经》中的“夸父追日”，以及《大荒西经》中的“寿麻正立无景”。这些记述距陶刻符号至少2000～4000年。距初始立杆测影的距今1.3万～0.8万年，已有4000～8000年。“夸父追日”与“寿麻正立无景”是立杆测影发展到相当成熟的阶段，与1.3万～0.8万年前初始定居时期人们的需要与目的已相差甚远。然而，它的记载却是近万年立杆测影长河中的重要链接。

3. 太极、髀、甲是测日影的立杆

“太极”是测日影的立杆。这样的命题，在头脑中充满了“总天地万物之理，便是太极”的人们面前，定是不可接受的。为了理解“太极是什么”，笔者尽力翻阅现今灿若繁花的释《易》、论《易》之作，可真正关注“太极”就是测日影的立杆者少而又少。有的人甚至推波助澜江湖术士的那些主张，只要心领神会“太极”“无极”之理，就可以上知数十载，下预测数十年。“太极”在中国哲学发展史中，演化成为一个“哲学术语”是必然结果，但它不应该背离“太极生两仪”“两仪者，阴阳也”这个最基本的源头。而这个源头确是立杆测影。

田合禄、田峰（2004，83页）在揭示圭、髀（即甲骨文中的卑字）、表之间的关联时，认为：“测日影的立杆，又叫‘表’，在《周髀算经》中叫‘髀’。甲骨文‘卑’字写作（K874），表示用手扶着杆子，杆子顶上有太阳形像。”并且明确指出“这立杆就是太极”“太极就是立杆。立杆和圭是我国古代人们观测研究太阳运动规律的两种简单的天文仪器”。圭，田合禄认为是用土堆成的测日影的设备；表，他认为是测日影的杆子，是“太极”。“髀”，是甲骨文中的。而卑就是测日影的杆子[7]。他关于测日影的“立杆就是太极”及“甲骨文‘卑’字写作，表示用手扶着杆子”的这些论述相当重要。由下列甲骨文及金文“卑”字可知，此字不仅是用手扶圭杆，而是用手扶抓“甲”字圭表，即用手扶骷髅十字圭表“甲”。

这里列出，田合禄所引甲骨文K874字，也是李约瑟259页的卑K874甲骨文，以及甲骨文（合37677，三期、京津2684，一期）、金文（鞄氏钟，春秋）（燕下都陶，战国）、《说文解字》（116页），其基本构形相同，也可以确切地认为是一脉相承的。本专题“（三）骷髅十字圭表”，将专节讨论“甲”乃“人头空为甲”“人头空为骷髅”。“甲”为骷髅十字圭表。李约瑟与田合禄皆锐敏地探察到“卑”（图3.5）就是立杆测影，卑就是手持甲，而甲为骷髅，为骷髅十字圭表。

K874	合37677	京津2684	鞄氏钟	燕下都陶	墙盘	《说文解字》
甲骨文	三期	一期	春秋	战国	西周	汉代

图3.5　甲骨文、金文中的“卑”字

太极的本质是一个无形的抽象平面。今人不能苛求近万年前的人们已知晓这个无形的抽象平面，并称其为“太极”。但认为远古人们将自己的测影杆、杆影及杆与杆影将天地分成阴阳两部分，这些内容皆称为“太极”应是合乎实际的。因此测日影立杆是“太极”也应无误。据田合禄所引，刘钰在《周易研究论文集（第一辑）》（26页）提出：“什么叫太极？这一问题是使《易》学者转向观念论的关键。谁也没有明白‘太极’是测量中使用的一件工具表或槷，现在的标杆那样一件东西。”（田合禄，85页），表明《周易》研究确已进入科学的唯物的阶段。遗憾的是，“使《易》学者转向观念的关键”这一重要问题，似乎并未引起一些“《易》学者”的重视，他们的大作往往充斥着一些“玄而又玄”的内涵。太极是《易》之本源，它本是一件事物，它是能生发出阴阳的、又逐渐演化成中国哲学的术语，这应是《易》学大家不可不关心的问题，正如关注长江的人们不可不知格拉丹东雪山一样。

认定“太极是测日影的立杆”，便可回到距今1.3万～0.8万年的女娲时代；回到“至少在中国可以说是最古老的”、直立在地上的天文仪器那里；回到“百人时期”定向、计时、制历的社会生活中去；回到那个“古之人贵能射也，以长幼养老”的“其乐融融”的时代。那个时代的人们将测日影的立杆称为“太极”，一直留存至今，除了语言声音传承之外，一定还有象形符号留存。这个符号很可能就是“—”“|”“L”“⊥”。为此，需找到有力的证据证明太极的符号信息的存在。只有太极的符号信息存在，方可能找到这些符号信息的演变历程，才有可能了解太极这个立杆测影之杆，亦即远古天文仪器发展演变的历史进程，更可能找到立杆测影，即太极与女娲甚至女娲时代的关联。几近两千年前的许慎《说文解字》中的“一，惟初太极”便是有力的证据。

4.“一，惟初太极”

“一”是个字，是符号。由于它在《黄帝之研究》中居于不可或缺的地位，不能不涉及在古文献中已记述的、它所内蕴的涵义。如“一”“数之始者”“惟初太极”“物之大祖”，甚至“一为东西”。本小节主要叙述的“惟初太极”，距今1900多年前，许慎在《说文解字》一书中十分明白地给出：“一，惟初太极。”它表明，至少在当时，也即两千多年以前，有人仍确知“一”是初始时的“太极”，“一”是文字，是中国数千年甚至上万年以来的一个象形符号。它代表一种事物，这个事物在久远之前的初始的时候，被呼作“太极”。或者说，“一”在最初始的时候就是“太极”。钟旭元、许伟建在《上古汉语词典》中称《说文解字》中的“一，惟初太极，……不确”。他们认为甲骨文、金文之“一”俱为数词。这确实是值得深入探讨的问题。

中小学生所用的《新华字典》（商务印书馆，1962年修订版及2005年）及《辞海》（1979，上海辞书出版社），对“一”的最重要的解释为“数目字”。可见释“一”为数词无误。但“一”不仅为数目字，还具有“满”“全”“同样”“另外”“或”及“统一”之义。从公元前11世纪到公元前6世纪，纵贯500多年的《诗经》既有数词之“一”，又有其他含义之“一”。《诗经·小雅·采薇》“一月三捷”；《诗经·白驹》“生刍一束”；《诗经·采绿》“不盈一掬”等句中“一”为数词。但也有其他含义，如《曹风》之《鸤鸠》“淑人君子，其仪一兮”；《桧风·素冠》“聊与子如一兮”；《小雅·角弓》“民之无良，相怨一方”；《秦风·蒹葭》“所谓伊人，在水一方”；等等。

《左传·襄公二十九年》，即公元前544年，孔子8岁这一年，吴公子季札聘于鲁，鲁请他观周乐。鲁乐工歌《周南》《召南》《邶》《鄘》《卫》《王》《郑》《齐》《豳》《秦》《魏》《唐》《陈》《小雅》《大雅》《颂》，囊括了《诗经》的全部篇章。由这些篇章中可知，远在公元前544年以前，《诗经》中的“一”，已经不止“数词”这一种释义。在孔子8岁之前，距甲骨文也只有五六百年。而《诗经》上限几乎与商末甲骨文下限相若。商代甲骨及商周金文的“一”之所以俱为数词，应与甲骨与铜铸器物所记述的多为叙事之辞有关，也可能对甲骨文中表述“一”的记述研究不够全面，仅见“一”为数词。

同是甲骨文字，处于商末时期的西周甲骨的数词，虽然也是作记数之用，但有时却是“八卦”的刻符。如西周甲骨张家坡组记有：“五一一六八一六八一一五一”“一一六一一一”“六六八一一六一六六六六一”；岐山凤雏村组记有：“七六六七一八，曰其人，王既鱼”“七六八六七六”等。张政烺于1978年提出：这种由数字组成的符号是八卦始，至今人们已确认这些由数字组成的符号是八卦发展演化的“易爻”。“一”是这些“易爻”符号中的一员，代表与数目字不同的若干重要含义的卜筮内容。由此可知，这里又回到“易有太极，是生两仪，两仪生四象，四象生八卦”的关联中。

长期以来，人们远离了“一，惟初太极”这个关于“一”的远古观念。可以认为，从甲骨文至今，接触最多的，也历经多次反复的是“数目字”之“一”、“数之始者”之“一”。中国文字有五千年以上的连绵发展，“一”作为测日影立杆的符号至少应有万年以上的历程。追索这一历程，对于正确认识并理解“一，惟初太极”这个重要问题有深远意义。“一”与“丨”作为测日影立杆的符号，很可能在万年以前已经诞生。

5. “一”之无形

2500多年以前的《道德经》是中国古代早于孔子的一部哲学巨著。其中许多有关伦理人常，如“上善若水”“大器晚成”“祸兮福所倚，福兮祸所伏”“千里之行，始于足下”“不敢为天下先”“出生入死”“不出户，知今古”“抗兵相加，哀者胜矣”“民不畏死，奈何以死惧之”“天网恢恢，疏而不失”“天道无亲”，等等，深刻影响及于今世。本书既不欲宣讲这些伦理人常的影响，更不准备涉及《道德经》的哲学之理，而是仅仅从其关于“一”的论述，探讨《道德经》所赋予“一”的新的生命[8]。

《道德经》第十三章明确给出“一”的定义：“视而不见名曰夷，听而不闻名曰希，搏之不得名曰微，此三者不可致诘，故混而为一。”“一”具有夷、希、微三种特性，用现代语言表述，“一”无形、无声、无实体，即抽象无形。许慎在《说文解字》中给出的“一，惟初太极”应是较《道德经》更加久远的“惟初”。另外，从《易经》的太极生阴阳及《道德经》第三十六章的“一生万物”“万物负阴而抱阳”可知，“一”“太极”“万物”“阴阳”有着本质的内在关联。“一”之无形，必然是“太极”的抽象无形。此处已清楚表明，距今2500年前已有文字清晰地记载“太极”与“万物”皆可抽象无形，即它是抽象符号、抽象概念。

早于《说文解字》200多年、晚于《道德经》300多年的《淮南子》一书在“原道训”卷中更清楚地给出：“无形者，物之大祖也。”“所谓无形者，‘一’之谓也。”“视之不见其形，听之不闻其声，循之不得其身。”进一步强调“一”的抽象无形特性。由此可以确认，太极是久远之前的测日影的立杆，而“一”或“丨”是其抽象无形的符号。仔细观察杆影也是视而不见、听而不闻、搏之不得其形的。杆影是“一”，是“太极”。

距今1.2万年（距今1.4万～1.0万年）左右，冰河期后全球气候转暖，弓箭广泛出现，陶器开始普及，磨刃石器增多，人群自身有组织的繁殖开始解决，特别是临时性居住窝棚的搭建，表明华夏先民掀开了人类历史新的一页，步入初始定居生活。考古学上称其为旧石器时代向新石器时代转化。《黄帝之研究》称其为百人时期或女娲时代。本专题已强调：初始定居的人们，出外渔猎，指路、定向、计时及制历是其迫切需要。他们发明了用一根木杆依靠日影实现定向、计时、制历。这是华夏天文学的起点。

立杆测影，远古人称其为“太极”；“一”或“丨”是立杆测影，或者就是立杆的抽象无形的符号。立杆测影极具有代表性，代表了初始定居时代，实际上是代表了旧石器时代向新石器时代转化已近于完成的时代。被后人称呼为女娲的老祖母们纷纷走向稳定的定居生活。立杆测影的杆、太极、“一”或“丨”是华夏远古天文学的起点，也是八卦科学发展的起点，更是《黄帝之研究》中“黄帝生阴阳”“此乃女娲七、十之化”这个重大历史问题的坐标起点。

就远古天文学而论，测日影的立杆是天文仪器；“太极”是概念系统；“一”或“丨”是抽象符号；“太极生两仪，两仪者，阴阳也”是它进一步发展衍化的科学理论。对中国远古哲学来说，“太极生阴阳”是其核心内容，而这个核心却起源于中国远古天文活动，即立杆测影这个实践。中国的八卦科学是个十分特殊的学问，它混有天文、卜筮、星象学、数学，等等。将天文剥离开去，便可以清晰了解它的数学内容，因此也可以将其看作中国的数学。中国远古数学也从这里为起点，即“一，物之大祖”，即“一”之无形，即数之始者。

6. 太极的三向分野

本书在“立杆测影”小节已说明，立杆测影实际是依靠立杆所确定的地平、子午、卯酉三个基准面，在万年以前初始定居时的居住点内，立一株测杆以定向、计时、制历，因为以杆为基准，其附近可以选择确知方位的点、线、面来构建观测者所需要的参照基准面。但本书在“女娲时期人们对定向、计时、制历的迫切需要”小节中强调频繁出外渔猎的人群在野外指路定向、计时是迫切需要。在野外立一株单杆不可能确定一个平面，但在邻近的一定间距内直立两株单杆，必然可唯一确定一个平面。在野外，对于观测者来说，两株单杆所确定的平面，每次观察皆需以观测者为第三个杆调正方位。倘若立三株测杆在一个平面上，则只要观测者邻近便可以方便地进行观察。

一个有良好组织的初始定居的氏族群体，为了保证野外渔猎之成效，必然在多年反复实际活动中，在野外逐步设置多处三株测杆。这是一项对古人来说极其必要、但又相当浩繁的天文及地理工程。他们要在离开居住点一定距离、一定方向、又十分关键的地点设置三株杆，既作为出外及返回的路标，又可作为随时定向、计时的设备。这应是太极的一个发展方向、第一个分野，可能也是后来以“彡”作为图腾的氏族的称号的渊源。

太极进一步发展的第二个方向，亦即第二个分野是“十”字圭表。“十”字圭表实际是两条相交的直线。所以它首先具有“两条相交直线有且只有一个平面”的特性，而其“一”横杠的两个端点又具有标示另外两条立杆端点的特性。从而可以认为“十”字圭表是三株圭杆的异形或简化，是太极发展演化的另一个分野。这个分野在距今1.3万～0.8万年，曾相当繁华昌盛。下文将专节考释“十”字圭表，它最为光辉灿烂者是《大荒经》专门而唯一记述的“有神十人，名曰女娲之肠”，更应关注“处栗广之野”，即设置在野外。

太极的第三个分野应是“大”。它实际是叉开双腿，肩担一个横杠的活动圭表，其实在物证是一万年以前的柿子滩岩画。后文将专门考释之。柿子滩岩画蜂形人，倘若就是一个蜂形人，那就很难断定它是何种表义。但蜂形人脚踏六星、头顶七星，更重要的是肩担一个两端上翘的横杠，这就必然推动今人追索一万年前的人们在做什么？甚至进一步考证蜂形人在以后的历史过程中的行迹。此点将在“黄帝生阴阳”专题中单列一节详细讨论。

总之，太极三个方向可视为“彡”“十”“大”三种立杆测影的仪器设备。而“彡”“十”“大”，以后又发展成或被记述为“易”“女娲之肠”“蜂形人与蟜”。“易”在甲骨文中被读作“赐”；而“女娲之肠”的文字符号为“甲”。“十”，发展演化为“骷髅十字圭表”；而“大”则是“人”，是蜂形人“黄”，是“蟜”。它们都是以女娲族群为源头，是初始时期的图腾。

（三）骷髅十字圭表

太极有三个分野，“十”字圭表是太极发展演化的重要方向。“十”字圭表，既有实物，又有抽象符号。“十”字圭表的抽象符号主要形象为“十”。古文献中的“十”的字义，基本可以分为四大类，一类是“数目字”，“由九加一所得”之“十”，读作shí，也作完美、十足解；另一类是《大荒经》中“有神‘十’人，名曰女娲之肠”，《淮南子·说林训》中“黄帝生阴阳”“此乃女娲七、‘十’之化也”，远古时读音不详；第三类是《说文解字》（88页）中“十”“一为东西，丨为南北，四方中央备矣”，是水平设置在地平面上为“十”，这是中国远古走来的“十”字所记述的“两仪生四象”的四象符号；第四类是甲骨文中的“十”字符号，钟旭元等《上古汉语词典》（文86页，表48页）中读音甲（jiǎ），“天干第一位”“商王庙号”“军人穿的革制戎衣”，“十”（jiǎ）即是人们所熟习的“甲”。

1900年前，许慎在《说文解字》中对甲做了非同寻常的释读：“㊉，古文甲，始于一，见于十，岁成于木之象。”若此，可以确认古文甲“见于十”，即同于甲骨文的“十”㊉。更重要的是，这个“见于十”的“十”（jiǎ）是从“一”开始的，即来源于“一”或“丨”。“见于十”的“十”（jiǎ），不仅源于“一”或“丨”，而且由“一”经“十”，再“始于十，见于千”。最后又记“《太一经》曰人头空为甲”，且有注“人头空为骷髅也”。由此可知，符号“十”不仅有四方面的释义，且最值得关注的是“始于一，见于十”“始于十，见于千”“人头空为甲”“人头空为骷髅”。这是“十”字，即甲的发展演化系列的最值得深入探讨的问题。

1. 十字圭表

距今1.3万～0.8万年初始定居时期，定向、计时、制历是人们遇到的前所未有的科学难题。而日影即可定向，又能计时，更便于制历，那些经济发展最快、头脑灵活聪慧的氏族或氏族集团，会最先也最容易发现站立着的人自身的日影是随身可带的定向、计时、制历的依据。直立着的人并拢双臂是单影，平展双臂便可构成一个“十字圭表”。“十字圭表”是在单杆圭表基础上发展而来，单杆圭表是在距今1.3万～0.8万年形成发展的。“十字”圭表至少应在8000年以前存在过或发展过。以后可能在某些地区仍然使用。

图3.6是贺兰山岩画中一幅明显的太阳与“十”字圭表图。此幅图不是实物，而是实物的符号。李祥石认为图3.6是太阳与崇拜之人。太阳是对的，但太阳右下方的“士”字标示，释“崇拜人”，应须讨论。它与图5.6d钵底所绘“十”字形图案，有着相似之处，是一个“十”字圭杆。圭杆顶端与两侧杆端皆有挂物，挂物呈四或五个指状分叉，两者分叉数相同，且在圭杆下部有一横杠，应表示圭杆插入地面。这是最标准的古老的十字圭表的图像。初看起来太阳右侧确似一个人形。笔者推断，初始定居时期，

图3.6 太阳与桑林式十字圭表

（《贺兰山岩画》，画面24厘米×41厘米，凿刻制作，174页）

“十”字形圭表是由并拢双臂而立着的人演化成平展双臂而成。该岩画中的十字人形，由于是插在地面，可知标示的不应是人，而是人形插在土堆上的圭表。这幅岩画所描绘的应是《大荒西经》所记“有神‘十’人”“处栗广之野”中的“桑林生臂手”（《淮南子·说林》）的发展阶段，应释为“人形十字”圭表。这幅岩画可以认为是人形十字圭表发生初期的抽象符号，它早于后文将要详述的“骷髅十字圭表”。即或“人形十字圭表”的岩画晚于“骷髅十字圭表”，也应是前者的实物早于后者的实物，仅是记述它们的发展的岩画刻划的时间不同而已。

十字圭表是测影单杆或直立伸展双臂人身测影的发展，它的首要功能是定向。直立人身测影时，人平展双臂，便起到定向作用。定向的时间应是早、晚或正午。正午日影最短，此时十字圭表或平展双臂的直立之人，只要面对正南或正北，在地面留下“十”字之影的四个端点，便分别为：指向太阳者为南，另一端为北，另两端为正东、正西。只有午时人形十字圭表在地平面投影是一条当日最短的直线。

按“寿麻正立无影”，“十”字形圭表更值得关注。固定位置的单杆倾斜圭表在正午无影时不易观察，因此时它仅是一个点。采用十字圭表，顷角合适，中午表影是一条东西向直线。若在圭表立地点地面画一个正南北与正东西的“十”字，倾斜的“十”字圭表既可起到定向作用，又可进行计时、制历。在野外，如果设置若干个固定而可指示南北向的“十”字标志，处于中纬度地带的远古人们在野外便可利用这些标志指路、定向、计时。在利用日影计时、定向过程中，逐渐发现一年中有一天中午日影最短，有一天中午日影最长。在日影最短这一天，白天最长，夜晚最短，此后是天气最热的时期；在日影最长这一天，白天最短，夜晚最长，此后是天气最寒冷的时期。除了这两天之外，他们必然还会发现另有两天，中午日影长度接近测杆长度，而且这两天的日影长度相等；这两天日出正东，日落正西；这两天一个在春季，一个在秋季；它们的到来，伴随着当时人们最关切的春季播种与秋季收获活动。于是，远古人们开始发现与他们自身生产生活及季节气候变化直接相关的四个日子，他们命名这四个日子分别为冬至、春分、夏至、秋分。

于是，一年四季的四个重要标志点的确定便成了初始农耕的人们不可缺少的科学活动。十字圭表是远古人们科学实践的产物。

2. 始于一，见于十的甲

公元121年成书的《说文解字》，在释“甲”时曰：“[illegible]，古文甲，始于一，见于十，岁成于木之象。”“[illegible]”代表一个事物，是一个抽象符号。这个符号“始于一，见于十”，清楚地表明这个事物是从“一”而来，并表现出可见的“十”的形象。“一”可以是“一”，也可以是“丨”。在远古时代，“一”或“丨”是太极，是立杆测日影的杆的抽象符号，也即代表着测日影的杆。无论《说文解字》的“一”是指符号，还是测日影杆这一事物，皆明显强调“一”是发展演化的，最终演化为可见的“十”。符号“十”在中国远古史研究中有着十分特殊的地位。“十”作为符号，给现代人的最深的印象是“由九加一所得”的“数目字”，也做完美、十足讲。但“十”是jiǎ，而不是shǐ却极少有人了解。

“一”或“丨”是太极，是立杆测影的符号。“见于十”的“十”也应是观天量地的器具。“天书”专题，已讨论了图2.11、2.12、2.13中三幅岩画，此处为了进一步说明问题，将它们编为图3.7、图3.8、图3.9安排到这里。图3.7，盖山林认为图中6个圆圈是一个星座。这一释读是可取的。腾格里沙漠南缘双鹤山中的远古的人们，在夜晚定向、计时、制历，一定要依靠北天极附近的星体。在北天极附近最明亮的，也是总体构形最引人注意的，是北斗七星与南斗六星。岩画中绘的六星表明，当时的人们一定因某种需要而取六星在晚上定向、计时、制历。将六星与“十”字绘在一张图案中，充分证明这也是白天依靠“十”字定向、计时、制历。两者绘在一处，是一组不可分割的天文仪器。

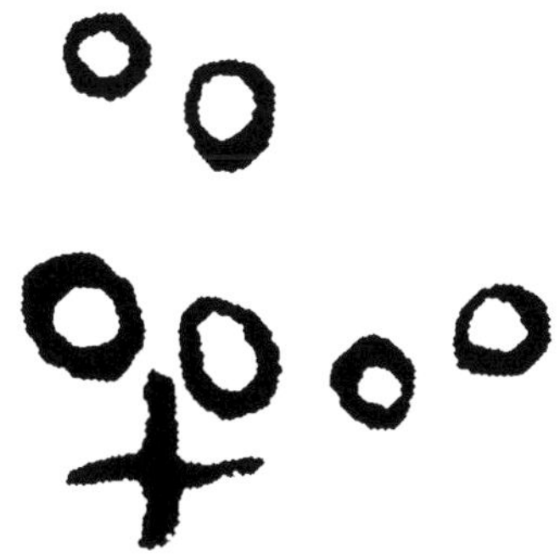

图3.7 斗、十岩画

图3.8 大字圭表

图3.9 千字圭表

图3.7中的白天定向、计时、制历的“十”字，如果是平置的十字圭表，则它所处的时间应在伏羲始画四卦的距今8000年前以后。如果表是直立的，它应在距今8000年以前。可知，“始于一，见于十”的时间应在距今1.3万～0.8万年。也就是说，“十”字圭表应出现在距今1.3万～0.8万年。而太极，即立杆测日影则应最初出现在距今1.3万年左右的初始定居的初期。以人自身直立为圭表，必然有一个从并拢双臂发展到展开双臂呈十字形状态的过程。“十”字圭表是太极发展分野的一个方向。这个方向的发展演化，可能就起始于展开双臂的“十”字形的人，柿子滩岩画“蜂形人”应是它的一种形象，时间为1万～0.9万年之前。无论图3.7中的十字圭表是直立的还是水平的；也无论此幅岩画制作于距今万年左右，还是距今4000～5000年，皆充分证明中国远古史时代，有过夜间依靠南斗六星定向、计时、制历，白天依据十字圭表定向、计时、制历的天文活动。这两者对于初始定居的人们的生产、生活有过相同的深刻影响，所以他们才耗费时间和力气精心地凿刻它。岩画是远古人群的文化内容，用以昭示他们的最有效用的知识，以传承或教育他们的后代及集团内部的成员。岩画也可能就是他们的图腾符号，即表彰其祖先的发明创造，又表示自身对这些有定向、计时、制历神效的事物的崇拜祭祀及继承使用的信念。这里需要说明一个问题，由于地轴做陀螺摆动，北天极以黄极为

中心，每2.6万年完成一个圆周运动。现今北天极在小熊星α（即勾陈一，见冯时，87页），距今1.3万～1万年前，北天极在织女星附近，离它只有15°～20°，可以明显见到南斗六星绕北天极旋转。可推知图3.7岩画描述的应是距今1.3万～1.0万年的情景。

“成岁于木之象。”“十”不仅“始于一”，而且“成岁于木之象”。“成岁”可以释读为“常年使用”或“历经成岁”。“木之象”的“木”可以是森林之木、单树之木，又可是木桩之木。“天书”专题中的图2.12，即图3.8，应是埋在土堆中的“十”字形木桩，可称其为木桩之木。图2.13，即图3.9，应是单树形的类似“十”字的木。由此可知，作为圭表的“十”字，也可能由“十”演化为“木”。“岁成于木之象”的记载是远古历史中“十”字圭表演化的真实过程。倘若考虑《说文解字》有关“甲”的注解中的“始于十，见于千”的形象，至少“十”字上方还有物件，则可以认为“岁成于木之象”的木应是图2.13的形象。为此，我们将图2.13归于树形类似“千”的圭表。它应是圭表发展演化的一个阶段或一个分支。为此，单列一小节加以讨论。

3. 始于十，见于千

“十”字形圭表是太极发展演化分野的一个重要方向，而“十”字形圭表又有着自身的发展演化过程，《说文解字》无意地保存了这个过程。“始于一，见于十”是“十”字形圭表由单杆圭表演化成“十”字圭表的历史记述。而《说文解字》注所载“始于十，见于千”应是“十”字圭表演化的重要阶段或分支。注者称此语是《宋书》所述。“注”应是清朝段玉裁所作。既然是《宋书》所载，那么《宋书》编写时一定有人见到甲“始于十，见于千”的记载。“千”是何物的抽象符号？凭空难以推断。若以骷髅十字圭表为其演化的终极阶段，则可能在岩画中找到类似“千”的符号。

“天书”专题，“星座与十字岩画”小节图2.13，即图3.9，应是“千”的一个类似形象。这是阴山岩画，高0.31米，宽0.16米，盖山林认为它是“一个符号化的舞者或巫师，头顶柱状物，双臂平伸，象征性的手指张开，下身用一直线表示，最下方呈三角形，以示伫立于大地”。盖山林对这幅岩画的描述，或称释读，除“午者或巫师”值得商榷外，其他皆符合实际。这是一个“符号化”了的实物形象，不仅头顶柱状物，而且实际上全身上下皆呈立柱状、张开的不是手指，仅是象征性的双臂，最下方呈三角形，确应是“以示伫立于大地”的实物。

此幅岩画应是立杆测影由“十”发展到“千”的一种形象。这类形象不仅在定居点，且更多的应在野外，是必须指示方向的关键地点设置的标杆。它是一株用土堆埋牢固的木杆，中上部或安装或原有枝杈留存的象征双臂或“十”字的装置，顶端安置一个头状物，表明这时“千”字圭表还没有发展演化到“骷髅”十字圭表的阶段。“头状物”，按当时人们在野外常见到的树上的较固定的标示，应是鸟巢。这或是将树上的鸟巢移至于此，或为人工模拟制作的鸟巢。一株木杆上人工安置的鸟巢很难经得住风吹雨打。或捆绑一片大型的石块，按当时的技术与条件，捆绑石片的材料，很难终年经得住风吹、日晒及雨淋。由此可推断，“成于千”的“十”字 圭杆必然向新的方向发展。

这幅“千”字形岩画或绘于距今1.2万～0.8万年前，或绘于更晚一些时代。无论它绘于数千年以前的那一个时期，皆可表明北方大地上确实有过“岁成于木之象”及“始于十，见于千”的十字圭表发生演化时期。如果取《淮南子》中的“黄帝生阴阳，桑林生手臂”，可知“十”字圭表与“千”字圭表恰是“桑林生手臂”之阶段。由图2.13更可晓得，此时尚未达到“上骈生耳目”的时期。桑林应是一个氏族或一个地域。“千”字圭表是她们的发明创造，或者她们是管理“千”字圭表的“神”职人员。“千”字圭表成为她们的族徽、族姓，甚至是她们世代崇祀的图腾。图2.13仅是这些“千”字圭表的一种形象。

4. 甲骨文中的“十”（甲）字

由《尚书·多士》所载“惟殷先人，有册有典”可知，商代是有典籍的，其内容不可能次于《夏书》，可惜的是今人尚未见到这些典籍，见到的仅是甲骨卜辞。甲骨文不是当时通行的文稿，仅是商王活动的占卜之辞，且卜辞又有一定的格式，所以我们见到的甲骨卜辞中“十”字，基本只有“天干”之“十”（音jiǎ）、商王庙号及军人穿的革制戎衣。甲骨卜辞中的“十”何时演变成“甲”，读音又何时由jiǎ变为shí，其词义也由天干之首变为数目字，尚待考证。甲骨卜辞中的“十”字是甲。甲骨文中表义为数目字“10”的符号为“丨”，现今的字典中已不再使用它。它应是比甲骨文更加久远之前的“太极”，即测日影立杆的抽象符号。见图3.10a，从春秋末期到战国时期“丨”便开始变为“十”。

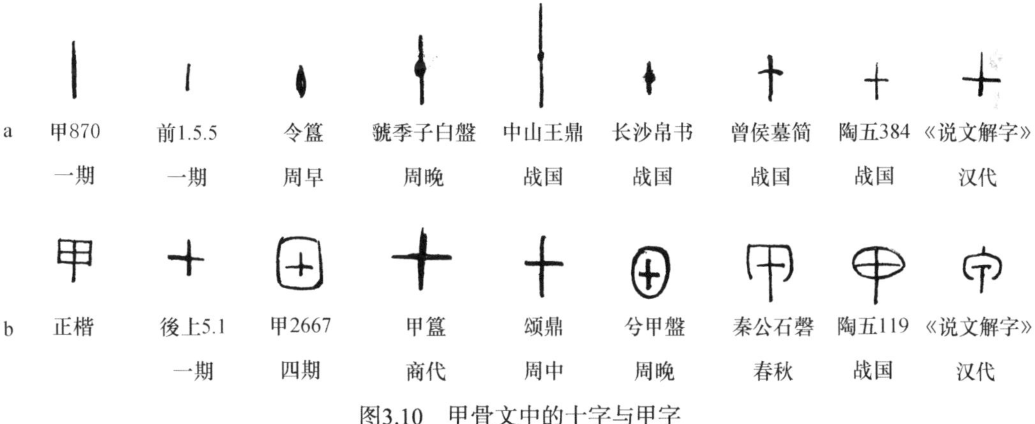

图3.10 甲骨文中的十字与甲字

圭表在距今1.3万～0.8万年由太极“一”或“|”演化为“十”字圭表，又由“十”字演化为“千”字圭表，由“千”字圭表演化成甲字圭表。这个“甲”字，在整个甲骨卜辞存续期间皆为“十”字形。到了许慎编写《说文解字》时，“十”字形的甲，已定型为“甲”。更重要的是，许慎同时给出“[古文甲字形]，古文甲”，这个“古文”一定“古”到比我们所见到的甲骨文还古。由此可知，古文“[古文甲字形]”、甲骨文中的“十”、《说文解

字》中的“甲”三者不仅音同，皆读作jiǎ，而且含义相同，都应代表过相同的事物。如依许慎的释义宁、甲皆含有戎甲之意，甲骨文中的“十”（jiǎ）也含有戎甲之意。许慎在《说文解字》中记述的“宁，古文甲，人头空为甲”是一部更加古远的天书，这部天书可能打开“有神十人，名曰女娲之肠”，特别是“黄帝生阴阳”“此乃女娲七、十之化”等远古史上的重大谜案。

5. 人头空为甲

《辞海》（1672页）：甲，天干之首；军人的盔铠；莩甲，草木萌芽时的外皮（应是草木萌发时的芽鞘）；动物的硬壳；户口编制单位，保甲；占首位；等等。前三款分别同甲骨文、周金文、《说文解字》释义同。《说文解字》中除“从木戴孚甲之象”与《辞海》的“莩甲”相同外，更重要的记载是：“大一经曰：人头空为甲”“宁，古文甲，始于一，见于十，岁成于木之象”。释注者曰：“考《艺文志》，阴阳家有《大壹兵法》一篇；五行家有《泰一阴阳》二十三卷、《泰一》二十九卷（以上皆已轶失）。然则许称《太一经》者，盖此类。”又释“人头空为甲”（图3.11）即“人头空，谓骷髅也”。

由“《太一经》曰：人头空为甲”及释注“人头空谓骷髅也”可知，古文宁是骷髅之符号。如果适当地对宁（古文甲）加以修葺，就可能是人头骷髅的形象。将宁字的圆框适当圆化，并保留尖突，便是一个骷髅的轮廓，顶端的尖突是颅骨脊突的抽象之形。将字内的“丅”字的横杠“一”断为“——”，便成为两个眼窟的符号，如此，“｜”便成为鼻窟之符号，于是字∩¦、-∩-便变成字⩀的形象。倘若按字形发展演变的实际顺序推断，应是由字⋒发展成字⍝，字⍝便成了《说文解字》记载的情况。

图3.11　人头空为甲

《说文解字》在释“甲”字时，明确指认“十”“甲”“宁”三个字为“甲”jiǎ。首先，它给出“早”字的字形是日在“十”上，进而解读曰：“早，𣅀，晨也，从日在甲上。”从对一个“早”字的交代中十分清楚得出：十、甲、宁是一个字；也是观天量地的仪器，“日在十上”，即“日在甲上”，则确认甲是观测太阳用的仪器设备。进而可知，“宁”，人头空为甲，骷髅为宁，也为甲，为“十”。它们都是观天量地仪器的称呼，更是其抽象符号。《说文解字》在释“甲”的第一句，给了我们更为重要的信息。由“人头空为甲”可确定“甲”就是骷髅。令人深思的却是第一句话。《说文解字》释：“甲，东方之孟”；而孟（743页）：“𢀡，古文孟如此。”𢀡“甲”即是骷髅，又是“东方之孟”，而古文“孟”又是𢀡。𢀡可拆成上下两部分，上部为O，下部为朩。[illegible]，甲既是骷髅，O应是骷髅的抽象符号；[illegible]应是“岁成于木之象”，这是一个“木”字。由此可知，“[illegible]”同图3.8与图3.9中的“树形类似十字”的岩画相近。“东方之孟”的“[illegible]”可以释读为“树形类似‘十’字”的圭表顶端安置一个人首骷髅。太极由“一”或“丨”经“十”、经“千”、经“♀”，最后成为“骷髅十字”。可称为“骷髅十字圭表”，或称“有神‘十’人”的具体形象。

6. 骷髅十字圭表

贺兰山古代岩画，有一幅骷髅十字（周兴华，岩画探秘，181页），如图3.12。顶端为一个人首，是骷髅或葫芦所绘还是木制模型，不得而知。立柱为一木杆，下端尖形，可以插入地面。横棍两端为枝杈形状，应是一根3～5厘米（与人口、眼外径相近）径、120厘米～150厘米长（为人首长度的4～5倍）的带有根部及枝杈的小树。交叉点似有捆绑。这应是一支十字圭表。

图3.12　骷髅十字圭表

十字圭表为何要用骷髅做表顶？表明它应是插在野外旷地之上的，即“处栗广之野”。距今1.3万～0.8万年的人们仍以狩猎及渔业为主要食物来源。出外狩猎或追逐河流中的鱼群，必须定时或定期返回居住地。能否准确返回的关键是方位与路线。十字圭表既可以准确标示方位，又可以做路线的指标。定居地点四周在经常往来的通路或丘顶、山巅、孤林、独树与巨石旁等处安置一定数量的十字圭表。这十分重要，出行时可遵照它们远去，返回时可依循它们准确归来。

无论是单杆还是十字圭表，如果仅是木杆所制，在野外荒草混杂时皆难以辨识。单杆或十字圭表顶端固定一个骷髅，一般在0.5千米～1千米即可望见。走近这类骷髅圭表，可依据事先规定的眼、口指向及双臂伸展的位置而直观地确认定居点的方位，甚至可以得知距离。骷髅不易腐烂，固定牢靠后，不易被风雨破坏。由于其白色或黄白色不易改变，所以远古人们选取它做野外圭表的顶端标志是相当实用的。对于距今1.3万～0.8万年的远古人群而言，很少有聚落之间的械斗之举，更没有战争，骷髅必是有限的、少量的。但他们以定居点为中心，向外扩展范围日益增加，所需骷髅十字标志的数量必然增多。生存区内野生或初始种植的圆形葫芦与人头骨骷髅有相近之处，所以用葫芦代替骷髅是可能的。

葫芦的形状与颜色可与骷髅相近，但它有几个弱点难以与骷髅相比。在雨季，连续数天高温阴雨潮湿，它便霉腐变黑，失去远望可见的效能；雨季或多雨地域润湿后，再经烈日一照，易于变型，变型后难以固定，所以它只能有限使用。距今1.3～0.8万年的人们虽然以渔猎为主，但捕鱼作业主要是春、秋两季；狩猎只能以冬季为主。但以葫芦做骷髅十字圭表还是有用的。在秋季收获葫芦之后，可以批量地制作十字圭表，在地面结冻之前，将它们合理地插布在野外。晚秋，一个冬天，甚至早春，人们皆可以利用它们在野外定向、计程、甚至计时。如此，在葫芦上涂绘或凿刻眼、口、耳，做成与骷髅相似的圭表，是廉价而实用的。这便是《淮南子·说林》记述的“上骈生耳目”。

在距今1.3万～0.8万年，女娲时代的远古人们，发明并广泛使用立杆测影，当初一定是单杆，进而发展为“十”字圭表。至于骷髅圭表是否从单杆圭表时已开始使用，尚待进一步考证。深入追索与“十字骷髅圭表”有关的甲、冂、早、十等字的原型，可能会进一步了解它。更有意义的可能是进一步正确认识“有神十人”的“十”，以及女娲“七、十之化”的“十”。

（四）女娲之肠

“娲”，在《说文解字》中为“媧”，王增永着意讨论了“媧”是由“女”和“咼”两字组成，“女”表示性别，“咼”从口从冎。而《说文解字》释“冎”为：“剔人肉置其骨也。象形，头隆骨也。”这就是说，“媧”可能与剔去肉的“头隆骨”，即骷髅有关。如此，我们专节讨论了由人头骷髅形装置的“十”字形圭表，它原始于何时，不得而知，但贺兰山岩画这类岩画应是距今1.0万～0.4万年以前形成的。骷髅十字圭表源于久远之前。女娲之“娲”是十字形骷髅圭表，源出于太极，是人形十字圭表。究竟是人形圭表的一种呢，还是一个阶段？尚不得而知。下一个专题考释的是“蜂形人大字圭表”，也是一种人形十字圭表。本节要讨论的有神“十人”，更是人形“十”字圭表。《大荒西经》最可珍贵之处是告知我们，它“名曰女娲之肠”。对“肠”字的粗初研究，使我们清楚这个“肠”字源于用目看易形圭表，或用目观察日、月之行。

1. 甲骨文中的易

司马迁在《史记·太史公自序》中称：“余闻之先人曰：‘伏羲至纯厚，作《易》《八卦》。’”司马迁将《易》与《八卦》并列而提，当是区别看待《易》与《八卦》这两个事物的。《易》有自身的传承信息。这个作《易》的作，或者指《易》书，或者指一个物体。距今8000～7000年的伏羲所作的《易》究竟具体是何物，现已不得而知。

依据中国象形文字的连续性和因袭性，可以得到甲骨文给出的“易”的具体形象。甲骨文在中国文字史中上承数千年、下启三千年，“易”与其符号“易”字也应同样。今之“易”字源于甲骨文的“易”。甲骨文的“易”字，其上源应是距其五六千年以前的一幅图画、一个物件或一个物件的抽象符号。甲骨文中的“易”字象形而逼真（图3.13）。

这是一幅图画，又是一组文字刻划，仔细推敲，[illegible]是地平线上从东方刚刚升起的红日。江林昌（2001，316页）认为：正是太阳露出海面的情景，反过来刻画应是西方地平线上正在西下的一轮夕阳。三扫彡及三撇⺀是太阳升出地平线以后竖立的三根圭杆投

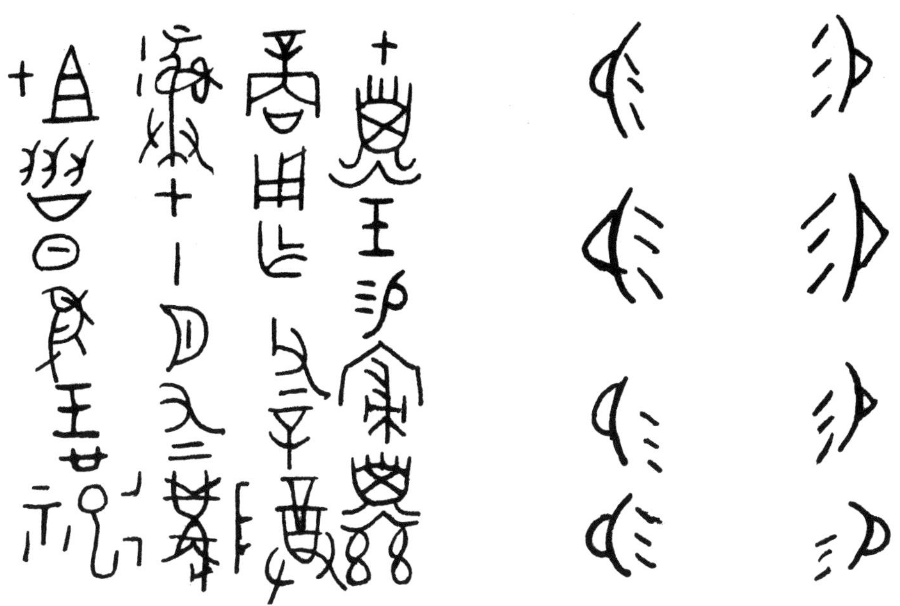

图3.13 甲骨文中的易

射出的日影。这三扫斜画，表示此时的日影是倾斜的。三扫彡则表明在甲骨文“易”字形成时，圭表为三枚。这三支圭表的方位设置有几种组合。第一种是，依据甲骨文给出的象形符号可知，三支测杆，即圭表由正南而正北等间距一字安排，观测者在这一排中间杆的正东侧或正西侧各选一个固定的观测点。冬至前后，太阳从南端的标杆附近升起，此后随着节气的变更，升点逐渐北移。当初升太阳、中间标杆及正西观测者在一条直线时，正值春分。春分以后，日升点继续北移，一直到夏至时，太阳在北端标杆附近升起。由此可知，“易”起到了制历的重大作用。就一天而论，观测者可以依据三支表影移动的位置报时。若三支标杆为正南北向排列，则中午时分三个日影重合，“易”有着计时的作用。如果观测者确实掌握了标杆长与中午影长的关系，利用“易”可以准确地测定正南、正北及正东、正西，从而可知“易”有定向作用。第二种安排，三支标杆东西正向等间距排列，观测者在此排标杆的中间垂直线正南与正北各选定一观测点。观测者在冬至前后站在北观测点，日出位置在东端标杆附近；日落位置在西端标杆附近。夏至前后，观测者在南观测点，日出在东端杆附近，日落在西端标杆附近。春、秋分，日出与日落皆在三个标杆的连线上。第三种安排，应是在观测点正南、正东、正西各设一个，观测者站在正中，于是正东、正西与观测者便建立起一个卯酉面；与此同时，观测者与正南的标杆构建成一个子午面，这两个垂直相交的平面将天与地等分为四个部分，也即是将天球坐标划分为四个部分。这便是《易经·系辞》所说的“两仪生四象”。“两仪”是平面，两个相交的平面将天地等分为四个部分，即“四象”成。构建“四象”的两个平面在地平面上的投影，即为十字的“十”。以上各点是依据甲骨文的字形而推断的。

2. 阴阳正字昜

《说文解字》（454页）中有一个“昜”，其形与“易”相近，但音不同。“易”音羊益切（yi），“昜”音与章切（yang）。字形：“易”“日从勿”；“昜”“从日、一、勿”。释注者认为，昜，“此阴阳正字也”。“阴阳正字”，表明释者认为“昜”字上部为日、为阳，下部为月、为阴，从而才是“阴阳正字”。但释注者并未说明“昜”之下部为何是“正阴”。《易经·说卦传》：“昔者圣人之作‘易’也，立天之道曰阴阳。”由此可知，远在作“易”之时，即立杆测影之时，古人已“立天之道曰阴阳”了。天之道包括昼夜、日月、四季寒暑，等等，当然更应包括立杆测影时的阳光所照之处为阳、背光影之处为阴。从而可推知，“昜”之为“阴阳正字”，正确释之应是：“日”为阳，“勿”为测杆阴影，“一”是地平线。“昜（yang）”完全可以作为立杆测影的象形符号。由此可知，由“易”“昜”演化的“暘”“腸”“睗”源于久远之前的立杆测影。于是用目看立杆测影，就可能绘图为睗。

“日”字，从甲骨文经金文直到《说文解字》，其本字形或方或圆，未见太大变化。“月”字，从甲骨文到战国时代，字形有所不同。春秋至战国，有些金文“月”字近于“勿”形。如酓忎鼎、东周左自鼎，甚至长沙帛书的“月”也似“勿”。于是可以认为“昜”字确是“一”（或称地平线，或称太极一）上有“日”，“一”下有“月”，可称其为阴阳正字。

3. 目视昜、目视易

图3.14中前三个字是甲骨文与金文中的“目”，按《说文解字》之义，目，“人眼也，象形，重瞳子”。“”“”是金文中的赐字。“”字在《说文解字》中已被“赐”字所替代。“”字中之“”是目，而“昜”是太阳、地平线及三株圭杆合而为字，“”的原初本意应是用目观察圭影。这显然是描绘距今1.3万～0.8万年的天文观测活动。“”见于禹鼎、虢季子白盘与毛公鼎，主要用于赏赐之“shi”。毛公鼎，清道光末年陕西岐县出土，铭文有497字，是西周青铜器中最长的一篇，是西周最为真实可靠的史料。郭沫若认为鼎中之王应是西周宣王。周宣王在位于公元前827～公元前782年。这就是说这个时期的“”字仍保持着清楚象形的用“目”看“昜”的模样，但其义已远离了其本源。钟旭元、许伟健《上古汉语辞典》（1987，93页）与高明、涂白奎《古文字类编增订本》（2008，891页），有所不同，前者认为“”为《说文解字》的“”；后者将“”释为肠。为了说明问题，我们造了一个“目”“昜”并字“睗”，即“”字与“”相近，但《说文解字》中无此字。

倘若“睗”字可解析为“日”，为太阳，“勿”为三株圭杆及杆影，则用目测日影之字“睗”（《说文解字》：“目疾视，施支切”）应存在，是“睗”被误转为“腸”了？还是原本就有一个“睗”字？这个“睗”字，《说文解字》中既然有，金文与甲骨文中也必然有，金文与甲骨文的“”被钟旭元等释为“睗”字。那么“女娲之腸”的

目且壬爵	目父癸爵	前4.33.6	虢季子白盘	《说文解字》	《说文解字》	包山166	自编	《说文解字》
周早	周早	一期	金文	汉代	汉代	战国		汉代

图3.14　目及目视昜

“腸”可能是“暘”的误写。

“腸”是汉许慎《说文解字》（168页）的“腸”字，是篆体。偏旁“肉”从“肉”，稍不细心，可视为与“目”相近。“昜”在上一小节中已述及《说文解字》的释注者称其为“此阴阳正字也”。若此看来，我们所造的“暘”和“腸”很易于混淆。而其主体虽然“昜”与“昜”有所不同，但在更遥远的远古，人们可能皆以“阴阳”之义对待之。“女娲之腸”究竟是“女娲之暘”呢？还是“女娲之腸”？还是“女娲之暘”？“暘”“腸”“暘”三者十分相近，较易于混淆。若确是用“目”观察三株圭杆的“暘”被误抄为“腸”，则“女娲之腸”便是记述距今1.3万～0.8万年女娲老祖母们立杆测影定向、计时、制历的功业。误抄混淆的具体时间难以推定。

无论“女娲之腸”的肠是“腸”“暘”还是“暘”，对“有神十人，名曰女娲之肠”中的“神”“十”及“处栗广之野，横道而处”等进行合理的释读之后就会明了，这确实是一个测日影的天文仪器，特别是对“女娲”进一步释解后就更加明确。

4. 有神“十”人

《山海经·大荒西经》记曰：“有神十人，名曰女娲之肠，化为神，处栗广之野，横道而处。”倘若深入探讨这一记述中的“神”“十”“娲”“化”“肠”，接近其更加久远的释意，脱离我们今人习以为常的对这些字的理念，我们可能更真实地认识“十人”的面目，甚至“女娲之肠”的历史面貌。应是用目观察立杆测影。由此可以确认，“十人”及“女娲之肠”都是距今1.3万～0.8万年的立杆测影的符号的传承。

“神”，一般今人观念中多认为是“神仙”“天神”“神人”之神。这种观念至少在2600年前孔丘的《论语》成书时已经形成了，“子不语怪、力、乱、神”将“神”与“怪”“乱”并称。但“神”可以不必释为“神人”或“天神”之神。《山海经》中之神，相当一部分是专指“司职”之人而言。在孔子注释的《易》中有明确的记述，如《系辞下·十一章》：“民咸用之谓之神。”“民咸用之”更多的应指器物。如此，“有神十人”可释读为：有专门司职的人形骷髅“十”字器物，被称为女娲用目观测日影的工具。即“有神十人，名曰女娲之肠”，曾是一幅图画，这幅图画说的就是用骷髅人形或其他人形十字圭表标路、定向、计时、制历。而这个骷髅十字圭表出现的时代，就是初始定居之后，距今8000年左右的老官台四分天地彩陶钵这个初始八卦出现之前。当然，初始八卦出现之后，仍有一批氏族或一些地域依然使用骷髅十字圭表，也是必然存在的历史实在情景。

“化为神”之“神”应是骷髅“十”字圭表司职神效，即十分灵验地指路、定向、计时、制历的功能。“处栗广之野，横道而处”，从“骷髅‘十’字圭表”的角度去理解它们，很是明了。将骷髅圭表插在生长有一片片栗树的旷野土里，既有利于做标志，又有利于在秋收季节迅速找到栗子树，大量收取栗实。栗树成小片生长在低山丘陵地带，由于其对地形地势、水分、成土母质、微酸性土壤要求较严格，所以一般在土壤较肥厚、排水较好、充分向阳的中原地带，可呈小片分布。树体在20米以上，易于在远处望见。将骷髅圭表置于其近旁，更有利于知晓圭表的方位。“横道而处”是专门言及骷髅圭表安置与道路走向的关系，站在圭表角度，易于理解。

“有神十人”的关键是“十”，“十”不应读shi，应读jia 。从“甲、[illegible]、早、十”本为一类可知“十”就是骷髅。而骷髅十字圭表的整体形象应是“十”人。“神”，如前述，是司职的器具，今称之为仪器。“有神十人”是距今1.2万 ~ 0.8万年间的司职指路、定向、计时、制历的骷髅十字圭表，在以后的图腾、图画，甚至文字演化过程中，被抽象为“十”。由此可知，“女娲之肠”是用“目”观察骷髅十字圭表。这是《黄帝之研究》要考证的第一个重要的远古史问题，也是中国远古天文学史不可忽视的一个问题。

5. 女娲图腾

图腾是母系氏族社会的一个重大问题，图腾之称谓是外来语，是美洲土著印第安人的语词，于清朝末年由严复翻译介绍而来。她源于母系氏族的名称、族徽，在中国古代则是氏族的“姓”与“德”。由于距今1.3万 ~ 0.8万年的女娲时代已步入抽象符号表义的时期，所以关于女娲的诸多图腾，特别是已经符号化了的图腾一直留存于后世，直至现今。与女娲有关的、近代人们猜度最多的图腾是蛙。蛙类是夏末秋初人们的最丰盛鲜美又易于捕获的肉类食物。蛙包括青蛙、雨蛙、林蛙及蟾蜍等。蛙被猜度为娲，其主要原因是蛙的叫声“哇”与“娲”同声。蟾蜍作为图腾，见于姜寨九等分彩陶盆。孙新周认为，贺兰山岩画，特别是类似蛙骨骼的岩画，是远古先民崇拜的蛙图腾，当时有一支以蛙为图腾的氏族部落，应与“女娲神话相涉”。

闻一多则认为女娲是葫芦的化身，女娲之“娲”在许多书中“皆音‘瓜’”，以音求之，实即匏瓠。匏瓠，其义即葫芦。他又以葫芦河证之，是因女娲、伏羲的故里之一皆在葫芦河中上游。关于女娲是葫芦，本书还有一证。后文将要重点介绍的被称为“女娲岩画”的柿子滩岩画中的鹿与人图，鹿背上背的应是一只亚腰大葫芦。倘若柿子滩岩画确系女娲时代之图腾，则葫芦当为女娲的一个图腾。女娲族群在初始定居之后，在一个不十分长的时期内，聚集了一大批各据图腾的氏族群体。蛙与蟾蜍应是其中之一。葫芦，由柿子滩岩画推知，是一万多年前人们随身可带的渡河的轻便设备，也应是一种图腾之物。

刘宝山[9]认为：“蟜”即“娇”。《康熙字典》中把“娇”写作“蜗”。所以，“有蟜氏”即“有娲氏”（2003，64页）。《山海经·中次六经》说“骄”即蜜蜂。若此，又与柿子滩岩画中的蜂形人联系一起，蜂形人应是我们现今见到的最早的圭表，或称类“十”字圭表的抽象符号。前文已深入讨论了“女娲七、十之化”中的“十”就是十字圭表。在本书专题四之“蜂形人与黄”及“骄虫与蜂蜜之庐”两个小节中，将详细阐述“蟜”“骄”“黄”三者的一脉相承。刘宝山又将蟜、娇、蜗及娲之间的内在关系联系起来。这至少告知我们，蜜蜂的抽象符号“蟜”及“黄”也曾是与女娲时代甚至女娲氏族群有过传承的内在关联，甚至就是女娲时代的一个重要的图腾。

十字圭表是女娲时代重大的天文观测仪器。前文已讨论“女娲之肠”是“十字骷髅”圭表，若此，《华夏文化源流考》一书中关于女娲考证所引的《说文解字》中“冎，剐人肉而置其骨也，象形，头隆骨也”探到了女娲的本质之源。在距今1.3万～0.8万年，有一批老祖母们，她们皆采用了“十字骷髅”作为白天指路定向、计时、制历的仪器，并以此为族群的统领性图腾。这个图腾清晰地刻画在贺兰山上；又清楚地记在《山海经·大荒经》中，更可贵的是在《说文解字》中留下了宝贵的痕迹。一个骷髅圭表，几乎留存了万年左右的足迹，它是一个图腾，又是一个姓，又被一个又一个符号所描述，所传承。娲、冎、甲、十都是骷髅圭表的符号。这些符号在岩画中有，在甲骨文、金文、籀文中有，在汉代《说文解字》中有。

女娲时代，粗看起来，不应与《黄帝之研究》有多少瓜葛。但在探察清楚“黄帝生阴阳，……，此女娲之所以七、十化也”（《淮南子·览冥训》，808页）；柿子滩女娲岩画中的北斗、蜂形人与后来的黄帝的关系；大鼋、黾与姬，即黄帝姬姓同女娲断鳌足补天等诸多问题之后，人们将见到黄帝与女娲的深刻而内在的关联。王大有认为：天鼋、玄鼋、鼋龙、鳖、龟等，皆从黾。黾就是蛙。天鼋氏本于大蛙。姬、黄、臣、熙皆是黾、龟之象。黄帝又名轩辕氏，姬姓。轩辕十七星为龟蛇之象。轩辕十七星的龟蛇之象（图3.15），应该不是在一万年之前形成的天象观念，但是天鼋与轩辕的符号相同，可能来源久远。天鼋是女娲正四极的重要内容，此事应发生在一万年前的诸多母系氏族群体兴盛发展的时期。轩辕就是天鼋，是当时地面生存的大鼋。本书在“补天下之天”一节提及，各氏族之间可能以天鼋作为订立边界契约的信物。除了信物之外，更重要的是天鼋在春、夏、秋三季是远古人群的一个相当重要的动物性食物资源。由于它体形大，体重可达100～200千克，繁殖力强，杂食，寿命长，生存数量大，一万年以前的河湖岸边的人们可食其肉、吞其卵，视之为一笔厚重的财富。天鼋的卵与鸡、鸭蛋大小相近，是所有陆生龟鳖中最大者，从阳历5月到9月皆可产卵，一般在望月前

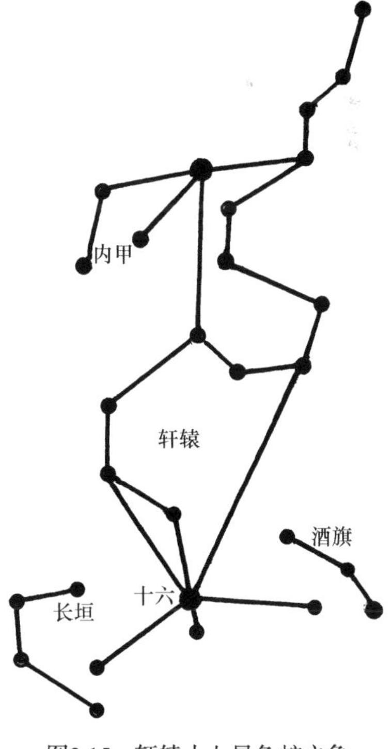

图3.15　轩辕十七星龟蛇之象
（取自王大有《三皇五帝时代》，136页）

后晴天上岸产卵。十分熟悉天鼋特性的氏族，以天鼋为图腾、为族徽、为姓氏，得到长久的发展，于是以天鼋即轩辕为姓氏也成为黄帝的一支。

1万多年前，各地的老祖母女娲们，为我们开创了那么多业绩，留存了那么多信息，值得我们认真去探讨。除了骷髅圭表是图腾、是族号、是姓名，彡、鱼、鹿、葫芦、蜂形人，即黄、鼋，是图腾、是族号、也是姓。不仅骷髅圭表称娲，瓜、蛙也称娲。瓜被现代学者称为葫芦的代称。

（五）蟜，复合图腾天书

1. 有蟜氏

中国古代十分重要的国别史《国语·晋语四》记载，公元前637年，距今2640多年，晋国的大臣司空季子讲述："昔少典氏娶于有蟜氏，生黄帝、炎帝。黄帝以姬水成，炎帝以姜水成。成而异德，故黄帝为姬，炎帝为姜。"司空季子述及的"少典氏娶于有蟜氏"，必发生于"六千年前阴阳鱼太极图"天书所揭示的"黄帝生阴阳"与炎帝"论天旁动"之前，即在距今6500～6600年。多家考证，姜水在今宝鸡至天水一带；姬水可能与周族姬姓聚居地岐山与漆沮水一带有关。虽有争议，但主要倾向一致，皆在渭水流域。至于"生"，我国古代许多学者已经给出科学的明确的解答，晋代郭璞在注《山海经》时就指出："诸言生者，多谓其苗裔，未必是亲所产。"（《大荒东经》注帝俊生黑齿）；唐代司马贞释"少典之子"时称："少典者，诸侯国号，非人名也。"徐旭生在释译这一段时认为："有蟜氏大约是与少典氏族互通婚姻的""生黄帝、炎帝，是说后面这两个氏族由少典氏族分出，不是说这两位帝是少典个人的儿子"。

这就是说距今6000多年以前，在渭水流域，少典氏与有蟜氏两个强大的氏族或氏族集团通婚之后，分生出两个"帝"氏族。两个通婚氏族中有一个称谓"有蟜氏"或"蟜氏"。"有蟜氏"因是炎、黄的族源，几乎所有的涉及炎黄历史的专著都要探讨它。对于"蟜"的释读有多种说辞，虽然各有所依据，但皆距炎、黄甚远。最近，人们依据《山海经·中次六经》的记载，多认为《中次六经》中的"骄"即"蟜""蟜"即蜜蜂。詹鄞鑫认为"黄帝、炎帝的母亲氏族叫'有蟜氏'，蟜即蜜蜂，是以蜜蜂为图腾"，并认为《中次六经》中的骄即蟜[10]。惠焕章等也依据《中次六经》，认为"有蟜氏应是崇拜蜜蜂，以蜜蜂为图腾的氏族"。关于《中次六经》所记载的蜜蜂问题，后文将专门讨论。这里仅就一些学者已明确提出的有蟜氏是以蜜蜂为图腾的氏族的见解，进一步加以说明。

"有蟜"氏是以蜜蜂为图腾的氏族，它一定源于1.2万～0.8万年前的蜂形人那一源头。其图腾的文字符号为"黄"，于是可知，"黄帝"氏族源于"有蟜"氏，"蟜"源于久远之前的以"蜂形人"为图腾的女娲时代的氏族或氏族群。"黄"不仅是蜂形人的文字符号，也与"蟜"文字符号有渊源关系。也可以说，"黄"源于蜜蜂，标记蜂形人，也与"蟜"有关。后文的详细讨论，将充分证明"黄"与"黄帝"久远的演化历程，“黄帝”不是战国、秦汉时代人们的“想像”与“伪造”，而是渊源久远的氏族集团演化的真实的历史过程。

2. 蟜

既然《国语》已载，公元前637年，距今2640多年司空季子言及“有蟜氏”，其“蟜”的字形与近2000年前的《说文解字》的字形一致，应表明蟜确是某个远古氏族或族群的名称。“蟜”这个氏族在黄帝与炎帝诞生之前确实存在过。这种存在是距今2600多年以前的记载，与某些人所怀疑的战国、秦、汉的“伪造”必不相干。“蟜”字在甲骨文、金文、春秋竹简中也应可以找到。在高明、涂白奎编著的《古文字类编（增订本）》找到“蟜”字（上海古籍出版社，2008年，959页），且仅是“秦印汇编”。由此可确认“蟜”字是由虫、夭、冋三个部分构成。

后文将要讨论黄帝诞生于距今6500年～6300年。在黄帝诞生之前，中国远古史中有一个“蟜”氏族存在。从6500年前一直演进到春秋（距今2600年左右），又从春秋发展到秦朝，“蟜”字的字形明确为“虫、夭、冋”三部分。由秦印的“蟜”到《说文解字》的“蟜”，可以肯定“蟜”是一个定型的符号文字。它源于一个久远之前的氏族，这个氏族的图腾应与“蟜”密切相关。目前尚未从岩画或彩陶图画中认知“蟜”的实际形象。所以只能依据秦印的“蟜”与《说文解字》的“蟜”的文字形象形态进一步讨论。

詹鄞鑫、惠焕章等依据《山海经》的记载，确认“蟜即蜜蜂，是以蜜蜂为图腾”的氏族，在久远之前的远古时代不仅有一个“蟜”氏族，而这个氏族是以蜜蜂为图腾的。图腾是“人与动物互相拥有对方的特征”，可知“蟜”不仅表述它是蜜蜂，同时应内含着“人”的信息，“蟜”本身必然包括人的构建特征。“蟜为人虎文”表述的正是蟜不仅是蜜蜂，而且确涵构“人”或“为人”的特征。若此，将“蟜”释为蜜蜂虽是突出了这个氏族图腾的主要特征，但应视为不够全面。既然是图腾，当然必定内含人的特征。用一个字代表久远之前一个强大氏族的图腾，且除了“蟜”字之内的“虫”标示着蜜蜂这个主要特征之外，还有“夭”与“冋”两个部分。这两个部分可能仅是表音之用，并无表形、表义之作用，但也可能包涵着更重要的信息及氏族的某些重大特征。如此，必须进一步分析、讨论及拆度之。

3. 喬为夭、冋

依据汉字方块构形的特点，“蟜”字首先可拆为“虫”与“喬”两个构体。“虫”为左偏旁，标示“蟜”字所代表的事物的门类，如蜂、蛔、蝗、螳之类。右侧则标示细类的属性。由此可知，夆与喬皆应表示蜂类。但，“蟜”字除《山海经》“蟜为人虎文”，《国语·晋语四》“少典氏取有蟜氏”，《说文解字》“蟜，虫也，从虫，喬声”，《汉书·朱博传》“右将军蟜望”，周代有姓者，如蟜固、《音义》“蟜，毒虫也”等少数记载外，自秦汉以后，“蟜”字、“蟜”姓及用“蟜”表示蜜蜂等内容几乎未见更多的文字记述。可认为“蟜”字在秦汉以后基本衰亡，人们极少了解它，为此，更有必要进一步给予讨论。

“蟜”字拆成“虫”与“喬”之后，喬可进一步再拆解为“夭”与高。“虫”，不必再加以讨论，在这里它明确表示是蜂类之虫，或就是代表蜜蜂的。“夭”则内含深义。图3.16a给出的是甲骨金文中的“夭”，《说文解字》曰：“夭，屈也，从大，象形。”（494页）“从大”，而“大，亦象人形”，“夭”应从人形。从甲骨文一期（距今3400年左右）开始，直到西周金文，“夭”字的形象皆近于人形，此人形一臂斜向上举、一臂则斜向下垂，与大字的人形不同。大字人形双臂斜向下垂，或叉开双腿而立，或形似大步奔走。由此可知，远在3400年前“夭”字已经有确定的形象。于是“喬”字也应定型。

图3.17中①字为甲骨一期的“喬”字。甲骨一期大约距今3400～3300年，其“喬”字应更接近久远之前的远古形象。其构造是夭与冂两部分，其中冂值得进一步推敲。冂应是图3.18中的a系列，其对照形状如b。b是图3.11中的骷髅“甲”字的拆度。b中的骷髅是近圆形的，a中的却是方形的骷髅。这实际上是中国古代文字方块形化时的骷髅

图3.16 夭及大字演化

图3.17 喬字形体

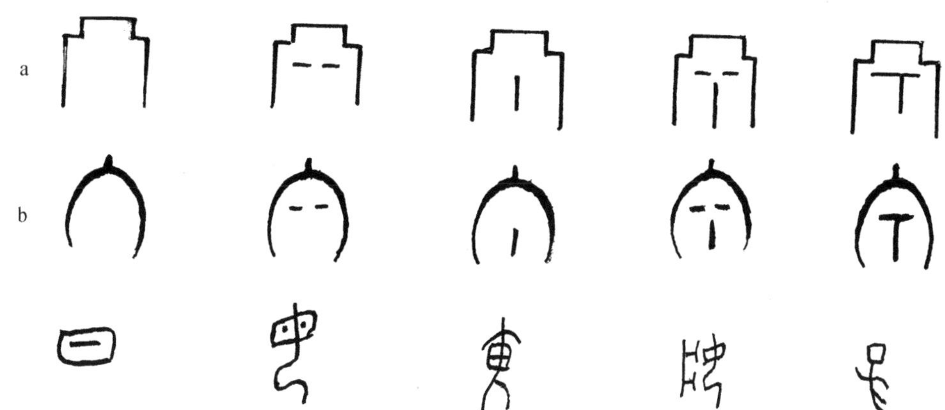

图3.18　文字方块形化的骷髅符号

符号。为了说明商代甲骨文一期确实已经明显出现文字方块化特征，选取甲骨文一期的日、母（两个乳房方块形化）、黄、妆、子（子的头部方块形化）五个字，以期参照。

由此可知，“喬”在更加久远之前应是“夭”、骷髅两类不同符号组成的一个复合图画。

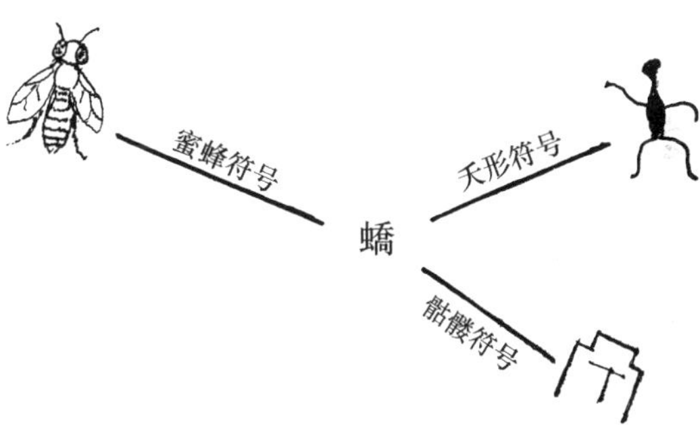

图3.19　蟜是蜜蜂、夭形人、骷髅的复合符号

4. 蜜蜂、夭形人、骷髅的复合符号

通过“蟜是蜜蜂”“夭，屈也，从大，象形”“大，亦象人形”“冂是方块化的骷髅符号”的分析，可初步认为蟜是一个复合的符号文字（如图3.19）。“虫”是蜜蜂的符号；夭是大的符号；冂是骷髅的符号。实际情况应是，在久远之前，至少在6500年以前的几千年中，存在一个以蜜蜂、夭形人及骷髅为图腾的强大氏族，他们源于女娲，发展壮大时进驻姜寨。从信息流动、转换、定制与保存过程看，我们现今只见到“蟜”这个字，但据“少典氏娶有蟜氏”及“蟜为人虎文”，可确知它代表一个远古的氏族，也是人虫互相拥有对方特征的一个图腾。蟜这个字是久远之前的一个氏族的图腾。这个图腾不仅内涵蜜蜂之虫及“夭”形之人，而且更内涵一个可以拆成冂，即冂形的物件。这个物件就是头骷髅，这个头骷髅，本专题已详加讨论，它不是一般的祖骨崇拜，而是距今1.3万～0.8万年女娲老祖母们发明的伟大的定向、计时、制历的仪器。

“蟜”不只是蜜蜂，也不单单是“为人虎文”的图腾，而是一部天书。这部天书清晰地记述了久远之前一个崇拜蜜蜂的氏族或族群；这个氏族或族群形成人与蜜蜂互相拥有对方特征的“为人虎文”的蜂形人图腾。蜂形人图腾，本书将在下一专题中详加讨论。这部天书对我们今天的人们来说，最重要的，也是最意想不到的，是记载了冂这个稍有变形（圆框变方框）的头骨骷髅。这部只有一个方块字大小的天书，除包涵蜜蜂、夭形人（蜂形人）图腾等重大问题外，更容纳了“ ，古文甲，始于一，见于十”“人头空为甲”“人头空为骷髅”（《说文解字》）这个远古太极演化发展成“骷髅十字圭表”的天文学过程。倘若考虑“夭”字与“千”字字头的一致性，“夭”字本身也可能与“♀”或“ ”有渊源关联。这更说明 的确实存在。

依据王增永对“娲”字的讨论（本书下一小节将阐述之），可以晓得“蟜”不仅源于蜂形人时代、源于骷髅十字圭表时代，还源于女娲时代。甚至可以说，“蟜”这部天书记述的就是女娲时代，记述的就是蜂形人时代、骷髅十字圭表时代。

5. 冎、咼、媧

媧，《说文解字》：“媧，古之神圣女，化万物者。”女娲是远古女始祖。王增永认为：“媧的字根是冎。”（83页）这个字根是解开诸多有关女媧之谜的关键。《说文解字》释冎为“剔人肉，置其骨，象形，头隆骨也”（164页下）。“冎”字上部为甲，《说文解字》引“《太一》曰‘人头空为甲’”，注释曰“人头空为骷髅也”。由此可见，媧字的字根是“头隆骨”、是“骷髅”。一万年以前的人们，在野外会经常见到骷髅，多因土葬尚未普遍实施。倘若骷髅与当时的人们没有重大的联系，那么骷髅与女始祖的关联，不可能一直留传至今。在“骷髅十字圭表”小节中，已叙述，它可以做较远距离的标志，可以做行人的指路定向、计时的仪器。邻近居住地的，人们可以利用其判断一年四季的更替。它在一万年前就已具有标志道路、定向、计时、制历的功能，在一个相当长的历史期间受到人们神化了的崇拜是必然的。即它足以具备形成图腾的最小的生态条件。

冎，王增永（78页）认为“咼的形体基本上是一个正面站立、双腿稍微叉开、故意显露阴户的女祖神形象”“冎本为人骨架”“口是指女性生殖器”。一个骷髅，一个女阴，合而为一，是何意？王增永认为这是在远古形成的祖骨崇拜与女阴崇拜观念。实际上，应是在距今1.3万～0.8万年老祖母们统帅各个氏族的时代，“骷髅十字”指路、定向、计时、制历的神奇功能与各个氏族掌管“骷髅十字”，又推动着多子多孙繁育措施的老祖母关联崇拜而形成的观念。祖骨崇拜，应源于初始定居时期，即距今1.3万～0.8万年的女娲时代。而祖骨崇拜源于“骷髅十字”。初始一个时期的骷髅应是无定主的，人们崇拜它仅是因为它神效的指路、定向、计时、制历功能。而发明创造它的功绩归氏族老祖母。

从距今1.3万～0.8万年所有解决了大量繁育人口，又创建了骷髅圭表的老祖母们开始，人们崇敬她们，一代又一代地祭祀她们，一直到编造“冎”字之时，至少经历了数千年。一幅图画包含着诸多内容，没有许慎的《说文解字》，留存不下这些信息。

注　释

[1] 张华、夏峰：《伏羲·成纪·大地湾》，《伏羲文化》，中国社会出版社，1994年，第84～94页。

[2] 张忠尚、王建祥：《大地湾遗址与中国古代文化》，《伏羲文化》，中国社会出版社，1994年，第158～166页。

[3] 刘宗迪：《失落的天书——〈山海经〉与古代华夏世界观》，商务印书馆，2006年。

[4] 陈兆复：《古代岩画》，文物出版社，2002年。

[5] 〔英〕李约瑟：《中国科学技术史·第四卷·天学》，科学出版社，1975年。

[6] 陆思贤、李迪：《天文考古通论》，吉林文史出版社，2006年。

[7] 田合禄、田峰：《周易真原——中国最古老的天学科学体系》，山西科学技术出版社，2004年。

[8] 老子著、陈忠译评：《道德经》，吉林文史出版社，2006年。

[9] 刘宝山：《黄河流域史前考古与传说时代》，三秦出版社，2003年。

[10] 詹鄞鑫：《神灵与祭祀》，江苏古籍出版社，2000年，第116页。

四、黄，蜂形人图腾的文字符号

在前文第三部分中，提到距今1.3万～0.8万年分散在远古中国大地上的老祖母女娲们，已经普遍开始并完善弓箭、陶器、茅草窝棚的制作，进行着粗放的耕地及鹿或猪的驯养，可称其为女娲时代。人群与他们周边的生态资源环境处于最良好的平衡状态之中；人口生态进入到有组织的初步合理的繁育阶段；人群与人群间开始“断鳌足立四极”，划割“狩猎、捕鱼、放牧、采蛋”等生态资源场；龟、蛇、猪、鹿及蜜蜂等图腾形象开始形成。立杆测日影的太极、甲和卑字形的骷髅圭表，特别是骷髅十字圭表，即处于“栗广之野”的女娲之肠等天文仪器，使得诸多远古天文学难题得以解决。与此同时，人们从这里开始深入而系统地接触中国远古文字信息的发展历程。

距今1.0万～0.9万年的柿子滩岩画，是两部天书，它们记述的是女娲时代中期人们活动的重要的实际内容。左图是一个头顶七星、脚踏六星、似人非人的图形。这部天书至少蕴涵着一万多年前的两个重要问题。一个是远古史中的天文学内容。一万年前，人们已经开始依靠北斗与南斗定向、指路、计时、制历，并且经过长期思考，认识到南北斗围绕北天极旋转的机制。另一个是远古图腾问题，南北斗中间的似人又非人的图像是柿子滩人的图腾，是“人与动物互相拥有对方形态的表现方式”。南北斗之间似人的人形易于观察确认；但似人又非人，人与动物“互相拥有对方”的对方是什么？是本专题要研讨的核心问题。文献强调的“顶扎双髻”（有人称“戴羽冠”）、“两耳突出”“伸展双臂”“袋状乳房向两侧下垂”等显著特征，都是人们对该似人非人图案中蜜蜂的一对触角、伸展前肢、两侧复眼、一对翅膀的近似描述。本书称其为“蜂形人”。

中国远古史从此便遇到了蜜蜂、蜜蜂的形态与生态、蜜蜂与远古人群的关系等重要问题。中国古代文献《国语·晋语四》记述“少典氏娶于有蟜氏，生黄帝和炎帝”，是距今6500～6300年发生在临潼姜寨的真实的历史事件。从此，黄帝便与有蟜氏建立起祖源血脉关联。《山海经·海内北经》记载：“蟜，其为人虎文，胫有㬹，在穷奇东，一曰状如人。”此将蟜与“状如人”“其为人”这一图腾的本质表述无遗，而且建立了与“虎文”的关联。《山海经·中次六经》曰：“有神焉，其状如人而二首，名曰骄虫，是为螫虫，实维蜂蜜之庐。”将骄虫、螫虫、蜂蜜之庐三者联系起来。詹鄞鑫认为：“蟜即蜜蜂，是以蜜蜂为图腾。”惠焕章等也依据《中次六经》，认为“有蟜氏应是崇拜蜜蜂，以蜜蜂为图腾的氏族”。

于是从一万年前的柿子滩蜂形人岩画开始，中间经历“少典氏娶于有蟜氏”，进而经《山海经》中记述的“蟜为人虎文”及如人二首之神是为螫虫“实维蜂蜜之庐”，将远古史中的女娲、有蟜氏、蜂蜜之庐贯穿起来。本专题将进一步讨论有蟜氏源于一万年前的蜂形人，蜂形人则是“黄帝生阴阳·（三）”将要讨论的带动南北半斗旋转的动力，又是《三·（二）·6、太极三项分野》给出的太极乃测日影的人形或“大”字形分野的标志。距今6500～6300年前的人们将蜂形人称为蟜，而“蟜为人虎文”，蟜又是蜂形人，将蜂形人整体外形进一步抽象化、文字化，即是“黄”字。远在甲骨文字系统化之前，蜂形人已经抽象为“黄”，在甲骨文中有人形孕妇之“黄”、姬形之“黄”、有尾之“黄”，特别是蜂形人之“黄”。“黄”在甲骨文中有着广泛的分布及多种来源，“黄为人祖”，“黄”是商族远古时代的一位“人神”。

（一）一万年前柿子滩岩画

1. 柿子滩遗址

柿子滩旧石器时代遗址被列为2001年中国十大考古新发现之一，可见其意义。柿子滩遗址位于山西省吕梁山脉南端、吉县壶口瀑布下游、黄河与清水河汇合处的一个台地上，面积为1平方千米左右。清水河从柿子滩前流过，西去20千米入黄河。山崖前有岩棚，是远古人群理想的栖息场所。图4.1是柿子滩周围地势图，从图中可知，柿子滩背靠高祖山（1512米）与人祖山（1742米），东望吕梁山南端最高峰高天山（1820米），与岩棚前台地相对高程为500～800米。柿子滩周边是广阔而平缓的山前台地，台地被山

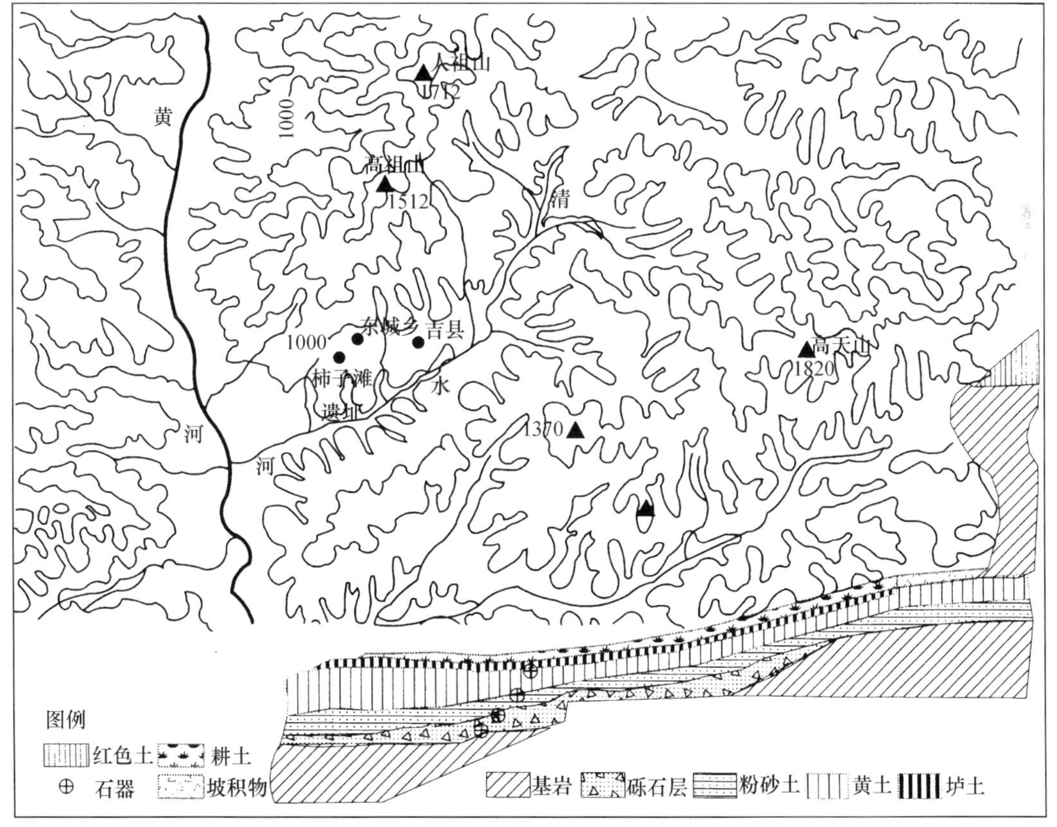

图4.1 柿子滩遗址周围地势与遗址断面图

前溪水分割成几大块，每块面积在数十甚至上百平方公里，呈现出草原景观，是野马、野驴及鹿类的优良的栖息场所。按照丁村人遗址周围生态状况推知，柿子滩周围的山地也布满了针阔混交林。优越的生态地理环境为柿子滩人提供了充足的动植物食物。

柿子滩遗址为清水河阶地堆积，堆积在三叠系红色砂页岩及灰色砂岩、泥页岩构成的基岩上。堆积层厚10.7～14.2米，可分为5层。自基岩向上分别为底砾层，1.3～3.5米；灰褐色粉沙土层，厚2.5米；灰黄色土层，5.5米；黑垆土层，1米；现代耕作层，厚0.44厘米。遗址文物自下而上皆有分布。底砾层产出粗壮石器12件、烧骨、烧石、灰烬、鹿、犀牛及鸵鸟化石。灰褐色粉沙土层有少量石器及鹿、猪、牛等动物化石。灰黄色土层，土质坚硬，含有细石器、石片石器、灰烬、烧骨及鹿、虎、黑鼠等动物化石。黑垆土层，含有大量细石器，动物有羚羊（数百枚牙齿，相当一部分被火烧过）、田鼠、鼢鼠。耕土层中散见少量细石器。遗址发现石器1807件，其中细石器755件。细石器中尖状器49件、箭镞12件[1]。

柿子滩遗址试掘面积只有10米×10米，却获得如此丰富的内容。细石器大量分布在表土耕作层下的黑垆土层。据王乃昂对垅西、垅东的研究，距今1.1万～0.8万年，甘肃黄土高原主要发育黑垆土型土壤。此期间正处于全新世海进（距今1.2万～0.7万年）期，气候较暖湿，东南季风盛行，给黄土高原带来较多雨水，黄土发生土壤化过程，形成黑垆土型古土壤。由此可推知，黑垆土层下的5.5米厚的灰黄色土层，应与全新世发生在距今2.5万～1.2万年的第五次海退有关。此期虽然时间只有1.5万年左右，但海面下降幅度大，河流入海尾闾深，黄河与辽河汇合后深入古东海，尾闾深155～160米。黄骅地区沉积了12米陆相地层，处于气候干冷期。强大的西北季风气流将干燥荒漠区的粉沙吹扬到华北黄土高原，发生黄土化过程，形成黄土层。

分布在6.5～9米深的灰褐色粉砂土层、土质疏松、含砂量大、且夹有小砾石与粗砂混合的透镜体，虽然只有2.5米厚，但因粉砂与小砾石及粗砂混合，且呈褐色，应既与干旱气候有关，又与潮湿条件相关。它可能与距今7.0万～3.5万年的黄海海退与随之发生的3.5万～2.5万年的沧州海进有关，其间大小冰期与间冰期的交换振荡，导致灰褐色粉砂土层的形成。分布在9～12.5米深的底砾层，必定与风积、冰积或水积有关。若是风积，则历经地质时间较长；若是冰积，可能与黄海海退有关；倘若是水积，则应与距今11万～6万年前的白洋淀海进的气候条件有关[2]。底砾层的深度，与许家窑遗址埋藏的深度相近，但粗壮石器较许家窑人落后。动物化石中的犀牛、鸵鸟与许家窑人同期的有些遗址相近。

试掘报告称："下层粗壮石器和上层文化虽有质的不同，但它们是埋藏在一套连续沉积的阶地内，上下层间没有明显沉积间断征象。"由此可以初步认为，柿子滩岩棚及其前部的滩塬、河谷远自10多万年前至柿子滩岩画绘成时期始，始终有人群活动。在初掘面积只有100平方米的狭小空间内，底砾层竟有12件粗壮石器，且历经10万年之后，同样在这个狭小空间内竟有12枚箭镞及24条标枪存在，又表明这里的人群得到充分发展、人口数量较为众多、人脑相当聪慧。由此可知，柿子滩岩画有着深厚的历史及人才的文化基础。柿子滩遗址周边从4500万年前的曙猿开始，分布有距今180万、110万、100万、20万、12万及2.4万～1.6万年前的古人类遗址。无论是土著人群长期栖居也好，还是一批古人离去又一批古人移居也好，皆表明上述范围内长时期适合古人的生存及演化。

这就是说处于新旧石器时代转化时期的柿子滩遗址，深刻地表述了整个地域环境中人类长期演化的结果。该遗址的深入探讨必将有助于理清我国近万年以来的历史眉目。

2. 柿子滩岩画

柿子滩遗址岩棚壁上有两幅用赭红色赤铁矿石绘制的岩画，岩画高距现在坡积地面1.2米处，虽因年深日久而风化严重，但赭红色图像仍依稀可见。柿子滩遗址上层距今2.0万～1.0万年，岩画最晚年代应距今1.0万～0.9万年。考古学界认为这是两幅反映当时部族生活的岩画。两幅岩画（如图4.2）似是各自独立的。左图中心位置绘一个似人形又似蜜蜂的图案，上部绘七个一字排开的星点，下部还有上下成对排列的六枚星点。右图主要部分是一头鹿。此鹿十分奇特，鹿头相当形象；鹿背似是两条绳子向上交叉，交叉之上方又有一个葫芦形图案；鹿的两条后腿似能站立，而两条前腿却能捧一个物件，并将这个物件交给两个用线条绘成的人形图案。图案下部有三排10个星点，用线条绘成的人形右侧伸开的臂下另有2个星点，总计12个。可以认为这是中国远古史中天文学与生态学方面的两幅象形图案，是一批价值重大的文字学、天文学、生态学及人文历史学天书，合理地解读它们，可能打开通向远古社会信息的大门，可能使我们走近女娲、走近黄帝、顺利地实现探讨《黄帝之研究》的使命。

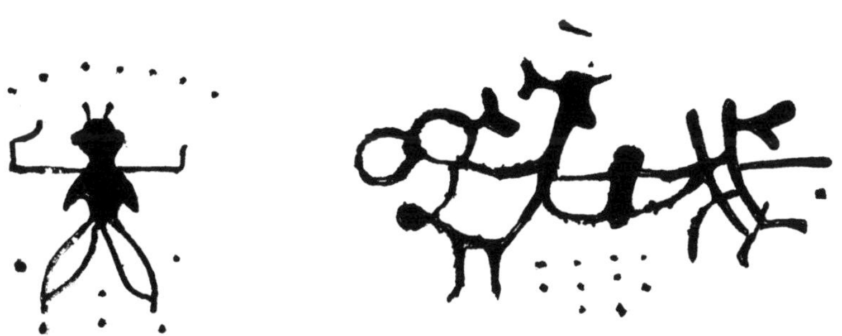

图4.2　一万年前柿子滩岩画

柿子滩岩画绘制精细、内容丰富、意义深远，应是一批较长时间稳定居住在这里的、精明强悍的部族人们所为。人群中至少要有30～50人。这两幅岩画只有经过细心琢磨设计、长久绘制才能完成。一个30～50人的部族要想长期稳定地居住在这里，必须解决越冬时居住场所取暖保温、足够的食物来源、越冬取暖所需火源及烧柴等重大问题，甚至还必须解决冬季外出狩猎人群顺利而及时赶回居住地的计时定向难题。从岩画内容分析，柿子滩人已较好地解决了这些问题。

柿子滩的两幅岩画受到考古学界的十分重视，许多人给予释读。孟繁仁[3]认为它是“女娲岩画”。刘宝山认为两幅岩画，一幅是“双鹿交尾图”，一幅反应“女娲炼石补天”和“化生万物”。陆思贤则认为左侧是人物星辰图，星人绘于一体，具有天神和地母的人格；右侧是子母鹿，表达鹿母怀胎已生下了小鹿的意思，鹿鸣开春，春天已经到了；并认为鹿背上方是长有鹿角的半条鱼；将两幅岩画释为“女娲岩画”“女娲炼石补天”“女娲化生万物”不为过分。“女娲”是一个时代，在这个时代里，我们的先民们解决了那么多重大的难题，这两幅岩画表述的就是这些难题中的几个已被解决了的，称它们为女娲岩画是对的。中国史学界应通过女娲留存的那么多信息，认可1万年前左右中国存在一个“女娲时代”。

将柿子滩岩画释读为“女娲岩画”，孟繁仁可能是第一人。他认为岩画上是一个女性，下腹部之圆孔象征女性的阴部，两条腿左右分开意味着她正在生育。这是“把能生育孩子的母亲当做女神敬奉，用图画文字方式讴歌伟大母亲女娲的功绩”。关于岩画中人形是位女性，初掘报告称，岩画“绘一正面裸体女性人物，头圆形，顶扎双髻（？），两耳突出”“下腹部两腿连接处留一圆孔未涂色，象征女性生殖器”。人形岩画标示女性，应是确实的，也是十分重要的。本书在专题三中一再强调距今1.3万～0.8万年间是一个时代，是老祖母率领她的儿孙们打制弓箭、烧造陶器、修葺茅草窝棚、围猎渔捕、刀耕火种、注重有组织地繁育人口、开始饲养动物的时代。各地老祖母都是女娲。柿子滩岩画标示的当然是女娲。

孟繁仁认为：“更重要的内容是在岩画的上部，这位女性头顶上部画有7个圆点，代表天空的北斗七星。她的双手弯曲向上，右手边有一个轮廓不很清楚的圆圈，意味着这位伟大的母亲正在以石‘补天’。”在“专题三·（一）·5”小节，女娲这幅岩画记述的确实是距今1.3万～0.8万年老祖母女娲们已经解决了“调和阴阳，使晷度顺序”这一重大的天文难题。“黄帝生阴阳”专题考释的就是从女娲到黄帝所解决的“调和阴阳，使晷度顺序”这一远古天文学问题。至于“躯干丰满，袋状乳房向两侧下垂”“胸部是2个又圆又大的乳房”，应待进一步推敲。

3. 葫芦与鹿饰

陆思贤（2006，18页）的释读已经接近了“女娲岩画”的本质。认为左侧是“人物星辰图”，星辰图是对的，但对人物尚须进一步商榷补充；“有天神地母的人格”，内含巫咸通天之意。认为右图是子母鹿，母鹿已生下小鹿，初看起来是对的，是母鹿、小鹿图案，但母鹿为何用两只前腿抱起小鹿送交两个人形的物体？母鹿背上的不应是鱼，而是似一个葫芦。认为“鹿鸣开春”也是对的，这是描绘春天野鹿繁育的景象。如果考虑右图中用细线条描绘的两个人形图案确是两个人，那么鹿头下的鹿身也应是一条细线，于是鹿背上的两条细线应是绳条。绳条所系的应是一个葫芦，似非半条鱼。若此，则应将右图释为，春季鹿类生育小鹿之时，柿子滩人披上鹿皮、头顶鹿角，伪装成鹿，接近鹿群，抱走刚刚生下的小鹿，站立起来双手捧着小鹿交给在旁隐蔽等待的人们。背上的葫芦似应表示，要接近鹿群，需泅渡有深水的小河或沼泽湖泊，方能实现。一般鹿类，小鹿生下之后10分钟左右就可以奔跑。右图中有12个星点，应表示柿子滩人已确知，一年之内有12次日月相会，即12辰。其中2个星点竟绘在另一个人的臂下，似应表示一年之中有两个月是鹿类生育期间，在这两个月内，柿子滩人可以伪装成鹿，接近鹿群，抱取刚刚生下的小鹿。这是女娲时代远古人群对付春季青黄不接困难时期的一个聪明办法。

可以进一步推断，当年柿子滩岩棚附近一定有一条较大、又不是甚宽广流急的河，河的对岸有一大片十分广阔的草地，春天是各类鹿群的采食场，更是鹿的生育地。每当北斗指向东方，春分时节，河水早已解冻，河对岸的草地已见青草茵茵，各种鹿类成群结队地聚集在这里采食，同时小鹿一个又一个地降生。柿子滩人凭借对鹿的生态的了解，极为聪明地创造了鹿饰伪装。鹿饰人接近生产的母鹿，随时可以拾到刚刚出生不久的小鹿，他们将小鹿捧交给在近处隐藏的自己人。接纳小鹿的是两个人，其中一个还带有鹿角装饰。若按这种推断，那么图中的鹿既不是野鹿，也不是驯养的鹿，而是人伪装的鹿。

对远古人群而言，无论柿子滩人是冬季留居在岩棚还是春季返回岩棚，每年春季3、4、5月皆是狩猎相当困难时期，可谓“青黄不接”。此时，山上的积雪已经基本融化，难以留存兽类的蹄印；树木的小叶开始伸展，林内逐渐难以观察动物的行迹，但此时几乎所有大型动物怀孕母体皆进入分散产仔期，它们的幼仔是远古人群天赐的食物。但是除鹿类的幼仔易于掠获外，其他动物，如马、野猪、野牛等以暴性护卫幼仔的动物是难以接近的。由此可知，柿子滩人伪装鹿饰获取仔鹿甚是聪慧。葫芦与鹿饰成为柿子滩人的图腾，对以后的葫芦与鹿有关的氏族可能有着渊源关联。

4. 一万年前的“七”

柿子滩岩画实际上是一万年前人们书写的两部天书，他们执意要将在生活中对自己震撼最大的事物留给后人。释读岩画，就是释读天书。由于时间过于久远，释读时必然百家各有已见。冯时认为，左侧岩画是一位戴羽冠的伸展双臂的女巫，头顶上绘有七颗星点，应是北斗七星，女巫脚下所踏六点，从位置上讲，符合与北斗相对的南斗六星。倘若考虑女巫头上七颗星呈东西方向分布，进行计算，结果显示，遗址年代与北斗七星指向二分点的年代完全吻合。他认为，一字形排列的七星虽然在数字上符合北斗，但总体上形象还是有些欠缺。看来，当时由于生产力水平低下，北斗的特殊形象似乎尚处于无物可比拟的阶段。这种观念一直延续了很长时间，以至古人们长期只简单地使用“七”这个数字作为北斗的象征。如此看来，一万年前的“七”是北斗象征，也就是说女娲时代的“七”应是专指北斗的。

冯时认为，距今6000～6500年的新石器时代遗址中发现的人骨作为斗柄的北斗形象，反映了斗建授时与度量日影的综合含义。他还给出公元前3000年，即距今5000年前左右安徽潜山县薛家岗出土的一批石刀，共7把，刀上钻有圆孔总数是7的七倍，可能与禳星祭斗有关，是当时人们崇祭北斗的礼器。时间大约与薛家岗相近的南京北阴阳营遗址出土两把七孔石刀，分别放置在墓主人腰部左右手的位置。此石刀似非生产工具，而应是两件与祭祀北斗有关的礼器。到了公元前2500年（距今4500年前）二里头文化遗址，见到的则是一件磨制精致的大型七孔玉刀，长54.6厘米。冯时认为这是一件镌有北斗七星的大型礼器。该玉刀出土于陕西延安芦山峁。由此看来，北斗七星的礼器，从一万年以前，一直发展演化到距今4500年左右，有着长期的历程，各地先民对以“七”为标记的北斗有着共同的理解。

关于北斗七星的“天书”，还应温读内蒙古阴山岩画。在“天书·（二）·4”小节展现出的内蒙古北斗岩画是八星而非七星。关于八星岩画，在该小节中已有所说明，但涉及北斗计时制历交代得不够明确。《淮南子》清楚记载：“北斗招摇指寅，是孟春之月，招摇指卯为仲春之月。”李约瑟认为，招摇应是牧夫座γ星，它已经在公元前1500年左右离开了恒星区，《淮南子》记述的是很古老时期的情况。公元前1500年，距今3500年，应是商朝前期（商汤至盘庚）的前段，大约在大甲、沃丁、太庚、小甲期间。北斗八星招摇计时、制历应在此之前。至少接近距今4500年前延安芦山峁玉刀七星时代。由此可知，从距今一万年一直到距今4500年左右，“七”是远古人群所崇信的北斗七星的代号，是标志，甚至是图腾。近万年以来，北斗“七”深入人心，深刻影响古人的生活。

5. 一万年前的“十”

柿子滩遗址岩画有两方，左方绘一裸体女性，头为圆形，顶扎双髻（？），两耳突出，双臂平举，屈肘向上，右手似举一物，躯干丰满，袋状乳房向两侧下垂。冯时认为，画中是一位伸展双臂、头戴羽冠的女巫。孟繁仁则强调岩画中是“正常的女性人物形象”“她的胸部是两个又圆又大的乳房”。如此可以确认，此方岩画是一位裸体的正常的女性人物形象，是一位女巫。但又有一些不正常的地方。首先是顶扎双髻（？），《报告》[1]自问，两耳突出、两个又圆又大的袋状乳房向两侧下垂、头戴羽冠、双臂平举、屈肘向上（双臂同乳房相比仅是一条两端上翘的细杠），这些皆不是正常的女性人物形象。这幅岩画确实是一位女巫，所以她一定呈现人形，但如此多的不正常形象却是她扮成的角色的形象。对这个角色，我们认为是蜜蜂，称其为蜂形人。将在以下诸小节：“蜜蜂与蜂形人”“蜂形人与黄字”“骄虫，蜂蜜之庐”“蜂形人，即黄图腾群”等中进行诸多方面的详述。

柿子滩岩画左图，即一万年前的天书，内涵应是两部分天文活动。一是前节所述“一万年前的七”，打扮成蜂形的巫师晚间可以依据南、北斗的位置定向、计时及制历。由于蜂形人身穿兽皮缝制的衣服，定向、计时或预断季节时躺在地面，伸展四肢，其肩上横杠与身体中线形成“大”字或“十”字。若其头指七斗、六斗中间的北方，则北斗在“十”上的位置便可定向、计时、预断季节。另者，应是在白天，这位巫师肩上横担一个两端弯曲的细棍，同身体构成一个“大或十”字圭表。可以说这是现今发现的最早的测日影的仪器的图案。所以断定这是两部分天文活动，主要依靠女巫肩上的横

担。横担在夜间虽然也有意义，但在白天却大不相同。白天，每一天中午日影最短，此时“大”或“十”字日影中“一”杠所指的方向是正东正西，据此，可以在白天定向。一年之中，春、秋分是两个最重要的时节，在这两天中，如果观察日出与日入时的日影，日影在日出时指向正西、日入时指向正东，则“一”杠呈正东正西向，“|”竖在中午时的指向是正南正北。反转推定，当将“大”或“十”字圭表固定直立在地平面上，将“一”杠指向正东正西，则日出时日影临近正西，春分将近，春分这一天日出时日影应在正西，此后日出时日影逐渐离开正西。

如果将“大”或“十”字圭表直立固定在地面上，将“一”杠指向正南正北，则白天可以利用圭影计时，中午不仅对今人，对远古人而言应皆是一个关键的时刻。每到中午，“大”或“十”字圭表的表影的“一”影与“|”影重合。在中午之前与中午之后，“大”或“十”字圭影呈一个角度离开重合线的位置，这应是远古人群相当重要的计时活动。我们在这部天书里无从得知一万年前的柿子滩人是否已经获知了中午圭影在冬至最长、夏至最短这些知识。但是，对于初始定居的人们来说，能够十分准确地判定方向，十分准确地判定正午与子夜时刻及春、秋分两个重要农事时节，已经相当有益，会帮助他们走向更新的胜利。特别是远离定居点出猎及捕鱼的人们，外行几天之后，捕获成功，在较短时间内返回居地应是十分重要的。由此可见，“女娲之十”，也就是一万年前的“十”字圭表，即是一万年前的天文仪器、一万年前的“十”。

柿子滩斗星人形岩画生动而真实地记述了一万年前我们的女娲先人们在观天定向、计时、授历方面取得的伟大的成就，不能不令人为之震撼，久久不能平静。可以想象得到，一万年前的人们一定也为他们自己能够掌握这个黑夜与白天都能定向、计时、制历的功业而十分激动，所以才耗时费力、精心设计、细致描绘了这幅流传万年不朽的图案。

（二）蜜蜂生态与蜂形人图腾形成的最小生态条件

1. 蜜蜂的形态

图4.3右侧是人们常见的蜜蜂工蜂，这是一只微微展开翅膀正在爬行的蜜蜂形象（为了看得清楚，前后腿的位置近似标本状态）。工蜂整个身体分为头、胸、腹三部分。头的前方有一对膝状触角，头的两侧生长一对大的半球状复眼。胸部下方生长三对足，图中只能见到前后两对足；胸部两侧生长两对翅膀。蜜蜂全身被覆羽状绒毛，绒毛有许多短绒分支，很容易黏附花粉。胸部外观可分为三个胸节。胸节之间有浅凹沟。胸节上，特别是凹沟及其两侧，密布绒毛，黏附满花粉时，呈深黄与浅褐条纹相间（图片一）。工蜂腹部第一腹节为并胸腹节，其前部与第三胸节固生一处，其后部收缩成一短而窄的腹柄，并与第二腹节相接。《山海经》中司职帝之密都青要山的武罗神“人面、豹文、小要”的“小腰”，其渊源可能在此。工蜂除并胸腹节外，腹部外观只有6个腹节，每一腹节皆有一节板，背板较腹板大，节板由前向后套叠，节间由节间膜连接。节间膜不生长绒毛，外观呈青褐色。节板上密布绒毛，蜜蜂采花粉后，外观可见青褐色条

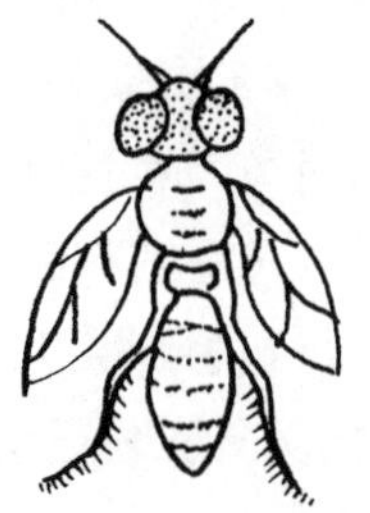

图4.3　蜂形人与蜜蜂

图片一　正在采蜜的蜜蜂（见图版1）
（《长春晚报》2010年12月）

纹与黄色条纹相间排列。《海内北经》记述的“蟜”若为人形时，呈“虎纹”，实际上是采满花粉的蜜蜂的花纹颜色。蜜蜂的后足胫节中央凹陷，两侧边缘有长而向内弯的被毛，被毛包围起来的空间就是装载花粉的花粉篮，载满花粉的后足呈长椭球形。与《黄帝之研究》关系十分密切的是蜜蜂采花粉后的外观颜色。这是一个形态问题，更是一个生态问题。蜜蜂全身，除复眼、翅膀、胸背节间凹沟、腹部连接板节间膜等少数部位外，几乎皆覆被羽状绒毛。绒毛专司黏附花粉。绝大多数花粉为黄色，黏附花粉处便呈黄色。蜜蜂三段胸节虽然连结为一个整体，沾满花粉后，仍可见三道黄褐相间的斑纹；腹部六节节间膜呈褐色条纹，于是采满花蜜的蜜蜂便成为褐色与黄色相间排列的形态，《山海经》所称“蟜，为人虎纹”即专指此点。

2. 蜜蜂的生态

蜜蜂同《黄帝之研究》有关的首要的生态问题是采花酿蜜。一万年前柿子滩人面对的蜂蜜一定是野生的资源。山林里的野生蜂蜜采食者主要是熊类和人类。蜂蜜作为糖源，将蜜蜂与古人联系在一起。蜂蜜也是熊类的糖源。熊类攫取蜂蜜带有彻底毁坏蜂巢的破坏性。人类初期索取蜂蜜时必也毁坏蜂巢，但定居之后，特别是柿子滩人进入到人与蜜蜂“互相拥有对方形态”的密切程度，绝非是单纯的毁坏蜂巢的关系。

蜜蜂是群居昆虫，全部生活史都是在群体中完成的。在自然状态下，整个蜂群定居在一个外壁具有相当抗性的边界清晰的蜂巢之中。一般情况下，蜂巢分布相当稀疏。对远古人群而言，其居住区周围仅有少数几个稀疏分布的蜂巢是没有意义的。人们贪食蜂蜜，取蜜时将这几个蜂巢破坏之后，蜜蜂不会给人们留下更深刻更重大的印象。在特定条件下，可以形成蜂巢群大面积分布，只有在这种情况下才有可能出现人群与蜜蜂长期相互拥有对方这一特性的图腾关系。

蜜蜂采蜜的年度活动周期，一般在立春至春分时逐渐增加；秋分以后逐渐减少。这一周期与柿子滩人的年度活动周期相对应。春季，人们开始耕作，放牧，采挖嫩芽新叶，围捕鱼类，偷取幼兽，拣拾鸟、蛇、龟蛋，等等；秋季，天气逐渐凉爽，人们进入秋收冬藏的诸事活动中，与蜜蜂的活动基本一致。而此时南北斗的周年运转位置也居于不同的方向。如此说来，蜜蜂的年度活动、人群的四季劳作与南北斗围绕北天极周年运转有着内在的一致性。这是柿子滩南北斗蜂形人岩画的自然与社会基础。

蜜蜂有许多生态特性，而空中盘旋打转是必须进一步讨论的。人们常见的鸟类或昆虫，可以在空中盘旋翱翔者只是极少数。鹰、蜂蜜可谓是最多见者。柿子滩人因与蜜蜂的密切关系而对蜜蜂的盘旋特性有着细致的观察。有了长期的细致的观察，才可能将北天极区北斗与南斗围绕天极作周日与周年旋转理解为天上有一只大蜜蜂带动北斗南斗旋转。这应该是柿子滩南北斗蜂形人岩画强调的生态方面的基础。

3. 蜂形人图腾形成的最小生态条件

一般而言，生态条件应泛指较大的空间、较长的时间及足够明确的内容而言。这里涉及与蜂形人有关的一万多年以前的生态条件应仅是一个局部的较小的空间。因此，我们称其为一个最小生态条件。为让人们更具体地了解柿子滩遗址，本书给出了遗址周围的地形图。从图4.1中可知，遗址周围山地有着各式各样的沟谷地势，短者几百米，长者几十千米。在这些沟谷中，至少必有一个或几个适宜蜜蜂巢群大量分布的地点。有了它，才能有柿子滩人长期而稳定地索取糖蜜；才有柿子滩人崇敬蜜蜂、拜蜜蜂为图腾之源；才有将蜂形人推崇到北天极与北斗南斗一并为人们定向、指路、计时、制历的深刻信念。

这类沟谷距离柿子滩遗址不是很远，沟谷有足够的宽度和长度。沟谷内蜜源植物十分丰富，不仅种类多、数量大，而且从春到秋分布较均匀。早春时节杨柳开花时，一批早春蜜源植物足够丰富；盛春时节，椴、槐等数量足够大，分布足够广；夏季，豆科、葫芦科、茄科等蜜源植物数量足够、分布均匀；秋季，则以菊科植物为主，甚至到晚秋。如此足够长、足够宽的沟谷内必然会形成大量的蜂巢分布。于是蜂蜜成了柿子滩人大量的常年食用的不可缺少的糖源食物（掺和嫩叶食用）；而柿子滩人在长期的常年索取蜂蜜的过程中，很可能形成了合理的、保护性的索取蜂蜜的做法。

可以大致推算出这个沟谷式生态资源条件的状况，按柿子滩当时有50人计，在蜂蜜充足的条件下，一个人一天掺和嫩叶青菜食用，最多（每天经常食用）一天只能享用50克而已，50人每天至多消耗2.5千克蜂蜜。一般一个较大的野蜂巢含有5～10千克蜜。取1/2～1/4蜂巢即可够用。在有初始保护与合理利用资源的潜意识前提下，一天割取一个蜂巢的1/4左右的蜜就可以满足，于是一年365天，总计取用365个蜂巢的1/2～1/4即可。野蜜蜂自然分群率若按10%计，远古人群取蜜割巢，达到基本保护平衡状态，触动蜂巢的比率不应大于4%，即应在正常分群率一半以下。按一年有365个蜂巢遭到局部破坏，且占总蜂巢数的4%以下，则整个沟谷至少要有9000～10000个蜂巢稳定存在，才有可能构成柿子滩人长期取之不尽、用之不竭的状况。

柿子滩遗址位于吕梁山脉的南段，就当地的地形地势而论，具备上述蜜源植物诸多特性的沟谷，一般只能平均400米宽，最多难以超过5000米长，即常年具有优良蜜源植物特性的空间，一般只能在200～300公顷范围。200公顷左右空间内，分布10000个蜂巢，平均1公顷有50个左右。一般而言，一万年前的柿子滩人一定邻近类似上述有蜜源资源的沟谷，于是才能形成诸多蜂形人的特征。

4. 蜂形人

我们认为柿子滩岩画左图南北斗之间的图案为一个蜂形人，是因图案在几个关键处与蜜蜂相像。由图4.3左侧与右侧之工蜂对比，首先，头上的两个角状物是蜜蜂的触角，头两侧的宽髻是蜜蜂的复眼，人的两只臂末分出五指，应是蜜蜂的翅膀，两条肥大而微分开的腿，应表示是装满了采来花粉的两条后腿。这就是说岩画中首先是一只蜜蜂，能够带动北天区南北斗旋转的蜜蜂，又确是一个装饰成蜜蜂的女巫。她是能通天地的。柿子滩人在北斗与南斗中间绘一个蜜蜂形的人，深刻表明他们以地面上与其生活息息相关、且能在空中旋转的蜜蜂带动他们每天又整年所见到的北天区的南北斗的旋转。岩画左图既是一只蜜蜂，又或确是一个装饰成蜜蜂的女巫。一万年以前的人们可能已初步形成女巫饰成蜜蜂即可通天的思想。现今尚难以得知柿子滩人与蜜蜂的息息相关的关系的具体内容，但可以推断，图中绘饰的蜜蜂，表明柿子滩人以蜜蜂为一个图腾。图腾源于祖先长时期赖以生存的资源。蜂蜜应是柿子滩人的先祖首批发现的重要的甘甜食物。人们可能了解，某些山区，野蜂蜜资源十分丰富。凡是枯树皆易被蜜蜂用作蜂房的基础，树洞、树干甚至树干的基部，都可以见到固体蜂巢蜂蜜硕大的白块。猿人或古人食用蜂蜜时很可能就着树叶一起吃。由于蜂蜜是重要食物，且充分具备图腾形成的最小生态条件，柿子滩人以蜜蜂为图腾是理所当然的。柿子滩人的巫觋或首领打扮成蜜蜂形状应是合理的、现实的，称其为“蜂形人”也是合理的。柿子滩遗址上层距今2.0万～1.0万年，当时各地尚未发现纺织用的纺轮及织物，但骨针（带针眼）早已在此时之前出现过。于是可知，用兽皮缝制衣服应已出现，柿子滩装扮成蜜蜂的巫觋或首领穿的应是兽皮合缝成两袖、两腿、上身甚至头饰宽大的衣帽。由此可知，蜜蜂图腾天书，既记述柿子滩人以南北斗定向、计时、制历；又记述他们已确知南北斗围绕北天极旋转，而旋转的动力是天上的蜜蜂；还记述他们以蜜蜂为图腾，其衣服可能是兽皮。

5. 蜂形人与黄

蜂形人源于蜜蜂，应是发现并长期大量食用蜂蜜的一个氏族的图腾。将蜜蜂人格化、抽象化为蜂形人，是1.0万～0.9万年以前一个或几个老祖母组成的人群的功业，将蜂形人随同其他光辉成就一并刻画在岩石上，使他们永垂不朽，令我们有可能在甲骨文、金文甚至篆书中找到与蜂形人相近的象形字。由于“黄”是“黄帝”一词的词头，所有研讨黄帝的专家与著作无不涉及“黄”字的来源。有些看法已被人否定，如黄土之

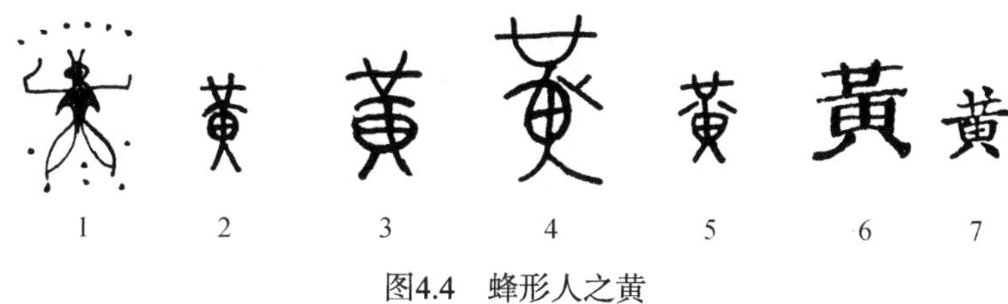

图4.4 蜂形人之黄

黄、配玉之黄。有些看法虽有争议，但考究之后，可知应是合理的，如黄乃黾、龟之象，黄为生殖之人形。

审度甲骨文与金文中的“黄”字字形，可分成几个类型，其中一种与蜂形人相当接近，如图4.4中的第2—5字。字的头为向上伸出的触须及头两侧复眼的抽象符号，头部下方的八字应是蜂形人两个翅膀之抽象。字的中部田、由、⊕形，为带有花纹的背部或腹部，腹部以下的人字应是蜂形人两条粗腿的抽象。图中2、3字为西周前期或中期金文，两者头部触角形象而明显，两侧复眼抽象成“一”横杠。第3字乃《刺鼎铭文》，《刺鼎铭文》被认为是周穆王（公元前976～公元前922年）时“刺”之刻铸，距今2009年为2985～2931年，有近3000年之远。第4字为春秋时期《黄子壶铭文》中“黄子”之黄，黄子为春秋时黄国的黄子。黄国，据《左传·僖公十二年》载：“夏，楚灭黄。”黄国黄子壶铭文必在公元前648年之前形成，距今2600多年。第3、4两个“黄”字皆在距今3000～2600年，其字形有利于向上寻索。由此再向下，便可见演变至两千年前的小篆及《说文解字》中的“黄”，如图中第5、6字。第7字为当今正楷之黄。

《刺鼎铭文》之黄，为“黄公”之称谓，“黄公”被释为“刺”的先辈。若此，则为人名。《黄子壶铭文》之黄，明显是黄国的国号及人名。距今3000～2600年，“黄”字保存着国名及人名。商、周国名或人名有些是封赐的，有些则是由久远之前演进来的。演进来的是“姓”，是图腾。“姓”是祖之所自出，亦即黄源于蜂形人，源于资源崇拜的蜂蜜，源于蜜蜂。沾满花粉的蜜蜂的颜色是黄色。

6. 蜂形人，即“黄”图腾群

前文深入探讨了1.0万～0.9万年前柿子滩岩画中的似人非人的图像是蜂形人，现在要讨论《山海经》中的蜂形人。蜂形人是图腾，是“黄”，更是最原始的天文观测仪。归纳《山海经》中所记述的蜂形人之“黄”的特征，大致有：人形、人面、虎文、二首或三首、有角、黄色、细腰、双翼、如蜂等九个方面。这九个方面的特征，有的可以适当地扩展，如虎纹，应包括虎身、如虎，甚至虎尾等。有的仅残存其中一两个而已。用这些方面的特征去比附《山海经》中的某些人、神、兽、鸟等怪物，便可以清楚地见到以蜂形人为主要构架的众多的黄图腾系列的存在，它们不仅源远流长，而且有着相当广泛的分布。表4.1是《山海经》中与蜂形人相关的怪物表。

表4.1　《山海经》中与蜂形人相关的怪物表

经次	山序	神、人、物	形	人面	虎文	首	角	黄色	小腰	翼	如蜂
《南首》	4		如马		虎文	白首		赤尾			
《三》	7	神	马身	人面	虎文						
《西三》	8	神		人面	虎身						
		鸟	如蜂						大如鸳鸯		如蜂
《东二》	1	兽	如牛		虎文						
《中二》	9	兽		人面	虎身						
《中三》	1	武罗		人面	豹文						
	5	泰逢	如人		虎尾						大蜂
《中六》		骄虫	如人			二首			枝尾反舌		螫虫
《中七》	6	兽	如蜂								如蜂
	全	神		人面		三首					
《海外》	南	人	为人					黄			
		人	为人			三首					
	西	黄马	马		虎文			黄	一手一目		
		乘黄	如狐				角	黄			
	北	国	为人		虎文		手摄耳				
	东	兽				八首		青黄			
《海内》	西	兽		人面	虎身	九首					
		树上	有人			三首				有翼	
	北	穷奇	如虎								
		蟜	为人		虎文			黄色			
		环狗	为人	兽首	人身						
《大荒经》	东	天关	神人	人面	虎身	八首	十尾				
	西	兽						黄兽			
		人	为人	三面							
		神		人面	虎身						
		青鸟				六首		身黄			
		国						流黄			

蜂形人的首要特征是如人、人形、如蜂或人面。表4.1中列出28种鸟、兽、人、神、国等怪物，其中如人、如蜂者11种，加上兽与神呈或具人面者9例，共计20例，占总数的70%以上。“蜂形人虎纹”中集中给出了蜂形人虎文特征，这是“如蜂”的最突出之点。表中记有虎文、虎身、如虎、虎尾（仅一例）、黄色及如蜂、螫虫者共23例，占总数的82%，比人形、人面还突出。《山海经》记述虎文、虎身、如虎特征时，相当

有分寸，无论神、兽、人，只要如马、如牛、为马或为人，皆标示“虎文”，而“神”或未标明兽形者则记曰“虎身”。可认为虎身所表示的突出含义还是虎的青黄相间的文式，与“虎文”的含义一致。

整部《山海经》成书之时，蜂形人器物，无论被称呼为神、兽、鸟、人等何种，都仍以强大的气势留存于当时的中国大地，而且从东到西、从北到南栩栩如生地展现在我们的面前。它们是各式各样的天文仪器，但仍保留有蜂形人的特征。它们是不同氏族的创造、不同氏族的图腾，但它们仍源于久远之前柿子滩岩画所表述的蜂形人之形象。由表4.1可知，《山海经》的各部篇章为我们留存了如此一大批蜂形人的形体，蜂形人形天文观象仪，也是蜂形人的图腾。它告知我们，在中国远古史中，曾有一个蜂形人气势磅礴的时代、有过一个蜂形人图腾群广泛存在的历史时期。

（三）蟜，为人虎文

1.“蟜”为人虎纹

图片二　黄黑或黄褐纹相间的虎（见图版2）

上文所言及的“有蟜氏应是崇拜蜜蜂，以蜜蜂为图腾的氏族”是一些古史学研究者的判断。我们在“专题三，节（五）”中着重讨论了蟜是蜜蜂、夭形人、骷髅三者复合图腾的抽象的文字符号，现在可以依据《海内北经》关于“蟜”的记载，证明蟜是“蜂形人”，又是蜜蜂。《海内北经》：“蟜，其为人虎文，胫有䏿，在穷奇东，一曰状如人。”《海内北经》在记述“蟜”之前还有两句：“大蠭其状如螽。朱蛾其状如蛾。”“蟜”是与大蠭及朱蛾并列的，三者都是昆虫、或以昆虫为图腾的氏族。由于《经》中明确记曰：“蟜，其为人虎文。”蟜又可以“为人”，由此必须讨论清楚“蟜”与“人”的关系。“蟜，其为人虎文”，又言“一曰状如人”，此清楚表明“蟜”并不是人，而是其若扮作人形时为虎文，是其“状如人”。一方面，《海内北经》所记的是一个“其为人”“状如人”时的与大蠭、朱蛾同类的事物。另一方面，“虎纹”专指黄黑或黄褐条纹相间排列，其主色调为黄色之纹。蜜蜂采蜜之后，背部斑纹明显呈黄褐相间，但主色调为黄色。装扮成蜂形人的巫咸必以虎纹着身，借以类比蜜蜂的花纹。图版2是黄褐相间的虎纹。“胫有䏿”，胫为小腿，䏿为小腿上的腓肠肌。腓肠肌本为“胫骨后之肉”，既言胫，就应包含胫骨后之肉。但这里却特别强调“胫有䏿”，说明“状如人”的“蟜”的小腿的䏿与一般人不同。联想到柿子滩的蜂形人的小腿确实很肥大，可知，《海内北经》所记载的“蟜”，可以打扮成“状如人”，其颜色以黄为主，呈虎纹，小腿肥大。其形似“蜂形人”，是蜜蜂的人物化，是氏族的蜂形图腾。

《海内北经》关于“蟜”的记载，关于“蟜”的特征的记载，以及关于蟜可以“为人”的记载，证明《国语 · 晋语四》司空季子述及的“有蟜氏”确实存在；蟜是蜜蜂，还可以“为人”，即人形化，或人打扮成蜜蜂，“为人”时呈黄褐相间的虎纹，且小腿肥大。蟜“为人”的记载应证明我们关于柿子滩岩画“蜂形人”的推断是合理的。关于“蜂形人”的推断的合理性，进一步佐证蜂形人的抽象符号为“黄”的探究也是正确的。于是柿子滩的蜂形人，距今6500 ~ 6000年的有蟜氏（从蜂形人的角度），以及黄帝之“黄”，三者是一致的。它们皆源于人们对蜜蜂的崇拜，或者更确切地说，皆以“蜂形人”为图腾的基本组成、为祭祀对象，黄姓氏族来源久远。

《山海经》是中国最古老、最可信的一部天文、历史、地理、生物资源科技文献总集。《大荒经》是从一万年前开始的“众帝”之书；《海外四经》是禹益时代之著；《五藏三经》起于久远之前，结束于春秋前后；唯《海内四经》内容繁杂而丰富，尚难以确认其各个具体的年代。“蟜”的确切记载则出于《海内北经》，其所记内容居于哪个时代，难以确认。“蟜为人”是以人物形象化的蜜蜂为图腾，与其并列或并存的人物形象化的大蠭及朱蛾也应是氏族的图腾。《说文解字》（第675页）释蠭为“飞虫螫人者”，是飞虫且螫人者，唯有蜂类。又“按《释虫》言：土蠭、木蠭”，确是蜂类。《辞海》（第1868页）曰：“蠭，蜂的异体字。”《说文解字》曰：“蟜”“蟜，虫也”。《辞海》（第1863页）：“蟜，虫名”。可知，蠭是蜂类，蟜是与蠭并列的“虫也”，蟜、蠭是蜂类，渊源久远。由此线索可知，《海内北经》所记的“蟜”处于一个氏族图腾林立的时代。这个时代即是神农时代，神农时代是一个万种图腾争相辉映的时代。《海内北经》所记的“蟜”应处于这个时代，亦即距今6500 ~ 6000年。可以断定它必是在“少典氏娶于有蟜氏”之前。无论之前还是之后，皆清楚地给出一万年前的柿子滩的蜂形人，即蟜，即黄，发展衍化到6500 ~ 6000年前的神农时代仍然存在，且从此发扬光大。

2. 穷奇东

《海内北经》的“蟜”处于距今6500年左右的“万种图腾争相辉映”的神农时代，应与“有蟜氏”生黄帝、炎帝密不可分。千百年来，关于黄帝、炎帝出生地也聚讼难评，倘若能确定《海内北经》的“蟜”的地理位置，不仅可知距今6000年前后或《海内北经》成书时的蜂形人、蟜、黄的存在空间，而且有助于将来进一步讨论炎、黄两大氏族集团的发祥、转移壮大及最后成就之地。《海内北经》给出：“蟜，其为人虎纹，胫有䏿，在穷奇东。”由此，只要确实找到“穷奇”所在的位置，“蟜”的生存地便可确认。《海内北经》并未给出穷奇的位置。查《山海经》得知《西次四经》记曰：“邽山。其上有兽焉，其状如牛，猬毛，名曰穷奇，音如獆狗，是食人。”此兽“状如牛”应是四足弓背、尖状头，“猬毛”者只有豪猪身披猬状棘，显然是豪猪，但一般豪猪大小只如野猪而已，“其状如牛”，倘若指体形形状还可以，但若指大小，则非也。“其状如牛，猬毛，名曰穷奇”应是一个氏族的图腾形象。无论是图腾还就是豪猪，皆不应影响“蟜”的存在。由此，只要确定穷奇所居处邽山的位置，便可确认“蟜”的位置。

《西次四经》由于山、水线路较为正确，特别是白于山与鸟鼠同穴山之间的七座山的基本走向沿着兰州到银川段黄河与渭水分水岭，其山的具体位置可依据《山海经》中的泾水位置及白于山的地望正确给出。图4.5给出的是白于山至鸟鼠同穴山之间的《西次四经》诸山的位置。《经》中之白于山，仍是今之白于山（1823米）。其西300里之申首山（直线距离110千米），应是今陕西定边县西南的王盘山，主峰魏梁为1907米。

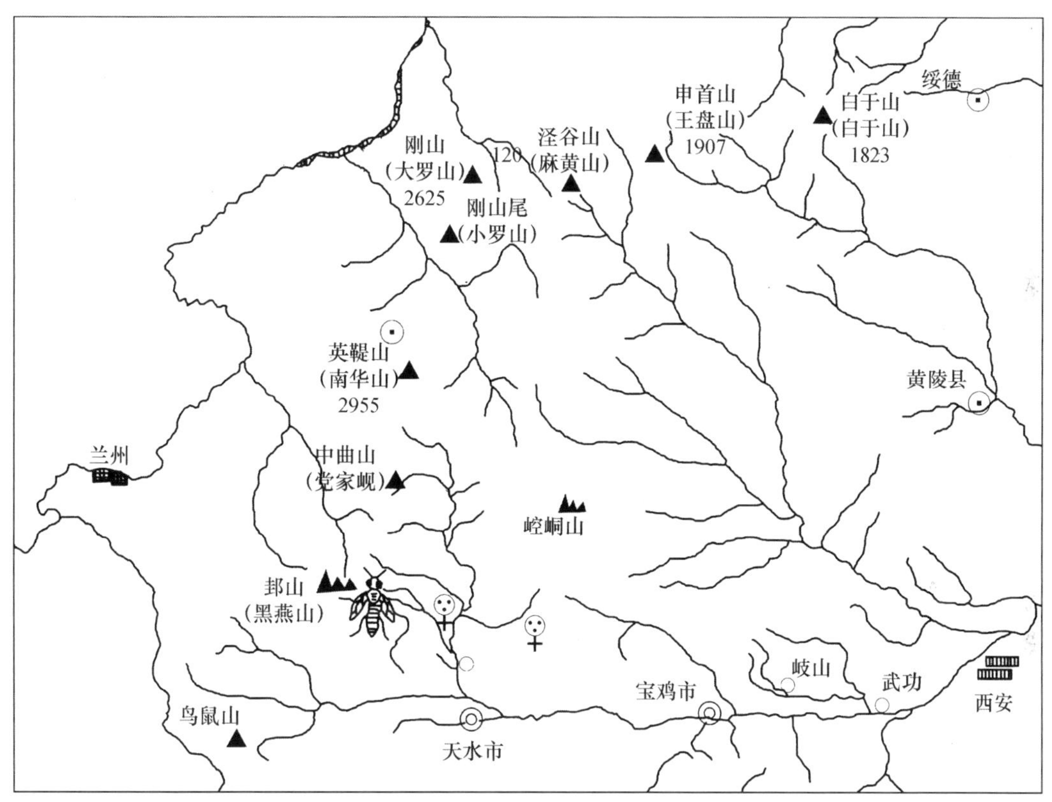

图4.5　蟜在穷奇乐*

* 方位图主要是笔者自己研究推断的。《西次四经》有四处可靠的地理标志地点，一是陕西的洛河与黄河之间的山地，二是洛河发源地白于山，三是泾水源头的山地，四是鸟鼠同穴山。徐旭生依据“东流注于河”从“泾水出焉，东南流注于渭”确认《经》中之山皆位于渭北。笔者依据白于山西三百里之申首山冬夏有雪，认为其应是今陕西定边县境内的主峰海拔1907米的王盘山，否则不会冬夏有雪。此山再西五十里之泾谷之山、泾水源头，只能是今宁夏与甘肃交界处的麻黄山或萌城山，笔者曾去两处山地作过考察。沿分水岭由泾谷之山再西，可望见大、小罗山及其南方的云雾山（分别为2625米、2201米、2149米）。再西90千米的南华山南端的月亮山（2633米）应是英鞮山。再西沿分水岭300里（120千米）的中曲山，为今之党家岘。由此向西，经华家岭，止于黑燕山，为北入黄河的祖厉河与南入渭水的葫芦河的分水岭。于是华家岭至黑燕山便应是邽山。邽山之南的唯一一座山是鸟鼠同穴山。由此给出本图所表述的穷奇位置。

再西55里（直线距离25千米）为泾谷山，应是今泾水东北支环江源头，宁夏盐池县的麻黄山至萌城山一线。再西120里（直线65千米）为刚山，则应是拔地而起的宁夏同心县的大罗山（海拔2625米），所出刚水，应是今之韦州河，北入苦水河。《经》中“北注入渭”是不正确的。又西200里刚山尾（直线40千米）为小罗山，洛水出焉，《经》称之为“洛水”，不正确，北流入河，乃今宁夏境内清水河东支源头黑风沟。再西350里（直线90千米）为英鞮山，应是今宁夏海原县南部的南华山（北部高峰马万山为2955米，南端高峰月亮山为2633米），浣水应是今之马营河，北注于陵洋泽，应是下游的湖泊湿地，今已修建石峡口水库。再西300里（直线120千米）为中曲山，应是今之葫芦河与宁夏的祖厉河的分水岭西端的党家岘。再西，即是记有穷奇的邽山，距中曲山260里（直线60千米），它应是今甘肃省通渭县中部的分水岭，东起陇山，经华家岭，西止黑燕山。所出濛水南入洋水，若出于陇山与华家岭，则为治平川，南入葫芦河；若出于黑燕山，则为若水，南入散度河。也即是说前者为葫芦河支流，后者为散度河支流。而只有葫芦河支流位于三座山的东侧，即图中蜂形人符号位置。由此可确认，此处的穷奇东是现今甘肃省葫芦河中上游秦安县与通渭县一带。此地带与本书专题三之（一）“2”小节“女娲居地”的地望相近。从而可作进一步探讨。无论邽山是三处山地之一还是总体统称，穷奇出其上、“蟜”位于穷奇东是确定的。

从图中可知，“蟜”或临近显清（亲）河流域的女娲祠及清水河陇城附近的女娲庙及女娲故里，即图中两个骷髅十字符号标示之处；或此处之“蟜”指的就是这一地带的女娲祭祀区域；甚或就是女娲的活动区域。此时，须深入思考《水经注·渭水》所记：“石宕水出北山，山上有女娲祀。庖牺之后，有帝女娲焉，与神农为三皇矣。”在专题三中一再强调女娲时代居于距今1.3万～0.8万年，而《水经注》则称女娲是“庖牺之后有帝，与神农为三皇矣”，可考虑“蟜”不是一般蜂形人，而应是女娲族群的首要的图腾，直到神农时代，他们仍在葫芦河一带繁衍强盛。此时确处于伏羲之后。这段历史十分重要，不应与距今1.3万～0.8万年的女娲搅混，更不应与距今0.8万～0.6万年前的伏羲搅混。这个“蟜”就是女娲时代的“黄”图腾的后裔。此事足以证明1.3万～0.8万年前的女娲何以清晰流传至今。不仅是祭祀未曾断过，其势力也相当强盛久远，并以“蟜”图腾祭祀留存至此时此地。

3. 骄虫，蜂蜜之庐

《山海经·中次六经》：“缟羝山之首，曰平逢之山，南望伊、洛，东望谷城之山，无草木，无水，多沙石。有神焉，其状如人而二首，名曰骄虫，是为螫虫，实维蜂蜜之庐。其祠之，用一雄鸡，禳而勿杀。”《中次六经》的位置，徐旭生已清楚论述：因平逢之山有南望伊、洛及以后诸山所出之水南入洛、北入谷（即今之洛阳附近的涧河），所以《六经》诸山“自东孟津、洛阳之北邙迤而西，在谷水之南、洛水之北，直西至陕西东境”。反回推知，由第十座山“傅山，谷水出焉，而东流注于洛”可知，此山应是今三门峡市坐落于硖石镇南侧的雷震山（1017米）。由此而东可见，谷水（今涧河）南岸相邻有观音堂南山（788米）、熊耳山（912米）、千秋镇南的葫芦套（612米）、新安县城南的郁山（612米）、石陵山（454米）、上石人（435米）等诸多低山矮峰，由于数千年的风雨侵蚀，山体水系皆发生了重大改变，且由于只有水出水入之记述，因此《经》中诸山与现在之山很难对应。但至上石人山以后，便到了洛阳附近，《经》中确切给出南望伊洛，由此可知平逢之山应在今洛阳附近。现今洛阳附近，黄河南岸伊洛水以北、涧河河口地带，有红山、邙山、望朝岭（257米）、天皇岭（403米）等十数个海拔400～600米的低山分布。已难确知《中次六经》中的平逢之山是那一座山。

在《中次六经》成书之前，这一地带有一座山，有“神”被祭祀。“神”是祖先，是图腾，或是神灵，总之，既有祭祠的人群，又有被祭祠的对象，“神”与祠神者皆真实存在过。此点十分重要，编著《中次六经》者不会因为我们今天要求索祖先而编造谎言给我们。这里祭祠的神，“其状如人”，即为人形，但有二首。倘若仅从字面上所见的“其状如人而二首”，不去深入探讨以下诸文，那么可认为这里记述的确实是一个怪物。此人形二首的“神”，名曰骄虫，是为螫虫，实为蜂蜜之庐。詹鄞鑫释注“骄即蟜”“蟜即蜜蜂”。沈薇薇（91页）释注“蜂蜜之庐：即群蜂的巢穴。蜂有多种，只有酿蜜的称蜜蜂”。平逢之山祭祀的“其状如人而二首”之神，是螫虫，是蜂形人图腾，则《中次七经》的苦山、少室、太室三山的“其神状皆人面而三首”更是明显标示头两侧复眼的蜂形人图腾即“神”。

由此可以确认，《中次六经》所载的平逢之山所祭祀的神是人形的蜜蜂，即我们从柿子滩岩画一路走来的“蜂形人”—“蟜”—蜂形人图腾—“黄”字。二首是蜂形人头两侧的髻状双眼，与半个人头合在一起，从人体正面视，为两个“首”。由此可见，《山海经》中的怪、力、乱、神可能多是“平淡无奇、朴素无华”“只是古人司空见惯的事情”（刘宗迪，2006，导言）。对中华远古史而言，《山海经》确是最有价值、最古老、最少伪造者之书。平逢之山留存着祭祀“蟜虫”—蜂形人—黄的信息，对于《黄帝之研究》来说是十分重要的。现今虽似难断定《中次六经》成书的时间，从而不易推知信息存在的时代，但就整个《五藏三经》成书可能在周朝且书中留存的画图文字可能包括久远之前的资料推断，“蜂蜜之庐”记载的年代还是可以推定的。

蜂形人给出的是距今1.0万～0.9万年柿子滩岩画的释读。有蟜氏给出的是距今6500～6000年间黄帝与炎帝生母氏族的姓氏。这个蟜是“虫”，是蜜蜂；是夭形人；是方形化的骷髅的复合图腾。《海内北经》的蟜及《中次六经》的骄虫，综合在一起，给出一个完整的蜂形人的系列形象。此形象为人形，两只大型复眼被人判为二首或三首，全身呈现以黄为主的虎纹、小腿肥大，为螫虫，更重要的是“蜂蜜之庐”。不同时代，不同地点的人们关注蜂形人的特征不一样，因此留存下来的描述画图的文字也有所不同。女娲时代，柿子滩人关注定向、计时、制历，所以对于北斗的“七”、蜂形人的“十”记述得十分清楚，记曰“有神十人”及“女娲七、十之化”。神农时代人们关心的是氏族繁衍扩大，所以留存下来：“少典氏娶于有蟜氏，生炎帝与黄帝。”《海内北经》与《中次六经》记述的是图腾，是人们的祭祀神物或图像，着意的往往是突出某些属于蜂形人留存的特征，或者说是残存的某些形象。

4. 由檀树分布变化判断《山海经》记述祭祀蜂蜜之庐的时期

《诗经·魏风·伐檀》可作为判定《中次六经》关于“蜂蜜之庐”记述的时间的一个证据。金启华《诗经全译》给出：《魏风》是魏国之诗，魏在西周初建国，春秋时被晋献公所灭；《魏风》七篇当系在魏将亡之前所作；所言地区，皆在今山西南部安邑附近。晋献公在位时为公元前676～公元前651年，魏亡必在此间，即在公元前700年之后。距今2700年前后为《魏风》形成的时间。今安邑（在运城市东）位于黄河北岸中条山北麓涑水平原。“坎坎伐檀兮，置之河之干兮”，“河”指黄河，应是当时的专称。檀，据《辞海》言：《毛诗》和《本草》所称檀树，似无定指。但综合《辞海》《本草》《说文解字》等可知，紫檀，豆科，常绿大乔木；白檀，檀香料，常绿小乔木。今皆生长在热带亚热带，我国南方尚有栽培。“善木也”“缰伆之木”“坚垂细微”等。无论紫檀还是白檀，皆表明当时黄河北岸生长的是檀树，“坎坎伐檀”，既应表示砍伐的次数多，又应表示当时黄河北岸生长着许多檀树。

这就是说，公元前700年左右，即距今2700年前后，山西中条山一带不仅生长檀树，而且还经常砍伐。中条山恰位于《北次三经·太行山》西端启点归山至王屋山之间。表4.2给出10座山的草木记述，皆已不见檀树。归山至王屋山10座山中，仅咸山记有多松柏，其他7座山未见草木记述，且有两座山“无草木”。《北次三经》成书时，原魏国山地已无檀树存在，必在距今2700年之后。由此可以确信，当时黄河北岸，从“诗经时代”到“五藏三经”成书时经历了一个檀树由经常砍伐到普遍的山地无檀树记述的历史过程。大范围的高大或较高大树木的消逝，至少要百年以上，在生产力不甚发达的古代，甚至要300～500年。《北次三经》记述的中条山植物分布状况，以无檀树为基准，至少要晚100～200年。《北次三经》的时间应距今2400～2600年。

表4.2 《北山三经》中条山一带植物记载

山名	归山	龙侯山	马成山	咸山	天池山	阳山	贯闻山	王屋山	教山	景山
走向	东北	东北	东北	东北	东北	东	北	东北	南	东南
间距，里		200	200	70	200	300	350	100	300	300
檀	0	0	0	0	0	0	0	0	0	0
松柏	0	0	0	多	0	0	0	0	0	0
杂木	0	0	0		0	0	0	0	0	0
草	无	0	无	多茈草	0					多草
草木	无	无	无	—	无	—	—	—	—	多榛树
记载	无		无			无	无	无	无	

记载祭祀“蜂蜜之庐”的《中次六经》，其地望位于黄河南岸。以上虽然可以借助《诗经·魏风》确知距今2700年左右黄河北岸中条山至王屋山一带有大量的檀树存在，但到了《北山三经》时期，连绵10座山无一座有檀树记述。需知《五藏三经》也是一部物产资源志，对山地生存的动物、植物、药材是着意记载的。其时间至少距今2600～2400年左右。黄河南岸的《诗经》与《五藏三经》有关檀树的记载虽然没有黄河北岸明显，但也可以发现一些时间方面的差异。就地域而论，同黄河北岸相对应的黄河南岸的《诗经》有《周南》《王风》《郑风》。《周南》与《王风》皆以洛阳为中心。“郑风”在洛阳以东的新郑一带。三组诗写成时间多在周朝东迁之后的150年间所作，距今约2770～2620年前后。《诗经·周南·汉广》记有“南有乔木”、《诗经·郑风·山有扶苏》则曰“山有乔松”。乔木是指高大树木，但是什么树，不得而知；“山有乔松”，显然说的是山上生长高大的松树，这是原始针阔混交林尚未遭受破坏的重要标志。《诗经·郑风·将仲子》曰：“无逾我里，无折我树杞”“无逾我墙，无折我树桑”“无逾我园，无折我树檀”，参照《诗经·鄘风·定之方中》中“树之榛栗，椅桐梓漆”可知，杞、桑、檀在里、墙、园之中，也应是“树之”所成，即人工栽培。“周南”“王风”“郑风”成诗之时，洛阳至新郑一带山上还有高大的松树与乔木，园中还有人工栽培的檀树。

与黄河北岸《北山三经》之中条及王屋山相对应的，又与《中次六经》相邻近的有中山一、二、三、四、七、十《经》。《中次山经》各山植物记述的情况见表4.3所

表4.3　中山诸《经》植物记载

中次山经	山数	地望	有檀山数	多松柏山数	柞桐槐 ≥4种	梓桑柘 3种≤	苑、竹蔓、草	草类	无草木	未记述
一	15	灵宝	0	0	0	5	1	4	0	5
二	9	伊水、汝水间	0	0	0	2	1		2	4
三	5	青要山	0	0	0	0	2	1	1	1
四	9	洛源至玄扈水	0	0	0	3	1		5	0
五	16	崤山中段	0	0	5	1			5	5
六	14	涧水南	0	0	0	5	1	1	6	2
七	19	嵩山	0	1	0	7		9	2	0
八	23	荆山、沮水	3	4	2	11		0	4	0
九	16	?	1	0	1	12		0	2	0
十	9	岱眉案	2	0	0	4		0	1	2
十一	48	伏牛山	1	7	17	3	3	20	1	
十二	15	洞庭	3		5	3			3	

列。其中临近黄河的，《一经》位于河南灵宝境内、《三经》在河南渑池、新安县，以青要山为中心、《十经》应是偃师附近的首阳山西向至新安县、临近黄河岸边的海拔1346米的岱眉寨。与一、三、十《经》平行且相邻的，有洛源至玄扈水的《四经》、崤山中段的《五经》，起始于洛阳附近、南望伊洛的《六经》及以嵩山为中心的《七经》，还可包括伊、汝水之间的《二经》。总计95座山。《中次十经》东起今河南偃师首阳山附近的山地，沿黄河南岸低山丘陵西行，共计9座山。各山之间距离只有10～25千米，间距较小。其中第5座山，复之山，其木多檀，地处《三经》与《十经》交界地段。可能是今新安县境内的檀岭，若如此，地名传承的稳定性相当强。为何周围山地皆是衰败的次生林，甚至无草木，此处仍生长较多檀树？不得而知。《十经》最后一座山为岱眉寨山，也记有“其木多梓、檀”，地处今渑池县东北端黄河岸边，可能因当时交通不便、山势较陡，因而很少开发，尚有檀树生长。《七经》共计19座山，只有嵩山之东20千米的较偏僻的无水生出的讲山尚记有多柏、无檀树存留。其他18座山中，无草木者2、仅记有“草”者9、记有木者7。有木者仅记有3种以下，无4种以上者，表明种类稀少，多样性差，且多为“状如荆”“叶状如樗”“状如梨”“叶状如杨”“叶如槐”等杂木林。这说明山林已受到相当严重的破坏。除“十”与“七”经外，其他一至六经各山，不仅无檀、无松柏，只有杂木，且杂木多是臭椿、臭梧桐、柞栎等，乃山林遭到严重破坏之后残存的林相。而且记述“无草木”者的山体几乎占《经》中山数的20%以上。若以生长高大檀树与松柏的山林相比较，退化到如此状态至少要200～300年。如此则表明，《中次六经》中上述诸山记载的状况，也应在距今2600～2400年。

综上可知，距今2700年以前的《诗经》中曾记述，今山西、河南中西部黄河两岸有檀树广泛分布，但《中山经》所记黄河两岸仅有极少数山地尚有檀树分布，特别是《中次六经》记无草木之山已占40%以上，不仅无檀，且有木者仅是臭椿（樗）之类。至少可足证《中次六经》所记述内容应是距今2600年左右之事，特别是祭祀活动，但应涉及更加久远之前的世俗。当然，必然可以足证距今2600年左右，伊洛河下游低山地带仍有祭祀“蜂蜜之庐”的人群，即蟜不仅存在，而且仍有人祭祀。祭祀的不是蜜蜂，而是“其状如人而二首”者，即“蜂形人”，是蟜，是黄，或者说距今2600年左右的春秋初期，伊洛水下游仍有人祭祀女娲或黄帝。这是久远之前女娲与黄帝存在的历史证据。

5. 蜂形人、蟜、黄

柿子滩岩画的北斗“七”与蜂形人“十”足证《淮南子》无拘无束时记载的“女娲七、十之化”是1.0万～0.9万年前即已存在的真实历史。《国语·晋语》记载的“少典氏娶于有蟜氏，生黄帝、炎帝”，至少给出了距今6500～6000年有蟜氏不仅存在，而且造就了中华远古史上黄、炎两个伟大的氏族。《海内北经》与《中次六经》的“蟜”与“骄虫”，足证以“蟜”为图腾的氏族的存在，更重要的是，充分给出“骄虫”就是“蟜”，“蟜”就源于蜜蜂，蜜蜂人格化为蜂形人。蜜蜂与人，或者说蜂形人与骷髅复合则为“蟜”。《山海经》记述的骄虫及蟜的时间应在“有蟜氏”之后，至少在距今

4000～2500年仍然被祭祀。

蜂形人是蜜蜂的人格化，或者说以蜜蜂为图腾的氏族将蜜蜂人物化。本书前几小节着重讨论的是蜂形人的抽象符号就是“黄”字，甲骨文中有的“黄”字，特别是金文中的“黄”字与蜂形人的抽象形象十分相近。蜂形人源于蜜蜂，源于人们对蜂蜜资源的利用，从而预断北天极区内南斗、北斗的运转是一个巨大无形的蜜蜂在翱翔。于是中国远古近万年以来一个“蜂形人”“蟜”“黄”连续交叉演替的历史清楚地记载于“柿子滩岩画”、《海内经》《中山经》《国语》及《淮南子》等文献中。这皆不是臆造，而是历史的真实记录。

如此，可以初步给出近万年以来蜂形人图腾即蟜氏族，亦即以“黄”字为符号的氏族在空间上的分布或移行过程。距今0.9万～1.0万年，他们位于山西省中部偏南的黄河东岸。距今6500～6000年，他们西扩或西移于渭水流域，其中包括《海内北经》所记载的葫芦河中上游的“蟜”的存在。距今6000年以后，甚至可能到了2600年前的春秋时代，伊、洛水北岸的平逢之山仍然有人祭祀蜂形人、蟜、黄这三位一体的图腾。如果参照“天书”专题中给出的黄帝在贺兰山的“不同图腾集团间性交往契约”，以及后文“帝与德”专题中考证的贺兰山岩画中的“帝”与“帝张四维，运之以斗”的史实，黄帝族群在距今6000～5500年由葫芦河上游北越陇山进入贺兰山或以北的广泛地带。由北方又南下进入到伊、洛水地带，留下了一系列历史足迹。这是《黄帝之研究》的基本脉络。

6. 九尾九首怪与北斗八卦天文学

在后文“泰皇兴神鼎一”专题中，将强调从三足四波纹彩陶钵发展起来的八卦，在相当长一段时期为属于地平坐标系。而从柿子滩岩画发展演变的“蜂形人”天文学，最后归宿是天球赤道坐标天文学。可以称其为北斗天文学。以地平“十”字为基准将天与地八等分是地平“八卦”天文学的内容；以北斗旋转为核心的是“蜂形人”北斗天文学的内容；“帝张四维，运之以斗”则是八卦与北斗两大天文学系统的科学的结合，其伟大功业及强大生命力将在“帝与德”及“黄帝生阴阳”专题中作详细的讨论。这里要说明的“北斗八卦天文学”则是深入探讨《山海经》中关于这两大天文学相结合的观测仪器的记述，亦即九尾九首怪的本质。

《山海经》中九尾九首怪：

南山首经，基山，有兽，其状如羊，九尾四耳，目在背；

南山首经，青丘山，有兽如狐，九尾；

东山二经，凫丽山，有兽如狐，九首九尾，虎爪；

海外北经，共工之臣相柳氏，九首，以重九山；

海外东经，青丘国，其狐四足九尾；

海内西经，昆仑南渊深三百仞，明兽身大类虎而九首，皆人面，东向立昆仑之上。

《南山首经》基山：有兽，其状如羊，九尾四耳，其目在背。拆读这一怪物时，切不可忽略了“其状如羊”这句话，羊除了有头、有长方形身躯及四条腿外，还有两只角，两只角中间有一个头。由此，再考虑四耳的安置，左角左边应有两只耳；右角右边还应有两只耳，于是羊的头部竖立起扇形分布的7个标杆，相当于“少昊天文学”或“七衡天文学”的7个山头。羊的后部有9条尾，其中一条直指北天极，其他8条等角度、成环扇状分布。如此，依靠立于背部的目，其白天可以依靠头部观察日出日落点，甚至计时、定向；夜晚通过尾部观察北斗的旋转，既可计时、定向，又可确定二分二至点，推测四季的来去。总之，《山海经》中记述了远古时代八卦与北斗相结合的天文仪器。明确记载了属伏羲的八等分天地的天文学与属于黄帝甚至女娲时代的蜂人记述的北斗天文学相结合的产物，还有少昊天文学的“七衡”或“七环”天文学。

《东山二经》的凫丽之山，有兽，其状如狐而九尾、九首、虎爪。观天仪器发展到九尾、九首的程度，充分表明远古天文学已达到相当成熟的阶段。九尾，必有一尾直指北天极，其他八尾等角度、轮状排布在此尾的周边。将这一狐形仪器固定放置于观测点上，夜间可以16分计时，一年之中可依据北斗斗柄所指认确定四时八节。九首有两种不同的装置方式。其中一种是一首直指前方，其他八首等角度、轮状排布在此首周围，如此，夜间，可以对准天球赤道或黄道，观察月亮与行星在恒星间的运行位置；白天，可依太阳经历各首的过程计时。我们可以称其为“九尾九首仪”。

九尾九首仪充分证明其构建时，中国古代天文学已经明确而透彻地了解到北天极、极轴、天球赤道、甚至于已知晓了黄道与白道。与九尾相对的九首轮状排布，表明当时的天文工作者已经可以根据夜间月亮的位置及二十八宿某宿中天的位置，清楚推断此时太阳在地下位于那个星宿。这个九尾九首仪所提供的信息，可能已经包罗了汉代张衡在《浑天仪》及《灵宪》中所言及的关于天球赤道天文学的全部内容。将这一台九尾九首仪看作是一个荒诞无稽的怪物，真是糟蹋了远古人们伟大的功业。

（四）黄作神主

1. 有尾之黄

关于黄的来源与所代表的涵义，以及黄字的来源与所代表的涵义，长期以来，各位史学大家皆有著述。黄为人形或黄源于人形的见解应是较为一致的。黄是姓氏，黄是图腾，也应是肯定的。一些人提出“黄是黾、龟之象”，是黾、龟正面视觉的抽象图案。王大有代表了这种见解，并给出了系列演化过程。从黾、龟正面视觉图形来看，关于黄与“黄”字源于黾、龟的主张应是正确的。但当我未能见到有尾之黄时，总觉得这一主张存在一个很大的难点，但当见到了多个有尾之黄时，便豁然打开了另一扇有关黄的远古史大门。

王大有给出的龟、黾、黄演化关联图，似应进一步归纳整理后划分为两类。龟类外观可见三角又似短菱形的头，四条肢爪，有尾，背甲为方格纹；黾类主要以蛙、蟾蜍、蜥蜴、鲵类为主，蛙与蟾蜍为半圆形头、四条肢爪、成体无尾、背部无甲，有时具斑点，蜥蜴、鲵类则成体有尾。若此，可将王大有的黾、龟之象分成两个平行发展的系列，图4.6为以龟为前提、近于象形的图画。第一个字实际上十分近似龟的正面图。第二字是第一个字的进一步抽象，但头、爪、背、尾仍十分形象。第三个字是金文满𣪘之有尾之黄。满𣪘的“黄”字的字头可谓与蜂形人黄字的字头有所接近，两条上举的前肢变为下垂状，与蜂形人“黄”字相同。腰腹部⊕与②的⊗为同一类型，尾部与①、②相同，后足简化为“八”。由此，则向无尾“黄”过渡。第④字为有尾甲骨文之“黄”字，头向上，呈双角形象，背甲为方形田，仍呈田字方格，作龟纹抽象。其他已演化近于“黄”字。

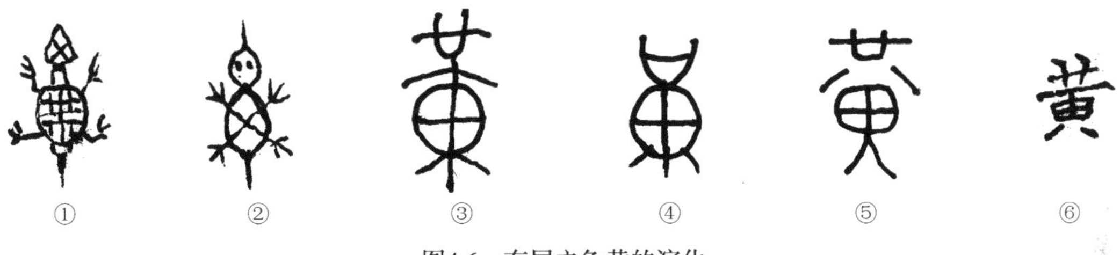

图4.6 有尾之龟黄的演化

以上的分析与讨论给出龟形图案的正面观确是“黄”字的一个源头，在诸多甲骨文与金文的“黄”字中，必然包含着由龟形图案演化而来的“黄”字，可称为龟“黄”。王大有认为龟、黾的侧面观为姬、臣、熙，可知以龟、黾为图腾的氏族群可能将龟、黾称为“姬”，其音呼之为今之“姬”。这就必然出现6000年前姬与龟形黄之间的关联。由于蜂形人源于距今1.0万～0.9万年的柿子滩岩画，《山海经》记载蟜位于穷奇东，《国语·晋语四》又给出距今6500年前有蟜氏生黄帝与炎帝，且《山海经·中山经》明确记载“蜂蜜之庐”处于伊洛水下游北岸，蜂形“黄”的时空演变历史应是比较清楚的。由于黄帝姬水成，故姬姓，姓乃祖所自出，姓是图腾，而由黄、姬、臣皆黾龟之象可知，姬水、姬姓应在黄帝成长壮大之前就已存在，也可能是黄帝氏族在姬水成长壮大形成的或加入的。从周人姬姓且周人自称“我姬氏出自天鼋”可确定周人发祥地漆水、沮水及岐山、凤翔等处皆是轩辕居地。轩辕即天鼋，天鼋即大鼋，大鼋即女娃、女娲。《海外经》中的轩辕国及轩辕台等也应是与龟黄、黾黄有关联的。龟黄、黾黄除与姬水、姬姓及轩辕天鼋相关联外，龟黄中的大鼋、黾黄中的大鲵及蛙黄与女娲有着密切的渊源关系。凡有女娲遗迹的地方，皆可能与它们有关联。

2. 轩辕氏

司马迁《史记·五帝纪》：“黄帝，少典之子，姓公孙，名曰轩辕。”袁珂（1985）称：“轩辕，黄帝号。”曲辰（1992）直接称谓“轩辕黄帝”。黄帝轩辕氏似成定论。但李衡眉在《中国史前文化》（1996）一书中明确提出：黄帝非轩辕氏。其理由大致可分为：黄帝与轩辕氏不是同时代人物；先秦文献中没有黄帝曰轩辕之提法。郭沫若称：“轩辕不必即黄帝，盖古有此氏姓，迄周初犹存，而后已消灭。”黄帝与轩辕不居于同一时代的见解相当重要，许多研究者可能忽略了这一问题。轩辕与神农应兴盛于同一时代，严格而言，轩辕应兴盛于神农时代，因神农既不是一个人，也不是一个氏族，而是一个时代的总称。轩辕氏确应是存在的，由于其曾经势力强大、根深叶茂，所以才能“盖古有此氏姓，迄周初犹存”。实际上，不止是周初犹存，而是整个周人源于轩辕。

《国语·晋语四·重耳婚媾怀嬴》及《国语·周语下·景王问钟律于令州鸠》两篇短文应属于先秦文献。《重耳》篇曰：“黄帝姬水成”“故黄帝为姬”。《景王》篇曰：“我姬氏出自天鼋。”黄帝当然也必出自天鼋。王大有所言黄帝又名轩辕氏，姬姓，随母姓，姬、臣、熙皆从臣，臣为龟背甲，侧视、正视为黄；以及天鼋氏本于大鼋，黄、臣、熙皆是黾、龟之象的见解，是有文献依据的。周人明确记述：“我姬姓出自天鼋。”姓是图腾，姓是“祖之所自出”，清楚给出周人及姬姓来源于天鼋族群。本书在“女娲之肠”专题“女娲图腾”小节中已就王大有的“黄、臣、熙皆是黾、龟之象”做了简要的讨论，认为轩辕即天鼋，天鼋即大鳌，女娲断鳌足以立四极，是当时各氏族订立边界契约的信物，也是她们的图腾。

由此可以进一步明确，轩辕确是古已有之的姓氏，是龟、鼋类之象。“在天成象，在地成形”，在天为轩辕之星，在地为鼋、龟之物。从有蟜氏“生”出的黄帝族群，在姬水两岸，见到的是十分丰富的龟、鼋资源，而当时当地的氏族人群长期以来以龟、鼋为图腾，为姓。姬姓是黄帝族群发展壮大的重要的组成，甚至就是一个族源。

王增永（2005，119页）认为：“最初之时，黄和帝是分开的，它们是两个不同的称呼，后来才逐渐凝聚在一起，成为一个新的形象。”[6]在“少典氏娶于有蟜氏”之前，远古大地上尚未出现黄帝与炎帝。他们是少典氏“娶”于有蟜氏之后“生”出来的氏族。在黄帝与炎帝“生”出之前，姬水与姜水应早已存在。“黄帝在姬水成”，表明黄帝氏族是在姬水流域成长壮大的。姬水，按王大有“姬、臣、熙皆从臣，臣为龟背甲侧视”之见，确应生长丰富的龟、鼋资源，且有着以龟、鼋为姓、为图腾的氏族或氏族群。“黄帝”是一个新的族群，是新的姓，以“黄帝”为图腾，从与姬水流域的姬姓氏族相融合中发展壮大，因此黄帝氏族又“名曰轩辕”。按周人自称“我姬氏出自天鼋”，可确实判定，天鼋是姬姓的祖先、是姬姓的图腾之源。

轩辕氏是确实存在的，黄帝姬姓也是古已有之，且姬氏出自天鼋也是确实的，于是黄帝轩辕氏也是应该存在过的一种称呼。轩辕氏与轩辕国不同。关于此点，袁珂（1985）说得十分明白：“按轩辕即黄帝，此轩辕国即黄帝子孙相聚而成者。”他在这里指的是《大荒西经》中的轩辕国与《海外北经》的轩辕国，严格而论，此轩辕国只能足证它是远古时代的轩辕之姓的后代继续留存的城卫邦国的存在，而不一定是黄帝的子孙。按黄帝在姬水成可知，在黄帝族群生成之前“姬”水与“姬”姓即应已存在。黄帝是中华远古史上的一株大树，这株大树有多个根基，女娲、有蟜氏、轩辕氏、公孙氏等皆应各是其根。若更明确地表述，则黄帝族群是一条大河，有多个源流，蜂形黄是一个、帝是一个、天鼋也是一个。

3. 生殖之黄

黄及黄字除蜂形人系列与有尾黄系列之外，还有生殖之黄系列。一些研究者鉴于“黄”字的字形结构，特别是甲骨文中“黄”字的形象，提出了“黄”字的腰部是孕妇的大腹，加上一个横卧的婴儿。也有人从蛙及蟾蜍的形象提出“黄”字是生殖之形象，等等。由于我们前小节所言及的，黄帝是一株大树，他确实有多条粗壮的发展悠久的长根，蛙类是女娲图腾，黄帝源于女娲族群之有蟜氏，当然也应该与蛙族群有过不可脱离的干系。仅从甲骨文中“黄”字字形判断，除蜂形“黄”与有尾“黄”之外，似应还有以下两个与生殖有关的系列。

一个系列可称为人与下口构形，其形象如图4.7a，人形为黄，所谓下口，有方框及圆口两种，其位置在黄的腰部下方，或直接包括两腿分叉处。下口无论是口还是○，皆可看做是女阴符号。以此确认黄是由女人生殖图腾衍化而成，可备一说，或者确是黄的一个源流。

另一个系列应是从王大有的黾、龟之象组成中分列出来的黾黄系列。其特征应是圆首、光背（或有斑点）圆腹、四肢、无尾或只有短尾。图4.7b蛙形生殖之“黄”字基本以王大有黾、龟之象中的黾系列为主。首字为距今6500～5000年前的陶绘蟾形图案；第二字头部可看作是突出蛙的左右两个大眼睛；第三个字，应为头部的蛙眼已抽象两个竖条，突出圆腹光背的特征，并留存短尾；第四字虽无短尾，但已近“黄”字正楷之形。

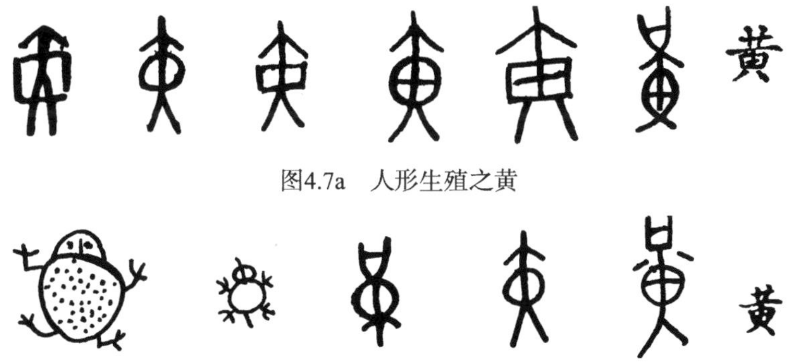

图4.7a　人形生殖之黄

图4.7b　黾形生殖之黄

鉴于娲、蛙同声，女娲又是华夏祖先中唯一被确认的母系氏族社会的总的代表，她才是真正的老祖母，许多研究者认为娲源于蛙。于是蛙神、蛙祭、蛙午、蛙纹等诸多讨论长久未停。在这些讨论中，最重要的是蛙形人或人形蛙。或者说，人蛙合体，人和蛙互相拥有对方形态的表现方式，体现人和蛙互相转形（盖山林，202，454页）。唐兰、裘锡圭认定“‘黄’为人形”（王增永，2005，120页）。6000多年前的陶绘有那么多蛙及蛙形人的图案，不能排除其中包含有“黄为人形”的组分。由此可以理解黄帝是生殖之神，黄为孕妇之形的释读与历史发展实际不一定相悖，但同蜂形人之黄相比，仅是源头之一。

叶林生（1999）关于“黄实为孕妇之形”讨论较多[7]。他认为许慎在《说文解字》中给出的黄“地之色也，从田，从光”皆已被否定。“近年来有些学者潜心研究，否定黄帝之黄与黄色相关。这实在是精辟之见。”关于黄帝、黄土、黄色的见解之抱有者相当不少。叶林生认为黄帝之黄与黄色相关，已被否定。“黄为人形”，黄土、黄色何以成为人形？再者“最初之时，花骨和帝是分开的”。关于黄源于黄土与“黄字从田”有关的讨论，叶林生认为：“甲骨文中，‘黄’字既不从田，也不从光；籀文之‘黄’字从光，但不从田；只有到了小篆阶段才从田、从光。许慎之解释实际是小篆之形，不是‘黄’字本意。”黄帝至少应生于距今6000多年前的少典氏娶于有蟜氏之后，而黄源于有蟜氏。关于黄与“黄”字的讨论应回到距今6000年以前。黄应是图腾，何以黄土作为图腾？未见详细论述。以蜜蜂之色及蜂形人为“黄”的源头，不仅有柿子滩蜂形人岩画，还有《国语·晋语四》关于“有蟜氏”之记述，更有《山海经·大荒经》中虎形纹的记载，等等，可信黄源于蜂形人。可见，叶生林关于黄与黄字释解应从历史源头去找的方法有其合理性。

4. 蜂黄、龟黄、黾黄、蛙黄、人黄

从“蜂形人”小节开始，我们考释了蜂黄、龟黄、黾黄、蛙黄及人黄等黄及“黄”字。黄是指“黄氏族”“黄图腾”“黄姓”“黄颜色”等。“黄”字则指“黄”之图案、“黄”之岩画、“黄”之字形。前文诸小节讨论中并没有就黄或“黄”字细加考究，更没有对比五种“黄”的诸多特性，如颜色问题、人形、历史背景及演化、与正楷黄字的异同等。在诸多特性中，颜色应是首要的，因为颜色与形状是外界事物给人的最直观的感觉。从女娲炼五彩石补天可知，远在1.3万～0.8万年前的女娲时代，人们就已开始依据颜色分类识别外界事物。在人们用颜色识别事物时，有一大批东西呈现一种共同的颜色，如花、羊、骆驼、虎、蜜蜂，等等，人们将这些东西的颜色归一类，传至今天，称为“黄”。

蜂黄、虎黄、龟黄、黾黄、蛙黄、人黄，严格说来，只有蜜蜂与虎之黄才与今天人们所称谓的黄一致。华人的颜色可称其为黄，但在远古时代，相对于华人颜色的只有极少数记载，有“白民”。“人黄”之黄应不甚突出。龟类黄色者极为少见。黾类蜥蜴褐黄色，鲵类黄色也较少。蛙类除雨蛙及青蛙有极少种类或个体呈黄色外，人们常见黄色者很难。本书认定黄或黄色源于距今1.3万～0.8万年人们对蜜蜂的崇敬甚至将其作为图腾并形成蜂形人巫装是符合“黄”颜色之历史演变的。

关于人形，当然指抽象的人形，有头首、上肢，上肢或上举或下分置，有胸腹、下肢等几个线条组成的整体。从前述各小节给出的黄字排列可知，蜂形黄、龟形黄、黾蛙形黄皆具有人形组成，虽然抽象，但还是呈人之形象。《山海经》与《大荒经》记

述了那么多人形怪物，由人形黄可知，它们皆是人与动物“互相拥有对方形态的表现方式”。体现人与动物互相转形。这是中国远古史中十分重要的一个阶段，在这一阶段，集群人口数量应在300人以上；粮食生产及家畜肉类产量至少满足人群一半的需要，渔猎所获常年多有剩余；各个人群普遍形成相当牢固的祖先崇拜，甚至祭祀；集群与集群之间有了产生相互区别的标志的迫切需要。这应是距今6500～6000年的神农时代。黄帝氏族就诞生在这一时期，成长壮大于6000年前。

由以上可知，黄本身是一株根深叶茂的大树，这株大树虽有诸多支根，但它们可能皆源于1.3万～0.8万年前的女娲时代，发源于老祖母们那个图腾初起的时代，并分别得到长足发展，皆壮大于6500年左右的神农时代，即母系氏族社会由繁荣昌盛至行将衰亡的时代。最后在距今6000～5000年逐渐归并于黄帝这一强大的方国集团的旗下。

5. 黄作神祖

陈济编《甲骨文字形字典》（长征出版社，2004年，793页）载：黄，卜辞用作黄色之黄；旧臣之名；地名；神主。既然用作神祖，必有祭祀，必在殷人的祖先崇拜之神中占有一席之地。詹鄞鑫（196页）认为“神主”已成为祭祀制度的一个重要组成部分。原始崇拜主要是日月星辰、山川沼薮、风云雨雪、春夏秋冬、东西南北、动植食物，特别是那些自久远以来对自己宗族生存关系十分密切的自然物，将它们人格化、抽象化、标志化，甚至符号化，视为“神”加以崇拜。后来宗族制度深化以后，自己的祖宗先人也成为“家族神”，并形成祭祀制度。

王增永（139页）认为：“在黄帝一名中，黄和帝相较，黄要比帝重要得多。帝是人王天神之统称。而黄则为黄帝所独有。黄帝又称黄神、黄子，便可为证。黄帝很可能是在黄的基础上发展起来的。”王增永引用丁山关于甲骨文中黄的论述：“通观卜辞，此一爽字，当是祭祀先妣的专名，则所谓黄爽者或是女神。这位黄爽有时为‘黄示’……黄示的直接解释就是黄神。《淮南子·览冥训》：‘西老折腾，花骨神啸吟。’高诱注云：‘黄神，黄帝之神。’证以《御览》七九引《归藏》谓昔黄神与炎神争斗涿鹿之野，甲骨文所见‘黄示’‘黄爽’，当然可以释为黄帝。”王增永关于黄与帝的关系的推断值得探讨。他认为“黄和帝相较，黄要比帝重要”，从甲骨卜辞黄为黄色之黄、黄又可作商先人的旧臣之名、又作地名，更是“神祖”，可知，黄在商族百姓中有着广泛而深入细致的影响。从这一角度看，可能存在黄比帝重要的历史阶段。

王增永认为黄帝可能是在黄基础上发展起来的。此点在甲骨卜辞中尚难见到。但从本节考释的“蜂形人”“有蟜氏”“蜂蜜之庐”“为人虎纹”“有尾之黄”“生殖之黄”及“人形之黄”等诸多问题可以清楚了解，黄从距今1.3万～0.8万年的女娲时代就已开始，而“帝”及“黄帝姬姓”只能在“少典氏娶于有蟜氏”，特别是“黄帝姬水成”之后才出现的。王增永关于“黄帝很可能是在黄的基础上发展起来的”这一推断应是符合远古历史实际进程。

“黄”字是蜂形人的抽象的文字符号。蜂形人是距今1.3万～0.8万年前的天文仪器，是以北天极为中心的观天设备。严格而论，它是赤道坐标天文学的远古浑天仪。后文将要详细讨论伏羲所创八卦是地平坐标天文学，其核心特点是以地平面为基准，将天球或者说将天地等分为八份，借以观测确认天体运行规律。而帝是以北天极为中心，以天球赤道面为基准，将天与地也即天球等分为八份，借以观测并认知天地运行规律。黄是远古浑天仪，但它远在帝之前，帝也是远古浑天仪（此点将在“帝与德”专题中详加讨论），它们是浑天仪发展的两个不同阶段。对华夏远古人群而言，天球赤道坐标天文学是一个伟大的创造，极其深入人心。所有强大的氏族集团可能都接受这一个天文学成就，作为东北方的强大氏族集团的商族，将黄作为神祖是理所当然的。当帝在更广大地域、更深层次得到充分发展之后，黄帝以其特有的身份代替了黄，又代替了帝，进而以黄帝这个影响更加深远的名字贯穿于一个相当长久的时期。黄为神祖被后世所淡忘。

注　释

[1] 山西临汾行署文化局：《山西吉县柿子滩中石器文化遗址》，《考古学报》1989年第3期。

[2] 林景星：《华北平原第四纪海进海退现象的初步认识》，《地质学报》1977年第2期。

[3] 孟繁仁：《山西吉县柿子滩“女娲岩画”的考古文化意义》，《中国文物报》2002年8月30日第7版。

[4] 詹鄞鑫：《神灵与祭祀》，江苏古籍出版社，2000年，第116页。

[5] 王大有：《三皇五帝时代》，中国社会科学出版社，2000年，第136页。

[6] 王增永：《华夏文化源流考》，中国社会科学出版社，2005年，第119页。

[7] 叶林生：《古帝传说与华夏文明》，黑龙江教育出版社，1999年，第169页。

五、泰皇兴神鼎一

（一）现今人们了解的八卦

八卦被称为“中华民族文化史上的伟大创举，在世界文化史上亦属罕见。它奠定了中国乃至东方文化思想的一个重要特征。影响及于世界，创造之功，不可低估”[1]。八卦实际上是中国远古天文学发展的一个重要阶段，更是中国远古哲学演进的主要历程。八卦在天文、历法、哲学、军事、建筑、宗教、卜筮等诸多方面曾长久而深刻地影响着中华民族的发展。它是中华文化史库中最为璀璨的瑰宝。如果揭去它被玄学和迷信所尘封的面纱，将永久地为世界惊叹。科学地历史地认识八卦的时代已经到来，对八卦的考证将是文化史上的一个重大的课题。

八卦最早的源头是立杆测影，是太极。产生于距今1.3万～1.0万年前的亦佃亦渔的初始定居时代。太极生两仪是立杆测影的发展，“七”与“十”或“斗”与“十”是两仪的主要内容。“两仪者阴阳”是当时的理论核心。丨、一、丄、L是它的符号。“太极生两仪”进一步发展演化，距今8000～7000年出现了四分彩绘的陶钵，两仪生四象是当时的科学理论，即在地平面上平置构建四分天地的地平坐标系。地平“十”字是它的符号骨架。由于其深邃的科学性，在定天地之位，辨认东、西、南、北方向的可靠性；在计时、制历的准确性及预测寒来暑往等诸多方面的可信性，所以它产生不久便迅速而广泛的在中国远古人群中传播开去。它与陶器制作、粮食种植、家畜饲养、弓箭创造及渔网编织等文化科学技术一样深刻地溶于华夏远古人群的生活之中，为中华民族远古的大统一奠定了雄厚的社会、经济和科学技术的基础。

在距今7000～6000年，地平八卦开始趋于完善，八等分彩陶盆是当时最典型的法器，是定向、计时、制历、预测季节变化的设备。天圆地方、阴阳转化、四时八节、二十八宿、天旁动等重要的天文科学内容已初步形成。“✳”是八卦的符号。这时期，它已开始遍布长江、黄河流域；秦岭、太行两侧；燕山、阴山南北；垅左、垅右地区；东海与北海岸边，在广阔地域内得到传播。八卦之所以有如此巨大的威力，首先因为它是华夏先民在人类文化史上建起的最古老的原始天球坐标系。在这个基础上又创造了最原始的定向、观天、计时、制历的仪器。当时的人们，虽然并不知晓自己创造了天球坐标系，但却在生产生活实践中运用自如。再者，在人们观天测地实践中，形成了阴阳分割、阴阳转化、阴阳对立统一，即中国式的矛盾的哲学理念。广泛的共同的哲学思维的形成，为中华民族长久的大统一奠定了深厚的精神基础。

八卦在柿子滩“七”与“十”基础上进一步发展完善于距今6500～6000年，最突出的内容是明确地构建了赤道坐标天文学，形成了以北天极为不动点、“天”围绕天球赤轴旋转的观念。飞上天的猪鹰八卦及“帝张四维，运元以斗”的“⊠”和“⊛”是这个时代最具特征的仪器设备。最辉煌的是中国远古史上，两个伟大的氏族——黄帝与炎帝氏族，以⊠和⊛为徽号，为图腾。正如刘徽（公元220～316年）在《九章算术注·原序》中的记述：昔包牺氏始画八卦，作九九之数，及于黄帝，神而化之，引而伸之。这会是最令史学界与天文学界惊讶不已的。距今6500～5500年黄帝氏族和黄帝完成了中国历史上的第一次军事、政治、技术、文字、疆域的大统一。《易经》所记述的黄帝“垂衣裳而天下治”“刻木为舟，致远利天下”“造杵臼利万民”“易宫室待风雨”“易葬式制棺椁”“易结绳造书契”，是大统一重大内容中的一部分。只要我们走近黄帝，就可以确认与熟习关于黄帝的更多功业。

考证八卦不是本书的宗旨，更不是本人能力之所及。只是因为八卦与炎、黄二帝有着根本性的直接关联，才用了最大努力去探讨这个深刻影响了中华民族数千年连绵发展的光辉的创造。

1. 阴阳鱼八卦太极图

图5.1　现今阴阳鱼八卦太极图

当今，八卦几乎是家喻户晓，妇孺皆知。一提起八卦，人们脑海中即刻浮现出那个内部由画着一对阴阳鱼、外周分布着一长横“—”、及两短划“--”构成的八个方位的符号，即阴阳鱼八卦太极图，如图5.1。这是当今道学、阴阳家、易学及儒者们手中的八卦，也是江湖术士及摆地摊算手相的人们面前的八卦。这个八卦不是也不可能是伏羲所画的八卦。但这些人皆称，他们手中的八卦是伏羲所画的先天八卦。

李申在《易图考》一书中，对阴阳鱼太极图进行了严格的考证，他认为最初的太极图是一个空心圆（65页）[2]。今天的阴阳鱼太极图，只是到了元明时代才开始问世。当时的阴阳鱼太极图八等划分，就是八卦符号的含义。这就是说，将当今的八卦太极图理解为伏羲在7000多年以前所创造的八卦，是不符合历史实际的，也就不可能真正了解伏羲“始作”“始画”的八卦的基本面目。这正如赵逸夫所说：“过去将伏羲的‘八卦’解作后世的‘☷、☰……’，因而使这一历史事实蒙上了万重云雾。”[3]

当今的八卦虽然不是伏羲的“始作”之八卦，但来源于伏羲的八卦，是由伏羲八卦发展而来。因此，当今的八卦所包含的基本要素，与伏羲始画八卦时所包含的要素是一脉相乘的。八卦保存着等分天地二、四及八个方位，这是从它产生那一天直到现今仍旧存留着的等分天地的内涵，这是天球坐标的几何分区；明确给出南、北、东、西及东南、东北、西南、西北的方向，这是八卦的方向性；更重要的是，每个方位用不同的符号标示。四个方位的符号如前所述，八个方位分别用☷、☰……等表示，其一长横

“—”及两短划“- -”，在更久远之前分别为“—”和“○”。在历史文化长河中，它们表示一阴一阳。阴者“○”和“- -”实则是女阴符号；阳者“—”或“|”是男根符号。即《易经·系辞上》所言：“乾，阳物也；坤，阴物也。”这是最早的0、1二进位数。八卦进一步演进形成的阴阳鱼太极图深刻地标示着阴阳分割、阴阳转换及阴阳对立统一的矛盾关系。伏羲始画的八卦就建立在这种阴阳转换规律的基础之上。伏羲时代的人们，仰观天象，俯察地理，形成以自己为中心，日、月、星辰都围绕这个中心周而复始旋转的理念，保存着周而复始环绕中心运转的规则。进而到了黄帝时代，则形成了天、地、人皆围绕北天极为中心而旋转的更高层次的理念。总之，由古至今，八卦的方位性，阴阳对立统一与矛盾转化性，日、月、星辰围绕中心的周而复始旋转性，是一脉相承的。

当前留存的八卦的作用最多的还应是算命打卦。这本是古代人科学知识水平较低，对许多自然现象与人生祸福不解而产生的宗教迷信活动。今天仍有人陷进迷信的泥坑，这是历史遗存的愚昧与悲哀。

2. 关于伏羲始作八卦的古籍记载

现存古籍中，最早记述伏羲“始作八卦”的是《易经·系辞》：“古者包牺氏（即伏羲氏）之王天下也，仰则观象于天，俯则观法于地，观鸟兽之文与地之宜，近取诸身，远取诸物，于是始作八卦，以通神明之德，以类万物之情。作结绳而为网罟，以佃以渔。”首先，《易·系辞下》给出了伏羲“始作”八卦。还有一些古籍也记述了类似的情况。《礼记·含文嘉》：“伏羲始别八卦。”《古微书》：“伏羲氏始造八卦。”《尸子》：“伏羲始画八卦。”“始作”“始别”“始造”“始画”，皆注重于“始”，八卦始于伏羲氏。“始”是创造，“创造之功，不可低估”。既然依据李申及赵逸夫等人的研究，现今人们所了解的八卦不可能是伏羲始作的八卦，人们必然关注伏羲“始作”的八卦是什么。遗憾的是《易经·系辞》及其他书籍并未给出初始八卦的具体内容。

据湖南楚墓（约战国时代）出土的帛书记载，伏羲氏“是生子四□，是襄天地”“四神相戈，乃步以为岁，是唯四时”（按，冯时释读），初始八卦可能是“子四□”，有了“子四□”方有“四神相戈”及“步以为岁，是唯四时”。也就是说，初始八卦是“四卦”。即《易经·系辞》中所记述的“四象”。“四象”对应“子四□”；“子四□”对应“四时”。“四象”的符号是平置的“十”，“十”是天球坐标系中“地平坐标系”的关键符号。诸多问题将在“两仪生四象”一节中详加叙述。

上述诸古籍皆强调伏羲始创八卦，即“创造之功”，但“作”“别”“造”“画”，除“作”与“造”同义外，其他三个字表述的是完全不相同的意义。“别”，是指区分不同种类、不同功用的事物，可以理解成：原已有八卦，但或方向未能区分，或功能未加区分，伏羲给出了区分，这是八卦的一次飞跃。“画”，则应指刻划在墙壁上、陶器上或岩石上的线条或图案，这是在已有八卦实物基础上、更高层次的升华，是实物的符号化、抽象化或图腾化。“造”和“作”是指对实物的创造制作。虽然仅是一字之差，但却给我们留下了远古先民创造并演进八卦这个事物的一系列迷雾。

《易·系辞下》还给出了“始作”的时代背景的重要标志。“作结绳而为网罟，以佃以渔。”伏羲“始作”八卦的时代，同时也是网罟发明创造的时代，是“以佃以鱼”的亦农亦牧的时代。如此，我们可以在日益丰富的野外考古科学信息中找到伏羲始作八卦的时代证据。八卦考证在以下几节中将人们带回到距今8000～6000年前的彩绘陶器时代。

3. 古籍所记八卦的功能

八卦具有三大功能，《春秋内事》记述伏羲始画八卦及其功能为：“定天地之位，分阴阳之数”“推列三光，建分八节”“以爻应气，消息祸福，以制吉凶”。八卦从它产生之日起就具备着当时人们生产与生活所需的功能。《春秋内事》给出的八卦之三大功能，其概念已远离7000年前人们的水平，应是春秋战国时代形成的观念。可以说，这些观念皆是尚未披上迷信及玄学色彩的朴素的科学涵义。

“定天地之位，分阴阳之数”，是八卦的第一个功能，它是将天地分成若干等份，然后给每个等份一个固定的标志，这个标志明确地将天地等分定位。它可能是两份、四份、八份或十二份。它可以用几条不同的绳索，也可能是几个立柱标示。屈原《楚辞·天问》中的“天极焉加，八柱何当”之八柱应来源于最古老的八卦的八根立柱。但到了屈原这时，八根立柱已变成了擎天八柱，与古老八卦标志八个方向的八根立柱相比，有着更加深远的意义。“分阴阳之数”指的就是利用—横画及两短--画的符号将八个方位的阴阳之数区分出来。

“推列三光，建分八节”，三光即日、月、星，八节为二至二分及四立。推列三光，即依据日、月、星的运行规律，利用八卦所定的天地之位及划分的时间，确定季节，编制律历。八卦确定八个方位，并予以固定标志以后，很容易发现日、月、星辰在八个方位上的运行规律，包括周日、周月、周年的运行，也即是在八卦上的运行，于是依靠八卦推列三光，建分八节，便成了易于掌握的事物。《周髀算经》称“伏羲作历度”，是历史事实，是初始定居半农牧半渔猎时期必然要产生的科学成就。

“以爻应气，消息祸福，以制吉凶”，从伏羲时代一直到今天，人们面临的生死存亡、吉凶祸福有诸多不确定因素。如毒蛇的袭击，猛兽的进攻，洪水的突至等。又如现今“非典”初期的无自知感染等。《古史考》记称：“伏羲氏作卦，始有筮。”八卦从诞生之日起就“以爻应气”，伴随着问卜吉凶的功能，八卦爻筮在以后的历史长河中形成夏的连山易、殷的归藏易及周的爻易。

八卦产生时，这三大功能可能是同时发生的，也可能是逐步形成和发展的。这三大功能无疑在距今8000～6000年推动了中华民族的蓬勃发展。

4. 阴阳鱼太极图的实质

人们认为易与八卦中，阴阳鱼太极图是其核心，被视为最有价值，也是最神秘的部分。有人竟然深信“河出图，洛出书”的记载，还有人认为八卦图是源于黄河的旋涡，当代哲学界认为阴阳鱼太极图深刻表示矛盾正反两面的转化。长期以来，诸多玄学与儒学的信徒宁可将它塞进迷信的泥潭，越来越远离它科学的本源。今天看来，它虽然是一张神秘而高深莫测的图，却饱含了中华民族在漫长发展历程中的聪明才智，是一系列光辉科学成就中最值得赞叹的创造。

田合禄、田峰在《周易真原——中国最古老的天学科学体系》一书中，对这个千古难解之谜进行了科学的释读。不知这是田氏的独到见解，还是援引了他人的研究，释读的创造之功无与伦比。他们认为，它是古人通过长期立杆测影的实践活动，获得的太阳杆影（晷）在转动圆盘上的四季投影图。并认为，在北回归线上，地平面放置一个转动的晷盘，晷盘以圆心为轴旋转，正南切点插一圭杆，圆心设一圭杆，两个圭杆等长。圆盘半径与圭杆冬至日的影长相等。晷盘按逆时针方向旋转，以夏至圭杆影长等于0时为起点。每日午时测影，将影线绘在晷盘上，日获一线。至冬至日，影长与半径相等。冬至以后，影长逐日缩短，此时，以圆心圭杆为标准，连续转动圆盘，每日仍获一条影线，如此可得下图（图5.2）。由图可知，这是典型的阴阳鱼图，而其实质则是圭杆在转动晷盘上的投影曲线。

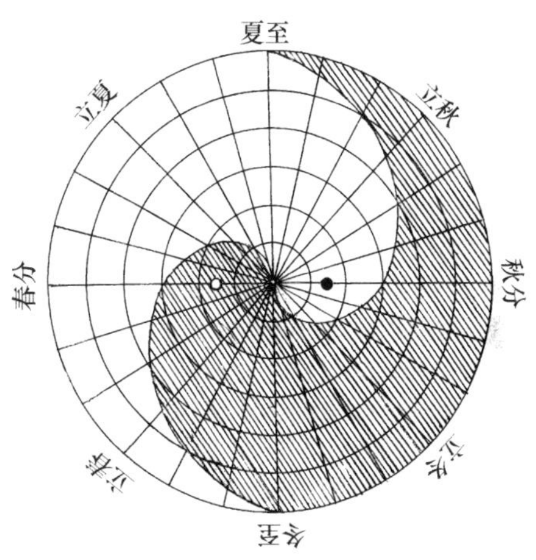

图5.2　阴阳鱼曲线为在转动圆盘上的圭杆投影图

田氏给出的是北回归线上的圭杆投影太极图。他认为上述阴阳鱼太极图是实际测得的天地自然之图，既反映地球绕太阳公转，又取决于地球的自转。他们认为，S形曲线昭示地球表面在不同时间所受太阳照射的强弱和照射的大小。影短光强，照射面大；影长光弱，照射面小。光之强弱用阴阳多少来表示，面积大小用阴阳鱼首尾形状来表示。他们认为这个实测的阴阳鱼太极图，经过漫长岁月，误传成现代流行的太极图（如图5.1中的阴阳鱼）。笔者认为“误传”可以备一说，但更多的应是演化。田氏给出的是阴阳鱼太极图的源，是一幅完美的科学的测日圭杆投影曲线。它在后来中国哲学、玄学、儒学，甚至美学发展过程中，被纯粹地图腾符号式地抽象，规范成“误传”形象。实际上，它仍然保持着阴阳的可分割性、统一性、对立性；阴阳鱼围绕中心的旋转性；阴阳鱼首尾相衔的转化性。可以认为，天文学图像被演化成纯哲学图案。

5. 荧惑之处安在？

为深入探讨“阴阳鱼太极图的本质”，还需回到2400年前的鬼谷子时代，翻阅《鬼谷子》，了解这位千古传奇的人物。通过以下几段文字记载，可知鬼谷子是一位精通天文的奇才。《鬼谷子·符言》曰：“一曰天之，二曰地之，三曰人之。四方上下，左右前后，荧惑之处安在？有主问。”荧惑，火星，在地球上观察，其轨迹飘忽不定。鬼谷子不仅清楚了解荧惑的特性，而且用其比人事，告诫“人主”应经常探求四方上下的“荧惑”安在。

《鬼谷子·持枢》：“持枢，谓春生、夏长、秋收、冬藏，天之正也。”“枢”者，门轴，陶弘景说“枢者，居中以运外，外近而制远，主于转动者也”。鬼谷子所言的“枢”是“天之正也”，是主宰春、夏、秋、冬的“转动者”。鬼谷子已明确提出天有轴，轴转则有四季轮回。关于此点，在后文将要讨论的天球赤道坐标系中还将涉及鬼谷子的“持枢”问题。这里要说明的是，鬼谷子不仅深刻熟习天之轴的作用，而且还将其用于人事，“人君亦有天枢”。

《鬼谷子·反应》曰：“其见形也，若光之与影也。”“如阴与阳，如圆与方。”此处的圆与方应指天与地。鬼谷子明确提出光与影的关系。他即或没有进行过立杆测影的活动，但已相当了解光和影的关联，是阴与阳，如圆与方。他在这里又将光与影的关系用于人世。对荧惑的观察和认识；对极“枢”本质的深刻了解，特别是光与影与阴阳的关联，鬼谷子洞若观火，透彻用于人世沧桑的诸多方面，是2400多年前那个时代的奇才。难怪冯孟龙称其“通天彻地”“日星象纬，在其掌中”（《东周列国志·八十四回》）。

鬼谷子如此通天彻地，其《鬼谷子》书中内含的有方、有圆、有辐有辏、有损有益、有转环可捭阖的“以变动阴阳，四时开闭，以化万物纵横”的，可用于“说人之法”的一个事物，应该是一架当时极少有的仪器，他必定精心研究、运用过这一仪器，因此才能“通天彻地”，才能做到“日星象纬在其掌中”。这架仪器旋转运行绘画出的晷杆投影似乎是图5.2的模样。

6. 天地阴阳之道

“通天彻地”的鬼谷子，精通“说人之法”，用的是“天地阴阳之道”。这个“天地阴阳之道”似是依托一架可以自由运行的试验仪器。这个仪器有“枢”轴，转动它就可知“春生、夏长、秋收、冬藏”。这个仪器有捭阖的机关，“捭之者，开也”“阖之者，闭也”“捭阖者，天地之道也。捭阖者，以变动阴阳，四时开闭，以化万物纵横。反出、反复、反忤，必由此矣”。这个捭阖机关，既变动阴阳，又解决四时开闭。这个仪器还有“转圆”与“散势”。散势，“用之，必循间而动”“推间而行”“待间而动”“尽圆方，齐长短”。“散势”，似是图5.2上阴影曲线沿同心圆环推行而动。“转圆者，无穷之计”“转圆而求其合”，“转圆”似是图5.2上的沿圆盘面转动而绘制的阴影的闭合曲线，即“转圆而求其合”。

我们认为鬼谷子可能依托仪器进行试验，不是凭空臆测，而是如鬼谷子自己所说，他在《捭阖篇》中阐述完捭阖的一些特性之后，重点论述“捭阖之道”，而“捭阖之道”可以“以阴阳试之”。这就是说鬼谷子有一套“阴阳试之”的设备与方法。他还明确给出“化转环属，各有形势”及“辐辏并进，则明不可塞”，“环属”必然联系到转动圆盘上刻划的同心圆环；“辐辏”则应与转动圆盘上的辐射线一致。他还认为这个设备是可控制的：“可箝而纵，可箝而横，可引而东，可引而西，可引而南，可引而北，可引而反，可引而覆。虽覆能复，不失其度。”

鬼谷子认为“阴阳相求，由捭阖也，此天地阴阳之道”，认为“阳动而行，阴止而藏，阳动而生，阴陷而入，阳还终阴，阴极反阳”。这似是在叙述圭杆杆影动态变化与圆盘上的日影曲线的关联。“捭之贵周，阖之贵密”，也涉及阴阳曲线的特性。“益损”“损兑”“去就，背反，皆以阴阳御其事”也涉及这个仪器制作过程由曲线绘制过程的增减数据。最后鬼谷子以“圆者不行，方者不止，是谓大功”概括他的“以阴阳试之”的通篇论述。

（二）远古天文学与天球坐标系

天球坐标系不是“天书”，而是远古天文学的天书，为使“八卦”这部天书与本专题有所关联，将天文学与天球坐标安置在“天书”之后。严格说来，对现代人们而言远古天文学确是一部天书，甚至记述远古天文仪器的符号也都是天书。当代研究者可能很少涉及八卦有两种不同的内容。一者是建立在地平坐标系上的八卦，即伏羲始画的八卦；另一者是建立在天球赤道坐标系上的八卦，即“黄帝神而化之，引而伸之”的八卦。后者就是⊠与⊛。如此天球坐标系与相关天文学是必须讨论的。

1. 世界三大天球坐标系

世界几大文明中心，皆有独自的天球坐标。关于此点，李约瑟已有概述（219页）：天球坐标有三大类。一类是中国古代天文学以天球赤经、赤纬为坐标的赤道坐标系，近代天文学已经广泛采用了天球赤道坐标系。第二大类是希腊和欧洲中世纪的天球黄道坐标系。第三大类是阿拉伯的平径平纬坐标系，只能用于地面上的特定地点[4]。由此可知，中国古代赤道坐标系是古老而实用的天球赤道坐标系，其影响一直及于现代世界天文学领域。“现代世界通用的天球坐标系基本是中国式的，而不是希腊式的。”（李约瑟，225页，5页）。

中国古老的天球赤道坐标系，从哪里来？也就是说哪里是它的源头？它与八卦有何关联？八卦为何要从它入手？它与黄帝又有什么干系？《黄帝之研究》为什么要涉猎中国远古天文学？这里列出一个表（表5.1），可能会给出一些眉目。从一万年前柿子滩岩画描绘的南、北斗及蜂形人，经贺兰山岩画及《大荒经》给出的“女娲之肠”、骷髅十字圭表，《淮南子》“黄帝生阴阳，此乃女娲七、十之化”，再经楚墓帛书所记伏羲“是生子四囗，是襄天地”、《易经》所记伏羲始画八卦，而后是贺兰山岩画与《淮南子》所记相对应的“黄帝执绳，以制四方”“帝张四维，运之以斗”及“报德之维”，

表5.1　中国远古及古代天文学及坐标系

文献	记述	天文内容	古代称谓	天球分区	坐标系	对应符号
柿子滩岩画	南、北斗 蜂形人	旋转北天区 十字圭表	女娲补天	北天极	赤道 地平	七、十
《淮南子》	黄帝生阴阳	北斗、圭表	女娲七、十之化	分生阴阳	赤道 地平	七、十
《大荒西经》	有神十人	骷髅圭表	女娲之肠	分生阴阳		♀
《海外北经》	夸父追日	立杆测影	太极	二分天地	地平	— L I
帛书	伏羲画卦	是生子四□	四象	四分天地	地平	十
《易经》	伏羲画卦	始画八卦	八卦	八分天地	地平	✳
贺兰山岩画 《淮南子》	帝张四维 报德之维	运之以斗	帝德	北天极中心	赤道	⊠⊛
《灵宪》	浑天说	浑天仪	浑天赤道	天球赤道	赤道	

从女娲时代的“七”与“十”，又经伏羲时代的最初始的地平坐标系，最终演化到炎黄时代以北天极为中心的赤道坐标系。

2. 现代天球坐标构建的数理逻辑

地球表面的人们，为了正确判定东、西、南、北；为了科学地掌握复杂的、天空中又很难找到固定参照物的日、月、星辰运行规律；为要预测一年四季的寒来暑往，无论是有意识还是无意识的，都必须依托并建立一个行之有效的天文坐标系。近代天文学通用的天球坐标系构建的数理逻辑如下，首先须确定一个原点（O），原点或是站在地球表面的观测者，或是观测者附近的一个定点，或是地心，或是太阳，甚或是银河系。以原点O为圆心、以任意长为半径绘一个假想的抽象无形的球面，称为天球。过原点O向上引一条垂直线，称天球轴，天球轴与天球面交两个点，上方交点为天顶，下方为天底。过原点O做一个垂直于天球轴的抽象平面，此平面为天球坐标的基准面。原点O、天球面、天球轴及基准面为天球坐标的四个最基础的要素。

在天球坐标四个要素的基础上，可以进一步构建不同的天球坐标系。如果天球中心以观测者为原点、基准面为抽象的地平面构建的天球坐标系，称之为地平坐标系；如果天球原点0为地球中心、基准面为抽象的地球赤道平面构建的天球坐标系，便是赤道坐标系；如果以太阳为原点、地球绕日公转平面为基准面，则构建的天球坐标系为黄道坐标系；以银河中心为原点、银河盘平面为基准面构建的天球坐标系，便是银河坐标系。

天球坐标系中的点、线、面，线包括直线与曲线，面包括平面和曲面，具有以下几个特征，必须加以强调。首先，它们是人为设定的，无论是有意还是无意的，都是为了观测天文及认识地理规律而主观构建的。二者，一般情况下，为了反复进行观察与测量，空间位置是固定的，只有在足够次重复观测后方有可能取得可信的信息，锤炼出对自然规律的科学认识。三者，这些点、线、面都是抽象无形的，只有理解了这一点，才能正确认识天体在坐标系中的运动过程。四者，坐标系中的点、线、面是辩证的，不是死板的。点可以是地球中心，但当建立的坐标系是以地球作为一个点、做原点O，则地球本身缩小为一个点，或者说地球中心点被放大。立杆测影，有时以杆的立足点为原点，有时因以人与测杆两者合为原点，则这个合二而一的原点，可缩小至杆的立足点，又可以人的眼睛为原点，甚至以人与杆的合体为原点。直线可以无限或有限地延长；平面可以无限或有限地延展；球面的半径可以延长也可缩短，从而球面也可以延展或收缩。

3. 地平坐标系

无论是何人构建地平坐标系，都要建立在以下几个基本前提之上。地球有一个固定的恒久不变的中心，设其为Ω；地球表面是一个巨大的抽象球面，球面各点至Ω的半径恒相等；过球面任何一点O皆可作一个切面，切面垂直于半径ΩO；站在O点的任何一个观测者，视野所及的地球表面皆可近似一个平面，而这个平面是过O点的切面。这是构建地平坐标系，借以观天量地的前提。中国远古人群在观天测地时，在建立地平坐标系时，不可能认识与理解这些前提，但他们却从容地利用了地平坐标系。老官台三足四波纹彩陶钵，八百里秦川六千年前广泛布有的平均八分盆沿的彩陶盆皆是明证。

在上述前提下构建地平坐标系，首先是原点O的确定，原点O或是观测者的立足点，或是观测者设定的标杆或标准物的立地的中心点；二是地平基准面，最标准的基准面就是过原点O的地球表面的切面；三是天轴，天轴是过原点O的地球半径延长线，如果观测者站在原点O进行观测，天轴穿过其的中心线，如果观测者是依靠设置的标杆进行观测，则天轴穿过标杆的中心，即过原点O的地球半径；四是以原点O为中心、以任意长为半径设置的球面，即天球。这四个要素一经设置完成，一个实用的地平坐标系便构建成功。中国远古的人群初始定居之后，实施立杆测影时便已成功地构建成地平坐标系，当然，他们当时并不清楚这四个要素，也不称其为地平坐标系。

地平坐标系，对远古人群来说，在观天、定向、计时、制历实践中起到了决定性的作用。远古人们，除了依靠上述四个要素进行观天活动外，还要依靠另外两个平面和五个点。站在基准面上原点O的观测者，首先关注的必定是每天中午太阳在天空的最高位置，终年不离正南方，这就是天球坐标的“南”点，南点与观测者或观测者立的标杆中心构成一个平面，由于观测者或标杆垂直于地平基准面，所以该平面也垂直于基准面，该平面即子午面，子午面与天球相交的大圆称子午圈。与“南”点相对的方向的点，为坐标系的正北点。过原点垂直于子午面的卯酉面。在坐标系中确定给出正西与正东两个方位点。

子午面与卯酉面在基准面，也即地平面上的交线是一个“十”字，这个“十”字是地理与天文学上十分重要的一个组分，我们这里称它为“地平坐标‘十’字”或平置“十”字，但是现代天文学者基本少用，甚至不用，他们用的是子午、卯酉面在天球上相交的子午圈与卯酉圈。就中国远古天文学而言，“十”字坐标组分曾有光辉的历程。习惯于天球坐标上经纬网格的人们，回过头去看待“十”字组分可能过于简单了。在现代天文学那里，地平坐标系已经束之高阁。要从早已被人们遗忘的故纸堆中去寻找四五千年前甚至近万年以前的往事，并恢复它们真实的历史面目，是比较难的。然而，它却是中国天文学的源头，是《黄帝之研究》的源头。

4. 赤道坐标系

地球大气层内是一个巨大的固体圆球，平均半径6367.6千米，长、短半径仅差21.4千米。地球有一条通过地心的自转轴，它以巨大的速度每天绕轴自转一周。赤道地区的线速度为464米/秒，离开赤道，越向两极，自转线速度越小，北京地区自转线速度为357米/秒。自转轴与地球理想表面相交的最北点，称地球北极；相交最南点，称地球南极。过地球中心做一垂直于地轴的平面，这便是地球赤道面，赤道面与地球理想表面相交的大圆，即是地球赤道。换一种说法，地球表面上与南北两极等距离的线（其实是一个大圆）为赤道。

以地球中心为原点、以地球自转轴延长线为天球轴、以地球赤道面延展面为基准面构建的天球坐标系，称为天球赤道坐标系。换言之，就是地球赤道面任意延展或适当延展构建的球面坐标系，便是天球赤道坐标系。天球赤道坐标系的经纬网格，可以与地球表面的经纬网格相对应，或者可以认为，天球坐标的经纬网格在地球表面的投影可以与地球经纬网格重合。这表明，天球赤道坐标可以放大，也可以缩小。放大或缩小要依观测者的需要而定。

天球赤道坐标系无论是白天观测太阳的运行规律，还是夜晚观测浩瀚星空的变化，都是方便而有效的。但是，任何一个观测者在天空勾画的经纬网格，皆难以留存在天球面上。勾画的是一条线、两条线甚或八条线，都是相同的结果。按天球坐标缩小的原理，用人们身边易于取得的材料，构建一个固定的装置，同样可以取得天球坐标经纬网格的作用，且可以固定位置，这便是赤道坐标系的模型，人们可以在这个模型中观测并记录天体运行情况，可以称其为赤道坐标仪或最原始的浑天仪。这就是我们先民在距今6500～5000年已经完成的功业，也是《黄帝之研究》要不厌其烦地探讨的中心问题。遗憾的是，目前尚未见到一部古代典籍详述中国远古天文学一路走过来的历程，因此，我们只能从古代有关天文学的观念考析中去完成这一任务。

5. 浑天说的本质

中国古代天文学中被称为宣夜说、盖天说及浑天说的诸多学说，深究起来，皆是对立足于地平坐标或赤道坐标上所观察到的天体运行规律的概述。宣夜虽然在汉代以前已经轶绝，但从《晋书·天文志》中所记残存内容“辰极常居其所，而北斗不与众星西没”可知，它也应是立足于赤道坐标基础之上。浑天说在中国天文学中渊源深远，卢央在《易学与天文学》一书（207页）中指出：“浑天说在本质上是赤道坐标系，这是传统中国天文学的特色。”[5]应进一步补充说明，浑天说包括观天用的浑天仪、赤道坐标系、天体运行规律、天文学在当时人们生产与生活中的效用等诸多方面。赤道坐标系是天文学理论的基础的基础。由李约瑟所称的“现代世界通用的天球坐标系基本是中国式的，而不是希腊式的”及“近代天文学已广泛采用了”“中国古代天文学以天球赤经、赤纬为坐标的赤道坐标系”可知，中国式的赤道坐标系对当代世界天文学的作用。中国远古天球赤道坐标科学应从1.3万～0.8万年前的柿子滩遗址及其岩画开始，其成熟与兴盛至少有5000～6500年的历史，且应与四分天地的地平坐标“十”字发展有所关联。

天球赤道坐标的突出特点是，首先以地球自转轴为“枢”，以天球北天极为坐标的“九天”即“枢”的北极为基点。进而以天球赤道面作为坐标的基准面，并在八等分天地的基础上，将天地不等份地分成28份。选定28座标星为日、月、星在天空运行的标准分区，即二十八宿。李约瑟认为：二十八宿的界限一经划定，不管星群和距星的赤纬距离赤道远近，中国人都能够知道它们的准确位置；甚至当它们在地平线以下人们看不到的时候，只要观测和它们拴在一起的拱极星的上中天，也可以知道它们的位置（1975，145页）。本书建议人们考释距今5000多年前的含山县凌家滩遗址出土的八卦玉版中二十八宿的问题。这就是说中国古人利用二十八宿计时制历至少在5000年前已经成熟。《山海经·海外南经》中所记“有神二八，为帝司夜”同凌家滩玉版相比已晚后一千多年。前文已有专题考证，我们的先民利用北天极至少已有1.2万～0.8万年了。

对天球赤道坐标的使用，说明人们必然认识到太阳视运行轨道与天球赤道不在同一平面上。中国古代至少在2000年前已经给出了黄、赤交角。中国古代的天球坐标，还用“度”来分割度量日、月、星辰的位置。更重要的是，天球赤道坐标从产生之日起，即伴随着最原始的浑天仪的制作。《黄帝之研究》的核心即是考释原始的浑天仪。

（三）泰皇兴神鼎一

1. 太极生两仪

《易·系辞上·十一章》：“易有太极，是生两仪。”《易·序》：“两仪者，阴阳也。”

太极是什么？“骷髅十字圭表、女娲之肠、复合图腾蟜”专题中已强调指出太极是立杆测影，狭义言之，是测日影的杆。这里引而伸之，是一个平面。近代诸儒们站在玄学的立场，将人们引入死胡同。实际上，《易·系辞》的注及《序》已解释得十分清楚。在“易有太极”段：“易有太极，是生两仪”“两仪者始为一画，以分阴阳”。它显然说“太极”是一横“—”或一竖“|”字符，但却是抽象无形的可以将阴阳分开的一个事物。在天球地平坐标系中，地平面将整个天球分成上下两半，白天，上半是阳，下半是阴；夜晚，上半是阴，下半是阳。天球子午面将天球分成东西两半，白天上午，东部是阳，西部是阴；白天下午，西半部是阳，东半部是阴。卯酉面将天球分成南北两半，南半部是阳，北半部是阴。这就是说，中国古代纷纭杂乱的太极是一个抽象无形的

平面，是中国古代天文学对天球内抽象平面的称呼。远古人们不可能科学地认识太极的本质是天球坐标中的一个抽象无形的平面，但是他们通过一堵墙、一座山、一行树可以认识阳光及阴影之间的转化，于是形成“太极生两仪”“两仪者，阴阳也”的古代天文科学观念是理所当然的。太极在将阴阳分隔开时，便是一个抽象的平面，其抽象符号便是“—”或“｜”。

远古人们，只要他有意识地在地平面上设置一个直立的测日影的杆子，他就完成了地平坐标系原点、基准面、天球轴的设定。这时，如果他直立站在测杆的任一侧观察天地，他自身与杆之间便构建成一个无形的又是无限延展的平面。平面实际是通过他与测杆的中轴线。他虽然尚未意识到自己构建了一个观天测地的平面，但只要他跃进到一个新的认识阶段，即白天在他脚下是阴，脚上是阳，他站在杆的正东或正西，南面是阳，北面是阴，等等，便形成一个新的概念。这个概念代表一个事物。这个事物将天地分成阴阳，在测日影立杆的基础上，进而称其为“太极”，“太极生两仪，两仪者阴阳也”，严格地或科学地将天与地或天、地各二等分。

中国古代还有一个与太极相似的概念“太一”。按庄子（公元前369～公元前286年）的观点：老子“建立以常无有，主之以太一”（《庄子·天下》），太一是道教的核心。按《吕氏春秋·大乐》所言“太一出两仪，两仪出阴阳”，几乎与“易有太极，是生两仪”及“两仪者，阴阳也”基本一致。太一，在以后的一些书籍中也有所表述，如《孔子家语》《淮南子》《史记》。虽然各有不同的采用，但“太一”这一词是相同的。为不使与“太极”相混，特备此一笔。

总之，在中国古代天文学概念中，“太极”首先是一个测日影的圭杆，进而演化为抽象无形的平面。它是天球坐标系中的通过圭表的平面，当然也包括子午面、卯酉面、地平基准面、赤道面、黄道面等。后来，在中国哲学领域，太极被释成一个圆或天地未分之时的统一物质等。这些已远离了远古人们所理解的“太极生两仪”“两仪者，阴阳也”的天文学概念。

2. 两仪生四象

前已述及“太极”的核心是中国古人关于地平坐标系中抽象平面的科学称谓，“太极”若水平设置，则将天地分成上下两部分；“太极”若南北向设置，将天地分成东、西两部分；若东西向设置，则将天地分成南北两部分。这便是“太极生二仪”。南北向设置的子午面与东西向设置的卯酉面垂直相交在地平面上，形成地平正“十”字投影，即《易经·系辞》所说的“两仪生四象”，“四象”将天与地等分为四份。可以说，在远古时代，实际是将天球坐标的地平面以上的天球等分为四个空间。

“四象”是在立杆测影过程中形成的，至少应包括直立设置的十字圭表判定方向时，从在地面上生成的“十”字圭影而来。这个“十”字在纸面上仅是一个字符；在天球坐标空间内，它则表示由天球地平基准面与天球子午面、卯酉面正交而成的天球坐标的三维基本骨架；这三个平面在天球上所截的三个大圆，是构建天球经纬网格的基础；

作为天文仪器，它由立杆测影发展而来，并由此再进一步演化为八卦。本专题将重点考释距今8000～7000年老官台遗址留存的四分彩陶钵，它的存在，可以证明关于四象地平“十”字出现的时代应相当久远。由于“四象生八卦”，所以就与“四象”相关的一些内容加以简述是承上启下的关键。其中包括：四分天地的彩陶钵；彩陶钵的功用、演化、钵形或半球面形日晷；湖南楚墓帛书中关于伏羲“是生子四”、共工置闰等中国天文史中的重大事纪；中国远古对“十”字的崇拜。中国现今可以见到的最早的阴阳鱼太极图，也应在这里进行考释，但由于它涉及黄帝生阴阳这个重大的问题，所以放在“黄帝生阴阳”专题中进行讨论。“四象”即是中国天文学发展的一个重要阶段，又是中国天文仪器演化过程中时间相当漫长的一个时期。中国远古人群依据四分天地这个地平坐标系，很好地完成了定向、计时、制历及预测寒来暑往的事业，为以后的至少是渭水流域的古人群之发展奠定了光辉的科学基础，这也是人们长久地记述伏羲“始”造八卦的原因。且古书所言的伏羲“始”造八卦的“始”，可能就是指他造的“子四”，即四分天地的仪器。

王德昌等在讨论日晷的用途时认为，晷杆对古人来说，在辨别方向时，南北方向最重要。这就是说，远古人们立杆测影时，首先确认的是天球坐标的子午基准线。在此基础上进而认识了东、西两个方向。即确认了天球坐标的卯酉基准线。他们当然只知确认的是四个方向，却并不了解这四个方向，无论是刻在地面上的“十”字，还是用木棍正相交叉在地面上，倘或就是存留在头脑中的四个方向，都是远古人们在立杆测影基础上构建成的最原始的地平坐标系的“十”字。《说文解字》在释“十”时，给出了令人惊诧的内容：“‘十’，数之具也。‘—’为东西；‘丨’为南北，则［‘十’］，四方中央备矣。”由此可知，远在许慎编著《说文解字》之前，人们清楚了解“—”为东西；“丨”为南北；“十”为四方中央。“—”“丨”“十”为何物？在《说文解字》的书面上仅是一个字符。“—”为东西，虽是一个字符，实际却是一个象形的符号、一堵墙、一行树、一排人、一根放在地面上的木棍，或一根呈东西向缚在立杆上的横木。“丨”为南北，同样应是象形符号。“—”既然为东西，则其上应是南，其下应是北；或者说其上为阳，其下为阴。同理，“丨”为南北，或其左为阳，若右为阴；或其右为阳，其左为阴，如此，便回到《易・系辞》注“两仪者始为一画，以分阴阳”及“太极”是“—”或“丨”等更原始的命题。《说文解字》给出的“十”首先是定向的符号，而其组成元素“—”与“丨”也是定向符号，进而则表明“—”与“丨”在定向的同时也标度着阴与阳这个重要的天文与哲学的涵义。

我们在这里要强调的是“十”在天文学方面的意义。依靠这个地平“十”字，观测者在十字的交叉点或其横竖的一个端点立一个测影杆，一天之内，日影方向及长短不停地变化，太阳到达最南方时，日影最短，而此时日影端点指向的位置，便是正北。所以王德昌认为，在辨别方向时，南北方向最重要。南北方向确认之后，在此基础上进而确认东、西方向，便容易得多。冯时也认为方位的测定源于日影的变化。

依靠这个“十”字，无论是画在地面，画在陶钵上，还是用正交木棍放在地面，甚至头脑中尚朦胧不清的，远古人们皆可以之计时。白天依靠太阳，夜晚依靠月亮、北斗或其他星辰。如，面南背北而立，太阳从“十”字的左端即东方升起时，古人称之为晨；太阳到达“十”字的顶端即方向的南方时，时间为中午，古人称其为午时；太阳西下至“十”字的右端时，时间为傍晚，古人称之为夕或酉时。这是依靠“十”字所划分的一天之内的“四时”。夜晚，北斗的斗柄从北天穹“十”字的起点运行到达终点位置的一半时，便是“子夜”，古人称其为“子”时。相对于一年中的“八节”而言，这是一日之中的“四时”，也即八卦“计时”的作用。

二十四节气是今天人们最熟习的天文知识，远在数千年前我们的祖先就开始运用各种手段寻找这些时间标记点。春分与秋分是两个最重要的基点。现今发现的最古老的有“十”的器物，是距今7000～8000年的老官台四分双波纹彩陶钵。这类“十”字坐标，只要水平放置在地平面上，就可以确切判定春分、秋分、夏至与冬至。一年之中只有两天日出之影与日落之影同时落在“十”字的“一”杠位置；一年之中也只有一天中午日影最短和一天中午日影最长，两者日影皆呈“丨”即南北向分布。前文已经言及这是四个对远古初始定居的人们最关键的节气。由于这四个节气与春、夏、秋、冬四个季节有着内在关联，古人也称其为“四时”，“四时”易与一天之内的“四时”相混，因此本书以称其为“四节”为主。

3. 老官台遗址

老官台遗址位于渭水下游，由于现今发现的文化内涵比较简单，并未引起史学界更大的重视，但由于它同属于华夏远古初始定居时期，所以凡涉及距今8000～7000年的历史著作，皆对之有所交代。老官台遗址的年代，其说不一，但以下文献比较一致。马新等（75页）：七八千年前出现的后李、磁山、裴李岗、老官台、兴隆洼、北辛、河姆渡，都有了成熟的农业与稳定的聚落。李龙（2010，86页），老官台文化年代为距今7000～8000年。苏秉琦（2010，49页）：公元前6000年前后，渭河流域与磁山、裴李岗文化遥相对应的，是老官台文化。谢端琚（2～10页）：大地湾一期文化有天水西山坪、秦安大地湾、临潼白家村、华县老官台，其绝对年代，经树轮校正，为公元前6220～公元前5360年（即距今7300～8200年）。杨国勇（11页）：仰韶文化的根源是距今7000～8000年的老官台文化（前仰韶）。

老官台遗址，为大地湾一期文化，同磁山、裴李岗等遗址皆属于初始定居阶段的后期。其突出特点是较普遍地出现半地穴式圆形或近圆形房屋，面积小而构造简单，一般为6～7平方米，不超过10平方米；粮食生产已具有一定规模，房屋周围多有贮窖；烧制的陶器火候低而质地差；人口多在百人左右，应称其为“百人时期”。马新、齐涛认为，大地湾人、裴李岗人、磁山人、后李人、河姆渡人奠定了此后七八千年中国农业经济的基本格局，即开辟了中国农业科学的先河。不止如此，那些半地穴式的狭小而简陋的房屋，其遮风挡雨、取暖防寒的基本原理，则是今天复杂而玄妙的建筑科学的鼻祖；那些烧制火候低、质地差的陶器的火窑，恰是今日冶炼最高级合金高炉的源头。接下来，我们将要探讨的老官台三足四分双波纹彩陶钵，可以说是人类历史上首批测天量地的四分天地的地平坐标仪。

“大地湾一期文化遗存属于老官台早期”，正对应亦佃亦渔的伏羲时代，老官台遗址出土的三足双波纹潜十字四分彩陶钵应是湖南楚墓帛书记述的伏羲“是生子四□，是襄天𢦏”的实物对照。老官台遗址那些简陋的一切，同八千年后的今天相比，确是童智而稚识，然而它们却是今日诸多光辉科技文化的涓涓之源，同老官台以前八千年的人们相比，则是巨大的飞跃。

4.“鼎”盛时代

《黄帝之研究》一书遇到许多重要问题，这些问题又多不被史学界所关注。老官台遗址时期的陶鼎就是其中一个。鼎是三足器，现代数学及物理学的一个基本定理是三点可以唯一确定一个平面。三足陶器的存在表明早在8000年前华夏先民已经解决了用三个支点稳定地支撑一个陶器（平面）。大量的许多品种陶皿皆具有或大或小的三足，充分说明当时人们极高地重视他们发现的三足。在远古时代陶鼎演变中，最后以炊具鼎为突出形式。通常将三足陶器统称为鼎，如三足盘为盘形鼎、三足盆为鼎形盆、三足釜为釜形鼎（苏秉琦，2010，326页）。有人认为“将三足钵作为鼎看待，这是不当的”。“鼎”作三足器的统称无何不当。陶器出现距今1.3万～1.5万年初始定居时期，历经4000多年，在距今8500～7500年，中国大地上相当普遍地出现鼎形陶器或称三足陶皿，呈现一派鼎盛气势。图5.3给出黄河流域8000年前从东到西三足器的形态。

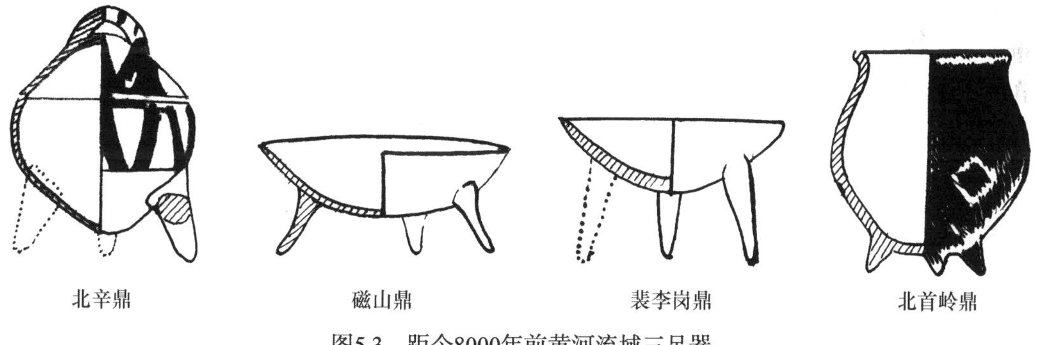

图5.3　距今8000年前黄河流域三足器

距今8500～7500年，华夏大地从南到北，从东到西；陶皿形式从小到大，从钵到鼎，皆可见到三足器。长江流域，距今8500～7680年的彭山头有三足陶罐，距今7400年左右的城背溪文化，一部分陶盘底部有三个小足。黄河流域还有裴李岗文化的三足陶钵、三足陶壶。裴李岗文化进一步发展便升华为仰韶彩陶文化。距今8200～7300年的老官台遗址的三足陶碗、陶钵等器皿，其普通运用及在天文观测方面的深化，萌生了初始八卦文化及八卦天书，这是黄帝文化的一个十分重要的基础。

5. 泰皇兴神鼎一

泰皇兴神鼎一，是中国远古史中一句十分重要的“只言片语”，在《史记·封禅书》中记为“泰帝兴神鼎一，一者一统，天地万物所系终也”。它是《史记》中几乎无人留意的只言片语。如果不将它考掘出来，将永远被深深地掩埋在这50多万字的巨著的底层。《史记》中的“泰帝”应是诸多古籍中的“泰皇”“人皇”伏羲，也应是《史记》中的“泰皇”。《史记·秦始皇》：“古有天皇、地皇、泰皇，泰皇最贵。”《风俗通》引《礼纬含文嘉》：“遂人以火纪，火，太阳，阳尊，故托遂皇于天。伏羲以人事纪，故托牺皇于人。神农悉地力，种谷疏，故托农皇于地。”徐旭生（303页）《古今人表》称“帝宓牺氏”，《三皇本纪》称人皇，更多古籍称伏羲氏或庖牺氏。“太，像人形”（《说文解字》）及“大，通太、泰”（《辞海》）可知人皇即泰皇。泰帝应与帝宓牺氏相近，皆指泰皇伏羲。

泰皇兴神鼎一，泰皇是主语、兴是谓语、神鼎一是一个词组。“兴”在此处应作推动、推行、推广讲。既不是作，也不是制，而是兴。就是说泰皇时代，推行使用了“神鼎一”，即在伏羲氏族集团范围内，多处使用着“神鼎一”。“神鼎一”是何意？应与《史记》“泰帝兴神鼎一”之后又有“黄帝作宝鼎三”联系对照分析。伏羲时代“时兴”的、推广的是“单一”的神鼎，到了黄帝时代便制作了三个宝鼎。这是中华远古史上两次重大的飞跃。鼎，有陶质、铜质、铁质、金质。人们习见于铜鼎，于是一闻鼎便形象为铜质。泰皇为伏羲，与距今6500～6000年的铜器黎明时代至少早千年以上，所兴神鼎，只能是陶鼎。鼎，应是其下为三足、其上为器皿，可称三足器皿，或有足器皿。

《黄帝之研究》已经强调伏羲时代应与田野考古的大地湾文化相一致，其时间应是距今8000年左右。与苏秉琦《中国远古时代》言及的北辛、磁山、裴李岗、北首岭等遗址所处的公元前6000年即距今8000年的时段一致。在此期间，黄河流域自东向西，普遍地存在着三足鼎或三足皿，如图5.3。这些三足器皿不是铜器，而是陶器，出土时有的放置在房屋之内，有的是随葬品。可以认为这些鼎形器皿皆是寻常之物。泰皇何以将他们作为“神鼎”，且具有“天地万物所系终”的“一统”之神效？它们都不是神鼎。在诸多三足陶器中，老官台三足双波纹潜十字四分彩陶钵则是神器，本书将深入讨论它的天文学神效。可知此类三足钵方是泰皇所兴的“神鼎一”。从而证实了伏羲“始作八卦”“始画八卦”等的初与始乃指“是生子四口，是襄天地”，是四等分天地的三足彩陶钵，是“神鼎”，也恰是《易·系辞·十一章》所言及的“两仪生四象”的“四象”。

距今8000年左右的“泰皇兴神鼎一”，历经近2000年的演进，到了距今6000年前仰韶文化时期，渭水流域布满了绘有四分又八分图案的彩陶盆，由四分天地进一步演进为八分天地。四分天地的泰皇“神鼎”历经近2000年演进成八等分天地的神盆，这便是《易·系辞上·十一章》所记述的“四相生八卦”。它实际上是四分天地的“十”

字，演进为两个“十”字正交从而将天地八等分的“✳”字。图绘有四分又八分天地的彩陶盆是一种八卦，是八卦天文学的常规的相当普遍的定制的观测仪。渭水流域在距今7000～6000年布满了掌握八卦天文仪的氏族集团，或者说在渭水流域较长时期稳定居住的氏族中相当一部分的图腾是八卦，其文字符号为✳。✳是字⊠的核心，从而确定渭水流域是八卦的源头，✳初生于此。

6. 三足双波纹潜十字四分彩陶钵

古人群进入定居农业，定居生活是人类发展史上一个巨大的变化。定居的人们外出狩猎时判定东西南北方向；耕田种地时预测春夏秋冬及风霜雨雪；烧窑、备饮及饲喂牲畜时在一天之内粗略地划分早、中、晚时辰，既需要固定的设备，又需要易于携带的定向、计时、制历的仪器。老官台遗址的三足双波纹潜形十字四等分彩陶钵，是现今见到的最久远的、设定“十”字的、既可以固定使用又便于携带的设备。

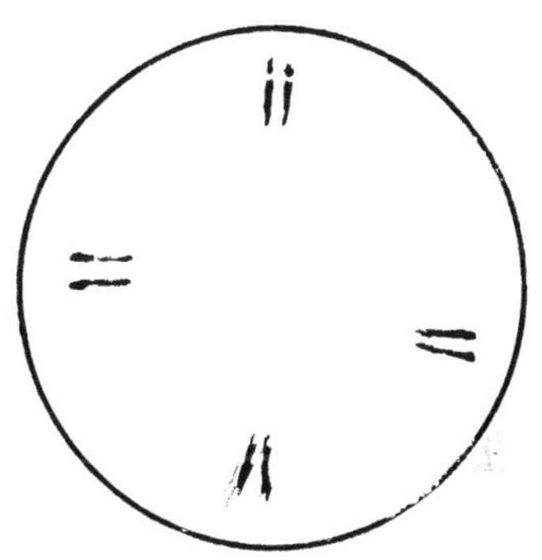

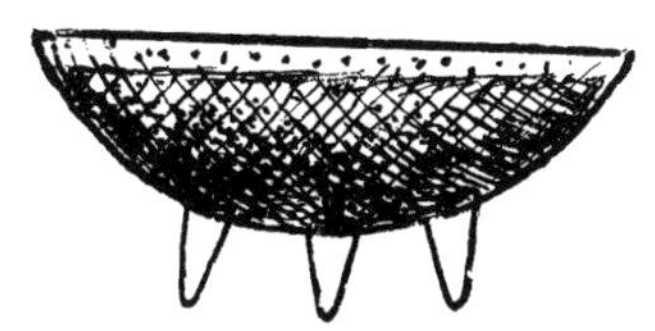

图5.4　8000年前的四分彩陶钵

（《史记·封禅书》：“闻昔泰帝兴神鼎一，一者一统，天地万物所系终也。”此乃伏羲所兴之鼎）

三足钵表明，早在八千年前，华夏先民已经解决了用三个支点支撑一个钵碗，使其可以随时放置在一个平面上，这应是为了便于携带或固定安置在野外而制作的。三足钵口沿外壁绘一道红色宽带纹，口沿内壁等分四个方位、布列四个双波短竖线纹。四个对等双波短线纹连线就是一个“十”字（图5.4），我们称其为潜形十字。蒋书庆（33页）认为，红色是矿物染料经过研磨、烧制而附着于陶器上的，矿物颜料加工极其耗费人力，在生产力低下的远古时代，人们为器物装饰付出昂贵的代价，必然有其非同寻常的意义。他认为：红色宽带纹的环周形态与太阳周而复始相对应；四方位竖线纹是对周年四节的划分，四方位竖线连线的“十”字是其符号。

虽然这个等分四方位彩陶钵内的“十”字是无形的，但它水平地放在地面上确实可以将天与地四等分。依据它，白天可以测日影计时、定向；夜晚依据星辰的位置计时、定向。依据这个平置的潜形“十”字，还可以认识太阳周年回归的现象，如日影由夏至最短，再回到夏至最短；日出日落点从正东与正西始，再回到下一年的正东与正西落；太阳中天时视觉最低到下一年度的视觉最低，特别是伴随的寒来暑往。这个简单而有效的原始天文仪器，在后来的彩陶文化中仍有不断的延续和发展。半坡文化，有人认为源于老官台文化，二者一脉相承。半坡最典型的四等分彩色纹饰是绘在彩陶盆的盆沿上的爪形纹。

四分钵除有定向作用外，也是计时制历必不可少的。比如在旷野上，无树、山等作参照时，太阳的方位与高度难以确定。如果事前在固定位置上安置一个四分钵，人们就可以走近这个四分钵，即可以作为四方的指示器，又可以依据钵内的日影状况确定时间，也即是太阳的高度（如图5.5）。笔者于2006年3月16日拟设了一个四分钵，其内部一天之内日影变化如下：

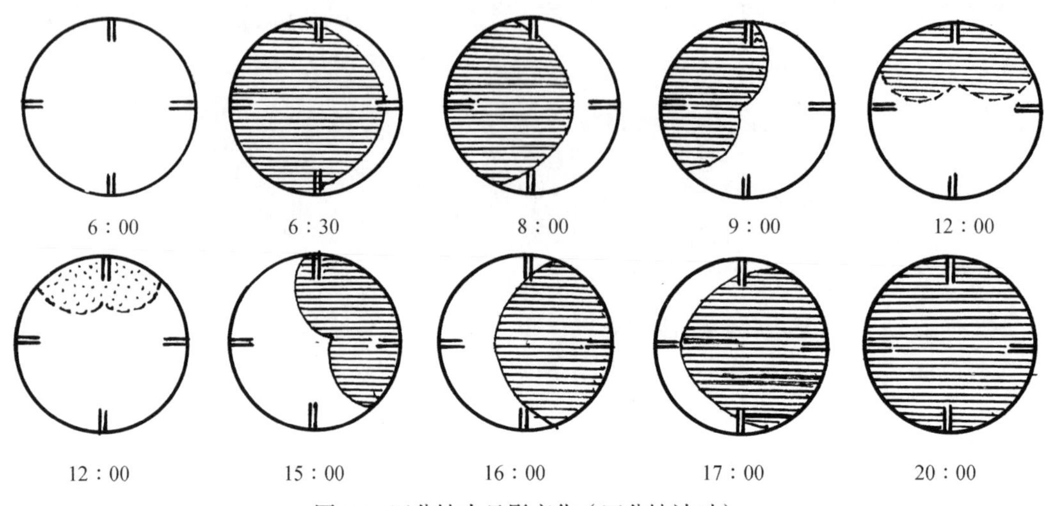

图5.5　四分钵内日影变化（四分钵计时）

晨6：00，太阳初升，钵内无影。6：30时，钵内阴影占绝大部分，阴影外明亮处呈新月形。8：00时，新月明显加宽。9：00时，阴影边缘呈现弓形，中间有一凹陷，凹口对应北、西两个波纹的中间。12：00时，阴影边缘仍呈现弓形，凹口正对南北两个波纹，阴影褊狭于正南波纹两侧。15：00，阴影与9：00的阴影形状相似，位置翻至西半部。阴影凹口对应北、东两个波纹中间。16：00阴影与8：00阴影形状相似，位置相反。17：00，阴影与6：30阴影形状相似，位置相反。17：30，无影存在。

古人经过较长期的观测和系统的比较，掌握了日影的周天及周年变化，凡是晴天，皆可依靠钵内的影像形状及位置移动确定时间，甚至判定方向。有经验的人携带十字钵，随时随地放置在地面平整处，就可以实现计时、定向这两个功能。也就是说，这是远古人群发明创造的计时器，又是定向的罗盘。如果掌握了二分二至的阴影特性，又可作为预测预报四季更替及风霜雨雪来去的仪器。

由于老官台四分彩陶钵具有定向、计时、制历的作用，可以称其为晷钵，或钵形日晷。埃及出现类似日晷是在公元前340年，两者相比，时差为5000多年，埃及的一个名叫柏洛萨斯的牧师发明了一个凹空的半球面形石质日晷。半球形凹面中心立一个杆表，球面内刻有经纬环纹，依据这个仪器，可以定向、计时、制历。有文献指出，自从这个凹半球面形日晷发明以后，它在西方世界被广泛应用到第14世纪。

7. 古老的四分仪的绵延发展

立杆测影是中国远古人群最简便最有效的天文仪器，也是定向仪。这一仪器进一步发展。令人不得其解的是，既然有了圭杆这个简便有效的仪器，为何又生成更为复杂的四分天地的陶制彩绘的钵、盆、豆等？除刻示本氏族发明创造了有效的定向计时仪器这一功用外，我个人推测，这是一个固定位置的罗盘，它不只是固定设置在居民区内，而且是放置在人们出行狩猎特别是远距离追逐兽群或鱼群时必须返回居住区的路途上。初始定居的人群皆选在傍山靠水、又有可垦耕且不遭受水灾的小平原地带。远行出猎时，很多情况下难以望见自己的居住区，必须依托居民区近旁的山头、高树或人工堆积石块形成的台墩等有效标示点，以这些标志为基点，再往远行，所以务必设置较多的标示点。或者随山刊木，留下刻的记号；或者在标示点上设置指示方位的物件，以确认前一基点或居住区的方位，以四分钵为罗盘，结合日、月、星的位置，判定返回的途程；或者在经常往返的标示基点放置一个固定罗盘（四分钵），往来可以不必携带。当然，还可以依靠这个固定的仪器，白天利用太阳，夜晚依靠北斗计时。

老官台四分钵的刻划符号，四个方向皆相同，无特定标示。若放置在做标示基点的山头上，必须辅以相应的标杆。标杆或插在正东向或正南向，或插在居住区的方向，总之，应有规律可循。老官台以后的四分钵，已出现马厂类型，可以确定某种刻符指向某一方位。这是将四分钵作为罗盘进行分析。如此分析，一定要有一个野外考古的依据，即一个遗址地点周边发现不止一个四分钵。若一个遗址地点仅发现一个四分钵，它应是设置在居住区内，既可定向，又可依其判定地平坐标的子午、卯酉标准线，所以，若运用得当，即可定向，又可计时，更可确定二分二至点即四节的来去。

图5.6a 为距今6500年前姜寨遗址的边沿被四爪纹等分的阴阳5鱼彩陶盆。由于在“黄帝生阴阳”专题将详加讨论，此处仅强调它在6500～6300年前有那么多纷纭复杂的八分边沿彩陶盆时，却独具特色地留存于世，不仅保存了其2000多年前老官台时代的四等分天地的原则，更重要的是给出了四等分盆（钵）沿与八等分盆（钵）体的内在的本质的关联。

图5.6b是距今5400～4900年的马家窑遗址出土的彩陶钵，它明显保存着以四等分天地为主的特征，同时又在四个象限角标示四个黑点，似同时表明，此钵具有八等分天地的含义。图5.6c是浙江河姆渡遗址第一文化层（冯时，155页），该层有距今5000年（周新华，18页）的四喙十字纹陶豆盘。陶豆盘为泥质灰陶，盘内底面阴刻四鸟合璧十字图像。十字将盘内等分为四个空间，十字端部各绘一个鸟喙，鸟喙分指四方，盘环相扣，中央有一圆环刻图，冯时认为是圆日（155页）。盘径27.5厘米。就这一陶豆盘在远古时代的天文学意义，冯时已做了重要的探讨。他认为：每鸟各守一方，正是四时日行四方的写真。

最值得推敲的是距今4000年前的马厂彩陶盆。从老官台计起，它已经历了至少3000多年的发展演化过程。它不仅明确在盆内刻绘“十”字，而且在“十”字的端点还绘有不同的图案，这些图案没有艺术绘图所应具备的美的形象，显然不是一种艺术。图的上端左右各画一条长粗带，带端各有3～4个指状枝杈。与上端相对的下端未画粗带。“十”字横划的左端画一条长粗带，端头有四个指状分枝。“十”字横划右端画一条短粗带，带端指状分枝不易分清。这是一个从老官台文化历经3000多年发展而来的四分天

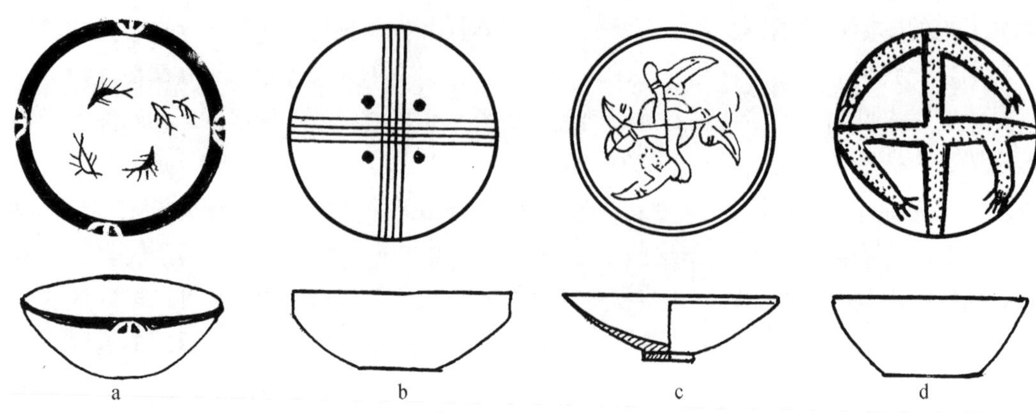

四爪纹等分边沿阴阳五鱼彩陶盆，6000年前姜寨遗址　蒋书庆　123页

四线纹十字及四墨点，八等分彩陶钵，5400～4900年前马家窑　蒋书庆　29页

四鸟喙+字陶豆盘，5000年前，河姆渡　冯时　155页

十字纹三端挂似皮囊图案彩陶钵，4000年前，蒋书庆　29页

图5.6　四等分式钵盆天文仪器分型发展

地的“十”形图案。倘若它曾标示氏族的图腾，则应是一个连绵演替着的氏族。这个图案应是表明一个“十”字的装置，其“十”字的三个端点分别悬挂着不同的标志。悬挂的很可能是保留指爪的动物前后肢的皮囊。它是关于八卦的前身、四卦的最真实的记录。它是我们远古祖先发明创造四卦的文献档案，又是八卦演化发展的记录。远在马厂这个十字四卦盆的四分天地之前2000多年，十字八分钵已经存在，表明这些十字四卦盆长久地保留延续在少数氏族中，更多地也应属于记述祖先功德之用，是图腾。四分仪演化过程中，除内部图案变化外，鼎形三足消失也是突出特点。

（四）伏羲“是生子四□，是襄天地”

1. 楚墓帛书

1942年出土于长沙东南部楚墓的帛书，有一段重要的记载，被人误称为“创世神话”，其内容值得认真探讨。原文如下：

“曰故女大[illegible]雹虘，出自□霊，居于霍□，毕田渔渔，□□□□，梦梦墨墨，亡章弼弼，□每水□，风雨是於。乃取[illegible]□子之子□曰女皇，是生子四□，是襄天[illegible]，是各参[illegible]。法兆为禹为禺，以司堵襄，咎天步数，乃上下腾传。山陵不疏，乃命山川四晦□。阳气阴气以为疏。以涉山陵、泷汩，函漫。……未又日月，四神相戈，乃步以为[illegible]，是隹四寺。”

冯时释读为：曰古大熊庖戏，出自华胥，居于雷夏，厥佃渔渔，□□□，梦梦墨墨，盲章弼弼，□海水□，风雨是阈。乃娶□子之子曰女皇，是生子四□，是襄天地，是格参化。……。未有日月，四神相代，乃步以为岁，是唯四时。

帛书记述得十分清楚，庖戏氏出自华胥氏，定居于雷夏，处于亦佃亦渔时期。当是时，人们对于制约农业的自然规律茫茫昧昧，对于岁、时的了解更是盲无章法，对风霜雨雪难以预断。庖牺氏与女皇相合之后，“是生子四□，是襄天地”，将天与地四等分，并委派四个人或四个部族参与管理。四个部族各守其神职，预测岁月，报告四时的来去。如此释读帛书这一段文字，应更接近帛书的原意，更可明确得知庖牺氏最初是建立四分天地的“子四”，即最原始的“十”字卦，四个方向各有名称，有了这四襄天地，便可以“乃步以为岁，是唯四时”。

将这一段重要记载看做“创世神话”，是误解。从帛书文字中仍留存的诸多难以识别的文字判断，帛书的原始版本应是更为古老的画图式文字。至少在随葬入土之前，即战国中后期已经用帛书写时，有人把它释读成当时的文字。这些图画式文字，真实地记录了庖牺氏族创建四分天地的“十”字卦，实际是八卦的前身四卦。由于帛书是中国远古天文学史较为系统的档案，本在阐述四分天地的仪器同时，不得不就一些必须澄清的问题加以讨论。

2. 帛书中的居、娶、生、子

居，为定居，是创建“十”字形卦的前提，只有定居的人们，方有可能依据定居地的固定标志，较长期而稳定地观察日月星辰的运行过程，特别是日出、日落地点的南北移动。人们只有依据固定标志才能够形成“生子四□，是襄天地”的概念，最初应是“四卦”，后来则发展成八卦。伏羲时代无确切的时间区间，但老官台“十”字波纹彩陶钵在距今8000～7000年，按帛书所记伏羲与女皇“生子四□，是襄天地”，伏羲始创“四卦”是在亦佃亦渔的定居时期，据中国野外考古推定可知，距今8000～7000年是初始定居的后期，此二者相符。

娶，应是释读人们按释读时期的观念给出的。依野外考古关于墓葬形式的考证，距今8000～7000年中国古代处于氏族之间群婚阶段，伏羲氏族女人是不出嫁的，那么，就应是伏羲氏族的男人们到女皇氏族居住，后代知母不知父。所称的娶女是不符合当时社会实际状况的。女皇氏女人是本氏族的主体，她们不出嫁，若要通婚，则必是伏羲氏族的男人们到女皇氏族居住。娶，可以理解为，庖戏与女皇两个氏族，或是居住地相邻，或就是一个聚落内部的互相通婚的关系。

生，可为生儿育女的“生”，又可为出生地的“生”，还有分生的“生”。子，即可为子女的子，也可为竿子、棍子的子，或者泛指“人”之称谓，如“孔子”“墨子”“女子”“男子”。取生儿育女的“生”及子女的“子”，则“是生子四□”，便可释读为：“生出四个儿子。”但取分生之“生”，或派生之“生”，以及泛指“人”称之“子”，便可释读为委派四个人，或分生出四个子代氏族。委派或分生四个人或四个子代氏族，更易于理解，“子四”们“是襄天地，是各分化”“四神相戈，乃步以为岁，是唯四时”。四分天地、管理四时是他们的“神职”，言之极其明了。

3. 是襄天地、未有日月

书中所引帛书，可称乙篇的第一段，中间插入禹、契的记述，本书不加以讨论。除去禹、契这一段之外，可以认为是与《易·系辞》相近的，记述庖戏氏始作四卦，最早也最系统。这里有庖牺之名号、出生地、居住地、乇田僬僬的时代背景，特别是“梦梦墨墨，亡章弼弼，□每水□，风雨是於”，此段中无“创世神话”之内容。“乃取女皇，是生子四□，是襄天㦲，是各参柒”“未又日月，四神相戈，乃步以为㦸，是隹四寺”，其中“是襄天㦲”的“襄”，“未有日月”的“未有”，“四神相戈”的神最易被释为“创世”之依据。由于受伏羲与女娲传说的影响，人们一旦见到伏羲与女皇，便先入为主地认为是创世与神话。

“是襄天地”的“襄”，有多种释意，如“葬定公，雨，不克襄事，礼也”（《左传·定公十五年》），“襄”释为“成”；“汤汤洪水方割，荡荡怀山襄陵”（《书·尧典》），“襄”释漫延；“墙有茨，不可襄也”（《诗·鄘风·墙有茨》），“襄”释拔除、清除；“两服上襄，两骖雁行”（《诗·郑风·大叔于田》），“襄”释驾车，车辕；“跂跋织女，终日七襄，虽则七襄，不成报章”（《诗·小雅·大东》）郑玄注：“襄，驾也”；还有上举、高抬等含义。将“襄”释“成”，可认为“是襄天地”含有“天地是成”之义。但将“襄”释成驾车、车辕或移动之意，则“是襄天地”可释为驾驭、移动管理天地。若“是襄天㦲”释为驾驭、移动甚至管理天地，则伏羲创建四分天地，即八卦的前身这一丰功伟绩便十分清楚。

“未又日月”，人们释读为“日月尚未诞生”。按帛书字面解释，当然是“未有日月”了，就整个帛书而言，“未有”是确实的，但日、月是指日、月两个实体呢，还是它们的运行过程，甚至它们在计时制历中的概念？如果是指日、月两个天体的实体，则表明女皇所生四子创造了日、月，当然也创造了天地。这确实是“创世神话”的内容。然而此段一开端就已交代得十分清楚，庖戏生自何地、居于何处，且乇田僬僬，这里不仅有天有地，而且有鱼有兽，既有天地，何须四子去创造！可知“未有日、月”是指日、月的运行规律，甚至指尚未分清或未形成日、月计时制历的概念。按《海外四经》可知，生十日及生十二月计日、计月的观念，在《海外四经》成书时，尚未完全形成。帛书中“未有日月”，表明是伏羲时尚未形成日、月的计时概念，也未建立起日、月运行的规律，但有了“子四”之后，便可以“步以为岁，是隹四时”。由此可知，“子四”特指“十”字所标示的四等分天地的设施。“子”并不是子女的“子”，而是东、西、南、北四方或冬至、夏至、春分、秋分四时的“子”，由以后形成的十二地支的“子”可知，太阳运行的冬至点当时称“子”。

陆思贤、李迪释读帛书下段中“长曰青榊，二曰朱四兽，三曰□黄难，四曰□墨榊”的“榊”“兽”“难”，皆是立杆测影的竿子。从而进一步证明“生子”的“子”不应释为子女的“子”，很可能是“竿子”“杆子”“柱子”的“子”。也就是说，“很可能指‘十’所标示的四等分天地的标杆设施”的推测可信。帛书乙篇关于伏羲的记述，不是创世神话，而是伏羲创建四等分天地的“十”字坐标这一古老天文设施的真实记载，是天书，是档案，是中国远古天文学及天文仪器的历史记录。更清楚地讲，是老官台四分彩陶钵等器物的文字档案。

4. 共工置闰

帛书乙篇第三段记述的是共工：“共攻夸步十日，四时□□，□神则闰，四□毋思；百神风雨，晨祎乱乍，乃逆日月，以传相□思。又宵又朝，又昼又夕。”冯时（2001）释读“夸步十日”为：太阴年约长355日，太阳回归年长度365日，阳历长于阴历10日。站在创世神话立场，可认为共工步日过大使阳之有余（29页，首行），使“四时失序及共工所为”（28页，倒数9行）、“百神风雨辰纬乱作”俱因共工所致（29页倒11行）。陆思贤、李迪则释读为：共工的身份是观象者，他推步十日四时，是对十天干及十二地支的使用，以计算一年四时的天象、气象变化。日月在运行，星空在旋转，又宵又朝，又昼又夕，永远旋转没有个完。按冯时对“夸步十日”的释读，“共工夸步十日”应是共工计算清楚了阴年与阳年的差余之日数为10，并发现四时相错，于是按照二至二分四神的规数设置阴、阳之闰，如此，四时则相合了，方有百神风雨及日月星辰的纷纭复杂变化皆可“以转相毋思”。

“共工□步十日四时，□神则闰，四□毋思”清楚表明，共工置闰时是基本四分天地的“四分时序”，即四时相错，乃遂日月的需要。四分天地重要意义之一是二分二至点的确知，从冬至到冬至，从春分到春分，或从秋分到秋分为一个回归年，一年又分为四季。在确知一年四季的同时，又发现一年之中月亮圆缺12次。久而久之必然明瞭若以12个月为一年，则出现四时相错，乃遂日月。共工氏族计算获得“夸步十日”，解决了“四神置闰”。调整了阴阳历数，使之四时相合。这是又一了不起的天文学成就。从伏羲氏族在距今8200～7300年制作四分彩陶钵，到共工氏置闰大约经历了2000年。其下限至少远在禹灭共工之前，距今已有6000多年。

总之，帛书不仅是现今发现的四分天地的最早的记载，而且清楚地记述了从庖戏氏创建四襄天地始，经炎帝降四神、奠三天、奠四极及定九天，到共工氏步数阴阳历之差数，从而置闰调整阴阳历与四时相合，给出了一个完整的中国远古天文学及历法学的发展历程。这是一部光辉的档案，那些蔑视中华古代文化的人们，只要真正地去科学考察，就会发现它的光辉、它的实在。

（五）典、少典氏、五帝之书

1. 从单“十”到双“十”

后文图6.10中的六个彩陶盆，若不讨论盆内图案的涵义，也不追究盆沿符号的异同，则可以清楚了解盆内图案是布局在四等分位置上，盆沿符号在四或八等分位置上。于是我们可以断定，远古人们已明确表示他们在这个小小的彩陶盆上将天地四等分又八等分。也可以说，他们在已有的“十”字地平坐标基础上，又完成了“米”字天球坐标的设置，即在十字上再叠压交叉第二个十字，可称其为从单十到双十。古人当然尚不明了天球坐标系，但他们却完成了坐标仪的制作。这是一个将天地四等分又八等分的地平坐标仪。四等分天地是继承老官台四等分彩陶钵，而且有了新的发展，用示意图案划割。四等分天地，对地而言，可以划分为四个方向，用这个仪器判别或确定方向；同时用以推定地面上的四季变化、花草树木、鸟兽虫鱼的更迭。对天来说，推定四时八节，判定二分二至点的更接，预测风霜雨雪等天气的来去。这就是说，这些彩陶盆，在地是原始的罗盘，在天是原始的天象仪。

从8000多年前老官台的三足双波纹潜十字四分钵到距今6500年前的姜寨遗址的四等分图案的盆或钵，历经近2000年，这些指路、定向、计时、制历的仪器发生了许多新的变化。从图6.7.1可知，老官台三足双波纹四分钵的图案在姜寨至少在初期仍留存痕迹，这个直口钵内近底部堆作指甲纹成环状，环外则为指甲纹堆积成四个等距分布的尖塔状三角形，这应是姜寨最早一批用十字等分天地的指路、定向、计时及制历的法器。

在姜寨看到的较早的彩陶盆、钵，唇沿四分又八分，都是另一批重要法器，这时人们用唇沿上的几何图案形成的潜形“十”字，将地平坐标系中地平面以上的地与天四等分；在此基础上，利用另一组图案形成的潜形十字将天地八等分，其具体形象如图6.7第2、3图两个仅在盆沿绘有四等分又八等分的图案的两个彩陶法器。即陶皿上彩绘一个“十”，再在对角位置叠加另一个“十”，将天地八等分。我们有幸看到从单“十”到双“十”的具体情形。进一步发展，则盆沿仍保持四分或八分潜形十字图案，但盆内则增添了彩绘图画。实际是有新内涵意义的天书。

2. 三方之“少”

这是一个很少有人涉猎过的问题。三方所指为6000多年以前华夏的东方、中原及西方。“少”不只是少年。东方的“少”专指“少昊”，少昊是《山海经》的国，是《黄帝之研究》及以往古籍所记述的一种天文学，就氏族首领而言也是一个人。“天书”专题已经着重讨论了这些问题。昊，在此应作进一步讨论。天，在中国古文字释义中有一种重要的含义，即人头或头顶。头顶上的日，应拆释一个O及圆中的一●，● 才是东方人观念中的太阳。而O是《周髀算经》中所记述的“日之道也”。O是一天之中太阳在人头顶上运行的轨迹，也是一年之中移行的路径，即“日月之道”。少，即少年，少昊之国利用少年从事“日之道”的观测、记述及报告。我们称之为东方之少。

“天书”专题“少昊之国”小节着重讨论了颛顼“孺于少昊”是从事天文观测的少年时代的颛顼。颛顼是一个氏族，这个氏族在炎、黄、蚩三场大规模战争之后，成为推动中国进一步大统一的重要力量。孺于少昊的颛顼很可能是颛顼氏族派驻少昊氏族集团学习三环、五环甚至七环天文学的少年。倘若将后来颛顼族群主要活动于中原作为依据，则可以认为“孺于少昊”、从事天文观测的少年颛顼归属于中原之“少”。河南濮阳西水坡大墓可以作为距今6500～6300年（陆思贤等，2006年，1页，^{14}C测定距今

6460±135年）中原之“少”的实证。西水坡大墓的墓主人为头向正南、身高1.84米、壮年的男子。他的东侧由蚌壳摆了一条龙形图案，西侧则是一只蚌壳虎。如此图案将中国古代一切与“龙腾虎跃”及“东方苍龙、西方白虎”相关的文化推前到6500年前。墓中主人是神农时代一位权势相当不小的氏族首领，应也是一位天文学的管理者。历史学界有人认为大墓墓圹上的三个少年（二位少男，一位少女）与天象观测有关。由少昊之“少”、颛顼孺于少昊的“孺”可以确认大墓中的三位少年也是从事天文观测的人员。

“少典氏娶于有蟜氏”则是西方之“少”。以姜寨遗址为依据，我们可以深入地讨论“少”是指用少年从事天文观测、记录甚至报告。西方之“少”可有两个实际例证。《姜寨——新石器时代遗址发掘报告》66页，T253W176，瓮棺葬，瓮盖是一人面衔鱼纹（残盆），经鉴定为10岁左右女孩。《姜寨——新石器时代遗址发掘报告》62页，T276M159，墓向249°，男孩8～9岁，随葬1式彩陶盆一件，盆唇沿为4爪纹等分，盆内壁绘5条游鱼。此是《黄帝之研究》将要重点讨论的“黄帝生阴阳”的实物。彩陶盆是精心制作的天文仪器，可称其为神器。十几岁的男女少年，为何随葬如此重要的神器？我们认为这可能与当时的一种神职原则有关。这个原则应是使用神器者有支配神器的权利，“神器归使用者所有”，活人不用死去人留下的器物，于是死后随葬。另一个问题，当时应依靠8～9岁至14～15岁少年司职天文观测，为何依靠8～9岁到14～15岁的少年从事天象观测？

姜寨最兴盛时可有300～500人，劳动力是比较充足的，但就渔猎、农牧、采樵、制陶等多项劳作而言，劳力还是紧张的，8、9～14、15岁的少年往往可承担半个劳力的任务。观天虽然十分重要，但在训练与指导之后，还是可以承担的。特别是10岁以上的少年，他们的责任心还是很强的。这些都是当时人们采用少年观测天象的原因。还有一个重要原因不应忽视，从“女娲造人”、贺兰山不同图腾族群的性交往契约与新疆生殖岩画及女阴崇拜到阳物崇拜，都清楚地表明远古人群将人口繁殖放在十分重要的位置。一般情况下，男女青年14～16岁时便进入强烈的幽会媾和青春期，特别是夜晚，往往离开本氏族甚至本聚落，到其他氏族或聚落去幽会。而观天、计时、记录报告往往需要黑夜白天连续进行，甚至全年不间断，所以不应再由他们参与。这就是三方之“少”的历史记载的真实的必然的情况。若此，“少典氏娶于有蟜氏”的“少典氏”究竟是什么人，便可以进一步破译出来。

3. 典，五帝之书

少典氏的释译，必然涉及“典”与“典”字。“典”，按《新华字典》《辞海》之义，含多个内容，但最重要的是一种书，它是专指“法规之书”“典范之书”。《说文解字》则释：“典，五帝之书。从册，在丌上。”许慎在此肯定地给出，在距今2000多年前，他所在的汉代及以前诸代，仅只有“五帝之书”方配称为“典”，更进一步指出“典”字下覆的“八”是案丌之足，“典”字上方的是编辑成册的“书”。他给出的

“典”字为，似表明竹书成册在丌上。若此，可进一步证明，许慎清楚知晓，有竹简束结成册的“五帝之书”存在。我们现今见到的竹简上所存留的《山海经》中的许多部分是五帝之书的残页，甚或就是五帝之书。周、秦、汉三代盛行竹简，于是有简编成册的五帝之书存世之可能。商代盛兴甲骨刻字及金文，于是应有五帝之书以甲骨编册存在。甲骨文与金文中的“典”传承转抄到春秋时代应是竹简（周代）所编辑的五帝之书。现今我们虽然没有甲骨文与金文记述的五帝之书，但从《山海经》中的《大荒经》、湖南楚墓帛书中所记伏羲“是生子四□，是襄天地”，以及《淮南子·天文训》所记的“常羊之维”“报德之维”等与贺兰山岩画的符合（此问题将在“德与帝”专题详加讨论），可推知，夏商两朝一定有五帝之书存世。只有夏商两朝有五帝之书存世，方能有上述诸文献关于五帝历史的记述，才可能有《说文解字》肯定地给出的“典，五帝之书”的结论。

公元105年（东汉和帝元兴元年）蔡伦实现了规模化、作坊式、经济实用性造纸功业，公元121年，许慎历经20多年完成了不朽的《说文解字》这部巨著。由此可知，许慎从纸质之书开始，跨过帛书、竹书、金文之书、甲骨之书、夏书，直接到达“五帝之书”。纸质之书是许慎所处的时代；竹简之书至少涵盖周朝近千年的历程；金器之书、甲骨之书，包括夏书，至少又有一千多年；夏朝之前反推之，禹、舜、尧、喾、颛顼，实际也历经千年左右，距今6000～5000年被严重搅混、时间无端被压缩的少昊、太昊、蚩尤、黄帝、炎帝、共工所处的“五帝”时代，是中国远古史上所称的仰韶文化时期，是华夏实现大范围统一的时期，此时才到达《黄帝之研究》之“黄帝生阴阳”专题所要讨论的彩陶绘画天书的时代。这才应是许慎所确认的“五帝之书”，也正是本专题所要深入探讨的天书的时代。这些天书，必然包括女娲、伏羲、炎帝、黄帝等诸多王者之书。

徐旭生（2003，230页）给出：“直到春秋及战国前期还没有见到五帝的说法：在《左传》《国语》《论语》《墨子》《孟子》等书中全不见有五帝的名称，就是显明的证据。”战国之前，五帝之说虽不存在，但从《左传·昭公十七年》（公元前525年）郯子所说的黄帝、炎帝、共工、太昊、少昊，《易经》之伏羲、神农、黄帝相继于世；《国语·楚语》“少昊之衰，九黎乱德，颛顼受之，乃命重黎”等人王确实有史书记述。可信确有一个五帝（实际上不止五帝）代称的时候存在。徐旭生早已严肃考证：神农非炎帝。许多人已明确指出：太昊非庖牺。徐旭生认为神农、女娲、伏羲等人是战国时期人们推出的指示时代的名词（259页）。这是一个十分重要的问题。从《山海经》记述女娲之肠、《易经》记述伏羲始画八卦及伏羲、神农、黄帝相继于世，可知女娲、伏羲、神农不仅代表了时代的特征，而且那个时代确实存在过贡献突出的氏族或者氏族首领。女娲、伏羲、神农本皆是远古母系氏族社会的杰出氏族或氏族首领。男权社会，甚或是大男子主义，将伏羲、神农升为男性，更将女娲降为伏羲的妹妹，或者是夫人，将时代颠倒，更将历史颠倒。女娲、伏羲、神农是有图画文字记述的三皇时代。

本书将距今1.3万～0.8万年初始定居的时代，即从立杆测影，经骷髅十字圭表，到蜂形人北斗天文学形成时期，称为女娲时代。从距今8500 ~ 7000年的以大地湾、老官台、磁山、裴李岗、北辛等文化为特征的，以老官台三足双波纹潜形十字四分天地彩陶钵为实物的地平八卦天文学时代，称为伏羲时代。从距今7000 ~ 6000年间，以仰韶、后岗等文化为内容的、远古文化中“少典氏娶于有蟜氏”“生黄帝与炎帝”，以及“黄帝生阴阳”“炎帝天旁动”等重大事件诞生之时，为神农时代。从蚩尤、炎帝及黄帝在距今6000 ~ 5500年间进行的三场大规模战争开始，中国远古史进入了炎帝、黄帝、太昊、少昊、蚩尤、共工等氏族集团时代。所有的现已发现的距今6000年左右的考古遗址中，铜器的出现只是少数遗址相当少量的物件。如果称其为书，则只有岩画、少量的骨刻、大量的彩陶绘画（有些则纯属于艺术），以及少量的玉器雕刻天书。可以说，五帝至少包括炎帝、黄帝、太昊、少昊、蚩尤、共工等人，五帝之书甚至包括女娲、伏羲、神农三后之书。而其书只能是大量的陶刻、陶绘，大量的传承于世的岩画，少量的玉雕及骨刻，不是金铜，更不是纸。春秋至秦汉，人们见到的竹书及帛书中关于五帝历史的记述，是当时人们再版、转刻传抄的五帝之书。许慎见到的“典，五帝之书，从册在丌上”，便是这些天书翻转释成竹书版本。竹书《山海经》便是实证。

4. 少典氏

为了正确认识少典氏，还必须回到距今8000多年前的“泰皇兴神鼎一”时的神鼎。在阐述“泰皇兴神鼎一”这一中国远古天文学与氏族历史上的重大事件时，列举了距今8000多年前的北辛鼎、磁山鼎、裴李岗鼎及北首岭鼎，它们都是具有足（或腿）的陶制器皿，但它们不是神器，而是当时人们日常生活中的一种器具。只有距今8200 ~ 7300年间的老官台遗址出土的三足内绘双波纹潜十字四等分天地的彩陶钵才是“一者一统，天地万物所系终”的神器。这个神器演化到姜寨早、中期便成为将深腹盆唇沿八等分的潜形双“十”字。四等分盆沿是一个潜“十”字，以这个单“十”字的交点为中心，再在其上加一个等分原有四象角的“十”字，便成了潜形的“米”字。可以认为这是在陶皿内彩绘两个潜形的“十”字。

“典”字完全可以拆读为凵、八、十、十这四个部分。凵是陶皿的符号。“典”字下部的撇与捺“八”是陶皿足的抽象符号，对应的是三足鼎的足。“十”与“十”是凵唇沿及凵内所绘的形成潜形的两个“十”字，即八等分天地之神器的观天坐标。由此可知，典是对老官台三足双波纹潜十字四分天地彩陶钵及其以后衍生的八分天地的天文仪器的一种称谓，典首先是神器的一种抽象符号。典是一个氏族群体的图腾，至少是距今8200 ~ 7300年初始四卦发展为八卦的符号标志，甚至就是伏羲八卦等诸多天书的总称。

《黄帝之研究》的许多重大问题借助了2000多年前的《说文解字》，许慎集他之前中国文字文化的大成。“典”是“五帝之书”，并未引起人们更多的关注。特别是“少典”氏之典。从柿子滩蜂形人岩画开始，经老官台三足四波纹潜形十字彩陶钵、姜寨四等分唇沿五鱼盆及八百里秦川的四分又八分人面或动物彩陶盆、内蒙古阿拉善双鹤山七星十字（斗）岩画、贺兰山骷髅十字岩画、贺兰山不同图腾集团性交往契约岩画，特别是贺兰山群羊□字岩画、河南固始县双□画像砖、具茨山四联体□岩画，以及《山海经》中那么多一目到九尾的奇形怪物，都是五帝之书。中国必将在甲骨文字研究的时代之后，进入五帝之书的研究时代。《黄帝之研究》所称的“天书”几乎皆是“五帝之书”。“典”是双“十”字彩陶盆、钵类天书。

“少”“少典氏”“典”三者不同，“典”是我们在姜寨遗址见到的唇沿被双“十”字交叉八等分的彩陶盆或钵，即五帝之天书；“少”指从事天文观测的司职人员；“少典”应指利用彩陶神器、依靠少男少女们从事天象观测，以实现定向、计时、制历的事业；“少典氏”则专指掌握“少典”这类重大事业的氏族。《国语·晋语四》所记“少典氏”应是三皇五帝之一的族群。三皇五帝之中，从老官台三足四波纹潜“十”字开始的伏羲氏最符合典这个图腾。如此可知“少典氏”源于8000多年前的初始八卦创造者的伏羲氏。就天文学而言，伏羲氏创建的是“地平坐标八卦天文学”。“少典氏”应属于地平坐标八卦天文学，白天以日影为依据，夜晚应以恒星中天及躔日出躔日设为依据，不同于“少昊天文学”的三环、五环、七环天文学，也应不同于女娲氏“北斗蜂形人”天文学，更不同于东南方的物候天文学。“少典氏”，从老官台，从大地湾开始，以八卦天文学为核心，一直传承至今。必须强调伏羲的八卦天文学与黄帝的北斗八卦天文学不同，如此可以确认“少典氏”的典最初是专指彩陶盆沿上两个“十”字，后来衍化为泛指五帝的天书。从而可知，自老官台三足四波纹潜“十”字起至姜寨多个双“十”字（即八等分）彩陶盆，历经2000多年的演化，形成一个“少典氏”，具有强大的生命力。由此，我们便进入了“少典氏娶于有蟜氏”的时代。事件发生在距今6500年前，从此中国远古史发生了几个重大的变化。首先是“生黄帝与炎帝”。其次是“帝”天文学及“帝”图腾的诞生，包括黄帝制宝鼎三、炎帝天旁动、共工置闰。再者是“黄帝生阴阳”，中国阴阳哲学的诞生。四者是蚩尤发动了中国远古史上第一场战争，炎、黄、蚩尤连续长期的战争显著地加速了母系氏族向父系氏族社会的转化，促进了中国远古社会地域性的大统一。这是中国远古史上一个突出的特点。有些问题有待以后给予专门的讨论。

注　释

［1］　唐明邦：《伏羲画卦考》，《伏羲文化》，中国社会出版社，1994年，第5～13、10页。

［2］　李申：《易图考》，北京大学出版社，2001年。

［3］　赵逸夫：《八进位制孑遗与八卦的起源及演化》，《伏羲文化》，中国社会出版社，1994年，第108～136、117页。

［4］　〔英〕李约瑟：《中国科学技术史·第四卷·天学（一分册）》，科学出版社，1975年，第219页。

［5］　卢央：《易学与天文学》，中国书店出版社，2003年，第207页。

六、黄帝生阴阳

“骷髅十字圭表、女娲之肠、复合图腾蟜”专题揭示了距今1.3万～0.8万年间诸多女娲们开创了初始定居的母系氏族社会，它是一个时代，而非一个人，在这个时代里女娲们完成了补初始居住的房庑之天、补衣食不足的“民以食为天”的天，以断鳌足定生存区四极的“天下”之天。与此同时，有组织地解决了初始定居之后“造人”的问题，从《黄帝之研究》与中国远古天文学的角度，最重要的是她们创立了立杆测影天文学。这是“太极”，是中国天文学，更是哲学的起点。从立杆测影之“太极”开始，女娲们又进一步创造了“上骈生耳目，桑林生臂手”的骷髅十字圭表，用它们在渔猎区野外指路、定向、计时，称之有神“十”（甲）人，即“女娲之肠”，处栗广之野。此外，还有其他人形圭表、十字圭表及彡式圭表。《淮南子·说林训》记载的“黄帝生阴阳，上骈生耳目，桑林生臂手，此女娲之所以七、十之化也”，既是对女娲时代天文学成就“七”与“十”的总结，又深刻而明白地揭示了黄帝生阴阳与女娲时代的“七”“十”之化的内在关联。

“黄帝生阴阳”专题必将立足于距今1.0万～0.9万年的柿子滩岩画给出的“七”与“十”开始，前文深入考证蜂形人十字圭表的演化，以期有助于解读长期以来被人们猜度误判了的黄帝天文学与哲学的功业。在正确了解黄帝的来龙去脉基础上，方能科学地理解距今6000年左右黄帝氏族形成并开始壮大之时生成“阴阳”的历史背景与当时的史实。

“黄帝生阴阳”令人难以想象地要深入到6000年前今称姜寨的一个遗址。这个遗址埋藏的人面衔鱼彩陶盆、双蟾双鱼九分盆沿彩陶盆、阴阳五鱼四分边沿彩陶盆是人类历史上十分少见的6000年前的科学成就，或者说这是6000年前意义深远的天书。它们是黄帝生阴阳的科学基础，更是黄帝生阴阳的时代证据。

“黄帝生阴阳”是中国历史文献中关于中国远古核心哲学理论源头的重大的记述。阴阳理论，即今天的矛盾论，其源头是黄帝所“生”，“生”在这里又是形成，又是创造。而黄帝关于阴阳理论的创造，则根生于距今1.3万～0.8万年女娲的“七”与“十”。将“黄帝生阴阳”与“此女娲所以七、十化也”联系在一起，特别是回到更久远的女娲、蜂形人即黄氏族那个久远的漫长的时期，必将清楚地理解：夜间北斗七星的“七”与白天女娲之肠“有神十人”的“十”，一个在“阴”、一个在“阳”化生之后的巨大影响。在距今万年左右的女娲时代，人们对这一阴一阳还没有形成明确的阴阳认识。但是经过几千年的“七”与“十”的观天识地的实践，到了黄帝氏族的时代，终于生成了阴阳理论认识。天文学方面的北斗之“七”、骷髅圭表与蜂形人圭表之“十”，神而化之的指路、定向、计时、制历之功，皆应归于距今1.3万～0.8万年的诸多老祖母女娲的功业。由于1.3万～0.8万年间盛行在夜晚所用的“七”之北斗与白昼所用的“十”之骷髅圭表及蜂形人圭表升华而形成的“阴阳”观念，甚至一套阴阳理论，是黄帝的首要的丰功伟业。从此开创了华夏人群深入人心的阴阳对立统一即矛盾对立转化的思维观念。

（一）姜寨遗址一期相关生态问题分析

1. 姜寨遗址

距今6000多年前是一个如火如荼的科技时代，已发现许多有声有色的聚落遗址。其中有许多与远古天文学密切相关，当然也即与北天极及八卦科学有关。这些遗址中与“黄帝生阴阳”有着直接或间接关联的是姜寨遗址（图6.1）。此后将要更深入探讨的二分、四分、九分又二十七分彩陶盆及阴阳鱼太极盆出自这个聚落。可以认为这是中国

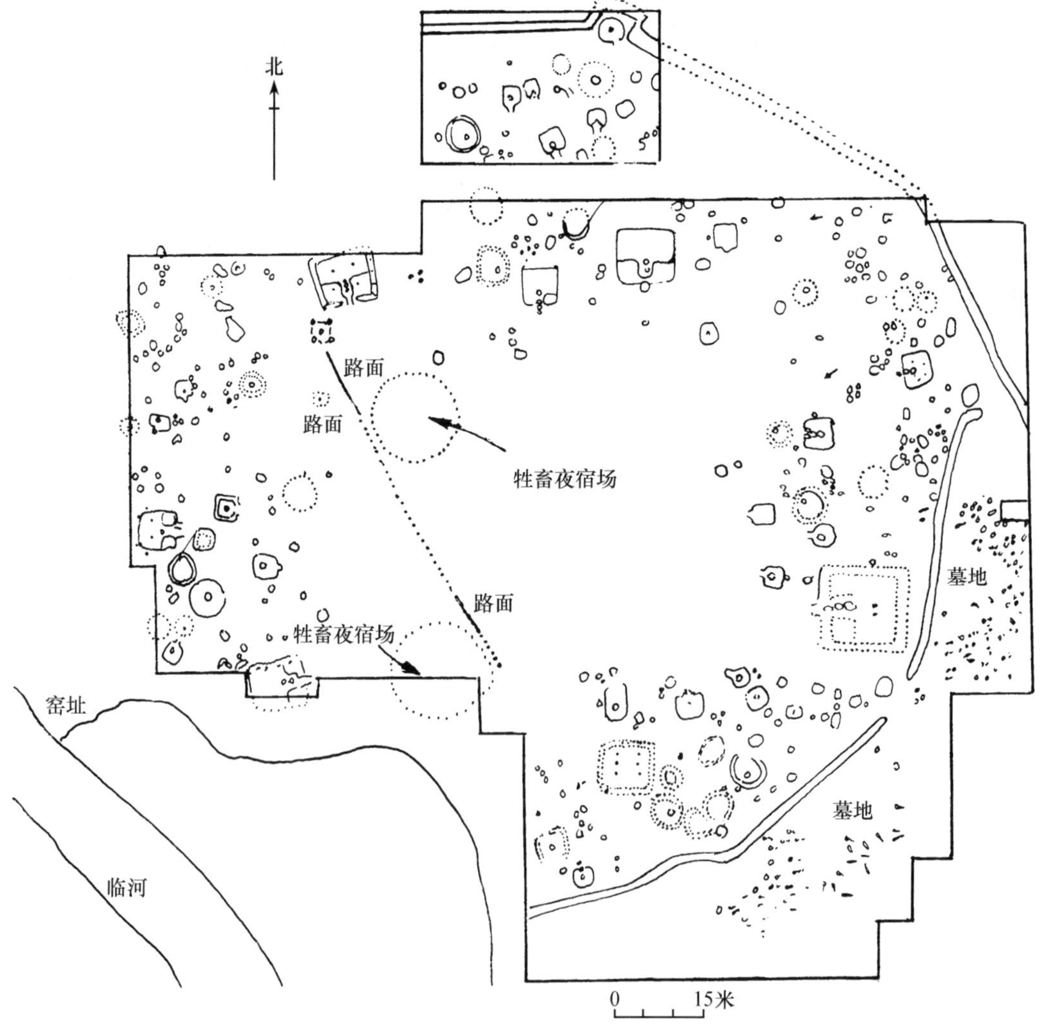

图6.1　姜寨遗址平面布局

远古的"阴阳"科学天书的出版地，也可以说是"天旁动"天书的编著之村。由此可知，人们应更全面地了解这个村寨当年的具体情况。

姜寨遗址位于著名的骊山西北麓、渭水之南潼河东岸二级阶地上，山水宜人，土地肥沃。聚落总面积为55000平方米。距今6700～5500年，历时1000多年，或划分为一期与二期两个阶段。姜寨遗址应包括六个大的组成部分，主要有住宅区、农田区、墓地、窑场、牲畜夜宿场及放牧场、卫护壕沟。农田区，在现今见到的遗址发掘报告中皆缺少这一部分，或因农田面积过大，或因农田遗留物不易保存，或因农田的发掘意义不大。牲畜的饲养对新石器时代人们来说是一件重大的功业，它改变了人类对野生肉类资源的依赖，因此，牲畜夜宿场及放牧场是聚落不可缺少的组成部分。卫护壕沟，就远古数百人聚居地而言，保护整个人群的安全是十分重要的，是不可缺少的。它是以后的围城方国的城墙，甚至也是今天的国家安全系统的源头。

姜寨遗址有五个居室建筑群[1]。每个建筑群有一座大房子、1～3座中型房子和20多座小房子。房屋形制有圆形、方形、长方形。大多为半地穴式，少数是平地建造。大型房屋为方形，室内有灶台和火塘，面积从几十平方米到百多平方米。大型房屋床位后面有一大块空地，可供较多人集会议事，举行节日庆贺或宗教仪式。住在大房子里的人可能是较大家庭的成员，或是氏族首领所在家族的成员。中型房屋面积约为20～40平方米，一般为方形、半地穴式，大中型房屋也可能是氏族中老人和未成年小孩的住所。聚落中心是一个4000平方米的广场，广场周围五组房群的门户皆朝向广场。聚落内有两个牲畜夜宿场所。如此规划统一的、层次分明的、组织有序的人群居聚区，深刻表明人类已经有组织地、集群地、科学地进入一个新的时代。不过，300人左右的力量也仍然仅能依靠丰厚的自然资源达到较富足的"其乐融融"的平分食物的状态。虽然有所剩余，但一期仍是集体所有。

姜寨一期有三个墓地，葬式以单人为主，改变了大地湾时代以前的多人二次葬，却尚未达到龙山文化时代男女双人合葬的程度。随葬品差别不大，提供了整个聚落仍处于平等分配的原始共产主义阶段的证据。但单人独葬又表明个人的独立人格及能力已注入新的时代。许多重要的科技成就，特别是弓箭的完善及人手一把，不仅改变了聚落内300多人肉食的种类、质量及数量，扩大了剩余野生动物幼仔的驯化，更强化了个人的作用、能力及独立性。北首岭遗址大量箭镞随葬应是个人独立性及能力差别的充分证明。个人才智、个人能力及个人作用在神农时代得到充分的显露，为以后个别人占有更多的剩余财富奠定了社会组织与社会意识基础。由于个人才识得到比以往任何时候都充分的发挥，所以这一时期诸多科技成就在姜寨显现得更为突出。

2. 姜寨遗址周边的文化底蕴

位于姜寨东北方200多千米、南下黄河东岸的山西吉县，在1.0万～0.9万年前的柿子滩遗址是姜寨遗址的重要源头。柿子滩头顶七星、脚踏六星的蜂形人岩画，是"少典氏娶有蟜氏，生黄帝与炎帝"的有蟜氏的源头。柿子滩岩画中所体现的柿子滩人的高超的科技文化，在后来的数千年岁月中必然向四外扩散发展。他们西过黄河，沿白于山周边的洛水、百川河、泾水、千河水系发展壮大，使蜂形人图腾即有蟜氏扩散壮大。柿子滩向东向南发展，必然与山西临汾平原、侯马平原、运城平原的人群发生交往，甚至融合。姜寨东侧150千米左右，距今7000年的以临汾、运城为中心的“枣园”文化遗存，其上与1.3万年前的下川文化、襄汾丁家沟文化大面积重合，之后又在晋南有着广泛的分布与发展，思考姜寨遗址的底蕴时，不能不考虑晋南的情况。

姜寨东百公里以内，对其影响最直接的应是制造并良好保存了泰皇所兴的“三足四波纹潜形十字四等分”的钵形“神鼎”的老官台遗址。它比姜寨早千年左右，红顶彩陶碗及四等分天地的天文仪器应是姜寨文化等内容的前身，而姜寨的双“十”字八等分观天仪器也必是从“神鼎一”发展而来。关于老官台遗址的文化内容，诸多现代史学界人士认为是姜寨遗址文化内容的前身。就遗址空间分布而言，渭南北刘、临潼白家村等与老官台文化同期文化皆在姜寨附近。姜寨一期文化最底层为黄土基质，表明这里在姜寨第一批人定居之前无人居住。姜寨当时邻近千年之前的北刘、白家村、老官台，且文化内容有明显的连续一致性，表明它们有着密切关联。

姜寨遗址的西方或西北方300千米左右，早于其1000多年的大地湾遗址的一期，在弓箭、石骨器、陶器、半地穴式房屋、墓葬、农业、牲畜饲养等诸多方面，都与其有相近的关联。大地湾一期墓葬的正西向、南北向、特别是东向（很可能与柿子滩遗址的文化及人群有关），与姜寨的关联也很大。泾水上游的大地湾一期的少数遗址，很可能同姜寨遗址中的墓向取280°、290°、310°的人群有着同一性的关联。可见寨塞遗址的文化底蕴在东西两方面的渭水流域皆有着深厚的渊源。

“蟜，为人虎文”的记载，“泰皇兴神鼎一”或称“伏羲始造八卦”是中国远古史上与“女娲之肠”都有着同样重大的意义。同“女娲之肠”“有神十人”的贺兰山骷髅十字圭表及柿子滩蜂形人岩画相比，出土于华县老官台的“三足四波纹潜形十字陶钵”距离姜寨只有40千米，时间更接近，不足2000年，从距今8000多年起，渭水南岸可能就是少典氏的天下。在这一地区形成了少典氏强大的族群。这是姜寨遗址形成过程中重要的文化基础。这一基础范围相当广泛。苏秉琦等（2010，91～92页）考究姜寨一期墓葬的特征发现，均以单人一次葬为主，合葬墓极少，无随葬品的墓较多，此点同渭水以南、泾水以西的王家阴洼、半坡、北首岭，以及秦岭南的河家湾、紫荆墓地相近。由此可见，姜寨一期主要人群与渭水以南、泾水以西广阔地域内形成的以初始八卦为主要天文仪器的少典氏是同源的。或者说，渭水流域及其以东的黄河南岸形成的神农时代的文化是姜寨一期文化的重要根源。张新斌等认为渭水北岸的临潼白家及秦岭以南的商县紫荆下层都是老官台文化的代表类型。由此可知“泰皇兴神鼎一”的地域相当广泛，在时间上，它们皆较姜寨遗址早数百年，甚至近千年。

3. 强势的汇聚力

对姜寨的人口生态的动态分析，使我们认识到姜寨遗址一期所处的时代是中国远古史上十分特殊的时代。由于生活方式、生产劳动特别是生育制度的新的改变，人群与人群之间出现了强大的汇聚力，推动人们在短暂的300～500年间从四面八方向一个中心汇聚。这恰是中国远古史中的神农时代，是母系氏族社会走向繁盛的过程。繁育机制中诸多问题的科学解决（在当时条件下是最好的），使人口进入暴增的过程，超过了女娲时代人口增长的实际速度。人口汇聚立刻发生人才、生产知识、科学文化迅速地交融飞跃。生产工具、生产技术、科学文化的飞跃，显著增大了征服自然的能力，同时也增加了对自然的破坏力。

图6.2是对姜寨遗址一期墓向的分析，可清晰见到姜寨一期的人们是从不同方向汇聚到一起的。240°墓向为冬至日落方向，姜寨一期只是一座墓向238°，接近240°。250°墓向为秦岭主峰指向或渭水主流接近姜寨区段的取向，其区间若取244°～260°时，姜寨一期有53座墓。270°墓向应是春秋分日落的方向，姜寨一期至少有近60座墓严格取向268°～272°。若取265°与276°之间，则有66座。280°（278°～285°）与290°（290°～298°）主要应是泾水主流邻近姜寨区段的取向，两者的墓数各为15座。310°与290°墓向是姜寨一期两个十分重要的人群，他们聚集到姜寨已是一期的后段，但却使姜寨发生了巨大的变化。310°墓向应是泾水远段主流的指向，或更远方的子

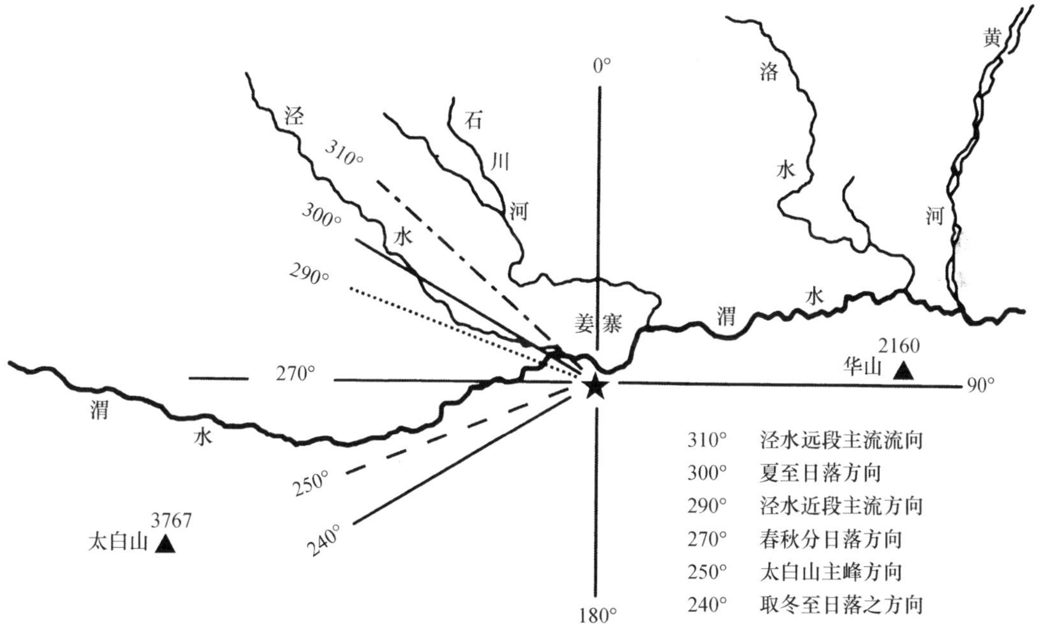

图6.2 姜寨遗址一期墓藏取向的方位*

* 尚未见到关于姜寨墓向指向方位分析的文章，仅是笔者“对姜寨遗址一期墓向分析”。史学界认为：“氏族公共墓地有共同的埋葬方向”“墓葬方向上有着高度的统一性”是史前时期诸文化在埋葬制度方面一个共同的原则。墓向有取日出日落方向、取高山方向、水流方向、人群迁来或传说中老家的方向。墓向取灵界或祖居方向，是一个文化共同体的重要表征。不同墓向必源于不同族群。参考沈忲彦2004，232页。

午岭主峰的指向。表6.1为不同墓向在各墓区分布情况。从墓向在墓区的分布可看出，墓向250°者主要分布于Ⅱ、Ⅲ墓区，且以墓区Ⅲ为主。墓向270°集中分布在Ⅰ、Ⅱ墓区，Ⅲ墓区相当少。墓向280°、290°主要分布在墓区Ⅰ。墓向310°集中分布在墓区Ⅲ。墓向30°、40°、58°者各一，90°者二，数量甚少，但他们皆来自姜寨东方，邻近2000年前老官台遗址的“泰皇兴神鼎”的源地。再往远去，时间提前三四千年，则是蜂形人存在过的山西吉县柿子滩遗址。这些人对姜寨遗址文化的影响不可忽视。

表6.1　不同墓向在各墓区分布情况

<table>
<tr><td rowspan="3">墓区</td><td rowspan="3">墓数</td><td>主向</td><td>250°</td><td>270°</td><td>280°</td><td>290°</td><td>310°</td><td>30～90°</td><td>130°220°</td></tr>
<tr><td>区间</td><td>244～260</td><td>268～272</td><td>278～285</td><td>290～292</td><td>310～336</td><td></td><td></td></tr>
<tr><td>相邻单墓</td><td>238 265</td><td>275</td><td></td><td>294 298</td><td></td><td></td><td></td></tr>
<tr><td>Ⅰ</td><td>51</td><td></td><td>6</td><td>20</td><td>13</td><td>12</td><td></td><td></td><td></td></tr>
<tr><td>Ⅱ</td><td>55</td><td></td><td>14</td><td>33</td><td>2</td><td>2</td><td></td><td>3</td><td>1</td></tr>
<tr><td>Ⅲ</td><td>47</td><td></td><td>29</td><td>4</td><td>2</td><td>1</td><td>11</td><td>1</td><td>1</td></tr>
<tr><td>散</td><td>20</td><td></td><td>4</td><td>9</td><td></td><td></td><td>4</td><td>1</td><td></td></tr>
<tr><td>计</td><td>173</td><td></td><td>53</td><td>66</td><td>15</td><td>15</td><td>15</td><td>5</td><td>2</td></tr>
</table>

通过墓向分析得知，姜寨遗址一期汇聚了四面八方的人们，就人口流动生态而言，距今6700～6650年开始，止于距今6350～6300年，至少历经300～350年，姜寨以外的人们多次涌入姜寨，这些人出发的地点都是人流的源地，而姜寨则成为人口流动的汇聚地。在这300多年间，人口陆续汇聚于姜寨是时代的特征，还是姜寨本身的吸引力，或者既有时代发展的必然趋势，又有姜寨本身的社会及自然资源的原因，驱使人们分批地汇入姜寨这块宝地，值得进一步探讨，此处仅言及这是一种趋势。

4. 人群汇聚姜寨的主要过程

墓向给出姜寨一期人群汇聚的主要来向，墓序是人口静止生态的内容，但它可以给出人群汇聚的主要过程。墓序主要指墓葬排列的先后顺序、左右关联、叠压打破关系等。一个墓葬区内可依墓向等指标相对划分几个墓群，每个墓群内若排列基本有序，可大致划割出行与列。以首尾相接并与墓向一致的墓序称墓行；不同墓行的墓首连线基本与墓向垂直者，称其为第一墓列。与第一墓列平行者可接续排号。同一墓列的主人一般应是同一代人，为方便起见，称其为墓代。墓群内同向墓葬排列若基本有序，可用直线大致割划行与列的网格。图6.3是姜寨一期墓区Ⅲ墓序图。由表6.1可知，墓区Ⅲ主要人群为250°向与310°向两个来源。A墓群除M90、M167外，余者全是250°向墓（244°～260°）。A墓群内明显可分割为6个墓列，即6个墓代。各墓代中墓主人最大年龄为50、35、25等，墓主人最大年龄应是墓代的年限宽度，平均应为40年。由此可确认A墓群主体历经了40×6=240年。可知，A墓群第六墓代之前250°墓向人群已经在姜寨定居200～240年，为第一批进驻姜寨的人群。由图中还可见到墓区Ⅲ中另一主要墓向

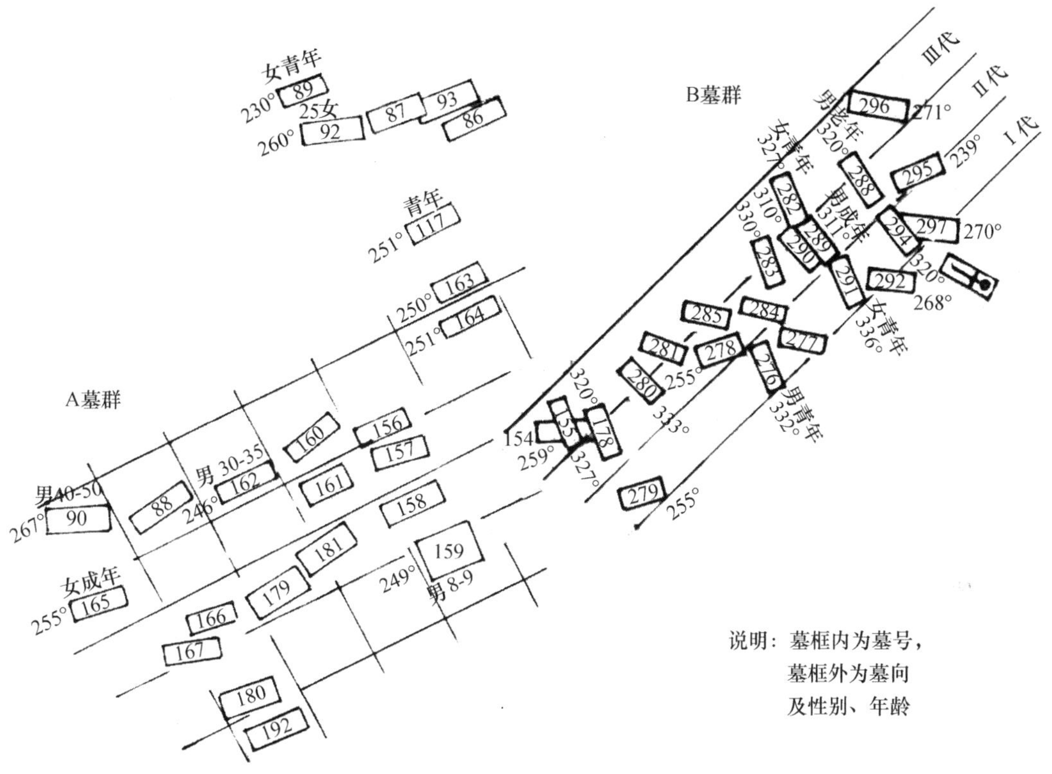

图6.3 墓地Ⅲ区墓序分析*

310°B墓群的一个墓列的首墓M155（327°）及次M178（320°）叠压在A墓群第6墓代的M154（259°）之上，可确知，墓向310°的人群进驻姜寨的时间应在墓向250°的人群定居姜寨之后。

B墓群横向可划分为三个墓列。第1墓列为M294（墓向320°）、M291（墓向336°）、M276（墓向332°）。第2墓列有6个墓：M288（墓向320°）、M289（墓向311°）、M290（墓向310°）、M283（墓向330°）、M280（墓向333°）、M178（墓向320°）。第3墓列仅有2墓：M282（墓向327°）、M155（墓向327°）。由于《报告》[1]附表四（411页）给出M282叠压M289及M290，M289叠压M291，可确信M291等为第1墓代，M289与M290居第2墓代，M282及M155必在第3墓列，在M155之前墓向310°的人群应进入姜寨2个墓代×40年＝80年左右。M155叠压在A墓群（墓向250°）的第6墓代的后部，它的前两个墓代必与A墓群第4～5墓代之间在时程上相近。就是说310°的人群进驻姜寨的时间在姜寨的历程为180年左右。早于A墓群第5墓代最后一墓（M159）20～40年。

* “墓向是以头向为准的”，本书墓向是采用巩启明《报告》54、57、60页图五一、五三、五六给出的墓葬分布图。并依据《报告》附表四所载“墓向”对图中的墓向进行了核调，以表为准。表四中的“墓向”栏的墓向数据必是“以头向为准的”。本书中的“墓向”都是依据《报告》附表四“墓向”栏的数据核调过的。

墓地Ⅱ主要墓葬为270°与250°墓向两类人群，可分为三个墓群。墓地北段与南段以270°墓向为主，称南墓群与北墓群，中段以250°墓向为主。270°墓向呈正东正西向，北墓群墓行墓列皆较规整，自西向东排布5个墓列。南墓群270°墓向不甚规整，墓穴分布有些零散稀疏，墓列也大致可划分为5个，墓群首列与北墓群首列基本对齐，表明他们进驻姜寨的时间相近。中段墓群由于以250°墓向为主，所以墓行与水平线的仰角20°～40°，墓群呈倾斜分布。墓群的规整性次于北墓群，但强于南墓群。墓列基本也割划为5个。就三个墓群皆具5个墓代，特别是邻接处叠压情况看，三者大约同时进驻姜寨，墓群首列的实际起始时间相同。由于三个墓群皆只有5列，再考虑Ⅱ墓地区远离居住房屋，它们虽然与Ⅲ墓区的250°者同向，又与Ⅰ墓区的270°者同向，但可能皆晚于第一批进驻姜寨的这两群人。前两者6个墓列以上，Ⅱ墓地只有5个墓列，相差一个墓代。可信主要居住在北居住区的250°与270°的人们晚于Ⅲ墓区250°与Ⅰ墓区的270°者40年左右进驻姜寨，但同中后期进驻的人们相比，他们仍是早期进驻者，从北居住区兽骨堆积的厚度、数量及探方数可知，他们进驻姜寨之后，野生动物资源虽然仍有一定数量存

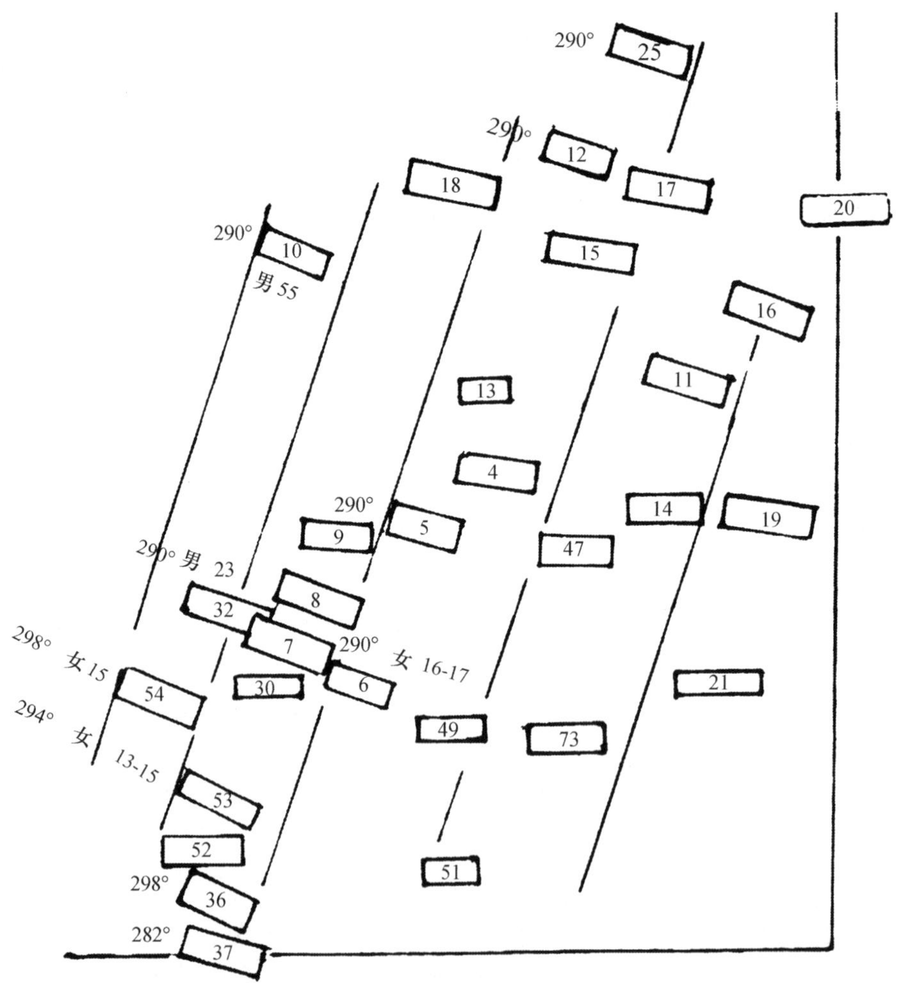

图6.4　墓地Ⅰ区C墓群墓序分析

在，但已比较稀少且难以捕获。此点应与“生态资源分析”的结果一致。

图6.4是墓地Ⅰ东南部墓群（C）的墓序分析，以290°墓向的墓列与墓行为主要对象，可见到该墓群第一墓代为M54、M32与M10；第二墓代为M36、M53、M7、M8；第三墓代为M6、M5、M12、M25；第四墓代为M11。若按墓向290°人群仅有4个墓代，且最后一个墓代下葬不久姜寨一期便临近结束。每一墓代仍按平均时间40年计，则该墓向的人们入住姜寨的时间为350–40×4＝190年，姜寨初始以后200年左右也就是防卫壕沟工程建设时期。这批人集中居住在邻近Ⅰ墓区的居房东组，由于墓地Ⅲ也有2个墓葬，表明居房南组也有该向人员。该墓向人群的突出特点是M54（墓向298°，女，25岁）与M7（墓向290°，女，16～17岁）随葬数目相当大的骨珠。骨珠排列可能有重要意义。我们将在“（二）·5，类蜂形人装束”小节中详加讨论。

5. 姜寨一期的自然生态空间

姜寨遗址位于骊山北麓，南距骊山主峰（1302米）10余千米，北临泾、渭二水，只有4～5千米。骊山东西长近50千米，南北宽约30千米，西侧接邻宽阔的坝河谷，东侧以沈河河谷为界，南麓西段以坝河上游东支河谷与东段沈河西支河谷邻接秦岭主脉。骊山发源的数十条大小河流向四周流淌。姜寨一期之时，骊山及周围低山丘陵长满了原始的针阔混交林。见图6.5。以骊山为主的森林生态资源面积为1200～1500平方千米。骊山北麓为带状黄土台塬，台塬南北宽10～30千米，东西长近80千米。自坝河而东，临河、

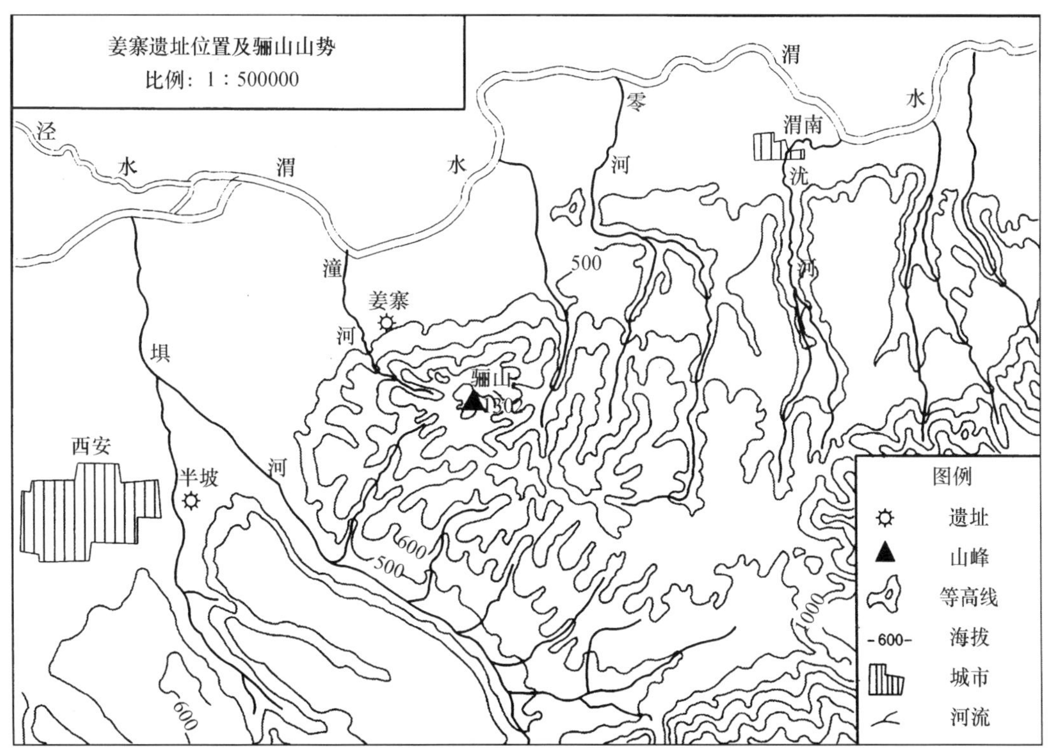

图6.5　姜寨遗址位置及骊山地势图

潼河、玉川、戏河、零河、沇河这些河流皆入渭水，流程短而流速湍急。台塬上生长茂密的草丛及灌木。姜寨坐落在临河东岸。姜寨以东10千米远的戏河、20千米远的零河流域皆有与其同期的仰韶文化遗址；其西侧20千米左右为同一时期的半坡遗址。这就在东西两侧限定了姜寨人的生存空间。“女娲补天”小节中讨论了一万年前初始定居的人群断鳌足立四极，已经开始划定生存资源空间。以台塬为基础的草地及灌草丛面积约为1600平方千米，姜寨涉猎范围按2/3计，可有1000平方千米。河流两岸及河谷平原的沼泽、水域也是姜寨人的生态资源空间。姜寨自然生态的基础条件是多样的，地形地势有中山（海拔1302米）、低山、丘陵、台塬、沼泽、河流、谷地；气候条件虽然处于秦岭北麓，但山前山后、沟谷、河滩、平原、丘陵还是有差别的；对于狩猎动物而言，植被也是多种多样的。生态资源的基础条件多样而复杂，决定了姜寨一期人们面临的生态多样性是丰富的。

姜寨遗址动物骨骼中有虎、熊、山猫、猕猴、鹿、麝、野猪，为森林内生存的种类；野牛、黄羊、狍类等为草原动物；鱼、鳖、蛙、大型鸟类多为河流、沼泽湿地的动物。虎的存在说明当时骊山自然生态系统处于良好的平衡状态。虎占有领域而独栖，在食物充足时，北方虎的领域一般要300平方千米以上，每年至少消耗3.5吨带骨肉。按中型草食动物平均体重50千克计，每只虎每年要捕猎70只左右的个体[2]。骊山原始森林因有虎这个既有效调控生态平衡又突出标示生态平衡的种群存在，足以表明当时很少有人为干扰。按骊山当时有效生态面积为1200平方千米计算，至少有4只虎良好地生存，也就是至少保障每只虎捕食70只以上的大中型草食动物。虎对大中型草食动物的捕获率约为1/7，从而在平衡状态下，骊山原始林中应当有2000多只大中型草食动物生存。它们的有效增殖率若按20%计，处于稳定动态平衡状态必然是系统内自消耗的比率也接近20%。虎种群4只个体消耗20%中的14%，余下的6%则由其他肉食动物分摊，可见虎确实是整个生态资源空间内最有效的调控者。

由于虎的凶猛聪慧，人群虽然有了弓箭标枪，但还是很难猎杀之。姜寨能有一只虎头骨存在，足证骊山确有虎生存，而且不仅是一只。姜寨人能够捕猎到老虎，也充分表明姜寨一期的人们有着相当高度的组织能力、狩猎水平，特别是捕猎工具的完善及有效。只有一只虎骨的存在，又足以表明姜寨人们狩猎空间、狩猎时间特别是狩猎资源的有限。按姜寨人距今6650年进驻姜寨，初始3～5年由于以建造房屋、开垦农田、制造工具、烧制陶器等安居工程为主要投入，其粮食生产不足、牲畜饲养有限，虽然有一定的野生植物可以采食，但总体的食物来源还是要依靠狩猎。姜寨第一批房屋39座，按每座2人，则总人数为80人；按3人，则总人数为120人。食物需要按80人计，360天中，第3～5年，每年至少要300天靠狩猎取食，每人每天均摊1.5千克带骨肉，一年要80×300天×1.5千克/天·人÷50千克/个体动物＝720只大中型森林及草原动物，相当于原有动物的36%。骊山原始林中的动物总数有2000余只，4只虎每年消耗14%，地域性生态处于稳定平衡状态。此时突然增加80多人，每年要消耗36%左右的大中型动物，等于陡然增加10只虎的消耗量，严重打破了原有的自然生态平衡。虽然3～5年以后狩猎消耗量可能因农田粮食的增产、牲畜饲养数量的增多有所减弱，但破坏性仍在持续。于是姜寨一期的人们在进驻此地10～20年之后，便面临着一个日趋衰败的自然生态资源空间。

姜寨一期发现动物骨骼2000多具，大部分分布在居住区南组与北组，在南组，T262、T263几乎堆积了总数的1/4多。姜寨一期大小探方总计200多个，在少数几个探方中集中分布，骨架个数超过70者不足10个。如此集中堆积性分布，表明居住在这些探方附近的居民最早进驻姜寨，在相当长时间内大量捕猎野生动物为食，由墓向分析表6.1可知，临近南居住组的墓地Ⅲ主要墓向是250°及310°。两者分别占该区总墓数的60%与23%。而由墓序分析可知，墓向300°者只能在姜寨350年历程的中后期进驻，从而可知南居住组的居民250°墓向者最早进驻，且长期大量捕猎野生动物。墓向250°者除处于墓地Ⅲ之外，还处于墓地Ⅱ。由墓地Ⅲ确认250°者为进驻最早、较长期从事捕猎、捕猎野生动物的数量占整个聚落的捕获比率最大，可推断埋葬在墓地Ⅱ区的250°应同墓地Ⅲ区的250°者相同。他们主要居住在居住区北组。在动物骨骼超过100的6个探方中，南组4个，另有2个位于居住北组，其他东、西、西北三个居住组皆无此大量积存的探方。由此可知，最早进驻姜寨的墓向250°的人们，主要从事野生动物捕猎活动，是导致当时骊山野生动物资源消耗殆尽的主要人群。

骊山属于秦岭的一部分，但它远离秦岭主脉，向北突出伸入到渭水平原，南部主要以坝河与浐河上游支流冲积的蓝田县广阔低平的河谷平原与秦岭主脉相连。这里生存的大多数动物种类，除虎或鹿在食物缺乏时具有长距离游走的习性外，其他皆不具备这一特性，从而可以认为骊山动物群处于准封闭状态。处于这种准封闭状态的生态平衡，缺乏足够的缓冲能力，所以十分脆弱。由于虎种群的存在，我们推定骊山森林生态资源约有2000多只大中型草食动物处于正常的稳定的动态平衡之中，骊山山前黄土台塬的草地灌丛中按常年生存1000只左右动物计，姜寨一期250°墓向的人群面临着总量约3000只大中型草食动物。按有效增殖率20%讲，他们定居的第一年拥有3600只动物数量。若按每年索取36%的速度消耗，则30～50年整个动物资源空间内可猎取的动物数量便趋近于0。当5～10年之后，农田收获量增大，人工饲养动物数量基本稳定。人们对居住区周边的鱼类、龟鳖类有了深刻了解，捕获方法更臻于完善，于是常年狩猎必然转入仅在冬季作为补充性活动。即或如此，当人口增加到300人以上时，按冬季仅100天需狩猎补充食物、1千克/人·日，一个冬季就需捕获600只中型动物。以姜寨为中心的出猎人们往返半径一般只能是30千米，也即以骊山为主要范围，其资源只能是2000～3600动态生存量。加之捕获人群的容量增大，工具更加有效，对动物活动规律及逃避空间的了解，动物消耗的速度会进一步增加。待到姜寨一期的中段，人口迅速，甚至陡然增加（防壕工程大规模建筑时期），很快从300增至500左右，姜寨周围的可猎捕的动物数量会大幅度减少。新增加的居住区的住房周围动物骨骼的数量十分稀少，可证明中段之后姜寨的可狩猎的动物资源趋于衰微。这是因为姜寨一期的人们面对的野生动物生态空间，除河流及飞鸟之外，皆是准封闭性的。地域内人口消耗比率长期超出野生动物种群增殖比例，准封闭性表明多数动物很少有大量持续流入姜寨人的狩猎区间的可能，但人口仍然依一定的速度在增加。姜寨的生存资源只能靠农田、畜牧及大量的水生、两栖及鸟类。随之而来的人们的生产生活内容、生态观念、文化艺术思考、科学技术内容也相应地发生了改变。这种改变也为我们深入认识了解姜寨的历史提供了更加有力的证据。

6. 狩猎动物彩陶绘画的缺白

这里的狩猎动物主要指姜寨遗址一期出现的虎、黑熊、山猫、猕猴、鹰、鹿、猪獾、狗獾、麝、獐、黄羊、牛、野猪等。彩绘陶画缺白指姜寨一期一些彩色绘画的钵、盆中没有出现这些动物。从《报告》中得知，考古人员对姜寨一期的彩绘陶画给予了高度的赞赏和评价。对人面衔鱼盆评曰：若人观鱼，造型美观，绘画图案别致；人相眯眼，鱼游水状，形象异常生动（113页）；凡鱼纹都作游水状，形象生动。对阴阳五鱼盆赞曰：内壁绘有5条小鱼，游态各异，“是一件杰出的艺术珍品”（138页）。对两蟾蜍两双鱼彩陶盆的评价最为特殊：深腹盆“内壁彩绘有对称青蛙两只，鱼四条，均作游水状，生动逼真，可称不朽之作”（114页）。6500多年前的人们能够彩绘出“若人观鱼”“凡鱼皆作游水状”“生动逼真”“异常美观”“一件杰出的艺术珍品”“可称不朽之作”的画卷，一定是一批绘画技艺高超的、有着杰出艺术才能的画师。这些人对他们所绘的对象有着深刻的艺术洞察力，并具备完美的惊人的艺术表达才能。遗憾的是，他们所彩绘的对象只有人面、鱼类及蟾蜍三种活物。而姜寨一期人们曾长时间（至少80～100年）大量的（每年数百只）猎获的虎、熊、猫、鹿、獾、貉、野猪等大型野生动物，却不见于他们的笔下。在狩猎高峰期，每当狩猎归来，一定引起全体居民的轰动。这些动物与当时人们的食物及用品（骨镞、骨梭、骨针等）息息相关，且它们的形象生动而各异，但在姜寨未留下陶画的痕迹。这种“缺白”必然内含着许多重要的极有价值的信息。

姜寨遗址一期现存的高超的彩陶绘画足以证明，在这些彩陶器制作之时，姜寨确有一批艺术才能杰出的画师存在。在姜寨一期初期的80～100年，狩猎高峰及以后的衰败之时，这些画师必不在姜寨。他们出现在姜寨之时，姜寨的野生动物资源进入到一个仅以鱼类及蛙类为主的阶段。历史学界对人面衔鱼彩陶画有许多释读，但有一点应当说明，人面衔鱼最突出的特征应是人口衔鱼。人口衔鱼是否应释读为，由于渔网的发明及完善，捕鱼食鱼成为人们最为容易获得肉食的劳作？姜寨一期二批F17存放的深腹盆内壁及底部“绘饰紫色渔网六片”应反映了这一情景。姜寨以西20余千米的西安半坡遗址的八等分盆沿，盆内绘画人面衔鱼及渔网彩陶中的渔网，可作为距今6700～6000年前渔网存在的形象写照。姜寨一期的人们由狩猎森林、草原动物并使其枯竭，转而从事“以佃以渔”的农牧渔捕生活，在姜寨发生于一期350年中的200年左右的第4及第5墓代。

由墓序分析得知，墓区Ⅲ墓向310°人群进入姜寨为姜寨历程180年左右，即A墓群的第4～5墓代；墓区Ⅰ墓群C墓向290°的人群进驻姜寨是姜寨历程190年左右。若此，姜寨历程180～190年，也即墓区Ⅲ墓群A第4与第5墓代之间，墓向310°与墓向290°的人群进入姜寨。从此，姜寨发生巨大的变化。

由于墓地ⅢA墓群的墓序较清晰，墓行墓列较规整，墓与墓之间又无叠压，所以其中包含的事件信息及时程序列具有较高的可靠性。该墓群第5墓代最后一行M159（墓向249，男8～9岁）随葬阴阳五鱼（或称黑红五鱼）彩绘陶画，是重要标志，时间恰为姜寨历程200年。它之前可认为无彩绘陶画存在，当时虽有大量的较长时期的狩猎动物的生动形象，但其陶画却缺白。它的出现，则足够证明既有高超的艺术大师出现，又有编写彩陶天书的科技人才存在。阴阳五鱼彩绘陶画盆的制成，足证姜寨一期彩陶进入了人面衔鱼、鱼、蛙及渔网彩绘陶画成批出现的时期。阴阳五鱼盆是中国阴阳鱼八卦太极图的源头，是铁证。更是黄帝生阴阳的古书记载的实证，是黄帝生阴阳出现时代的标示。阴阳五鱼彩绘陶画的存在，表明在它出现前后以人面、鱼、蛙等为内容的彩绘陶画天书时代的到来，也标志着“泰皇兴神鼎”以单“十”或双“十”为内容的地平天文仪器制作时代的基本结束。阴阳五鱼盆的出现，宣告二仪（南斗与北斗、日与月）围绕北天极旋转、将北天极区四分又八分的内涵、“非九天则大畡”的赤道天文学的诞生，从此浑天仪式的彩陶观天仪纷纷问世。阴阳五鱼盆制作成功，又证明楚墓帛书关于炎帝“天旁动”的天文学上的重大问题业已形成。对姜寨一期墓向、墓序的分析，狩猎动物彩色陶画缺白的讨论，确切地给出了阴阳五鱼盆的真实存在的时间，为距今6300年前后。接下来进一步关于“少典氏娶于有蟜氏”“非九天则大畡”“黄帝生阴阳”及“炎帝天旁动”的讨论，将引导我们回到黄帝与炎帝真实存在的年代。

（二）少典氏娶于有蟜氏

1. 去足的观天仪

彩陶在中国远古史上可称昙花一现，但它却留下了极其光辉的一页。彩陶是远古人们在高温物理化学、彩色造型工艺方面的创造，长期以来被历史界与美术界看作高超的艺术文化，实际它们是中国远古人类史的信息资源宝库，是中国远古图绘文字的重要发展阶段。彩陶神器是中国远古天象观测仪、定向罗盘仪发展演化的重要阶段，有一些彩色绘画陶器还是精心编辑的天文科学方面的天书，是人们刻意要留存或流传的信息档案，有些则是农业科学、生态科学方面的天书。有些历史文献提示：“在原始社会中，所有事物都是神圣的。”彩陶在这些神圣事物中最为精彩！这是因为彩陶制作与弓箭制作一样，在当时皆是高科技事物，非一般思考、设计、工艺所能实现。彩陶原料皆是细泥红陶，并非所有黏土皆可制彩陶，必须筛选适宜的黏土，并细心淘洗，还要加合适的羼合剂，制成合乎尺寸的陶坯，更主要的是表面磨光。施彩之前，必须研磨配制相应的颜料，而矿物颜料的加工是极其耗费工夫和人力的，在生产力还很低下的远古时代，人类为器物装饰付出昂贵的代价必然有其非同寻常的意义（蒋书庆，32页）。同时要有足够的生产设备，姜寨不仅有专门的制陶坯地点，而且有数量相当多的研磨颜料的石臼。其中已清理出11个石臼，或称研磨颜料盘，可确切判定位置的有10个，其中4个居于南居住组，在其他方位者各2个。必须有一般的彩绘工匠，同时又要有技艺高超的彩画人才。彩绘工匠可以制作一般的彩陶器皿。技艺高超的彩画人才，是艺术家，他们对所绘对象有着深刻的艺术洞察力，他们具备完美而惊人的艺术表达才能。他们绘画出的作品形象逼真、异常生动，是杰出的艺术珍品，甚至是不朽之作。姜寨一期彩陶不只是艺术，更重要、更伟大之处是编写天书。天书的编写，要有强有力的领导组织核心、要有足够的高水平的科学技术和积累，尤其是编写设计的科技人才，否则不可能成功。姜寨一期的彩陶大致可以划分为四类。一类是源自老官台三足红项钵，且与后岗一期红项碗有瓜葛的、数量相当大的、普遍适用的红项钵或碗。碗或钵沿外缘彩饰一周带状图案，如图6.6，同老官台三足红顶钵相比，6500年前左右的后岗与姜寨的普适性碗、钵皆已去掉三足。

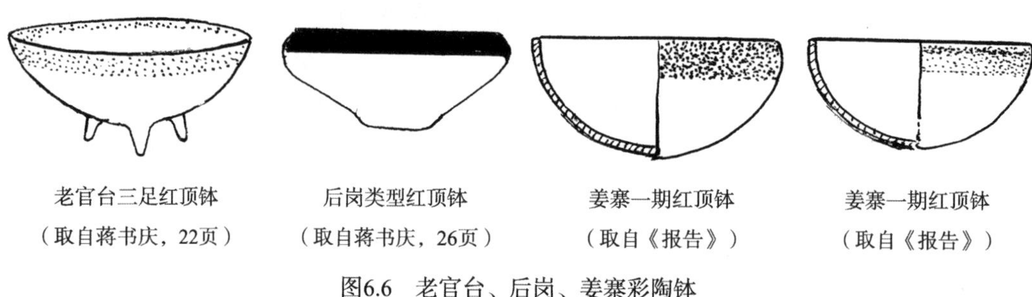

老官台三足红顶钵（取自蒋书庆，22页）　后岗类型红顶钵（取自蒋书庆，26页）　姜寨一期红顶钵（取自《报告》）　姜寨一期红顶钵（取自《报告》）

图6.6　老官台、后岗、姜寨彩陶钵

第二类是从距今8000年左右“泰皇兴神鼎一”时期发展而来的，图6.7.1的内部底边戳制指甲纹环，环外等距戳制4个尖塔形小三角的直口钵（以下简称指甲环纹钵），是姜寨遗址一期仍然存在的已经不再具有鼎形三足的单“十”地平天象仪。这类彩陶，姜寨发展的数量甚少。四爪纹潜形“十”字五鱼盆的盆沿也可以归于这一类型。第三类是从唇沿彩饰潜形单“十”字图案发展起来的、以不同几何图形彩饰的潜形双“十”唇沿的彩陶盆，是初始的可以用符号“⋇”表述的八分天地的地平坐标仪。这一类还包括从“⋇”

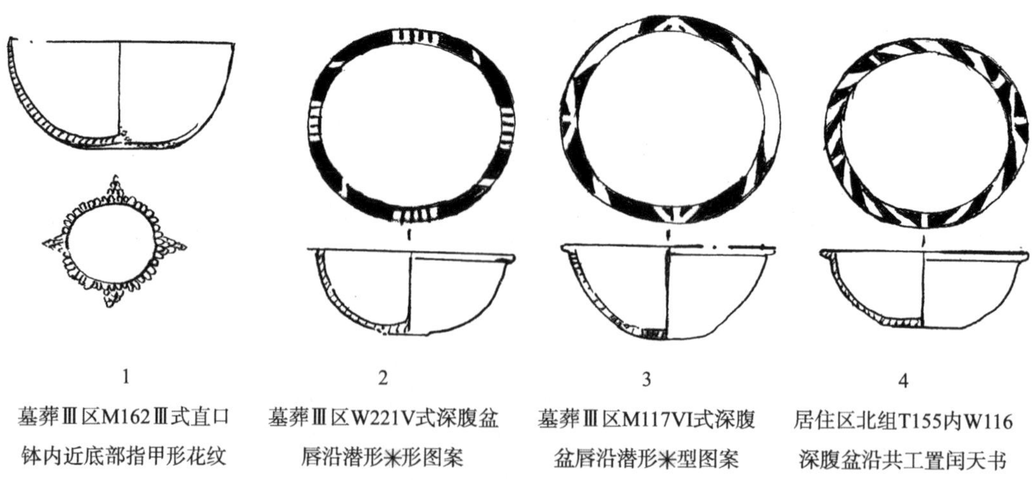

1 墓葬Ⅲ区M162Ⅲ式直口钵内近底部指甲形花纹　2 墓葬Ⅲ区W221V式深腹盆唇沿潜形⋇形图案　3 墓葬Ⅲ区M117VI式深腹盆唇沿潜形⋇型图案　4 居住区北组T155内W116深腹盆沿共工置闰天书

图6.7　二类彩陶为去足的观天仪器

发展而来的12分、13分，甚至27分、28分盆沿的彩饰图案。这一类彩陶底部无鼎形足，内部皆无彩绘图画。其中13分盆沿则是“共工置闰”天书。27分、28分盆沿的彩陶器皿则是恒星月与平均月的观测仪器。这些仪器是姜寨一期第四类彩陶天书的科学基础。

第四类如图6.8.4，盆沿八等分，盆内彩绘图画文字，在姜寨一期至少有5个。就彩陶发展的历程而言，它们是最复杂、最高等级的。按事物发展的由小到大、由简到繁的一般规则，它们是姜寨彩陶发展的最高阶段。如此，姜寨四类彩陶在发展历程上大致可以划分为：第一类红项碗、钵是最早、最原始、最久远之前的彩陶；第二类潜形单“十”字是姜寨最早的一批观天仪，是天书；第三类潜形双“十”字，以及12分、13分、27分、28分盆沿，盆内无彩绘图画的彩陶天书是“少典氏”天文学发展的最高阶段，应是八卦天文学的最精彩的成就；第四类只是到了姜寨一期中后期具备高超绘画技艺及精湛的成熟的天文学与生态学科学知识的人才批量地入驻之后才能出现，是新旧人群融汇结合的新的科学的产物，是高水平的观天仪，是6500～6300年前重大的天书巨著。

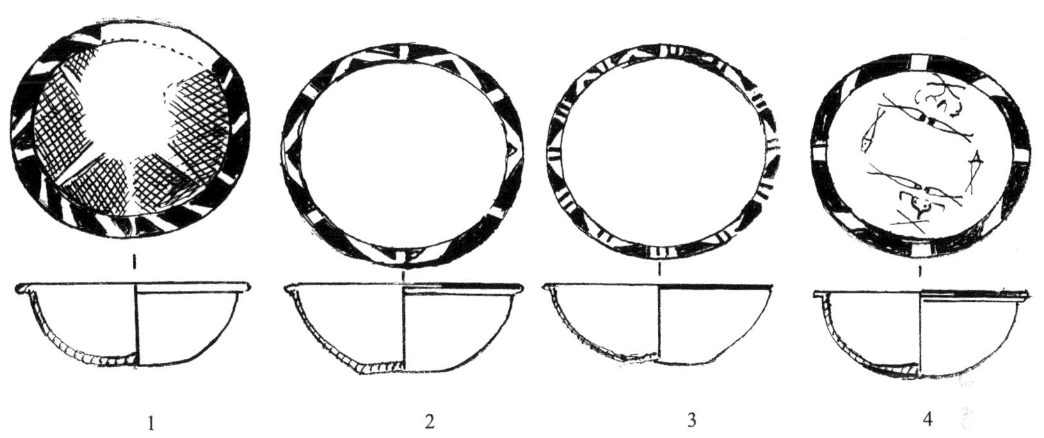

1 居住区东组F17内深腹盆里面被称为六片鱼网纹的紫色图案

2 居住区东组W50深腹盆唇沿纹饰图案

3 居住区北组W122深腹盆唇沿纹饰图案

4 居住区北组W152深腹盆唇沿纹饰图案

图6.8　二类与三类彩陶

2. 观天仪主人的讨论

姜寨一期彩陶二、三、四类既是神器，又是天书，数量甚少，将它们聚拢在一起，型制各异，彩色斑斓，多种多样。其空间分布为，五个居住区中主要在南、北、东三区，墓地主要在Ⅰ、Ⅲ墓区；时间序列上，可以为350年间，从始至终皆有分布。具体位置，有墓葬、瓮棺、居室等；所属主人，有成人、青年、少年、幼儿、婴儿等。最不可理解的是幼儿、婴儿成为天书的主人，对此，必须有所讨论。

姜寨彩陶天书的主人，年龄最大者是内壁近底部戳制指甲纹环及环外四枚尖塔形三角的直口钵的M162墓主，男，年龄30～35岁。当时观天司职人员只是8、9～14、15岁的少年，为何此30～35岁的墓主人还随葬此神圣之物？他应是在少年时期司职观天的人员，15、16岁以后或因有新的仪器出现代替了原来的仪器，于是便留存在他的手中；或因他虽不再从事严格的昼夜司职观天，但仍负责管理、指导、检校少年的观天活动，所以长期留存在他的手中，死后随葬。由于此物属于单“十”饰纹，又是姜寨独一无二者，可基本确认入葬时它是过时的废弃使用的仪器。年龄第二大者是图6.7.3彩陶盆的主人，M117，性别（？），年龄为青年，应是20～25岁。他也是超过了观天少年的时龄，其留存神器实际也是初级天书。随葬的原因应与前者相仿。黑红五鱼（或称阴阳五鱼）盆的主人是M159，男，8～9岁。居住北区组F86附近W176随葬人面衔鱼（眼圆睁）深腹盆的主人，女，10岁左右。墓葬Ⅰ区W63随葬二十七分唇沿，内绘鱼蛙（应是蟾蜍）纹深腹盆的主人，性别（？），儿童。儿童应是8～10岁的年龄。这三个内绘彩色图画、盆沿或饰单一“十”字或饰正交双十字“⋇”的几何图形的深腹盆，是司职观天的仪器。整个盆上图画构成的应是一部天书。对天书的释读，将在后文中分别详细讨论。其主人皆符合司职观天的年龄。观天器皿随葬少年主人，也可能是当时的一种社会规定。

表6.2给出的是姜寨一期，除上述彩陶天书主人外，其他瓮棺葬的天书的主人，1、2号墓主人，《报告》未给出性别及年龄，其他皆是幼儿或婴儿。一般幼儿应小于5、6岁，婴儿更小，两者都不可能从事司职观天活动，可他们却享有天书随葬。史学界诸多专著对婴幼儿享此待遇各有解释。笔者认为最大的可能是婴幼儿母亲是司职观天者。M162，男，30～35岁，以及M117，（？），青年，皆已超过司职观天的年龄，但仍享有天书随葬，表明少年时期司职观天的人员，可以将仪器或天书收归个人所有。一些少女使用天书司职观天之后，或因他们使用的设备被新的器皿代替，或因居住区之间轮值观天将仪器留在本区内等原因，将天书保存在她们的手中。当她们生育的子女在婴幼儿期亡逝，以当时的某些重要观念或原则，将天书类彩陶器皿盖在瓮棺上或随葬是合乎时俗的*。

表6.2　姜寨一期婴幼儿随葬天书表

序号	位置	瓮号	器类	性别	年龄	盆沿饰	盆内绘画
1	墓地Ⅲ	W221	深腹盆	？	？	多组几何形	无
2	居住区东组	W50	深腹盆	？	？	13分	无
3	居住区北组	W115	深腹盆		幼儿	20分	无
4	居住区北组	W154	深腹盆		幼儿	多组几何形	无
5	居住区北组	W116	深腹盆		幼儿	28分	无
6	居住区北组	W156	深腹盆		婴儿	⋇	人面 一小鱼
7	居住区北组	W162	深腹盆		婴儿	⋇	人面　二鱼

*　“以少年来观天，从何处得知”？仅是笔者从河南濮阳西水坡大墓中的三个少年、《大荒东经》“颛顼孺于少昊”及《大荒西经》“颛顼生老童……，处于西极，以行日月星辰之行二次”、姜寨M159随葬阴阳五鱼太极盆（8～9岁）、M54（女、15岁）似蜂形人装束等情况，经反复研究得之。简要说明已在120页“三方之‘少’”小节作了交代。

在姜寨遗址一期天书类彩陶器中，无论是二类还是三类，数量最多者还是扣在瓮棺上的器皿。图6.6中的W221、W116，图6.7中的W50、W122，以及W115皆应为第二类天书彩陶，以盆沿饰纹为主。有些非双“十”饰纹可以释读，有些尚难以解读。以唇沿为潜形单十字或双十字，盆内绘有彩画天书的第四大类器皿有居住区北组内的W156（人面鱼纹，一条小鱼，若人观鱼）、W162（人面鱼纹，人眼圆睁）、W176（人面鱼纹），以及墓地区W63的鱼蛙纹深腹盆，占绝对多数。这些彩陶器皿的主人，除个别为少年外，大多数为幼儿或婴儿，皆不可能从事观天活动，可他们死后却享用这些珍贵的天书类随葬。一个少年从事观天职务平均只有6年，姜寨一期350年间至少要有60位以上的司职少年，明确记述瓮棺用二、三类天书为幼儿及婴儿者只有5位，占司职少年总数的1/10。从各居住区组或墓地有二、三类天书存在，但数量又较少可断定，整个聚落司职观天少年应是5个居住区组轮换接续的。多数观天仪器是传递性的。少数观天仪器归属个人所有，什么原因，不得而知。归个人所有的彩陶天书，若是女性，当其生下的婴儿或抚育的幼儿早夭，将彩陶盆钵用于瓮棺作盖，是母亲对幼子亡灵的抚爱、企盼或安慰?

一、二、三类天书，无论归属于谁，或以什么方式及原因归属，皆可以看出这些天书在姜寨一期地位相当重要，作用与意义也是自始至终存在的。“在原始社会中，所有事物都是神圣的。”彩陶天书是为神圣目的而制造出来的，依靠少年用彩绘陶盆观天也是神圣的，婴儿幼儿死后母亲用自己司职观天的神器埋葬也是神圣的。

3. 第一批司职观天人员的讨论

第一批司职观天人员，实际上也是第一批司职观天家庭的成员。从前文图6.3墓地Ⅲ区A墓群的墓向及墓序分析可知，这是一个起于相对稳定的对偶婚家庭，以后又基本维系母系家族的墓地。墓群第一列为M90（墓向267°，男，40～50岁）与M165（墓向255°，女，成年），墓行起始于M90，邻近居住区。M90死亡年龄按45岁，M165成年按33岁死亡计，次墓列则应是他们的子女。从次墓列墓向除M167（265°）外皆为250°，几乎都是女性，可认为墓M165女主人所生多是女儿。设其15岁开始生育，每3年生一个，其序列如表。另设女主人18岁与M90男主人（30岁左右）以家庭为单位同时进入姜寨，入寨时家中携带4岁（表6.3△处）的大女儿。按姜寨一期居住区南组最早一栋房屋是F125（地上，方形，7平方米），应是这一家庭的居室，以后8～9年又在F125附近建成19平方米的近于中型的房屋F120，这栋南组最早的房子，必是他们所建。7平方米也仅能居住两个大人两个孩子，甚至孩子被集中在早期的大房子之中。

A墓群中第三墓列的M162，男，30～35岁（按35岁计），随葬的指甲环外具4个尖塔小三角的直口钵，是潜形“十”字观天仪。他只能在8～16岁时司职观天。从表中可知，他应是M165女主人30岁时、其大女儿M167的主人16岁时所生男孩。他8～9岁时，接替M165的三女儿M180的主人司职观天（16岁）之班。M180在8岁时接替M167主人16岁时的司职观天之班。由此可知，这个神器从M165主人22岁时、其大女儿8岁开始司职观天便使用这个四分天地的地平坐标仪。然后其三女儿9岁时接续，继而再由M165外孙

表6.3　第一批司职观天成员推断表

成员	M号	M165女主人生时年龄（岁）	M165死后时程（年）
女主人	165	15 16 17 18 19 20 21 22 23 24 25 26 27 28 29 30 31 32	（5）（7）（8）（13）（14）（15）…………（20）
大女儿	167	1　8————16	亡（3，31）
二女儿	88	1　8	亡（1，20）
?		?	
三女儿	180	1　9——	——16　亡（4，23）
四女儿	192	?	?
五？	166	1	亡（2，8）
长外孙	162	1	9————16

M162主人在她死后7年左右司职观天。M162葬于A墓群第3墓列，即第3墓代，每墓代平均按40年计，姜寨一期已渡过了100～120年时程。此时，大量的潜形“✳”字观天仪器的出现，必然代替了这个家庭三代人所使用的单“十”的设备。

A墓群第六墓列由于与第五墓列之间可能有人行便道，列中1～3行墓葬向西北方移位。此墓列第1行的M117，墓向250°，性别（？），年龄为青年，上一小节已说明他的年龄是20～25岁，超过了8～16岁时的观天年龄，他留存此神器的原因应与M162基本相同。他随葬的第三类彩陶饰纹是盆沿八等分，盆内无绘图，见图6.6.3。他与M162相隔两个墓列，应延后80年左右，也就是姜寨一期历时180年左右，观天仪器进入了八分天地的、以潜形“✳”字的地平坐标仪为主的时代。在M117西南方4米的M92（墓向260°，女，25岁）墓首的左前方0.5米处W221也随葬一个潜形八等分“✳”字盆沿的彩陶盆，见图6.6.2。通过以上的分析可以得知，姜寨一期居住在南区组（墓地Ⅲ）的250°墓向的人们历经100～180年完成了采用四分天地的潜形“十”字地平坐标仪向八分天地潜形“米”字地平坐标仪的飞跃。四分天地以冬至、夏至、春分、秋分观察日月星辰的活动为主要内容，甚而预判春、夏、秋、冬季的来去，借以安排人们的生活、生产甚至文化科学活动。八等分天地则引领当时的人们观测冬至、立春、春分、立夏、夏至、立秋、秋分、立冬八个节气的日、月、星辰的活动内容。也可以说，距今6500年左右，中国远古的人们已有组织地、专职地、有良好设备地，至少定时定位地观察与八个节气有关的天象规律。

这就是说，姜寨一期以少年从事天象观测，在距今6500年左右已完成了依靠四分盆沿彩陶钵作地平坐标仪转型为制作八分盆沿彩陶盆为地平坐标仪的飞跃。实际上是将天球与地平面四分细划为八分，从而对日月星辰运行规律的观察、了解、认识更加深入细致。在“泰皇兴神鼎一”专题讨论了“三方之少”“五帝之书”及“少典氏”。少典氏的主要特征是依靠器皿唇沿图案形成的潜形单“十”或双“十”的陶皿观测天象；组织8～16岁的少年司职观天；已经有了可以存档的刻划双“十”字符的“天书”存世。姜寨一期早期进驻的以墓向250°人群为代表的历经大约150～200年的人们最具有少典氏的特征。也可以说，他们是来源于老官台双波纹潜“十”字四分天地的地平天文学创造者的人脉。姜寨遗址一期早、中段是少典氏的一个十分重要的聚落。至少可以说他们是当时分布在渭水流域的少典氏的重要成员。总之，他们是少典氏。

4. 少典氏的共工置闰天书

“泰皇兴神鼎一”专题阐述了湖南楚墓帛书记载的共工置闰。按帛书全文可知，共工置闰肯定是在伏羲“是生子四□，是襄天地”之后的“千又百岁”发生的。“共工夸步十日，四时□□，四神则闰。”足证中国远古文献清晰记述着置闰这一重大的制历成就。这种清晰的记载始于何时何地何书，以往不得而知。对姜寨一期彩陶天书之释读，令我们见到6500年前左右的“共工置闰”天书。图6.9a中W116随葬的深腹盆唇沿饰纹，并没有遵循以往四等分或八等分的图式，而是将盆沿五分，且明显不是等分。盆沿图案的几何形只有狭长方纹与楔形纹两种。狭长方纹5条将盆沿划割为4个基本相等的区间与一个只有每个区间1/3宽的小区间。

图6.9a　北组居住区T155内W116深腹盆沿共工置闰天书

4个长区间内又分别绘制三条楔形，大小、形状及间距基本相等。于是给出4×3＝12条红色的楔形图案及小区间内一条狭细的楔形图案，共计13条。

初看，这种不等分盆沿几何形不规整的纹饰紊乱不清。但当将它们与“共工夸步十日”“四神置闰”联系在一起时便一目了然。4个长区间是四季之神，每个季度内有3个楔形，每个楔形代表一个月。一年3×4＝12个月，一个朔望月29.53天，近似3个10。阴历年29.53×12＝354.4天。但太阳绕地一周天，从冬至到冬至；或从春分到春分，则为365天。明显出现以朔望月计年，12个月，与以太阳回归计年12个月相较“阴不足10日”或“阳有余10日”。古代文献所言的“闰者阳之余”，即是以12个朔望月为一岁，则与太阳历差10日，需置闰方能调整“四时失度”。有人将“共工夸步”神话化，认为共工“步日”过大导致阴阳失度，实际上误读了“夸”步之夸的原意。按《说文解字》（492页）“夸，奢也”，注曰：“奢者，张说也”“张，弓施弦解”。“引占为凡作辍之称”（640页），而辍“取小缺之意也”（729页），如此可知，夸应是“取小缺之意”，即共工解决了太阴年比太阳年小缺10日的问题。应关注古人释译天书时在语言文字方面的精心细致。由此可以确认，这是一部刻记太阳12个月与周天一年太阴历相差10日的、三年可积一个闰月的天书，远在距今6500年前人们已经熟习并解决了“取小缺”这个阴阳年岁之差的问题。姜寨一期W116随葬的不等距五分又十三分盆沿的天书，是“夸步10日”的实际证据，而它确实存在于距今6500年左右。“共工置闰”天书源于6500年前的姜寨遗址。明确给出12个月外加一个内有代表一个月（30天）的条楔的小区间。

5. 类似蜂形人的装束

姜寨一期随葬骨珠饰物者计有10个墓穴，骨珠总计14047颗。骨珠用鸟类骨骼切锯而成，一般长0.4厘米，直径0.5厘米。其中有3座墓中骨珠超过2000个。通常情况下人们将骨珠看作简单的装饰。从M54与M7的骨珠摆放形状分析，应是类似蜂形人的装束。“黄，蜂形人图腾符号”专题强调给出，蜂形人头两侧各有一个半球形的复眼，两臂呈翅膀形，两条腿呈肥大状，如图4.3。《报告》[1]记述：M54有骨珠2052颗，分散于头颈及上身，唯颈下部保留数串骨珠，排列整齐，估计骨珠系穿成串后作项饰用。图6.10为M54骨珠分布状况，头骨两侧各有一些骨珠，似近球形；上肢骨两侧骨珠摆放似是翅膀形；腰部以下也有骨珠散布。按《报告》附表四（400页），此墓未遭干扰，可知骨珠摆放形状基本维持原有状态。M7骨珠，据《简报》[1]（136页）：骨珠8577颗，分布于骨架颈部、胸部、腰部、盆骨大部及肱骨内外，但多数散乱。此墓遭到扰乱。按《简报》介绍及图6.9b给出的骨珠分布基本形状，特别是肱骨内外分布，与M54相近。两个墓中的骨珠分布形状应表示其类似蜂形人的装束。倘若确是如此，则两个墓主人是蜂形人的代表。蜂形人即蟜，蟜即是有蟜氏。

图6.9b　类似蜂形人装束

依据墓向及墓序分析可知M54与M7皆居于墓地Ⅰ西南段的以290°墓向为主的墓群C（见图6.4）。该墓群290°墓向之墓大致划分4列、5～6行。M54、（墓向298°，女，15岁），居于第1墓列第1墓行，该墓向人群到达姜寨的时间为姜寨的中后期，即从姜寨起始至160～200年前后。M54居于第1墓列第1墓行，主人本身只有15岁，她生活时，只是该墓向人群进驻姜寨初期，骨珠的形态应仍维持原有氏族生活时期的面貌，且她应是290°墓向人群的司职观天的少年，刚刚临近司职结束期便早夭了。M7（墓向290°，女，16～17岁），居第2墓列第3墓行。此墓列共5墓行，墓列年代宽度仍按平均40年计，M7居于墓行的中间，至少比第一墓列晚20年，可以认为仍属于该墓向人群进驻姜寨之后不久。她装饰骨珠8000多颗，但只有16～17岁，显然不是个人加工制作，应是整个族群累积之财物，或进驻姜寨前后专心加工制作而成的。若M54是司天神职人员，而该族群有着神饰随葬的规则，必在M54司职期间氏族的人们仍加工制作骨珠，为接续的少年制作神饰。M7主人从8～9岁开始司职，司职期间，族群的人们继续制作神职服饰，其司职后期可以为整个族群制作8000多颗骨珠。按M54骨珠2052颗，M92（居Ⅲ墓地，墓向260°，女，25岁）有骨珠2490颗，可认为一般人装饰骨珠在2000～3000颗之间，8577颗骨珠应为3～4位预备司职人员的装饰。姜寨一期墓向290°的人们到了M7的时候，已进入到更新更高层次的司职观天器皿的时代，蜂形人或类似蜂形人的装束到了废弃停用的阶段，于是方有集中于M7主人一并使用（图6.9c）。

由于笔者没有亲眼目睹M54、M7骨珠分布的实际形象，所以只能称其为类似蜂形人装束。且笔者第一眼见到M54分布描图时，即刻认为这是蜂形人状态。那时还没有深入了解姜寨一期的更多内在关联，所以并未重视这一问题。现今日益认识到两位少女骨珠装束是姜寨一项十分重要的信息，便取了“类似蜂形人的装束”的命题，以求留有余地，留下进一步探讨的空间。

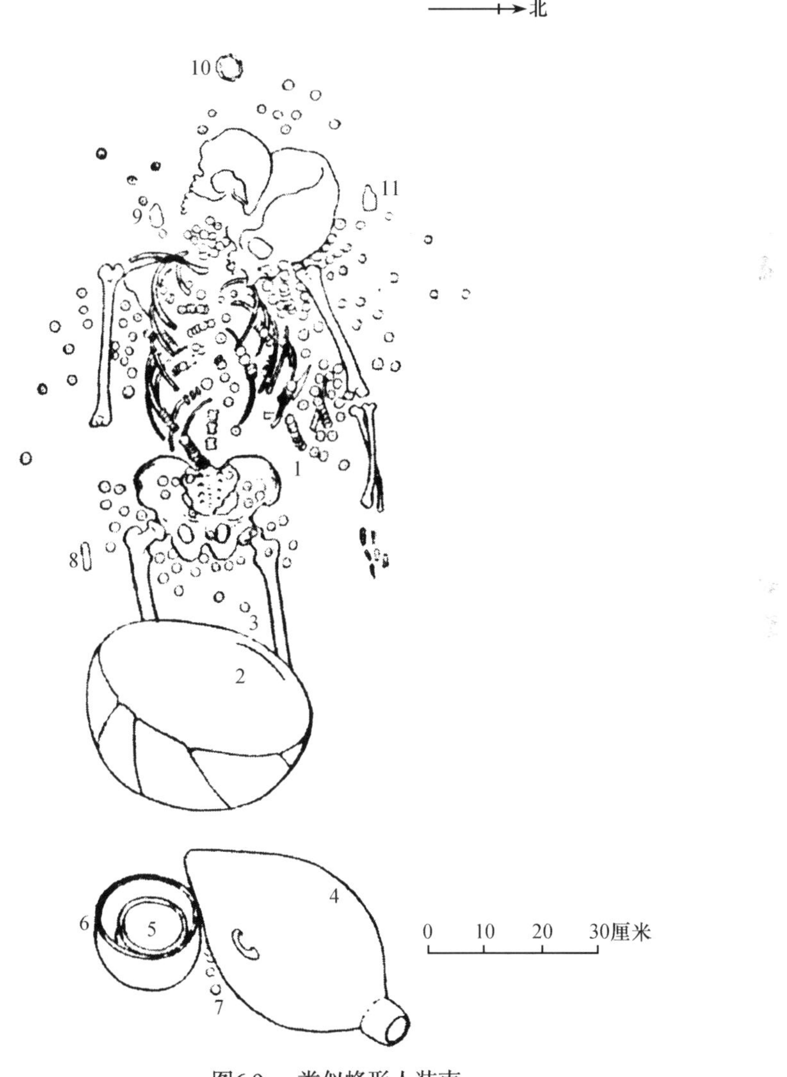

图6.9c　类似蜂形人装束

6. 少典娶于有蟜氏

《黄帝之研究》从一万多年以前的女娲时代，特别是从1.0万～0.9万年前吉县柿子滩遗址的头顶七星脚踏六星的蜂形人岩画开始，一路走来，深刻而惊奇地认识到中国古代文献记述的女娲历史、伏羲历史、炎黄历史皆源于更加久远的，比甲骨文更远的，但确是可靠可信的记载。这些记述十分重要，在这些重要的记述中，《国语・晋语四・重耳婚媾怀嬴》[3]记述了公元前637年司空季子言及的“昔少典娶于有蟜氏，生黄帝、炎帝”是最重要的历史。“少典”不是一个人，而是一个氏族，即少典氏。历史学者经过认真研究，科学地指出：少典氏族应与创造发明最早的文字有关，少典氏及其后裔应是最早的陶器刻画符号文字的主要发现者。前文已给出“典”是五帝文化，是天书。少典氏是使令少年用彩陶器皿观测天象，进而编制成天书的氏族。他们源于8000多年前的大地湾及老官台时期，源于伏羲氏的“泰皇神鼎”。这个氏族人多势众，是一个强大的群体，主要分布于渭水流域，姜寨是少典氏的一个重要聚落。他们使用盆、钵边沿彩绘几何图案的地平坐标仪，并将彩陶盆沿作为基质，利用几何图形编制有关天文观测方面的天书，如12个月，27、28等月亮周期，特别是“共工置闰”这一天文成就。遗憾的是，至少他们在姜寨时没有彩陶绘画。最引人关注的是捕猎野生动物的彩绘陶画的缺白，它将姜寨前期的几何图案天书与姜寨一期后期的栩栩如生的彩绘陶画天书显著地分隔开来。于是将姜寨一期前后两个不同的时期、不同的人员组成、不同的社会内容、不同的科学文化水平特别是地平天文学与赤极天文学分列于世。可以肯定姜寨一期的前200年左右是少典氏之天下，甚至包括姜寨周围的相同情况的聚落都是少典氏的族群。

如此，可以确定性地给出，“少典氏娶于有蟜氏”的少典氏就是包括姜寨一期的姜寨聚落在内的同一时期的渭水流域与姜寨一期基本相同的族群。“有蟜氏” 在《黄帝之研究》专题四已作了相当详细的讨论。特别是有一些历史专著已肯定性地考证“蟜”是蜜蜂，是图腾。由是可知，有蟜氏是来源于距今一万多年前的柿子滩蜂形人，来源于1.3万～0.8万年前的女娲时代。这是一个以蜂形人为图腾的源远流长又势力强大的另一个氏族群体。“强大的汇聚力”小节中指出姜寨所处的时代，人群与人群之间出现了强大的汇聚力，是一批聚落内同一时期发生少典氏娶于有蟜氏，还是只有姜寨这一个聚落发生了少典氏娶于有蟜氏，值得进一步研究。但就姜寨出现M54、M7两个类似蜂形人的装束，可初步确信姜寨一期发生了少典氏“娶”于有蟜氏的事件。姜寨一期总历程350年左右，M54、M7所归属的290°墓向的人们进入姜寨的时间大约为姜寨前期的160～200年，也就是说距今6500年前左右，少典氏族群吸纳了有蟜氏族群。姜寨十分明显地给出了两个强大氏族汇聚之后发生的巨大变化，它是以阴阳五鱼盆为代表的一批彩陶绘画天书真实记述所给出的。

“少典氏娶于有蟜氏”是中国古代文献记述的炎黄历史，它告知后人，特别是我们今天的人们，炎、黄诞生既有具体的时间又有真实的地点。遗憾的是《国语・晋语四》并没有给出少典氏娶于有蟜氏的具体的时间及地点。“少典氏娶于有蟜氏”，此句记述，浅显而明白，犹如白话文一般，必是周、秦、汉三个朝代文职人员释译古老的文献所得。简短的八个字，却饱含了远古时代诸多的往事。既然是释译必然要用周、秦、汉那个时代的社会观念代替至少距今6000年以前的人们留存的观念。

若此，“娶”则是关键，周、秦、汉的释译者的“娶”主要应包括两部分含义，一者为“娶，取彼之女为我之妇”，必然是有蟜氏为女、少典氏为男。或者有蟜氏之女皆为少典氏之妇。如此，原始记载应与“天书”专题讨论的“性交往契约”岩画类似。另一个涵义，迎与被迎者，“迎，逢也”，迎者居于原地迎接或迎来被迎者。“娶”可能源于“取”，《说文解字》中“经典多假取为娶”，译释者误释了原有的“取”意，扭曲了迎取者内含着原住居民迎纳外来者之意。迎娶也是原住者男方迎娶外来者女方，无论是迎娶，还是“迎接”之原有涵义，皆内含着少典氏为原住居民，有蟜氏是外来居民，“少典氏取于有蟜氏”原本是少典氏迎纳了有蟜氏。

（三）非九天则大峡

1. 非九天则大峡

《楚墓帛书》在伏羲“是生子四□，是襄天地”之后“千又百岁”炎帝乃命祝融以四神降，奠三天，奠四极。曰：非九天则大峡。这里的“九天大峡”可能是中国古代先秦文献最清楚表述北天极是倾斜的文字。人们往往用《淮南子·天文训》的九天释注这里的大峡。《淮南子》的九天实际有两个类别，它本身也未能明确分别开来。一个是地平天球坐标的九天，《淮南子·览冥训》中“背方州，抱圆天”“上际九天”的九天，一个是以北天极为中心的天球赤道坐标的九天。《淮南子》虽然将天球赤道坐标的九天分列在不同的段落，但阐述倾斜的九天还是清晰的。“子午、卯酉为二绳”“冬至日斗北中绳”“夏至日斗南中绳”“帝张四维，运之以斗”，清楚地表明北斗围绕天球赤极的九天旋转。“非九天则大峡”表白的是以北天极为中心的天球赤道坐标轴是倾斜的。“非”则言明九天之外的天地万物也都是倾斜的。《淮南子·天文训》不仅给出了“九天”，而且给出了“子午、卯酉二绳”与“四维”另外“八天”在“帝张四维，运之以斗”时，冬至日斗北中绳，夏至日斗南中绳。简言之，不仅九天以外的八天等天地万物“大峡”，而且皆以北天极为中心旋转。这种旋转则有冬夏之别，有日夜之别，甚至日、月也随之旋转，即“帝夋乃为日月之行”。《楚墓帛书》与《淮南子》关于“非九天则大峡”及以北天极为中心的周天旋转这一重大的天文学成就，在中国远古史上有着悠久连绵的发展演化历程。

“帝张四维，运之以斗”“非九天则大峡”是中国远古天文学的重大理论问题，也是黄帝的核心问题。这一问题已有近万年的历程，今天可以见到三部天书。第一部是1.0万～0.9万年前的柿子滩头顶七星脚踏六星的蜂形人岩画。它进一步发展演化便创造出与其相配合的处栗广之野的“有神十人”的女娲之肠或骷髅十字圭表。记述蜂形人与骷髅十字圭表昼夜相配合的融为一体的第二部天书是“蟜”。或被称为有蟜氏的族群。8000年前泰皇伏羲“兴神鼎一”所衍生成的少典氏与有蟜氏在距今6500年左右于姜寨聚汇融合后，编著的阴阳五鱼“㊉”字天书。这是第三部天书，距今5000～4500年前安徽含山县凌家滩的猪鹰八卦旋天北极天书。是代表第三部天书的另一个阶段。它们阐述了，同天顶相比，北天极似是斜的；南、北斗，甚至日、月、星围绕中心周而复始地旋转，旋转是有动力的，是以北天极为中心的；北天极区可以四分、八分，且对应四方、八方、四时八节。这些内容在天书中看的是直观的、明确的，有的则是隐伏或潜含的。

2. 一万年前旋转的北天极区

据《山西吉县柿子滩中石器文化遗址报告》，柿子滩的头顶七星脚踏六星的蜂形人岩画，“反映了当时人们的信仰崇拜”“在当时人们精神生活中占了一定的地位”，是遗址上层的重要组成部分。而遗址上层黑垆土形成年代距今1万年左右。可知岩画的年代应距今一万年左右。孟繁仁在柿子滩女娲岩画一文中，讨论了岩画产生的最晚时间，距今11000～9000年。冯时认为，柿子滩岩画可能属于1万年前，“如果我们认为这七颗星点呈东西向分布的话，那么计算结果表明，遗址的年代与北斗七星指向二分点的年代完全吻合”（2001，99页）。陆思贤等通过岩画的形象，讨论了一万年前东方星宿的状况，认为岩画给出的时间是一万年前的天象（2006，18页）。一万年前柿子滩人发现了南北斗每晚转半周、每年围绕北天极转一周，他们一定认为北天极区是神圣的。在长期利用北天极区定向、计时、制历时，久而久之，必然思考北斗与南斗为何会旋转？他们观察身边的动物，其中与其生活特殊密切的蜜蜂，不仅可以供给充足的糖蜜，而且还可以在空中旋转。他们便认为供给蜂蜜的蜜蜂与指给他们方向及时辰的南北斗皆是神圣，于是便形成了蜜蜂供应糖蜜，而且在天上旋转带动南、北斗的理念。或者反转过来思考，在一年之中与他们生活密不可分的蜜蜂，从春到秋的变化，与南北斗在北天区的转动一致。于是便形成了南北斗的旋转是天上的一个看不见的蜜蜂带动它们，就像地面上蜜蜂一样一年四季带动人们上山采蜜，蜜蜂带动南北斗围绕北天极旋转的观念。这与距今5000年前，迟后柿子滩人4000年左右的凌家滩猪鹰八卦玉器同出一辙的，即皆是人们想象的南北斗回绕北天极有规律地旋转的动力。凌家滩人认为天上有一只肉眼看不见的、两个翅膀各为一头猪的鹰在翱翔。而柿子滩人早于凌家滩人4000年前已经认为南北斗旋转是一个蜜蜂的两个翅膀带动的。如此，冯时所释读“女巫”不是一般的人，她应是能在天上旋转飞翔的“巫”，柿子滩岩画中的装扮成蜜蜂的女巫，我们这里称其为“蜂形人”，并认为蜂形人是蜜蜂，又是女巫，是北天区旋转的动力。它是《黄帝之研究》的一个十分重要的基础，是“黄氏族”的源头，是“黄”字的源头。

由于地轴围绕黄极作陀螺式旋转，在宇宙空间的赤极变化的实际轨迹是一个螺旋线，取其一段投射在平面上是一个围绕黄极的圆。图6.10是冯时给出的赤极变化轨迹。地轴陀螺式摆动周期为26000年，图中的M点是距今13000年的赤极位置，K点是距今一万年前赤极的位置。其位置离七公星的距星较近。

倘若冯时给出的图中的南北斗的位置与形状同一万年前相比基本一致，则北斗与南斗在一万年前围绕当时北天极旋转的状态同现今人们观察到的状态明显不同。站在北半球地面上观察的人，现今见到的北天极处于南北斗之间。一万年前的人们看到的北天极是在南北斗一侧的图6.10中的K点的位置。人们每晚见到的北斗与南斗一前一后成一条

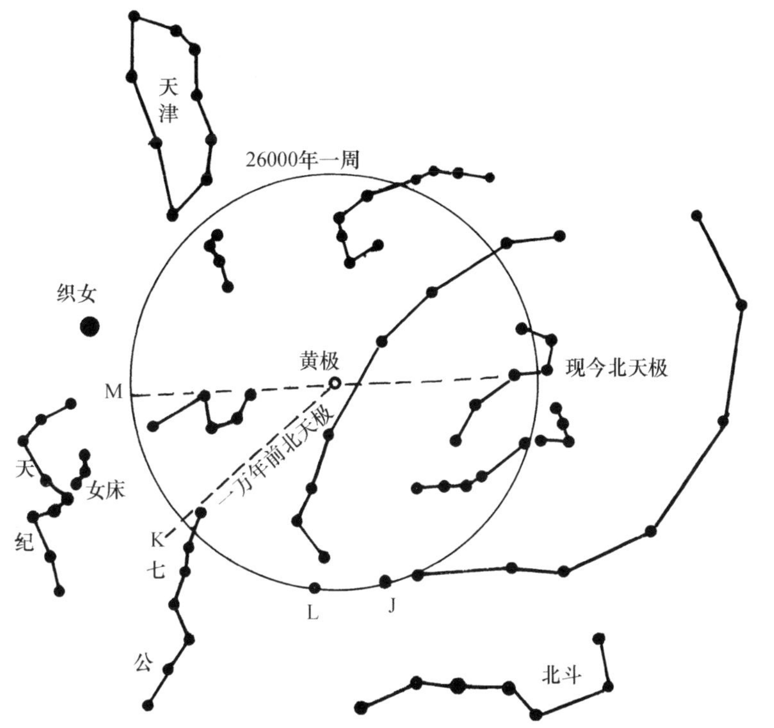

图6.10 赤极变化轨迹是一个以黄极为中心的圆

线同时围绕北天级旋转，一昼夜转一周，第二天日落后又出现在前一天的方向附近。一年转一大周，春夏秋冬各在不同的位置。柿子滩岩画南北斗中间似人非人的女巫头顶七星脚踏六星可能有诸多解释，但它们三者在一条直线上，蜂形人的翅膀在直线两侧，将它们视为一个整体，由似人非人的女巫带动南北斗向前方飞翔，在北天区一侧围绕天极旋转，应是当时人们观测的实际情况。这一解释倘若基本正确，则南北斗围绕北天极旋转的情况应如图6.11所示。从图可知，岩画中似人非人的图案确是打扮成蜜蜂形象的女巫，称其为蜂形人，与南北斗形成一个整体，围绕北天极旋转，应是一万年前柿子滩形成的观念，也是中国天球赤道天文学远古的源头。

“一万年前的‘七’”与“一万年前的‘十’”两个小节已讨论了当时的人们利用南北斗指路、定向、计时、制历的大致情景。图6.11应是一万年前观察北天极的人们日复一日、年复一年见到及想象到的情景。柿子滩南北斗蜂形人岩画足以证明他们已清晰地认识并掌握了南北斗围绕北天极旋转的规律。一万年以前，远古的柿子滩人已形成了以北天极为中心、以南北斗为标示、以想象的巨大的形似蜜蜂的活体为动力的天文学。我们称其为“北斗天天文学”，或称其为“北斗蜂形人天文学”。这些称呼只是为了《黄帝之研究》中区分诸多天文学分支而提出的，不具有具体的科学意义。

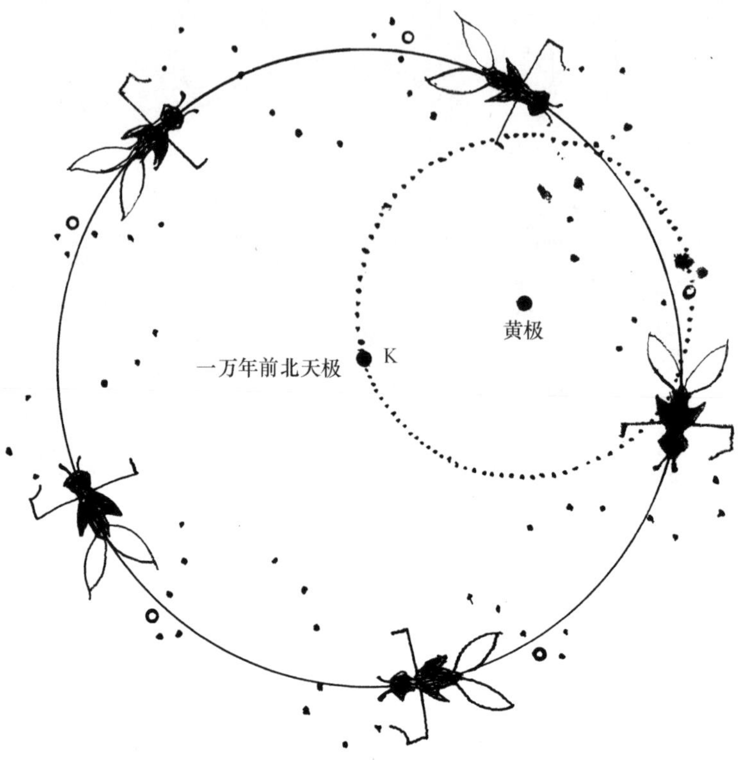

图6.11　蜂形人带动南北斗围绕北天极旋转

3. 6500～6300年前的帝㊉

姜寨一期的M159，墓向249°，男，8~9岁的少年随葬的四个爪形纹等分边沿内绘五鱼围绕中心旋转的天书，可以说是姜寨一期所有天书之中最核心、最重要的一部。它首先阐述了“奠四极”，四个爪形纹指向四个方向。这四个方向不是大地的东、西、南、北，即不是地平坐标的四方，而是北天极周边的四方，那是北斗所指的冬至、春分、夏至、秋分的“四极”，即“非九天则大岾”的四极。为何如此武断？因为M159这位少年使用的不是一般的天书，而是一件用于观天的器具。这个器具除明确标示四极之外，还清楚地彩绘了五条围绕中心旋转的活鱼。注意，是五条活鱼！其本意与蜂形人带动南北斗旋转是一致的。不同的只是此时姜寨一期的人们心目中以鱼、蛙、鹿等为图腾神物而已。五鱼盆天书虽然寓意深刻而复杂，但它首先必是内含着观察者肉眼每天直接看到的围绕中心周而复始做圆环式旋转的天象。按地平坐标系的九天为“天顶”，观察天顶，无肉眼直接可见的围绕中心周而复始作圆环式旋转的天象。只有北天极区的南斗、北斗（最明显的北天极区的星象）及附近星象每天夜晚皆 “围绕中心周而复始作圆环式旋转”。由此，可以肯定地认为五鱼盆首先记述的是6500~6300年前人们每夜用肉眼直接观察的北天极区的天象。北天极区所观察到的天象是活生生的、动态的，是围绕北天极这个中心周而复始旋转的。这便是彩绘五条活鱼的根本所在。当然必然包含同地平坐标的九天天顶相比是大倾的，站在渭水两岸的人们看到的北天旋转中心要比天顶向北倾斜50多度确实是大倾。五鱼盆虽然没有标示大倾的内容，但是去掉老官台双波纹潜形“十”字四分钵的三足，足以推想，将最有平稳效力地放置在平面上的三足去掉，一定有其更重要的原因。这个原因必是不再需要“最有平稳效力地放置在平面上”的功用。随时随地可以倾斜放置。这个无三足的内部记述围绕北天极周而复始旋转的五鱼盆，实际上是一架倾斜使用的观天仪。陆思贤等认为“非九天则大峡”“应是有关天北极或北极星的最古记录”（2006，231页）。

前文已经讨论，M159位于墓地Ⅲ区墓向250°聚集的墓群A。墓群A的墓代年限宽度平均为40年，M159居于第5墓代的最后墓行，历经了整个5个墓代，他入土时姜寨一期已历经了200多年。也就是说该少年使用五鱼盆天书观测天象的时间应距今6500年前后。由于少年只有8～9岁，可知这部内容十分丰富而繁重的天书不是他研究、编写、制作的，也不是他所居属的250°墓向人们在没有290°与310°人群进驻之前所能编写出来的。也就是说是在“少典氏娶于有蟜氏，生黄帝、炎帝”之后，在“狩猎动物彩陶绘画缺白”小节中已有所阐述。实际上，在少典氏娶于有蟜氏之前，久居姜寨的少典氏在地平坐标天文学方面已达到十分完善的程度，从四分天地到八分天地到13分、12分、27分、28分彩陶天书的制作，可以确切地认定这一点。但没有彩陶绘画，更没有围绕中心周而复始旋转的天书内容。这是地平天文学本身的内容所限定的。有蟜氏，即墓向290°、310°人群长期运用并发展蜂形人带动南北斗围绕北天极旋转的天文学，进入姜寨以后便很快同少典氏已有的八等分天地、13分岁月（共工置闰）、27及28分周天的天文学结合一起，产生了以旋转北天极为中心的、以八等分天地为基础的⊛形观天仪，即⧆与⊛天文学，并且留存了一批“⊛”字的天书。在所有姜寨一期天书中，M159的五鱼天书是第一部，且有较比确切的时间（距今6300年）。它是四分又八分天地与旋转北天极首先结合的天书，也是内容最丰富最重要的天书。只有它最明白地给出旋转又倾斜的北天极的天象，这是“非九天则大峡”的实物。由此引申日、月阴阳，特别是阴阳鱼太极图所代表的哲学思想，是这部天书的核心内容。进一步引申的炎帝天旁动也是此书的内涵。

4. 5000年前的猪鹰八卦旋天北极

《易经》所记“在天成象，在地成形”是中国远古天文学归类天空星宿的一个原则。用地面常见的事物描述星宿，最早可见诸的实物是1.0万～0.8万年前柿子滩的蜜蜂与北斗。时间后延至距今5000多年以前，可见诸的实物是猪与北斗。在所有拱极星中，最突出、最引人注目的是北斗四星，这应是远古人群当时的见解。冯时（115页）认为良渚文化（距今5300～4400年）玉璧上雕刻的猪形图身上的四个星饰应是以猪应合斗魁四星的象征。

距今5000年左右，中国东部，大汶口文化居中，南抵河姆渡文化，北达燕山南北，皆形成了北斗为猪的观念。猪，无论是畜养还是野生的，皆是距今5000年前人们最重要的伴生动物财富。一年之中，每当北斗指向东北方时，春季来临，而此时成批的小猪仔

图6.12　猪与北斗

也降生于世。当北斗斗柄指向东南时，夏季开始，成批的大小猪组成猪群，进入沼泽与湿地，拱食泥土中的可食块茎。当斗柄指向西北方时，秋收季节来临了，春季出生的仔猪逐渐长大。特别是冬天降临之后，人群则依靠屠宰较大的不留作繁殖的猪渡过严寒季节。猪在一年中的生育生长周期，同北斗在每年的周而复始变化是一致的。再者，猪身体是长方形的，猪有一明显的尾巴，人们将北斗的近长方形的斗魁比作猪身、将斗柄比作猪尾是很自然的（见图6.12）。《易经》中“在天成象，在地成形”的观点，在久远的5000多年前已经形成，甚至可以说一万年前的柿子滩岩画时已经萌生了。

北斗七星，南斗六星；北斗所占据的星空较大，南斗则较小，但两者的形状基本相近，所以将北斗比作人间的猪，必然也将南斗比作人间的猪。5000年前凌家滩出土的双首猪鹰八卦玉雕证明，远在5000多年以前，东方的人们也已相当普遍地熟悉南斗与北斗围绕北天极旋转的规律。

5000年前凌家滩的人们有着高超的制造玉器的手工业技能，倘若进一步考释其玉器的科学内涵，则将令人深信这是一个高度发达的科学遗址。该遗址29号墓出土的猪鹰八卦玉雕，从科学价值上看，十分别致。一枚展翅飞翔的玉鹰，鹰首与鹰尾形象逼真，但展翅飞翔的鹰翼却是两头猪首。鹰的胸前雕一个阴刻的大圆。大圆内又阴刻一个同心小圆。大小圆之间的环圈部雕刻指向八方的正八角图形。鹰的头部戴一个圆形的冠，圆形冠中部凿钻一圆孔，似是象征鹰眼。与鹰眼类似，在猪首的眼睛部位也各凿钻一孔，并在孔的上下各刻有眼形纹。猪首的鼻部各凿有一孔。鹰的胸部小圆内也凿有一孔，孔的位置在圆心的左上部，这个圆孔的边缘似乎有磨痕，而其他圆孔的边缘则较圆滑。陆思贤、李迪认为[4]，这个玉雕是一件十分难得的艺术品（见图6.13）。八角星纹图案内

图6.13　猪鹰八卦

的小圆喻示太阳。这是一个太阳鸟，含四方四维，东西宫两兽（2006，115页）。冯时认为[5]，这块玉雕为猪、北斗、极星三者的联系提供了新的证据。

中国东部，距今5000年前左右，普遍形成猪为北斗的天文学理念，更重要的是制作出灵活实用的仪器，以此定向计时、制历。猪鹰八卦可能是中国远古极少有的象征八卦飞上天的天文仪器。猪如何能够飞上天，且两头猪又如何能在天穹上围绕一个中心旋转，这是古人长时期内要予以解释的大难题。凌家滩先民们解决了这一难题，他们可能在北天极附近找到了一批明暗不同的星星，并人为地构建成一个鹰形的星座，而这只鹰的两个翅膀正是南斗与北斗，应可以证明此时北天极处于图6.10中J的位置，正是两头猪（南、北斗）的中间，也是鹰的两个翅膀的中间。此时的鹰是围绕自身的中心在打旋翱翔。由于天文学的信息传承的关系，今人难以知晓当时人们构建鹰的具体情况。鹰不仅带着南北斗这双猪飞上天，而且还带着八卦在北天极盘旋不止，日日如此，年年如此。这是一只神鹰。如果只是鹰与猪盘旋于北天极，其意义还不明显，现在是猪鹰八卦飞上天，其意义深刻而久远。

猪鹰八卦的核心是大小圆圜之间的八卦纹。猪是北斗与南斗两斗围绕之以旋转的中心，是北天极，若此，八卦纹内的小圆圜应是北天极周边的一个环形区域，后来演化为紫微垣。由此可知，小圆圜外的八卦纹以北天极为中心围绕天球轴将天空八等分。这是五千年前的一架精巧的赤道坐标仪。依靠这架精巧的仪器，可以十分容易地定向、计时、制历，准确预告季节更换及风霜雨雪的趋势。

5. 异彩缤纷的㊉

为较深入地认识异彩缤纷的㊉，本书搜集了（图6.14给出的）6种图案的彩陶盆。6种彩陶盆的图案可划归四个类型：一类是以鹿为内容的大型动物；二是以蟾蜍与鱼为内容；三类是以衔鱼人面与渔网为内容；四是以衔鱼人面与鱼为内容。鹿在陶器上作为图案内容也见诸内蒙古自治区敖汉旗小山遗址的四灵尊上。蟾蜍绘画得相当逼真，与蟾蜍相间排布的是形似双鱼的两条并行的鱼。衔鱼人面盆中与人面相间排列的鱼，其特征明显不同。一种鱼胸鳍、背鳍明显，鱼鳞用交叉成长棱形的线条描述，这是大鱼大鳞片，淡水鱼中，鲤鱼外观与之相近。一种鱼胸鳍腹鳍明显，身体以黑白两色各占一半表示，背黑腹白，应属于细鳞或鳞片小者。

衔鱼人面最是奥妙，基本构型雷同，但细部各异。图中四个衔鱼人面的口皆是由两个对顶的三角形构成，但所衔的鱼形状各异，特别是图6.14.3口衔的不是鱼，而是两个交叉成“十”字的羽棒。第1、2、3中三个人面的眼睛眯成一条线；而第4人面的眼睛是圆睁的。衔鱼人面头冠为三角形圆尖状，型制多样。帽盔与冠尖型制如下：冠盔半月形，有左半部与右半部之分；有的冠盔中间为半月形；有的是楔形。冠尖有两种：一种似烛光形象，一种是一个单锥形。头冠上有耳饰，四个衔鱼人面耳饰有三种，一种如弯羽形，上翘；一种为两条小鱼平展；一种为两个弯棒，棒端还有一个小圆球。

这些神器、天书，无论其形彩纷异到什么程度，有两点最本质的特征是一致的和不可改变的。一者是所有运动的活物都围绕中心旋转。在所有可用人眼直接观察的天象中，只有北天极周围的星宿有这一特性。这即是“非九天则大峡”的内容。二者除第6个为27分盆沿外，其他皆为八等分盆沿。两者相结合便是姜寨周边距今6500年前后生出的㊉。㊉就是本书第七专题要专门讨论的“帝”。

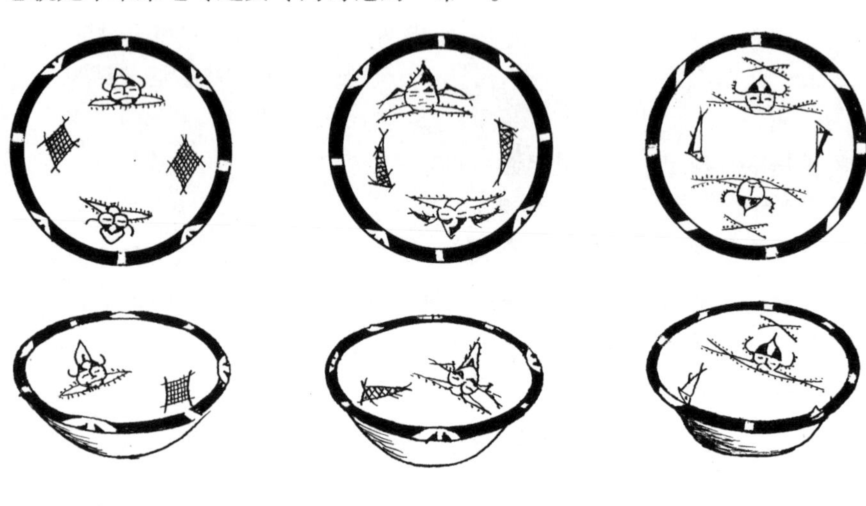

1
距今6500～6000年，西安半坡
四爪纹与长方条纹八等分盆沿，对位人面衔鱼与对位渔网四分盆内，人眼眯缝，冠耳条羽状上翘，冠顶佛炎状

2
距今6500～5500年，西安半坡
四爪纹与长方条纹八等分盆沿，对位人面衔鱼与对位鱼纹四分盆内，人眼眯缝，冠耳鱼纹，冠顶佛炎状

3
距今6500～6000年，临潼姜寨
四爪纹与四方纹八等分盆沿，人面衔叉羽与对位鱼纹四分盆内，人眼眯缝，冠耳条羽状上翘，头顶叉羽

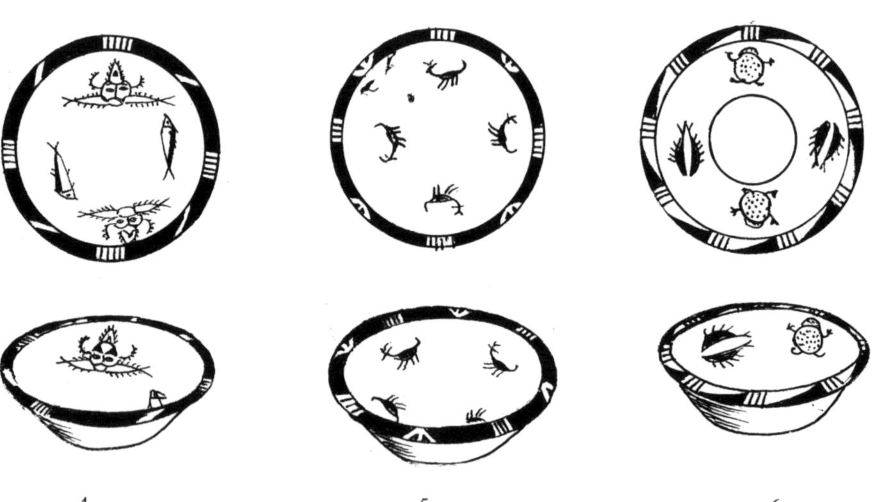

4
距今6500～6000年，临潼姜寨
四菱纹与四组4条纹八等分盆沿，对位人面衔鱼与对位鱼纹四分盆内，人眼圆睁冠耳条羽状上翘，冠顶佛炎状

5
距今6500～6000年，宝鸡北首岭
四爪纹与四组4条纹八等分盆沿
四鹿纹四分盆内

6
距今6500～6000年，临潼姜寨
九组3长条纹，九组条纹间九对阴阳颠倒三角九等分盆沿对位蟾蜍与对位双鱼四分盆内，内绘一圆环

图6.14　异彩缤纷的八、九分天地的神器

我们现在尚难确知初始之时距今6500年前有多少人开始定居在这里，但历经二三百年以后，这里形成了组织较严密、层次分明、复合结构在那个时代相当合理的300多人的一个聚落。现今发现距今6000年前左右的300多人的聚落，甚至聚落群不在少数，但像姜寨这样保存完好的、科技内容甚为丰富的、代表那个时代的，应属于少数。姜寨的科技成就不管是它自身创造和积淀的还是吸收周围聚落的，留给我们今天的诸多内容都不能不令人惊奇。而本专题要讨论的“阴阳鱼太极图”“天旁动”及“恒星月”彩陶天书的编制是6300多年前天文学的登峰造极之作。

6. 6000年以前㊉在八百里秦川的分布

渭水两岸天水市以下的河谷地带，东西长约400千米，南北宽100～200千米，是中国古代重要的粮仓，人称八百里秦川。图6.15给出的是渭水中下游出土的6000多年前的具有典型意义的彩陶盆分布图。东端为渭水下游的华县老官台遗址，距今8200～7300年的三足双波纹隐形十字彩陶钵，不是盆，但应是盆的前身、源头。蒋书庆认为钵外圈一周红色宽带表示的是太阳周年回归的周而复始，钵内四方位对等的双波纹潜形“十”字，则是周年四节气（冬至、春分、夏至、秋分）的再现（蒋书庆，33页）。老官台以西50千米左右为6000多年前的临潼姜寨遗址，除蟾蜍双鱼盆外，皆是盆沿四分又八分的以北天极为中心的㊉形天书。

姜寨以西20余千米的西安半坡遗址，彩陶盆数量较为集中。其中内绘眯眼口衔鱼人面纹与鱼纹，两两对位，唇沿被爪纹及条纹八等分彩陶盆二个；内绘眯眼口衔鱼人面纹与渔网纹，也是两两对位，唇沿也按八等分的彩陶盆一个。渔网纹四角俱有网坠，清

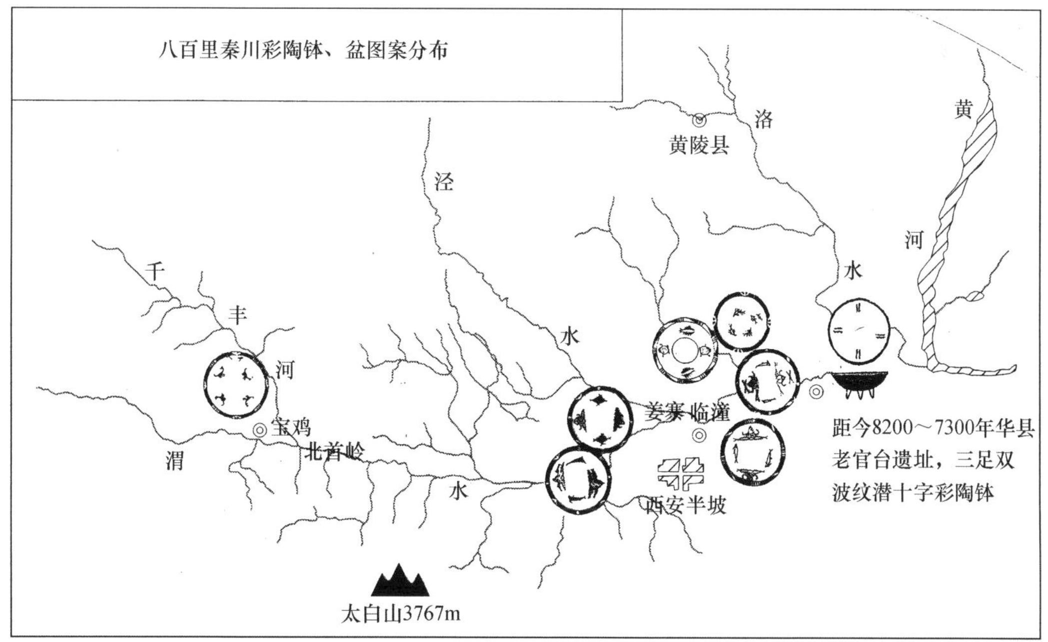

图6.15　6000年以前八百里秦川彩陶盆分布

楚表明6000年前半坡一带已经编织成典型的绳网，用以捕鱼、捉鸟，甚至网捕中小型兽类。图中最西端是宝鸡市北首岭遗址，距西安约160千米。这里的彩陶盆图案明显不同于上述诸种彩陶盆。盆内四方位皆是一只鹿，但盆沿仍是四爪纹与四条纹八等分之。从时间上看，大多数彩陶盆出现在6000年以前，晚于老官台四波纹彩陶钵1000 ~ 2000年，且皆曾充当过天文仪器的角色。同距今8200 ~ 7300年老官台三足四波纹彩陶钵相比较，八分盆沿表示一年四季的节气划分更加精细；天文观测的地点更加普遍；盆内的图案多样化，应表明作为氏族图腾的标志更加种类繁多，渔网及四鹿图案倘若是图腾，可能与渔网的编织及鹿的驯化有关。⊛类天书在如此广大范围内出现，或因少典氏娶于有蟜氏是在整个渭水中下游发生的，或因炎、黄生成后扩散影响速度较快。盆为平底，水平放置，盆内图案皆将盆四等分，至少表明它源于老官台三足四分彩陶钵；盆沿除一个九等分外，其他皆八等分，此八等分的定向、计时、制历的神器，皆不同于伏羲的地平八卦天文仪器。因为它们图案中所有运动的活物皆围绕一个中心周而复始地旋转，这是北天极的天象特征。

（四）黄帝生阴阳

1. 生黄帝、炎帝

“少典取有蟜氏”一节中详细讨论了少典氏以8 ~ 16岁少年司职观天；其观天仪器是盆沿彩绘潜“十”或潜“✳”为主要图案的彩陶；其族徽或族符号是“典”，典是有足的内含正交双“十”的陶皿。“黄，蜂形人图腾符号”专题中详述了1.0万 ~ 0.9万年前的蜂形人，蜂形人的抽象符号是“黄”。“少典氏娶有蟜氏”便是源于“泰皇兴神鼎一”的以地平“十”或“✳”为坐标系的族群与源于“女娲之肠”的以北天极旋转北斗为坐标系的族群汇聚在姜寨甚至整个渭水流域，实行对偶婚家庭的过程。

“非九天则大峡”小节提示了，距今6500年左右，姜寨一期中后期进驻的墓向290°与310°的人群，即有蟜氏与当地的少典氏结合之后，制作出活灵活显的彩绘动物图画的陶盆，这些陶盆所绘的运动的鱼类不仅“皆呈游水状”（《报告》[1]称赞），而且围绕中心不停地旋转，循环往复。这是“少典氏娶于有蟜氏”之后，姜寨人们在八等分天地的地平坐标天文学与天球赤极坐标天文学相结合基础上创造的⊛。在人们用肉眼直觉观测的天象中，只有北天极区的南北斗等才可围绕中心不停地循环往复地旋转。代表一大类观天仪器，又代表一批既熟习掌握运用八等分以赤轴为中心的天球且深知围绕北天极旋转的天象的人们，更是一部又一部天书。⊛就是帝，生黄帝、炎帝，首先是生了“⊛”，它实质上是八方位天球赤道天文学的符号、代称或谓图腾。

创造⊛的主要有两部分人，一部分源于距今8000年的伏羲的少典氏；另一部分源于1.3万 ~ 1.0万年前女娲的有蟜氏。王彦俊[6]在《试论伏羲氏文化》一文中给出了：伏羲氏时代主要是伏化牲畜，以牧为主。“羌”“羲”从羊同源，为牧羊人。“姜”“羌”同源，为牧羊儿、女。其文化有继承关系，自然是伏羲氏的后裔（172页）。《左传·哀公九年》：“炎帝，姜姓其后。”（1653页）少典氏源于伏羲氏，当然姜姓。另一部分有蟜氏，因蟜是蜂形人，是黄，也必姓黄。姜、黄两姓氏族群体结合以后，创造出⊛这个更高层位的天文学，于是他们便称之为⊛族群，这是一个新的图腾。当这个以⊛为图腾的族群进一步发展壮大，又必然同原有的不一定参与创造⊛的但尚维系原有的姜姓与黄姓的氏族组成新的“黄⊛”与“炎⊛”族群。或者，这个创造了⊛天文学的新的族群，为了标示自己祖先的出处，组成一个复合的图腾氏族，成为“黄⊛”与“炎⊛”两个族群，于是便生成了“黄⊛”和“炎⊛”。

“黄⊛”和“炎⊛”在姜寨（或其附近）生成之后，大约经历不到100年，便在姜寨进一步创造了更新更重要的科技文化成就。“黄⊛制宝鼎三”“黄⊛生阴阳”“黄⊛时有甑”。炎⊛则完成楚墓帛书中所记的“奠三天”“奠四极”“天旁动”及“共工置闰”等方面确实的成就。在距今6500～6000年已发掘的远古遗址中，如姜寨一期彩陶绘画器皿具备诸多珍贵内涵的可能仅此一处。如此全面、如此高深、如此久远的科学天书，恐再难以找到。它告知我们，远在6500多年前的远古人类若何聪慧、若何深邃。

2. 黄帝作宝鼎三

《史记·封禅书》所记“泰帝兴神鼎一”“黄帝作宝鼎三，象天地人”是中国远古天文学史方面的重要的科学信息。倘若将“作宝鼎”看做是“神功”“神力”，则永远跳不出玄学的泥坑。人们在姜寨遗址一期见到数量可观、种类繁多的无足的“宝鼎”。其内涵的天文、生态、文字学方面的信息十分丰富，正确、科学地释读它们便可真切地走近黄帝。“黄帝作宝鼎三”，面对数量可观的“宝鼎”，“三”究竟是专指某三个“宝鼎”呢？还是三个“小类”型？还是三大类？比如，人面衔鱼纹有四个，其中任何三个皆可看作三个“宝鼎”。人面衔鱼纹算一小类，鱼网纹为一小类，加之以动物为内容者为一类，可作为小类型三种“宝鼎”。以“阴阳五鱼盆”为一类、双鱼蟾蜍27分唇沿盆为一类、其他彩色绘画为一大类，这也是“宝鼎三”。按《史记》原文所记“黄帝作宝鼎三，象天地人”则可理解“宝鼎三”之三是特指内含“天地人”三者的彩绘图画的陶盆。此处探讨的“宝鼎”是距今6500年前确实存在的陶皿，不是后来有些古代文献所猜度的铜器。

遵照《史记》原意，“宝鼎”三应是“象天地人”之三。如此，姜寨一期的彩陶绘画天书大多数具备“象天地人”的内涵。“象”不可忽视，它表明彩绘陶画器皿不是“天地人”，而是比附，是抽象，是形比天地人。相当一部分器皿的边沿是将天等分或不等分为多少份，用以“象”天之“冬至、春分、夏至、秋分”四节位置的指向。围绕中心不停地旋转、首尾相衔的活生生的动物彩画，是北天极周围星宿旋转的象征与比附。彩绘陶盆内的活生生的动物是大地上一年四季都存在的生态资源，代表着“地”。彩画中的人面及渔网，无论有多少形态或解说，有一点应是肯定的，它们是“人”。我们认为“宝鼎三”是“象天地人”之三。

“黄帝作宝鼎三”的“鼎”，不是一般的生产、生活用具，而是首先是天象观测仪，进而是天文学档案、是天书。当人们一个又一个科学地至少可以说合理地解读这些天书时，便会深深地融入6500年前炎⊛与黄⊛初始诞生、科学蓬勃发展的生活之中。M159随葬的小小的阴阳五鱼盆，盆沿四爪纹等距离分布，清晰地表述它是来源于8200～7300年前老官台双波纹四等分彩陶钵。四方位等距分布，清楚表述天之四节——冬至、春分、夏至、秋分。内绘5鱼，且是一黑一红首尾相接共四条大鱼，另在红鱼近旁还有一小鱼。这五条鱼纹内含着几层科学解释。首先用活鱼表述北天极区南斗、北斗及其他小星围绕天极旋转的内涵。进而可以看做是炎帝“奠三天”的内容，“三天”，有人释为日、月、星在天球上视运动的轨迹，即三环或三衜天文学。按黄帝生阴阳解读，阴鱼阳鱼为日为月，小鱼为星辰，它是距今6500年前的阴阳鱼太极图。若阴、阳鱼为日、月，则它必然蕴含着“千又百岁之后”炎帝“天旁动”之天书。我们认为这个小小的五鱼盆内含有如此众多的重要内容，绝非哗众取宠、故弄玄虚，而是经过反复甄琢，认真剖析才有所领悟。6500年前的人们在设计这个五鱼盆时，如何苦熬心血，又如何深思熟虑，最后编著成功，我们难以想象。但是同所有彩陶天书相比，这是最难令人理解的一部，应为能读到这样一部天书而庆幸。

黄帝生阴阳，即可从姜寨一期这些天书中清楚见到，并加以讨论。又可从《淮南子》记述的“黄帝生阴阳，此乃女娲七、十之化也”沿历史长河加以讨论。

3. 6300年前的阴阳鱼太极图

“黄帝生阴阳”“此女娲七、十之化”的记载，不仅仅说明阴阳理论是黄帝创建的，也不仅仅说明黄帝的阴阳理论源于距今1.2万～0.8万年的“女娲七、十之化”，更重要的是，它表明中国特有的阴阳哲学思想有着一个科学的发展历程，而且是建筑在漫长的远古天文学演化的基石之上的。后文将专题讨论“帝”是一个天文仪器，它诞生于距今6300年左右；“帝”又是图腾、族徽；“黄帝”是复合图腾、复合氏族集团的姓，它只能出现在距今6300年左右，而“女娲七与十”在距今1.2万～0.8万年业已完成。两者之间至少有2000～4000年的时间差距。黄帝与女娲之间若无深刻联系，黄帝绝不可能将女娲的“七、十”化为阴阳。

一种可能的联系是，黄帝氏族集团在“黄”与“帝”形成复合图腾之前，以黄、黿、轩辕、姬为图腾的氏族与女娲氏族发生关联，甚至就是女娲氏族集团分化出来的、衍生出来的次级图腾。另一种可能是，女娲氏族集团由于弓箭、陶器、造人、补天，特别是以北斗“七”星及蜂形人十字圭表定向、计时、制历，使农业、畜牧业得到充分发展，形成一个富有强大生命力的演化中心，一直以蟜这个复合式女娲图腾为标志，推进到距今6500年左右，即越过伏羲时代（0.8万～0.65万年前）进入神农时代（0.7万～0.6万年前）直到黄帝时代。这两种可能皆有，无论哪一种是阴阳理论演化的实际过程，都是阴阳哲学思想发展的科学历史。现在要考证的是6300年前已经有了一部充分证明阴阳太极理论的天书。

当今人们认为的古阴阳鱼太极图，是专指阴阳太极八卦图中的阴阳鱼（李申《易图考》，114页所引）。此图必须依靠八卦方可给出方位性。太极图本身则具有阴阳分割的对立性及统一性、阴鱼与阳鱼之间的阴阳转化性、阴阳两条鱼首尾相衔围绕一个中心周而复始的旋转性。图6.16是距今6300年左右姜寨遗址M159出土的阴阳五鱼彩陶盆。盆边缘4个爪型纹连结成一个无形的“十”字。盆被等分为四个象限，即“四象”，具有在盆沿这个平面上将天地四等分的特性。此是该盆的方向性。四分天地的无形“十”字，源于前文已经深入探讨的8000年前的老官台遗址的四分三足钵。彩陶盆每个“象”内至少有一条较大的鱼。四条鱼中，两条着黑，两条为白身，黑白相间，首尾相接。这个极少见到的彩陶盆，首先给出阴、阳鱼同处于圆形盆内，统一在一个整体之中，这是黑白对立且统一的对立统一性。四条鱼一黑一白相间排列，首尾相衔，明显表示阴阳分割、阴阳转化，给出了阴阳分割性与转化性。四条鱼身体皆呈弧形，弧形弯向盆中心。盆中鱼背、腹鳍及尾鳍皆展开，皆似在水中向前游动。围绕中心游动，清楚表达了阴阳鱼围绕一个中心周而复始的旋转性。这个中心便是“非九天则大峡”的北天极，即是大峡九天的太极。中国远古天文学发展演化到6300年前便形成了“太极阴阳鱼”哲学体系。如此说，早在距今6300多年以前已经形成了完整的四分天地阴阳鱼太极哲学思想，虽然是原始的不甚完美的，但同现今的八卦阴阳鱼太极图及其哲学涵义的内在本质相比，毫不逊色，是其源头。这个彩陶盆，既是一个天文仪器，又是一部完整记述我们的远古先民阴阳分割、转化、对立统一的哲学理念的天书。也是一部最原始的天文学档案。它承继着距今8000年前的老官台遗址发现的四等分天地以后是八等分米的彩陶钵原理；更重要的是源于1.0万～0.8万年前的蜂形人围绕北天极不停旋转的认识。四条鱼分列于无形“十”字所割划的四个“象”中，首尾相衔地游动，即以北天极为中心又进一步将天分为八等分，表示昼夜轮回、四季更迭，充分证明6000多年前远古人们已经清楚认识了阴与阳对立统一、分割、转化、周而复始的哲理。阴与阳既包括昼与夜，又应包括冬与夏，更应包括月与日及山体分割的阳面与阴面等丰富的内涵。远古人们只能直觉认识地面是恒定不动的，只有以白天与夜晚为标记的天在旋转。天的旋转必然为进一步与不动的北天极建立内在联系。不动的北天极在距今1.3万～0.8万年的女娲时代的柿子滩岩画的蜂形人天书中已作了明确的表述。黄帝时代的人们与女娲时代的人们在远古天文观测方面有着一脉相承的关联。

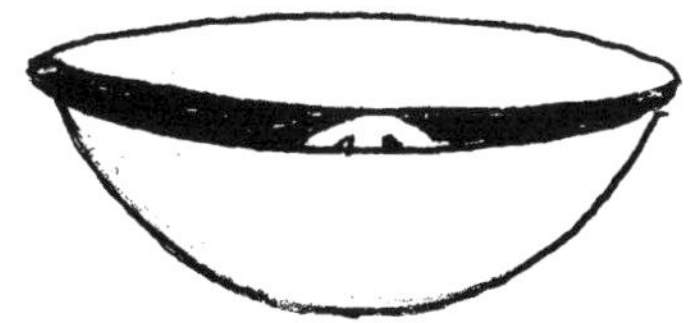

图6.16　6000年前的阴阳鱼太极图

（6500年前，西安姜寨遗址，蒋书庆，123页）

6500年前的阴阳鱼太极盆是中国远古天文学史上的一个重大的标志，是八卦天文学与蜂形人北斗天文学融汇演化的重大阶段，是《黄帝之研究》关于“黄帝生阴阳”的重大内容。黄帝生阴阳应是这部天书所包含内容的一部分。另一个重要内容是炎帝的“天旁动”。

4. 恒星月天书

图片三　双鱼蟾蜍彩陶盆（见图版3）

从距今1.3万～0.9万年初始定居的立杆测影，其符号“—”“｜”即太极，演化到距今1万～0.8万年的柿子滩岩画给出的“七”与“十”，开始将天文活动分为日、夜两部分。距今8200～7300年的老官台双波纹四分彩陶钵将天与地四等分，开启了四方与四节的天文学时代。距今6500年左右，姜寨遗址双鱼双蟾蜍彩陶盆，则将盆、更是将天地二分、四分、八分，特别是三分、九分又二十七分。至此，中国远古天文学步入相当繁荣昌盛的阶段。它不是生活用具，它是一个法器。又由于盆内的彩绘图案明显具有二分、四分、八分，特别是三分、九分，又二十七分的特征，必是当时人们精心编绘的内涵十分丰富的天文地理知识的一个天书。应在“四卦”之后对其加以讨论，但因它是一部“阴阳”天书，所以纳入“黄帝生阴阳”这一专题。图片三取自《考古》（1973年第3期）中的《1972春临潼姜寨遗址发掘简报》[7]，给出了色彩鲜艳的细泥红陶盆图片。陶盆内绘墨色双蟾蜍双鱼图案；盆口沿绘以黑红相间的三对竖条及一对黑红颠倒相对的三角形为一组的、共有九组连接相扣一周的图案。

由图片可见，盆内绘两只蟾蜍及两对着色双鱼的图案。两只蟾蜍将陶盆分为两半，实际上应表示蟾蜍二分圆盆；着色的两对双鱼垂直于蟾蜍连线，又将圆盆二等分。于是我们清楚见到圆盆被两次二等分。早在距今6000年以前，中国远古已形成天圆地方的观念。圆盆应内含天圆之意。而蟾蜍则被喻为月。月亮每一天在“天”（实际是天球）之腰部由东向西起落，当其起落的轨迹移向南方时，夏季来临；当轨迹移向北方时，冬季袭来；当其在“天”的中部东升西落时，正值春秋。于是古人必然形成月亮即地面的蟾蜍也将天分成两半，当蟾蜍在春天升上地面，此后月亮移入天空的南半部；当秋分以后蟾蜍开始潜入地下，月亮则移入天空的北半部。这个彩陶盆的花纹则可以清楚表明其是以蟾蜍二分天地为含义的。

蟾蜍喻月，蒋书庆认为是先民的一个了不起的文化创造。他认为“蟾蜍鼓圆的身躯与圆月的形象相类似”“白天多栖于泥下或石下，草内，夜晚捕食昆虫”“出来觅食的习性，也与月亮夜出昼伏的规律相暗合”、背腹瘰疣及颜色也与月面暗影形态相一致，等等，以蛙喻月是再好不过的象征[8]。除蒋书庆所述之外，“先人与蟾蜍共生了这个氏族”及“民以食为天”亦不可不考虑。应特别说明，今人很少有人知晓蟾蜍肉是十分鲜美的，大凡因为它一身癞疣。远古人群在山林与荒野，特别是在月圆前后的夜晚，随时可捕捉大的个体，剥去其皮，8～20只即可饱餐一顿。民以食为天，“人与蟾蜍共生了这个氏族”，以其比夜晚的月亮给人以光明也有很大的可能。

盆内两组鱼纹，蒋书庆解释为“双鱼抱月”“两相环抱鱼纹背鳍之数八，正与上下弦月的对应日数相暗合”，这是一种解释。阴阳鱼太极盆的着色鱼可确认为太阳，倘若将双蟾蜍双组鱼九分盆沿彩陶盆中的对抱双鱼也看作太阳，也是一种解释。则可认为太阳东升、西落将“天”分成两半。当太阳升落轨迹在“天”的中部时，大地为春或秋；当太阳升落轨迹移向天的北方，大地为夏半年；当太阳升落轨迹移向南方时，大地为冬半年。这即是“日南至、月北至则寒；日北至、月南至则暑”。这部天书告知我们，日月本身一阴一阳，日月的运行决定了寒来暑往，日、月各能将“天”一分为二。《史记·龟策列传》中“日为德而君天下，辱于三足之乌。月为刑而相佐，见食于虾蟆（蟾蜍）”应是相当久远的日月相佐的图画文字记载的翻版。可将其释为“日月运行一寒一暑”。

由于日、月、地三者的关系，在地面上观察月亮绕地周期有交点月，27.21平太阳日；恒星月，27.32平太阳日；朔望月，29.53平太阳日。恒星月，这是指月亮从黄道的某颗恒星出发，又返回该恒星（中国古代称星宿）附近历经的时程。恒星月的概念，除少数专业人员了解外，现今绝大多数人是不熟悉的。在距今6500多年以前的姜寨聚落，有几个人，至少有一二人十分熟悉恒星月。当时人们观测并掌握恒星月是为计时、计月、制历之需要。对于当时观察日、月运行的人们而言，最直接关注的是月相。在月相观察中，有2～3天见不到月亮，而此2～3天太阳恰巧升落在月亮消失处的恒星附近。6000年前姜寨的双鱼双蟾蜍彩陶盆盆沿被九等分，而每个分段又由三条并列短线纹划割。蒋书庆认为：“一个月之中月亮出现的日子有二十七天之多”“九组短线纹之数二十七，正是可见月的周期之数”。蒋书庆在这里将可见月相分为9×3=27，即可见月相分为9种，有新月、凹月、弦月、凸月、满月、凸月、弦月、凹月、残月，各近3天，所计27天。加上朔月近3天，总计近30天，即为朔望月29.53天的时程。蒋书庆关于可见月相9种、每种近3天的看法是对的。但他认为双鱼双蟾蜍彩陶盆盆沿分为9段、每段有三条并列短线纹是表示可见月相的见解，似应讨论。30天周期是朔望月，是常人可见的。但月亮在天球上从一个星宿移到另一个星宿只有27天多一点。6000多年前的姜寨人群的科学思维相当缜密。科学思维如此缜密的人们很难将27天的可见月相与近3天的无月之夜分割开，并在如此重要的一部天书中将这3天无缘无故地漏弃。要注意此天书的9×3=27是首尾相扣的，不可能丢弃不见月相的三天。

将盆沿分为九个等分，是这部天书的一个重要的内涵。6500多年以前的姜寨人们可能将月亮与太阳看作同一类重大的事物，九个月相也被看做九个发光及形状不同的太阳。“十日”的概念尚然存在。姜寨人们看到的是从某个恒星开始三天满月对应三天太阳、三天凸月伴随着太阳，……，残月及朔近三天对应着太阳，朔后及新月（月牙凹入的方向与残月相反）又三天对应太阳。于是他们观测到一个恒星月二十七天内有九组，每组三天日、月轮回，而且月月如此，年年如此。于是，双鱼双蟾蜍彩陶盆天书的九分盆沿，不仅包括残月及半朔三天、半朔及新月三天的九个月相，也包括九组日、月轮回。姜寨人在观察日月运行时，一定已经注意到月出与月落时的位置的标志，这些标志有地面上的，也有天边遥远的恒星。通过长期观察，他们确认了有些恒星星象具体结构形状基本不变，而月亮每一天又从其附近升起落下，27天之后又回到起始点附近的“星宿”。最让他们关注的是残月落下消失之后的恒星位置或者是新月首次升起的恒星的位置，两个位置之间恰恰是这个“月”内日月同时升落的地方。他们早已形成“日月之会”的观念，即朔。从朔这一天开始，月亮每天临近黄道附近的一个恒星，27天以后，月亮又回到这颗恒星附近，只是偏离了一个位置，邻近下一个恒星。如此，便形成了27天多一些的恒星月的观念。他们将这一科学成就编入双鱼蟾蜍彩陶盆这部天书，用以计“月”。需要强调的是，在已发现的6000年前的大量的四分及八分彩陶盆、钵“法器”中，将盆（或钵）沿九分又三分的法器可能仅此一种。它表明姜寨这部天书意义非同一般。下一小节将要讨论这部天书的更重要的内容。

5. 恒星月天书中的阴阳论

上一小节认为蒋书庆将双鱼释为弦月，是对天书的一种解释，同时提出双鱼为太阳的另一种解释，并进一步讨论了彩陶盆是恒星月的天书。若换一个角度，仔细研究双蟾蜍双鱼彩陶盆，它就是一部记述月亮的天书。这部天书除记载恒星月外，主要还包含阴阳论的内容。天书中的阴阳论从三个方面作了阐述。首先是蟾蜍若喻为圆月，则双鱼绘为墨色应喻为日月相会之朔。如此，明亮的圆月为阳，墨色的双鱼为阴。这是恒星月天书中阴阳对立、阴阳转化轮回的内容。关于太级观念的抽象与升华，在《易经》研究学者中，有人提出太极是圆。当而然之，月亮就是一个圆。就月亮而言，太极生两仪，包括几个方面的内容，望与朔是两仪的极致。绘在圆形盆内，且圆月与双鱼相隔各四分之一位相，这即是两仪生四相。从这样的角度去释读双蟾蜍双鱼图案文书，它是立足于地平四卦（八卦的初始之时）天文学基础上的阴阳论。望月明亮为阳，而阳逐渐转化为凸月、弦月、凹月、残月，最后为全部暗失的朔。朔为阴，阴后又见新月、凹月、弦月、凸月，最后又生成明亮的望。彩陶盆内的蟾蜍双鱼记述的应是一年四季或一个月之中的朔望之间的阴阳转化。

关于日月阴阳关系，中国古代文献主要论述有“阴阳之义配日月”，这是《易·系辞上·六章》给出的内容，它表明人们对“阴阳”的最重要的、最大的、最显著的、最容易感知与认识的事物是日月。日月与阴阳的关系还有“春夏秋冬，阴阳之推移也”（《管子·乘马第五》）、“阴阳相错，四维乃通”（《淮南子》）、“四时也，则曰阴阳”（《墨子·辞过》）。日月配阴阳还决定着昼夜的变更。“日往则月来，月往则日来，日月相推而明焉”（《易·系辞·下·五章》）、“日主昼，月主夜，昼夜为一日”（《周髀算经》）、“日夜之易，阴阳之化也”（《管子·乘马第五》）。可以说阴阳配日月给人的直接感受是“一昼一夜”“春夏秋冬”“四时更迭”（见图6.17）。

图6.17 阴阳转换三角纹

古代文献关于阴阳与日月的诸多论述十分清晰。倘若我们说这些清晰的论述早在6000多年前已见诸“天书”，有谁能相信呢？

前文解读九分盆沿与三条短线纹记述的是6000年前姜寨人们对“恒星月”的清楚认识，并未涉及盆沿上三角纹与三条短线纹的细致内容。为讨论中不违逆整个彩陶盆给出的运转方向，以盆内的鱼头为运转前方，于是红三角的变化为由大到小的变化，黑三角的变化是由小到大。现在讨论三角纹，三角纹布列九个分段中间，两端接邻三条短线纹。三角纹是两个颜色不同的三角颠倒相对；三条短线则是黑红相间的，即三条黑彩条与三条红条相间。黑色三角底边与红条相接，红色三角底边则与黑条相接。这种连接，考虑黑红短线表述的是三日与三夜，则红短纹表示白昼，且与黑色三角底边相接，必表明黑夜转变为白昼。白昼呈三角形则表明三角形另一端为夜晚，而夜晚的到来是经过逐渐演化的。红三角底边与黑短条相接，则记述的是白昼由黑夜转化而来。三角纹与短条纹黑红相间，其书写的内容为“日往则月来，月往则日来，日月相推而明生”及“日主昼，月主夜，昼夜为一日”。倘若再深入一步讨论，九段等分盆沿，每段三日，9×3日＝27日，而每日各有黑红两条短纹相间，除表述“昼夜为一日”之外，也应书写的是“日夜不易，阴阳之化也”。即日转化为夜，夜又转化为日，一阴一阳周而复始、永恒不改变。

九段中每一段由颠倒黑红两三角对应组成，同处于三条短红纹与三条短黑纹之间，应表示阴阳对立统一；三角形相对并分黑红两色，应表示阴阳转化，阴大则阳小，阳大则阴小。彩陶盆本身是一部天书，盆内双鱼与蟾蜍则记述久远的古代其祖先对日、月及阴、阳运行的认识；盆沿则论述的不仅是“恒星月”与“日夜不易，阴阳之化”。将它们看做是：每三个昼夜日、月皆呈现对立统一，阴阳转化，一个恒星月分作九段，每段皆如此。这是一种释读。将九段分割，每一段皆表示月相的变化，红黑颠倒三角，仅是论述每三天的月相皆具有阴阳转化的过程，而月亮本身就是一个阴阳统一之体。这是姜寨人对祖先也包括自己在天文及哲学方面成就的图画文字记述。

6000年前姜寨的人们，用他们精巧的双手，依靠其缜密的思维，将自己及其先民们长期观察研究的日、月运行规律，特别是阴阳理论编写成双鱼双蟾彩陶天书。笔者只能进行粗浅的释读。双鱼或双蟾将天地二等分，标示日月运行一寒一暑，源于久远之前的立标测影，源于太极生两仪，更是太极天文学的发展与飞跃。恒星月应是6000年前人们的重大的天文学成就，其影响及于今日，以往从未被人了解。本小节引述的中国古代文献中饱含的日月阴阳、四时阴阳、“日夜不易，阴阳之化也”的思想、观念，甚至理论，其源头至少也包括这部双鱼双蟾彩陶天书。6000年前显然是神农时代，是炎帝与黄帝在姜寨诞生及进一步成长壮大之时。此部天书记述的所有的天文学与哲学内容同《易经》《管子》《墨子》《淮南子》等书记述相比至少早2000～4000年。其间还应有先夏文献、《夏书》、商之典籍就这两方面的论述。也许在距今5000年左右的岩画中应留存着相关的内容。

6. 6000年前天旁动天书

地球庞大的躯体围绕地轴在疾速地自转的同时又围绕太阳进行公转。站在地球表面进行天体观察的远古人们，久而久之必然发现天体的周日视运动与周年视运动。按照古人习以为常的东、南、西、北的方向观念，他们见到的天体的周日视运动皆是东升西落（陨星除外），认为这是“天”的运转。同时他们观察到太阳和月亮在恒星间每日又沿着与“天”的周日运动相反的方向自西向东移动。人们所见到的这两种速度不同、方向相反的运动，都体现在日、月、星辰的身上。远古人们发现这一现象初期，难免也出现“梦梦墨墨”“亡章弼弼”，人们称这种同一个天体出现的两种逆向运动为“天旁动”。

《晋书》卷十一载：“天旁转如推磨而左行，日月右行，随天左转，故日月实东行，而天牵之以西没。”往前推，公元83年，王充在《论衡》一书中激烈地讨论了这一问题。他认为：天左旋，日月系于天，“随天四时转行也。其喻若蚁行于硙上，日月行迟天行疾，天持日月转，故日月实东行，而反西行也”。再往前推，战国中晚期，公元前330～220年，楚墓帛书清晰地记载，伏羲“生子四□，是襄天地”之后；“千又百岁，日月夋生。九州不平，山陵备矢，四神乃作，至于复，天旁动”“炎帝乃命祝融以四神降，奠三天，□思敦，奠四亟”曰：“非九天则大峡”。

“天旁动”是中国天文学史上一个不可忽视的里程碑，中国古人已分辨出天体的周日视运动与周年视运动，并知晓两种运动速度不同，方向相反。“日月夋生”不应释为夋生日月，更不应释为《山海经》中的帝俊生日月。夋应释为《说文解字》给出了“行迟”之义，此处已记述当时人们观察到王充所言的日月行迟，并将这一行迟称“天旁动”。“九州不平”应取《墨子·经说上》中“平，同高也”之义。此段表述十分明确，是“千又百岁”之后，发现日月夋生、天旁动的；九州不平，应指各处关于“天旁动”的认识高低不同。于是才需要炎帝命祝融奠三天，奠四极，借以解决“天旁动”的问题。

楚墓帛书是中国远古天文学史或称天文学档案，这里先言及这一问题。与炎帝有关的“天旁动”“奠三天”“奠四极”“非九天则大峡（冯时释峡为倾斜）”，孤立的单句解释可能忽略了它们相关联的本质。若将“天旁动”与“奠三天”（冯时释为夏至、二分、冬至三衡的日行轨迹），结合一起理解释读，则可知，远在炎帝时代，人们已经认知了大尺度的，即宏观的，天体在三维空间的动态变化。将“奠四极”与“非九天则大峡”结合理解，再回顾前文已交代“太极”是一个抽象的空间平面，可知四极即是四个平面，子午、卯酉、乾巽、坤艮四个平面，四个互相垂直又皆垂直地平面或赤道面的平面。只有这四个平面才将天与地八等分，才有“九天”。“九天”是两个平面相交的天球轴，若以赤道面为准，则是极轴。“非九天则大峡（取冯时释峡为倾斜）”，表明炎帝已确知九天是倾斜的，即已知赤道坐标系。

前小节已述及图6.17仅是阴阳鱼太极图，而且也清楚记述6000年前的先民们已认识了“天旁动”。为进一步读懂这部天书关于“天旁动”的叙述，我们将当时人们已经熟知的“十”字坐标中的四向、四时及一天之中的日月行程绘于“阴阳鱼太极图”图6.18周边。第一轮为东、南、西、北四向；第二轮是太阳（包括月亮及星辰）一天中从东到西的行程；第三轮是古人记叙的一昼夜的四时。至于6000年前如何称呼，尚不得而知，但四分天地、四分昼夜及四分日、月一天的行程应是肯定的。

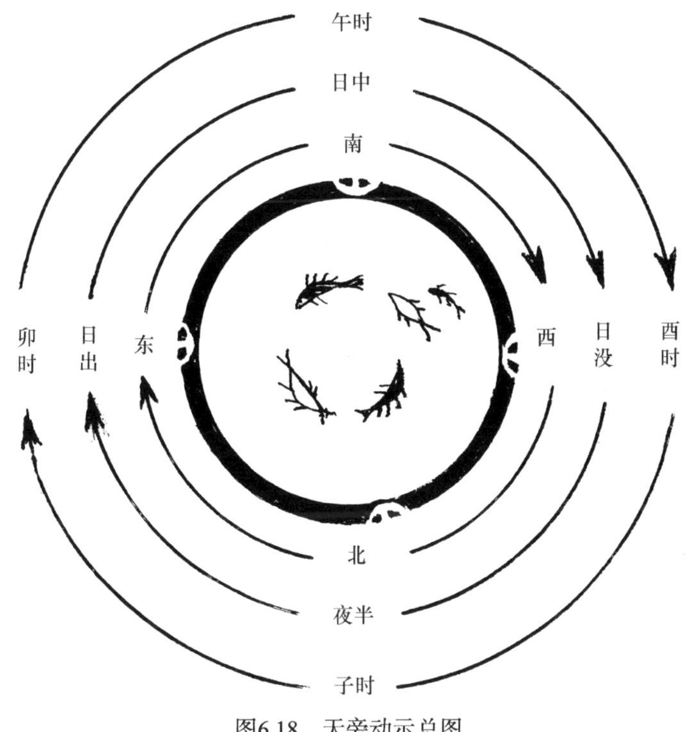

图6.18 天旁动示总图

8000～7000年前的老官台四分钵足以证明那时的人们已知晓四分天地，即已确切划分了东、南、西、北；那时人们也已知晓四分昼夜，即已确知子、卯、午、酉四时划割。这就是说，阴阳鱼太极图彩陶盆沿四个爪形纹已告知我们，从距今8000～6000年这漫长岁月中，古人已确认了上图中外围三轮的划割。盆内的图案则是距今6500年时的“天书”。为理解这部“天书”的内涵，还需借助前文所述公元83年王充关于“天旁动”的论述：“日月系于天”“随天四时转行也”“天持日月转，故日月实东行，而反西行也”。王充这里的“随天四时”指的是昼夜四时，在昼夜四时之中，天持日月西行。王充这种昼夜四时、天持日月西行的观念，早在老官台四分彩陶钵时代应已形成了。图中的四爪纹等分彩陶盆沿记述的就是“昼夜四时，天持日月西行”。

盆内四条大鱼二实二虚，实者较大，虚者较小，一者代表日，一者代表月。日月相间代表日月轮回自行，其运转方向恰与四方、四时及一日之内日月运行方向相反。距今6000年前的古人已明确用实虚（或者说黑红）两种鱼表明日月自己运行的方向是自西向东的，与天自东向西的运行方向相反。这就是说楚墓帛书所记炎帝时已认识到“天旁动”是实有其物的。“天旁动”应是炎帝时代氏族抽象出这样一个中国古代的“天文学概念”。而“天旁动”的“天书”形成的时代应是炎帝氏族开始兴盛的神农时代，也应是“炎”“黄”诞生并开始成长的时代。

彩陶盆内除四条大鱼外，还有一条小鱼，小鱼为实体且位于虚鱼的外侧。倘若以图中上方为南，则小鱼位于西南方。小鱼内含两种意义，一者表示春季是鱼的繁殖季节；一者表示除日、月之外的诸多小而亮的星宿。“天旁动”则包括日、月、星辰在内（个别行星除外），一年之中是从春季开始，而在春季日、月、星辰是从天球赤道西南开始向东移行。

地球自转又公转，这是一个复杂的复合运动过程，远在距今6500年前的古人们不可能了解这个天文学问题，但是他们却直觉地观察到了：日、月、星辰每一天都迅速地自东向西周天运行，同时又较缓慢地自西向东移行。他们这一观察结果绘制在四分盆沿、内绘五鱼的彩陶盆中。如果考虑本专题已深入讨论的6500年前同时存在的大量的八分天地的彩陶盆，便可以推断这个很少出现的内涵阴阳鱼太极图的五鱼“天旁动”盆的特殊意义。它确是当时人们精心制作的一部天书。

7. 一部天书，二帝之功

四等分盆沿阴阳五鱼太极彩陶盆，既给出了“黄帝生阴阳”又给出了炎帝“天旁动”的实证。如此便可得出黄帝与炎帝在6000年前已功绩显赫。这就要分清黄氏族、帝氏族、黄帝氏族、黄帝、黄帝时代五者的不同，同样要分清炎姓、帝姓、姜姓、炎帝氏族、炎帝与炎黄时代的区别。“黄”字是黄氏族的图腾符号，源于万年以前的柿子滩岩画上的“蜂形人”；“炎”字源于火炎族群的火炎符号，即后来被称作“连山”或祝融的氏族图腾；而“帝”只有到了“少典氏娶于有蟜氏”之后，才创造了“帝”这一划时代的天文器具，从而诞生了黄帝与炎帝氏族。从姜寨的二十七分盆沿双鱼双蟾蜍彩陶盆及四等分盆沿阴阳五鱼太极彩陶盆这两部天书的编写与制作，便可知6000年前炎、黄两个族群在整个渭水流域的兴盛发达。

公元前139年，即距今2100多年前的《淮南子》清楚记述“黄帝生阴阳”，现今又在炎、黄诞生并发展壮大的地域找到两部记述阴阳日月的彩陶天书，足以证明炎帝与黄帝两个族群诞生并壮大于6000多年前，其地址就在姜寨。也就是说，“二十七分盆沿双鱼双蟾蜍彩陶盆”及“四爪纹等分盆沿阴阳五鱼太极彩陶盆”是黄帝氏族“生阴阳”的“天书”；而“四爪纹等分盆沿阴阳五鱼太极彩陶盆”又是炎帝论述“天旁动”的“天书”。证明黄帝与炎帝同生于“少典娶于有蟜氏”，不仅有《国语·晋语》所载，还有“帝”这个图腾，更有“阴阳五鱼彩陶盆”这部天书。

“黄”图腾源于久远的柿子滩岩画，壮大于“有蟜氏”与“少典氏”偶合婚姻时代，也即在神农时代壮大并形成“黄帝”氏族。炎帝姜姓，许多人认为这是老祖母管理羊群，并以羊为图腾的氏族或氏族群体。在贺兰山与阴山岩画中有多幅画中构绘“人、弓、犬、射箭”的图腾是伏羲氏族的族徽。由此可知，炎帝与伏羲在以“羊”为核心的图腾演化过程中，有着内在的关联。“帝”*是六千年前由“黄帝”和“炎帝”两个氏族或氏族集团创造的天文仪器，书中已有专题讨论，也应出现在距今6500～6000年的神农时代，即远古农业以前所未有的成功发展的时代。这就是说“少典氏娶于有蟜氏”之后，分生出“黄帝”与“炎帝”两个氏族。这两个氏族不仅创造了“帝”这个天文仪器，而且“黄帝”氏族创建了“阴阳”理论；炎帝氏族发现并归纳总结出“天旁动”这一重大问题。简言之，黄氏族与炎氏族源远流长；“帝”这个创造天文仪器并建立赤道坐标天文学的氏族源于“少典氏娶于有蟜氏”，或者是“少典氏娶于有蟜氏之后”衍生出“黄帝”与“炎帝”两个氏族。这两个氏族诞生于距今6500年左右的神农时代，继承和发扬一万年前的女娲与8000年前的伏羲的功业，并在渭水流域创造出光辉的科技成就，造就“一个如火如荼的科技时代”。虽然这个时代所涉猎的科技成就不能说都是炎帝及黄帝两个氏族的功业，但其中相当一部分应与他们有不可分割的关系。

（五）女娲七、十之化

1. 两仪者阴阳

《易·系辞·十一章》：“易有太极，是生两仪。”《易·序》：“两仪者，阴阳也。”太极生两仪是“易”的重要内容，是八卦演化的主要环节。“太极生两仪，两仪者，阴阳也”是中国天文学的历史内容，是《黄帝之研究》的重大组成部分。太极在远古时代是测日影的杆，或就是圭杆测影的总称。两仪的解释各式各样。“两”是数词，“仪”是实质是内容。“仪”的通用释义，按《新华字典》：仪式、礼物、仪表（容貌）；《说文解字》：度也，注曰：法度，毛传曰：善也，宜也；《辞海》：礼节、礼物、法度、容貌、向往、宜等，这类释义与“阴阳”似无关联。《辞海》还给出了两种日常很少使用的释义。一者为：匹配。《诗经·鄘风·柏舟》：“实惟我仪，之死矢靡它。”“仪”释匹配。“阴阳之义配日月”，“仪”释为匹配，有望接近阴阳之涵义。另一为：仪器、仪表。仪器，如浑天仪。仪表：日晷。《后汉书·律历志下》：“历数之生也，乃立仪表以校日景。”日晷即太极，这不仅与阴阳有关，此处则应表明“两仪”不是一般的日晷，它本身是含有阴阳的仪器。

在距今1.3万～1.0万年间太极是测日影的杆，或是圭杆测影的总称，已在专题三之

---

* 见本书“六·（三）”中“3. 6500～6300年前的帝⊛”，“六·（四）”中“1. 生黄帝、炎帝”给出6500年前姜寨原住者与后入者有蟜氏结合“产生了……⊛形观天仪”，“⊛就是帝，生黄帝、炎帝，首先是生了‘⊛’，它实质是八方位天球赤道天文学的符号、代称、或谓图腾”。

（二）中进行了讨论。这里要讨论的是“两仪”之“仪”。“两仪”被释为“日月”是影响最深的。按此解释“太极生两仪”，“太极”便有可以生出日月的神化之功。于是一日一月为阴阳便是顺理成章之事。就立杆测影而论，太极的实质是一个平面。太阳光下直立一株测影杆，实际上便建立起一个通过测杆中心线的平面。此平面十分特殊，它本身以测杆中心线为界，一半为阳，一半为阴。阳一半平面肉眼见不到，阴一面即杆影，是肉眼可以观察的。这应是“太极生阴阳”的最初始的一个内容。当然，古人所言及的“太极生两仪”“两仪者阴阳也”似不是这个难以被他们所理解、所认识的平面的涵义。无论古人是否难以理解或难以认识这个特殊的平面，有一点是可以肯定的，当远古观测者在太阳光下、在地平面上直立一个圭杆时，这个特殊平面便随之而构建成。任何一个观测者皆可做到，而且皆可用肉眼观察阴一半平面，即阴影的运动及变化情况。

就太极生两仪而言，这个一半为阳一半为阴的特殊平面垂直在地平面上，也可以将天与地分割成阴阳两部分，远古人群是可以观察到的，也是可以认识的。“太极生两仪”应包括这部分含义。对远古人群来说，早晨太阳东升是一天的“大”事，观察圭杆的人们最易发现圭杆阴影平面向西伸延，将天与地分成南北两部分。南方，太阳在一天中运行于天上。北方为圭影，在一天中活动在地面上。阴影与太阳应是两仪的内容。圭影在早晨不易观察，可借助孤树，当太阳升高的高度与树高相近时便可观察到这种情景。正午，圭杆阴影将天与地分成东西两部分，此时借助于同圭影相平行的一行树、一座南北向的山等，便可见到上午太阳在东方、阴影在西方，下午太阳在山之西侧、阴影在山的东侧。这应是远古人们最初直接观察的并逐渐认识的“太极生两仪”。一行树、一座山、一排房皆是“一”，皆是“太极”。而“太极”的两侧便是两仪。

2. 七、十为两仪

依靠单杆测影所建立的太极生阴阳体系，在柿子滩岩画所记述的“七”与“十”相配合的指路、定向、计时、制历体系诞生之后，便退居次要地位。北斗七星与蜂形人组合系统得到长足发展。由蜂形人演化出现人形（即大字）圭表、十字形圭表甚至黄字（即蜂形）图腾系列，在广泛地域内得到传播。从1.0万～0.9万年柿子滩岩画出现之后，“两仪”的涵义便发生了新的变化。从这时期开始，远古人群的指路、定向、计时、制历的天文地理活动便由白天与黑夜、南方与北方、太阳与北斗匹配组成。由女娲补天是在“天不兼复，地不周载”“阴阳失度，三辰盈缩”的形势下“炼五常之精以调和阴阳，使晷度顺序”可确认，柿子滩岩画所标记的女娲时代已普遍运用“七”“十”相结合型制的仪器解决了“阴阳失度”“天不兼复”问题。

白天靠太阳、靠“十”，太阳在南方周天运行，也被当时的人们理解为围绕北天极旋转，即非九天则大岻。夜晚靠北斗，靠“七”，北斗在北天区周转。倘若这时人们开始形成“太极生两仪”“两仪者阴阳”的观念，这里包含的白天与黑夜、南方与北方、太阳与北斗应是“两仪”的内容。倘若这时的人们尚未形成这种观念，即便是此后人们在另一种情况下形成的。就中国远古天文学史而言，柿子滩岩画是一万年以前的真实的里程碑，是“太极生两仪”的重要阶段。这一时期，大约距今1.2万～0.8万年，太极这个立杆测影仪器演化成蜂形人、十字圭表、三彡之易应已经完成。从此以后，我们所见到的女娲之肠、骷髅十字圭表、斗字岩画，是它们的具体形象，有些可能已成为余脉或图腾的遗迹。

距今8000年，至少不晚于距今7000年，老官台遗址出土的四短波纹等分口沿内壁的三足彩陶钵是当时人们已经形成四等分天地的科学观念并制作出相应的观天仪器的明证，也是羲皇兴神鼎一的明证。就远古天文仪器演化历程来说，四等分口沿内壁彩陶钵问世，应从四等分天地的角度补充了以往占统治地位的历时4000多年的“七”“十”相配合的观天计时时代的内容，更应是“太极生两仪”时代的完成、“两仪生四象”时代的开始。倘若我们简单地去理解《易经》记述的“太极生两仪，两仪生四象，四象生八卦”，便湮埋了这漫长的发展演化的道路。就《黄帝之研究》而论，从距今1.3万～0.8万年我们还没有见到黄帝，但我们却见到了蜂形人之“十”，见到了黄，见到了四等分天地，见到了北斗之“七”，见到了阴阳，见到了黄帝诞生之前的中国远古天文学。

由于中国远古人群起源地的多种多样，由于当时地域空间的广阔，也由于时间的漫长，我们见到的距今8000～4000年的观天测地仪器种类繁多，形式多样；“七”与“十”继续存在，“七”与“十”衍生物相继生成；蜂形人，特别是人形圭表及人形兽类圭表的大量出现；十字圭表的衍化，突出的是骷髅十字圭表。从距今6300年前以后，围绕北天极旋转的八等分彩陶盆的出现便进入了以“阴阳鱼太极八卦”为内容的远古天文学时期。这时可从《山海经》中见到“八足”“九尾”的诸多怪人、怪兽、怪物。在《山海经》中，还可以见到的一臂、一目、一足的怪人、怪物，实际上它们皆是更久远之前单杆、单人圭表演化的后裔，或者已经脱离了天文仪器的行列进而成为图腾衍化的分支，因被后人祭祀而残留。

3.“七”“十”为斗

前文已述及，李约瑟认为中国最古老的天文仪器是立在地上的杆子，白天测太阳的影长以定冬夏二至，夜间用来观测恒星上中天以确定恒星年的周期。李氏指出的应是久远之前的观测立杆测影与恒星星群、昼夜相结合授时制历的天文活动。当然也必然包括初始定居时期出外渔猎的人们往返所必需的指路、定向、计时的需要。这就不仅是冬夏二至及恒星年周期确定的需要。由柿子滩岩画南北斗与蜂形人十字结合可以确认这类天文活动渊源久远，内蒙古双鹤山岩画更可进一步确认这类相结合的天文活动的实际存在。“天书·（二）·4”给出图2.11即为双鹤山岩画。上方为六个与南斗六星排列相近的圆圈，下方为十字。这幅岩画与一万年以前的柿子滩岩画之共同之处在于：皆记述远古人们以十字圭杆与星群相结合观天授时；星群以围绕北天极旋转的南、北斗为内容；皆是抽象符号化。两者不同之处在于：柿子滩南斗六星分列为两行，双鹤山六星近于南斗的实际排列；柿子滩蜂形人虽然是个抽象图案，但仍保存有蜂之形貌，双鹤山

“十”字仅是一个抽象符号；柿子滩岩画给出的是南北斗之间既是一个巫咸又是一只蜜蜂，清楚表明他们已经利用围绕天上旋转的蜜蜂周而复始运行的南北斗来定向、计时、制历。双鹤山岩画只记有六星与“十”字，此时人们可能已经普遍知晓南北斗绕北天极运行的规律，画中无需表述旋转之意。

从南斗六星由三星两排演变为近于实际排列、蜂形人十字圭表并进一步抽象为“十”字，以及无需表述南北斗的旋转，皆表明双鹤山岩画制作时，人们对天文学知识的认识与理解远较柿子滩时期进步。柿子滩岩画距今1.0万～0.9万年，双鹤岩画至少晚于它数百年，甚至1000～2000年，可能出现在距今8000～6000年，总之要晚一些时期。也就是说双鹤山南斗六星与“十”字组合，既是中国远古天文学“七、十之化”的重要佐证，又是“七、十”二仪演化的重要阶段。它的进一步发展演化令人难以置信。今将图6.19中六个圆圈用短线连接便呈现如图中第二字之形状。进一步将连线的圆圈再抽象化，便如右侧的形状。右侧图形实际上是甲骨文中的“斗”字。甲骨文中的“斗”字虽然形态有异，但基本构架仍为“匚”与“十”的组合，可以认为甲骨文的斗字是距今1.0万～0.9万年前南北斗与蜂形人“十”字圭表组合，在“女娲之肠”专题中已说明双鹤山南斗六星与“十”字圭表组合可能是从1.3万～1.0万年前演化而来的最后形态。从而给出一个“七”“十”演化系列。这个系列充分证明华夏远古人群利用旋转的南北斗与直立的十字圭表组合定向、计时、制历至少有一万多年的历程。这项天文活动不仅渊源久远，而且日益臻于完善，其记述符号也日趋于简捷而明确；同时也表明，由南北斗与蜂形人十字圭表构成的斗、十结合的“两仪”图6.19，经历了相当漫长的发展之路，可以认为，为黄帝生阴阳这一光辉业绩的形成奠定了深厚的科学基础。至于南斗六星与十字组合的“两仪”何时，又为什么在甲骨文中演变成斗，斗又为何代表了南北二斗，有待后人进一步探究。

图6.19　北斗与十为斗

4. 女娲七、十之化

前文已几次涉及“黄帝生阴阳”是《淮南子·说林训》（808页）明白记载的：“此乃女娲七、十之化也。”也就是说黄帝关于阴阳理论问题源自女娲的七与十。1.0万～0.9万年前柿子滩的蜂形人头顶七星脚踏六星岩画是女娲七、十之铁证，从而也是黄帝生阴阳的源头的确定证据。我们这里难以肯定《淮南子》所记黄帝生阴阳乃女娲七、十之化就是专指源于柿子滩岩画，但可以确切认为黄帝生阴阳这个重大的远古社会的理论问题与距今1.0万～0.6万年间的北斗七星与“十”字圭表结合进行定向、指路、计时、制历的天文地理实践活动有关。《天书》“岩画与岩刻天书”“星座与十字符号”小节给出的岩画是久远之前七与十结合实现天文地理活动的真实信息，甚至甲骨文中的[illegible]字也是实例。黄帝生阴阳这个重大问题的根基“七与十”确是源远流长。

七与十是定向、指路、计时、制历的仪器，运用七与十的实践活动是神效的，但它们不是“阴阳”理论。只有将七与十“化”了以后才能形成理论。理论包含诸多内容，可以阐述，可以编写成书，可以提挈，可以运用到更广泛的领域。阴阳五鱼太极图既是阴阳理论，又是“阴阳太极”天书。姜寨遗址双鱼蟾蜍九等分边沿的彩陶盆应是黄帝生阴阳的另一部天书。而这部天书内含的“日月运行一寒一暑”“二十七天的恒星月”“阴阳之义配日月”皆是黄帝生阴阳的组成部分。也就是说，四分边沿阴阳五鱼彩陶盆与双鱼蟾蜍九分边沿彩陶盆是黄帝将“女娲七、十”化为阴阳理论的天书。而这阴阳理论之主要内容在《淮南子》一书中有着十分清晰而较全面的记载，可以说是这两部天书的译文。

5. 提挈阴阳，剖判大宗

《淮南子·俶真训》记曰：在“未始”之时“天地未剖，阴阳未判，四时未分，万物未生”（56页），但“乃至神农黄帝，剖判大宗，窍领天地，袭九窾（注者释：九天之法），重九熱（注者释：九地之形），提挈阴阳，揔（注者释：和调）刚柔，枝解叶贯，万物百族，使各有经纪条贯”（83页）。在神农黄帝未剖判大宗之时，“天地未剖，阴阳未判，四时未分”，此三项并非如神学、玄学所释之天地浑沌，这里表述的是神农黄帝阴阳理论未建立之前人们对天地运行规律、四时变化的机制尚不能与日月天地的形法深刻地联系。于是“万物未生”，万物未生也并非万物没有生长形成，而是说没能很好认识与掌握万物的生长繁育的规律。当神农、黄帝剖判大宗、窍领天地、开创阴阳理论并进一步推动九天九地之形法时，便使万物百族各有经纪条贯，可见“万物未生”不是生育或生死之生，而是“各有经纪条贯”之生。

“俶真训”强调的是“神农黄帝”提挈阴阳、剖判大宗，不单纯言及黄帝提挈阴阳，清楚表明黄帝不仅“生阴阳”，而且已“提挈阴阳”、剖判大宗、窍领天地。此项非凡的功业是神农与黄帝共同完成的。但神农不是一个人，而是一个时代。神农时期有三个突出的划时代的特征：“斫木为耜，揉木为耒。耒耨之利，以教天下”“日中为市，致天下之民，聚天下之货，交易而退，各得其所”“刑政不用而治，甲兵不起而王”。时间距今6500～6000年左右，恰是神农时代向黄帝时代即黄帝氏族诞生的时期转化。可知，黄帝“提挈阴阳”应是神农时代最兴盛的阶段，至少是在黄帝氏族诞生之后。《淮南子》不仅记载了“黄帝生阴阳”这件非凡的大事，而且记载了此事根源于“女娲的七、十之化”，记载了神农“提挈阴阳”应是在距今6500～7500年左右的神农时代，并给出“提挈阴阳”内含着“剖判大宗，窍领天地”袭重九天九地之形法，其效应是使万物百族各有经纪条贯。

6. 万物负阴而抱阳

“万物负阴而抱阳”是老子《道德经》有关阴阳理论的最精辟之论。从6000年前神农黄帝提挈阴阳及黄帝生阴阳始，到2600多年前老子著成《道德经》时，经历了3000多年。《道德经》是中国古代最经典的一部哲学巨著，相比之下，其他古籍皆已逊色。《老子》一书虽然立足于玄学，主张无为，但却饱含着中国远古以来的阴阳对立统一的哲学精神。老子建成了中国古代哲学的完整体系，没有《老子》一书存世，我们难知阴阳哲学系统内容及其演化脉络。

关于老子李聃，史学界议论多多。实际上，《史记》告知我们有五个老子。“周守藏室之史”“孔子适周，将问礼于老子”“见周之衰，乃遂去”“其人骨已朽矣”“或曰：老莱子亦楚人也”“孔子死后百二十九年，……周太史儋见秦献公……，或曰儋即老子”等皆记为老子。即或将有些老子合并，至少司马迁清楚地记述了四个老子。守藏室之史、孔子问礼、见周之衰提到的三个老子合为一人，还有骨已朽矣、老莱子、太史儋则为另三个老子。若守藏室之史、见周之衰、骨已朽矣三者为一人，则孔子问礼、老莱子、太史儋又是三个老子。此外，还有多个组合。但无论如何，司马迁在《史记》中就已告知我们，他所记述的老子并非一人，仅凭《道德经》一部伟大的巨著，司马氏难以确认其人。由于老子无从考证，所以孔子适周，将问礼于老子，老子告诉他，你要找的人“其人及骨皆已朽矣”，是确实的老子。

《道德经》第一章的“玄而又玄，众妙之门”是所有哲学家与史学家们皆认为之《道德经》的世界观，《道德经》第三章的“为无为，则无不治”是他的方法论。“玄”是什么，应该用老子自己的叙述来分析，他说：“无，名天地之母；有，名万物之母。”“此两者同出而异名，同谓之玄，玄而又玄，众妙之门。”这里清楚地将“无”与“有”作为对立统一的双方。“无”为虚、为抽象的古文之称；“有”为实、为万物的代称。“两者同出而异名”应是两者为统一体，这个有与无、实与虚、万物与抽象的统一体谓之玄。万变不离其宗，老子的“有”与“无”，实质上仍是黄帝的阳与阴。

《道德经》第二章，老子在阐述善与恶、丑与美时，进一步给出：有、无相生，难、易相成，长短相较，高下相倾，前后相随。用人们常见事物的诸多特性的阴阳对立统一，深化“玄而又玄，众妙之门”。《道德经》自始至终以阴阳对立统一的哲理统领各篇。其第十九章：“曲则全，枉则直，洼则盈，敝则新，少则多，多则惑”。第二十章：“飘风不终朝，骤雨不终日”。第二十四章：“知其雄，守其雌，为天下溪”“知其白，守其黑，为天下式”“知其荣，守其辱，为天下谷”。第三十一章：“将欲歙之，必固张之；将欲弱之，必固强之……”。第五十章：“祸兮福所倚，福兮祸所伏”。等等。最精辟者是第三十六章的“万物负阴而抱阳，冲气以为和”。

老子在《道德经》中用当时先进而普及的科学技术为例，深入浅出地论述了他的哲理。“天地之间其犹橐龠乎，虚而不屈，动而愈出”（第五章），天地之间犹如冶炼用的大风箱，出风与入风是相反相成的，活塞的运动则实现出风入风。“天之道其犹张弓乎？高者抑之，下者举之，有余者损之，不足者补之”（第六十四章），弓箭是当时最锐利的武器，张弓射箭时的高、下调节，用力之有余及不足皆像他所主张的天道一样。上、下与有余、不足皆是阴阳对立统一的内容。“三十辐共一毂，当其无，有车之用”（第十章），言及的是毂内空与实的对立统一。当毂内因“无”而空时，便可装上三十根辐条而“有车之用”。老子举出的这些实例，皆欲说明天之道乃阴阳对立统一的。

7. 凡军贵阳而贱阴

阴阳对立统一，也即是矛盾的对立统一贯穿于一切事物的始终。大而言之：“万物负阴而抱阳。”大而具体言之：“阴阳之义配日月。”（《易经·系辞上》）小而言之：“人情也，则曰男女”（《墨子·辞过》）、“乾，阳物也；坤，阴物也”（《易经·系辞上》）。中国远古自从有战争以来就有正义和非正义、胜与败、奸与忠、矛与盾、进攻与防御，等等。战争，严格而论，是有组织的武装集团的厮杀。它是人类历史产生的最突出的阴阳对立统一的事物。只有阳没有阴或只有阴而没有阳便没有战争，也就是说没有两军对垒便没有战争。据古籍记述，应是从神农时代后期便有了战争。而大规模的战争是从蚩尤开始。由于战争是最突出的阴阳对立统一体，所以我们在中国古代兵书中十分清楚地见到战争中的阴阳理论，以及用阴阳对立统一思维方式分析战争规律、运用战争规律、掌握战争规律。

中国古代第一部兵书应是距今2500年前的《孙子兵法》。《孙子兵法》是孙武所著。这部书是光辉的伟大的，但由于著者自己没有小传，当时的人们无人关注其身世，所以他同《道德经》的作者老子一样，生卒年月与身世尚不详。但由于孙武在吴国阖闾二年经伍员推荐给吴王，与伍员助阖闾西破强楚、入郢，北威齐晋，显名诸侯，阖闾在位为公元前514～公元前496年，《孙子兵法》至少应在2500年前左右成书。书中有关兵家的阴阳理论已臻于完善。

《孙子兵法》之开篇言曰：“兵者，国之大事也，死生之地，存亡之道，不可不察也。”用生与死、存与亡这两个对立统一的命运，直接道出“兵者”与“国”的关联。在此书专题“计”中，进而提出经之以五事：道、天、地、将、法。并以阴阳对立统一的思想方法对此五者加以论述。在“天者”之中明确而具体地提到：“阴阳、寒暑，时制也；顺逆，兵胜也。”此阴阳为狭义的天气的阴晴雨雪。在“计”中孙子提出了千古不朽的名言：“兵者，诡道也。”对“诡道”的解释，可谓之极其精辟的阴阳对立统一思想，“故能而示之不能，用而示之不用，近而示之远，远而示之近。利而诱之，乱而取之，实而备之，强而避之，怒而挠之，卑而骄之，佚而劳之，亲而离之。攻其无备，出其不意，此兵家之胜，不可先传也”。此为中国古代军事思想的精髓，也是阴阳理论在军事上的经典运用。

《孙子兵法》在“行军”篇中提出：“凡军好高而恶下，贵阳而贱阴，养生处实，军无百疾，是谓必胜。”此处的阳是整个兵书中所言及的对自身有利的诸多因素，阴则是对本军不利的因素。“凡军”一词皆已言明，如“虚与实”“佚与劳”“远与近”“强与弱”，这些皆可以转化，从而提出“军争之难者，以迂为直，以患为利”，应是“贵阳而贱阴”的最难之处。在“虚实”篇明确提出“善战者”，当然对应“不善战者”，善战者为阳，不善战者为阴。总之“凡军”贵阳而贱阴指的是整个兵者面对的阴阳对立统一，特别是阴阳转化。

《孙膑兵法》应是中国古代第二部兵书，书中充分运用阴阳理论剖析兵之道。如“行篡”篇：“权衡，所以篡贤取良也。阴阳，所以聚众合敌也。”又如“地葆”篇：“凡地之道，阳为表，阴为里。”“八阵”篇：“险易必知生地、死地，居生击死。”明白给出运用阴阳理论是为了聚结兵力以战胜敌人。同《孙子兵法》相比，《孙膑兵法》在剖析“善者”与非善者时更为具体。“善者”能使敌“沟深垒高不得以固，车坚兵利不得以威，士有勇力而不得以为强”“善者制险量阻，敦三军，利屈伸，敌人众能使寡，积粮盈军能使饥，安处不动能使劳，得天下能使离”，等等。

8. 阴阳理论对中国古代其他文化的影响

中国远古文化从一万年前柿子滩岩画走来，一路上积累了异常丰富的内容。生于公元前552年、卒于前479年的孔子，在中国古代文化中占有重要地位，他本人及其弟子在《论语》一书中整理记述了他以前悠长的历史过程中的“处事为人，伦理纲常”方面的文化内容。《论语》中虽然没有明确记述“阴阳”这个“怪、力、乱、神”的核心理论，但他的《论语》从首至尾全部贯穿着“阴阳”这个对立统一哲理的影响。《论语》中“仁与非仁”“礼与非礼”“小人与君子”“朝闻、夕死”“可忍与不可忍”“直与枉”“知之与不知”“故与新”“刑与德”“贫与富”“骄与逊”“贱与贵”“坦荡荡与长戚戚”“善与不善”“用与舍”“行与藏”等充斥全书的对立统一的命题，应该源渊于久远先人们的阴阳哲理在诸多方面的蕴藏或孕育。

齐桓公当政（公元前685～公元前643年）时，管仲相齐，《管子》一书被人们判定为“非一时一人所作”“后人附会，多于（管）仲之本书”。可又无人、无能力弄清管仲之作。本书只能暂作《管子》为距今2650年左右管仲的政见。《管子》核心篇章早于《论语》100多年，它应是一部治国安邦、成就霸业的富民强国（含强兵）、争霸的政治、军事、经济之书。书中将天时地利作为王者、霸主必须关注的重要问题，阐述这两个问题时，充分论述了阴阳关系。由于“天生四时，地生万物”（“形势解”），所以要“令有时”“不知四时，乃失国之基”“是故阴阳者，天地之大理也，四时者，阴阳之大经也，刑德者，四时之合也。刑德合于时，则生福，诡则生祸”“南方曰日，其时曰夏”“北方曰月，其时曰冬”，“日掌阳，月掌阴”“阳为德，阴为刑”“德始于春，长于夏；刑始于秋，流于冬。刑德不失，四时如一，刑德离乡（向），时乃逆行”（“四时”429～432页）。“地者，政之本也”“可正政者，地也”。而天时，“春秋冬夏，阴阳之推移也，时之长短，阴阳之利用也；日夜之易，阴阳之化也。然则阴阳正矣，虽不正，有余不可损，不足不可益也”，此处强调为政者处理天时地利的原则，深入了解天时的阴阳转化规律。

墨子，文献认为其生卒于公元前480~公元前390年。《墨子》一书也被视为非一时一人所著。墨子应属于古代高级机械工程师，特别是其在光学物理方面的辉煌成就。诸如光的直线运动（照若射）、光的衍射（景二）、小孔成像（景到）、光照强度等。《墨子》书中论述阴阳的字数虽然要比《管子》少，但内容要广泛得多。《墨子·辞过篇》："凡回于天地之间，包于四海之内，天壤之情，阴阳之和，莫不有也，虽至圣不能更也。何以知其然？圣人有传：天地也，则曰上下；四时也，则曰阴阳；人情也，则曰男女；禽兽也，则曰牡牝雄雌也。"

庄子在墨子之后百余年，生卒年月为公元前369~公元前286年，"一清一浊，一盛一衰"小节中详细讨论了庄子记述黄帝谈论演奏咸池音乐时对阴阳的讨论。此处重复提及庄子，是要强调在春秋战国548年间阴阳理论对军事、政治、经济、科技、文化诸多方面诸多名家长时间的连续不断的影响。《荀子》一书之完成年代尚无定论。倘若按齐滑王晚年，荀子到稷下游学（范文阔：《中国通史（一册）》，251页），又按《史记·荀卿列传》"荀卿，赵人，年五十始来游学于齐"计，齐滑王晚年为公元前296~公元前286年，按290年加上50年，荀卿出生年代应在公元前340年，稍晚于庄子。《荀子》不仅在"天论"篇中论述"列星随旋，日月递照，四时代御，阴阳大化"，而且在"王制"篇中记述"相阴阳，占祲兆，钻龟陈卦，主禳择五卜，知其吉凶妖祥"，"相阴阳"已成为占卜迷信的一种手段。《荀子》之后，《吕氏春秋》《淮南子》《论衡》等巨著皆受到阴阳论的深刻影响，在此不一一详述。

注　释

［1］西安半坡博物馆、陕西省考古研究所、临潼县博物馆：《姜寨新石器时代遗址发掘报告》，文物出版社，1988年。

［2］王振堂、申亨哲：《图们江流域人口压力对东北虎数量的影响》，《动物学杂志》1993年第5期。

［3］杨冬：《尚书　国语　战国策》，远方出版社，1998年。

［4］陆思贤、李迪：《天文考古通论》，吉林文史出版社，2006年。

［5］冯时：《中国天文考古学》，社会科学文献出版社，2001年。

［6］王彦俊：《试论伏羲文化》，《伏羲文化》，中国社会出版社，1994年，第167~182页。

［7］西安半坡博物馆、临潼县文化馆：《1972年春临潼姜寨遗址发掘简报》，《考古》1973年第3期。

［8］蒋书庆：《破译天书——远古彩陶花纹揭秘》，上海文化出版社，2001年。

七、德 与 帝

初始定居的远古人群，定居的生活及生产必然需要定向、计时及预知寒暑，也只有定居条件才能够提供比较恒定的立杆、树木、房屋等少动的参照物以助观测。只有借助这些恒定少动的指标，才能观察认识日、月、星辰的运动变化。在对日、月、星辰的运转，特别是夜晚对北天极及北斗，白天对人影、杆影、树影、房影的长期反复大量观察的分析基础上，形成了远古人们天文、地理、气象规律的初始的理性认识。这些理性认识在锤炼、扩散交流、积累深化过程中飞跃出现了有助于远古人们更好地观察认识自然规律的规范化原始仪器。如“女娲之肠”中所述及的立杆测影的十字骷髅圭表，“黄帝生阴阳”中的南北斗蜂形人圭表，“泰皇兴神鼎一”中的四分天地的彩陶钵、八分天地的神器，特别是本专题要深入考释的“帝张四维，运之以斗”的大型仪器。这些观天测地仪器的发明创造及演化过程，将远古人们的精神文化推向一个新的高峰。这个高峰就是将这些仪器抽象化、符号化、文字化，即信息化。这些信息符号综合发展的最可贵之处，就是形成了在远古人看来十分神圣而直观、但对今人却“神秘”难解的“天书”。

从距今1.3万年前以来，中国远古史的突出特点是，可清晰见到：重大的历史事件或重大的意义深远的发明创造往往被当时的人们编绘成图画天书，1.0万～0.9万年前的柿子滩岩画已是一例；天书中最核心或最关键的部分又多被抽象成文字符号，或谓符号文字，[illegible]、[illegible]、[illegible]即是实例；这些天书，特别是书中的符号文字又皆有古代文献比较准确、有时又较详细的记述。黄帝考，即中国远古天文学考，必然就重大事件、图绘天书、符号文字、文献记述四方面的内容作以深入细致的研究，力求找到这四部分之间的内在的科学关联。图绘天书是中国远古天文史中十分珍贵的信息宝藏，它让我们真实地了解远古人群的众多历史。《黄帝之研究》专门概述了“天书”专题，实际上“女娲之肠”“黄帝生阴阳”“泰皇兴神鼎一”的核心内容都是剖释“天书”。从《德与帝》开始，将进一步剖释天书，特别是符号文字。

在这些极其珍贵天书中，有两部书直接叙述黄帝与黄帝时代。这两部天书就是从蜂形人北斗与八卦发展演化而来的“德”天书与“帝”天书。对许多历史学者及天文学者而言，可能难以接受，为了解开许多人的难以理解与不可理解，我们重点进行了对相关问题的考证。将这些考证全文读完，不仅使人们深刻了解并认知中国远古天文学的辉煌灿烂，而更是走近黄帝，不再是望尘莫及了。然而，由于“天书”是文字符号信息的综合汇集，为此，本专题将以“远古抽象符号文字”为基础、为核心，注释解读这些古老而又新鲜的“天书”，只要解读更接近远古实际，人们便可对之一目了然。前述“女娲之肠”“两仪生阴阳”比“帝张四维，运之以斗”“德与帝”等更难以让人接受，依靠现今存在一些人头脑中的传统观念是难以理解它们的。

（一）远古四象与八卦的符号

1. 四象符号“十”与八卦符号“✳”

《易·系辞》有“易有太极，是生两仪，两仪生四象，四象生八卦”。正文之后注释“两仪者，始为一画以分阴阳”“四象者，次为二画以分太少。八卦者，次为三画而三才之象始备。此数言者，实圣人作易自然之次第”。这里说得十分清楚，是“圣人作易自然之次第”。注释者明确地给出这是远古圣人绘制的八卦符号的顺序。表明注释者清楚理解八卦符号中的“一”“|”“×”之间的关系。“三·（二）·2”小节中，讨论了“太极”在天球坐标系中是一个抽象无形的平面。而在这里，太极的符号是“一”或“|”，是一条横线或一条竖线。将横线“一”和竖线“|”正交，并画在一个平面上，便成了“十”字，即“四象”的符号。“四象”是四分天地的仪器的代称，而“十”字是四象的符号。“四象者，次为二画以分太少”实际表述的是，在太极“一”或“|”上再加上一画即次为二画，为“十”字。

四象符号“十”是中国远古天文学发展历程中十分重要的阶段，它是观测仪器的符号，而此阶段的观测仪器明确地将天地四等分。将天地四等分实际是两个相互垂直的平面将天地四等分。依此，可清晰了解二分二至的确定及它们的意义。中国远古天文学从此步入等分天地的时期。“十”字四个方位之间的空间称为四象，这是继太极、两仪之后又一个天文学领域的重要概念。大约在公元265年前后刘徽注《九章算术》原序中记有，黄帝将伏羲的八卦神而化之，引而申之，“然后两仪四象精微之气可得而效焉”。四象源于伏羲，而黄帝将两仪四象的“精微之气可得而效焉”。这个“十”字符号与《女娲之肠》专题中读音为“甲”的符号“十”有着显著的区别，无论是来源、意义、读音及本质都不同。四象之“十”进一步演化，则为八卦符号。“八卦者，次为三画”中的三画不易理解，实际是以太极“|”为基础、在其上加三画。在“一”上加三画，即加⚹；在“|”上加三画，即加⋇，便成“✳”。“✳”为八卦的专用符号。它是《易·系辞》给出的八等分天地的物件的抽象符号。

“四象”的“十”字器物，可由距今8000～7200年的老官台四分彩陶钵佐证，且有自身发展系列。八卦的“✳”字器物，可由距今7000～5000年的八分天地的彩陶盆及陶器、玉器上的八等分图案加以证明。从时间历程上看，“四象”“十”字符号会比八卦“✳”字符号出现得更早。中国的陶刻符号，较普遍地出现在距今7000～6000年，这是文化飞跃。“十”与“⚹”，当然也包括“一”“|”“×”“⊥”等符号在内。它们皆应代表当时的人或事，是人或事的抽象符号，产生的时代应相接续，不论相差多远。《易·系辞》用太极生两仪、两仪生四象、四象生八卦简短文字概括性记述了器物的漫长发展过程。倘若也简单对待注释的“一画”“二画”“三画”符号化了的八卦演替过程，可能就难以理解其符号化的漫长历程及重要作用。

《易·系辞》注释所给出的“圣人作易自然之次第”而画出的八卦符号“✳”，显然与今人习以为常的八卦不同，与众多“易之学者”“历史学家”们所探讨及追究的八卦不同。但这却是《易 · 系辞》注释所传承的八卦符号，是不可篡改的事实。这个八卦是打开黄帝历史及伏羲时代的十分重要的钥匙，后面的考证将进一步说明这一问题。

2. 现今见到的最早的“✳”形刻符

《易经 · 系辞》给出的“八卦者，次为三画”而成的“✳”，是落在纸面上的一个符号。这个符号是由一、|、十、×这些基础元素构成的。这些符号在6000多年前的西安半坡、陕西临潼姜寨、柳湾马厂、良渚文化遗址陶刻上皆有存在，距今6000年左右。按《易经 · 系辞》给出的“一”或“|”是太极的符号；“十”是四象；“×”是四维（后文将进一步探讨）符号，这些符号的基本含义如果从6000年前一直延续至《易经 · 系辞》形成时，则至少有3000年以上历程。由这些基础元素构成的八卦“✳”符号，也应在距今6000年左右能够找到它的痕迹。

半坡陶刻上有一个形似“✳”的符号，它是100余件具有刻划的陶器或陶片上的40余种符号中刻划复杂、笔画多的符号之一。如果这是在陶器上的花押或族徽，则“✳”如此复杂，并明确指向八个方向，应是与八卦“✳”这个物件有关的符号或族徽、上述遗址陶器上的类似“✳”的刻画。就陶刻符号本身分析，不同人的拓片有所区别，拓片解释也有所不同，有人解释为制作工匠的花押，有人解释为族徽。无论半坡“✳”字陶刻是否与八卦有关，《易 · 系辞》所给出的“✳”字八卦与其十分相像。从这以后，我们在距今6000～5000年间的陶刻符号及岩画中，见到了更多的与“✳”相关的符号，其中最有意义的是被方框或圆框框上的⊠和⊛。

3. 符号✳的演变

6000多年前的陶刻符号✳，也必是由“|”与“一”构成的“十”字骨架，再加上“×”而组成的。“|”“一”应是表示物件的，也应是有读音的，“|”应是表示立杆的杆：“一”应是表示立杆的杆影。“一”读一，按《吕氏春秋 · 大乐》篇“太一出两仪，两仪出阴阳”，“|”应读太。初始时，竖立的测杆为阳，实质上是一个平面，被称为太。测杆直立在地面上，实际上是一个平展的无形平面，杆在平面上的日影被呼为一，为阴，两者合起来被称为太一，其抽象符号便分别为“|”与“一”。进一步演化，将中午的测影称为太“|”，将早晚的测影称为“一”，两者合称为太一，实质上是中午与早晚测杆的两个平面称为太一。于是由“|”与“一”垂直交叉，便构成四象“十”，“十”是中国远古人群构建的地平坐标系，四象符号“十”也应有读音。“十”在西周甲骨文的数字排列中，被释为“七”。殷商甲骨文的数字释读也为“七”（钟旭元，表1）。但依据甲骨文中天干的连读，“十”释音为甲。将甲“十”加上“×”则为八卦符号“✳”，“×”在西周甲骨文字中释读为“五”。

“十”与“×”两个符号，早在6500多年前的西安半坡及临潼姜寨陶刻上已有见著，当然尚不知那时的读音。与“✳”符号相近的“✳”字也出现过，虽不知当时是否为八卦的符号，但却可作为八卦符号的端倪。如果✳是八卦的代表符号，则“十”应是距今8000～7000年间出现的四分天地的彩陶钵的符号。若“十”与“✳”都是八卦的符号，但它们却代表着八卦发展的两个漫长的历史阶段。“十”是一个字，“✳”也应是一个字，两者读音也应是不相同的。“✳”在甲骨文中也有出现，多被释混读为燎或柴。但就八卦而言，它应读“德”。

八卦符号✳进一步演化为⊠、⊛与⋇。⊠见于本书“二·（二）·1”节，贺兰山岩画及本专题“五·3”节河南固始县汉代画像砖，它应读为“帝”。⊛可见于阴山岩画，在内蒙古自治区阴山以北苏尼特左旗草原上，独立着一块3.5米高的巨大的黄白色花岗岩，岩石上刻画一幅圆环内有八条辐射纹的图案，有人释为车轮纹（见图7.1）[1]，但实际上可能是⊛形刻符。图中另两个小的是金文中的十字圆环与⊛形符号。⊠进一步演化为八角纹⋇。八角纹⋇在距今5500～5000年间几乎是我国古代东方相当普遍分布的符号，下文将详加讨论，它应读为“巫”。

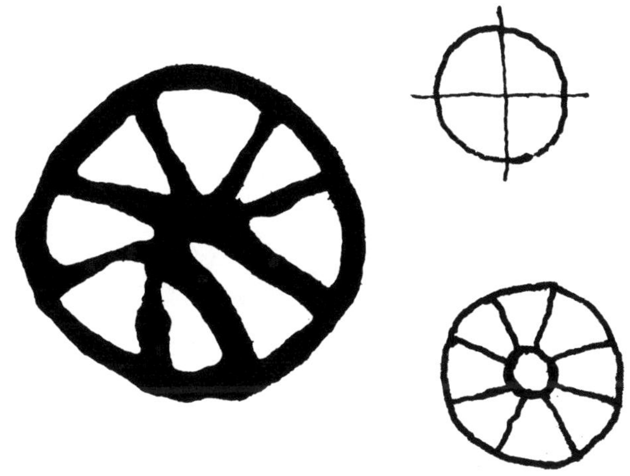

图7.1　阴山岩画圆环内有八条辐射纹
（盖山林 等，2002，234页）

4. 八角纹图案

冯时研究并收集了一些史前八角纹图案（图7.2），其中应是与确定方向的八卦有关的八角纹，如在地面画出上述刻划，可以站在画端交角处通过图心向另一端望去，日影或北斗杓位可以给出时辰，可知它是一件记时的物件。有些八角纹图案不属于八卦系列，有些可能曾是八卦系列，但已演变成艺术花纹或徽号刻符。有些八角纹图案刻在玉器上，有些绘画在陶器上。一些研究者认为这些图案是彩陶艺术，有些研究者则认为某些图案是太阳光芒的刻画、是对太阳的崇拜。冯时认为“八角并非表现太阳的光芒”，但“这些指向四方的八角具有某种方位象征意义的话，那么最早的方位概念显然来源于古人利用太阳的一种辨方正位的活动”（374页）。进一步认为：“八角图形至少可以与八卦建立起某种联系。表面看来虽然简单，但由八卦引申出的八方与数字关系的内容

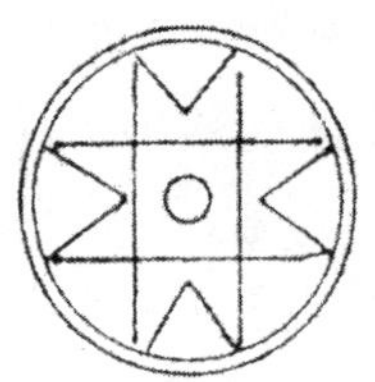
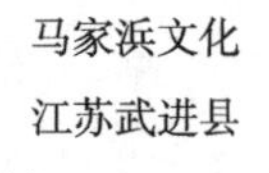
马家浜文化
江苏武进县
距今7000～6000年

仰韶文化
江西靖安
距今6000～5000年

崧泽文化
上海青浦
距今6000～5300年

大汶口文化
山东泰安
距今6000～4500年

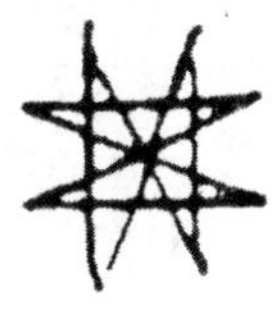
良渚文化
江苏吴县
距今5000～4000年

图7.2　6000～5000年前的八角纹图案

则是丰富的。”“由于八卦与八方以及数字普遍具有一种极其特殊的关系，八角图形很可能成为正确理解这些关键所在。”[2]

这里告诉我们，八卦“✳”在完善与发展过程中，形成了两个新的方向，一是以八角✳为主的，由巫掌握与完成的定向、测时、卜筮任务；一是由⊠与⊛为方向的，现今存留在贺兰山岩画及东方玉雕仪器之中。⊠、⊛与✳虽然都源于八卦“✳”，但最后形成三个形制上有所区别、本质又是一致的天文仪器的符号，这值得进一步探讨，且两者时间可能都是距今6500～5000年出现的。

5. 八角纹的时空分布

八角纹日益在岩画、陶刻及玉器上发现，虽然有一些确实是艺术图案，但更多的应是与八卦✳或图腾✳有关联的，所以，进一步研究与探讨这些八角纹的时空分布十分必要。表7.1给出的是发现八角纹存在的文化属性、地理空间与时间区段。

表7.1　远古八角纹及图腾时空分布

文化属性	地理位置	时间（距今）	
马家浜文化	江苏武进县 长江南太湖北	7000～6000年	
大溪文化	湖南安乡县 洞庭湖西常德北	6400～5000年	
大汶口文化	山东汶水县	6300～4500年	
崧泽文化	上海西	6000～5300年	
仰韶文化	江西靖安县 南昌西九岭东	6000～5000年	
良渚文化	上海马桥		
	江苏海安　长江北扬州东	5300～4400年	
	江苏澄湖		
	安徽含山　巢湖东	5000年	
红山文化	内蒙古敖汉旗 朝阳北赤峰东	4000年	
小河沿文化	大连双坨子	4000年	

从表中可以了解到八角图案的时间跨度至少自6500前至4000年前，按中国古代文献纪事推断，相当于神农与黄帝两个大的时期；按中国考古学划分的时期，相当于仰韶与龙山两个大的文化阶段；按社会发展史，它跨越了中国母系氏族社会的昌盛时期与父系氏族社会初始兴隆的阶段；从地理分布上又可知，其东临沿海，南达长江以南的上海、太湖、鄱阳湖、洞庭湖地区，北已越过阴山、燕山抵至广大丘陵及草原地带。冯时认为：“这些发现于不同地区、不同时期、不同文化的八角图形表现出了惊人的一致性，显然它们不仅有着共同的含义，而且应该有着共同的来源。”这就是说历史考古学者已经深刻地注意到八角纹图案的含义与来源的一致性的问题。

经常映入古人眼帘的动物形态、树木叶片很少有八位数的形象，从而也就不可能由此而在人们生活中形成深深印迹，或者说极少见。可见，这有着惊人一致的八角图案的共同来源，出自一个对人们生活产生着深刻影响的与“八”相连的这一事物。这一事物就是伏羲氏创造的又被黄帝“引而伸之”即能为人们确定方向又能为昼夜计时更能确定“至”“分”点定年制历的“八卦与北斗天文学”。它随同距今6000～5000年间的经济文化大统一过程，广泛流传至四面八方，并且在包括远古文字、艺术、军事、建筑、宗教、卜筮在内的生产与生活方面有着深刻的影响。

6. 巫觋通天

在“天书·（一）·2”小节中已初步讨论了江苏澄湖双耳壶上四字陶符的❋字。无论将这四字释为“巫成五俞”，还是“巫咸通天”，❋皆释为巫。在远古，巫之所以能够通天，是因为他运用八卦北斗这个天文仪器，定向、计时、制历、预测寒来暑往，指导人们的生活与生产。前小节已述及❋是⊠的异形符号。⊠是构建在□与✳之上的一个新的符号。❋也是构建在□与✳之上的新符号，只不过是四□与✳的连接点不同。澄湖遗址距今5300～4400年，社会进程属于母系氏族社会向父系氏族社会过渡的后期。部落首领掌管着计时制历、预测寒来暑往及方向判定等原始科学技术，执行着后来的巫咸的职务。这时的首领就是巫，❋是他们的徽号。该徽号在距今5300～4400年进入到组字成句的句子之中，应是中国文字史及天文学史值得关注的重大事件。

“巫觋通天”四字句应是现今已发现的组字成句的第一批句子。田野考古阶段为龙山文化时期，在中国古籍纪年上为炎、黄二帝大统一中国以后的颛顼与喾的时期。可知《淮南子·本经训》等所记黄帝命仓颉造字或作书，不应再是望风扑影，而是符合中国文字历史发展的实际过程。孙铁在《影响中国历史100事件》一书中将苍颉造字列为第二个事件。在他的观念中，仓颉造字是一个真实的历史事件，且这一事件深刻地久远地影响了中国的发展。在炎黄统一远古时期，巫字不仅已经造出，而且已进入到组字成句阶段，成为句子中的一员。如此看来，所谓的仓颉造字，已不是制造单个“字”，而是造“书”了。

巫在四字句子中，明显是主语。如果释成“巫觋通天”，通是动词、是谓语。

“天”是宾语、表述巫的职能。此句也可能为巫咸是主语，通天是谓语。巫是囷，咸是玉钺或石钺。若巫、觋也是专指两个人，表明此时巫掌观天设备、咸掌玉钺。若巫咸为一人，则观天设备与玉钺皆由一个人独揽，此时应进入父系社会。巫、觋也可能专指两个物件，则表明这四字句宣告的是：谁掌管观天设备与玉钺，谁就能通天。或者说，只有有能力掌管观天设备与玉钺的人才能通天。“巫咸通天”不仅是一句话，而应是一部天书，它记录了观天设备在那个时代的种种重大的历史内容及人际关系。

7. 与米有关的东、西、南、北四字

米三个功能之首是定向作用，定向最主要的是标出东西南北。标示了东西南北四个方向后，进入到符号表意的文字时期，必然要出现东、西、南、北四个方向的表意符号。当前只能从甲骨文中看到距今3500年左右的东、西、南、北这四个符号的基本模式。

甲骨文中“东”字最难令人理解。“東”易被现代人误解为一个菠萝。菠萝与东有什么关系？5000～3500年前中原地带是否有菠萝，尚未可知。将“东”字的中间⊕的两边笔画断开，便可发现米是四象骨架“十”两端各加一个四维符号“×”而成，东字源于米。古人为何用这样一个符号表示东这个方向？首先我们将连云港将军崖岩画上的米符号取来，再将大汶口陶刻符号读懂，最后再去解读《山海经·大荒东经》与《山海经·大荒西经》，立刻就会清晰明了，“东”字留存了中国天文学史上一个重要的成就。中国远古的东方早在距今6000～5000年已完成依靠太阳在天顶（天球）运行轨迹南北移动，即《周髀算经》保留的“七衡图”中的三环理论，准确地推定季节的来去。关于对《山海经·大荒东（西）经》的解读，刘宗迪的学术态度是严肃的，其结果是科学可信的。为何要用两个“×”并加于“十”之两端？它告知我们，远古人们已用“十”表示四方、“×”表示对三环的运用、两个“×”则表示东、西对照。或者说一端是日出，一端是日落，即米。

“南”字，在甲骨文中为𠓁，这与甲骨文中表示夜半、表示北方的12地支中的“子”字十分相近。“子”字为𡥒。𡥒使人联想到米又联想到𠓁。𠓁字的底座是一个专门制作的框架▭，框架上方放一个“×”，而“×”的上方是一个“|”，这应是一个标杆或一个测杆。▭与卄不仅是两个符号，而且是两个测定方位的设备，一南一北。

西字在甲骨文中为⊕，初看起来也是不可理解的，但将其与天干中的表示北方的癸字“癸”联系起来，便易于理解了。这是两个皆以“×”为骨架的字。“×”的端头各加一笔斜杠。斜框相交便是西，斜杠不交便是癸。“×”是八卦中表示四维的符号。陶刻中有一个“ㄨ”符号，与⊗、癸相近，还与十二地支中的“午”字8相近。

甲骨文中的北字为𠦂，似是两个人相背而行（或而立），“北”“背”音也相近。此字也可以理解为ㄨ，则其骨架仍是米中的四维“×”符号。总之，东南西北四个方向是古人定位的需要，由此产生的米及其符号，必然影响四个方位的符号。四个方位的符号骨架都来源于八卦符号的两个主要骨架“十”与“×”，进一步表明八卦米在定向中的突出作用和效果。

（二）德、姓、图腾

1. 姓与氏

姓是中华文化的重要组成部分，现代中国人理解的姓皆与《百家姓》这本普及小书有关。姓与其他中华文化一样源远流长，现代有人提出“姓”传承着氏族的遗传密码。也可以说，姓包涵着遗传基因、传承DNA信息。为何会是如此呢？战国以前，姓氏分得很清，《左传·隐公八年（公元前715年）》：“天子建德，因生以赐姓。胙（赐也）之土而命之氏。诸侯以字为谥，因此为族。官有世功，则有官族。”赐姓与胙民是一个相当严肃的世事。此处的“族”即是族姓。夏姓姒，《国语·周语》：“皇天嘉之，祚以天下，赐姓曰姒，氏曰有夏。”姓若莫天赐，若莫“天子”赐。当然也有：“姬，黄帝居姬水，因水为姓。”《说文解字》（汉代，许慎）：“姓，人所生也，因生而为姓，从女生。”孔颖达（唐）：“姓者，生也，以此为祖，令之相生，虽及百世，而此姓不改。”

“姓，人所生也”，泛指一个人、一个家族、一个氏族是从那里“生”出的。“从女生”三字很重要，它指出“姓”来源于母系氏族社会，我国至少从距今6000年以前就已有“姓”的形成与分化。《国语·周语》：“我姬氏出自天鼋。”表明姬氏不仅因姬氏而取姓，还与天鼋有关，这些皆应发生在黄帝壮大成势的氏族社会之前。“姓者，生也以此为祖，令之相生虽及百世，而此姓不改”，表明在很久以前一个历史时期内，对于一个繁衍壮大的族群而言，姓是稳定的。当然以“姓”所贯连的氏族系统的人群，其遗传密码也具有相对稳定性。“姓”对中华民族来说是久远传承的血脉。

马振亚、张振兴认为：姓是族号，是氏族的标志；氏是分支，是家族的标志（165页）。这就是说，姓是族徽，与现代民族学引进的“图腾”一词的本质相同。“图腾”在中国古代称为姓。张福林、张瑞昌认为：姓是由各氏族部落的图腾演化来的，即部落的图腾物象演化成部落的称号，部落的称号又演化成家族的族号，就是姓（《中国文化源流手册》，323页）。姓是“以此为祖”“令之相生”；图腾是氏族先祖崇信的圣物，或祖先赖以生存的资源，或祖先重大的发明创造的事物，图腾是事物的抽象符号，姓也是符号、族徽。总之，姓与图腾是相同的。

2. 2600年前司空季子论“德”与“姓”

《左传》是中国第一部正式史书，起自鲁隐公元年（即公元前722年），终至鲁哀公二十七年（即公元前468年），囊括了250多年。按中华五千年历史，它正处于中间时区。为中国，也为全世界留下了那个时代辉煌丰富的文字历史档案。虽然仅是鲁国一个侯国的史书，但由于鲁国的特殊地位，许多侯国的重大事件也向它上报，于是记述了春秋时代的许多珍贵信息。晋惠公当政，晋国内乱，晋公子重耳出逃，最后取得政权，成为春秋五霸之一，是历史上浓重的一笔。在晋公子重耳出逃之时，晋太子圉为质于秦，秦穆公将女儿怀嬴嫁于圉，晋惠公病危，太子圉逃归晋国，怀嬴留秦。事情发生在鲁僖公二十二年，即公元前638年。第二年，流亡的重耳由楚入秦，秦伯又将怀嬴纳于重耳。重耳欲辞之，其随从大臣司空季子就此事发表了一篇论述，借以规劝重耳娶怀嬴。论述全文记在《国语·晋语》中。

> 司空季子曰："同姓为兄弟，黄帝之子二十五人，其同姓者二人而已，唯青阳与夷鼓皆为己姓。青阳，方雷氏之甥，夷鼓，彤鱼氏之甥也。其同生而异姓者，四母之子别为十二姓。凡黄帝之子，二十五宗，其得姓者十四人为十二姓，姬、酉、祁、己、滕、箴、任、荀、僖、姞、儇、依是也。唯青阳与苍林氏同于黄帝，故皆为姬姓。同德之难也如是。昔少典氏娶于有蟜氏，生黄帝、炎帝。黄帝以姬水成，炎帝以姜水成。成而异德，故黄帝为姬，炎帝为姜，二帝用师以相济，异德之固也。异姓则异德，异德则异类。异类虽近，男女相及，以生民也。同姓则同德，同德则同心。同心则同志，同志虽远，男女不相及，畏黩敬也。黩则生怨，怨乱毓灾，灾毓灭姓。是故取妻避其同姓，畏乱灾也。故异德合姓，同德合义。义以异利，利以阜姓。姓利相更，成而不迁，乃能摄固，保其土房。今子于子圉，道路之人也，取其所弃，以济大事，不亦可乎？"

这一大段言论发生在公元前637年，距今2600多年，距6300～6000年前的炎、黄"以姬（姜）水成"的时代近3700～3400年，是一宗承上启下的极为珍贵的信息束。《国语》是战国时编纂的春秋至战国的国别史选集。当时的史官记言是十分严格的，司空季子之言不会是战国时代闲人们编造的。距今2600多年前的人们讲述的有关黄帝及炎帝的历史，也不可能是编造的。本书在前文已用相当的篇幅述及有关炎、黄时代的历史尤其是重大的事件都是用一幅又一幅岩画、陶绘图画表示的"天书"。司空季子通篇长论，涉及黄帝、炎帝形成、发展的历史，需要诸多幅图画，这些图画天书历经2000多年转译传承，到了春秋时代，《国语·晋语》中的司空季子读过，并用来解释重耳面临的难题，是合乎情理的。

总览古代文献，通篇叙述黄帝者虽不少见，但如此深刻透彻者实为难得。此篇涉及黄帝久远前诸多重要大事，但皆以"姓"与"德"为中心。"同德之难也如是""成而异德""二帝用师以相济，异德之故也""异姓则异德，异德则异类""同生则同德，同德则同心，同心则同志，同志虽远，男女不相及，畏黩敬也""故异德合姓，同德合义"。全篇九处"德"字，由于阐述"德"与"姓"的关系，全篇19句断句含12处"姓"，论述的核心是"同姓则同德""男女不相及"畏"灾毓灭姓"，"异姓则异德""男女相及，以生民也"。

马振亚认为："早期的姓是一种族号，它不是某个人或某一家族的称号，而是整个氏族的称号。"冯时认为："姓是氏族的标志，也就是图腾的标志。"而"德"，李衡眉认为："《国语·晋语四》在谈到黄帝与炎帝的关系时，文中常常提到'德'这个词，如说'成而异德''异德之故也'，等等。这里所说的'德'，显然不是指道德说的。李玄伯先生在《中国古代社会新研》一书中明确地将'德'与生性、与姓、与类相联系，指出'同德'就是'同类'。实际上，同德或同类，就是古人认为决定某个共同体或个人的生存的一种专属该共同体或个人的属性，它与原始社会中的氏族图腾的性质相似或有关。”[3]明白地说，2600年前仍清楚记述：同姓就是同德，同德就是同类，同类就是同图腾。这是姓、德、族徽与图腾的最简单的关系。简言之，“德”是姓是族徽，是图腾。

3. 同姓同德

“同姓则同德，……男女不相及。……娶妻避其同姓。”黄帝虽有二十五宗，但“唯青阳与苍林氏同于黄帝，皆为姬姓”。如此，只有这个族号，只有黄帝族、青阳族、苍林族才可继承。这表明“姓”与“德”虽然都是族的徽号，但两者明显不同。黄帝族、青阳族、苍林族三者皆姓“姬”，皆是女娲氏的直接传人，“同姓则同德”，则也只有这三个姬姓氏族才可以传承“黄帝”这个旗号，这个图腾。

如此看来，“姬姓”来自久远，是“祖之所自出”，而黄帝之号则是“黄帝氏族”自己的图腾。每一个氏族从母氏族分生之后，都要经历自身的磨砺，都要形成自己成长的道路，在这个成长过程中，必须有伴生的生存资源或自己族群的创造。后节将述及的“帝张四维，运之以斗”就是“帝氏族”的伟大创造。这个创造，不仅造福自己的氏族，而且很快荫及四周氏族群体，许多氏族群体都集聚在黄帝氏族之下，从而有“二十五宗”“一十二姓”。是炎帝与黄帝两个氏族同时解决了“帝张四维，运之以斗”这个重大的问题？还是其中一个解决了，另一个很快学会了？还是两个氏族从少典氏或有蟜氏那里继承下来并发扬光大的？尚难确定。但两者名号之中皆含有“帝”，这应是同号部分，是炎、黄同“德”之根。

后节将述及“帝张四维，运之以斗”的“帝”是一架原始而有效的浑天仪，对于炎、黄两个氏族而言，可能“帝”是他们共同的创造、共有的图腾，炎帝与黄帝从少典氏与有蟜氏聚汇之后分生出来时，“帝”就是他们的共同徽号，可以称其为“同姓同德”。由于有同德之处，所以用师可以相济。“同姓为兄弟”“昔少典氏娶于有蟜氏，生黄帝、炎帝”，“生”虽然“未必亲所产”，但两者皆称“帝”之徽号，可称得上为兄弟氏族。

由于中国历史上商朝最后两个“王”自称“帝”及从秦始皇开始自称“始皇帝”，加之周朝开始出现“天帝”等观念的影响，“帝”这个独揽国家王权的最高统治者的观念便成了现代人习以为常的东西。从此，社会上广泛流行的“帝”的观念，便被人误解冠在“黄帝”与“炎帝”的头上，甚至伏羲、尧、舜、禹也皆被挂上“帝”的封号，这便是用后世的概念掩埋远古人们的观念。当时人们虽然崇敬“帝”，但不是因为他是皇帝，而是因为他的功业，用他的徽号、代表他这个人或他这个氏族的功业。

4. 成而异德

由于人们从少年时代就受到浸入社会骨髓的以“金榜题名”“出人头地”“光宗耀祖”的封建科考为正堂的腐儒思想的影响，见到“成而异德”，便不经意地沿着儒家的“德行”之路将其释为“德行”不同，很难迈入《晋语四》的“德”是“姓”、是“类”、是“图腾”的科学领域。实际上，只要仔细推敲司空季子通篇之文意，便可清晰地明了“德”在此处的确切含义。司空季子在讲述“同姓为兄弟”“异姓则异德，异德则异类”时，已表明姓、德、类是相近的。图腾是族徽的称谓，而“早期的姓是一种族号”，久远之前的姓是族徽、是图腾。《国语·晋语》清楚地记述了这一科学含义。若此，便可进一步探讨炎、黄的“成而异德”。

按（晋）郭璞“诸言生者，多谓其苗裔，未必是亲所产”，少典生黄帝、炎帝，应是由少典氏分出的氏族。依据图腾层次论的原则，黄帝与炎帝虽然“成而异德”，但必然仍保存少典氏的图腾。两者的“异”德，是表示在共同图腾基础上，又各自有自己氏族的图腾。少典生黄帝、炎帝还可以从《逸周书·尝麦解》中得到证实，“昔天之初（诞）作二后，乃设建典。命赤帝分正二卿……”“昔天之初”，应表示久远之前；“昔少典氏娶有蟜氏”，大约是两个互通婚姻的氏族。两个互通婚姻的氏族，分生出的不会是两个人，必是两个氏族。这两个氏族的族号，或称两个姓、两个图腾，明明白白地摆在每个读者的面前，这是双重图腾，相同者为“帝”，也就是“⊠”或“⊛”；不同者为“黄”为“炎”。而“帝”本身，即“⊠”与“⊛”，即同是德之符号，但也是相异的、有所不同的，即成而异德。一个是“✳”加方框；一个是“✳”加圆环。

若此，“成而异德”应是“黄”⊠与“炎”⊛之异。倘若以“✳”为初始的德，以“⊠”与“⊛”为初始之帝，则后文将专述的“德象天地为帝”讲的是远古“德”符号四象为天○或为地□，皆称帝。

（三）阴阳刑德

1. 中国历史上的“德”

“德”不仅是一个字，在中国文化中也可能是影响最为深刻的一个概念，或者说一种观念。现今《新华字典》中以道德之“德”作为最主要的释义。在人们日常生活中，道德之德广泛地深入人心。“德”的其他多种涵义，几乎在人们观念中被淡忘。从孔子《论语》开始一元化了的伦理人常之“德”即道德之“德”开始，久远地影响中国文化至少达2500年。“德”在老子《道德经》中主要是指哲学领域的“德”，第四十四章：“道生之，德蓄之，物形之，势成之，是以万物莫不尊道而贵德。”道是万物莫不遵守的自然规律，而这种自然规律也在变化，或散或聚、或弱或强、或消减或蓄积、或生或灭，“德”是一种蓄积过程，应是专指万物由散而聚、由弱到强、由小而大、由灭而生的过程。总之，老子《道德经》中多处叙及的“德”，其含义虽不尽相同，但哲学领域的“德”十分重要。这就是说，中国历史上的“德”有孔子儒家的伦理人常的“德”，又有老子道家的哲理方面的万物莫不所贵之“德”。本书在“2600年前的‘德’与‘姓’”小节中已介绍诸多历史学界专家已阐明《国语·晋语四》所述及的“德”是姓、是远古的图腾、是氏族徽号之称，在老子的哲学之德的久远之前，德是姓、是氏族的徽号、是图腾。

《逸周书》中的“德”之含义应是比较混杂的，因其有西周原作、本是西周原作又经春秋加工者加工、又有春秋前中后各期的作品甚至还有汉代加工者（黄怀信，63页）。《逸周书·文政解》中的九德：“一，忠；二，慈；三，禄；四，赏；五，民之利；六，工商受资；七，祗氏之死；八，无夺农；九，是民之则。”释者校注：德，指君主对臣民的恩德。《逸周书》中类似伦理人常之“德”有多处。《逸周书·文政解》中的德，不知是来自久远之前的社会观念，还是春秋人加入改写的观念，但肯定以“君主对臣民的恩德”为主要内涵。《小开武解》中的“九纪：一，辰以纪日；二，宿以纪月；三，日以纪德；四，月以纪刑”中的“德”；《谥法解》中的“德象天地曰‘帝’”中的“德”，值得深入推敲的。前者与纪日相关联，后者与“天地”及“帝”直接相关。后文将专述对这两个“德”的释解。

本节述及的道德之“德”、哲学领域之“德”同前节“德与姓”中的“德”有着根本的差异。本节中有“阴阳刑德”之“德”源于“德与姓”及“报德之维”的“德”，它是一架浑天仪，是天文仪器，是定向、计时、制历的设备，为便于人们清晰理解“刑德合门”及“阴阳”刑德，特在此处作了伦理人常之德与《道德经》中之哲理之德的阐述。

2. 古籍中的刑

《说文解字·四篇下·刀部》（182页）：“刑，刭也，从刀。”而“刭，刑也”，注释小字曰：“刑者，五刑也，凡刑罚、典刑、仪刑皆用之。刑者，刭颈也。”关于“刭”，注释小字又曰：“按许意，刭谓断颈，刑之至重者也。”从这些释注中可知，刑是刑罚之总称，且重者为断头。孔子《论语·为政》：“道之以政，齐之以刑，民免而无耻；道之以德，齐之以礼，有耻且格。”注释者谓：用政令管理百姓，用刑罚约束他们，百姓只能免于犯罪，但不知道犯罪是可耻的；用道德去教化百姓，用礼教制约他们，百姓不但有羞耻之心，而且能自己纠正错误。《论语》的刑，主要指刑罚之刑。刑与德是相对立的两类事物。

《尚书·吕刑》，一般认为作于西周之时。“惟吕命，王享国百年，耄，荒度作刑，以诘四方。”“王曰：吁！来，有邦有土，告而祥刑。在今尔安百姓，何择非人？何敬非刑？何度非及？”“两造具备，师听五辞，五辞简孚，正于五刑。五行不简，正于五罚。”等等。可以说，《吕刑》是中国古代第一篇关于制定刑法的文献。文中所有的“刑”皆指刑法而言。《韩非子·饬令》：“以刑治，以赏战，厚禄以周术，国无奸民，则都无奸市。”“重刑少赏，上爱民，民死赏；多赏轻刑，上不爱民，民不死赏。”“重刑明民，大制使人，则上利。行刑重其轻者，轻者不至，重者不来，此谓以刑去刑。罪重而刑轻，刑轻则事生，此谓以刑致型，其国必削。”此篇与《商君书·靳令》相近。此外之“刑”除刑罚之外，似包含“犯罪”之意，即广义之“刑”。

《逸周书·小开解》“九记”中的“月以纪刑”同“日以纪德”相似，与纪与月相关联，后文将专题加以考释。《淮南子》中的“阴阳刑德有七舍”及“八月二月，阴阳气均，日夜平分，故曰刑德合门”，历来释注者皆误入古籍中俗称的“刑罚”之“刑”或刑法之刑。从“德”是姓、是图腾、是天文仪器、是最原始的浑仪、其形如“”或“”可知，刑也应是一种仪器。

“刑”，按《战国策·赵策一》“自刑以变其容”，释“割”；《战国策·魏策一》“刑白马以盟于洹水之上”，释杀；《周礼·秋官司·序官》“以佐王刑邦国”，应释为治理或管理。但按《周礼·天官·内飨》：“凡掌共羞、修、刑、膴、骨、鳙，以待共膳。”刑与食品、肉干、肉块、干鱼等并列。《辞海》（缩印本1980年，182页）郑玄释之为羹，释为羹器，通铏。铏，古代盛羹器。按《仪礼·公食大夫礼》：“宰夫设铏四于豆西。”铏与豆并放置，确是盛器。刑是盛羹之器，使人回顾到8000～6000年前的四分彩陶钵及八分彩陶盆。这个“刑”是一个专门用以观天计时的与盆或钵类似的设备。这个刑应是与记述恒星月的蟾蜍、双鱼彩陶天书的盆同一类仪器。

3. 阴阳刑德有七舍

《淮南子》同《山海经》《易经》等古籍是极少有的几部大量保存着中国远古科技资料的史书。关于“德”与“刑”是什么，《淮南子》给出了更可信的记载。《淮南子·天文训》“阴阳刑德”段：“阴阳刑德有七舍。”“室、堂、庭、门、巷、术、野。十二月德居室三十日。先日至十五日，后日至十五日而徙。所居各三十日。德在室则刑在野，德在堂则刑在术（原注：术；大路），德在庭则刑在巷。阴阳相得，则刑德合门。八月二月，阴阳气均，日夜平分，故曰刑德合门。德南则生，刑南则杀。故曰二月会而万物生，八月会而草木死。”

此段清楚地说明，德与刑是两个测天器，在不同月份放在不同位置用于观测。观测位置称舍，分别为室、堂、庭、门、巷、术、野。七舍自北而南排列，德于十二月自室起向南每30天移动一舍；刑自南向北每30天移动一舍。德、刑于二月相会于门。然后继续相对移动，八月刑德又相会于门。德自北向南移行时，正逢冬末春初，为万物逢生；相反，刑自北向南移行时，正逢夏末秋初，草木萧肃。这是两个相对移动的测天仪器，但在这里刑被误解为“刑罚”的刑。

参照“天书”专题中对少昊天文学的考释，应是一切了然。《山海经·大荒经》中的远古人们依靠居住地东西两侧的七对山峰观测七衡环在天空的南北移行，从而判定季节的来去。《淮南子·天文训》“阴阳刑德”段记述的则是以观测者为中心，有七个固定的位置，自北向南分别称为室、堂、庭、门、巷、术、野。而德与刑是两个可以轻便移动的观测仪器。“德南则生”，冬至日，德从北向南移行时，春天来临；移至门时则春分，移至野时则夏至。与之相反，刑在冬至日放在南端的“野”的位置，夏至日，“德”在最南端“室”的位置，“先日至十五日，后日至十五日而徙”。由于“德”与“刑”皆处在舍的位置一个月，而这个月内每天的太阳出没位置也不同，所以“德”与“刑”应是两个有刻划的仪器。而室、堂、庭、门、巷、术、野则是人们设计制造的类似七对山峰的设施。

若按《淮南子·天文训》所述“十二月德居室三十日”计，刑、德在二、八月不合于舍门。按德居室，先日至十五日，后日至十五日而徙，则春分时节刑德可合于门。或12月1～15日居于室，12月16～30日居于堂，则2月15～30日德居于门，可与12月1～15日居于野的刑合于舍。若按整月计，应是德11月居室30日、刑11月居野30日，则刑德可与二、八合于门。

4. 日为德，月为刑

上小节强调“阴阳刑德”中的刑、德是两个观天仪器。为何刑、德是观天的仪器，上小节主要给出的是观测地点；观测方法中的刑、德移徙顺序及时间；观测结果中的二、八月刑德合门“日夜平分”及德南则生、刑南则杀。但并未说明观测对象及观测设备是何物。参照卢央在《易学与天文学》中“阴阳配日月”小节（2003，84页）阐述的相关古代文献记述的日月运行轨迹可知，《淮南子》阴阳刑德所载的“德南则生，刑南则杀”指的是日月运行轨迹的观测，也即是七环图中的对七环的观测。

“日为德，月为刑”是《淮南子·天文训》（132页）中的关于日、月、刑、德之间关系的重要交代。但文中的德应是“日至而万物生”之德；刑应是“月归而万物死”之刑，是广义的德与刑。而“阴阳刑德”的刑德则是两个可以移徙的器物，这个器物对应七个观测点或七个舍位。由“日为德，月为刑”可知，狭义言之，德是观测“日”的仪器，刑是对应“月”的观测。又由“德居室，先日至十五日，后日至十五日而徙，德南则生，刑南则杀”，知刑与德对应观测的是七衡图之日月运行的轨迹。“德居室”“先日至十五日”之至指的是冬至前后观测太阳运行轨迹的设备“德”所处的位置。“刑南则杀”指的是刑居室，正值夏至之前后，“阳气极，阴气萌，故曰夏至为刑”（《淮南子·天文训》，118页）。“刑南”之刑为观测月亮轨迹的设备，“夏至为刑”的刑指的是“阴气萌”之刑。

“日南至月北至则寒；日北至月南至则暑”是“日为德，月为刑”“阴阳刑德”所观测的主要内容。这一内容当然也包括“八月二月，阴阳气均，日夜平分”。从而可知，“阴阳刑德”这一套设备观测的是日、月升落运行的轨迹，而主要确定的是二分二至的日期。这就是说，中国远古天文学发展演化过程中，在距今6000年左右出现的七对山峰天文学，即少昊天文学基础上，不仅出现了《山海经·北次三经》所记的“七环四斗仪”，还出现了《淮南子·天文训》中所记的“阴阳刑德”仪。它们皆是与《周髀算经》中的七环天文学一脉相通。遗憾的，是从《淮南子·天文训》中尚难知晓“刑”这个观测月亮的七环仪是什么型制。德的型制将在本专题中详加讨论。

5. 日以纪德

上一小节言及德与刑是两架观测日、月运行轨迹的仪器。凡是观测过太阳运行轨迹的人皆熟知，白天正常情况下，不可能依靠黄道上的星座判定太阳的位置。夜间，星宿在天空的位置是清晰的，但又无太阳运行。月亮可以在夜晚观察。就一昼夜而言，日、月、星辰总的趋势是“随天自东向西运行”。由“天旁动”可知，日、月在随天自东向西运行的同时，还有自西向东的自行。刑与德为观测日、月运行轨迹的仪器，其观测内容必然也包括“天旁动”。

《逸周书·小开武解》载九纪：辰以纪日，宿以纪月，日以纪德，月以纪刑，可知所纪日、月、德、刑皆应是岁时范畴的概念。由“德居室三十日。先日至十五日，后日至十五日而徙”可推知，此处之德可能是“节气”的观测。刑德徙移共七舍，两端的室与野各居三十日，中间五个舍在一个徙移循环周内往返各居一个月。一年之中为十二个月，而每个舍内先某节气十五日，后某节气十五日，恰为二十四个节气。“德”在这里应指观测记录节气的设备。

从八卦演化而生的德为✳，而此处的德对应12个月，其符号与✳不同。四象的各象位应是三分之，而不是二分之。刑的构造及符号应与德相似，仅是观测对象不同，一为日，一为月。观测内容虽然是日、月运行轨迹不同，但不是“少昊天文学”的七峰对应的七衡图。由七舍的存在可知，阴阳刑德所观测的内容与日、月在天球上运行的二至、二分、四立之时的视轨迹有关。“阴阳刑德”是固定观测地点，日、月观察分设两个不同的仪器，且在每个观测点内固定一个月，即30天以后，再徙移刑或德。“日以纪德”实际上是依靠德这个仪器，依托日出、日入两点及白天日行的轨迹，确定夜晚太阳在恒星间的运行轨迹，判断与推定节气的变化。也就是说采用“阴阳刑德”的方法“纪德”“纪刑”时期，古人已经相当熟习黄道、白道的星象标志，尤其是日、月运行恒星之间的规律，以太阳为标准而观测确认的“节气”，总称“日以纪德”；以月亮为标准而观测确认的“节气”，作为检验，称之“月以纪刑”。

6. 阴阳刑德运用的时间推断

《黄帝之研究》从“二·天书·（四）·3、大汶口日月五峰天书”开始；又有“二·天书·（四）·1、《大荒经》中七对日月出入之山”，以及该专题的“有兽如貍，一目三尾”“七环四斗仪”，经《淮南子·天文训》的“阴阳刑德”，最后不得不指出《周髀算经》所记“日月运行之圆”的“七衡图”，本书称为“少昊天文学”的中国远古天文学独立分支经历了一个完整的过程。倘若从大汶口陶尊日月五峰刻画开始讨论诸多内容的时间顺序，应有助于认识并理解“七环四斗仪”及“阴阳刑德”的实际状况。

大汶口日月五峰天书形成的时间，有人推断为距今6000～5000年。这表明在6000～5000年前泰山附近的远古人群已经清楚认识“日月运行之圆周”，且依托周围的山峰作天然标志物，利用它们确定二分、二至节气。它们应比《大荒经》所记七对日月出入之山早许久。《大荒经》所记的我们所谓的少昊天文学，有着系统的文字记述，至少保留至《大荒经》编著成书之时；少昊天文学“有官司属”，“以行日月星辰之行次”，即观测日月出入的顺序，有观测的内容，如“帝令重献上天，令黎邛下地”“以行日月星辰之行次”。更有关于东西极及天枢等重要内容的记述。若此，日月五峰天书是更早、更原始的图画文字记述。而《大荒经》中少昊天文学虽然没有脱离东西七对山峰这个天然标志系统，但已形成了一整套完整的天文学体系，且有文字传承，虽然今人已很难见到如贺兰山、阴山岩画那类记述，但却在《大荒经》中有遗存。

少昊天文学形成的时间肯定在日月五峰山天书之后，至多不能超过6000～5000年之前，最多在距今5000年左右。它虽然已经形成相当完整的天文学体系，但仍然脱离不开固定的作为天然标志的五对山峰构成的设备。同后来出现的在《山海经》中有着详细记载的“怪”物相比，还是落后的。若少昊天文学形成的时间在距今5000年前，则“有兽如貍，一目三尾”等怪物制作与应用最早只能在5000年前后，它们只能在固定的如五峰山之类的标志启迪之下方可能形成。也就是说，那些可以移动的“三头人”“人面三首”“三目枭”“人面三足鸟”等有的可能与“一目三尾貍”的观测日月三环的功能相同。其存在的时间应在距今5000年左右，甚至在此之后。

阴阳刑德更应在此之后。“日为德，月为刑”之涵义还应包括白天以德观天、夜晚以刑测月。“德”，本专题中将阐述它的面目；刑，前两小节叙述它是一个盛羹之器皿，两者皆是器物。两个器物一个用来观测太阳，一个用来观测月亮。其在天文气象方面的关键作用是准确判定二分二至的时日。

（四）报德之维

1.《淮南子》简述

八卦是远古地平坐标仪及坐标系演化的最高阶段，在距今5000年前猪鹰八卦飞上天的时期，早已演化成赤道坐标仪，即原始的浑天仪。当时正在发展壮大的黄帝氏族后裔熟练运用“帝张四维，运之北斗”的“帝”，即一架可以有效而方便地进行定向、计时、观天制历的浑天仪。为了考证这一问题，尚需拜读2100年前的《淮南子》。《淮南子》一书，是淮南王刘安组织人编写的，于公元前139年，即汉武帝建元二年献给汉武帝。这部书形成时，上距黄帝时代只有4000～4500年，距尧、舜、禹也只有2100年，称得上承上启下的一部古籍。

牟钟鉴在给陈广忠《淮南子译注》所作的序中，强调指出了几个十分重要的问题。《淮南子》形成于汉武帝强力推行“罢黜百家，独尊仁术”这“一场灾难和持久的不幸”之前，淮南王凭借其雄厚财力人力，广揽天下各家名士，无拘无束地、从容不迫地谈天说地，究古论今，写出这部洋洋洒洒，“流源千里，渊深百仞，致其高崇，成其广大”的著作。可以说，《淮南子》是中国科技史上一部划时代的巨著。它对先秦百家之说进行了大规模的汇集、融合、解释及反思，独立地，无“独尊儒术”干扰、无“不语怪力乱神”框架地，对西汉以前的科技文化进行了一次意义深远的总结，保存了极为重要的一些史前科技资料[4]。其中包括“帝张四维，运之以斗”这个浑天仪、黄帝与阴阳的关系，还有太一、太极等天球坐标及抽象无形等重要问题。

这里耗费篇幅简述《淮南子》，主要是因为它在“阴阳刑德有七舍”段，给出

"德"是一种观天的设备；在"帝张四维，运之以斗"这一重大内容中，给出两个十分关键的问题。其一是"四维"之中的"报德之维"，"德"是什么，"德"是一架观天的仪器。其二是"帝张四维"的"帝"，最值得深入探讨。

《淮南子》关于黄帝的记述，其丰富程度仅次于《山海经》，其系统性仅次于《史记》。关于黄帝历史的记载，其全面性虽然次于《易经》，但其古远性、深刻性和科学性是前所未有的。《淮南子》中关于"一""道""维""德""帝"等的记述，实际上已将现代赤道坐标天文学完整而清晰地表述明白。由于"独尊儒术，罢黜百家"这"一场灾难和持久的不幸"所形成的科举考试两千年来驱赶着中国文化人群中的精英们只投身于八股文章、金榜题名、升官发财这一浊流，自然科学技术不能登孔孟的大雅之堂，被视为小人之事。《淮南子》这部中国科技史上的划时代的巨著，当然也毫不例外，长期被打入冷宫。正如牟钟鉴所言："因不合正统，就长期被冷落，研究者不多。""至于研究性专著，说来可怜，近世只有胡适所著一本分量不重的《淮南王书》。"这可算是中华科技史的长久的遗憾。《淮南子》这样的洋洋数十万字的中国科技史上的一部划时代的巨著，竟遭此不幸，可想而知远在《论语》《孟子》之前的千篇万卷的饱含着"怪、力、乱、神"的远古文献的命运如何！

由于《淮南子》成书时的无拘无束与兼收并蓄，所以它所保存的有关黄帝与浑天说的信息更加可信，也更为珍贵。但由于无拘无束地谈天论地，所以也夹杂着淮南王及编著者个人的一些观点和论述。其中有些原本属于远古人的经典之著，但在编写时掺杂上了他们那个时代的一些东西。为此，我们在讨论书中珍贵信息时，不得不剥离这些混杂。

2. 报德之维

《淮南子·天文训》记述了远古天文史中的一个重大问题，即"帝张四维，运之以斗"。"帝张四维，运之以斗"段中，并未交代"四维"如何称谓，而是在其前相隔数段的"子午、卯酉为二绳"段内给出"东北为报德之维，西南为背羊之维，东南为常羊之维，西北为蹄通之维""日冬至则斗北中绳""日夏至则斗南中绳"。四维分别称为"报德""背羊""常羊""蹄通"之维。为何用"羊""蹄"标示各维？原著者未加解释，但注释者却用阳、羊谐音加以解读。至于"德"，注释者只称："始生也。"由前面已述及的阴阳刑德可知，"德"是天文仪器。

因"德"是一个观天的仪器，"报德"即可以理解为观测者呈报观测结果，但"背羊""常羊""蹄通"之维，注者之释难以令人信服。笔者竭力想在古籍中找到可信的答案，结果徒劳。苍天不负苦心人，2000年宁夏贺兰山岩画惊动世界，笔者竟然在贺兰山岩画中，见到了这部与《淮南子》中记述完全相同的、令所有见到岩画的人们不解的天书。这就是"天书"专题中言及的图2.6。我们现在将《淮南子》所记四维的名称填在图上，便呈现如图7.3的情景：图中南、北、东、西是按中国古代文献所遵循的上南、下北、左东、右西安排。由图可知，东南方向是一只最长的羊，常即长，此为长羊之维；西南为三只相背的羊，因此称西南背羊之维；西北除绘有道路外，还有一个羊蹄

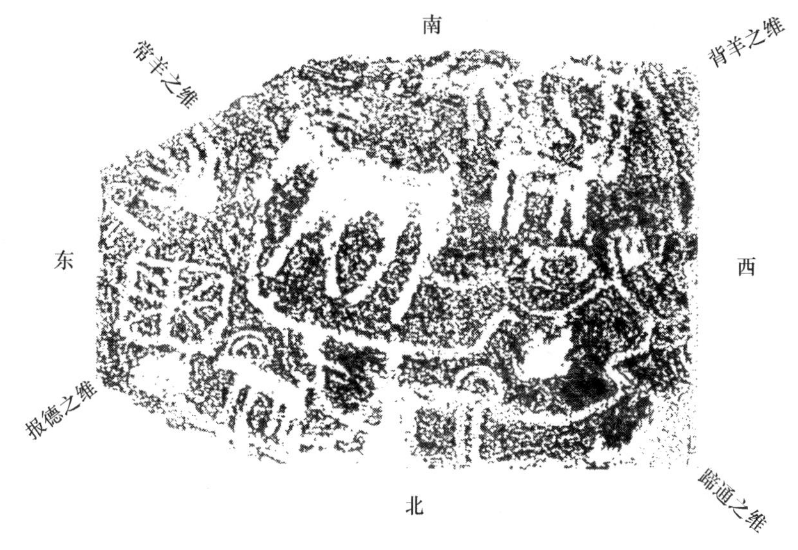

图7.3 报德之维

刻印及一只站立的羊，称蹄通之维；东北为一只羊及⊠，称报德之维。被高嵩所释读的一幅地图及氏族身份徽标，已然在《淮南子》一书中有清楚记述，这是一部天书。《淮南子》编书的地点是江苏淮南地区，贺兰山远离淮南1500千米，虽然汉朝前期四方来往较为通畅，但编写此“四维”者亲自去贺兰山看到岩画的可能性应是极小。这就是说，此部天书，至少有人传抄至淮南王的存书档案之中。这幅岩画，极为有力地证明，距今6000～5500年，甚至更为久远之前，华夏先民确实已有相当数量的天书传世，确已步入仓颉造字的时代。所谓字，就是象形图画，由若干图画编著成图集，便是记述重大历史事件的天书。

这幅岩画最核心的信息是，告知我们“德”是什么。“刑德七舍”段告知我们，刑和德是两个观测天象的仪器，但我们无法得知德是什么形状。此幅岩画表明的“报德”是⊠。在岩画中，“⊠”是观天仪器的抽象符号，即图征，象形文字，也可能“报德”是□与✳，即⊠是一个复合字，□读作报，✳读作德。进一步演化⊠称为帝。由于东北维在“运之以斗”时斗柄指向东北大地皆春，在一年之中最重要，所以要称“报德之维”。其他维常羊、背羊、蹄通之维也应各有含义，皆以羊为称，应是管理观天仪器的羊图腾的氏族，因此各以羊为名。

3. 匚、□读音为“报”

“天书”专题图2.6中清晰绘有符号⊠，前一小节认为这恰是《淮南子·天文训》中所说的报德之维的“报德”，于是《黄帝之研究》又必须步入这一系列的图文符号的讨论。甲骨文中有匚、□等，詹鄞鑫（2000，199页）认为这些是殷商祭祀祖先的盛祖的容器的符号。匚是侧面观，□是正面观[5]。此符号表述的是盛祖先的神龛或祖匣。龛或匣或木制、或石制。《说文解字》释匚，“受物之器”，当然，容盛祖先的祖像也是

“受物”，不同者，“受”的是崇拜祭祀的先人。释□为围绕，周围，其意应源于匴匣盛容祖神，或者与其有关联。

《史记·殷本记》将殷祖先匚乙、匚丙、匚丁记为报乙、报丙、报丁，清楚表明司马迁时代确将匚及□读作报。既然□读作报，上小节“报德之维”的⊠，确应拆为□与✳，于是□读作报，✳则为德。“阴阳刑德”的德最初始时，也应是“✳”。显然✳就是由十加×而构成的八卦符号。由上一节十与✳的讨论，有地平之✳与倾斜之北天极之✳，甚至还有黄道之✳、白道之✳，于是应有地平之⊠、北天极之⊠、天球赤道之⊠、天球黄道之⊠、白道之⊠。✳是一架观天仪器的抽象符号，由✳发展演化的⊠应是一架新的观天仪器的符号。从《淮南子·天文训》中已得知⊠被称为“报德之维”。在传承下来的那张岩画上读“报德之维”应是没有违背画中的原意。因司马迁那时确实将□、匚读作报。✳符号，《说文解字》中无。但甲骨文中有，多被释译者读为柴草之柴。

《泰皇兴神鼎一》专题强调指出，八卦最初是八等分天地的平放在地面上的三足彩陶盆，其抽象符号由《易·系辞》给出，为✳。✳虽是一个抽象符号，但并不晓得它的读音。由贺兰山岩画⊠及《淮南子》《史记》及甲骨文的匚、□得知⊠可分柘为□与✳，□读报，✳则应读德。于是✳是一架天文仪器的推断是正确的。“阴阳刑德”的“德”的抽象符号应是✳。由于本专题的“（五）帝是浑天仪”将深入讨论由德而演化为“帝”的观天仪器，所以“阴阳刑德”的“德”的形制另作讨论。

此外需要说明的是，从符号✳经□围以后是还否有文献可以找到其称谓的信息。倘若我们深入分析《逸周书·谥法解》中的“德象天地曰帝”，应有所佐证。

4. 德象天地曰帝

《逸周书·谥法解》，王国维认为其产生于共、懿之后。西周此二王在位时间为公元前927～公元前898年。按“谥法解”开端所言：周公与姜尚灭商之后，为生者及死者编制谥号。就内容而言，这不单单是谥号，还包括对许多重要概念的释解，如“简”“文”“武”“恭”“明”“定”“禧”“穆”“荒”“糠”“元”，等等。可以说，这是中国古文献中最早一组辞典。《谥法解》第四句为“德象天地曰帝”。黄怀信训泽：“德行像天地般崇高博大的称帝。”这是最符合自汉以来道德伦理观念的判读。《说文解字》释德：“升也，升当作登，登读得；用力徙前曰德，古语也。”象，按《易·系辞上·十一章》说“易有太极，是生两仪，两仪生四象”，四象指“十”字坐标的上下左右四角空间。这就是说，德可以不释为德行，象也可以不释为象形之像，而释为四角空间为象。

考虑《谥法解》是一部辞典，如“凶年无谷曰糠”，这同人的谥与号毫不相干。辞典编撰过程中，必然搜集以往历史中存在的有关词句。“德”与“帝”皆有着更加久远的源头，如“报德之维”与“帝张四维”。如果从“德”与“帝”都曾是两幅图画字或象形符号看，则“德象天地曰帝”可做如下解释。“德”是最原始八卦的象形符号“✳”；“象”意指“十”字骨架的上下左右四角空间；“天”是远在更加久远之前形成的“天圆”（红山文化圆形祭冢）的天，其符号为“○”；“地”为久远之前形成的“地方”，其符号为□，✳为德，✳的四框用“天”或“地”，即用“○”或“□”围圈，则为“⊛”或“⊞”，即“帝”。这应是对“德象天地曰帝”的最古老的解释。

考虑到“谥法解”产生于公元前927～公元前898年前后，其内容主要是对周朝初年一些重要概念、词汇的释注，认为当时保存着✳为德、十的上下左右四象空间为象、○为天、□为地等含义还是可能的。如此，我们便获得了一种从文字符号到文字符号的德与帝的转化，也即是✳与○、□向⊞的转化。

（五）帝是浑天仪

1. 黄帝执绳，以制四方

《淮南子》关于黄帝的重要记载之一是“天文训”中“黄帝执绳，以制四方”。“天文训”同子弹库楚墓帛书一样，是中国天文学中一部具有时代意义的史书，它也是完整地留存至今的少有的古代天文科学成就。《天文训》主要可分成三大部分，第一部分为天文理论与天文概念，天文理论包括天地阴阳、天圆地方、人主通天等；天文概念，也是中国天文学之内容，包括九野、五星、八风、二十八宿等。第二部分为观象授时。在观象授时部分，篇幅最多者是：“黄帝执绳，以制四方”“帝张四维，运之以斗”；太阴计岁；五星制历。“天文训，何为五星”一节称岁星、荧惑、太白、辰星、镇星为五星。编者出自于对五行观念的陶醉，将五星分别配以五方、五行、五帝、五具（规、矩、衡、权、绳）、五佐（句芒、祝融、蓐收、玄冥、后土）、五鸟兽、五音等，随意性很大，牵强性明显。太皋应先于少昊、炎帝、黄帝，而颛顼远在黄帝与炎帝之后，将其牵强并列在一起以标记五星，对于观天授时并无意义。五佐的配伍更属于牵强，少昊后裔句芒佐太皋，炎帝后裔佐黄帝，炎、黄二帝本为同时代人，后裔回佐，时差过大。五帝与五具并列，掩没了“黄帝执绳，以制四方”这一观象授时的重大问题，混淆了是非。第三部分是测量，在此不宜过多涉及。

“何为五星”一节，在叙述以上配位之后，进而重点转入“子午、卯酉为二绳”“日冬至则斗北中绳”“日夏至则斗南中绳”。在五星配伍的五具中，只有“绳”在这里起到了观象授时的重要作用。在此处，规、矩、权、衡与天文观象并无直接关联。将《淮南子·天文训》中有关“绳”的叙述罗列起来，可十分清楚地晓得《天文训》中的绳是天文仪器：“黄帝执绳，以制四方”“绳居中央，为四时根”“子午、卯酉，为二绳”“日冬至斗北中绳”“日夏至斗南中绳”“其加卯酉则阴阳分，日夜平矣”“指卯中绳，故曰春分”“指酉中绳，故曰秋分”。在这里，绳将黄帝、四时、四方、夏至、冬至、春分、秋分与北斗关联在一起。

实际上，“天文训”在这里记述了黄帝制作一架最原始的天文仪器。它应如图7.4虚线所示，地面中央垂直立一柱，四角各立一柱。四柱之间各结一绳，此即“帝”张四维，为一架网状观天仪。北侧二柱低，南侧二柱高，其高差恰使边绳与垂直于天顶轴的

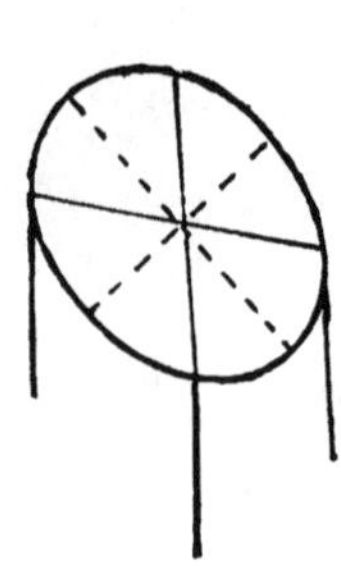
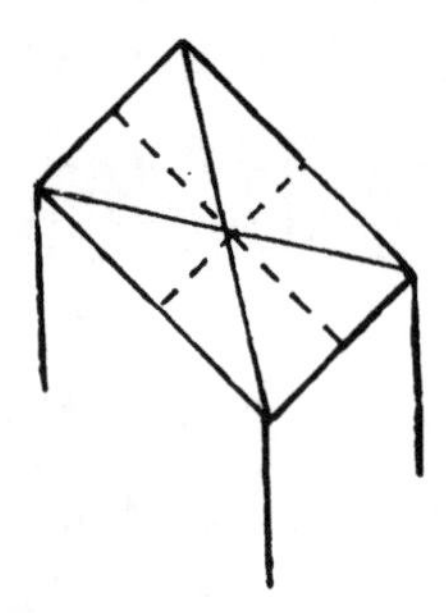

图7.4 帝张四维，运之以斗

水平面夹角α等于观测者的赤纬纬度，只有如此方能在“网”上“运之以斗”。于是四柱连结的边绳构成一个与赤道面平行的平面。由“绳居中央，为四时根”可知，由中央柱端各向正东、正西、正南、正北四边结连一绳，这便是“其帝黄帝”“执绳而制四方”的实际情况。陈广忠（1996，110页）释译之为黄帝“手执绳墨统治四面八方”。“绳”可以释为政治准绳，于是黄帝执绳而制四方，便可释为：黄帝掌握法度，管理和统治四方。但在《淮南子·天文训》一章内专门插入一段与观天授时毫不相干的政治历史准绳，过于脱离主题了。特别是此后有关“帝张四维，运之以斗”等更多内容，进一步说明黄帝、绳与斗在观象授时中的重要作用。绳是一种天文仪器组分。

由“运之以斗”可知，黄帝所制四方，是指天文学上的四方制四时的四方；“执绳”，也不是工匠工作时的墨绳，应是与赤道平面相平行的、一架人工制作的绳网平面；“四方”应是“子午、卯酉为二绳”。制四方的这架原始浑天仪，其最早的作用应是到了冬至那一天黄昏后“斗北中绳”，斗柄与中柱北侧的绳绠重合；夏至时，黄昏后“斗南中绳”。春分则指卯，秋分则指酉。于是，其得出结论“绳居中央，为四时根”，四方与四时完全相符。

这就是《淮南子·天文训》所记述的黄帝的伟大功绩。既然能做到“执绳而制四方”“绳居中央，为四时根”，当然很快就会在这个基础上进一步做到“帝张四维，运之以斗”。也就是“四方”绠绳是确认四节即“四时”的基础。

2. 帝是浑天仪

“帝张四维，运之以斗”是《淮南子》记述的中国天文学史上的一次重大的科学飞跃。在“其帝，黄帝，执绳而制四方”基础上，帝不仅发现了日、月、星辰东升西落与昼夜及四季轮转的关系，更在1.0万～0.9万年前蜂形人即黄发现的北天极不动点的基础上推知 “天”绕天轴旋转。无论是朦胧的还是清楚的，人们已经感知到赤道坐标系的存在，更重要的是，制作了以赤道面为基准的八分天地的定向、计时、制历的天文仪器，应称其为赤道坐标仪，即浑天仪。这个仪器型与图7.4虚线相比，仅是张架于顶部的绳网由4条增为8条。8条绠绳构成一个平面，该平面与赤道面平行。这便是在“黄帝执绳，以制四方”基础上的“帝张四维”。

地球绕极轴自转，而极轴恒指北天极。古今北半球观测者，夜间皆能见到北斗星绕北天极旋转，视觉上，北天极永恒不动。据天文学者们的研究，距今8000、7000、6000、5000、4000年前，北天极附近皆有可视见的北极星，由于地球自转轴的陀螺式摆动，北天极每71.6年移行一度，极星也随之改变。但对于一个时期的人们来说，他们所见的极星是恒定的，于是极星便成了夜间人们定向的核心标志。这是“帝张四维”的定向功用。

对于地球上的人们而言，天穹上的恒星之间的位置很少变更。但由于地球既自转又公转，他们见到的天空星云每夜自东方升起、西方落去，且一年之中，不同月份见到的星群是不同的。但在北极星附近，却有一批星辰不东升西落，而是环绕北极星每夜旋转半周，昼夜旋转一周，一年旋转一大周。其中以构形奇特的北斗星最为突出，它的杓柄三星类似今之表针一般，在夜间环绕北极星指向周边，这便成为“帝张四维，运之以斗”的计时标志。一年之中不同月份、不同季节，北斗斗柄指向不同的方向，于是“运之以斗”便成了制历、计时、预测季节变化的标志，从而也是人们长久崇敬炎、黄二帝的一个重要原因。“帝”在6500年前最初是一架观测北斗的仪器，进而发展演化成为观测日、月、五星、二十八宿等诸多天象的仪器，成为名副其实的观天仪。陆思贤等认为（258页）：浑天仪是我国历史上浑天说的模型，更是实际测定天象坐标的重要仪器。八分天地的“⊠”“⊛”就是一架原始的观测天象坐标的仪器。

《淮南子》记述的不仅是黄帝时代的人们辨识了这些规律，而且设计制作了有效地观测记录，准确地定向、计时及制历的设备。当然，黄帝时代不可能认识地球公转、地轴倾斜及北斗七星恒定少动这些本质的机理，但那时的古人通过长期的辛勤观察，表观地认识了“非九天则大㳗”，认识了北斗星的视运动规律，特别是与四季（即四时）的关系，重要的是制作了实际应是后来浑天仪的原始雏形的这个仪器。

就《淮南子》中“帝张四维”这一设备总体而论，“帝”确是一个由8条绠绳构建的天文仪器。但就“其帝黄帝，其佐后土，执绳而制四方”而论，“帝”不仅是一个器物，也是专指一个“人”。黄帝已不是自己去执绳制四方、张四维运之以斗，而是有“佐”去从事管理。这一点同“泰皇兴神鼎一”中关于楚墓帛书所记炎帝“乃命祝融以四神降”相近。黄帝、炎帝时代，“帝”这位首领人物已经不直接去从事观天授时的工作，而是设置专职人员司管这一系列活动。不过这时仍然将这个具有观天授时的功业归于黄帝，并仍将这架观天的仪器称为“帝”。

综上可知，“帝”首先是一个倾斜一定角度，由八个方向各置一条绠绳而构成的天文仪器，依靠它，可以遵循北斗运行规律以计时、制历甚至定向。这个被称为“帝”的仪器，又是黄帝曾经制作和操纵的，黄帝执绳而制四方及帝张四维运之以斗，足以说明在制作与运用这个天文仪器过程中，黄帝的功绩不可磨灭。这里所言及的黄帝，虽然指人，但又可能泛指黄帝氏族的首领们。按《山海经》所述黄帝氏族“不寿者八百岁”可知黄帝氏族是一个源远流长的人群。黄帝执绳以制四方、张四维，运之以斗，是一个完整的远古天文科学活动过程，必然要经由数百年的流传、发展方臻于完善，所以泛指“不寿者八百岁”的黄帝族群符合这个天文仪器发展演化的实际经历。

图7.5　河南固始县汉画像砖裸人鹳鱼图

3. 汉代画像砖裸人鹳鱼图⊠⊠

汉画像砖自从发现以来，更多的人认为这是一种艺术瑰宝。其中有一幅裸人鹳鱼画（图7.5），引起盖山林的高度重视，并对其进行了相当深刻而有意义的探讨。这幅图画虽然出现在汉代的画像砖中，但它表现的内容却是十分久远的一部天书。这部天书直接关系《黄帝之研究》的核心内容，为此，我们在这个专题内单列一个小节作以介绍，文学上称之为“伏笔”或者铺垫。

这是一幅有两个⊠符号相并列的图形的河南固始县汉代画像砖，被称为裸人鹳鱼图，盖山林认为，这幅图中“裸人”，显然是一个正在跳巫舞的巫师，手中举着一个圆球状的铃鼓。这个裸人之旁，有鸟啄衔鱼的图像，“鸟衔鱼画”是巫师表示沟通天地的巫术符号，它也就是巫师正通过鸟衔鱼来沟通天地。显然，这幅图正是巫师作法的场面。岩画表示巫师具有使“万物兴”的法力。盖山林的这些看法是合理的。不足的是，在这幅岩画中人们又避而不言两个并列的⊠。这两个⊠与巫师沟通天地有何种关联呢？

河南省南部自西北向东南连续分布一个低山丘陵地带。西北起自伏牛山的余脉，中间为桐柏山分水岭以北的低山，东南连接大别山北麓的低山丘陵。固始县则位于这个地带的东南端，所居临的河流皆属于淮河水系，在淮河以南。固始县的地理位置，与黄帝去见大槐迷路于襄城邻近。襄城在沙河以北，固始汉画像砖距离襄城也只有200多千米。更重要的是汉画像砖中有两个⊠相连的岩画，是《黄帝之研究》必须要深入探索清楚的重要问题。

汉画像砖所刻记的内容主要有裸人、铜铃、石台、鹳鸟、鱼及⊠⊠等。裸人应属于岩画，距今5000～3000年间的岩画多有裸男、裸女，甚至野合性交的形象，可借此推断此画的实际内容应距今3000～5000年左右。鹳鸟鱼图是华夏远古人们表达自己绝地通天的能力，最典型也是与此图相近的是河南临汝闫家村出土的陶缸上彩绘的鹳鸟衔鱼石斧图，此为仰韶时代的图案。按此推断，裸人鹳鱼形象至少应在距今5000年左右，不应早于仰韶文化晚期的距今5500年左右，又不可能距离鹳鸟衔鱼石斧图所处的时代太远。至于裸人手中摇动的是铜铃还是一个葫芦，更值得一步推敲。倘若是铜铃，其时代不应早于“铜器黎明晚期”，也只能是距今5000～3000年。裸人前方为石质岩崖，应与《山海经》中的“众帝之台”相近。

4. 具茨山岩画中的四联⊠图案

具茨山岩画未归放在“天书·（二）岩画及崖刻天书”之中，是由于《黄帝之研究》要着重考释具茨山岩画中的⊠四联体图案（图7.6）与汉画像砖中的⊠⊠之间十分必然的内在联系，以便于在本专题中进一步讨论。《裸人鹳鱼图》也未放在“岩画及崖刻天书”中，就其刻划材料与契刻时间而言，与岩画有些不协调。

具茨山位于河南省嵩山东南侧，属于嵩山余脉的东南支。其走向自西北向东南递降，处于新密、新郑与禹州三个县市交界处，位于从嵩山发源的颍河与双洎河之间。山体西北端风后岭（1160米）为最高峰，由此向东南排列有大槐树山、九里山、大鸿寨山（788米）、石牛山（609米）、老山坪（765米）等，曲折蜿蜒近50千米。岩画分布在山脊裸蚀的岩石上。具茨山又叫大槐山。大槐山的称谓是因黄帝拜访大槐而迷路的大槐呢，还是因新郑市的大槐树的大槐而得名，不得而知。

具茨山岩画具有规模大、分布广、种类多、制作延续时间长的特点。初步研究表明岩画形成于4000多年以前甚至更早。具茨山岩画3000多幅，尚未见定型的文献报道。一些专家考察以后认为，具茨山岩画是古人刻在岩石上的史书，记录了文字之前的那段历史，证实了中原人类历史的深邃久远，对于解读中原史前文化有重大的历史文化意义［见专题（二）之注释11］。从《黄帝之研究》的角度考虑，可以认为具茨山岩画的发现是惊天大事，它足证黄帝确实统领过具茨山这块中原土地。

具茨山有两处四⊠联体的岩画。一者如图7.6。此图不仅有⊠四联体，而且还接连似是农田的井字方框，有一条似是道路的弯曲的线条，这个线条又连着一个三层方框及八方道路构成的似是城市的图案。最重要的是，在四⊠联体的一侧、似农田的下方，有两排凿刻凹穴，无疑告知人们其天文学涵义与柿子滩岩画蜂形人头顶与脚踏的星宿的意义一脉相承。这幅岩画最应引起远古历史学者与天文学者关注的是，这两排凹穴一端一定距离内还有一颗凹穴。它应告知我们，凿刻这幅岩画时，远古的人们已经确知了北极星的存在，知道其位置偏近南斗斗尾连线一方。整个岩画是一部天书，而其中最重要的内

图7.6 具茨山四⊠联体岩画

容是远古天文学典册。参照冯时对距今7000～4500年间的七星石刀的讨论，可知七星或六星是远古人们生存理念中一个十分重要的内容。

从贺兰山岩画的单体⊠，到河南固始县汉画像砖记载的双列⊠⊠，再回到具茨山⊠四联体岩画，远古人们为我们留存了一部内容真实、意义深远、业绩辉煌的远古天文学史书，更是对黄帝的真实历程的记述。“天书”的序幕应从远古天文学开始。在本专题“（五）· 3”小节言及的“应有地平之⊠、北天极之⊠、天球黄道之⊠、白道之⊠”看，具茨山四⊠联体岩画记述的应是这些“帝”。

总之，华夏大地文字发展源远流长，历史记载从遥远的骨刻及陶刻时代开始，经过石刻岩画、龟甲胛骨刻记、铜金铸制、竹木刀刻，一直到今天的电脑荧屏。我们现在的责任不应再是一而概之曰“神话”“传说”，简单地一抹挥去，而是应从这些极其可贵的永放光芒的远古文字记载中走近黄帝，见到真实的黄帝、炎帝、蚩尤、共工、太昊、少昊们，还他们伟大的面目，走近更加久远的历史事件中去认识更加久远的大统一的中国。

5. 帝与德

“帝张四维，运之以斗”，“帝”，即⊠或⊛，为一器物，用其“运之以斗”而制四时四方。“报德之维”给出了“⊠”是报德。由于器物⊠与⊛是一类仪器，仅是结构形式有所区别。倘若“⊠”确称谓报德，则⊛也是报德。于是便出现⊠与⊛称“帝”，又称报德。“帝”与报德是同一类物件，是天文仪器。在久远的6500年前是否有所区别，实难确认。贺兰山岩画中“报德之维”的德，又给出□✳，✳应读德。倘若⊠即是“帝”，又是报德，则前文专节讨论的《逸周书 · 谥法解》所载的“德象天地则为帝”，明确指出德加上外框则为帝是合理的解读。

由8000～7000年前老官台四等分天地彩陶钵及“十”字形四卦在距今6500～6000年进一步演化成八等分彩陶盆及八角纹图案✳看，其器物的核心符号是八卦✳。由八卦符号✳所标示的天文仪器演化到距今5000年左右可见到凌家滩计时玉龟玉版，以及猪鹰八卦，并确知⊛是浑天仪符号。猪鹰八卦所起到的天球赤道坐标以北斗计时制历的作用，完全同黄帝创造的“帝”一致。也就是说，玉龟玉版及猪鹰八卦上的⊛也是“帝”，与贺兰山岩画的⊠是一致又有区别的。

“帝”本是源于“德”的物件，但在中华文字及社会理念演变中，却分道扬镳了。“帝”在距今63000～5500年就已演变成对社会最高权力者的尊称，这从《山海经 · 海外四经》中的“刑天与帝争神”“有神二八为帝司夜”等记载便可知晓。“帝”到了商代更是神圣。而德，只有到了周代中叶才可能成为衡量人品的综合概念。“帝”在初始时期是人或氏族，又是一个物件。若涉及其为人或氏族，则专指发明创造这个仪器的人或氏族。若专指物件，则因这个物件在每天夜间计时及一年之中有效预测四时八节的神效，而将这个仪器称为“帝”，并用其作为氏族的图腾，于是这个氏族，甚或这个氏族的领袖便也必然易于被称为“帝”。至于帝音di，德音de，由于方言的关系，在传称过程中混为一谈，也是可以理解的。

（六）“帝”字与帝

1. 远古“帝”号之前王者的名号

徐旭生整理了《庄子》《吕氏春秋》等10部古籍中所记称的远古王者的名号，列于表7.2，总计24个氏族。这10部古籍所记称的远古王者之号，其来源应是比它们更为早期的文献。遗憾的是，这些文献多数已轶失。现在除《尚书》《论语》《老子》《孙武兵法》《左传》《韩非子》《墨子》《管子》等整部书存世外，更古远的保存至今的仅有《山海经》与《逸周书》等极少数文献。这些有称号的王者，皆应实有其人，不会是疑古派们所质称的伪造。如，《左传·昭公十八年（公元前524年）》所记大庭氏：“夏五月，火始昏见”“宋、卫、陈、郑皆火。梓慎登大庭氏之库以望之”。杜预注：“大庭氏，古国名，在鲁城内，鲁于其处作库，高显，登以望气。”足以证明有着“大庭氏”名号的古国确实曾存在过。又如《韩非子·五蠹篇》提出上古之时的有巢氏及燧人氏。关于有巢氏，《逸周书·史记解》中记有：“昔者有巢氏有乱臣而贵，任之以国，假之以权，擅国而主断，君已而夺之，臣怒而生变，有巢以亡。”表明有巢氏不仅在上古之时存在过，而且其氏族曾有过绵延的存留，直到有周书“史记”记载其亡国为止。又如长沙子弹库楚墓帛书所记“共攻夸步十日，四时□□，□神则闰”，共攻为共工，《逸周书·史记解》曰：“久空重位者危。昔有共工自贤，自以为无臣，久空大官，下官交乱，民无所附，唐氏伐之，共工以亡”这个夸步十日且完成置闰贡献的赫赫共工竟然被唐氏（应是尧或尧的祖先）人所灭。

表7.2中有称号的王者虽然众多，但实际上仅是一部分，就《庄子》而言，“大宗师”篇中的希韦氏、“人间世”篇的几蘧等皆未列入。《韩非子·五蠹篇》的燧人氏仅在《三皇本纪》中列入。还有《战国策·秦策》中的“神农伐补遂”，补遂也应是一个国号，也未列入。《山海经》中有更多的氏族由来久远，也未列入。在如此众多的王者中，除后人冠入的帝庖牺与帝鸿氏等帝之外，无论是史实确有的还是战国至秦汉伪造的，其原有的称号皆以“氏”结尾，未见有称“帝”者。总之，在黄帝与炎帝之前未见有称“帝”号者。由此，有助于“帝”的深入探讨，更有助于对黄帝及炎帝的考证。只要在甲骨文或甲骨文以前的岩画中找到帝的业绩甚至帝字，就可能找到真实存在过的黄帝和炎帝。

2. 对“帝”字的种种揣测

由于黄帝对中国的影响，更由于探讨清楚“帝”字就可能更深入了解中国远古史，所以许多人关心黄帝二字、特别关注“帝”字的来源问题。曲辰较全面地综合了有关“帝”字来源的诸多说法[6]。①疑为源于花蒂之说。清吴大徵《古籀补·附录》曰：“疑古‘帝’字本作‘T’，如花之有蒂、果之所出也。”王国维《观堂集林·释天》曰：“帝者，蒂也……像花萼全形”。郭沫若《甲骨文研究·释祖妣》曰：“知‘帝’为‘蒂’之初字，则帝之用为天帝义者，亦生殖崇拜之一例也。”关于此说，康殷在

表7.2　远古睥帝号与王者的名号

《庄子·胠箧》				容成氏				大庭氏	伯皇氏	中央氏		栗陆氏	骊畜氏	轩辕氏	赫胥氏	尊卢氏	祝融氏	伏羲氏	神农氏									
《古乐》《吕氏春秋》							史皇																朱襄氏	葛天氏	阴康氏			
《遁甲开山图》		女娲氏						大廷氏	柏皇式	中央氏		栗陆氏	骊连氏		赫胥氏	尊卢氏	祝融氏			混沌氏	昊英氏	有巢氏	15 朱襄氏	13 葛天氏	14 阴康氏	无怀氏		
《古今人表》	帝宓羲氏	女娲氏	共工氏	容成氏				大庭氏	柏皇氏	中央氏		栗陆氏	骊连氏		赫胥氏	尊卢氏				沌浑氏	昊英氏	有巢氏	朱襄氏	葛天氏	阴康氏	亡怀氏	东扈氏	帝鸿氏
《帝王世纪》	包（伏）牺氏	女娲氏						大庭氏	柏黄（皇）氏	中央氏		栗陆氏	骊连氏		赫胥氏	尊卢氏				混（浑）沌氏	暤（昊）英氏	有巢氏	朱襄氏	葛天氏	阴康氏	无（无）怀氏		
《金楼子》				容成氏				大庭氏	柏皇式	中央氏		栗陆氏	骊连氏		赫胥氏	宗卢氏	祝和氏			浑沌氏	昊英氏	有巢氏	朱襄氏	葛天氏	阴康氏	无怀氏		
《三皇本纪》	人皇				五龙氏	燧人氏		大庭氏	柏皇式	中央氏	卷须氏	栗陆氏	骊连氏		赫胥氏	尊卢氏				浑沌氏	昊英氏	有巢氏	朱襄氏	葛天氏	阴康氏	无怀氏		

续表

《庄子·胠箧》				容成氏				大庭氏	伯皇氏	中央氏		栗陆氏	骊畜氏	轩辕氏	赫胥氏	尊卢氏	祝融氏	伏羲氏	神农氏									
《通鉴外纪》	包（伏）牺氏	女娲氏						大庭氏	柏黄（皇）氏	中央氏		栗陆氏	骊连氏		赫胥氏	尊卢氏				混（浑）沌氏	皞（昊）英氏	有巢氏	朱襄氏	葛天氏	阴康氏	无（无）怀氏		
《丹壶书》							仓颉	4大庭	2柏皇	3中央		栗陆	骊连	轩辕	赫胥	宗卢	10祝融	11			12昊英	13有巢	14朱襄	19葛天	阴康	无怀		
《路史》							史皇氏	4大庭氏	2柏皇氏	3中皇氏		栗陆氏	昆连氏	轩辕氏	赫苏氏	尊卢氏	10祝诵氏	11			12昊英氏	13有巢氏	14朱襄氏	9葛天氏	阴康氏	无怀氏		

《文字源浅说》等文中认为生殖崇拜乃无稽之谈。②太阳与飞鸟之说。章炳麟《吴清卿〈字说〉手批》提出古“帝”字是从天上的飞鸟形状而来。张舜徽《中国史论文集·释帝》认为“帝”字之形源于光芒四射的太阳。③古人想象拟造的偶像。康殷在否定生殖崇拜之说的同时，提出了“帝字是殷人及以前人所想象中的主宰宇宙万物和人们命运、祸福的至高无上的天神”“人工所制的模拟形偶像”。这些关于“帝”字的揣度，似乎离甲骨文中的“帝”字过于遥远了。离开甲骨文的“帝”字去揣测它的来龙去脉，应该说是无源之水、无本之木，必然离开“帝”字的真正来源越来越遥远。将“帝”字看作花蒂形状，看作光芒四射的太阳，甚至看作天空的飞鸟，都试图从古人面对的自然实物中找到其根源，可以说没有离开唯物思维这条主线。但如果将“帝”字看作人们“所想象中”的天神，是人工所造的“模拟偶像”，也许离古人崇尚自然山水、动植物、日月星辰等事物太遥远了。从陶器、玉器上的艺术雕刻及宗教活动可知，当时古人的抽象思维已达相当水平，但是抽象出一个普适性的、超出常人生活的“帝”的可能性应是相当小的，可谓小概率事件，小概率的事物是不存在的。

刘复在《“帝”与“天”》一文中，认为“帝”字来源于巴比伦，古代巴比伦有一个义为天帝或人王的“✳”字，与金文中帝字之形“[illegible]”相似，他认为这是中国古人向外国人学习所致。可以称这是“帝”字进口于西方说。刘似是无崇洋之意，他提出✳与[illegible]相似的看法，颇有见地。遗憾的是，中国6000年前的陶文中就已有了“✳”这个刻符，何以要从此刻符以后的2000多年的外国进口？中华民族善于兼收并蓄，进口外国文化无可非议，但时间似乎不对，中国先已有了✳，按古代文献记述伏羲画八卦距今7000年有余，那么刘复关于进口的看法可以说是不能成立的。但他锐敏地看到古“帝”字骨架与“✳”有着内在的联系，是关键，是十分重要的。本章将重点考释这一问题。为探讨清楚该问题，还需依靠《国语》及甲骨文提供的信息。

3. 甲骨文中的“帝”字

中国象形的方块字至少有6000多年的发展历程，甲骨文距今3500年左右，恰处于中华文字演化的承上启下的时间段内。现今发现的大量的甲骨文字皆是商朝后期的遗存。其中一期甲骨文为盘庚、小辛、小乙、武丁时期，两代四王，历经110年，距今3300～3200年左右，上接商汤至阳甲九代十九王。二期以后自祖庚至纣辛六代八王，距今3200～3046年。汤之前的先商历经十四代十五王。整个商族文化至少历经千年以上。甲骨文必然也要经历这样的一个发展历程。甲骨文到了盘庚、武丁时期，虽然文字刻划粗疏，但整个文字系统已臻于完善，这种完善的系统没有经过近千年的演进是不可能形成的。殷商甲骨中发现数量较多的“帝”字，必然也经历了漫长的演进过程。陈济《甲骨文字形字典》[7]给出了68个帝字，大致可以分为四类。

所有“帝”字中心皆保留以“✳”为核心，我们在前文已论述这是八卦符号。而这一符号在距今6000多年以前的仰韶文化遗址中业已出现。此后，距今5000年左右，广泛分布的八角纹实际也是以“✳”为核心的。图7.7中“帝”字可分四类，第一类，图中

图7.7　甲骨文中的帝字

第3字，最值得推敲，它实际是“✳”字四边加上□框。但此期的“✳”字腰间横杠已移至字的顶部，□框却横跨于腰间。第二类是“米”字四边加○，如图中第4字，○框横跨腰间，“✳”字腰间横杠也移至顶部。帝字的原始字形应是⊠和⊛，到了商武丁时期演化成[字形]和[字形]，是为了刻划容易，还是为了字形美观？不得而知。从先商到武丁的数百年间，若能够发现新的甲骨文，则应该见到近似⊠和⊛的帝字。第三类，图中第5字，介于第一、二类与第四类中间，但字形中心骨架却是✳。第四类，图中第6字，是近于现代人们所熟知的“帝”字。

就字的笔画由繁化简，字的形体趋于规整美观而言，第三类“帝”字应是由第一类“帝”字发展而来。由于其中心保留着“✳”字的骨架，易与同距今6000多年前的“✳”字刻画及《易・系辞》所给出的八卦“✳”符号连接，在这里我们人为地将其划为一类。甲骨文第一、二类帝字为图中第3和4字，同原始字形⊠和⊛相比，核心骨架“米”虽然有了变动，腰间横框移至顶部，但字的总笔画相同。第三类甲骨文帝字，虽然“米”字腰杠移到顶部之后，□框和○框则改缩横于字的腰部，使我们很容易遵循这条线索，上溯到帝字的源头。

图中甲骨文第一、第二类字和第三类字，可能有先后演化的关系，又可能没有演化关系。它们都可能是从原始的⊠和⊛演化而来的。第一、二类与第三类在保留了原始型的“✳”字骨架同时保留了□框和○框。可以这样认为，第四类甲骨文字帝字“[字形]”，在演化过程中保留了核心“✳”的同时，保留着四框的两侧及上部，删简了四框的下部，将其移至字头，并且将两侧竖线缩短。第一、二类甲骨文帝字“[字形]”“[字形]”字，在演化过程中，将腰部横杠移至字顶同时，又将字的□框或○框压缩成横向长方形或椭圆形（或双弧相扣形），并将其置于字的腰间。字形的演化是一个缓慢的长期过程，只要能发现武丁以前，直至先商的甲骨文字或岩画，就可能见到“帝”字的原型。

从甲骨文中的“帝”字的基本构造可知，帝字曾是以八卦符号“✳”为核心骨架，更重要的是✳还加上□或○两个腰框。□和○在远古时代已经形成天圆地方两个神圣的观念。到了距今6500年左右，也即是黄帝和炎帝时代，八卦已演进为天球赤道坐标系，天旁动、天北极、二十八宿等重要天文科学观念臻于形成。这时出现的“帝”，既以八卦为核心，又囊括着北斗天极及天圆地方两个神圣的内涵，一方面表明帝的神圣伟大，另一方面又表明八卦及北斗天极这个事物与天圆地方两个观念的神圣。图7.7给出从岩画⊠、⊛，经甲骨文与金文，直到今文楷书“帝”字。从楷书“帝”字返归至春秋时期“帝”字，

2600多年间，字形基本没有改变。从春秋反归至甲骨一期“或”，历经近1000年，字形发生了显著的改变。从距今3300年的甲骨一期“或”，反归至距今6000～4500年间的贺兰山与阴山岩画的、，字形有所改变，但核心骨架、总笔画完全相同，甚至基本构形尚可保留。

图7.7中第1、2为帝字的源头，或称远古字形，它来自八卦的抽象符号，实际上是原始浑天仪的抽象符号，是黄帝、炎帝氏族的图腾。“帝”在中国历史上影响深远，源于八卦、原始浑天仪，也源于创造浑天仪的炎、黄两个氏族的图腾，源于在6500年前开始、最终完成统一华夏的这两个氏族。第3、4保留着1、2两字基本构形的甲骨文，它们给了我们连接八卦或浑天仪符号报德及帝原型、的重要实证，是图画与文字的桥梁。第5、6字是原型图画与第7字正楷“帝”字中间的桥梁，或者说，第3、4、5、6字是今人所熟悉的文字与“帝”的原始图画之间的桥梁链。

4. 帝是商的始祖所自出的人神

甲骨文中不仅保存了、、、字，还给出了这个“帝”与商人的密不可分的关系。关于“帝”在先商的地位，曾有一个时期众多的历史学家及甲骨文专家都绕过了这一问题，甚至避而不谈。有的人重视“帝”的存在及其神威，又从无形中生出一个“上帝”来。“商代武丁时期，有对上帝的崇拜的甲骨文。其中，祈祷上帝的卜辞相当多（甲骨文中的‘帝’，可能由‘蒂’转化而来，源于更早的生殖崇拜）。”

郑慧生（53页）提出了商帝是“人神”“是商民族的祖先，是一个先公”“商族的历史，是否该从商帝开始说起”，这是值得重视的看法，但很少再有人关注。郑认为：目前所见到的全部的商代卜辞中，只看到先公先王死后成神祸福后王，甚至宁风令雨支配自然，没有见到物之成神为患作祟。商代的神，只有人神而没有物神。商人祭祀，也祭日出、日满、东母、西母、祭云、雪等，但不求它们祐我、祐王等。

郑给出了商人先公至少有19种祟祐功能，如蚩、蚩王、蚩我、左王、祟、祟王、祟我、受年、蚩年、祟雨、蚩雨、告秋、告水、令雨。这些功能从夔、亥开始，一直到康丁时期，越早期的先公，其神的职能越广泛、能力越强大。商代的神，都是人神，是从商人的远古先公肇起的。商代人认为，他们的先公活着时为他们创造了幸福，福祐他们昌盛，死后同样具备支配他们的现实生活的广泛的能力。这是迷信，是原始时代的宗教，但更是原始人群的崇信。

帝不仅具备商代诸多先公的19种功能，更具备诸多先公所不具备的“令雷”“令风”“降堇”“缶王”等职能。商代人经常祈祷帝，但并不频繁地祭祀帝。由《邺三》46.5的“辛亥卜，帝工（冯时释为帝使） 我，州小牢，辛亥卜，褅北巫？”可见帝或帝工与北巫同时并举进行褅祭，特别是“贞、帝于王亥”，释为褅祭王亥，实际上像祭帝一般祭祀先祖王亥。由上可知，对帝进行褅祭。

据曲辰提供：古代祭祀，每五年举行一次的称“褅”，不是帝王的不能举行这种规模的典礼，“不王不褅”。祭祀的对象是远祖和近祖。方法是立画像或牌位，时帝率大臣礼拜献记。祭礼地点是在国家举行重大庆典的明堂中进行。有条件的时帝要到先王的兴之都、之地或葬地的庙宇祭祀。从禘帝可知帝是商的一位威望极高的远祖，是一位人王，但不是商人的直接祖先。

《辞海》（1588页），“禘者，帝王既立始祖之庙，犹谓未尽追远尊先之意，故又推寻始祖所自出帝而追祀之。”这就是说，商王确立其先祖之后，又推寻他们始祖所自出之帝而追祀之的是“帝”。这个“帝”是八卦“✳”或“⊠”，而八卦“✳”或“⊠”是物，也是人。而商人追寻的“帝”则是他们始祖所自出之“帝”，是人。这个人是在先商始祖确立时期与始祖有关的一个“帝”。

“帝”在商王的心目中是一位与其先祖一样的人神，他们崇敬“帝”，却又畏惧他。他们企求“帝……受我年？”“帝令雨足年？”“帝受我祐？”他们又恐惧担心“帝蚩我年？”“帝其降堇？”“卯帝弗其降祸？”这些蚩，崇灾祸，神祐平安，是商人对祖先人神的崇信和畏惧。但就“帝”而论，商人确实属于“始祖所自出之帝而追祀之”。

在甲骨文中，除了时王的父辈先王称帝之外，在始祖之“帝”以外，再无其他人称“帝”，这“帝”是唯一的一个，专有其人。但我们尚未能判定这个“帝”究竟是何人。这个帝不是当代众多历史学家所推断的“上帝”。卜辞中确有“上下帝”，这里的“上下帝”应是指始祖父辈的帝与时王父辈之帝，但他们仍将其看作与自己同样的一个先人，于是在他们王朝强盛、王权在更广大土地上确立以后，竟自成为帝，这就是“帝乙”与“帝辛”。这又可反证“帝”不是“神圣不可冒犯的上帝”，而仅是与他们类同的父辈而已。

注 释

［1］ 盖山林、盖志浩：《内蒙古岩画的文化解读》，北京图书馆出版社，2002年。

［2］ 冯时：《中国天文考古学》，社会科学文献出版社，2001年。

［3］ 李衡眉：《中国史前文化》，广东人民出版社，2002年。

［4］ 牟钟鉴：《淮南子译注·序》，吉林文史出版社，1996年。

［5］ 詹鄞鑫：《神灵与祭祀》，江苏古籍出版社，2000年。

［6］ 曲辰：《轩辕黄帝史迹之谜》，中国社会科学出版社，1992年。

［7］ 陈济：《甲骨文字形字典》，长征出版社，2004年，第4～5页。

八、黑水、昆仑、北海考

同“女娲之肠”“黄帝生阴阳”“帝张四维运之以斗”及“黄帝统一大业”等重大问题相比，黑水、昆仑、北海也是《黄帝之研究》中的一个重要问题。它在人们弁释中国远古史一系列重大问题时，被搅得混乱不清。

（一）阳　纡　山

黑水与昆仑有密切关系，凡关于黄帝的考证，几乎皆涉及黑水，《山海经》中有黑水，《穆天子传》中也有黑水，而对于《穆天子传》中黑水最具有定位作用的是阳纡山，为此，专列一节加以讨论，附带涉及一些相关的问题，似是对《黄帝之研究》无太多关联，实际上，将这些问题澄清之后，有助于正确认识被长期搅浑了的历史。

1.《穆天子传》（简称《穆传》）的讨论

据张舜徽在《山海经·穆天子传》新合校本题辞中所言：《山海经》与《穆天子传》是我国现存古籍中疑信参半、问题最多的两部书。而《山海经》早在司马迁之时便已因“《禹本记》《山海经》所有怪物，余不敢言之也”，打入不足取信的冷宫[1]。又由于《穆传》所述多与《山海经》相应，二书又同是郭璞所注，人们便恒取二书并提。张氏也只是谨慎地提出它们“保存了不少远古传说”“均有参考价值”的评估。司马迁的一闷棍，加之此后诸多大家的接连喊打，更兼之近代西洋傲慢学者们对非已文化的一概轻蔑，特别是这类轻蔑对中国某些文人的影响，《山海经》与《穆天子传》中所记述的异常丰富而重大的历史信息便被搅得混浊不清。

有人认为：整个殷周时代，猃狁为西北强敌，环中国而东北，直达太行、常山间，骚扰不断，周穆王既不可能通过敌人的地域，更不可能受到敌人觞献的友好接待。这种观点立足于整个殷周时代，时期过于漫长。仅就周族及周朝而言，有其幼弱成长、昌盛强大及衰微败落之时，在其幼弱成长及衰微败落时，夷族会不断侵掠之。但在武王灭商之后，在一个昌盛强大的周朝震慑下，周边所有的少数民族纷纷臣服。这种威力一直延续，甚至扩大到穆王、共王时期。《左传》鲁昭公十二年，即公元前530年，清楚记曰：“昔穆王欲肆其心，周行天下，将皆必有车辙马迹焉。”《国语·周语》曰：“穆王将征犬戎，祭公谋父谏，不从，遂征之。”今本《竹书纪年》载：“穆王十二年，毛公班、井公利、逢公固帅师从王伐犬戎。冬十月，王北巡狩，见西王母，乐之，忘归。而徐偃王反，穆王日驰千里马，攻徐偃王，大破之。”据以上历史文献所记，周穆王北征犬戎，西见王母是实际历史。《穆传》所记是十三年之事，应在毛公班等讨伐犬戎之后下一年的春天又北征西行。屈原处于战国后期，在公元前339～公元前278年，《天问》中记述的“穆王巧梅，夫何为周流？环理天下，夫何索求？”当不是战国时代之人的编造。总之，《穆传》所记必有周穆王之史事。《诗经》所记猃狁骚扰，已是西周宣幽衰败之时的历史。

史学界较为关注的还有：周时西京为丰镐、东京为洛邑，穆王又曾建祇宫于南郑（郭璞注：今京北郑县），穆王要西去王母之邦，无论从哪里发迹，都当经由泾渭西行，穆王一行来去之路线，不符合当时的实际交通情况。人们忽略了穆王可能长期、至少有过记载居住在成周。《逸周书·周书序》载：“穆王思保位惟艰，恐贻世羞，欲自警悟，作《史记》。”由此可知，《逸周书·史记解》是穆王所作。而“史记解”中“维正月，王在成周，昧爽，召三公、左史戎夫……”则表明穆王是在成周洛邑“昧爽”又召三公、左史作《史记》的。可知穆王从洛邑北行绝漳水、越隃关、然后再返回洛邑是合理的。另外，关于《穆传》中的“宗周”问题，可以确切地说，自卷四记有宗周之后，包括五卷，书简几乎错位紊乱，随意杂排，干支排序杂乱无章；行进方向，忽东忽西；经历季节，秋冬无序。可见，关于宗周与成周的简序确有问题，以宗周与成周来判定《穆传》是非不可行。

《穆天子传》是西晋太康二年（公元281年）汲郡汲县人不准盗掘魏襄王冢所得竹简。此事有《晋书·五帝记》《晋书·束哲传》、荀勖《穆天子传·序》等诸多著述佐证，此简应不是伪造。汲郡在战国时为魏地，魏襄王公元前318年即王位，死于公元前296年，何以墓中有《穆天子传》竹简藏存？《穆传》，按其所记史实，不是个别文字的信考，无论是周穆王还是赵武灵王（公元前325～公元前299年，与魏襄王同期）或什么人，确是一个中原大国国君的言行录。按魏襄王将其收藏并带入墓中可信知，此王不是魏王的“平肩”之辈，更不能是魏王蔑视之国的国君，至少应是居尊魏王之上西周诸王的编日史，否则，在当时等级礼数森严的观念下，魏襄王不会将一部平庸之书带进自己的墓中。查西周诸王，只有穆王有过北征的实力，且有过北征的记载。可以认为，不能单凭个别文字或语句的“信考”而否定是穆天子北征，应确信此书是穆天子北征之史，个别文字的扭谬很可能是转释而致。

晋荀勖言及“汲郡收书不谨，多毁落残缺”，汲郡收书不谨，应是由许多环节造成的，西晋太康二年，为公元281年，距今1700多年，又是盗墓者所得，这是必然毁落残缺的主要原因。虽经荀勖认真考定，但书在转抄传递中难免简序错乱，甚或丢失。现在细读《穆传》，感到似不是穆天子一人一次之征游，似是两人或三人在不同年份的活动记录，被编者皆归于穆天子一人名下。毁落残缺及简序错乱大致有三种类型，其中最突出者是大段的缺失，再者是整简位置错乱，三者是天干地支或个别文字错记。由于《穆传》采用干支纪日、四方纪向，所以其时空状况有所依据，简序错乱易于判断。

2. 黑驼山

从《穆传》前几章可知，穆天子征行方向主要是隃关西北。因此，对“隃之关隥”西北的山川地势概况必须有所了解。虽然几千年前的资源状况与今天相比大不相同，但地形地貌的大致模样还应基本保存着。从滹沱之阳西过恒山，隃之关隥（今之雁门关）是当时必经之路。过关之后便是桑干河中上游诸多支流交汇的河谷平原、今之以朔州为中心的朔州平原。朔州平原主要有桑干河北源元子河与马关河、南源恢河及源出于黑驼山南坡的七里河。这些河流在朔州以东交汇而成桑干河。

朔州平原背靠黑驼山，朔州城区距黑驼山主峰只有20千米。黑驼山（图8.1）主峰海拔2147米，为附近数10千米方圆的最高峰。由黑驼山主峰向西北抵浑河入黄河口处约100千米；向东北方至苍头河与浑河交汇处也近100千米，苍头河口至浑河入黄河口也约百多千米，三者围成一个等边三角形山地，面积为4000多平方千米。由黑驼山起向西北方向沿三角形西南边每间隔10千米左右便有一座较突出的山峰，错落排列，由图8.1可见窑头山（1866米）、人马山（1834米）、北堡山（1702米）、芦草山（1642米）、沙峁壕（1543米）、柴家岭（1406米）如游龙背脊般由东南向西北曲蜒倾斜。顺山势走向，自东南向西北分布有七里河、朱家川、悬川河（以上三条河源于黑驼山南麓）、偏关河（主源人马山）、水泉河（源于北堡山）、暖泉河（源于芦草山、沙峁壕、柴家岭）。三角形山地的东侧边为低山丘陵，黑驼山之北为骆驼山、尖山（1688米）、黄花山（1798米）呈一线排布。骆驼山虽较低平，但却是西行的清水河、北流向的苍头河、南淌的元子河的重要源头。流向相背的连绵百多千米的苍头河与元子河形成数十千米宽的河谷平原。三角形的山体的北缘，除黄花山、羊山（1608米）、南曹碾（1517米）等

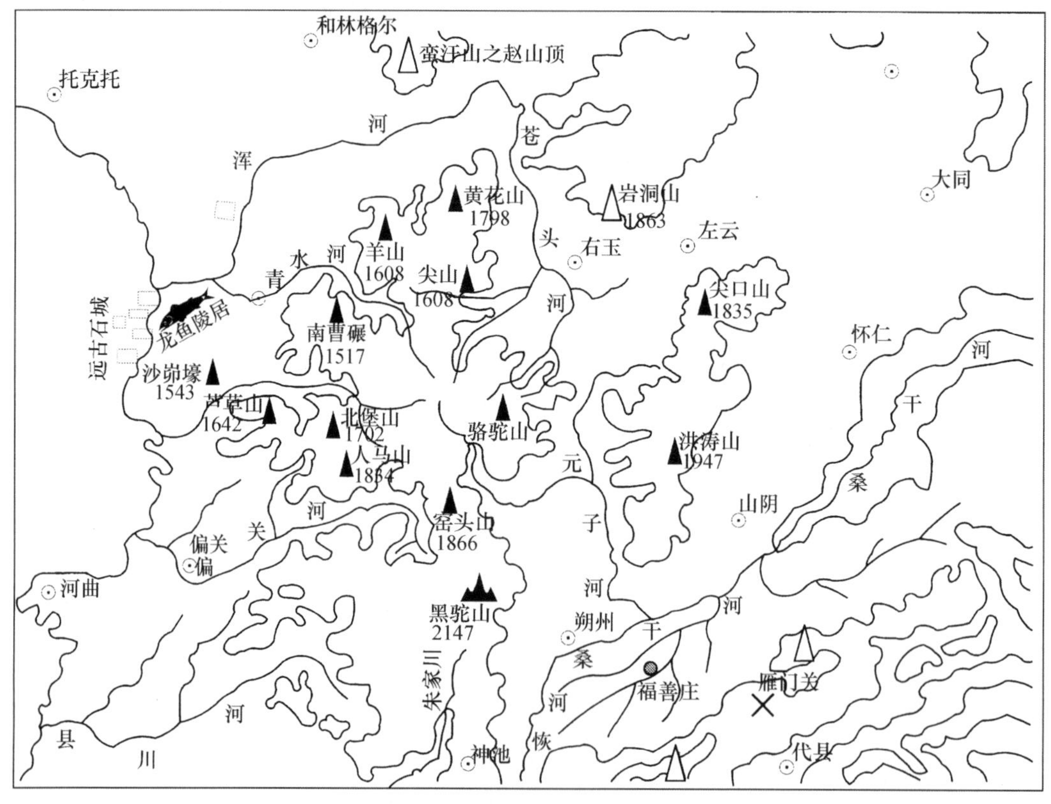

图8.1　黑驼山及黑驼山尾

少数低山（相对高度只有300～600米）之外，多为丘陵缓坡，按“山后为尾”，此处应是黑驼山之尾。与其接壤者是浑河及清水河两侧的宽广的沙漠、沼泽、草地。浑河则从苍头河入口附近的石门起，自东北向西南贯穿于低山丘陵、荒漠沙丘与河谷平原交界处。

黑驼山有着久远的文化积淀，“背景”专题四中已给出黑驼山主峰南10千米左右、七里河二阶台地上峙峪村附近有2.8万年前已开始使用弓箭、猎获大量野马、野驴的峙峪人遗址。后文将在“龙鱼陵居”小节给出浑河与黄河交汇处、浑河南岸黄土高坡上有一个距今6500～4500年的岔河口遗址。遗址最突出的特征是黄土夯筑的鱼龙形雕塑，这应是《山海经·海外西经》所记穷山之际的轩辕国北的“龙鱼陵居”。由此可知，穷山也许是黑驼山，轩辕国应在朔州平原，即诸沃之野。回到《穆天子传》所记述的内容可知，过“隃关西隥”西征必经之路是朔州平原及黑驼山周边的河谷地带，而这一带有鄘人之邦、丌邦、河伯无夷、河伯之孙等聚居及活动，甚至是他们管辖的地域。

穷山应是龙鱼陵居南侧又高又大的一座山，它是今之黑驼山（应包括黑驼山尾）或人马山、《山海经·北山经》的虢山及虢山尾、《穆天子传》中的阳纡山及阳纡山尾，四座山地望一处。如今借《穆传》的阳纡山及阳纡尾可对阳纡山及阳纡尾的地理位置详加讨论，并以此为基点对《穆传》中的更多问题给予确切的评定。

3. 乃绝漳水经滹沱之阳至隃之关隥

《穆传》卷一记周穆王北征事，卷首已残，仅自“戊寅，天子北征，乃绝漳水”起为完整记事之句。乃绝漳水的“绝”，是指穷其漳水源头。漳水北端源头有三，自西向东分别为浊漳北源、清漳西源与东源。从这三个源头中的任何一个出发皆可在第6天，即癸未日“猎于钘山之西阿，得绝钘山之阴，北循滹沱之阳”。水北为阳，“北循滹沱之阳”的滹沱河北岸有两处地望。一是滹沱河上游，滹沱河自著名的平型关西南的山地发源以后，沿恒山与五台山之间的谷地自东向西流淌100多千米，此段是滹沱之阳的一个地望。西向流淌的滹沱河在五台山西缘遇到南北走向的云中山阻挡，折而向南，南行约80千米，又遇到系舟山的横向阻挡，折回东北及东向，此段为滹沱之阳的第二个地望，漳水源头至“滹沱之阳”直线距离130～180千米，穆天子北征率领“正公诸侯王吏七萃之士”（卷二、卷三）及“六师之属”在丛林密布的山地行军，6天最多只能行进直线距离120～150千米，即从漳水源头到达滹沱之阳的第二个地望。由此也可以确认，一日之内穆天子在山地行军的直线距离只能为20～30千米。从“癸未，雨雪、北循滹沱之阳”起，经己酉日，北征犬戎，“犬戎胡觞天子于当水之阳”，庚寅日，北风雨雪，命王属休，至甲午日，“天子西征，乃绝隃（原注，西隃，雁门山也）之关隥”。穆天子活动于隃关与滹沱之阳间，即今日代县地区，共历经11天。具体行程见表8.1，在此11天中有两个显著的地理标示点，且可与今天的地名相符合，一是滹沱之阳，一是“隃之关隥”。于是《穆传》中穆天子从这一地区再北征、西征的行程和日期可以从“甲午日”“西征”乃绝隃之关隥计起。

表8.1　乃绝漳水至隃之关隥日程表

干支纪日	日程			行进方向	主要活动记事
	行进	休停	累计		
戊寅	1		1	北征	乃绝漳水
己卯	1		2		
庚辰	1		3		至于□，至于钘山之下
辛巳	1		4		
壬午	1		5		
癸未	1		6		雨雪，猎于钘山西阿，北循滹沱之阳
甲申	1		7		
乙酉	1		8		北征于犬戎，犬戎胡觞天子
丙戌、丁亥、戊子、己丑、庚寅、北风雨雪，命王属休。辛卯、壬辰、癸巳、八日未征行					
甲午	1		17	西征	乃绝隃之关隥

4. 穆天子自隃关北征至鄘人之邦及阳纡之山路线

按《纪年》载，周穆王十二年冬十月，毛公班等从王伐犬戎，“遂征犬戎”，可知征伐获得成功。《穆传》则记穆王十三年春闰二月又“乃绝漳水，北循滹沱之阳”，再入犬戎之境。犬戎“胡觞天子于当水之阳”，可见征抚之有效。自乙酉日至癸巳日共九天时间穆天子因北风雨雪休于犬戎之地。穆王自甲午日“西征，乃绝隃之关隥，己亥”，原文在关隥之后有己亥，被注者删去，是不正确的。原文所记甲午至己亥应为从犬戎的当水之阳到隃之关隥所需的时程4～5日。下文己亥，是记述己亥日所到达的地点，应是过隃关的第一个地点，约为今山阴县广武镇附近，为恒山背坡低缓丘陵地带，位于黄水河的一条较大支流西岸，必是当年过往隃关重要的跸足之地。《穆传》记其为“焉居禺知之平”。穆天子到达此处后，《传》中未再记西征，表明其在这里休停了一天。

从广武镇到朔州直线距离仅有40多千米，考虑到两地之间在穆王时期还有大小河流、湿地沼薮等阻隔，特别是古代行军每天一舍，一舍约相当于今30里，即15千米左右，2～3天完全可以从广武镇到达朔州平原。按己亥日已西绝隃关，并到达焉居禺知之平，第二天庚子日无论休停还是前进，皆可在第三天辛丑日“至于鄘人”。鄘人即鄘邦地界。鄘邦在何处，鄘伯絮是何人，值得认真讨论。鄘邦有漆泽、渗泽、有穆天子“西钓于河”“饮于河水之阿”的河。这个“河”应是朔州平原东部最大的河流桑干河及其南北两条主要源流元子河与恢河。鄘柏絮“逆天子于智之□”即是这里，是现今的朔州平原东部福善庄及滋润乡附近，至今这一地区还残存着诸多沼泽湿地（表8.2）。穆天子时期，这里应是丘陵冈阜与沼泽湖薮相间排布、河网纵横。从鄘柏絮所献豹皮、良马，穆天子西钓于河及狩猎所得白狐玄貈看，此处粮食不丰足、野生动物及水产丰盛。穆天子与六师之人在此处驻跸6天多，而且众多的六师之人竟也在鄘邦之南、渗泽之上，表明渗泽附近居地较广阔、渗泽面积较大、野生动物及鱼类资源较丰富。总之，在阳纡山东侧有一个河流纵横、湖沼多而面积较大的属于鄘邦的地界。此地界之最佳地望应是黑驼山东侧的河网地带。

表8.2 自隃关之隥至鄘人之邦与阳纡之山日程

正确干支纪日	错简或错记	日程			行进方向	原文所载主要活动记事	主要说明
		行进	休停	累计			
甲午		1		1	西征	乃绝隃关之隥，己亥	西向雁门关
乙未		1		2			自犬戎的当水之阳西行指雁门关，于己亥日过雁门关
丙申		1		3			
丁酉		1		4			
戊戌	戊寅	1		5			
己亥		1		6		至于焉居禺和之平	今日广武镇
庚子			1	7		未记西征，应休停	
辛丑		1		8	西征	至于鄘人，河宗之子孙鄘柏絮逆天子于智之□	今日朔州东福善庄及滋润乡一带
壬寅	戊寅		1				
癸卯			1			天子舍于漆泽，西钓于河	
甲辰			1			猎于渗泽，得白狐，以祭于河宗	
乙巳			1				
丙午			1			饮于河水之阿，属六师于鄘邦之南，渗泽之上	
丁未			1				
戊申	戊寅	1		14	（西征）	鹜行至于阳纡之山，河伯无夷之所都居，是惟河宗氏	今黑驼山前朔州
己酉 庚戌 辛亥 壬子 无记述							
癸丑		1				大朝燕□之山，河水之阿	
甲寅 乙卯 丙辰 丁巳 无记述							
戊午						吉日戊午，西向沈璧于河	
己未						大朝于黄之山	
庚申 辛酉 壬戌 癸亥 甲子 无记述							
乙丑						西济于河，有河宗氏游居之温谷乐都	温谷今之暖水河谷
丙寅						饮于枝涛，积石南河	
	《卷一》干支纪日至丙寅结束，未见穆天子从河宗地区征往他处的记述。《卷二》开端丁巳，丙寅与丁巳间50日无记述						

穆天子自辛丑至丁未休停于鄘邦的渗泽地区之后，于戊申（原文为戊寅，为干支错记，辛丑与后文的癸丑之间只有戊申，改之）日“西征，鹜行至于阳纡之山、河伯无夷之所都居”。一日行程，即古代之一舍30里、15千米路程。福善庄及滋润乡一带至朔州城的直线距离近20千米，“鹜行”在草原上的速度要比在山林里与沼泽湖薮的速度快些，当日到达朔州一带是合乎情理的。由于其当日到达的地点既是阳纡山之前又是河伯无夷所都居之地，所以对于河伯无夷的讨论显得相当重要。既是河伯，易于被认为黄河之伯，若此，阳纡山的位置就会被移至黄河岸边，但阳纡山西侧还有山地相邻，可见此河不是黄河，此伯也不是黄河之伯，因为黄河那里有河崇伯沃。

5. 阳纡山

阳纡山在《穆传》中最具有标志性，又最容易确定其方位，所以列专节给予讨论。由《穆传》卷一确知，它是出隃关西行的第一座山。阳纡山与隃关之间有“焉居禺知之平”、鄘人属下的“智之□”，更有漆泽、渗泽，可以西钓的河、觞饮的河水之阿。总之，两者之间无山地，只有居住区、沼泽及河流，且仅有2～3天的实际行程。如此看来，从隃关西行所遇河网湿地只能是今天广武与朔州之间的福善庄与滋润乡附近的黄水河、恢河、元子河，以及它们交汇成的桑干河形成的河网、湖泊、沼薮地带。这个地带西方偏北的山地只有黑驼山。阳纡山应是黑驼山。阳纡东尾应是尖山、黄花山、羊山一带。

由《穆传》卷一可知，穆天子从“智之□”西征是“鹜行至于阳纡之山”的。从“鹜行”可知众多人马散漫无序地飞奔而至于阳纡山的，如此壮观景象应包括穆天子北征六师之人的鹜行。一师千人，还有六千；若一帅三千，则有一万八千人。成千上万人马鹜行一天，一定是在大片平而少阻的草原。隃关以西第一座大山只能是黑驼山，而黑驼山山前只有朔州平原方可能任成千人马鹜行奔走。从朔州平原往西，一直到穆天子所达的河宗地带的黄河岸边，再无有可供成千人马鹜行一天的广阔的平原。这是确认阳纡山为黑驼山的一个重要条件。“鹜行至于阳纡之山，何伯无夷之所都居”又限定了穆天子到达的阳纡山之山前，必是一条较宽大的河流岸边，且有相当大的居住区。河伯之都必处于这种条件中。由此可认为只有朔州附近的恢河方可具备这种条件。峙峪历史悠久，邻近于黑驼山主峰，但处于七里河上游，难以形成河伯之都的规模。从而可认为穆天子从鄘邦的“智之□”向西鹜行一日，所到达的应仅是今天朔州地界。

由于阳纡山是出隃关之后的第一座山，而卷一又给出由此山往西有“河宗柏夭逆天子燕然之山”“天子大朝于燕□之山”“天子大朝于黄之山”，足以证明阳纡山西侧有着多个高山，其中有些是天子必须大加朝奉的山地。这种山地连续分布与图8.1给出的黑驼山西部山地分布较一致。由于“鹜行至于阳纡山”紧接“河宗柏夭”“逆天子燕然之山”，两山应相邻较近。此后第五天癸丑日，天子“大朝于燕□之山，河水之阿”，此“河水之阿”远离鄘邦的“河水之阿”。此处之河应是黄河。从这以后，穆天子以祭祀黄河特别是以河宗的活动为主。可见黄河及河宗位于阳纡山的西侧，至少2～3

天的路程。从朔州向西应是连绵的山林草莽，今天只有一条山间公路，不具备数千以上人马骛行的广阔平原的条件。自朔州经黄土坡到达人口较多的老营镇，由老营镇再西为八柳镇，由此路途分为两支，一支西向至偏关，临近黄河，另一支经水泉镇从芦草山与北堡山之间穿过，可抵达内蒙古清水河与浑河岸边，再西向临近黄河河宗地带。依据今日之道路与古代道路多有渊源关联可知，穆天子从阳纡山山前西行也应是这一条路，至于到达哪一段黄河，尚难确认。据《穆传》穆天子返回时抵达大黑河东南方的阳纡东尾可知，阳纡山是一座高耸而范围相当广的山体，不是黄河岸边的一座小山，所以不应是偏关河口至河曲县一带黄河岸边的山地；也不应在这里才西钓于河，又西征骛行到阳纡山，再朝于河水之阿。

6. 河宗及于黄之山

《穆传》中的河宗，即是邦国名称，又是管理黄河、祭祀黄河的官员。《穆传》中首先记载的是河宗之子孙鄘人、鄘邦、鄘伯絮迎穆天子于阳纡山的东方；进而记述戊申日至阳纡山“河伯无夷之所都居，是惟河宗氏”；三者，记述温谷乐都，河宗氏之所游居，河宗伯夭，“河宗柏夭受璧，西向沉璧于河”，河宗号之帝曰：‘穆满！示汝春山之瑶……’。鄘人是个邦国，无夷及柏夭有“都居”及游居之乐都，皆是邦国的邦主。鄘伯絮是一个人，河伯无夷是一个人，河宗柏夭也是一个人。在祭祀黄河时，柏夭主持祭祀，并代表河神呼号“穆满”。河宗柏夭又是一个官员，他随穆天子西征，并为穆天子收受贡物，《穆传·卷四》有“天子使伯夭受之”，且与穆天子并驾齐驱，主车驰行。柏夭伴随穆天子西征、北征南还到“阳纡之东尾”，又“送天子至鄘人”之后，穆天子“命柏夭归于鄘邦”，并对柏夭说：“河宗正也。”此话似表明，管理黄河是柏夭的责任。总之，这里的“河宗”并未涉及河源，仅是都居于阳纡山、今之黑驼山偏关与清水河县一带的管理黄河的邦国而已。

但是由于“宗”在中国文字传承中既是“祖宗”的宗又是“宗亲”的宗，深含着家族血脉来源之意，所以将“河宗”看做河源是有道理的，几乎所有讨论河源的现代历史地理论著都要引用之。由《穆传》可知，河宗在这里并非河源，仅是在管理黄河的一个邦国而已，其地望只是今日偏关、河曲、清水河县一带。如此，可以确认，《穆传》中的河宗，不是现今人们观念中的河源，所以被称为“河宗”。可能因黄河到达大黑河与浑河河口地带时形成一个巨大的湖沼，而称其为“河潜”。这片湖沼到《水经注》时，还是一个大片的泊淖，称沙陵湖。黄河从这片湖沼奔出，南下进入山间峡谷，被当时人称为河宗。

《穆传》卷一在记述“戊申，天子西征，骛行至于阳纡之山”后，继而记曰：“河宗柏夭逆天子燕然之山”，应表明燕然之山临近阳纡之山。此后第5天，“癸丑，天子大朝于燕囗之山，河水之阿”，燕囗之山似应不是燕然之山。大朝燕囗之山以后的第5天，“天子命吉日戊午……，西向沉璧于河”，大祭黄河之宗。大祭黄河第二天，即“己未，天子大朝于黄之山”，清楚表明“于黄之山”就在河宗附近，即本专题

“（四）北海考·6、泑泽”言及的《水经注》的沙陵湖，今之土默川平原东南端南下进入山地的黄河附近的山地。此处穆天子“大朝”之山是“于黄之山”还是“黄山”，从语句中应难以确认。但若是“于黄之山”，则有“于黄”的释读；若是“黄山”则有“黄”的释读，无论哪一个，都应与“黄”的祭祀不可分割。

在“蜂形人”专题中，我们探讨了1万年以前柿子滩蜂形人所标示的黄、距今6500年渭水流域“有蟜氏”所给出的蜜蜂图腾之黄、距今6000～4000年间《海内北经》给出的穷奇东的“其为人虎纹”之蟜、距今4000～2000年左右平逢之山仍有人群祭祀“其状如人而二首”的“实惟蜂蜜之庐”的黄，以及有尾之黄与人形孕妇之黄等。这告知我们对“黄”的祭拜由来已久。就《穆传》而论，撇开卷二昆仑之丘附近的山地，从阳纡山到阳纡东尾之间，穆天子历经十多座山，其中只有“祭于铁山”，其他山再未见朝拜或祭祀。阳纡山以西、黄河河宗以东的“燕囗之山”及“于黄之山”却大朝大祭，足以表明这两座山非同寻常。由于《穆传》中没有记述为何“大朝”两座山，所以只能推测。从《穆传》中“沉璧于河”“禋囗昆仑之丘”“祭于铁山”等活动可知，穆天子皆遵循当地已有的习俗祭祀。“燕囗”与“于黄”之山的祭祀也应如此。

燕囗山的祭祀应与对燕子的祭祀有关。古人今人一般所见的燕子，在民居附近的主要是家燕，但在长城内外即燕山一带居住在峡谷地带的人们见到的成群结队的燕子，还应有灰沙燕、金腰燕、毛脚燕、雨燕等多种燕类。它们对古代人们来说，最突出的特征是春分前后迁来、秋分前后集群迁去，是二分节气最守时的使者。甲骨文中有两个燕字：“燕”与“匽”。燕是典型的燕子的象形字；而匽，实际上是用匚或囗匡上的象形燕子。匚与囗是用于祭祀的神龛，表明早在商朝甚或商朝之前古人就已神祭燕子。燕囗山应是河宗地带离居住区较近的一座大山。若此，“于黄之山”或“黄山”的大朝应与“燕囗之山”的大朝相似，更应与平逢山祭祀的“为人虎纹”的“实为螫虫”、苦山少室山祭祀的“人面三首”的蜂形人图腾相似。倘若是“于黄”之山，“于”可能是♀形符号，♀更类似骷髅十字圭表的“♀”符号，如此，则是蜂形人圭表与骷髅圭表同时在山上被祭拜，这便是蟜，蟜是黄帝始祖的图腾。于是进一步表明，“于黄”之山不仅是天文观测的场所，而且是人们对元祖的祭祀，是对更远古祖先的崇祭。

《穆传》所记对“于黄”或“黄”的大祭则表明，距今2900年左右甚至更晚的年代里，黄河河宗地区仍然有着对蜂形人图腾即黄及蟜的祭祀。这告知我们，从一万年前的蜂形人岩画开始，中间经历一系列过程，直到《穆传》之时，黄河流域有着长期的连续的对蜂形人图腾，即黄，特别是♀黄即蟜的祭祀，深刻地表明了黄帝之黄及蟜影响深远而久长。

（二）《穆天子传》中的黑水考

中国古籍中黑水与昆仑密不可分，昆仑是黄帝的重要活动场所，几乎涉及黄帝的考证，都要以黑水为必要条件，故长期以来引起人们的诸多讨论，《山海经》中关于“黑水”记述不下10处；《禹贡》中“黑水”3处；《穆天子传》中仅有一条“黑水”，虽曾有人论述多次，但很少正确给出过其地理位置。吴卓信（《汉水·地理志补注》）对

《禹贡》中的黑水提出一种看法：黑水有三，“一为雍州之黑水，一为梁州之黑水，一为冀州之黑水，正不必强合为一”。这一观点是正确的，符合客观实际。但张国光认为，吴氏之观点是“主观臆测”，是“不求甚解”。张认为《山海经》所记黑水与《禹贡》完全一致，黑水必在我国西南，黑水即金沙江，三危疑即玉树族驻地，舜所浴渊即洱海，赤水即雅砻江。何幼琦则认为《山海经》中的昆仑是泰山，黑水是源于泰山西北侧、并流经济南、东入渤海的小清河。关于黑水问题，在《穆天子传》中最易考释清楚，同时还连带着昆仑、河源、钟山等问题。本书即以《穆天子传》（以下简称《穆传》）为起点，考释古文献的黑水。

1. 穆天子在昆仑丘、春山、黄帝之宫活动的情况

《穆传》诸多争论之一为主人公是谁，有人认为是西周穆王，有人则认为是赵武灵王。退一步说，就算是赵武灵王，那还是公元前325～299年之间留存的文字信息。其中给出的黑水、昆仑、春山、黄帝之宫的具体位置，恐怕再难以找到如此明确、又如此可信的书籍之记述。《穆传》卷二记载的是穆天子从昆仑之丘、黄帝之宫开始，北征又西征，经洋水、赤乌丌邦至黑水的过程。其中一个重要环节，未见穆天子从阳纡之山、河水之阿东行抵达昆仑之丘、黄帝之宫的路线及过程，可能此段竹简已散落或严重缺失，或者这原本是两个完全不相干的历史事件。表8.3为穆天子在昆仑之丘、春山、黄帝之宫活动的情况。

由表8.3可知，穆天子在丁巳日西南升于某某所居，第二天则宿于昆仑山下、赤水北岸。昆仑山下有鸐鸟之山，穆天子三日舍居于此山。吉日辛酉，升昆仑之丘，以观黄

表8.3 穆天子在昆仑之丘、春山、黄帝之宫活动情况

干支纪日	日程			行进方向	主要活动记事
	行进	休停	累计		
丁巳		1	1		天子西南升□之所主居，可以畋猎
戊午	1		2	已饮而行	天子已饮而行遂宿于昆仑之阿、赤水之阳
己未		1	3	三日舍于鸐鸟之山	吉日辛酉升于昆仑之丘以观黄帝之宫而封丰隆之葬，以诏后世
庚申		1	4		
辛酉	1		5		
壬戌		1	6	禋□昆仑之丘	癸亥，具蠲齐牲全以禋□昆仑之丘
癸亥		1	7		
甲子	1		8	北征	舍于珠泽钓于沵水天子□昆仑以守黄帝之宫，南司赤水而北守春山之瑶。
乙丑		1	9		
丙寅		1	10		
丁卯		5	11	北升春山	北升春山，以望四野五日观于春山之上铭迹于县圃
壬申	1		16	西征	西征，甲戌于赤乌丌邦
合计	4	12	16		

帝之宫，并为黄帝陵封填新土（封丰隆之葬）。辛酉当日之内既升于昆仑之丘，又为黄帝陵寝封添新土，表明昆仑并不高。第二天癸亥日禋祭昆仑之丘，回到赤水之阳，于是祭祀昆仑之丘及黄帝陵宫的活动基本结束。甲子日开始北征，并舍珠泽，钓𣲘水。此处似有所脱缺，应是穆天子封赐一位诸侯或邦国之首领司管昆仑"以守黄帝之宫，南司赤水及北守春山之瑶"。然后穆天子于丁卯日北升春山，五日，观于春山之上，这里表明春山与昆仑丘之间只有三天路程，不足一百千米远。春山是一座独立于四野的"天下之高山"，立于其上可以遥望四野。有人考证春山为涿鹿县城西的黄羊山，这一考证符合《穆传》的实际记载。

2. 由昆仑经洋水至黑水路线图

若按《穆传》卷四给出的黑水为今日内蒙古呼和浩特以东发源于阴山北侧东端的大黑河；《穆传》卷二穆天子于辛卯日北征，乃循黑水，癸巳日，即第三天至群玉之山采玉，西征返回时又取走这些玉及玉器；由黑水返抵阳纡之东尾仅用了8天途程，则完全可以依据黑水的位置，特别是《穆传》卷二自昆仑经洋水、赤乌丌邦到达黑水西河的方向、干支记日的顺序、每日行军的平均路程，可以较确切地判断卷二中的昆仑、春山、洋水及丌邦的地理位置，从而得知《穆传》中关于黄帝之宫、黄帝之陵寝的大致位置。

穆天子在春山观光五日之后，于壬申日开始西征，为了清楚地判定西征路线，将《穆天子传》自春山至黑水西征的行程记述绘于图8.2，并列于表8.4。

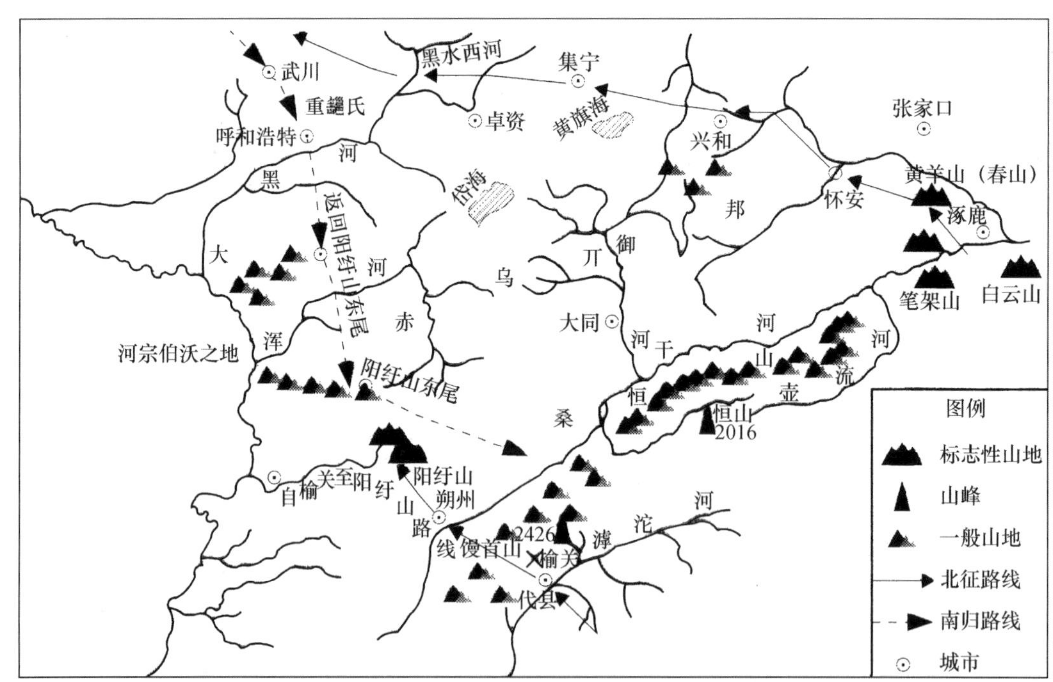

图8.2　西征自春山经洋水至黑水路线及东还自黑水至阳纡东尾之路线

表8.4 《穆天子传》自春山西征至黑水之路线

干支纪日	日程			行进方向	重要记事	可能对应现今地点
	累计	休息	行程			
壬申	1		1	西征		起自河北省涿鹿黄羊山
癸酉	2		1			
甲戌	3	1		至赤乌	赤乌之人丌，献酒千斛于天子，食马九百，牛、羊三千	赤乌之人居地较广应包括河北宣化、怀安、阳原、山西的天镇、阳高、大同，内蒙古的丰镇、集宁、凉城等处
乙亥	4	1			天子五日休于口山之下。	
丙子	5	1			赐赤乌之人丌口墨乘四……乃膜拜而受。赤乌之人丌好献二女于天子	
丁丑	6	1				
戊寅	7	1				
己卯	8		1	北征	□行□舍	
庚辰	9		1	济洋水	济于洋水	今内蒙古兴和县境内洋河
辛巳	10	1		入曹奴	觞天子于洋水之上	今内蒙古卓资县境内洋河
壬午	11		1	北征东还	由东向西北行	自兴和至卓资境内
癸未	12		1			
甲申	13		1	至黑水西河	降水七日，留六师之属。封长肱于黑水西河	卓资县大黑河西支东侧源流，大黑河西支主源

由表可知，穆天子自壬申日起自涿鹿的黄羊山即春山西征，第三天甲戌日到达赤乌。赤乌之人丌邦在春山西方2～3天路程，应是今河北省怀安县境内。其间路程约100千米。穆天子在赤乌休息5天，于己卯日北征，第二天庚辰日“济于洋水”。此洋水，应是内蒙古兴和县由西向东流淌的东洋河。东洋河发源于内蒙古兴和县西南侧的黄石崖（2334米）大山的背侧，过兴和县城北，直向东南过宣府窑、草垛山、山羊窑沟，经怀安县城北，在城东与南洋河汇合。由此可知，西征的路线是沿洋河南侧到兴和县境，北济洋水。辛巳日，穆天子入曹奴觞于洋河之上。自壬午日，于兴和县城西行3天可达卓资县境内的大黑河西支东侧源流。再行一日，可达大黑河西支流。这即是辛巳日入曹奴，觞于洋水之上，再经壬午、癸未、甲申三日至于黑水，并封长肱于黑水西河。休息6天后，乃循黑水北征，为大黑河西支主流。大黑河在卓资县南分为东西两个源流，东支流来自东南方，西支流来自西北方，循此可以北征。可知，循黑水北征是沿大黑河西源流北行。

循黑水北征，起自辛卯日，第三天癸巳日抵群玉之山，其地望只能是卓资县、察右后旗与四子王旗交界地带。这一地带有玛瑙、钢玉、大理石、石英、墨玉等。所称的群玉之山，应指出产这些矿物的山地。穆天子在这里休息4天，命凿山取玉，并委派邢侯在这里等待攻玉的人们。穆天子从这里持续西征，沿阴山背侧，经15日途程到达西王母境内。西王母的确切地址尚难指认，但从自群玉之山西征实际行程只有15天、平均按每天20千米计，总计不到300千米；若按古代行军每舍30里（即15千米）计，总计只有225千米。西王母所居地望只能是今阴山西段海流图与井川附近，甚至很难到达狼山地界，至少可以说《穆传》中的西王母之山，只能在阴山的西段。

3. 穆天子自西王母之山返回重䲧氏黑水之阿

《穆传》卷二止于“癸亥，至于西王母之邦”，卷三则于甲子日启“宾于西王母”，两者是连接的。穆天子在西王母之山、瑶池之上饮觞40多天，于丁未日饮于温山、己酉日饮于溽水，离开王母之山，进入阴山北侧的“陵衍平陆”“草薮水泽”“三月舍于旷原”。此时已进入春季，正值硕鸟解羽之时，载羽百车，于己亥日东归。途中除去休息整顿之外，纯行程有30余日，又回到“重䲧氏黑水之阿”，并“铸以成器于黑水之上”，同时到达采石之山，取采石而归。

《穆传》卷二自“孟秋丁酉”“觞天子羽陵之上”，止于卷四“孟秋癸巳”，从《穆传》本意推断，应是一个整年的征行过程，然而实际计算却少了70左右天。表8.5是将《传》中看似连贯的过程列于一处，从孟秋丁酉到孟秋癸巳合计295天，同一年365天相比较，差70天左右。倘若“孟秋丁酉”是孟秋之月的最后几天，“孟秋癸巳”是孟秋之月的第一天，则全年之差确近70天，否则，二、三、四卷中必有竹简缺损。

表8.5　孟秋至孟秋的时程统计

卷次	起		止		日程
	纪日	纪事	纪日	纪事	
二	丁酉	孟秋丁酉	癸亥	至西王母之邦	26
三	甲子	宾西王母	己酉	饮于溽水之上。有口薮水泽、陵衍平陆	45
	己酉	饮于溽水之上	乙亥	三月舍于旷野。东归	110
	乙亥	东归	乙巳	口诸釬献涵于天子	66
四			庚辰	至于滔水	
	庚辰	至于滔水	癸巳	孟秋癸巳。（五日丁酉处于采石山）	48
计					295

这里未见《史记》所述“见西王母，乐之忘归”，应是三月舍于旷野，东而忘归。《穆传》在此所记穆天子在有硕鸟解羽、口薮水泽、陵衍平陆的溽水之地三月舍于旷野，六师之人大畋九日，得获无疆，鸟兽绝群，又载羽百车东归，与《左传·昭公·十二年》所记“穆王欲肆其心，周行天下，将皆必有车辙之迹”相符。

《穆传》卷一清楚地给出穆天子北征，乃绝漳水、北循呼沱之阳、绝隃关之隥、至鄘人之邦及鹜行至阳纡之山的方向，时间间隔从“绝隃关之隥”到“鄘人之邦”只用了8天时间，直线距离也只能有200千米左右，所到之黄河、河宗，也只能是今日山西省河曲、偏关及内蒙古清河县一带。《穆传》卷四又清楚记述穆天子北征、西行之后又回到“河水之北阿”“鄘人之邦”“阳纡之东尾”（《穆传》注：山后为尾，此应为阳纡山东端的山北侧）及赤乌丌邦。河水北阿、鄘人之邦、阳纡之山便成了穆天子往来驻跸的枢纽，立足于这一地带，便可清清楚楚地了解《穆传》中所给出的黑水、昆仑、春山、洋水、西王母、群玉之山的可信的地望。

下面按天干地支表排序《穆传》卷四，穆天子的行程，见表8.6。庚辰，至于滔水；辛巳，东征；壬午，空，无论是否记述，实际是东征；癸未，至于苏谷，骨钎氏之所衣被，乃遂南征东还，经甲申、乙酉日；丙戌，至于长淡，重䣙氏之西疆，进入重䣙氏邦国地界；丁亥，天子升于长淡，乃遂东征，又经戊子、己丑日；于庚寅日，至于重䣙氏黑水之阿。《穆传》黑水，与采石攻玉及群玉之山密不可分。回到《穆传》卷二乃循黑水群玉之山穆天子西征后返回此地。西征返回这一地区后，亲自"升于采石之山""取采石焉"。于是这一地区最突出的标志就是"黑水"与"群玉之山"。表8.7是从"至于重䣙氏黑水之阿"及"采石之山"起，一直回到西征时出发地 "阳纡之东尾""鄘人之邦"及"赤乌兀邦"的途程及时间。

表8.6 《穆传·卷四》东征南还至重䣙氏黑水之阿

干支纪日	日程			活动记事
	行进	休停	累计	
庚辰	1		1	至于滔水，浊繇氏之所食
辛巳	1		2	东征
壬午	1		3	
癸未	1		4	至于苏谷，骨钎氏之所衣被，南征，东还
甲申	1		5	甲申、乙酉无记述，应南征东还
乙酉	1		6	
丙戌	1		7	至于长淡，重䣙氏之西疆
丁亥	1		8	升于长淡，乃遂东征
戊子	1		9	戊子、己丑无记述，应东征
己丑	1		10	
庚寅	1		11	至重䣙氏黑水之阿。爰有野麦，爰有采石之山

4. 从黑水之阿、群玉之山返回阳纡东尾、鄘人之邦及赤乌丌邦

由表8.7中可见，穆天子庚寅日到达重䣙氏黑水之阿，此后在重䣙氏境内休停近一个月，乙丑日，东征南还，途中行进了8天，于乙亥日南征"阳纡之东尾，至于河水之北阿"。8天行程，按平均每天30千米计，也仅是240千米。从黑水西河源头到达清水河县中部的阳纡之东尾，直线距离约为250千米。两者基本相近。由此可确证，《穆传》之黑水，即今内蒙古卓资境内的大黑河。《穆传》卷四继而记述："癸丑，天子东征，柏夭送天子至于鄘人。鄘伯絜觞天子于沼泽之上，𨚗多之汭，河水之所南还。""戊午，天子东征，顾命柏夭归于兀邦。天子曰：'河宗正也'。"此处给出，穆天子于癸丑日

自阳纡东尾“东征”，由柏夭陪送至鄘人。由卷一可知，鄘人在阳纡山东侧。穆天子在鄘邦休憩五日之后，又于戊午日东征，并“顾命柏夭归于丌邦”，表明鄘邦与丌邦不仅相邻，而且皆在阳纡山东侧，并与河宗柏夭关系密切。在这里，鄘邦、丌邦、阳纡东尾是穆天子北征后又东还的最重要的地理标示地。

表8.7　穆天子从黑水之阿返回阳纡之东尾时程

干支纪日	日程			活动记事
	行进	休停	累计	
庚寅	1	0	1	东征至重䣙氏黑水之阿爰有采石之山
辛卯		1	2	辛卯壬辰无记述，应在采石山附近休停
壬辰		1		
癸巳		1	4	孟秋癸巳命重䣙氏共食天子之属
甲午		1	5	甲午、乙未、丙申就在重䣙氏休停
丁酉		1	8	五日丁酉天子升于采石之山，取采石 天子使重䣙氏之民，铸成器于黑水之上。一月休
一月休	（丁戊己庚辛壬癸甲乙丙丁戊己庚辛壬癸甲乙丙丁戊己庚辛壬癸 酉戌亥子丑寅卯辰巳午未申酉戌亥子丑寅卯辰巳午未申酉戌亥）			
癸亥		1	35	秋癸亥，天子觞重䣙之人
甲子		1	36	
乙丑	1			东征，送天子至长沙之山
丙寅	1			东征南还
丁卯	1			丁卯戊辰无记述，应继续东征南还
戊辰	1		40	
己巳		1		己巳，至于文山，三日游，取采石
庚午		1		
辛未		1		天子饮于文山之下，归遗献良马
壬申	1	1	44	
癸酉 甲戌	1 1		45	天子驾八骏之乘，东南翔行，至于巨蒐氏 巨蒐氏之奴觞天子焚留之山
乙亥	1		46	南征阳纡之东尾，至于河水之北阿
癸丑	1			天子东征，至于鄘人，五日体
戊午	1			天子东征，顾命柏夭归于丌邦
合计				

5.《山海经》中的黑水

《南次三经》天虞山东第七座山鸡山，黑水出焉，南流注于海。《西次三经》昆仑之丘，黑水出焉，西流注于大杆；轩辕之丘，洵水出焉，南流注于黑水。《海内西经》海内昆仑之虚在西北，洋水、黑水出西北隅以东，东行，又东北，南入海，羽民南。《海内经》：“流沙之东、黑水之西有朝云之国，司彘之国”“流沙之东黑水之间有山，名不死之山”“西南黑水之间有都广之野，后稷葬焉”“南海之外黑水青水之间有木，名曰若木，若水出焉”“北海之内有山，名曰幽都之山，黑水出焉。其上有玄鸟、玄蛇……”

《山海经》中的黑水有以下几种情况，一者，仅记一山一水，无其他关联。如鸡山、黑水；荣山、荣水、黑水；不姜山、黑水；黑水、不死山等。二者，黑水与昆仑或黄帝等有明确关联。如昆仑之丘，黑水出焉；轩辕之丘，洵水出焉，南流注于黑水；昆仑之虚，黑水出西北隅；黑水之前有大山，名曰昆仑之丘；幽都之山，黑水出焉等。三者，不仅有山有水，还有其他人或事物关联，但与黄帝、昆仑尚无直接或间接关系。

徐旭生认为《西次三经》是山经中“保存古代神话最多者”“且错简不少，故最难懂理”的。《西次三经》之首，崇吾之山，在河之南；西北三百里长沙之山，泚水出焉，北流注于幼泽，又西北三百七十里，不周之山，北望诸岗之山，东望泑泽，河水所潜，其源浑浑泡泡。再西峚山，黄帝取峚山之玉荣，投之钟山之阳。再西为钟山，自峚山至钟山四百六十里，其间尽泽。钟山以西有泰器之山、槐江之山。槐江山，丘时水出，北流注于泑泽。槐江山为帝之平圃，南望昆仑，西望大泽，北望诸毗，东望恒山四成。怀江山西南曰昆仑之丘，帝之下都。这里有河水、赤水、洋水，黑水出焉。黑水西流大杆。昆仑丘西有乐游山，流沙四百里，王母所居玉山，再西为轩辕之丘，洵水出焉，南流注于黑水。再西有石门，河水冒以西南流。

《西次三经》几乎集中了与黄帝有关的大山、大水及大泽。昆仑之丘，在这里四水皆出自于此，黑水西流入于大杆。书中［注］称杆为山名，应视为不妥。许慎《说文解字》称汙与杅义略同，汙，水不流，不清谓之汙，小池为汙。黑水西流于大汙，大汙应是一片广阔的、不清净的沼泽水面。注者在此处引《穆天子传》：“封长肱于黑水之西河，是惟昆仑鸿鹭之上，以为周室主。”由《穆传》已知，黑水西河为现今内蒙古呼和浩特东侧、源于阴山东端、向西南流入以现今哈素海为标志的沼泽低地。这个大汙，即是《西次三经》不周之山，东望泑泽，河水所潜的地望；又是《北山首经》中杠水、匠韩水、敦薨水西流注于泑泽的地望。幼泽，即大汙，实为今内蒙古呼和浩特市附近的大黑河河口地带曾经形成的广阔湿地沼泽。由此可确定：轩辕之丘，洵水出焉，南流注于黑水的地望即是这个大黑河。关于“泑泽”的地理位置将在“北海考”中专题详述。

在黑水西流入的大汙，即泑泽，这里是“河水所潜”之处。徐旭生认为：泑泽自汉以后均认为蒲昌海，即今之罗布泊，余颇疑泑泽并非今之罗布泊。河水所潜，潜，伏也、藏也。河水至今日后套一带，地势平衍，水势散漫，大溜不见，亦可言潜。杨钟健告之，“这一带为古之一大湖”。实际上，黄河北岸自西向东，西起今日乌梁素海，东达哈素海，在历史上为一连绵无垠、茫茫荡荡的水域，与《西次三经》所述“自崟山至于钟山四百六十里，其间尽泽也”的情景一致。即黄河在这里水势散漫，大溜不见，呈潜伏藏匿之状，只有到了古代称为石门今浑河口以南的阳纡山地，方呈现大河南下之势。古称河源，前文于“河宗”小节中已述及《穆传》所称河宗与河源的关系。

6.《大荒经》中黑水的讨论

《大荒南经》“有荣山，荣水穷然。黑水之南有玄蛇，食麈”“大荒之中有不庭山，荣水穷焉，有人三身，帝俊妻娥皇生此三身之国，使四鸟，有渊四方，四隅皆达，北属黑水，南属大荒”“大荒之中有不姜之山，黑水穷焉”。三身国，据《海外西经》载：“大运山北，大乐之野，夏后启午九代，三身国在夏后启北，一首三身。”可知其地望在“海之国”西南陬、崇山以西、黄河自北向东大拐弯处以东。这支黑水不是《穆传》所记的黑水，与《西次三经》及《北山首经》中的黑水之地望也不同。

帝俊是我国古代被《山海经》称为帝的一位王者，但身份始终未定，这里记述的诸多信息，将有助于对其身份的讨论。首先，妻娥皇生此三身之国，“一首三身”不是一个人，而是帝俊与娥皇两个部落合婚之后“生”出的“国”的徽号。其次，“使四鸟”“四隅皆达”，本书在“泰皇兴神鼎一”，（三）· 7一小节中，引河姆渡遗址一期的四旋鸟陶豆盘，“使四鸟”是否专指使用这类法器进行观天、定向、计时的活动。而一首三身是仪器的三个身形支架。河姆渡四旋鸟陶豆盘距今5000多年，《大荒南经》记述的帝俊妻女皇应在距今5000～4000年，帝俊与河姆渡文化有何源流关系，值得进一步去探讨。

《大荒北经》“西北海外黑水之北有人，有翼，名曰苗民。颛顼生驩头，驩头生苗民，苗民釐姓，食肉”。此处黑水与苗民，同《穆传 · 卷四》中的苗民与黑水又可相印证。穆天子东征南还，至于重䍃氏黑水之阿。重䍃氏之人送天子于长沙之山，柏夭曰：“重䍃氏之先，三苗氏之□处。”《大荒北经》中的黑水与三苗一直延续到周穆王之时，可信中国远古诸多问题的记载都是有文图以传递的。

《海内经》中记述的北海之内幽都之山的黑水，本书在“北海考”一节中将进一步交代。

（三）昆仑与蟜

1. 祭天与观测天象的场所

陆思贤在《天文考古通论》一书中，据《东观汉记》载汉景帝中元元年（公元前149年）“初起明堂、灵台、辟雍及北郊兆域”，认为灵台是天文台，明堂与辟雍是统治者的祭祀场所。对明堂的内容与用处记述得直接与确切的是《水经注 · 十三 · 漯水》支流汝浑水（今山西大同的御河）上所建的明堂。《水经注》称：“明堂上圆下方，四周十二堂，九室而不为重隅也。室外柱内绮井之下，施机轮，饰缥碧。仰象天状，画北道之宿焉，盖天也。每月随斗所建之辰转应天道，此之异，古也。加灵台于其上，下则引水为辟雍，水侧结石为塘，事准古制。是太和中元（公元490年左右为北魏太和中）所经建也”。这里将明堂的结构、功用表述得十分确切。明堂上圆下方，四周有十二堂，有九室。明堂外有柱，柱内还有绮井，绮井还有机轮，画北辰列宿象。其主要功能是“每月随斗所建之辰转应天道”。由四周有十二堂、画北辰列宿象及每月随斗所建之辰可推断，明堂的十二堂是十二个月星象图，每一堂一图，观天象加以对照，实际也是依据天上星象的变化预测下一个月的到来。遗憾的是，这个明堂并未留下遗迹。在这里还知晓，加灵台于其上，下则引水为辟雍。灵台应是设置观象仪器，如圭表、窥管及计时器等。辟雍或井与水有关，这是长期以来人们忽略的重要的天文气象内容，应是古人预测云雨及冰霜的设备。由蔡邕在《明堂月会论》中所言“辟雍之名，乃取其四面周水，圜如璧”引申可知，圜玉或许也曾是一种预测气象的仪器。

《水经注》关于汝浑水明堂的记述中，有一句相当重要的话：“事准古制”，北魏属拓跋鲜卑，其古制能古到何时？据范文澜《中国通史（第二册）》（400页）载，鲜卑族世居辽东辽西塞外；又据陈连庆《中国古代少数民族姓氏研究》（87页）引《魏书》，拓跋氏出于黄帝。若确曾出于黄帝，则“事准古制”就有可能“古制”到黄帝或黄帝的后世。当然，还有人认为拓跋氏自诩为黄帝之后。受儒家正统思想统治了两千多年的中国文人界，总难免跳不出唯我正统、唯我是炎黄子孙的深层理念框框，认为那些荒蛮夷狄之类怎么能是黄帝之后世？

2. 构造和形制特殊的神殿

在滦河上游，河北省沽源县，今称囫囵淖的东侧，滦河（闪电河）的西岸，岸阜上留存着一个特殊的遗址。当地人传称为“萧太后梳妆台”。20世纪80年代，经过实地考察的郑绍宗，认为其并非辽代建筑，而是元代所建。元代建筑，即属于察汗脑儿行宫的一座殿堂。察汗脑儿行宫位于元上都遗址西南方，马可波罗在《游记》（第六十章）中所记的张家诺（白城子）即此。此殿堂距行宫5千米，孤立于南方。这里地势高亢，南依山峦，东近滦水，东北为一望无际的草原，视野极为开阔，据此殿可俯瞰金莲川、遥望白海和壮丽的行宫。郑绍宗认为，它是当地发现的遗址中唯一的结构和形制都比较特殊的元代建筑。

远观殿堂顶部为巨大天幕式圆顶，顶下为正方形，每边长9.3米，顶与四面墙皆用青砖砌成。从顶到底通高16米左右，圆顶以下每面墙高8米。南面偏东辟拱形门，门两侧为立夹，券门上为栏额。东西两面设拱形窗。殿堂内结构特殊，下层四面、四方、四角；中层为八角，每角都作拱形龛，龛上原可能供有佛像或悬挂天象，现已无。每角用砖砌立柱，上为栏额、普柏枋，再上为单抄四铺座斗拱，斗拱之上为层层叠涩而成的巨大穹隆顶。

这确实是一个结构与形制皆很特殊的殿堂。正面南向留一扇偏东的门，非正门；

东、西两面无门而设石窗，应是相对的；北面无窗无门；整体外观上圆下方，圆顶与方墙约各占一半高度；内部则分三层，一层四方，一门二窗皆设在此层；二层八角八面，每角用砖砌出立柱，共有八柱；第三层为巨大穹隆顶，有如天幕笼罩，表面用白灰抹光，高约15米，顶中空，以砖覆盖。笔者未去实地考察，但推测，南面有门，但门非正门而偏东。如果冬至时晨曦第一缕阳光从门内射入而照到西窗南边框上，则此殿堂是一座天文台，首先是一个巨大的三衡仪。若如此，可能具备如下效用，夏至日晨曦第一缕阳光从东向窗户投入，照到南门的西边框；春分及秋分，太阳从东向窗升起，落于西向窗。“顶中空，以砖覆盖”，不知其义，倘若是穹隆顶不是封闭的，而是中空的，这更是一个天象台。这个穹隆顶孔，很可能是用来观测斗柄尾部，或是一个固定的星宿，借以计时制历。中层八角八面，每一面一龛，龛内何物未知。如果这是天文台，龛内应有与天象或气象有关的物或图。巨大的穹隆顶，白灰抹光，似应还彩绘有其他图腾，也可能这是一个尚未完成的天文殿堂建筑。

3.《山海经》中的昆仑设施与结构

《海内西经》：“海内昆仑虚在西北，帝之下都。昆仑之虚方八百里，高万仞。上有木禾，长五寻，大五围。面有九井，以玉为槛，面有九门，门有开明兽守之。百神之所在，在八隅之岩，赤水之际，非仁羿莫能上岗之岩。”“昆仑南渊深三百仞，天明兽身大类虎而九首，皆人面，东向立昆仑之上。”《西次三经》：槐江之山，西南四百里，曰昆仑之丘，实惟帝之下都。神陆吾司之，其神状虎身而九尾，人面而虎爪。是神也，司天之九部及帝之囿时。《大荒西经》：西海之南，流沙之滨，赤水之后，黑水之前，有大山，名曰昆仑之丘。有神人面虎身，有文有尾，皆白处之。其下有弱水之渊环之，其外有炎火之山，投物辄然。有人，戴胜虎齿，有豹尾，穴处，名曰西王母。此山万物皆有。《海外南经》：歧舌国在不死民东，昆仑虚在其东，虚四方。一曰在歧舌东，为虚四方。羿与凿齿战于寿华之野，羿射杀之，在昆仑虚东。

从这些记述中可知昆仑具有“丘四方”“虚四方”“在八隅（八角）之岩”“面有九门”“面有九井”“天有九部”“神陆吾司之”“其下有弱水之渊环之”的形制。昆仑的“四方”、八角与明堂的天圆地方的“地方”、殿堂的下层四方及中层的八角是相同的；昆仑的“天有九部”及“面有九门”与明堂的“九室而不为重隅”十分相近；昆仑的“其下有弱水之渊环之”与明堂的“下则引水为辟雍，水侧结石为塘”是甚为相似的；昆仑的“面有九井”与明堂的“室外柱内绮井（九室，室外柱内之井，也应是九个）”是相同的。相比之下，明堂的“事准古制”，准于“昆仑之虚”或“昆仑之丘”。由《西次三经》及《穆天子传》可知昆仑之丘是黄帝的下都、黄帝之宫所在。昆仑应是黄帝的观天测象的场所，即黄帝的天文台。昆仑上的神、兽皆人面、虎身、九首或九尾，这是一个典型的由蜂形人发展而来的虎纹之身的天文仪器。

4. 黄河源头的昆仑及崇高形象化身的昆仑

由于昆仑与黄帝有着不可分割的关联，所以在中华文化中“昆仑”占有着相当重要的地位。华夏“昆仑”大致可划分为四方面的内容。一是在世界屋脊青藏高原的中部有一个由西而东广袤分布的高大的山脉这个实体；一是《山海经》《穆天小传》《庄子》《吕氏春秋》《淮南子》等古典文献多处记述的远古时代的与黄帝有关的“昆仑”；一是长期的历史文化积淀的人们观念中形成的高大形象化身的昆仑；最后一个是少数人了解的以黑色为内容的“昆仑”。我国自汉代以来的“河出昆仑”是千真万确的。昆仑山从新疆明铁盖达坂国境线开始绵延曲折向东，以海拔4000～6000米的高大气势，磅礴2000多千米，东接巴彦喀拉山（实际也应是昆仑山），它是我国黄河、长江南北两大水系的分水岭与发源地。昆仑山东段，紧傍分水岭北侧的海拔5202米的雅拉达泽峰是黄河的源头；由此往西紧傍分水岭南侧的西西里湖以西的山地则是长江源头通天河北支楚玛尔河的源头。在现代人脑海中形成的高大的昆仑山是黄河源头，这是真实的。但将古籍中所记的与黄帝有关的昆仑与黄河源头连接在一处应是误解。

《山海经》中的昆仑，应皆是黄帝时代或后黄帝时代的昆仑。《穆天子传》中的昆仑是一处黄帝时代留存下来的、到了周代还有人祭祀的黄帝的昆仑。《淮南子》《吕氏春秋》《庄子》等书中所记的昆仑，既有黄帝时代的昆仑，又有人们观念中高大形象化身的昆仑，也有实际的昆仑山之昆仑。《淮南子·说山训》中所述：“江出岷山，河出昆仑，济出王屋，汉出嶓冢”中的“河出昆仑”便是实际的昆仑，与今日之昆仑山是一致的。《淮南子·原道训》所述的“昔都冯夷、大丙之御也，乘云车，入云蜺”“经纪山川，踏腾昆仑”，《览民训》中的“翱翔四海之外，过昆仑之疏圃，饮砥柱之湍濑”等当为高大形象化身之昆仑。

毛泽东那首《念奴娇·昆仑》既是表述气势磅礴绵蜒数千里的伟大的昆仑，又深深地反映出人们心目中那个高大雄伟化身的昆仑。奔驰在世界屋脊上的莽莽昆仑伟大，像昆仑一样阅尽人间春色的中华儿女的精神更伟大。毛泽东及毛泽东所代表的中国共产党伟大，只有毛泽东及毛泽东所代表的中国共产党人才具有“环球同此凉热”的气魄与胸怀。中国共产党人将永远沿着这样一条路线走下去。这就是精神领域的昆仑。

至于只有少数人才知晓的代表黑色的昆仑，应有别于黄帝时代用作观天场所或“下都”的昆仑。北方草原上有些少数民族将太阳神称为昆仑，也有人用石头堆成祭坛或路标，将这些祭坛或路标也呼作昆仑。这些也应与精神文化范畴相关联。对中华民族来说，黄帝伟大，黄帝祭天观象的昆仑或帝都昆仑也确应伟大。以昆仑命名的世界屋脊中部的莽莽蜿蜒2000多千米的黄河与长江分水岭应更伟大。在人们心灵深处升华而成的宏伟气魄化身的昆仑当然更是伟大。但是，它们不应该被误读。特别是在考释黄帝这个千古难题的时候，更不要将它们搅混，否则，必将看不清6000多年以前黄帝时代的昆仑的真实面目。

5. 昆仑、蟜、黄帝陵

文学界、历史学界诸多专家学者苦心探讨昆仑、桥山、黄帝陵。有人明确指认某处黄帝陵是真、某处是假。至于桥山，有更多的人到处寻找桥形之山。这里应考虑《山海经》记述的“轩辕在此穷山之际，其不寿者八百岁”，是从距今6300年轩辕黄帝诞生时间向下延续的八百年，即距今5500年的时间，历经800余年。此时的轩辕当如袁柯所言：“此轩辕国，即黄帝子孙相聚而成者。”（1985，188）在这800多年间黄帝绝非一人，轩辕国也不可能是一处，从而昆仑与桥山也绝非一处。这是昆仑、桥山、黄帝陵必须说明的第一个问题。

桥，不应是桥梁之桥，应是蟜，字的主体为“乔”，字的读音也相同，仅是偏旁不同，很可能在转抄过程中将虫误抄为木。蟜是什么，应从“少典氏娶有蟜氏生黄帝、炎帝”开始。“三·（五）·2”明确给出蟜是虫、夭形人与方形化骷髅冂三者的复合，是蜂形人与骷髅十字圭表的合体符号。蟜是黄帝与炎帝的母辈氏族的图腾。也必是帝族群崇敬与祭祀的“神”或“祖”。蟜山则是供奉祖先神位的山头。从《山海经·西次四经》的邽山，其上有兽，其状如牛，蝟毛，名曰穷奇；《山海经·海内北经》的蟜，其为人虎文，胫有䏿，在穷奇东，一曰状如人，昆仑虚北所有，可知邽山上有“穷奇”，穷奇东有“蟜”，而蟜在昆仑虚北。邽山的位置在本书“四·（三）·2”中已经给出是甘肃省通渭县的黑燕山，是葫芦河源头西支及散渡河主源的山地。这是从古籍中已知的与蟜有关的昆仑的最西分布，且供奉祖先图腾蟜的地点是在昆仑虚北。

《山海经》中昆仑的地理位置、时代背景、结构组成、功能及效益最清楚的是帝之下都。它位于槐江之山西南四百里。而槐江之山，丘时之水出焉，北流注于泑水，即黑水，今之呼和浩特市附近的大黑河；西望大泽，大泽即泑泽，今之土默川平原；东望恒山四成，其地望在内蒙古岱海西侧的蛮汗山。槐江之山南望昆仑，其光熊熊之火，其气魂魂，表明昆仑这个帝之下都夜晚燃烧篝火，火光冲天，站在高山上可见其熊熊之火。200千米远还是可见天空的夜晚是“其光熊熊”的。它的具体位置应是内蒙古清水河县岔河口村的岔河口遗址所在地。因为这里有一个6000多年前居住近千人的4万平方米的大聚落。这里是“司天之九部及帝之囿时”，即黄帝的天文台与物候观测园。位于其北方的槐江之山则“实惟帝之平圃”，原注即县圃、刻石记功德之处，《穆天子传》曰“乃为铭迹于县圃之上”“春山之泽”“先王所谓县圃”。县、玄应是悬，悬是一个久远之前的复合符号，且是祖神崇拜祭祀的男根符号，心是始祖崇拜祭祀的女阴符号，两者之间应是跪拜之人的简化符号。如此可知，槐江之山不仅是当时之人刻石记功之处，而且是祭祀供奉祖先的场所。悬圃之称，正是男女祖先都崇拜祭祀的时代。女祖崇拜应是女娲、蜂形人、骷髅十字，即蟜。在这里又见到一对同邽山那里记述的北有蟜山、南有昆仑的黄帝族群的政治中心。

《穆天子传》清楚记述“吉日辛酉，天子升于昆仑之丘，以观黄帝之宫，而封□隆之葬”，七天之后的季夏丁卯日，“天子北升于春山之上”“乃为铭迹于县圃之上，以诏后世”，此处又是南昆仑，北县圃。从这里之后第六天壬申日“天子西征”，以后又北征，第九天庚辰日“济于洋水”。洋水即是今日张家口以南涿鹿以北的洋水。许多人已经深入讨论了这里的昆仑、春山甚至桥山就在今河北涿鹿县境内。这里不仅是南昆仑北县圃，且明确记载有黄帝之宫、黄帝之墓。但墓在昆仑之上。

《山海经·海外南经》：昆仑虚在歧舌国东，虚四方。一曰在歧舌东，为虚四方。羿与凿齿战寿华之野，羿射杀之。在昆仑虚东，羿持弓矢，凿齿持盾。一曰戈，羿与凿齿皆在嵩山与泰山之间。叶林生（《古帝传说与华夏文明》，1999年，黑龙江教育出版社，178页）认为何幼琦等人提出的昆仑就是今日山东的泰山之观点乃冲破前人的迷障的新说。其实，将《海外南经》中的昆仑虚确认为泰山应有其合理性，但诸多问题值得商榷。一者昆仑显然绝非一处，至少有4～5处。二者昆仑本身的主要功用，《山海经》清楚记曰昆仑是“司天之九部及帝之囿时”，司天之九部乃天文台。在距今6000～5000年间黄帝虽然已相当强大，但将海拔1524米的泰山作天文台的可能性应是甚小，当今向山上搬运食物仍耗时费力。《海外南经》所记昆仑应是嵩山或嵩山附近的山地。

由于司马迁记述“黄帝崩，葬桥山”，所以他以后的许多文献关心桥山的存在，司马迁之后最早记述桥及昆仑的是《汉书》之作者班固，《汉书·地理志》中上郡阳周县之注：“桥山在南，有黄帝冢。”又《汉书·五帝记》记：“元封元年冬十月，武帝自云阳，北历上郡，出长城，临北河，勒兵十八万。还，祠黄帝于桥山。”元封元年为公元前110年，距今2100多年，明确记载汉武帝祠黄帝于桥山。班固逝于公元92年，按《汉书》成书算起也距今1900多年。阳周县，按曲辰等人考证，为今陕西北部子长县，曲辰认为这里既无山势为桥的特殊形貌，亦无桥山之名。但是，当时上郡阳周县有蟜及黄帝冢这一点可以确认。另外，公元前110年前后，汉武帝勒兵十八万北征返回时祭祀黄帝陵这一点也可以肯定。至于汉武帝北征返回时所记黄帝陵的具体位置，班氏未记述，可由武帝返回路线决定。关键是《汉书》在阳周注下还有一句话被人们忽略，“莽曰上陵畤”。莽即王莽，其当政时可计为公元8～23年，畤“古时祭天地五帝的固定场所”，王莽将阳周称“上陵畤”，清楚表明，王莽确认阳周是祭天地五帝的场所，而且十分重视之。王莽确认阳周是上陵畤，不仅肯定了阳周有黄帝冢，而且还肯定了祭祀其他五帝，至少应包括女娲与黄帝。桥山原本应是蟜山，这就是祭祀女娲的场所。按《水经注》：“奢延水（今无定河）又东经肤施县南，秦置上郡，入五龙山，县有五龙山、帝、原水，历长城东。奢延水又东走马水注之，水出西南长城北阳周县故城南桥山。昔二世赐蒙恬死于此。王莽更名上陵畤，山上有黄帝冢故也。”走马水应是今子长县境内的番延河，发源于白于山东麓的低山地带，是远古人群聚居的良好之处。由今子长县秀延河往北20千米左右便是《汉书》所记肤施县帝原水流域。在肤施的注中记曰：有五龙山、帝原水、黄帝祠四所。若“黄帝祠四所”无文字之误，当表明走马水与帝原水之间黄帝曾有过重要的活动，并产生极为深远的影响，至汉代还有祠四所，且有“帝”存在。

由以上的研究可知，𨚕山的昆仑与蟜、蛮汗山的下都昆仑与槐江山的悬圃、涿鹿的昆仑与春山的县圃、阳周县的蟜山与黄帝冢皆清楚地给出在长达800多年的黄帝族群的发展壮大过程中、在不同时间段里、在相异的地域空间内有着各不相同的黄帝的昆仑、祭祀的蟜山，以及完全不是同一个黄帝的冢墓。甘肃子午岭（1687米）中的蟜山与陕西黄陵县的黄帝陵同在沮河流域，前者在上游，后者居下游，很可能是同一支黄帝的族群，也或者是两个各自独立的族群，但它们肯定是黄帝的重要的遗迹，且应是不同于以上诸地点的蟜山与昆仑。

黄帝葬蟜山与黄帝葬昆仑（昆仑山上有黄帝冢）应是两个完全不相同的时代背景的标志。昆仑是“司天之九部及帝之囿时”的场所或“帝之下都”。历史学界有一种定论：古时代观天者死后埋葬在观天的场所。这种习俗应是很古老的。蟜山，不是观天的场所，而是祭祖的场所，可视为祖庙或祖先的陵地。黄帝葬在昆仑，说明黄帝仍从事观天的职责，死后埋在昆仑山上。黄帝崩，不葬在昆仑，而是葬在蟜山，表明黄帝已超脱了具体观天的事务，进而成为与祖神同等地位的人物，死后葬在祖先的陵地蟜山。前者应出现在“不寿者八百年”的早期，后者应出现在八百年的中后期。

（四）北　海　考

由于雁门之北的“北海”“大泽”“泰泽”，与黄帝有着重要的关联，可以说这里是黄帝实现华夏第一次大统一的基地，所以《黄帝》一书不可缺少《北海考》这一重要篇章。《大荒东经》载：“东海之渚中有神……，名曰禺虢，禺虢生禺京。禺京处北海，禺虢处东海，是惟海神。”《大荒北经》又载“有儋耳之国，任姓，禺号子，食谷。北海之渚中有神，人面鸟身，珥两青蛇，践两赤蛇，名曰禺强”（按原注禺京即禺彊，彊、强应通用）。神是为帝司职的专门人员。黄帝派禺京司管北海，可见北海至关重要。

《山海经》不同卷次对北海的称谓不同，或称大泽，或称泰泽，详考之，实为一处地望。“大泽方千里”，甚是广大，而且“其中有山，广员百里”，泽中不仅有山，且山本身就广员百里，可见泽之广大。大泽中的山或称帝都之山，或称幽都之山，表示可能是司管北海的禺京之都城或“帝”之都城。

宫玉海[2]（1995，75页）认为“在中国的古籍中，关于‘大泽’一词并不少见，读了《山海经》，发现其中的大泽是专指北方的一片湖泊”“泰泽，即太泽，就是大泽”。“晋代郭璞在《穆天子传》的注中认为‘群鸟所集，泽有两处，一方百里，一方千里’。”只是因为沧海桑田，因自然或人为影响所致，出现宫玉海所说的：“其实，《山海经》文本无误，只是年代不同，所见也不同，说明大泽的面积已经缩小，到了后来，连方百里也没有了，只剩下‘流沙千里，积羽千里’了。”“从大泽的地理位置看，两处记载都在雁门之北百里”“它就在中国北方，是无问题的，特别是雁门以北这一点，十分具体，当为今大同及其以北的一带；而帝都之山，则可能是今商都一带。”宫玉海的观点符合数千年前北海实际存在的地理位置。

1. 雁门山、雁门水

《山海经·北山首经》中计有25座山，第18座少咸山的敦水，东流注于雁门之水；《北次二经》中计有14座山，第11座梁渠山之脩水，东流于雁门；《北次三经》中计有47座山，第45座为雁门山，“又北水行五百里至于雁门之山，无草木”。雁门、雁门山、雁门水皆位于《北经》三山的北段，讨论清楚十分必要。依照传统文化延续的观念，雁门山一般指现今山西省北部的恒山。雁门山，是晋北诸条河流与桑干河的分水岭，实际应包括芦芽山与恒山。两山连绵相接，皆呈西南东北走向，蜿蜒300多千米。山体高大，一般在1500米左右，相对高度600～800米，2000米以上的山峰遥相辉望。芦芽山南起黑茶山（2203米）、粮圪洞（2750米）、白龙山（2275米）、饮马池（2222米）、芦芽山（2784米）、荷叶泽（2784米）、大尖山（2459米）、管涔山（2603米）。恒山主脉高峰区，西南起高家山（2097米），经馒头山（2426米）、关帝梁（2139米）、卧羊场梁（2193米）、恒山（2016米）、石人山（2249米）、黄羊尖（2420米）、六棱山（2375米）、桥顶山（2041米）、马头山（1866米）、青天背（2045米），东北至壶流河出口处，自西南向东北依次交错排列，在不到200千米的距离内，有海拔2000米以上的山峰30多座，这就是《北次三经》所称的雁门之山，是中国数千年来史不绝书的天下奇山。这里除了山口是古今兵家必争之地、南北交通要道外，还有一个令古人惊叹不已的生态景象，那就是大型候鸟集中飞越的奇观，被呼为雁门山。为此，我们在这里给予专节探讨。

每当春季，在淮河、汉江、长江两岸及以南的水乡泽国越冬的数以百亿计的鸟类便开始向北迁飞。随着河、湖解冻线的北移，它们首先移至泰山与秦岭以南淮河以北的河、湖、沼泽地带。此时北迁的地域大致可以划分为三个地段：西段从汉水流域北迁的鸟类，多数越过秦岭东端低山地带，抵达陕西省南岭北侧渭水两岸；中段从淮河两岸河网地段继续迁飞者，抵达泰山与秦岭以北的冀鲁豫交界的黄河两岸；东段从泰山南侧河湖地带继续往北迁飞。距今6000～4000年，泰山北侧仍是广阔的海洋，由泰山北迁的鸟类，除少数越海北飞外，大部分沿着泰山南北两侧的海岸线向西向北，抵达太行山东缘，集中在漳河、滹沱河、唐河、拒马河河口。中段沿秦岭以东的河流、沼泽、湖泊迁飞至中条、王屋、太行山南麓黄河两岸的鸟类，少数可能留居在这一带，筑巢繁殖，不再北进，但大多数将越过黄河进入山西境内的汾河、沁水等各个谷地。上述这些河谷不仅多呈南北或东南西北走向，顺着鸟类的迁飞方向，而且多数向北延伸数百公里，一直抵达山西北部的芦芽山与恒山山前地带。芦芽山与恒山为西南东北走向，连绵数百公里，山体宽度为20～40千米，相对高度为600～800米，成了沿众多河谷向北迁飞的鸟类的一道屏障。

沿汾河、沁水、漳河等数十条大小河流谷地向北飞迁的鸟类最后都集中在芦芽山与恒山南侧的东西向横卧的浑河及滹沱河谷地。一个春天内，至少有40天是大中型鸟类集中迁飞的时节。在这40天左右，可能有30多亿只鸟类集中在这里，平均每天要有0.8亿只。这些鸟类在浑河、滹沱河河谷稍事休息，进食补充能量后，便要一次性地飞越这座屏障。多数鸟类要沿着芦芽山与恒山山体内的支流河谷或隘口向北飞越，如汾水源头谷地、桑干河源头谷地、浑河谷、雁门关谷、赵北河谷、壶流河谷地，等等。按10个隘口计，每个隘口还要每天飞过800万只。鸟类迁飞一般自早晨4时左右开始，至晚6时前停止。除少数夜间迁飞的种类外，绝大部分都是白天迁行，迁飞时间约为14个小时，过山要3～5个小时。若隘口宽度为5千米，则每分钟每10米宽度线上可有20只大中型鸟类连续不断地飞过。

对数千年前居住在这一带的人们来说，这无疑是一个极为壮观的景象。秋季，所有的鸟类繁殖之后，又沿着它们春天迁飞路线返回时，数量至少增加2～4倍。就迁飞高度而论，鹤类、鹳类可能超过了人们的视野，不易被察觉。但人们所熟悉的时而排成“人”字时而改为“一”字形队列、井然有序迁飞的大雁，多在人们的可视范围之内。当它们春、秋各有一次集中往返于芦芽山与恒山时，古人便形成了这里是“雁过之门”的观念，山称雁门山，山北的桑干河被称为雁门水。春天，越过恒山的大中型鸟类多数又集中在山背的桑干河两岸取食、休息；秋天，由北部南迁的鸟群在飞越两座山之前，也要在桑干河取食、休息，然后飞越山岭，所以称桑干河为雁门水是理所当然的。

芦芽山、恒山成为雁门，除由古代山、水、海之间的地理位置决定之外，还有一个更重要的原因，那就是两座山的北侧、不远之处有片巨大的沼泽及海一样大的湖水。这里是大中型鸟类繁殖的家园。《北海考》将给出这个家园的具体位置，这就是《山海经》中的北海及泰泽。《山海经·北山经》共有三个次经，三个次经皆给出了北海的位置。《北次三经》更给出了泰泽的大小与其中的岛屿；《北海考》即从《北次三经》开始进行深入探讨。

2.《北次三经》中的泰泽

《北次三经》以太行山为主。《北次三经》载：“谒戾之山，其上多松柏，沁水出焉，南流注于河。沁水源于今沁源县西北边界绵山（2405米），进而东三百里、又北三百里、又北二百里，发鸠之山，漳水出焉，又东百二十里，清漳之水出焉，东流注于浊漳之水。”浊漳源于和顺县北万山（1827米），清漳源于昔阳县老庙山（1699米）。三山三水地理位置清楚，可以作为核准《北次三经》各山之间里程的参照。北万山在绵山的东北，两者直线距离130千米，该书载，东北方向800里，即400千米。书中里程数为直线距离的3倍。在不可计数直线距离的遥远古代，我们尚不晓得古人们如何给出这些山与山之间的距离，为了尽量接近各山之间的实际距离，我们只好以直线距离来比对《北次三经》所载的距离。北万山与老庙山之间距离不足30千米，书中所载为60千米，相差2倍，应属于贴近。

由漳水源头再北行，《北次三经》载八山十水，进入滹沱河流域。太行山东侧、滹沱河北岸有高是之山。此山，“滋水出焉，南流注于滹沱”，同时又“寇水出焉，东流注于河”。具备这一山二水条件的应是今天的南坨山，所出滋河南流注于滹沱，另一条为今之部河，东流注于河。由高是之山往北，书中载：陆山，姜水；沂山，般水；燕山，燕水；饶山，历虢水；乾山，无水；伦山，伦水；碣石之山，绳水，皆东入河。碣石山为今之小五台山。以上各水皆东流注于河，是重要的限制条件。由此又北水行五百里，即250千米水行，至于雁门之山，严格限定了雁门山的位置。

由高是之山往北至碣石之山，其间《北次三经》记有七山六水，按史念海所论："黄河曾频繁改道，远古时期并不和现在完全相同。""那时黄河下游流经现在的河北省而至天津市以南入渤海。"[3]这就是说《北次三经》所记滹沱河以北（即高是之山北）六水皆入黄河是符合当时太行山东侧今之河北省诸条河流的实际情况的。只是这里所载的自"高是之山"（南坨山）至"碣石山"（小五台山）的山行及水行距离之和为3200里，合1600千米，同实际只有300多千米的直线距离差距太远、毛数过大。按此毛数核实，水行500里，直线距离也仅有100～200千米。

《北次三经》载，自碣石山"又北行五百里至雁门之山，无草木"，这是自拒马河出太行山之处北行沿涿州至大兴之间曾广泛分布的沼泽湿地近100千米，然后再沿永定河即桑干水逆流北行100多千米便到了雁门山即今恒山北侧。又载："又北水行四百里至于泰泽"，这是自雁山至泰泽的确切位置。此处起点若从洋河与桑干河（雁门水）交汇处始，沿洋河及其两岸沼泽、湿地北行至河北的尚义与张北一线，直线距离150千米，实际行程至少有200千米，与《北次三经》所载四百里水行相近。这里便是"泰泽"。该书在这里还有两个重要记载，一是泰泽中"有山，曰帝都之山，广员百里。无草木，有金玉"，这是泰泽的一个非常重要的特征。另一是"又北五百里曰錞于毋逢之山，西望幽都之山，浴水出焉"。从泰泽又北五百里，应是沿泰泽东南岸北行到达錞于毋逢之山以后才有可能"西望幽都之山"。据《山海经·海内经》载："北海之内有山，名曰幽都之山，黑水出焉"，表明錞于毋逢山在北海东岸或东南岸，也表明幽都之山就是北海之中的岛屿所形成的"帝都之山"，黑水确实出自海内的幽都之山。此水原主要发源于岛上的今称叠不齐山（1584米）的山，叠不齐山位于今张北县土城镇正东15千米左右，现成季节性冲沟，位于小庙沟村附近。现今此水之中下游仍称"黑水河"。

《北次三经》确切地给出了现今恒山以北200千米处即河北省尚义至张北一线的西北侧曾经有一个巨大的北海；北海之中有山，山的面积很大，广员百里；海中的山名为帝都之山或幽都之山。

3.《北次二经》中的錞于北海

"《北次二经》之首，在河之东，其首枕汾"，明确给出了"《北次二经》之山的起点。接着是"少阳之山，酸水出焉，而东流注于汾水"及"县雍之山，晋水出焉，东流注于汾"，进而指明《北次二经》诸山南段是吕梁分水岭的东侧。"孤岐之山，胜水出焉，而东北流注于汾水"，为我们断定《北次二经》南段的里程数与直线距离之间的关系提供了重要依据。汾水上游，即北段呈南北走向。中游自娄烦，经古交，至太原段，长约50千米，因受关帝山东西向横支脊的阻挡而陡然回转向东流去，甚至在古交市转向东北流。此处汾水西侧吕梁山最高峰关帝山即“孤岐山”（2831米）所出的胜（水屯兰川）、大川河皆北流或东北流入汾水。由枕汾之首至关帝山（《北次二经》称孤岐山），《北次三经》称“500里”，合250千米，实际直线距离为200千米。可见《北次二经》所记南段的距离与今天实际距离的里程数相近。

《北次二经》是循汾水与黄河分水岭东侧北行，关帝山（孤岐山）以北可称为芦芽山段。此段长约150千米，山体中段有两个高峰，南称荷叶坪（2784米），北为卧羊场（2603米），卧羊场是汾水与桑干河的发源地，应是《北次二经》的重要山地，但该书在记述孤岐山之后，便无端转入“又北三百五十里曰白沙山。广员三百里，尽沙也，无草木鸟兽”，此应是断简及错简所致。从下述梁渠山所出修水东流注于雁门可知，《北次二经》相当重视雁门水的存在，而书中竟将雁门水及汾水的源头山地管涔山（2603米）缺失，必是断简。

《北次二经》在孤岐山后第8座山为梁渠山，修水出，东流于雁门。雁门，指雁门水，即桑干河。以管涔山为分水岭，发源于其东侧并直接流入雁门水的河流中较大者有三条。一条是发源于黑驼山的七里河，另一条是发源于山西省朔州境内骆驼山与左云县洪涛山的元子河，第三条是发源于山西左云县境内尖口山（1835米）的大峪河。元子河与大浴河源头山地相距50千米左右，且两条河皆自西向东流，流向基本与书中所载方向一致。因此，其中一条可以作为入雁门之水上游的标准点。

从今日关帝山即《北次二经》所称的孤岐之山起，止于流注雁门之水的梁渠山之修水，共8座山，书中载里数为2860里，合1430千米，实际两者之间直线距离仅为200千米，是直线距离的7倍。考虑到道路曲折也只应差2～3倍，可见《北次二经》中段各山之间的距离的“毛数”较大。从梁渠之山“又北四百里曰姑灌之山，是山也，冬夏有雪”，梁渠山即骆驼山，骆驼山100～200千米冬夏有雪的应是高于2000米以上的山地。现今只有十里河上游的西柳山（2061米）至游泥河源头的二敦山（2034米）具备这一高度。两山实为一体，南北长约100千米，东西宽40千米。由姑灌山即二敦山再北，《北次二经》载：又北三百八十里曰湖灌之山，“湖灌水出焉，东流注于海”，380里合为190千米，折去毛数，也仅有80～90千米。今二敦山北80～90千米麻迷团镇附近高山皆在1800米以上（包括挠卜的1803米、饮马泉的1807米及温井梁1811米高地，统称饮马泉山），相对高度为500米，从这个山地源出的东向流淌的呼和乌素河入黄旗海。从湖灌山即饮马泉山再北“水行五百里，流沙三百里，至于洹山”，折成实际里程为60～100千米。此间多是面积较大的山间盆地、沼泽，至今尚存留数十条无尾河。书中称“洹山”，就是现今灰腾梁山及赵家山一线。再北即是“敦题之山”，又载：“敦题之山，无草木，多金玉。是錞于北海。”敦题之山，应是现今内蒙古察哈尔右翼后旗（白音察干镇）附近的山地。这里便是距今6000～4000年的大泽西南端，该镇北侧，至今仍存有数十个淖尔或海子，如察汗淖、韩盖淖、莫石盖淖、白音淖海子、东岸海等。有些面积仍有十数平方千米。由察哈尔右翼后旗北部的诸多淖尔或海子，再接连向东，便进入内蒙古商都、河北尚义、张北等县，此处便是近千年来多有记载又有许多人寻找却没有找到的

“北海”，亦即泰泽、大泽，《北次二经》称“錞于北海”。

这就是说《北次二经》所称的“錞于北海”就是《北次三经》的北海。更确切地说，这里是錞于北海的西段，“北海”与“錞于北海”仅区别在錞于。錞于，是古代舂米的杵或鼓棒，有一种乐器也叫錞于。錞于北海，按其形象推断，可能示意北海形状如杵或鼓棒，或北海被比作一个盛水的巨大的凹础，其内的岛或半岛呈錞于状，整个北海加上其内的錞于状的半岛或岛，被当时的人们称为“錞于北海”。有人可能依据东流注于雁门之水的修水往北以直线距离到达内蒙古北部的呼伦贝尔湖约1200千米，而《北次三经》载修水至錞于北海的总里数之和为1880里，即940千米，估断“北海”及“錞于北海”为呼伦贝尔湖。且不言直线距离与《北次二经》所记毛里数的巨大误差，仅呼伦湖的錞于状岛或半岛也未见方百里之巨者。若呼伦贝尔不可取，则更为遥远的贝加尔湖更难是北海了。

4.《北山首经》的地望

谭其骧在《五藏三经的地域范围提要》一文中认为，《北山首经》中的求如之山为宁夏、内蒙古境内的贺兰山之一部分（225页）；罴差山、北鲜山、堤山为今内蒙古乌兰察布盟东南一带或察哈尔右翼中旗东或南部山地（286～288页）。谭先生关于罴差山等在乌兰察布盟的地望的说法大致是符合实际的，但求如山的地望远离了罴差等山的分布线。

《北山首经》的少咸山，本人也曾误解为内蒙古乌海市地区的桌子山[4]。一者山上所出各水皆西入河，二者其中段“大咸之山……四方，不可以上”。但是，单从“山四方”定其地理位置，过于简单了。现今已知内蒙古乌海市有桌子山，卓资县也有卓子山，兴和县还有大、小桌子山，总之，这一地区四方台形的山体不止一处，这恰与《海外北经》中的“众帝之台”“台四方”一致。依各山所出诸水西向入河定桌子山的位置，则与《北山首经》的少咸山出水流向相背。少咸山所出敦水东注于雁门水，谭其骧认定罴差山、北鲜山等地的地望在乌兰察布盟东南一带，也应与雁门水有关。再者，北山一共三经，《北次三经》十分明显，山与水为现今太行山脉及其南北两端地区，位于最东侧。《北次二经》，其首枕汾，由首山向北分布，各山所出之水皆东流入汾，显然是现今的吕梁、芦芽、管涔山分水岭以东的山地。二经各山位于首经与三经各山的中部。按常理，首经各山应位于二经各山的西邻（在竹简未被错位情况下）。也即是说，《北山首经》中的山地，应是吕梁、芦芽、管涔分水岭以西的主要山地。

经过仔细的考对、分析，发现《北山首经》各山具备以下特点，南段及中段各山皆位于分水岭上或分水岭西侧；各山皆是较大河川的源头，有的是主源，有的是支源；单峰或多峰林立、高耸，可从远处遥望其气势。表8.8给出吕梁、管涔分水岭以西的现今山水与书中的山水核符情况。

5. 九山之五水西注入河

“北山经之首曰孤单之山”，表明山体单一、拔地而起。按《首经》地望应是吕梁、芦芽、管涔山分水线以西的山与水，则其南端确有拔地而起的几座孤立山峰。一是汾水河口南侧的孤峰山（1411米），其距离吕梁山的南端较远，又因“其首枕汾”，似非《北山首经》的启山。二是汾水北岸、吕梁分水岭南端、临近黄河的龙门山（1122米），孤立于黄河东岸，其所出的河流短而小，即或在四五千年前的远古时代，恐也难与该书中其他河、山相提并论，故其为首山的可能性不大。龙门山东北方向相距约50千米的高天山（1820米），位于吕梁分水岭西侧，所出河流向西或西南注入今之鄂河，应符合其所记“单孤之山，逢水出焉，而西流注于泑水”。

在《黑水考》中，就阳纡山为今之黑坨山进行了必要的讨论，阳纡东尾应为黑坨山北侧浑河源头的山地（见图8.1）。《北山首经》第6座山为虢山，第7座为虢山尾。就两者皆为“山”与“山尾”并称，又皆在黄河东岸，两者皆有水出西入黄河，虢山尾的大致位置在今浑河源头的骆驼山一带。《穆传》称“阳纡东尾”，山后为尾，黑驼山山后东北部只有骆驼山所出之苍头河即浑河河源，浑河西入黄河，所以骆驼山一带是阳纡东尾，也是虢山东尾，如此，单孤山与虢山尾的位置限定了它们之间的九山及所出之诸水（图8.8）。特别是五条出自分水岭地带较大的山地又西流入河之水。

表8.8　九山及五条西注入河之水

《首经》记载							现今对应判断								
山名	山向	间距		出入			山名	方向	高程（米）	直线距离		出水			山地所处县
		里	公里（千米）	水名	流向	入地				里	公里（千米）	水名	流向	入地	
单孤山	—	0	0	逢水	西流	泑水	高天山	—	1820	0	0	清水	西	州川河	山西吉县
求如山	北	250	125	滑水	西流	诸毗水	紫荆山	北	1958	130	65	东川	西	昕水	山西隰县
带山	北	300	150	彭水	西流	芘湖水	骨脊山	北	2535	180	90	小东川	西	三川水	山西吕梁市
谯明山	—	400	200	谯水	西流	入河	白龙山	北	2275	120	60	蔚汾河	西	入河	山西兴县
涿光山	北	350	175	嚻水	西流	入河	荷叶坪	北	2784	104	52	岚漪河	西	入河	山西岢岚
虢山	北	380	190	伊水	西流	入河	黑驼山	西北	2174	140	70	偏关河	西	入河	山西朔州
虢山尾	北	400	200	鱼水	西流	入河	骆陀山	北	—	80	40	浑河	西	入河	山西朔州
丹熏山	北	200	100	熏水	西流	棠水	黄花山	西北	1798	80	40	无	西	无名	山西右玉
石青山	北	280	140	泚水	西流	入河	蛮汗山	西北	2305			大沙河	西南	入河	内蒙古和林格尔

无论单孤山是龙门山还是高天山，都不应影响求如山的位置，求如山对应今之五鹿山（1946米）至紫荆山（1958米）一带，所出水西入昕水河。带山应为今之骨脊山（2535米），所出之水西入三川河，此三水皆未直接入河。谯明山应是今之黑茶山

（2203米）至白龙山（2275米）一线，所出之水为湫水河，西入黄河。涿光山应是荷叶坪（2784米），所出之水应是朱家川，西入黄河。虢山应是黑驼山（2147米），所出之水为偏关河，西入黄河。虢山尾应是骆驼山及尖山（1698米）、黄花山（1798米）、羊山（1608米）一带，以浑河河源苍头河所出之山地为主。虢山与虢山尾之间的距离为四百里，毛数比实数大一倍多。虢山尾若是指浑河源头山地骆驼山，便符合二百里即100千米的距离。浑河主要南源起自朔州境内的骆驼山、凤凰城、高石庄至蒋家坪一线之山地。6000年前，其北侧还有一条西入黄河之水，泚水便是《北山首经》的第9座山石者之山所出，浑河便是虢山尾之鱼水。考虑到浑河河口曾记有“龙鱼陵居”，浑河称“鱼水”可能与之有一定关联。

《北山首经》孤单山与石者山之间，共计九山九水，其中有五水西入黄河，由此便确定这些山水位于黄河之东。《经》载石者之山以北还有九座山，里程2400里处为少咸山，敦水出焉，东流注于雁门之水。由此又给出九山五水北端位于敦水之南、雁门水之西，也即在恒山之西。由九山九水皆在黄河之东，少咸山及敦水又在雁门水与恒山之西，限定了《北山首经》的地理位置就在吕梁、芦芽、管涔分水岭以西。由此也就限定了大泽、泑泽、河源的位置。

6. 泑泽

泑泽同雁门山、雁门水等一样，是《山海经》的主要地理定位标志点。参照《北山首经》的九山五水及少咸山与敦水，便可以确定泑泽的位置。为详细了解泑泽的情况，本书将石者山与少咸山之间的山、水列于表8.9。

从表中可清晰得知，西流入河的泚水与东流入雁门水的敦水之间八座山中，有三座山无水出，边春山出杠水后又接纳了单张山所出的栎水，于是八山五水相当简单。除潘侯山所出边水南流入栎泽外，其他四山之四水皆西流入泑泽。由于西流入河的泚水及东流入雁门水的敦水两个地理标示点的限制，可知泑泽必在阴山与恒山之间。又因西流入泑泽的杠水、匠韩水、敦薨水与西流入河的泚水同向，它们所出自的山又由南向北一字排开，由图8.3可见，这些山皆位于今岱海以西或以北，只是《经》中所记述的山间距离毛数过大。

石者山所出之泚水不是今之浑河，而是浑河以北西入河的一条较长的河流。据《水经注》卷三，黄河自河套东行至沙陵湖后，沿当时的沙南县与桢陵县之间的山地南下，县在山南，去当时云中一百二十里，合60千米。河水又南过赤城东、桐过县西，二县间君子渡口距云中二百余里，合100千米余。河水又东南左合一水，水出契吴山，西经故里南，西流注于河，此水应是泚水。河水又南，树颓水注之。树颓水，因其相关位置、支流分布、水体走向等与今之浑河基本一致，可确认是浑河，如此可给出契吴山所出的西流入河的水是距浑河北侧最近的较长河流，它应是图中1307山所出之水，而非今之沙河。沙河及其以北的几条河流，因农田开垦，灌渠的丛横工程建筑已面目全非。因此难以详考排布在《北山首经》中的敦薨水、杠水及匠韩水的大致位置。

表8.9　泑泽位置限定条件

山名	《经》载里数	核约公里	走向	出水	流向		注入地		现今河流推断
					西向	其他	泑泽	其他	
石者山	0	0	—	泚水	西流			入河	源于内蒙古清水河县1307高地
边春山	110	55	又北	杠水	西流		泑泽		沙河
蔓联山	200	100	又北	—		—		—	
单张山	180	90	又北	栎水		南流		杠水	
灌题山	320	160	又北	匠水	西流		泑泽		银号河
潘侯山	200	100	又北	边水		南流		栎泽	
小咸山	230	115	又北	—		—		—	
大咸山	280	140	又北	—		—		—	
敦薨山	320	160	又北	敦薨水	西流		泑泽		大黑河
少咸山	200	100	又北	敦水		东流		雁门水	御河
里程合计	2400	1200	—						

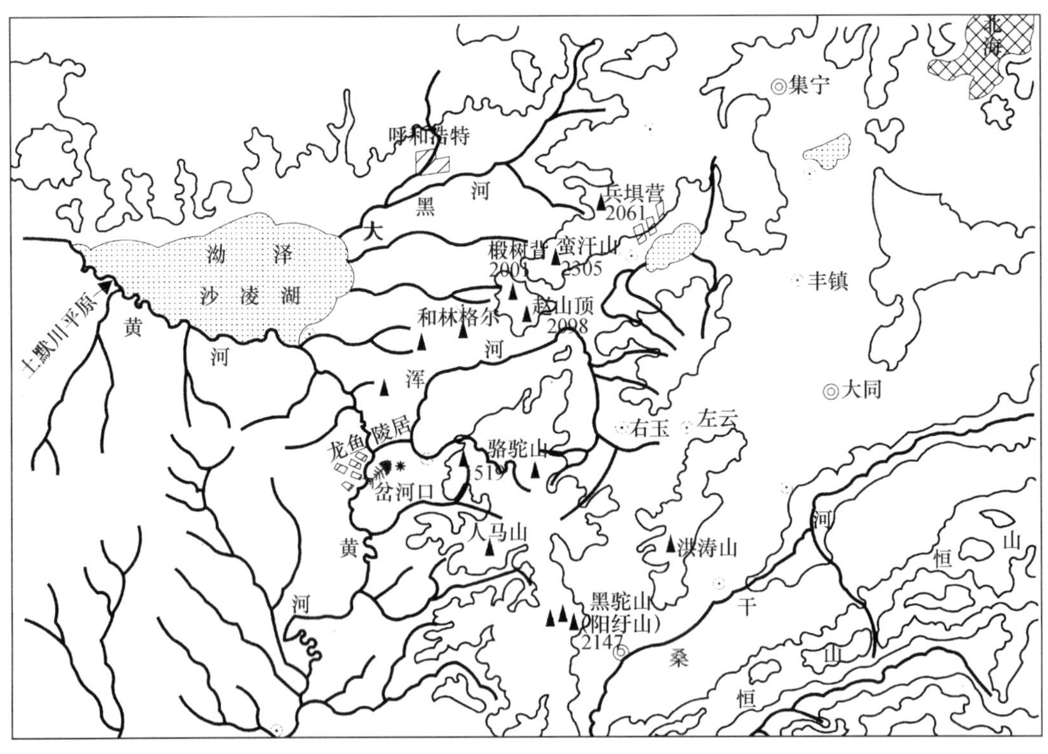

图8.3　泑泽、龙鱼陵居、北海、岔河口（帝之下都）、蛮汗山（槐江山）

岱海呈西南—东北向，其西侧有一脉山地，也呈西南—东北走向，蛮汗山为最高峰，海拔2305米。由蛮汗山向西南一字排开，有什拉乌素河发源的蛮汗山南侧，再西南为丁家元山（1299米），今已成无尾河的无名河源头，再西南吴家梁（1147米）一带，应是银号河的源头。由此可知，敦薨水源于蛮汗山的北侧为大黑河的南源，匠韩水为银号河，杠水为沙河。由图8.3可知，《北山首经》的泑泽，就是《水经注》中的沙陵湖，也是今天呼和浩特市南侧的土默川平原。“土默川平原”之称谓，见中国地图出版社（2001）《山西省地图册》山西省地势图。少咸山应是今蛮汗山东北、岱海北方的中孤山（1660米）、乱营山（1589米）最高峰（1703米）一带的山地，出入雁门水的敦水是今之御河。御河由发源地向东，再向南经过大同，再向东南入今桑干河，桑干河已如前叙，为古之雁门水。

关于“泑泽”的地理位置，徐旭生早已有明确见解，他认为“泑泽并非今之罗布淖尔”“致误之源，乃由于误会‘河水所潜’的‘潜’字之意，潜，伏也，藏也，然藏非必藏于地下”“河水至今后套一带，地势平衍，水势散漫，大溜不见，或亦可言潜。杨钟健先生曾告余言此一带为古代之一大湖，其所言当自有见”。由此可知，今土默川平原，在《水经注》成书时尚是一个大湖，称沙陵湖，而《北山首经》时称其为泑泽，已有诸多专家关注。

7.《北山首经》的泰泽

只要遵照《北山首经》本身的山水走向及其关联，就可以相当确切地得出《首经》的地理位置、泑泽的地望，以及大泽的分布区域。由表8.10可知，少咸山至少在雁门水的西或西北，而源出于狱法山的瀼泽水东北流注泰泽，狱法山仅距少咸山100千米，泰泽也只能在雁门水北100～200千米左右，不可能是远去千里甚至数千里的北方湖泽。从狱法山一直往北，相隔五山三水抵达堤山，《经》载间距390千米，直线间距只有244千米。堤山所出堤水东流入泰泽，于是南北走向的五座山与东北流的瀼泽水及东流的隄水三者夹成一个三角形，三角形的西边只有244千米，泰泽若莫在三角形中，若莫在三角

表8.10 泰泽位置限定条件

山名	间距			出水			对应今之山			对应今之水	
	经载	公里（km）	山向	水名	流向	入地	山名	海拔（米）	间距	水名	入地
少咸山	0	0	0	敦水	东流	雁门水	股子地	1811	0	御河	桑干河
狱法山	200	100	又北	瀼泽水	东北	泰 泽	白银布朗	2174	45	虾江河	卤咸海子
岳山	200	100	又北	诸怀水	西流	嚣水	巴音勿拉	1772	45	无名	无名
浑夕山	80	40	又北	嚣水	西北	海	旗杆山	1687	25	无名	西海子
北单山	50	25	又北	——	——	——	圆宝山	1763	26	——	——
罴差山	100	50	又北	——	——	——	架架山	1585	33	——	——
北鲜山	180	90	又北	鲜水	西北	涂吾水	育林山	1650	25	无名	巴彦淖尔
隄山	170	85	又北	隄水	东流	泰泽	六支箭	1685	45	民裕河	康保县境
合计	980	490									

形东半部。由于瀼泽水与隄水未交汇，所以泰泽只会在三角形之中或三角形东半部。这就限定了泰泽不可能远离雁门及这个三角形地区，只能在御河源头山地200～300千米之内。

（五）北海凹地

1. 北海、泰泽、大泽、錞于北海的地理位置

《山海经》中关于北海、泰泽、大泽、錞于北海的地理位置，除《北山》首、二、三经外，《海内西经》也有明确记载："大泽千里，群鸟所生及所解，在雁门北。雁门山，雁出其间，在高柳北，高柳在代北。"依据前述雁门即专指雁门山与雁门水，雁门山即是恒山，雁门水为桑干河。恒山与桑干河呈西南—东北走向，西接芦芽山，东连五台山，三山东西连绵400多千米。《北山三经》所记述的"雁门之山又北水行四百里至于泰泽"，是从雁门山东端也即桑干河与洋河交汇处起，向北沿着水行200千米，曲线行程（实际行程）到达的应是现今张北县境内。但今日这里既不见"海"，也无"大泽"，有的仅是一个西北边界的西南角起于内蒙古商都县境，向东北止于河北省的保康；继而北起保康，经由太仆寺至于河北沽源；东南边，自沽源向西南，止于河北张北县；西南边界，自张北至于商都的一个巨大的周边菱形凹地。这个菱形凹地的西南—东北对角线长近200千米，西北东南宽约80千米。凹地岸边具有明显的1400米等高线分界。分界线外的等高线密度大，分界线内也即凹地内等高线密度稀。凹地分界线处有着20～50米的高程差。等高线密的凹地外边缘山势较陡，等高线稀的凹地内部平而缓，整个凹地呈现浅盘形，周边近似菱形。我们称其为北海凹地。

菱形的长对角线按180千米计，菱形北半部对角线为35千米，南半部为45千米，由此可知，计算所得凹地面积约为7200平方千米，除去凹地内两个大型半岛及若干小岛与小半岛约1000平方千米，凹地也即北海水面至少还有6000平方千米。

2. 北海凹地周边的山体

这个巨大的菱形凹地，四个边皆有山地围绕，见图8.4。由于菱形的长对角线呈西南—东北走向，所以它有着东南边、西北边、西南边与东北边。凹地的东南边为今日所称谓的大马群山，位于凹地与燕山之间，长300多千米，宽50～100千米，走向与凹地东南边平行。大马群山拔地而起，海拔1800～2200米，相对高度为600～1200米。无数山峰峋嶙耸立、犬牙交错、高插云霄，其形态与《北次三经》所称的"錞于毋逢大山"相符，其位置与"泰泽，又北五百里曰錞于毋逢之山"一致。从现今张北县境内沿凹地边缘向东北行直线距离150千米，可到大马群山主峰，今称东猴顶，海拔2292米。滦河发源（此段称闪电河）于其北坡，在凹地东侧穿山北行，进入坝上高原后又南折。大马群山北侧形成葫芦河、安固里河等数十条大小不等的水流，除滦河外，皆注入凹地。山体西段最高峰花皮岭高2129米，靠近凹地南端，山体坡陡谷深，所有河流皆十分短小，又

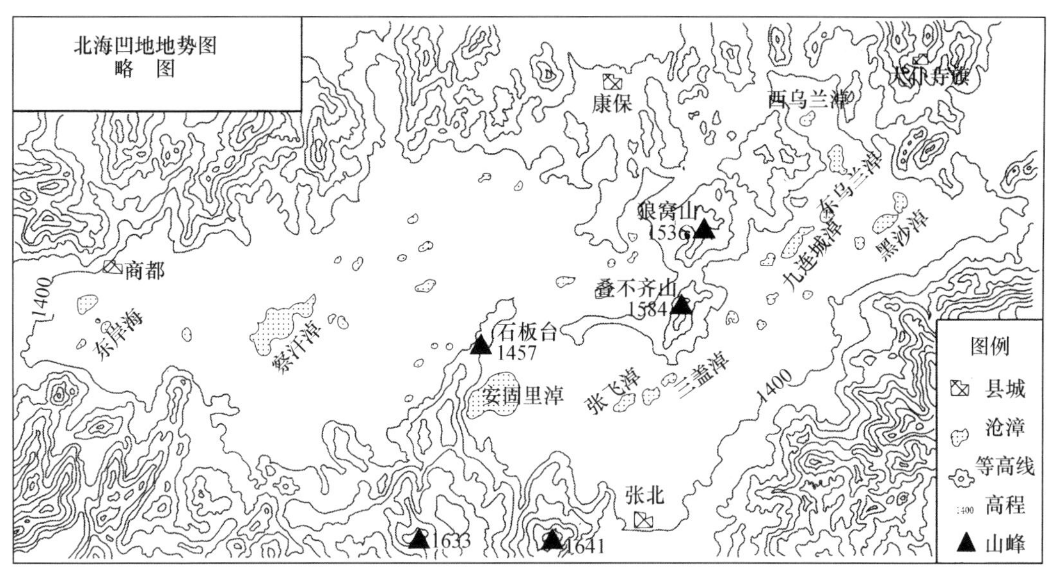

图8.4 北海凹地周边山地略图

因山地原生森林植被破坏严重，皆成为季节性河流。

凹地西南角几乎邻近内蒙古察哈尔右翼后旗，与东北角沽源连线，为菱形凹地的长对角线。东北点同西南点比，偏北约25°，如图8.5。阴山余脉抵达察右后旗附近分为南北两支，南支现称灰腾梁山，自西北向东南横卧在菱形凹地的西南岸。灰腾梁山东端称香炉山，是北海凹地的主要水源。自张北向西排布，有安固里河西源、三台河、四台河、大青沟、五台河、六台河、苏计河，一直到虾江河。至今还有些河常年流淌，有些已成季节河。

北海凹地西北岸为阴山余脉，皆属低山丘陵，有人称其为残碎低山丘陵。凹地东北岸为内蒙古太仆寺附近的相对高度300米左右的低山丘陵。这两岸，低山丘陵与湿地沼泽相间排布。许多短小河流皆进入北海凹地。北海海面高于1400米时，似应与这里的众多山间沼泽湿地相通。

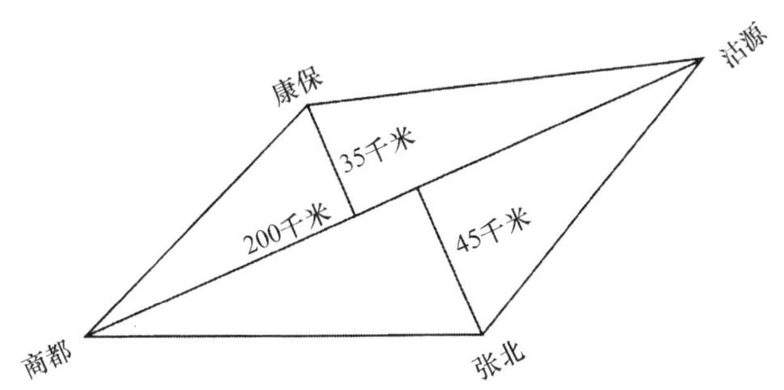

图8.5 菱形北海凹地的水面尺度

3. 凹地是个巨大的内海

从对凹地四周山地的分析可知，凹地被封闭成一个与外界不相连通的整体，四周山地皆有河流注入。凹地周边有近5.6万平方千米的积水区，西北与东北边河流较短，积水区面积约为2.5万平方千米；西、西南及东南积水区面积较大，约有3.1万平方千米。北侧以低山沼泽及沙漠为主，南侧以中、高山为主，两侧气候有显著差异。积水区北半部，目前年均降水低于300毫米；其南半部，由于大马群山呈西南—东北走向，且山地较高，西风带云系受其阻拦而抬高，雨量较为充沛，年降水量在600毫米左右，年蒸发量为1300毫米。距今6000～4000年，山地森林植被、丘陵上的草原植被、半荒漠上的植被及凹地周边沼泽湿地植被很少遭到破坏，基本保持原始状态。降雨量也较目前为丰。凹地内有两个面积较大的半岛、数量较多的小半岛及少数岛屿。海水总面积不小于0.6万平方千米。北侧多沼泽、低山、沙地。南侧山地较陡，皆为岩石。在距今6000～4000年，甚至距今4000～3000年，遇到降水充沛的气候条件，凹地成为一个巨大的内陆海。

凹地内现仍残存的近千个大大小小的泡沼、湿地、洼地，就是这个巨大内海曾经存在过的明证。现在从河北省及内蒙古自治区1：25万比例尺图上、可以清楚看到，从凹地西端商都县的碱海子起向东连续分布有察汗淖、盐淖、武家湾淖、盐淖（2）、谭家淖、阿拉庙淖、安固里淖、白淖（1）、白淖（2）、小盐淖、大盐淖、五百里淖、对口淖（1）、黄盖淖（1）、对口淖（2）、白水淖、武家淖、八大股淖、咸盐淖、黄盖淖、张飞淖、单水淖、木尼淖、棺材山淖、黑沙土淖、西乌兰淖、东乌兰淖、九连城淖、半拉山淖、塔苏日亥、达布轰淖、灰斯图淖及内蒙古太仆寺旗的德格林淖、哈戛图淖、巴彦查干淖等较大泡沼。还有数百个实际存在的但地图上未能标示出来的中、小型泡沼。这些泡沼可以形象地比喻为曾经存在过的巨大北海的残骸。它们的存在并且连绵分布是北海解体的实证，这同白洋淀等湖泊的演变过程完全相似。前面阐述在“河流湖泊水量变化”时，以白洋淀为例，距今6000年左右，因雨水充沛及海水西进，其面积膨胀达历史最大，水深40～50米。以后，因植被破坏、河水携带泥沙填塞、气候变为干凉，在距今2500年时，白洋淀大幅度收缩，并解体成97个大小不等的湖淀。有人已经指出，这是我国内陆湖海变迁的普遍过程。凹地水量必然也经历同样的变化，只是因周边1400米等高线及线外山地的封闭，水体扩大不明显。但海水深度肯定有着相应的变化。水量增大时，面积变化不甚明显；但当水量显著减少时，面积必然缩小，最后呈现解体。目前，凹地以商都县城为西界，岱海位于凹地西南方130千米处，其面积虽然远小于凹地，但两者周边山地围成的封闭水体一致。现今岱海水面同4000年前相比，下降了8米，表明凹地水面也应发生了大幅度下降。

4. 北海中的半岛

《山海经 · 北次三经》载，雁门山“又北水行四百里至于泰泽，其中有山，曰帝都之山，广员百里”“又北五百里錞于毋逢之山，西望幽都之山”。《海内经》曰：“北海之内有山，名曰幽都之山。”《大荒北经》曰：“北海之渚（原注：海岛）中有神，……名曰禺彊。”如此，表明北海之内有岛屿，岛屿上有神，名曰禺彊。北海之内的岛屿又称幽都之山，也就是北海中的幽都之山，其位置恰与泰泽中的帝都之山重合。图8.6给出的是北海凹地内的两个半岛。凹地内现存最大湖淖为安固里淖，其水面高程为1300米左右，可作为凹地东半部底面的基准高程，所以岛屿的相对高程可达100～200米以上。凹地，也即北海北部的一个葫芦形半岛，是北海中最大的半岛。葫芦岛东部海岸线至少有80千米长。1400米等高线以上部分有600多平方千米，符合“方员百里”之特征。葫芦岛底座中上部有一高峰，海拔1536米，今称狼窝山，类似于葫芦亚腰上部的小“葫芦球”，中心位置有一高峰，是半岛的最高峰，海拔1584米，今称叠不齐山。“葫芦”上部还有一个歪向西侧的“提枝结”，伸向北海中心。在北海南岸，有另一半岛，呈骨棒状或鼓锤状，我们称其为錞于状，一直伸向北海中心，与葫芦半岛提枝结隔水相望，两者只差20千米。南岸骨棒状半岛前部有一高峰，1457米，今称其为石板台。由石板台向南，山峦起伏，叠嶂连绵，安固里淖紧傍其东侧，傍晚夕阳西下时，站在安固里淖东岸向西方远眺，巍威壮观。该半岛面积虽然远小于北岸葫芦形半岛，但仍在300平方千米以上，故“广员百里”不止一个半岛。

凹地是个内海，叠不齐山与石板台两个半岛上的独特的山体及名称也可实证之。叠不齐，十分形象地说明山体的岩石不仅成层而且参差不齐，这是由于海水波浪长期浸

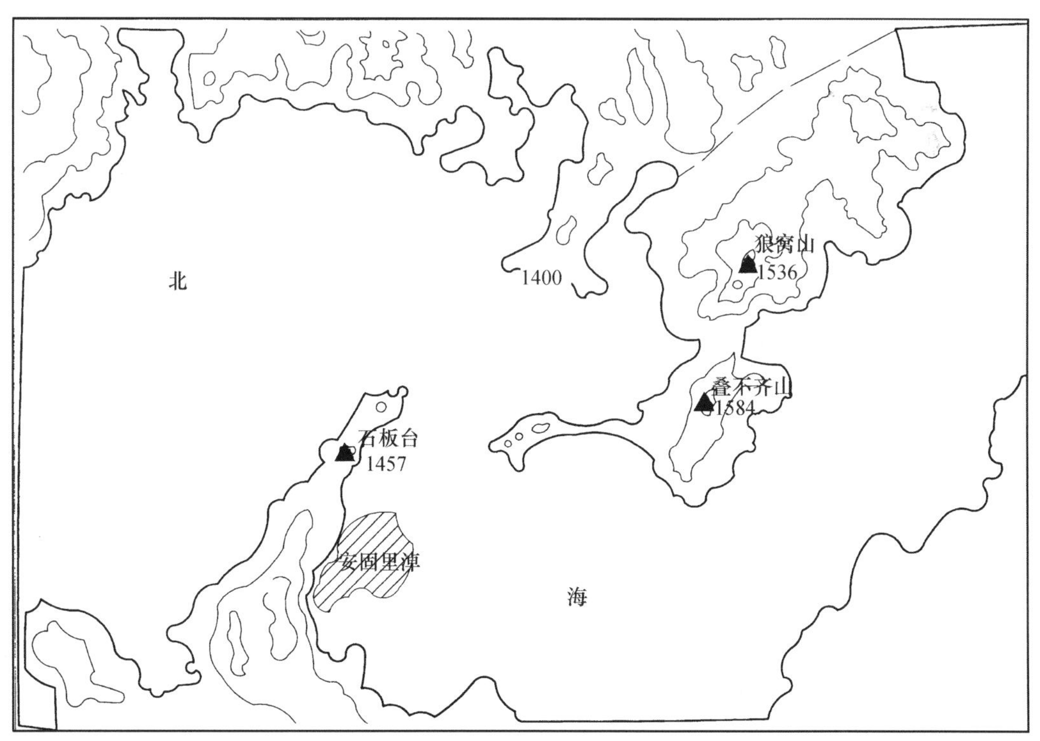

图8.6 北海中的半岛

击而成,或因风大浪高，或因潮汐促使海面升降的冲击。石板台，也很形象，表明这座较凹底1300米等高线高出157米的山峰，是由石板叠成的，一层又一层石板叠成台状山峰，其成因也是海水的冲击与浸蚀。叠不齐与石板台的高度皆较1300米等高线为高，或者表明有一个时期北海的水位曾经远远高出1300米等高线，或者表明北海曾经有过高湖位或巨大的风浪，也可能在最近4000～5000年前北海海底有过地壳的升降过程。

5. 北海、大泽，一个巨大的生态资源库

《山海经·海内西经》载："大泽千里，群鸟所生及所解，在雁门北。"《海外北经》曰："北海内有兽，其状如马，名曰騊駼。有兽焉，其名曰駮，状如白马，锯牙，食虎豹。有素兽焉，状如马，名曰蛩蛩。有青兽焉，状如虎，名曰罗罗。"《大荒北经》曰："有大泽方千里，群鸟所解。"又载："东北海之外，大荒之中，河水之间，附禺之山。"东北海之外，河水之间，似应是指今天集宁、大同、岱海一带广阔的山地、河流、草滩、沙地及沼泽。这里……"爰有丘久、文贝、禽俞、鸾鸟、皇鸟、大物、小物。有青鸟、琅鸟、玄鸟、黄鸟、虎、豹、熊、罴、黄蛇、视肉、璇瑰、瑶碧，皆出于卫山，方员三百里"给出了北海及北海周围的鸟类、动物、甚至包括菌类资源"视肉"，表明方圆千里的北海生态资源十分丰富，不仅生物种类繁多，而且不同时间、不同地域的生物种类都聚集在北海附近。

《山海经》中所记"大泽方千里，群鸟所生及所解"对古人来说是个十分重要的生态问题，史学界可能很少关注、讨论之。"群鸟"指的是大批鸟类，不仅包含着种类繁多、数量巨大的鸟类，而且一般关注的是形体较大的种类。"所生"，是古人关注的核心，指的是大、中型鸟类的产卵与育雏。远在距今6000～4500年的古人更为关心的是"鸟卵"，这是一大笔天赐的资源，唾手可得。"所解"指的是鸟类的换羽，换羽的鸟类将旧的光彩纷异的羽毛脱掉，古人拾之以装饰自己，此是常见的。《穆天子传》中还专门记述穆天子在鸟类解羽之山载羽千车。实际上，对于6000～4500年前左右的古人来说，最关心"解羽"的是捕食鸟类以充饥。这时对于狩猎部落或农牧部落来说，3～5月间较为艰难，山林叶密，不宜捕猎，农田瓜果、粮食尚未成熟，家畜刚刚繁生不久，但此时拾卵、捕幼鸟、捉脱羽之大鸟是十分容易的活动。北海地带有6000～10000平方千米水面是大批水鸟取食换羽的主要场所，北海周边3万～5万平方千米沼泽湿地，无边无际的芦苇、草丛，也是鸟类营巢、产卵、育雏、换羽的最佳场所。加之北海本身位于海拔1300～1400米的高原上，其夏季只有7、8月份这两个月，除这两个月外，4～9月皆处于温凉的春秋状态，最适于鸟类生存繁殖，故这里是一个巨大鸟类的食物资源库。

现今很难确定和寻求的是距今6000～4000年究竟有哪些鸟类在此营巢、产卵、育雏、脱毛换羽。但是按照相类似气候地域推定，"群鸟"主要是指大型的天鹅、鹤类、雁类、鹭类、鸭类等，当然也包括沼泽湿地相间地带或相邻地带的鸨类，也包括草地、草丛、灌丛中种类更多、数量更大的中小型鸟类，这些鸟类可能皆是远古人群关心的对象。即使到了元代，皇帝狩猎时还在此大批捕获鸟类。

元代《马可波罗游记》中记述了这一带沼泽及草原上“是各种天鹅群集的地方”“成群结队的鹤、雉、鹧鸪和其他各种飞禽，飞来这里栖息”，并且详细叙述了鹤有五种，黑鹤、白鹤、常见鹤、花鹤、灰鹤。可推测，6000～4500年前大型鸟类的种类与数量不会少于元代。天鹅产卵每窝4～7枚，每窝重近0.6千克；大鸨每窝2～4枚，单重130克，窝重0.4千克左右；鸿雁每窝5～8枚，单枚重126克，窝重0.7千克；灰雁每窝6～8枚，单枚重170克，窝重1千克以上；丹顶鹤类每窝3～8枚，每窝卵重0.5～1千克。总之，大型鸟类，每窝卵3～8枚，卵重0.5～1千克。斑嘴鸭、绿头鸭、苍鹭等中型鸟类一般3～4枚卵，多者9～11枚，单蛋重50～70克，每窝蛋重0.2～0.5千克。考虑大中型鸟类的分布、古代人群寻找鸟巢的难易、平均每窝蛋重等诸多随机因素，初步推断北海周围每亩沼泽或草原仅向人群提供一窝大型鸟蛋，平均重按0.6千克计，则北海周边至少有3万平方千米沼泽湿地或草原向当地的人群提供大中型鸟蛋可达3万平方千米×1500亩/平方千米×0.6千克/亩=2700万千克。

对古代人群来说，平均每人每天食用3千克鸟蛋应是最大的限量。4～6月，近90天时间，则2700万千克÷3千克/人·日÷90日=10万人。这就是说，北海周边的沼泽湿地及相关草原，每年春夏之交近90天内，至少可向10万余人提供饱腹的鸟蛋之类的美食（注意：每亩平均提供一窝）。

就北海资源而论，还远不止此，还有成鸟解羽换毛及6～7月份幼鸟初飞，初飞的幼鸟与换羽的成鸟最易捕获，虽然此时鸟肉并不鲜美，但对于青黄不接时处于饥饿或半饥饿状态的原始人群来说，这仍是最佳的食物，所以《山海经》中专门记述了“群鸟解羽”。将大、中鸟类综合在一起，并考虑距今6000～5000年我国远古先民们的石镞、弓箭已有较好的效力，则按3亩地可提供捕获1只大型鸟类（或几只中型鸟类），大型鸟类单只最重者可达20千克，中型鸟类最轻者仍有2千克，考虑大、中型鸟类搭配，按每只5千克计，则北海周边地区可提供的鸟肉为3万平方千米×1500亩/ 平方千米÷3亩×5千克=7500万千克。

按距今6000～5000年每人每天食用10千克毛重鸟肉、雏鸟及成鸟换羽时期为60天，则北海提供的鸟肉可供7500万千克÷10千克/人·日÷60日=12.5万人饱腹。对古代人来说，这是一笔何等巨大的易于获取的财富！

6. 森林和草原的丰富资源

这一地区，1500米以上的高山地带生长云杉、冷杉针叶林；1000～1500米为以油松、栎树、椴树、桦树为主的针阔混交林，还有柏、桧等针叶树；1000米以下以栎、桦、榆、椴、柳等为主，森林遍布而茂密。一些低山丘陵地带生长着茂盛的草原，近于干旱地带者多以针茅及白羊草等为主。

广布的森林和繁茂的草原，为距今6000～4000年以前的远古先民们提供的第一个生态条件和基础生存条件，是大面积的蓄积雨水，并将这些雨水的大部分转变为清澈的泉水、溪流，最后汇集为河湖。这些泉水、溪流、河湖是远古人们饮水的源地、舟行的条件。当今所发现的古代遗存，包括猿人的遗存，都在河湖溪泉近旁。

无边无际的森林为远古先民们提供的第二个基础生存条件是取之不尽的燃料。黄淮以北的广大地区，所有距今6000～4000年的古代遗址的居室，都有着良好的燃烧构造及烧制陶器的窑，表明这时的人群每天都离不开燃料，熟食、取暖、制陶，甚至修建居室地面或墙壁都需要燃料。森林这个巨大的生态资源库，无代价地为远古人们生产着充足的燃料。

对于五六千年以前的远古先民来说，森林还为他们提供建筑材料。几乎所有的半地穴或地面式的居室都有顶盖的支柱及椽条，这都需要森林提供。有一些居室的墙壁是由泥草混杂修成的，这些草材来源于林地、草原甚至沼泽。

森林和草原从春至秋为远古先民们提供采食的野菜及果品。在农业不甚发达的石器时代的先民们那里，林中或草原中的大量菜蔬是饱腹的不可缺少的资源。《诗经》中颂赞的近百种可食的野菜，也是远古先民们曾享用的食物。森林和草原中还为他们提供最原始的草药，《神农本草》《黄帝内经·素问》可能是后人假托古人而撰写的，但是我们的祖先能够连绵不断地繁衍至今，草药的选定与使用是一个重要的条件。

森林和草原为远古先民们提供的另一个基础生存条件是土壤。森林及草原植物无论立地条件何等艰难，石质山地，荒漠沙地，只要有较好的雨水，它们都会经过千百万年的努力、营造出一定厚度的土壤。五六千年以前的先民们虽然采用石制的耕具，但仍能垦出农田，依靠土壤的肥厚生产出一定数量的粮食。

森林和草原的最后一个基础贡献，为五六千年前的先民们蕴育了大批的野生动物，这是他们不可缺少的补充性的肉食，实际上，人们饲养的猪、狗、羊、牛也来源于森林及草原提供的野生种群驯化而成。总之，没有森林和草原这个极其重要的生态条件，便没有四五千年以前先民们的生存和发展，也不可能进一步创造出光辉灿烂的文化。

7. 北海的消失

粗略估算，距今6500～4000年前北海容水量2000亿立方米，若蒸发或地下水潜失年际波动仍能使北海内每年余存120亿立方米水量，且可有15年积存量，则北海将不会消逝。但如果北海周围环境逐渐发生水量平衡失调的变化时，北海必然经历白洋淀等大型湖泊所发生的消退甚至消失这一变化。

这个巨大的北海，到了唐朝中叶（公元650～700年）仍然存在。乔知之在《苦寒行》诗中描述得十分明确："……遥裔出雁关，逶迤含晶光。阴陵久裴回，幽都无多阳。初寒冻巨海，杀气流大荒。"诗人出雁门关以后，到了幽都地带，天时渐短，"无多阳"。冬季刚刚来临，巨大的北海已经冻结。这一点描述得十分确切，因为北海不仅地处长城以北、大马群山的背阴处，更重要的是地处海拔1100～1300米的高原之上，这里阳历九月已见初霜，十月末、十一月初已开始结冻。诗中所述"初寒冻巨海"的原意，应是诗人见到巨大的北海竟然在塞外风寒刚刚到来时就已冰冻，借此情此景刻画"苦寒之行"的心境。由于其真切的写实，客观上科学地记述了巨大北海的存在，而且反映了高海拔湖泊的早期结冻事实。这首诗真实地记述了雁门关以北古幽都的存在及这一地带“巨海”的尚存。

目前这个巨大的北海已经消失，消失的直接原因是北海这个凹地四周集水区的来水量小于水面的蒸发及地下潜失的水量。出现这一过程，至少要有两个重要原因，一是地质时代性的气候变旱，降水量减少，蒸发量增大；二是集水区森林及草地植被遭受破坏，地域性地改变了降水与蒸发的平衡过程，使北海凹地的来水量小于失水量，海内的水量便逐渐消失了。实际上，北海是一个十分脆弱的内陆湖泊，由于地形地势的原因，北海凹地集水区面积仅是凹地的2～3倍，只要集水区降水总量由600毫米降至400毫米、蒸发量由800毫米增至900毫米，凹地北海的来水总量同失水量就已进入持平状态。若干旱程度进一步增加，来水总量便出现赤字。按北海凹地存水2000亿立方米计，每年平均赤字2亿立方米，则1000年间北海便进入消逝状态。北海消逝的后期，在凹地内残存下许许多多大小不等的湖泊、沼泽。目前这个凹地内至少残存了近千个大小不等、有名和无名的湖泊沼泽，当地称之为淖或海子。在1400米与1300米等高线之间，自西南方商都县的碱海子起至东北方的凹地内分布着数量众多的湖沼，说明北海消失并不是很远，同时又表明如果集水区生态改善，雨水丰盈，旱魃弱退，北海还将呈现在人们的面前。

注　释

[1] 谭承耕 等点校：《山海经·穆天子传》，岳麓书社，1992年。

[2] 宫玉海：《山海经与世界文化之谜》，吉林大学出版社，1995年。

[3] 史念海：《黄土高原主要河流流量的变迁》，《中国历史地理论丛》1992年第2期。

[4] 王振堂、盛连喜：《中国生态环境变迁与人口压力》，环境科学出版社，1994年，第32页。

九、黄帝统一大业

这是《黄帝之研究》的最后一个问题，也应是全书的一个总结。我们从距今1.3万～0.8万年前女娲的初始定居时代开始，经过距今8500～6500年的以佃以渔的伏羲时代，进入到距今7000～6000年的神农时代，这便是“少典氏娶有蟜氏”生黄帝与炎帝的时代。距今6500～5000年，中国远古史进入了第一次大统一的时代。这次大统一形成了一个以青要山与太室山为中心的华夏文化，它深刻地影响此后中国六千余年诸多文化特征，诸如人类互相残杀的弓箭的精制、冶陶到冶铜的演变、天球赤道天文学的臻于完善、统领中国哲学思想的阴阳理论的形成与发展、从图画文字到象形方块字的统一与演化等。

“黄帝统一大业”第一个重要内容就是要说明黄帝的统一大业的来龙去脉。初步考证了炎黄与少昊、蚩尤两个不同的文化源地，两个源地形成，以后炎帝、黄帝、蚩尤形成了三条不同的发展线路。这三条线路历经千年左右在中国远古史广阔的舞台上演绎了威武雄壮的篇章。古文献所记述的三场重大的战争，开创了以后统一中国的辉煌道路。最后考证距今6000～5000年前青要山与太室山的华夏远古大统一后的文化中心，根深于六千年前甚至八千年前，也可以说一万多年前的女娲时代的文化，呈现了强大的统一的连续持久的生命力。

（一）东西两个强大的文化中心

1. 天书的编著、制作、出版中心

姜寨遗址只有300～500人，在6000年前竟然编写出三部惊天动地的天书。图6.14第3、4两幅图是姜寨遗址的第一类天书，各为一彩陶盆。盆内由两条鱼与两张衔鱼人面四等分，盆沿由长方条纹及棱形纹相间排列八等分。四等分天地是伏羲始绘八卦的主要特征，在四等分基础上将天地八等分是6500年前仰韶文化时期也即古史所称的神农时代渭水流域许多彩陶盆绘画的内容。由此可知，六千年前八卦天文学在渭水流域已普遍实行。姜寨遗址的八卦彩陶盆同其他遗址的彩陶盆的定向、计时、制历的功用相同，不同者仅是图案相异。相异的图案必有更深的社会或科学方面的涵义。我们这里强调它是一部天书，而这部天书的内容为八卦天文学，其本身又是一件观天仪。

第二部天书是《淮南子·黄帝生阴阳》专题中的“恒星月天书”。对远古人们而言，在肉眼所能观察到的天体中，月亮、彗星、火星是奇异多变的，而月亮变化的规律是可遵循的。只要长期地细心观察，就会发现朔望月、恒星月及二十八宿。恒星月为27天，对应27个星宿。《史记》与《吕氏春秋》皆记载星宿数为27个。在6000年前的中国远古，特别是在深受四卦、八卦影响的渭水流域，二、四、六、八、十等计数习惯根深

蒂固。将盆沿九等分，然后再三等分，应是人们生活中极其少有的数量关系。由此可知，人们观察、认识、掌握并熟练地运用恒星月是十分困难的。这是第二部天书的第一个问题。第二部天书的第二个问题是蟾蜍问题。蟾蜍，除在“恒星月天书”中所言及的问题之外，还有一个十分重要的问题，那就是已经提及的蟾蜍是氏族的图腾。在“黄帝生阴阳”之“生殖之黄”小节，讨论了王大有等人提出的“黄是黾、龟之象”，而黾，按《说文解字》及《辞海》，释黾为蛙类，为虾蟆。黄是黾、龟正面视觉的抽象图案，黄是蛙类的正面视觉的抽象图案，当然，蟾蜍也不例外。蟾蜍不仅是“月之精灵”，也是黄氏族的图腾原物。从而可知，恒星月天书与“无尾之黄”与“生殖之黄”有着一定的关联。

第三部天书也是在“黄帝生阴阳”专题中已经作了详细考释了的。那就是唇沿被爪形纹四等分、盆内绘有黑白相间的四条大鱼与一条小鱼的五鱼盆。这是一部关于黄帝生阴阳的天书，又是关于炎帝“天旁动”的天书。“黄帝生阴阳”是中国哲学史上的重大事件，“炎帝天旁动”是中国远古天文科学的重大成就，将这两个重大问题编写在一部天书之中，说明其绝非一般关联。“黄帝生阴阳”清楚记载于《淮南子》一书中，且记曰：“此乃女娲七、十之化。”它源于久远的距今1.3万～0.8万年的女娲时代。“炎帝天旁动”被清楚地记载于湖南楚墓《帛书》，源于千又百年之前的伏羲的“是生子四囗，是襄天地”。两个渊源不同、内容相异、意义又十分重大的科学问题竟然绘制在同一部天书中，此后的记载又归属于两个不同的人物。最大的可能为，黄帝氏族与炎帝氏族诞生后居住在一处，他们在形成“帝”即“⊠”这个重大的天文内容的同时，也研讨清楚了“生阴阳”与“天旁动”这两个问题。他们在创建自己氏族图腾为“帝”即“⊠”这个较长时期内，共同编绘了这部天书。这部天书又可反过来证明他们确实是生于一处、居于一处的兄弟氏族。

2. 两大天文学系统的交汇

我们将中国远古天文学大致划分为：源于距今1.3万～0.8万年的柿子滩蜂形人天文学，又称蜂形人北斗天文学，也可称黄字天文学；源于距今8000～6000年老官台的四卦天文学，以后发展为八卦天文学，又称地平天文学，也可称✳字天文学；源于距今6500年前姜寨附近的天球赤道天文学，浑天天文学，可称帝即⊠字天文学；源于距今8000～6000年的良渚文化以候鸟为主的物候天文学。其中与黄帝直接有关的是蜂形人天文学、⊠字天文学、八卦天文学及候鸟物候天文学。这些天文学的名称只为讨论方便而设。

无论哪一种天文学，都由于人们初始定居以后生活与生产的需要。柿子滩蜂形人头顶七星脚踏六星的情景，表明虽然是初始定居时期的天文观测内容，但仍是以夜间狩猎活动为主而开始的，由此逐渐了解斗柄四指或南北斗连线的位置与四季的关系，甚至与二分二至昼夜长短的关系，开启了北斗天文学的行程。伏羲四卦天文学，一般认为源于立杆测影，立杆测影实际上是日影在地平面上移动的位置，属于地平坐标系范畴。就四等分观测仪在距今5000年左右的较广泛分布（见本书“泰皇兴神鼎一”部分图5.6所示）可知，伏羲四卦（初始八卦）天文学之散布范围相当广泛。

八卦天文学与北斗天文学的主要特征有相同点又有相异点。八卦天文学最初以地平十字为基准，将天与地四等分，进一步发展演变为八等分；北斗天文学以南北斗围绕北天极为基准，以斗柄及南北斗连线的四指，以后又八指为特征。虽然两者依托的天文基础不同，一是日影，一是北斗，但主要以确认二分二至四节为预测四季运行的宗旨；也可以说两者都将天与地四等分又八等分。但八卦天文学以地平十字为基准、以观测者天顶为中心将地平八等分，同时也将天球八等分。由黄帝诲颛顼“爰有大圜在上”可知，北斗天文学以北天极为中心，将天八等分是将北天极区八等分。两者的抽象符号皆以✳为核心，但北斗天文学是以北天极为中心的✳符号。

八卦天文学与北斗天文学在距今6500～6000年相交汇于渭水流域，交汇后形成了以倾斜九天为内容的⊠（帝）字天文学。帝字天文学最突出的特点是九天。《淮南子·天文训》所言的拓八极，是八分天地的八卦天文学的天球坐标系，实质上是地平坐标系。帝字的九天实质上是“帝张四维，运之以斗”的地心与北天极之连线，严格而论，是赤道坐标系的天球坐标极轴。帛书所记炎帝倾斜九天，其九天是北天极的九。《黄帝之研究》从“黄帝生阴阳”专题开始，考释的内容几乎皆是“帝”字⊠的天文学内容。本书“前言”所言及的黄帝是中国远古天文学考，毫无夸大其词之意，是实际，是事实。炎、黄二帝的⊠是天文学符号，诞生于6000多年前的渭水流域。因黄帝生阴阳与炎帝天旁动，所以以四分边沿内绘五鱼盆为基础，突出表示的是北斗的四指与北天极的四分，否则在到处是盆内无彩绘图案、仅将唇沿八等分天地的彩陶盆气势中，何以采用四等分之数的彩绘图案！

3. 6000年前强大的天文信息中心

“天书出版中心”小节将两个人面衔鱼彩陶盆作为一类天书，是因为与姜寨相距仅20余千米的半坡也有人面衔鱼彩陶盆，可能附近还有距今6000年左右的遗址有人面衔鱼彩陶盆。若此，必有一个形成并制作出样本的人面衔鱼彩陶盆的中心。由此中心向外扩散的无论是模样还是彩陶盆制器，皆应是四分又八分北天极的⊠字天文科学及天文观测仪器的信息中心。倘若我们认为六千年前的姜寨就是这个四分又八分天地的天文科学及观测仪器的信息中心，会被认为证据不足、有些牵强。但是当进一步考虑到在6000年前绝大多数人皆习惯于观察、认识甚至运用近30天朔望月的周期，竟然有人专心致志地观察、了解、认识、理解并模糊区分九种月相，而每种月相一般维系3天，且在3天之中历经天球赤黄道带（或白道带）三个星宿，27天后又回到这个星宿附近。观察认识月亮与赤、黄道带星宿之间的关系已属于十分不容易，应该说是6000年前天文科学的尖端领域。可是当时的人们竟然透彻领会、深入研究、描绘记述这一尖端天文科学成就，并将其编制成图绘，安排在一个陶盆之内，用两种颜色彩绘成天书，更烧制成器物。这是信息的升华，因为它可以仿制，可以流传，且一直留存至今。这使我们有幸了解6000年前远古人们的天文科学成就，认识这个天文信息中心。

“黄帝生阴阳”之“六千年前天旁动天书”小节中详细讨论了湖南楚墓帛书中关于“天旁动”的记载。但有些问题，如帛书：“千又百岁，日月夋生。九州不平，山陵倍峡。四神乃作，天旁动”“炎帝乃命祝融以四神降，奠三天，囗思缚，奠四极。曰：非九天则大峡，则勿敢蔑灵。帝夋乃为日月之行”中的“千又百岁”“日月夋生”“山陵倍峡”“非九天则大峡”需作进一步讨论。倘若将“日月夋生”的夋释读错误，此段通篇便被误解。《说文解字》曰：“夋，行迟。”前文已经指出应取“行迟”之意。“千又百岁”虽不是确切的时间区段，但意义非常。帛书留给后人的是：伏羲“是生子四囗，是襄天地”之后，千多年岁月，人们发现“日、月夋行”，即日月行迟。日月行迟不是一般的运行慢，而是与一般人眼观察到的每天东升西落的运行方向相反的、自行向东逆行的“迟”。这一发现，震动九州不得平静，甚至山陵地带的人们更加惊慌了，认为天倾斜，日、月会从西方滑滚回出升的东方。此时，管理四方的司职人员积极地进一步观察研究，得出“天旁动”的结论。此时炎帝又派了四神考证三天、四极，充分证明只有九天是倾斜的，其他天皆未倾斜。后来，炎帝进一步确定了日、月的西行与逆行。此处“倍峡”之峡与“大峡”之峡不宜同义，“日月夋行”之夋与“帝夋”之夋也不是同义。

日月夋行、天旁动，今天来说，很少有人知晓，不是天文专业人员是很难认识它的，对于6000多年前的人来说，一旦发现了，必然引起九州不平，山陵倍峡。由九州不平、山陵倍峡可知，姜寨是一个信息中心与科技中心。发现日月夋行天旁动是在伏羲“是生子四囗，是襄天地”之后千多年的炎帝之时。发现以后，炎帝乃“为”日月之行的“为”应包括在姜寨遗址制造出天旁动之天书。帛书关于日月夋行、天旁动的记载，又可佐证《黄帝之研究》关于6000年前姜寨出现的阴阳五鱼盆是一部“天旁动天书”的论断。蒋书庆认为阴阳五鱼盆是“唯一例外”（123页），恒星月彩陶盆“仅此一见”（89页）充分证明这是两部极难编绘与制作的天文学的尖端的天书。两部天书的信息一直流传延续至今，极其难得。由于黄帝与炎帝将伏羲时代的八卦与女娲时代的北斗天文学融汇结合，形成以圂为观天测地的仪器，成为通天的人神，可以预知四季来去、推断风云雨雪的趋势，所以他们成为远古农牧区氏族集团众望所归的大的文化中心，且势力日益壮大，越来越多的人宾服于其麾下。

4. 人类明确认识到自身的伟大

这里要说明的是人类进步史上的一个从来不被人们看重的十分特殊的问题。中国有句古语：“人贵有自知之明。”《孙子兵法·谋攻篇》曰：“知彼知己，百战不殆。”站在这样一个“百战不殆”的高度，回到6300年前“黄帝制宝鼎三”这一伟大的实践中，也即三部天书的编写的业绩，令人惊愕地悟到6000多年前黄帝已明确认识到自身的伟大。他们懂得了自己已经知天、知地、知自己。前文已经给出距今6500年以前中国远古的墓地普遍进入“单人独葬”的时期，它表明“个人的独立人格及个人能力已注入新的时代”，社会生活中“更强化了个人的作用、能力及独立性”“个人才智、个人能力及个人作用在这个时代开始得到充分的显露”，而聚落中的人们也普遍尊重与崇敬个人的贡献、创造、作用与功劳。对个人作用的尊重和崇敬进一步发展，则给予一个家族的特殊能力、贡献和作用以尊重和崇敬。且这个家族也乐意享有人们给予的尊重和崇敬。当个人的才智、能力及家族的特殊作用进一步发展成为整个聚落甚至聚落群的才智、能力及成功时，人类便开始进入到一个崭新的境地。当整个人群认识到自己的才智、能力，特别是对其创造及掌控的一切了如指掌时，人们明确认识到自身的伟大。

6300年前姜寨聚落的人们不是一般地认识到自身的伟大，他们将自己对天、地、人的认识与掌控的规律升华成图画文字，彩绘了那么多陶器天书，并向后世宣布：“黄帝作宝鼎三，像天、地、人。”这种宣布被准确地记载在司马迁《史记·封禅书》中。姜寨一期人们制作那么多彩绘陶器，亦即编著那么多部天书，的确表明了他们认识到自身的成功、自身的创造、自身的力量，特别是自身的伟大。这些天书的成功编著告知我们，6300年前的姜寨人们确信自己打开了认识“天”的一些重要的难以识透的规律；掌控了“地”的诸多财富；解决了“人”自己的许多难题。这些天书（宝鼎）就是“天”“地”“人”的规律的抽象化的表述。

表述一年十二个月的十二分唇沿的彩陶盆，十二个大格又加一个小格的共工置闰天书，以北天级为中心、四分唇沿内绘围绕中心旋转的阴阳五鱼彩陶盆，以双鱼蟾蜍及二十七分唇沿表述恒星月周期的彩陶盆等，告知我们6300年前的姜寨人们“象天”的伟大成就。这恰与古代诸多文献的记载相符合。《九章算术·序》曰：“昔包羲氏始画八卦，作九九之术，以合六爻之变。黄帝神而化之，引而伸之，于是建历纪。”《淮南子·说林训》载：“黄帝生阴阳，此乃女娲七、十之化。”《览冥训》：“昔者黄帝治天下，以治日月之行律，衍阴阳之气、节四时之度、正律历之数。”《天文训》曰：“黄帝执绳而制四方，帝张四维，运之以斗，日冬至则斗北中绳，日夏至则斗南中绳。”《吕氏春秋·有始览·序意》记：“黄帝之所以诲颛顼矣，爰有大圜在上，大矩在下，汝能法之，为民父母。”不仅清楚地表明黄帝自己了解掌握“天”之大圜，而且教诲其接班人要很好地掌握之，并指出，如此方能为民父母。

6300年前姜寨一期彩陶绘画的一个突出特征是人面纹。人面周边装饰鱼、羽状、粟黍穗（抽象的）、火焰形图案，这些都应是自然环境赋予“地”的财富的抽象符号，亦即“象地”的内容。人面纹头顶装饰的火焰形图案，有着许多种解释，笔者认为它是被当时人顶在头上的符号，但它又不是太阳的形状，那么它受人们崇敬的程度一定仅次于太阳，却又炽烈得同太阳一样，这就应是远古人们时刻都难以离开的“火”。在寒冷的冬天火可供人取暖，可以煮熟或烧食食物，可以在房屋内点灯，可以在聚落四周燃起篝火预警外来的入侵者，可以制成火把照亮夜晚出行人群的道路，可以烧制陶器等。更重要的是，姜寨的人们很好地解决了火种的保存、火堆的维持，特别是柴材的制取、运输与积存。在《山海经·西次三经》中，帝之下都有鸟，“其状如蜂”“蠚木则枯”，这是集群几百甚至近千人的居住地的十分重要的能源工作。姜寨一期的人们已经完好地解决了这一问题，所以，他们将火焰符号画在人面纹的头顶。

彩陶盆中的人面纹，深刻地表述了“象人”的内容。它应内涵诸多人群自身的成就，尚难一目了然地释读之。人面纹图案，首先令人关注的是人眼圆睁与人眼眯成一条线。它似应表明眯眼是夜间，在夜间休息与睡眠，更深层次地表白的是良好的睡眠场所——房屋建筑。圆睁双眼应表述人们工作活动的状态。火与火焰，既是“象地”的内容，又包括人们自身的“象人”的涵义。头顶火焰与耳饰鱼、饰羽毛及抽象谷穗图案，皆应表现出当时人们的劳作内容或分工内容。

诞生于距今6300年左右的黄帝、炎帝族群，在姜寨完成了“作宝鼎三，象天地人”的不朽功业。我们深深地领悟到，姜寨人们完美地设计、制作并烧制成功宝鼎三时，已经明确地认识到自身的创造、自身的成功、自身的伟大，他们对自己、对未来充满了信心。这样一群人，携带着当时最先进、最完善的成就，分成若干个族群，以姜寨为“源”向四面八方扩散，给中国6000多年前的远古社会造成何等巨大的激励、冲击和推动！从此黄帝、炎帝成为整个远古社会的永远难以磨灭的记忆是必然的。他们源于蟜，源于蜂形人北斗、骷髅十字为图腾的更久远的女娲氏族，当然也源于八卦、源于⁕图腾的伏羲氏族。他们继承了女娲与伏羲两大族群的光辉业绩，又高度地发展了他们的祖先的所有美好。

5. 泰沂文化基地

当西部文化中心进入到石器普遍磨刃，弓箭在人死后可以随葬10、20或80支以上、部分牲畜作为随葬品、一定数量的陶器可以带入坟墓时，东部泰山沂蒙山附近的各种文化也进入了这样一个阶段，甚至发展更快。当西部的人们将自己历经的重大问题刻在陶器、石器上时，东部也出现了同类的文字刻符。当西部的天文学发展到以“⊠”为统一内容时，东部环衡天文学，即三环、五环或七环天文学也已有图文记载，有《尧典》与《周髀算经》可以佐证。本书“天书”专题已就“少昊天文学”作了诸多讨论。如果将少昊天文学限定在三座或五座山峰坐标范围内，那么红山文化的三环或三衡天文学可以单列一个类别。东部天文学的另一典型是以候鸟为主的物候天文学，良渚文化的“燕云合璧”明确告知人们燕子是春分、秋分的使者，与两只燕子处于另外四等分位置上的两“社树”则标示冬、夏至位置。

燕云合璧是东部长期形成鸟类物候天文学的实证。《大荒经》关于东海之神禺号人面鸟身的记载是对远古图文的传承之一。《左传》所记少昊以鸟纪、以鸟名师是对远古图文的传承之二，鸟在少昊那里既是图腾又是天文学的一种标记。《左传》记太昊之墟在陈，今淮阳；少昊之墟在鲁，今曲阜。两者皆位于泰沂山地以南、淮河以北。“泰皇兴神鼎一”专题图5.6c给出的距今5000年的河姆渡遗址出土的四鸟喙“十”字陶豆盘、距今5000年的江苏吴县澄湖出土的双耳四字陶壶上的⁕字符号、“猪鹰八卦旋天北极”小节给出的5000年前的猪鹰八卦玉，虽然都是距今5000年左右，时间上较距今6000～5000年的泰沂文化中心为晚，但这些实物所表述的天文学内容、八卦的内容、氏族图腾符号则不是一时一地的，它们代表一个较长时代、一个较广的地域。可能是由一两千年前的文化演绎发展而来。这些皆是我们东方远古灿烂文化中的瑰宝。《诗经·商颂》所记“天命玄鸟，降而生商”是东方鸟图腾的传承的第三个实证。

《盐铁论·结合篇》记述之“黄帝战涿鹿，杀两皞、蚩尤而为帝”，至少应发生在距今6000～5500年，两皞指太昊与少昊。《左传》昭公十七年即公元前525年载太昊与少昊之纪，距黄帝杀二昊之史至少2500年。《左传》又记曰：陈，太昊之墟也。陈，今之淮阳，恰在“北辛文化主要分布在黄河下游、淮河以北的鲁中南及苏北地区。这一地区，也正是后岗一期文化和大汶口文化的中心区域”范围之内。又据《左传》僖公二十一年所载：“任、宿、须句、颛臾，风姓也，实司太皞与有济之祀”可知，这一文化中心如同青要山、太室山黄帝文化中心一样在长时间内诸多地点的后人仍然实施对祖先的祭祀。鲁僖公二十一年为公元前639年，距今2600多年，一些在战乱中行将灭亡的小国仍在祭祀太昊。任，国名，在今山东济宁；宿，国名，在今山东东平县东南10千米；须句，一国二城，都在今东平县西北；颛臾，小国，在今山东平邑县东。这些小国的居地皆在鲁南东平县附近，南距太昊之虚“陈”地200～300千米。东平县是《史记》所载的蚩尤冢及蚩尤祠所在地。由此可知，泰沂文化由后李，经北辛，再经后岗一期，直到大汶口文化，造就了距今6000多年左右太昊、少昊及蚩尤氏族集团的强大势力范围较广、影响深远的东方文化区域。这个复合集团最先进入了“惟始作乱”“罔不寇贼，鸱义奸宄，夺攘矫虔”“罔中于信，以覆诅盟”的门槛，用“最卑鄙的手段——偷窃、暴力、欺诈、背信，毁坏了古老的没有阶段的氏族制度，将它引向崩溃”。

（二）昊、蚩与炎、黄的扩展路线

1. 昊蚩由北向西向扩展

中国远古史上的第一次政治、军事、经济、文化大统一即华夏社会第一次大统一，源于两个高度发展的强大的文化中心。正当西部渭水流域的炎、黄两大氏族集团向北及向东发展时，东部以泰山及沂蒙山为中心的被后世称为东夷集团的太昊、少昊、蚩尤氏族集团也发展壮大成可以与炎、黄势力对等的文化中心。泰沂文化，如果从距今7900～7100年的后李文化开始，到距今6300～6000年的大汶口早期文化止，同西部渭水流域的发展历程相近，由后李开始，其间历经北辛、后岗一期、大汶口一期，共四个阶段。倘若以现今县一级地域为空间单元，这四个阶段有很大的衔接性。后李文化有临淄（后李官庄）、章丘（龙山镇西河、小景山）、长清县（张官）、邹平（孙家）。主要分布在泰沂山地的北侧。北辛文化距今6700年（张之恒，2004，107页），有淄博（周村、浮山驿）、章丘（王官、董东、阜村）、长清县（汪官）、邹平（苑城、西南村）。

北辛文化遗址堆积可以分为三期，晚期年代在公元前4550～公元前4350年，即距今6500～6350年，遗存中相当多的因素接近后岗一期的文化面貌，很可能已进入后岗一期文化的范畴，或是后岗一期文化的直接前身（苏秉琦等，2010，41页）。由此可认为距今6500～6000年应是后岗一期文化从发展到繁盛的阶段。后岗一期文化分布地区相当广，东至山东半岛，西越太行山而达晋中及长治盆地，南越黄河，北达河套、桑干河—永定河沿线。后岗一期文化最繁荣昌盛的时间应在距今6300～6000年的二三百年左右。苏秉琦等认为：“半坡类型”和后岗一期文化在太行山西侧、河套及熊耳山地带呈现重合分布，从蔚县三关遗址发掘所见到的情况来看，实际上是后岗一期文化居民先于半坡类型占据了这一地区。此点十分重要，它在时空两个方面为我们判定炎黄与昊蚩两大氏族的关系提供了有力的证据。由于“后岗一期文化上承北辛文化，下传大汶口文化”（苏秉琦等，2010，43页），其扩展范围最大时的时间不能早于晚期北辛文化的距今6350年前，也不可能晚于黄帝到达东海（今北京附近的渤海）的时间，即距今6000年左右（至少不应小于5800年前）。由此也限定了半坡人群即黄帝氏族到达桑干河下游的时间只能是距今6200～5800年。从而证明《大荒经》所记黄帝生禺号、禺号人面鸟身是真实的历史存在，与《左传》所记少昊氏以鸟纪的文献相符。以⊠为图腾的黄帝收纳了以鸟为图腾的禺号。

现今，诸多远古史的经典著作日益关注时空框架内的远古人群的流动规律，并开始研讨这些规律同中国古代关于人群大范围、较长时间变化的记载之间的关系。现在就后岗一期文化各位远古史专家关于后岗一期文化的记述可初步得知，它虽然时间仅有二三百年，但恰值炎黄与昊蚩集团最强盛时期。于是，对与其相关的时空问题不能不多加一些讨论。马新等指出：“后岗一期文化的主人，其时间坐标在北辛与大汶口文化之间。”（2003，259页）苏秉琦等则指出：北辛晚期年代在公元前4550～4350年，很可能已进入后岗一期文化范畴。这就是说，苏秉琦等给出的后岗一期文化的初始时间是距今6550～6350年。

倘若后岗一期文化的分布范围确已达到石虎山一带，且时间是在5800～6300年前附近，那么石虎山遗址的石城应与少昊的鸟图腾相关，或与《山海经》所记的北海的黑帝相关。倘若如此，黄帝北征黑帝与经营东海，必然压迫已经北扩至桑干河、岱海及北海凹地的后岗一期人群，这种压迫应在少昊氏族团体中引起强烈的反响，特别是黄帝收纳了禺号、禺强及一足夔图腾氏族，并用其皮制鼓，声震五百里，又南下至武遂城。声震五百里，这句话记述的可能就是黄帝之压迫在周围氏族群体中特别是少昊族群中引起的强烈反响。

后岗一期族群在中原沿黄河南岸向西扩展时，时间如果在距今6300～5800年，则必与从渭水流域东下的炎帝族群相遇。这个相遇过程就是《逸周书·尝麦解》所记述的炎帝与蚩尤的两个重要历史内容，一是“昔天之初囗作二后，乃设建典，命赤帝分正二卿，命蚩尤于宇少昊，以临四方，司囗囗上天未成之庆”，时间应在距今6000年左右，上天将两个“后”者即王放在一处，赤帝在管理与统领两方面的势力，蚩尤则坐镇于少昊地域，但管理四方，特别是上天尚未完成的事业。“炎帝氏族的东下”小节所见到的北辛文化区的儿童瓮棺葬、大汶口文化区的彩陶文化及“河南省仰韶文化的分布范围内，往往发现有典型的大汶口文化的墓葬”“二者几乎同时出现小口高领瓮，很难说是谁影响了谁。仰韶文化出现了带嘴的罐，而大汶口文化则出现盉，尽管类型不同，在带嘴这一点上却是共同的”，以及后来伊洛地区出现袋足器等，都说明两个文化在鲁、冀、豫相邻的地带，即本题所强调的青要山及太室、泰山地区，有过较长时期相互沟通、相互交流，甚至人员交往或居住区杂处的稳定的和平相交往的过程。这便是“囗作二后，乃设建典”和平共处的时期。关于这一地区两个文化混合交融的考古学证据，充分佐证了《尝麦解》所记的历史材料是来之久远的文献档案。《尝麦解》的第二个问题是蚩尤突然发动战争，从此华夏远古史便掀起了全新的一页，本专题将在“三场战争”专节讨论之。

2. 鸟图腾后岗人的天下

后岗一期的起始时间应距今6550～6350年。马新、齐涛认为：后岗人属于农耕文明区范畴，这一区域此时总的趋势是外延的持续膨胀，而各群系的膨胀既造就了农耕文明向周边的扩散，又带来了各群间的挤压、交流与流动。后岗人的时间坐标相当于仰韶文化的早期，活动中心区在豫北、冀南，其盛时东进山东、北入岱海。他们认为，距今6500年以前的内蒙古高原南缘的岱海地区，石虎山遗址出现了明确的后岗人的遗存。从出土的生产工具看，来到此处的后岗人已有了定居的农业生活，生产水平低于同期的半坡人。

后岗人的发迹中心应是山东、河北、河南交界地带，其昌盛期也仅有200～300年。在如此短的时间内竟然膨胀扩散直线距离600多千米，相当于每年向北、后来向西扩展2千米。其向外扩张还是较快的，必有特别重要的缘由。在姜寨遗址，我们讨论了强大的汇聚的力量。在后岗人这里，我们见到的是高速度膨胀扩散的气势。氏族群体膨胀扩散的主要内在原因，是因粮食及牧畜生产的效应导致人口迅速增加，人口内压超出群体所限定的生态环境最大容量时，若冬季过冬的食物及采暖煮食的烧柴能源的不足，那么膨胀外延是必然的，只是速度如此快应是极少见的。

后岗人，甚至包括他们的先驱北辛人从中心向北扩散的时节，一般应是春季播种前后。食物处于极度的青黄不接。对位于山东、河北、河南交界处的后岗人而言最吸引他们的是大河蟹。当时西进的海岸线邻近太行山东麓不远，早春3月左右，大批河蟹登陆产卵，可谓密密麻麻、成群结队；海岸边及河口有大量鱼虾产卵。人们沿海岸北行，在这类生态资源驱动下，不用10～20年便可移近桑干河与洋河的出山河口，燕山山前即今日北京周边还有较多的沼泽水薮，这里春季是群鸟产卵解羽的季节，也是远古人们唾手可得的食物资源。由此再向西，便到了有近万平方千米大面积沼薮的北海地区，这里春季蕴藏着取之不尽的鸟兽资源。生态资源可以加速又可以抑制人口流动的速度。由后岗人大批北上西进的过程可知，这些地带性生态资源加速推动了后岗人进入北海地区，北海地区成了他们的天下。

本书在“泰沂文化中心基地”小节已强调，后李文化经北辛、再经距今6300年左右的后岗一期直到大汶口文化，在泰山南北造就了太昊、少昊、蚩尤氏族集团的强大的文化中心。这个中心在中国远古的东方从南到北形成一个时程长久、地域广阔的鸟图腾的势力范围。南可从距今6000～7000年的河姆渡遗址的形式多样的鸟图案、鸟造型开始；北抵《山海经》所记的北海周围各类鸟图腾；中间则有《左传·定公四年》及《左传·昭公十七年》确切记载的“郯子曰：‘少昊，吾祖也，纪于鸟，凤鸟氏历正也，玄鸟氏司分也，伯赵氏司志也’”，以及“命以伯禽，而封于少昊之”；直到《诗经·商颂》：“天命玄鸟，除而生商。”由此可确知，凡有后岗一期人群的地方就有鸟图腾的存在。北海及东海鸟图腾人群原本应是后岗一期的人们。

3. 大幽之国

本书一再强调《大荒经》等是中国古代从女娲、主要从黄帝开始记载的一部真实的史书，对黄帝时代围绕北海所发生的一系列重大事件都有着清楚的记述。《海内经》：“北海之内有山，名曰幽都之山，黑水出焉，其上有玄鸟、玄蛇、玄豹、玄虎、玄狐蓬尾。有大玄之山。有玄丘之民。有大幽之国。有赤胫之民。”幽都同昆仑、北海、轩辕台一样在我国古代历史文化中有着久远的深刻影响。幽都最早见于《尚书·尧典》，再者见于《史记·五帝纪》等书，一直到唐诗时代，“初寒冻巨海，幽都无多阳”是对这一地区的十分形象的写照，又是幽都影响深远的记录。“幽都”，人们只认为它是北方的都城，但是谁的都城，因时代久远而无人追究。其实在这里《山海经·海内经》已交代得十分明确。“北海之内有山，名曰幽都之山”“有大幽之国”，这个幽都应是大幽之国的都城。这个都城设在北海内的一个岛上，如果都城有永久性的遗物，考古发掘应找到相应的证据。

这又是一幅岩画，它表示这个大幽之国内，有玄丘之民、赤胫之民。同时，在幽都山上又有玄鸟、玄蛇、玄豹、玄虎、玄狐蓬尾。这些不是鸟兽。玄者，青或黑色，玄鸟专指燕类，这里记述的幽都之山上的玄鸟、玄蛇、玄豹、玄虎、玄狐不可能是北海中半岛或岛屿上所产鸟兽，因为仅数百平方千米的山地，所产数量一定甚少，难以持续供给远古人群的捕用。就动物本身而言，一只北方的虎至少要300～1000平方千米的山林内的大、中型兽类才能维持最低生活；一只豹虽然比虎要求的营养空间小，但至少要有3～5个不同家族同时存在才能避免近亲交配，从而保证健康繁衍。更何况这些都是生存比例极小的黑豹、黑虎，更难在仅300～800平方千米的岛上繁衍生存。其所记的玄某动物本身更进一步说明记述的不是岛上的动物资源，如果这个在岛上生存的动物都必然黑化，还应有黑马、黑牛、黑羊、黑兔、黑野驴等。如果这些动物不黑化，也应有所记述，因为这是人群和玄虎、玄豹、玄狐的食物。若没有这些食物，它们是不能存活的，可见这些应是北海岛上所居部落的图腾。这里记述的如果是部落图腾，那就可能与黄帝北征黑帝的“黑帝”有关，玄鸟、玄蛇、玄豹、玄虎、玄狐皆是黑帝的属下。

由于银雀山汉墓《孙子兵法》记曰：“黄帝北伐黑帝。”可确认黑帝与黄帝为同时代存在，《山海经·海内经》给出北海之内的幽都之山有大幽之国，大幽之国有以玄鸟、玄蛇、玄豹、玄虎、玄狐等为黑色图腾的族群，首领是黑帝。幽者，黑也，大幽之国也是大黑之国。他们虽有玄鸟，但显然不同于以鸟为图腾的太昊、少昊、蚩尤集团的玄鸟；虽然有虎图腾，但与仅以虎身颜色为特征的蜂形人黄及⊠为图腾的黄帝有本质上的不同。后岗一期文化的人们先于仰韶文化的黄帝族群到达北海附近，未见古籍记述后岗人与大幽国人发生摩擦。蜂形人黄与⊠图腾的人们到达后，首先是鼓与钦䲹杀保江于昆仑之阳，然后是黄帝在钟山之瑶岸戮杀鼓与钦䲹。黄帝族群不寿者八百岁，有三个突出的活动中心，一是距今6300～6000年的姜寨，一是距今6000～5800年的昆仑之丘及涿鹿之野，再者是《史记》所载的以嵩山为中心的中原地带。此三处最有可能的北征黑帝的时间与地点应是黄帝在北海附近，距今6000～5800年。这应是后文要稍加叙述的北征黑帝的问题。

4. 黄帝族群西行北上

少典氏娶于有蟜氏之时，确认为距今6300年左右的姜寨遗址，而“黄帝以姬水成，炎帝以姜水成”“故黄帝为姬，炎帝为姜”，故徐旭生等人认为“足以证明炎帝氏族的发祥地在今陕西境内渭水上游一带”（徐旭生，2003，48页）；“看古代关于姬姓传说流传的地方，可以推断黄帝氏族的发祥地在今陕西的北部”，且与“炎帝氏族的居住地相距并不很远”。炎、黄两个氏族在姜寨诞生后，炎帝族在渭水南岸向东、向西、向南发展，最后在姜水附近兴盛壮大形成中心，由于原本因伏羲为祖源而姜姓、所居之水为姜水，于是炎帝为姜姓；由渭水南岸出发，炎帝东下，进入神农时代最核心又最发达的仰韶地域，后来被混杂地认为炎帝即神农氏，可能与此有关。黄帝氏族沿渭水北岸向西向北发展，在姬水附近壮大昌盛，原本黄姓、轩辕姓、蟜姓，又增加了姬姓。黄帝则从渭水北岸西行北上，这便是炎、黄二帝族群的两条扩展的主要路线。与此同时，太昊、少昊地域的蚩尤集团从大汶口文化的中心地域向西扩展，也进入仰韶文化的中心地域。于是，便有了蚩尤、炎帝的相安共睦之事。此后，中国远古史上发生的三场大规模的战争便源于炎帝与蚩尤。

黄帝族群在渭水北岸向西、向北发展，若干年月之后，必将进入泾水、葫芦河、散度河流域，与那里土著居民相融合而发展壮大。当他们在泾水、葫芦河、散度河继续向上游发展，便进入到垅左、垅右高原的北缘。现今这一地区较广泛分布的仰韶文化遗址应是他们的足迹。“背景”专题提到了泾水、葫芦河及散度河源头地区的高原地带及其以北的黄河水系分布状况。“有蟜氏”专题中讨论的《海内北经》记载的居于穷奇东的蟜，位于葫芦河西支显清河流域，这是蜂形人图腾、是黄族群即黄帝族群的图腾。《海内北经》所载应属于距今6000年左右的仰韶文化，即神农时代。上文已给出《水经注》提出这一地区的“女娲”祭祀是在伏羲之后的神农同期。这应是黄帝族群西行北上第一批印迹。

由葫芦河北上发展，越过垅东高原，便进入今宁夏清水河流域，沿清水河分布有固原、同心、中宁、中卫四县，清水河在中卫县永康镇附近入黄河，此处黄河河面宽广、滩浅流缓，清水河口对岸即是内蒙古腾格里额里斯苏木。由此再北60千米即是双鹤山，

“天书”专题之“星座与十字岩画”及“黄帝生阴阳”专题之“七、十为斗”中的斗、十岩画即出自这里。斗、十岩画即七、十图腾演化系列，应皆是蜂形人与北斗的图腾符号。沿泾水或葫芦河北行，越过渭水与黄河的分水岭高原，皆可进入清水河上游的河谷地带，沿清水河两岸向北发展，必然到达黄河岸边。在清水河河口越过黄河，便进入双鹤山以南、黄河北岸的半荒漠草原。双鹤山岩画中有山羊、太阳与牛，这是动物资源。黄帝族群北上过程中，有些人在这里驻跸或发展一定时期是必然的。

黄帝族群北上途经大垅山以北的黄河两岸，最突出的标记是“天书”专题给出的图2.6、图2.7、图2.8内含⊠字的贺兰山岩画天书及图2.9图腾集团性交往契约天书。图2.6是“黄帝”之核心的核心，本书在“德与帝”专题进行了专门的讨论。⊠是“德”（米）字加一个报字口，实为“帝”。图2.8为⊠的衍生图案，实际上是黄帝族群衍生的图腾，也是后来在远古史中强壮生存了几千年的“鬼”族的图腾。该图腾本身又分衍成无数个半个“鬼”字或半个“田”字等多个符号。在贺兰山岩画区，地面半丢弃着许多长条形石板，一般长30～50厘米、宽20～30厘米、厚3～10厘米，上面刻画着“鬼”字或“田”字的衍生岩画，任人践踏。大量的“⊠”“鬼”及“田”字的衍生岩画的存在，说明这里可能是个经常集会的场所或流动性较大的场所，更说明黄帝族群在北上途中得到了很大的发展与壮大。

黄帝族群北上途经双鹤山与贺兰山时期，应是距今6000年左右。由表1.3可知，此时大垅山地区正经历冰河期后大暖期增温最高幅之后的温暖期，气候条件较好，但大垅山以北地区从贺兰山与北向黄河两岸到南下黄河之间，广布着半荒漠草原、沙地、盐碱沼泽，对于长期在渭水流域肥沃土地上经营农业的氏族集团而言，虽然这里生存着大批的野驴、野马、野羊、鹿类等，但已经食惯50%谷类生活的人们，很难在这一地区安定久居。许多中小型河流也多是苦水，固原至中卫的清水河是最适宜的一条河，黄帝族群由此北上也是必然的，先是少量，然后是大批，最后是总体北上，留于原地的是少部分。

黄帝族群在姜寨诞生之后，沿渭水北岸向西向北发展壮大，然后沿洛水、泾水、葫芦河、散渡河向北扩展，过大垅山等渭水与黄河水系的分水岭，集中于垅北的清水河等流域，然后以较大的流动性、较小的定居人数向北发展，最后到达阴山地带，东行于黄河的两岸。由此可知，《山海经》中关于北海、阴山、黑水、洋河一带的黄帝的记载都是真实的历史过程，极其宝贵而重要。

5. 炎帝氏族的东下

按我国北方地势而论，黄帝可谓北上，炎帝则称东下。徐旭生（2003，52页）称：炎帝氏族也有一部分向东迁移。他们的路途大致为顺渭水东下，再顺黄河南岸向东。因为路线偏南，所以他们的建国有同苗蛮集团犬牙相错的地方。姜姓在东方主要的建国为申、吕、许、齐，见于《左传》的还有纪、向、州，另有一个共工。申在今河南省西南唐县，吕在河南省南阳市境内，许在河南省许昌市附近。炎帝后代祝融八姓的昆吾也曾在许居住，《左传·昭公十二年》中楚灵王说："昔我皇祖伯父昆吾，旧许是宅。"齐在今山东北部，《左传·昭公二十年》中晏平仲说："昔鸠氏始居此地，季萴因之，逢伯陵因之，蒲姑氏因之，而后太公因之。"《国语·周语下》中伶州鸠说："则我皇妣，太姜之侄、伯陵之后、逢公之所凭神也。"加之《山海经·海内经》中载："炎帝之孙伯陵。"可知，炎帝氏族姜姓在相当早的时候已在山东居住。《世本》说："许、州、向、申，姜姓也。"《汉书·地理志》中"向县"，班固注曰"故姜姓国，炎帝后"。由徐旭生的研究可得知，祖籍渭水南岸的与伏羲氏同为姜姓的炎帝，沿黄河南岸东下后，在河南、山东西半部皆形成较强势的聚居中心，后来成为同姓之国，与原著居民交错分布。

按张之恒（2004，117页）"大汶口文化早期，大约始于公元前4300年，结束于公元前3500年"，即距今6300～5500年。又据马新等（2003，260页）给出的：半坡文化与北辛（后继者大汶口）文化是两大群系，北辛文化中的儿童瓮棺葬源于关中，随着半坡人向东扩张，北辛遗址也出现了两座儿童瓮棺葬。北辛人没有这一葬俗，此两例应是来自中原的零星的半坡移民。据苏秉琦等（2010，63页）仰韶文化庙底沟类型年代为公元前4000年，即距今6000年，应相当于我们上一小节给出的黄帝族群北上抵达阴山附近的时间，也应相当于炎帝族群沿黄河南岸东进相当一段时间之后，恰与早期大汶口文化相当。马新等（2003，61页）认为："随着庙底沟文化盛期的到来，庙底沟人的扩张也达到了顶点，对早期大汶口文化产生了重要影响。大汶口文化区域彩陶一直不够发达，仅有少量的纹样简单的器物，但受中原地区仰韶文化的直接传播和强烈影响，彩陶文化发生了显著变化。"他们还认为这不是一般性的交流、影响或模仿的结果，而是一定数量的庙底沟人实际到达这一地区的结果。首先到达的是汶、泗地区，进而又向东、向北、向南发展。这要经过相当长而稳定的岁月。

由徐旭生及马新等的研究可以确认，距今6000年左右，在黄帝向北发展的同时，与伏羲同姓姜的炎帝从炎、黄成长壮大的渭水流域沿黄河南岸向东扩张发展，进入河南仰韶文化地区，即神农氏最核心、最发达的地区。并由此逐渐向东发展，其孙辈伯陵也确实进入到山东北部的齐国的前期地域。马新等认为"半坡人与庙底沟人兴衰的分界点在距今6000～5900年""半坡人的活动范围北抵河套地区与熊耳山一带，南达汉水上游，西起渭水上游地区，东至太行山西麓及其以南地区。"庙底沟人兴盛时，仰韶文化进入了鼎盛时期，其活动空间远远超出了半坡人的活动范围，北上已达内蒙古高原南缘的岱海地区（即是本考所考证的北海地区），并与河北西北部及红山进行一系列撞击与交流（前文所讨论的河北西北部的北海的"黑帝"）；东进则扩展至大汶口人的地域，对大汶口人形成了较大的压力；南下者进入武当山及大溪人活动地区；西向发展者在渭水上游南、北两侧都实现了新的拓展，北侧甚至到达黄河以西（这应与北上的黄帝族群留存在黄河以西的人群相结合，或就是这些人进一步发展而致）。

由此，我们不仅讨论了炎帝从其发祥地东向扩展的问题，而且还可以进一步讨论炎帝族群在距今6300～5500年所发生的在中国远古史上影响深远的几个大问题。炎帝与神农本是两个独立的族群，严格而论，神农是一个时代而非一个族群，更不是一个人，但为何后来竟有人合混为一，且还有人承认？伏羲原本在西方，他不仅是一个时代，还确实是在中国远古文化上有过超凡贡献的氏族群体，而太昊却是东方集团的一个氏族群体，为何也被合而为一，其原因何在？

徐旭生讲得十分清楚："神农非炎帝""自汉以来，二名混淆不清"，神农、女娲都是一个时代的总称。神农时代囊括距今7000～6000年仰韶文化核心地区的人们的生活及农业的发展。核心地区应是裴李岗文化基础上发展起来的以仰韶为中心的黄河南岸神农文化，在6000～7000年前这段时间与源于老官台、大地湾一期的渭水流域的半坡文化融合统一并发展壮大，形成了基本特征统一的仰韶文化。依据其农业等诸多内容的成就，从《易经·系辞》开始，称其为"神农氏"。炎帝最早只能诞生于6300年前左右，壮大于此后100～200年，然后东下进入神农氏也即仰韶文化的核心地区。炎帝是一个氏族群体，汉儒们在寻找"五人配五帝""五帝配五行""五行配五方"时，由于炎帝的农业功绩源于神农氏，便将一个时代的称呼冠在一个氏族群体的头上。

伏羲不仅是个时代，也是一个强大的、延续时间较久长的氏族群体，它在初始定居时，以佃以渔，发展农牧业，特别是八卦天文学创造与发展等过程皆是十分光辉的。炎帝不仅继承了伏羲族群的八卦，且与黄帝氏族一起发展创造了⊠（帝）天文学，即北斗八卦天文学。关于太昊的事迹，记载不多，但他的氏族发展壮大过程中，一定源于河姆渡、磁山、裴李岗等文化，他所居的地域包括良渚文化、仰韶文化、后岗文化的诸多因素。河姆渡及后岗一期的天文学是物候（鸟迁飞）及三环、五环（五峰山）天文学；太昊的八卦天文学应源于仰韶文化，而"猪鹰八卦，旋天北极"的天文成就一定源于炎帝的⊠字天文学。由于炎帝的名声太大，后人将两种天文学合并于一处，于是太昊与炎帝也即混在一处。

（三）黄帝北伐黑帝

1. 黄帝在黑水之南建立强大的政治、经济、军事基地

"北海考"专题严格考证了北海、昆仑、黑水、泑泽，清楚地给出了它们的确切位置。在黄帝族群到达这里之前，广阔地域内是"后岗人的天下"。前文"泰沂文化基地"小节，强调给出《左传》所记少昊以鸟纪。少昊是我国古代文献对"东夷"地区强大氏族方国的总称。《左传》昭公十七年，即公元前605年，距今2600多年，距6000年前为3400年，记曰："少昊氏以鸟名官，凤鸟氏，历正也；玄鸟氏，司分者也；伯赵氏，司至者也；青鸟氏，司启者也。"（注：立春、立夏谓启，青鸟立春鸣，立夏止）。由此可见，以少昊为代表的东夷族群不仅精通三环、五环、七环天文学，而且熟练地运用与管理以候鸟为主的物候天文学。考古学提供的实物信息证明，北海地区在距今6300～6000年是后岗人的天下。《山海经·西次三经》也清楚地记载这一地区22座山中有10座山留存着鸟图腾的形象，且有些鸟形怪物就是观天的仪器，如首山，有鸟如

凫，一翼一目，相得乃飞，这是一架典型的单杆测影仪；第15座山章莪山，有鸟如鹤，一足，赤文青质而白喙，也是“ | ”型测影仪；第18座山三危山，有鸟，一首三身；以及第22座翼望之山，有鸟如乌，三首六尾而善笑等，也是天文观测仪。无论这些记载是属于6000年前的图文，还是距今2600～2400年《山海经》成书时的图画文字，皆确切地证明鸟图腾的族群在北海地区的存在。就《西次三经》22座山中有10座山留存着鸟图腾形象，足可以证明6000～6300年前后岗人在北海地区有着广泛的分布。

当黄帝族群进入原本是后岗族群的北海地区时，至少必然出现现代猿人居住地发生外栖猿群进入时，造成猿群分化的现象。大部分后岗人逐渐地退缩向东方，少部分人对黄帝族群进行反抗，还有一部分人退向边远地带以避开黄帝族群之干扰，最后一部分鸟图腾的人们融于蜂形人或⊠形图腾，成为黄帝族群中的一员。第14座山长留之山，其神白帝少昊居之，其兽皆文尾，其鸟皆文首，似为人们仍然保持祭奉白帝少昊的图腾。而第8座山的，前文已述及的有鸟如蜂、大如鸳鸯，则应是典型的鸳鸯大小的蜂形鸟，同在昆仑的司帝百服的鹑鸟相似，仍然保有鸟的图腾。由此可以相信历史学者推定的后岗人在北海地区的消失是被半坡人（黄帝族群属于半坡人的统称）压迫因而节节败退的。

以往人们并不知道黄帝族群在姬水诞生之后北上到北海地区。更不了解甚至不相信黄帝族群在北海地区的存在。通过对《山海经・北次三经》的科学分析，我们清晰地见到黄帝在北海地区所做的一切。在后岗人到达之前岔河口遗址就应是一个较好的远古人群生存的基地，目前尚不知巨大的“龙鱼”是何人所为。后岗人在岔河口作了什么，由于未见到详细发掘报告，不得而知。黄帝到达岔河口之后，将这一地区建成强大的政治、经济、军事基地。

从岔河口遗址最高处的130平方米大房子以下数百座中、小房子严谨有序地排列可知，它们的型制与姜寨相近，可认为是黄帝所为，更因为《北次三经》明确记述在槐江之山西南400里（约200千米）是黄帝的下部。如此严谨有序的房屋布局，表明黄帝在这里建立了严格的等级制度，这是人群集体政治的内在的核心制度的体现。有人认为远古的天文学是首领的强大的政治统治术。黄帝在槐江之山与昆仑之丘分别建立天文观测中心，并设专职神人司职。槐江之山由其状如牛、八足二首马尾的天神管“天”。昆仑之丘由“陆吾”司天之九部。陆吾具有突出的蜂形人特征，人面虎身九尾，强化了专职从事北斗天文学的观测，因为祭祀鬼神是形成统一观念的重要的政治思想手段。黄帝取峚山之玉荣，“天地鬼神，是食是飨”。《北次三经》中还记载了黄帝吸纳⊠、黄图腾以外的图腾族群建设稳定的政治局面。黄帝在岔河口地区除了有槐江之山与昆仑之丘，还占据了峚山以作为祭祀场所，可能还有王母所居的玉山，是司天之后及五残的，作自然灾害预测预报的基地。还有“轩辕之丘”，这是黄帝族群中除⊠图腾和“人面虎身九尾”的蜂形人图腾之外的龟蛇图腾。前文已交代贺兰山除“⊠”图案外，还有“鬼”与“田”类图案。槐江之山北望诸囟之山，槐鬼离仑居之、东望恒山四成，有穷鬼居之，他们都是⊠图腾的衍生类别。这些黄帝图腾的衍生族群占据着广阔的空间。在黄帝族群政治统治系统中，还有宣传丰功伟业的平圃及循于四海的“人面马身虎文”的司职之神，为强化黄帝的威武神力，宣传黄帝在“搏兽之丘”的山林里赤膊擒拿猛兽。黄帝或黄帝族群在这里建立了稳定的政治基地。

昆仑之丘至少有1000余人，黄帝遂将此处建成稳定的良好的生活之都邑，首先由蜂形鸟（名曰钦原）的族群从事专门狩猎的任务，进而由他们从事制作“枯立木”这一重要工作，燃烧的木材是当时的一项十分重要的经济工作。另外，从不周山“爰有嘉果，其实如桃，其叶如枣”“食之不劳”及昆仑丘的“有木如棠，黄花赤实，其味如李而无核，食之使人不溺”等记载，可信在黄帝时代果木的管理也是一项重要的经济工作。“有草如葵，其味如葱，食之使人不溺”，以及陆吾神司职帝之囿时既有野菜又有园圃之蔬，说明这里是黄帝的经济中心。

2. 鼓与钦鸡杀保江与昆仑之阳

《山海经·西次三经》第4座山峚山，又西北四百二十里钟山，“其子曰鼓，其状人面而龙身，是与钦䲹杀葆江于昆仑之阳，帝乃戮之钟山之东，曰瑶岸，钦䲹化为大鹗，其状如雕，赤足而直喙，黄文而白首，其音如鹄”。粗略阅读此文，只是《山海经》中诸多战事之一而已，“鼓”人面龙身及化为鵕鸟等，也仅是《山海经》各类不可理解的神怪之物罢了。但是，我们将这一段文字的所有只言片语同《经》中的其他一些信息及考古学揭示的有关证据连接起来，便会豁然开朗。鼓“人面而龙身”，它不是怪物，而是龙图腾。依据郭大顺《龙出辽河源》（2001，55页）看法，距今6000年前赵宝沟文化的龙的形象及以后的红山文化的玉雕实物可知，龙图腾是6000多年前东方氏族群体的一个重要标志。钦䲹本身是鸟图腾的一种，葆江当是黄帝族群的重要组成部分或重要的防卫力量。鼓与钦䲹联合杀葆江，足以表明以黄帝为主力的仰韶文化势力进入北海地区的时期，正是龙图腾与鸟图腾的氏族群体生活在北海一带，为了争夺生存空间，原住居民后岗一期的人们，联合起来攻击后来者是当时历史的实际。《山海经》清楚地记述了这场战事。鼓与钦䲹为龙与鸟图腾的联手，他们是同一集团的不同分支，还是同一地区长期共存、相互友好的两个独立的集团，不得而知。

在攻击黄帝氏族集团这一点，上龙图腾的鼓与鸟图腾的钦䲹是一致的。倘若将赵宝沟的龙与红山文化的龙看做是一脉相承，则龙图腾集团与鸟图腾集团在距今6000多年前曾联合起来攻击黄帝氏族集团。这场战争的具体过程，我们难以了解，但结果是十分清楚的。黄帝氏族集团的主要抗击力量是葆江人群。黄帝当时已在昆仑扎营驻寨，葆江人群没有打败龙与鸟的联军，被杀害在昆仑之阳。《西次三经》给出钟山又西百八十里日泰器之山，再西三百二十里槐江之山。槐江之山南望昆仑、西望大泽、北望诸比、东望恒山四成，地理位置十分明确，前文已经讨论是今内蒙古岱海西侧的蛮汗山。槐江山位置确定之后，这场战争的许多问题便可安排。槐江山西南四百里（即200千米）为昆仑之丘，帝下之都。其位置在今内蒙古清河县岔河口一带。可见，龙与鸟图腾的联合人群将黄帝的人群打败，一直打到帝都的山下，并将葆江杀害。此乃这场战事的第一阶段。

战事的第二阶段是只有结局、未记述过程。实际上应从昆仑之阳开始，黄帝的人马一直将龙、鸟联合人群压迫回到钟山之东，并在瑶岸将鼓与钦䲹戮杀。钟山应在昆仑的东北。槐江山（今蛮汗山）以东100千米之内在阳高县正北，丰镇市正东有黄石崖（2334米），由此稍向东北便是黄旗海正东、集宁市以西的大青山（1919米）与灰腾梁山（2071米）。若槐江山确是蛮汗山，依地理位置而言，其正东或东北的黄石崖或大青山应是钟山。黄帝族群自浑河河口一带的昆仑之阳一直向东或东北，至少100～200千米，攻击还是追赶龙鸟联合族众，最后在钟山今之黄石崖或大青山（不是阴山的大青山，此是兴和县城东北的大青山）之东打败龙鸟联合族众，并最后将鼓与钦䲹杀掉。可以说，这是6000年前一场争夺生存空间的战事。战事的第三阶段是鼓与钦䲹的族人“化”为大鹗与“化”为鵕鸟。前者如雕，后者如鸱。这种“化”是黄帝将人们归“化”为雕与鸱，还是他们自己归“化”为当时仍然具有较强势的鸟图腾的雕与鸱族群？不得而知。但这两个族群原本一个是龙图腾、一个是鸟图腾，在黄帝将他们打败之后，皆归“化”为鸟图腾人群。将这场战争同黄帝在昆仑建立下都联系起来，便知晓它的重要意义。从此，黄帝在北海地区发展壮大，并形成强大的军事集团。

3. 黄帝经营北海，北伐黑帝

关于北海，本书作了专题考论，它位于内蒙古与河北交界的坝上高原，东西为180多千米，南北宽近80千米，内含两个镩于型大半岛，水面在5000～6000年前至少有6500平方千米，当时周围有近3万平方千米的沼泽湿地。这里是一个巨大的生态资源库。《山海经 · 海内经》记曰：“北海之内有山，名曰幽都之山，黑水出焉。”黑水是确实存在的，今凹地北部葫芦形半岛东岸自北向南有一条黑水断续分布，依然称黑水。北海存在时，黑水应是相当短。循现今葫芦形半岛之山，由南岸的前四顶（1502米）起，向北接连分布有叠不齐山（1584米）、狼窝山（1536米）、碌碡山（1484米）、罕扫布日嘎（1578米）、九棚山（1550米）、王棚山（1593米），从远处望去，一派连绵山峦，以海拔1400米为基准，相对高程差150米，这应是《经》中所称的幽都之山。所出黑水或出自叠不齐，或狼窝山，或是最高的五棚山，则需20千米左右方达此线。无论出自何处，都可确定黑水源于幽都之山。现今北海凹地内半岛南缘的白塔镇向西有一条黑水河贯连三盖淖、张飞淖、黄盖淖，蜿蜒西行数十千米可进入安固里淖，其源头为幽都之山。

黑水确定之后，幽都之山便确知为北海北部的葫芦形岛，于是幽都及大幽之国的地点便可确认为在北海的葫芦形岛上。本书在“北海考”之“大幽之国”小节已详述岛上的玄鸟、玄蛇、玄豹、玄虎、玄狐等都是大幽之国属下的图腾。既有都城，必是相当庞大的氏族集团；既以玄色为图腾，必有玄帝，玄即黑，由此可知，幽都应是黑帝之都。前小节提出今发现的岔河口遗址可能是黄帝进驻这一地带的昆仑之山，是下都。他们进驻这一地带之后，必然要与玄帝即黑帝发生关系。这种关系无论是宾服的还是战争的，皆是经营北海的必经过程。据《孙子兵法 · 黄帝伐赤帝》记载，黄帝“北伐黑帝，至于武隧”，大戍有之（银雀山汉墓竹简）。“黄帝伐赤帝”篇肯定受春秋晚期的五行观念影响，将本不在一个时期且实际不是黄帝族群一代所为的事情皆压缩在一起，搅浑了历史事件。从北伐黑帝之记载可知，黄帝是以征伐的形式占据幽都的，且没有以占领幽都为止，还追至于武隧。《兵法》注者认为：战国时燕地有武遂，在今河北徐水县西（今之遂城）；西汉有武隧县，在今河北武强县东北，不知是否与简文之武隧有关。两处武隧皆在燕山以南、太行山以东，按“背景”专题图1.7给出的海进、海停及海退海岸线位置推断，今之武强县东北一带，距今5000年以前应是海洋。由此可见，其为徐水县西之遂城的可能性大。

黄帝进驻下都，并北伐黑帝应皆属于经营北海时期，距今6000年左右岱海、包头、南下黄河附近的石砌之城或称要寨，不知是黑帝、白帝还是黄帝所为，它们应是开始用弓箭及长矛进行征伐的实证。黄帝伐黑帝的战争没有更多的记载，但由于黑帝是在北海北半部的半岛上，而黄帝下都则在北海的西南方，黄帝虽然先进而强势，但进攻路线不宜在水上,只能选黑帝北方的低山丘陵地带抄黑帝后路，且时间应是冬季。由于是抄后路，黑帝人马撤退时只能向东南方，向东南撤退应沿三官河、安固里河、沽源的葫芦河河谷南退，越过大马群山及燕山，进入潮白河与永定河流域，黄帝的追兵可能越过了张家口、青龙桥一线，沿太行山东麓，“至于武隧”。为何至于武隧后再未表述，不得而知。但黄帝在北伐黑帝之后，并没有委派司职之神如同管理下都一般管理幽都及北海，只有到了经营东海之后，生禺号这个东海之神以后，从禺号的族群中选派一个名曰禺彊的去管理北海，为北海之神。《史记·封禅书》曰：“黄帝时万诸侯，而神灵之封居七千。”可见禺彊是这七千之神者一。《山海经·大荒东经》曰：“东海之渚中有神，名曰禺号。黄帝生禺号，禺号生禺京（注曰：禺京即禺彊）。禺京处北海，禺号处东海，是惟海神。”《大荒北经》曰：“有儋耳之国，任姓，禺号子，食谷。北海之渚中有神，人面鸟身，珥面青蛇，践两赤蛇，名曰禺强。”由此可知，禺号本是东海之渚中的海神，黄帝“生”其之后，才以禺号之子禺彊（即禺京）“处北海”“是惟海神”。

以禺号“人面鸟身”及“北海之渚中有神，人面鸟身”可知，两者皆属于鸟图腾族系。按《左传》昭公十七年即公元前525年秋郯子使鲁时所言：“我高祖少昊挚之立也，凤鸟适至，故纪于鸟，为鸟师而鸟名。”可知少昊为鸟图腾族群集团，禺号、禺彊皆属于少昊集团。所以黄帝追逐黑帝抵于武隧（今遂城）之后，方可能有进入少昊族群的北界开始经营东海，经营东海之后，才委派鸟图腾族群的禺彊为北海之神。黄帝族群由姜寨向西发展，在姬水壮大以后，北上过大垅山分水岭，进入双鹤山、贺兰山及阴山一带，并在岔河口建立下都昆仑之丘，进而与北海之渚中的大幽之国发生战争，“北伐黑帝”并“至于武隧”，进而经营东海并与少昊族群的鸟图腾的禺彊建立“生”与封神的关系。从这时，也即距今6000～5500年，黄帝族群已据有中国北方相当广阔的地域。这些地带有些原本是仰韶文化的族群，有些是黄帝族群到达之后变自身的不定居生活为黄帝族群的成员，有些则在黄帝继续北上之后，留存于各地与当地文化相结合发展成新的文化支派，有些则成为黄帝族群的后方基地。

这里所说的黄帝是族群，又是人，但人不是一个人，也不是一代人。黄帝族群明显包括蜂形人，即蟜，即黄族群；更包括⊠，即帝族群；也必包括复合图腾黄帝族群。

“人”，应是这些族群的总统领，其是一个人或一群人。从《史记》及相关古文献可知，黄帝是统领集团的一群人。黄帝族群进入北海地区之时，至少在距今5500年以前，初始时并未与祖居北海的黑帝发生冲突，人员可以交错分布，但久居之后，特别是两者文化互相促进之后，人口逐渐增多，于是在春季青黄不济之时，必然在收取北海的鸟卵资源和鸟类资源时发生冲突。本书在“北海考”之“北海的鸟类资源”小节中，已讨论了以北海广阔的沼泽湿地中极低密度的索取鸟卵与鸟肉，可以养饱10万～20万人渡过2～3个月以上的岁月。《商君书·画策》所记“黄帝之世，不麛（音迷）不卵，官无供备之民，死不得用椁”，清楚表明黄帝曾十分关注鸟卵与幼鹿的生存。黄帝北伐黑帝之后，炎帝与蚩尤也相继进入北海地域。黄帝与蚩尤的战争，主要战事在涿鹿一带，即北海地域。黄帝北伐黑帝及经营东海，特别是战胜蚩尤之后，其经营中心便移至涿鹿一带。这即是《穆天子传》中所记穆天子在洋水下游“宿于昆仑之阿”“处于昆仑之丘，以观黄帝之宫而封丰隆之葬”“北升春山，以望四野”的又一个昆仑之丘，它不同于岔河口一带的黄帝初达北海地域的“下都”所在的昆仑之丘。从这里黄帝开始了新的统一华夏的大业。

4. 黄帝经营东海，声闻五百里

《山海经·大荒东经》载：“东海中有流波山，入海七千里。其上有兽，状如牛，苍身而无角，一足，出入水必风雨，其光如日月，其声如雷，其名曰夔。黄帝得之，以其皮为鼓，橛以雷兽之骨，声闻五百里，以威天下。”这是古代文献关于黄帝的记载中争论最多的内容。试图释读这一重要内容时，若将时程压缩、空间移位、内容搅浑，则必不可说清。“入海七千里”本来说的是一个氏族群体，在海退时，他们居住在离现今太行与燕山交汇地带的相当远的海中。“其上有兽”，讲述的是他们在久远之前遥远的流波山上居住时，就已创造利用无角一足而牛形的“太极”圭表。“出入水必风雨”，指由于他们过去与遇见黄帝时多居于海岛中（现今燕山山前平原地带仍有许多孤立之山或丘陵，在距今7000～5000年海水西进时，它们便是海中之岛），每当春分之时，他们的首领必用船或其他办法将诸多牛形圭表放入海水之中，昭告他的族群风雨季节即将来临。每到秋分季节，又将此圭表放入海中，昭告他的族群要关注各项渔猎或农事活动。“其光如日月，其声如雷”，《山海经》中几乎所有怪物皆有声音，有光者仅是少数。这是远古人群告朔、告至、告分的手段，白天多用声音，但岛与岛之间的距离较远，所以一方面要用船（出入水）载牛形圭表，另一方面要用鼓击似雷声告之。夜晚，则燃起明亮的火堆或火把昭告人们。“其名曰夔”，或指这件牛形圭表为夔，或谓一氏族群为夔，或将它们混称为夔。

牛形无角一足之夔，必是单杆测影圭表，对于蜂形人黄帝氏族来说，早在距当时（距今6500～6000年）2000～3000年前已经不再使用单杆，当然也有“十”形、“彡”形及骷髅形圭表。此时用的是⊠（即帝）形浑天仪。“黄帝得之”者，当然不应是这种“太极”圭表。“夔牛”在后来成为大型野牛的代名词，于是，上一段记载便被人长期误读为：入海七千里的流波山上，有一种苍身无角一足的大型夔牛，黄帝得之，以其皮为鼓。以讹传讹。“黄帝得之”者不是夔牛，而是以太极牛形圭表为图腾的氏族群。这个族群善于以皮制鼓，并用雷声一般的鼓报朔、报至、报分。黄帝也用他们提供的皮制鼓，并橛以雷兽之骨作鼓棒。“声闻五百里，以威天下”，一者鼓声传之较远，一者是黄帝的威名传天下。这是黄帝族群从北海地域东移时遇到东方势力的证明，也证明这里太行山以东、燕山以南存在着广阔的海洋。其时间当在距今6000～5500年之间，图1.7给出距今4200年前的海岸线以西及以北的中间位置。而北部更靠近燕山南麓，山前的诸多孤山及丘陵成为夔牛族群的居地是必然的。黄帝得夔是经营东海过程中的一个重要问题。

黄帝经营东海的另一问题是，《大荒东经》所载：“东海之渚中有神，人面鸟身，珥两黄蛇，践两黄蛇，名曰禺号。黄帝生禺号，禺号生禺彊（注：禺彊即禺京）。禺彊处北海，禺号处东海，是惟海神。”上一小节已提及禺号及禺彊皆属鸟图腾少昊的系统，他们居住在燕山以南、武隧以北的海中，并被封为东海之神。这也是《史记·封禅书》所记的“神灵之封七千”之一。黄帝经营北海与东海之时，蚩尤还没有进入到北海地区，此处相对安宁。禺号不是夔，两者图腾不同，与黄帝之关系也不相同。夔在甲骨文中为禺，而禺在金文及古文中为猿形，或者为猨形。总之，黄帝经营东海收纳的夔与禺是两个不同图腾的族群。

由于夔是黄帝经营东海的一个重要内容，夔所使用的天文仪器是最简单的牛形的“太极”圭表，就天文学而论，还保持着初始时期的水平，但就其运营状况看，“出入水必风雨”“其光如日月”“其声如雷”，表明已有专人观测，并向其周边诸岛昭告观测结果，其气势与规模相当可观。更重要的一个问题是，该族群已很成功地用皮造鼓。鼓在中国远古野外考古中确有发现，至少在距今四五千年以前。不知何时、何人将《山海经》中此段记载的“夔”与“一足之牛”及“以其皮为鼓”三者合而一处，于是便掩盖了黄帝经营东海过程中的一个重大问题。这就是将夔变成牛之后，掩盖了“夔”的本来面目及其后来的重要的历史作用。

黄帝族群经营东海过程中又蕴育了以后的影响中国历史的尧与商。关于尧，本书在后文中有专题讨论。这里要涉及的是商、夔、玄鸟三个问题。所有甲骨文研究者都确认禺为夔，而夔在甲骨卜辞中为“殷高祖”（陈济：《甲骨文字形字典》，长征出版社，2004，328页）。高祖，乃指族群源于此。《诗经·商颂·玄鸟》曰：“天命玄鸟，降而生商。”又表明商族群源于“玄鸟”，玄鸟或归属于北海之黑帝，或本应源于少昊氏鸟族群。这就是说，商族群源于黄帝经营东海过程中两个或三个重要的氏族群体。由此可知，本书“德与帝”专题中的“帝是商的始祖所自出的人神”是黄帝，而黄帝在经营东海时“得夔”“生禺号”两大族群，两大族群又衍生出“商”这个强大的氏族。这是黄帝经营东海留存给中国远古史的重要内容。

后岗一期文化和早期大汶口文化，是同一谱系先后衔接的考古学遗存。前者东至山东半岛、西越太行山而达晋中及长治盆地，南逾黄河，北达河套、桑干河—永定河沿线。从蔚县三关遗址发掘所见到的情况看，后岗一期居民先于半坡类型占据了这一地区（苏秉琦，2010，58、59页）。由此可以确认，黄帝经营东海之渚所遇人面鸟身之神必是以鸟名师的少昊的族人，即后岗一期文化的居民。黄帝经营东海应是真实的历史，是《大荒经》留存的关于远古史的最宝贵的信息。

（四）三场战争

1. 关于战争

战争是远古社会后期的一个突出的重大变化，是氏族社会解体、私有制形成的最生动、最本质的标志，几乎所有的经典的中国远古专著，都对远古社会后期的战争进行了阐述。遗憾的是，考古学家们在野外考古时，对于这一时期关于战争的实物及信息专注性搜索得不够，分析讨论更显得微弱。应把“战争”与原始人群“械斗”的概念区别开来。“战争”专指私有制形成过程及形成后，以集群化、队伍专业化、目的统一化，即以掠夺财富及反掠夺为内容、以军队成为社会的分工、以组织人员专门制造杀人武器为标志、以有专业组织专业指挥的人群为主体的格斗。这样，战争从它诞生的那一刻起，就是以掠夺与反掠夺对立存在的。少数人掠夺财富，并以各种谎言驱使其权力之下的人群去掠夺他人的财富为根本目的；与此同时，被掠夺一方以各种形式进行反抗，此为战争这一矛盾的另一面。被掠夺者一方联合起来打败掠夺者也是史不绝书的。挑起战争、发动战争的主要一方是以掠夺财富为目的的一方，无论其编造的谎言如何、掩盖罪行的手段如何，其实质皆是如此。

关于挑起战争、发动战争的主要方面，在2200年前的《吕氏春秋》一书中有着明确的揭示：“今天下弥衰，圣王之道废绝。世主多盛其欢乐，大其钟鼓，侈其台榭苑囿以夺人财，轻用民苑以行其念。”“攻无罪之国以索地，诛不辜之民以求财。”《淮南子·兵略训》进一步强调：“杀无罪之民而养无义之君”“殚天下之财而澹一人之欲”。实际上“之君”及“一人”后来演化为“集团”。最重要的是，发动掠夺战争的集团千方百计宣传欺骗其“轻用之民”，形成社会观念的严重倒置。关于这一点，2400年前的《墨子·非攻上》阐述得十分清楚：“杀一人谓之不义，必有一死罪矣。若以此说往，杀十人十重不义，必有十死罪矣。”“今至大为不义攻国，则弗知非，从而誉之，谓之义，情不知其不义也，故书其言以遗后世。”墨子在这里说得十分明白，杀一人被公认为不义之事而死罪，可现今，有人作出最大的不义之事，以谎言与欺骗去攻打别人的国家，他国内的人们不但不去谴责他们、非难他们，反而津津乐道、积极地“从而”，并认为是荣耀。更恶劣的是还编著成书企图留存后世。《淮南子·兵略训》进一步揭露：“攻者非以禁暴除害也，欲以侵地广壤也。是故至于伏尸流血，相支以日。”“非以”，可深刻理解为发动战争的犯罪虽然打着“禁暴除害”的旗号，但实质上不是；而是扩大势力范围，掠夺他国的资源。所谓的“禁暴除害”，有些甚至是发动战争的罪犯们暗中支持挑起被侵害国家的内部战争，有时则挑起两个小国之间的战争，然后再借由发起灭亡或改变“代理人”的战争。

从有战争那一天起，就是掠夺者发动战争，被掠夺者反抗掠夺。中国远古史中第一场大规模的、旷日持久的、影响极其深远的战争就是蚩尤对炎帝的战争。这场战争有确凿的历史记载，但可能很少留下关于战事的具体痕迹。其主要原因可能是战争流动性较大。田野考古文献中所记述的山东大敦子大汶口文化中期墓（M316），死者为一中年男子，左股骨被一三角形骨镞射进骨内达2.7厘米，骨镞尚留在骨内；江苏海安县青墩遗址（相当大汶口文化中期），墓内骨架的上、下肢均被砍断。类似的与残酷杀戮有关的遗存，只是距今5000～4500年战争的实证，且应是蚩尤与炎帝战争时代以后的遗存。

中国远古史上曾发生几次重大而特殊的事件，蚩尤、炎帝与黄帝之战的连续而持久的战争便是其中之一，这次重大变故深刻地影响了中国远古社会，使其发生迅速而巨大的质与量的变化。这时期战争之后，社会深化发展，首先形成两类方国联盟集团。一类是专肆掠夺财富进攻他人的城邦方国集团，另一类是联合起来被迫抗击掠夺的城邦方国联盟。被迫联合起来的反击掠夺的方国联盟将发生深刻的变化：一致对外的形势，迫使联盟内部形成政治地位基本平等；军事上，必须遴选出能征善战的统帅；集团内部的方国之间财富及平民财产互不侵掠；共同组成军队，并由各方国生产粮食、武器、容器、炊器，形成充足的供给以提供给军队。只有这样，一个集团才能生存下去，才能抗击掠夺与侵略，才有望发展下去成为肩负推动历史前进的重任的核心。我们今天发现的数量不多的从距今4800年延续至距今4300年的、使用并经几度修葺的城堡，有可能就是这类文化的中心。此外龙山文化普遍传播于当时中国北方广大地区，也表明该文化中心部分地具备着延续发展的因素。

有了战争，有了掠夺，必然出现城堡。城堡，一方面是抗拒掠夺战争的防御设施；同时又是掠夺者保护被掠来的财富的不可缺少的安全手段。由此可知，掠夺者与被掠夺者都要修筑城堡。但每个城堡周围都分布着数量不等、大小不一的乡村聚落，这表明被保卫的绝不是城堡之外的广大劳动人群的财产，而仅是城堡内少数富有者的财产。发动掠夺战争的人们，在将掠夺来的财富收归已有的同时，也一定划分一小部分给予参与直接进行掠夺的下属。这是掠夺战争集团内部的战争动力。这一相对微小的“掠夺分配财物”的动力，最终驱使一大批人组成了“军队”，或者称为“兵”。这些军队掠夺财富的目标，主要是其他贮藏丰厚的城堡，捎带掠夺城堡周围的乡村聚落。这是战争的罪魁祸首。在反抗掠夺战争过程中，有一些城堡及其周边的聚落也组成了“军队”，由于首领的英明，或由于人群的团结，或由于财力、物力、人力的雄厚，他们有效地打败了掠夺者，保护了自己的财富和安宁的生活。以其为核心，形成一个强大的抗击掠夺的联盟。如此，在中国远古城堡林立的时代，最初时期应该自然地形成两个城堡方国的联盟集团，一个是以掠夺他国为目标的城堡方国联盟集团；另一个则是以反抗掠夺而联合起来的城堡方国联盟集团。

2. 蚩尤的伟大与罪恶

蚩尤之伟大曾与炎黄相提并论，《逸周书・尝麦解》曰："昔天之初囗作二后，乃设建典。命赤帝分正二卿，命蚩尤于宇少昊，以临四方，司囗囗上天未成之庆。"显然，"二后"之一者为炎帝，一者为蚩尤。徐旭生已强调指出这一点。《吕氏春秋・荡兵》人曰："蚩尤作兵""蚩尤非作兵也，利其械矣。未有蚩尤之时，民固剥林以战矣，胜者为长"。《山海经・大荒北经》载："蚩尤作兵伐黄帝。"上述记载清楚表明，蚩尤与炎帝有过相安同处的时期，但到后来则逐炎帝九隅无遗，并"作兵伐黄帝"。由此可信东汉时人应劭在注解《史记》时所称的"蚩尤，古之天子"，不仅与炎、黄二帝相提并论，而且与周、秦、汉那些自称天子之人并称。蚩尤之所以与炎、黄，与天子相并称，是因为他先于炎、黄作兵，利其械，发动战争，先逐炎帝"九隅无遗"，进而"作兵伐黄帝"。在他战败被黄帝执杀于中冀之前，屡战屡胜，所以被奉为"兵主"，兵主即战神，蚩尤是东方的战神。《史记・汉高祖》清楚记述，刘邦在沛县起兵被尊为沛公，"祠黄帝，祭蚩尤，而衅鼓，旗巾皆赤"。刘邦之时供奉黄帝、祭祀蚩尤而后举兵造反，足见他对蚩尤这位兵主的崇敬不亚于黄帝。《史记・封禅书》又记曰："秦始皇封禅泰山，东游海上，行礼祠名山大川及八神，八神为：天主、地主、兵主、阴主、阳主、月主、日主、四时主"，"兵主，祠蚩尤，蚩尤在东平陆监乡，齐之四境也"。蚩尤是与炎、黄相提并论的兵主，乃为其伟大之一。

本书在"铜器黎明"小节中将华夏远古的冶铜记载强调归于黄帝的功业，实际是蚩尤的伟大之处。《史记・封禅书》载"黄帝取首山之铜，铸鼎荆山之上"，与《尸子》所载"蚩尤作金""利其械矣"这一内容一致。《管子・地数篇》所记的黄帝时的葛卢山与雍之山发而水出金从之，皆是蚩尤族人受而制之剑、戟、戈、矛，可推知"黄帝铸鼎荆山之上"也必是蚩尤族人所为。《吕氏春秋》所记"蚩尤作兵""利其械矣"及《管子》所记葛卢山及雍之山所出之"金"由蚩尤族人受之而制成兵器，是中国古代文献关于铜的开发及铜制兵器的清晰记载。疑古派非要说它们是战国与秦汉人伪造，如此强词夺理，即或是"神人"也无言可对。临潼姜寨F29属仰韶文化前期（距今6300年左右）出土的半圆形铜片、甘肃东乡林家遗址发现的单范铸成的铜刀及铜器碎块（相当仰韶文化晚期），经^{14}C测定，为公元前3280～公元前2740年，即距今5300～4700年、大汶口文化晚期M1随葬骨凿上附着铜绿（公元前3000～公元前2600年）（张宏彦，2004，128页），皆是黄帝与蚩尤时代及以后出现的铜器黎明之事实。据《甘肃地质矿产报告》载，祁连山北麓沟谷中沙砾层含有大块自然铜，一般长3寸、宽2寸，最大者长1尺、宽6寸。河南临汝有单生孔雀石矿，也有露于地面大块自然铜。山东昌潍、烟台、临沂等地有丰富的铜锌铅共生矿（张宏彦，2004，135页）。铜器的制造，必须有铜及铜矿原料、冶铸成型的技术及容器、高温技术及高温燃料等。据《中国冶金史》称，黑陶烧制的温度已达冶铜所需的1050℃，此时高温燃料木炭已较多出现，制陶本身就已形成冶铸成型的技术及容器。若此，可以确认，距今6300～5500年，中国远古既具备冶铜的条件又有着铜器及铜出土的事实，更有清晰的关于冶铜的记载，蚩尤是一个时代，当然也是大汶口文化地域的代表，“蚩尤作兵”与“蚩尤作金”是史实，不是伪造。冶铜是蚩尤族人的另一伟大之处，但由于处于冶铜的“黎明”时期，实物数量少，难以大量发现。

有一些事物本身具有两面性。阴阳鱼太极图画的是一个圆内一阴一阳两条鱼首尾相衔，表示的就是这个深邃的哲学内容。《尚书》被中国历史上的文人们公认为是最早的一部典籍，它清楚地记述了“蚩尤惟始作乱，延及平民。罔中于信，以覆诅盟”，这既是蚩尤的伟大之处，也是他的罪恶所在。《尚书·吕刑》所记述的蚩尤的这些罪恶，同恩格斯所言及的远古氏族社会的纯朴道德高峰被堕落势力所打破一致。恩格斯在《家庭、私有制和国家的起源》中写道：“它是被那种在我们看来简直是一种堕落，一种离开古代氏族社会的纯朴道德高峰的堕落的势力所打破的，最卑下的利益——庸俗的贪欲、粗暴的情欲、卑下的物欲、对公共财物的自私自利的掠夺——揭开了新的文明的阶级社会；最卑鄙的手段——偷窃、暴力、欺诈、背信、毁坏了古老的没有阶级的氏族制度，将它引向崩溃。”

就人类发展史而言，初始定居是人类生存状况的一大飞跃。初始定居以后，至少经过四五千年的努力，才进入到“用具归个人所有”的普遍现象。这即是我们一再强调中国远古社会的女娲时代及相继而至的伏羲时代。用具普遍个人所有之后的1000多年间，中国社会进入了母系氏族最繁荣昌盛的时期，整个社会进入母系向父系迅速转化的阶段，社会财富开始被少数人占有，可称其为 “少数人富有”。为距今7000～6000年的神农时代，仰韶文化的半坡阶段，按社会财富而论，正是“少数人富有”充分发展的时期，这是社会发展的一种进步现象。但是少数人富有，在那个时期，必然出现大多数人贫困化的结果。当然，这种贫困化是多数人能够忍受并且可以接受的状态，因为对比而言，这好于久远之前的时代。少数人富有正在孕育新的社会制度的诞生。这就是蚩尤的“惟始作乱”，不仅是“罔不寇贼，鸱义奸宄，夺攘矫虔”“罔中于信，以覆诅盟”，更重要的是，当“苗民费用灵”时，他们便“制以刑，惟作五虐之刑曰法”，刑与法在距今6300～5500年已经出现，对社会发展而言，是一种进步，甚至可以说是一种伟大。但是，在社会中存在少数人掌握权力后，实行强制、卑鄙而肆意的掠夺，无耻的偷窃和欺诈，赤裸裸的背信弃义，这在人类历史长河中是一种永难磨灭的罪恶。

3. 蚩尤与炎帝的战争

蚩尤与炎帝的战争是早在3000多年的《逸周书·尝麦解》中记载的，虽然有诸多人关注这场战争，但很少有人关注记载此项重大事件的文献的时间，时间不同则记载的分量就大不相同。黄忠信《逸周书校补注译》一书认为“尝麦解”当是周公摄政初年即成王元年（公元前1042年）（距今3000多年）发生的事。前文“昊蚩西向与北向扩展”中言及赤帝与蚩尤在后岗文化时期相安共处于河北、山东、河南三省相交的地带。“尝麦解”继而又记曰：“蚩尤乃逐帝，争于涿鹿之阿，九隅无遗。赤帝大慑。”短短不足30个字，却生动而具体地记述了6000多年前这场重大战争的全貌。这是3000多年前周王室在新麦下来祭祀祖先时“王”讲话的记录。蚩尤对炎帝发动的这场战争，可以框在距今6000～5500年，周“王”新麦祭祀时讲话是在这场战争发生之后的2500～3000年，应是相距不甚遥远，故其传承的信息是可信的。

当时蚩尤宇于少昊之地域，大约在泰山与泰山以西、太行山南麓及东南、太室山以东的黄淮平原北部，有81个氏族组成一个庞大的集团联盟。此时昊蚩集团北部受到南移至武遂的黄帝族群的挤压；西部虽然与炎帝东进人群相安共处，但资源空间的压力必然存在；加之它本身与少昊族群宇居、北方黑帝逃难氏族的加入及太昊北上人群的压力，加速了蚩尤集团内部质的飞跃。最重要的是蚩尤族群发生了“惟始作乱”“延及平民”“罔不寇贼，鸱义奸宄，夺攘矫虔”“罔中于信，以覆诅盟”，氏族中少数掌握权力的人们日益堕落为“强行的卑鄙而肆虐的掠夺，无耻的从欲和欺诈、赤裸裸的背信弃义”等一系列的变化，对内镇压反抗与不满并实行严酷的“五刑”，对外则不断地发动规模日益扩大的掠夺战争。

这场战争的一个重要历史背景，就是仰韶文化区的丰腴的粮食，精美的大批生产的彩陶，每个人手中握有的精制的箭镞、石器、玉器、渔网等剩余财富。前文已指出仰韶文化区内粮食已占有食物的50%，它应是贪婪的蚩尤族群的相当有吸引力的物资。彩陶在当时蚩尤地域还很少见到，应是最有吸引力的东西。如果有可能确定地划分出蚩炎战争的时间，可能会发现战争之后，由于掠夺的结果，蚩尤地域墓葬中的彩陶物品比例会骤然增加。这也证明推断应是合理的。可以说，此次战争的最本质的原因，是昊蚩集团为了掠夺财富而发动的。

从“尝麦解”的简单记述中可知，战争是由蚩尤突袭发动的。由于蚩尤集团已进入到《尚书·吕刑》所记述的巨大的变革阶段，进入到对外掠夺的时期，可确认是一场夺掠财富的战争。战争的发源地应在炎帝与蚩尤相安共处的河北、河南、山东交界的三角地带。“逐”字表明炎帝一方十分脆弱，肯定既无常规的军事组织又无战事准备，战争进行过程中，节节败退，且是从三角地带向北败退。“争于涿鹿之阿”，表述的是最后决战战场在“涿鹿之阿”。战争的最后结局是炎帝大败，“九隅无遗”，所有的地盘全部丧失。“赤帝大慑”，赤帝当然应是该族群的最高军政首领，战争结局使其大惊失色。“尝麦解”接下来言及的“乃说于黄帝”清楚表明，蚩尤逐赤帝进入到涿鹿地界，恰是黄帝的生存空间。炎、蚩两家激烈战争时，黄帝并未参与两者的战争。“赤帝大慑，乃说于黄帝”之后，开始了炎、黄联合战胜蚩尤的第二场战争。

4. 炎黄与昊蚩之间的战争

关于炎黄与蚩尤的战争的主要内容，有三种记载。一是《逸周书·尝麦解》中的“赤帝大慑，乃说于黄帝，执蚩尤，杀之于中冀。以甲兵释怒，用大政顺天思序”，文字十分简洁，但已将战争中的主要问题交代清楚。这场战争是在炎帝与蚩尤战争之后，虽然没有直言，但战争应是赤帝与黄帝联合为一方、蚩尤（也应包括太昊与少昊）为另一方，战争的最后结局是蚩尤战败、蚩尤被杀。“以甲兵释怒”给出了战争的原因及战争的性质，蚩尤发动掠夺战争，激怒了炎、黄族群以兵还兵，终于取胜。另一记载是《史记》："炎帝欲侵凌诸侯"……黄帝"以与炎帝战于阪泉之野，三战然后得其志。蚩尤作乱，不用帝命，于是黄帝乃征师诸侯，与蚩尤战于涿鹿之野，遂禽杀蚩尤"。《史记》将黄帝蚩尤战争放在黄帝与炎帝战争之后，又未专门言及炎帝，虽有"征师诸侯"可能包括炎帝，但不是炎黄联合。《大荒北经》载："有人衣青衣，名曰黄帝女魃。蚩尤作兵伐黄帝，黄帝乃令应龙攻之冀州之野。应龙畜水，蚩尤请风伯、雨师，纵大风雨。黄帝乃下天女曰魃，雨止，遂杀蚩尤。"古代文献注释"应龙"为"有翼之龙"，有翼之龙若二翼，则必是龙形十字圭表的图腾的氏族，若四翼，则必是以四等分天地的仪器为图腾的氏族。衣青衣的女魃应是鬼图腾群系，或是燕山东段及北侧的红山文化女神系统的氏族，势力十分强大，人多势众，参与黄帝战蚩尤的战争之后，占据了燕山与太行山之间的所有方便取水的水源地。他们经常性地消耗大量的粮食，所以黄帝族群主管农业及粮食的"始均"便告知黄帝，女魃使天下大旱缺粮，于是又将他们赶回到北方。

三种记载相同之处是：这场战争的主角是黄帝与蚩尤；战争历时较长，胜败反复，争夺次数较多；战争的战场集中在一地；战争的最后结局是蚩尤被杀。不同之处是：战争双方的联军成员有所差异、战场的地点名称不同、战争原因有所不同。三种记载以相同之处为主，表明这场战争确实存在，而且影响深远，规模庞大，时间较长；其相异之处则表明三者的来源不同，信息的可靠程度较大，不是互相抄袭的。《逸周书·尝麦解》先于《史记》1000多年，但司马迁是否见到《尝麦解》，不得而知。《大荒经》出土时间晚于《史记》数百年，两者未有信息交换互抄的条件。关于战争的性质，《尝麦解》与《大荒经》所记一致。《史记》所记"蚩尤作乱，不用帝命"表明，战争之前蚩尤归属于黄帝管制范围，作乱不用帝命与"作兵伐黄帝"及发动侵炎战争的性质应是有别的。上述《尝麦解》《大荒北经》及《史记》之后，有诸多文献可作为补充记述，如西汉戴德《大戴礼记·用兵》"蚩尤，庶人之贪者"，其中的"贪"揭示很重要；《盐铁论·结和篇》"黄帝战涿鹿，杀两皞、蚩尤而为帝"，给出了这场战争中蚩尤的两个重要的联盟者太昊与少昊。南北朝梁时（公元502～557年）新安太守任昉在《述异记》中记曰："蚩尤兄弟七十二人，铜头铁额，食沙石，轩辕诛之于涿鹿之野。"汉代人所著《龙鱼河图》（已佚）记曰："有蚩尤兄弟八十一人，并兽身人语，铜头铁额，食沙石子，造立兵仗……，威震天下，诛杀无辜，不仁不慈，万民欲令黄帝行天子事，黄帝仁义，不能禁止蚩尤，遂不敌。"这类书中还有关于蚩尤四目六手、人身牛蹄、能食沙石之记载。一些研究蚩尤的专家们，试图破解或否释这些说法。实际上蚩尤时打造他本人一个人头上的铜饰不是不可能，而四目六手、人身牛蹄、能食沙石，这是蚩尤族群的另一个功绩，它表现的是一架木条骨骼外披兽皮并可移动的天文仪器，这也是他们的图腾祭祀之物。这件设备有口，腹内可装入石沙，两端各有三个支架。"食沙石"让笔者明白了这一类两端各有三条支柱的设备的用法：移动搬挪时，将沙石倒掉，放置要用时现从口部装入沙石；用哪一端时，将腹内沙石移动到另一端，可直立，可成一定角度，真是聪明之至。

黄帝战蚩尤影响深远而巨大，除《逸周书·尝麦解》《大荒北经》《史记》等文献记载外，还有的文献从另外的角度记载了这一重大事件。《庄子》“盗跖篇”记载盗跖的话：“世之所高，莫若黄帝”“然而黄帝不能致德，与蚩尤战于涿鹿之野，流血百里”。在庄子的时代，黄帝的声望再没有何人能比得上，此点很重要，说明诸多商、周文献，春秋、战国著作“百家言黄帝”是由来已久的，皆因“世人所高，莫若黄帝”“不能致德”“流血百里”的指责，严格而论，是站在蚩尤的立场，将事理的黑白颠倒，这就是掠夺者杀人放火之后，凡反抗者，皆可被他们斥责为“杀人”。

社会质量飞跃的标志因素有多少，质变规则有多少，且不去讨论，但中国远古史中，距今6000～5500年发生的三场氏族集团间的大规模、大范围、较长时间的战争，极大地搅动了远古社会，成为社会发展的催化剂、加速器和搅拌器。首先，它加速了弓箭质量的提高、弓箭制作数量的加大、开始改变弓箭的社会职能。此点，《吕氏春秋》中已清楚指出：“古人之贵能射也，以长幼养老也；今之人贵能善射也，以攻战侵掠也。”看来“攻战侵掠”确是战争矛盾的主动方面。其次，它加速了家庭的普遍化，特别是家庭中男女权力和社会责任的巨大改变。第三，它加速了普通聚落的贫困化。第四，它加速了中心聚落时代向城邑时代的转化。这应与马新等人提出的“距今5500年起，中国远古聚落获得了空前的发展”的形势是一致的。这三场战争先是基本定向的东方的人群向西向北大规模地快速流动；进而是西方与北方的人群基本有组织地向南向东快速流动，人口快速流动带动了整个社会方方面面的交流与改变。战争又破坏与改变了多年来稳定少动的一切，代之以更新更先进的一些事物；打破了长期安居在稳定聚落中的一切习惯与观念，迫使人们放眼看更广阔的世界。

5. 黄帝与炎帝的战争

按《逸周书·尝麦解》及《山海经》与《左传》中鸟图腾的分布地域，可知少昊与蚩尤族群曾向西、向北有着相当广阔的发展，这一点应与后岗一期文化相一致，其时间应在距今6300～5800年［见本专题之“（二）·2”小节］。与后岗一期文化相较，大汶口文化分布区明显缩小。这应与远古文献中所记的三次战争过程或战争以后蚩尤族群后退有关。按古代文献记载，特别是前文“战争”小节强调的“掠夺财富”，是战争发动者的根本目的，不管用什么谎言及骗人的招数都掩盖不住。炎黄时代的战争起因，皆是“侵掠”，在这种侵掠的压力下，神农时代结束了。在这种“侵掠”背景下，初期炎帝族群节节败退，但在这个时期的后期，即炎黄战争胜利以后，炎帝又发生了质的变化，变成了“侵凌”其他势力弱小的部落联盟。在这个时代初期，只有蚩尤族群集团迈进了“惟始作乱”“侵凌诸侯”“暴虐百姓”的社会阶段。《史记》记曰：“轩辕之时，神农世衰，诸侯相侵伐，暴虐百姓，而神农氏不能征。”我们一再强调神农是一个时代，不存在神农氏这样一位人或氏族群体。但“甲兵不起而王，行政不用而治”的社会确实存在。在这里司马迁将神农氏世衰的社会面目，用周朝末年的“诸侯相侵伐，暴虐百姓”刻画，比喻形象，有意义。但将神农族群与周王朝的诸侯相对应这一点是失之史实的。

司马迁这一段简要记载，清楚给出了中国远古史的重大转变时期突出社会特征及主要战争策源地。“神农氏世衰”是社会转化的时期，“诸侯（应是氏族集团）相侵伐，暴虐百姓”是突出社会性宏观特征。“而蚩尤最为暴，莫能伐”，一者说明只有蚩尤氏族集团率先进入了《尚书·吕刑》所记载的阶段，“最为暴”，突出其残暴的侵掠活动；二者说明，当时整个中国社会其他地域还皆处于“安宁”的发展，所以“莫能伐”，炎帝被追逐得“九隅无遗”，黄帝也“不能禁止蚩尤，遂不敌”。蚩尤发起的这场战争，极大地刺激了当时中国的“卧则居居，起则于于”的安宁的炎帝所居住的仰韶文化区。并且以强势压迫炎帝图腾属下的族群放弃家国向西、向北甚至向南逃移。“黄帝北征黑帝”是黄帝族群侵扰黑帝呢，还是因黑帝侵扰其他氏族集团，引起黄帝的征讨？不得而知。

这三场大范围的战争的顺序，应该是蚩尤与炎帝，然后是炎黄与昊蚩，最后是黄帝与炎帝。这三场战争发生在中国远古社会，是远古社会的巨大变革时期的重大历史事件。三次战争各经历多长时间，总的又历经了多久，目前尚难判断，但不是几年，也可能不是几十年，而是一二百年。在这一二百年间，也可能更长一些时间里，中国远古社会的巨大变革不仅体现在各个遗址的遗物上，而且更清楚地记在《史记》等书籍中。《史记》在记述“蚩尤最为暴，莫能伐”之后，继之曰“炎帝欲侵凌诸侯”，此是《史记》深刻记述炎帝氏族集团历经前两次战争历史之后其内部发生了巨大的改变。司马迁这一段记载十分重要，而且深刻、明确、透彻地揭示记录远在他之前3500～4000年的远古历史。在第一次战争中，即蚩尤向炎帝氏族集团居住区侵略掠劫时，炎帝族群几乎没有抵抗与战斗的能力。人们安居乐业，习惯于宁静的生活。但是经历两次大范围的战争的刺激与推动，炎帝氏族集团竟也变成了与蚩尤集团一样“欲侵凌诸侯”，即大肆掠夺抢窃。原本是遭受抢掠而为抗击侵凌的主要力量，却演变成抢掠他人财富、侵占他人地域的新的罪恶势力。

黄帝与炎帝的战争也有古代文献记载，其中主要的是《史记》《孙子兵法》及《左传》等。《史记》曰：“炎帝欲侵凌诸侯，诸侯咸归轩辕。轩辕乃修德振兵，治五气，艺五种，抚万民，度四方，教熊罴貔貅豹虎，以与炎帝战于阪泉之野，三战，然后待其志。”《孙子兵法》（银雀山汉墓竹简）曰“黄帝伐赤帝，孙子曰：‘黄帝南伐赤帝，至于囗’，战于反山之原，右阴，顺术，倍衡，大威有之。”《左传》鲁僖公二十五年（公元前635年），秦伯师于河上，将纳王，晋侯（文公重耳二年）欲出兵勤王，使卜偃卜之曰：吉，遇黄帝战于阪泉之兆。可见这场战争确实存在。《左传》记述这场战争的时间是公元前635年；《孙子兵法》成书时间至少与孙武在吴国的时间即公元前512～506年前后有直接关联，也就是说二者皆在春秋时期，同《史记》不同，因为《史记》可能受到秦汉及战国一些人捏造的影响。战争的规模很大，黄帝不仅动员而且还训练（“教”）熊罴貔貅豹虎等图腾的成员。从黄帝“修德振兵，治五气，艺五种，抚万民，度四方”所作的长时间充分准备可知战争的艰苦程度与战事时间的漫长。“三战”不是一般的三次战争，而是若干年月的战事。“三战，然后得其志。”“得其志”是战争的结局，达到了黄帝的要求。炎帝没有与蚩尤一般被杀，而是代之而继成为新首领，成了黄帝的诸神之一。

这三场战争之后，中国远古的疆域第一次得到统一，其中心地带虽然在太室、泰山、青要山至华山一带，但北至幽都北海，东至东海，西抵陇山的崆峒山，南到熊耳山。政治上，也可以说图腾系列趋向于一致，开始了以黄帝与炎帝文化统一的时代。经济上，日益走上以农牧业为主的道路。科技文化上特别是天文学达到了由统一政权领导组织、有固定地点、有专职人员观测、定期报告的水准。文字也因仓颉的努力而进入到统一的时期。

（五）青　要　山

本书从第二专题“天书”开始就用了一些古怪的题目，“少昊天文学”“七环四斗仪”“有兽如貍，一目三尾”“女娲之肠”“骷髅十字圭表”“黄帝生阴阳”“蜂形人与黄”“女娲七、十之化”“猪鹰八卦，旋天北极”“报德之维”“帝张四维运之以斗”，此处又用了“青要山”这个令人难解的奇怪题目。笔者深信本书是一部十分严肃的科学著作，不必要用这些古怪的题目去标新立异，耗费阅读此书的人们的时间。当笔者的认知走近一万年前的柿子滩蜂形人岩画、大汶口日月五峰山陶绘、贺兰山骷髅十字岩画、六千年前的姜寨遗址，走近青要山；当笔者携带头脑中融汇的十分浅薄的天文、历史、生态知识步入《易经》《山海经》《逸周书》《诗经》《鬼谷子》《淮南子》《史记》《说文解字》等古代典籍及现代诸多专家的光辉著作时，笔者看到的不是古怪，而是金光闪闪、斑驳陆离、高耸入云霄写满了天书文字的一座又一座“大山”。但从它们被定性为“怪、力、乱、神”及司马迁“不敢言之”开始，便长时期被歪曲、被误读，尽管有一些人为它们呐喊，终因势力太弱，无果而终。青要山是这些大山中的一座，所不同者，它现今仍有可踱可观的实体。《山海经》中称谓它，现今地图也标示它。它更是“仰韶文化”的仰韶村所仰望之山。它留存着裴李岗文化大量的遗址群，时间距今8000～7000年；更留存着仰韶文化，距今7000～6000年的深厚的文化积淀。更主要的是，距今6000～5500年成为黄帝统一华夏之后长期活动的中心。

1. 青要山

《山海经·中次三经》曰：“萯山之首曰敖岸之山，神熏池居之，是常出美玉。北望河林，其状如蒨如举。有兽焉，其状如白鹿而四角。又东十里曰青要之山，实维帝之密都。北望河曲是多驾鸟，南望墠渚，禹文之所化，是多仆累、蒲卢。神武罗司之，其状人面而豹文、小要而白齿，而穿耳以鐻，其鸣如鸣玉。畛水出，北流注于河。又东十里曰騩山，其上有美枣，正回水出，北流注于河，其中多飞鱼，其状如豚而赤文。又东四十里曰宜苏之山，滽滽之水出。北流注于河，是多黄贝。又东二十里曰和山，其上无草木而多瑶碧，实维河之九都。是山也，五曲，九水出焉，合而北流注于河，其中多苍玉。吉神泰逢司之，其状如人而虎尾，是好居于萯山之阳，出入有光。泰逢神动天地气也（注曰：夏后孔甲田于萯山之下，天大风，晦冥，孔甲迷惑，入民室。见《吕氏春秋》）。"

今称青要山者，《山海经》称萯山，《吕氏春秋》也称萯山，可能夏朝时也称萯山。此山有五个山峰（图9.1），《经》称敖岸、青要、騩山、宜苏、和山；可能与今之韶山（1463米）、青要（1468米）、笔架（1195米）、小寨岭（768米）、庙岭（748米）五个制高点相对应。"北望河林"与"北望河曲"是青要山远眺的重要景色。《经》载有畛水、正回水、滽滽水、九水合流者，畛水即今之畛水，九水合流者应是今庙岭与檀岭以东的九条小河所汇之水。《经》载南望墇渚，应是青要山前自西而东的涧河之中的岛屿，表明当时涧河水量较大，水流稳定，河中间不仅形成岛屿，而且远望轮廓清晰，且长期存在。青要山，居于河南省新安与渑池两县境内、黄河南岸，属于崤山东端。山的西部、南部由涧河上游河谷广阔的平原与崤山隔离。山的西北、北、东北侧分布着呈新月形的狭窄的黄河河谷。整个地域东西长约60千米，南北宽近35千米，总面积为2000多平方千米。依据夏后孔甲（公元前1600余年，距今3600余年）田猎于萯山之前及南望涧河流域的墇渚之景象，可知当时森林植被还相当完好。当然《山海经》中也记述了和山之上无草木，此点应着重记述与讨论。

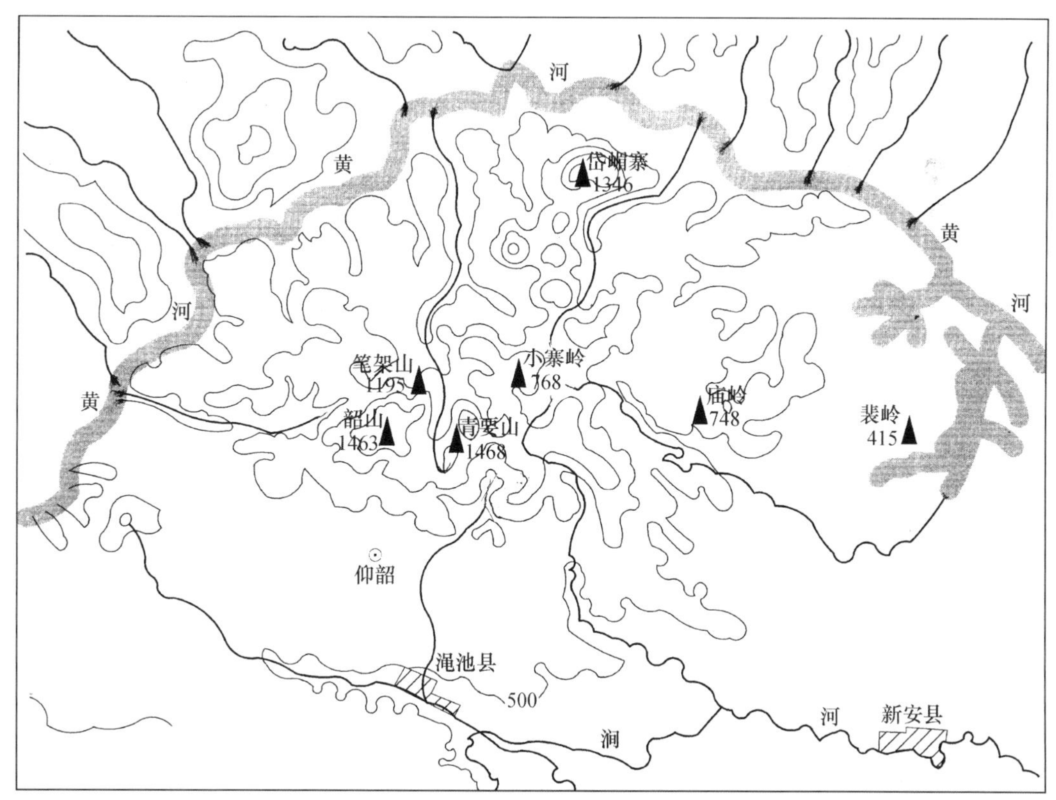

图9.1 青要山地势略图

青要山，即萯山的西峰，《经》称敖岸之山，应是今之韶山。在中国人中，很少有人了解这个有着6000多年历程的震惊过世界的韶山。因为山前有一个贫瘠的小山村，名字叫仰韶，因出土了整车彩陶而闻名于世。图片四是一小批仰韶文化时期的彩陶器物，如今这些器物都是国宝。而在100年前，这个小山村庄的村民，家家户户还都使用与图中类似的器皿汲水、盛物、垒墙甚至喂猪、喂鸡。1920年秋天，地质采集员刘长山仅用三天时间，几乎凭空取走600多件这类器皿。笔者深深地为6000年前生活在这里的人们所震撼，这里积存的不只是彩陶，而是伟大而厚重的文化，这里是当时的文化中心区，它积存的财富一直连绵使用到6000年以后的现代。

图片四　仰韶文化时期的彩陶器物（见图版4）

（取自蒋书庆《破译天书远古彩陶花纹揭秘》彩照页，2001年）

2. 蜂形人在青要山周围的分布

《中次三经》清楚地记曰："青要之山，实维帝之密都。"虽然并未确切给出帝是何人，但帝是存在的，帝之密都也是存在的。《经》中还记述青要山西侧之山名曰敖岸之山，即今之韶山，有神熏池居之，两者相距仅"十里"；青要山本身则由人面、黑黄圆斑纹相间的豹纹及蜂之小腰的神武罗司之；青要山以东相继十里、二十里、四十里的和山有"其状如人而虎尾"的吉神泰逢司之。泰即大，逢即蜂，泰逢即大蜂形人形神司职。如此，给出仅记有五座峰的青要山有三神司职或居之，其中两种留存着蜂形人的特征。它们实际是帝之密都与河之九都的守护神，也是观天报时的族群，更是执有蜂形人仪器及以其为图腾的群体。无论这三山之神是图腾还是观天仪器，皆已足证蜂形人的存在。由于青要山是帝之密都，且和山是河之九都，所以这里的蜂形人至少是一个围绕帝的中心地域的族群。

由青要山向东50千米左右，在"黄帝生阴阳"专题的"骄虫，蜂蜜之庐"小节已详述《中次六经》的平逢之山，南望伊、洛，其地望应是今偃师市北的北邙山一带，"有神焉，其状如人而二首，名曰骄虫，是为螫虫，实维蜂蜜之庐"。在前一小节，我们感叹一百年前仰韶村民还在使用6000年前人们烧制的彩陶时，此节应相信《山海经》

编撰成书时，平逢之山的人们还在使用或祭祀“蜂蜜之庐”的人形二首之神。实际上，这人形二首之神应与青要山武罗及泰逢同时司职。青要山之南60千米左右宜阳县城南的十字岭（810米）山地，可能是《中次七经》的首山，由此向东第6座山放皋之山，应居于伊川与登封交界之处，此山所出明水南流注于伊水，“有兽焉，其状如蜂，枝尾而反舌，善呼”，是一个典型的蜂形兽，即兽身蜂形观天仪。由放皋山再东，即第7座山大苦山，第9座山少室山，第10座山太室山。此《经》载：“苦山、少室、太室皆冢也”“其神状皆人面而三首”，三首是蜂形人的典型特征。少室及太室即今之嵩山，距平逢之山“蜂蜜之庐”也仅20千米左右。此处，又有三个蜂形人之神司职。

《中次二经》共计九座山，由于各山所出之水皆西入或北入伊水，最后一山为伊水源头。此《经》东起汝阳，九座山皆位于北汝水与伊水之间。九座山中有四座山出怪物。第4座山“多鸣蛇，其状如蛇而四翼。其音如鼓”；第5座山“多化蛇，其状人面而豺身，鸟翼而蛇行”；第6座山“有兽焉，其状如彘，而有角，其声如号”；最后一座山“有兽焉，其名曰马腹，其状如人面虎身，其音如婴儿”。由马腹的人面虎身形状可知，这是一架蜂形人型的观天仪，它所处的位置，距中次七经第6座山放皋山西南30～40千米。

从青要山的武罗神启东向35千米为和山泰逢神，再东20千米平逢之山“蜂蜜之庐”，由此西南20余千米为大苦山、少室山、太室山，三山之神皆人面三首之蜂形人的观天仪。由放皋山西南指30～40千米则是马腹所居之蔓渠之山。可以说有着众多的蜂形人型的观天仪，或以此为图腾的氏族，或祭祀偶像存在。即“黄”图腾各分枝型围绕青要山形成一个“黄”图腾群。虽然蜂形人的每个形态不同，但其主要构造特征明显。蜂形人的形态差异，可证明这一地区聚集着强大的“黄”图腾群的不同层次及各个分支。当然，也可能是由于收集编撰《山海经》原始信息的时代差异造成的蜂形人型记录或留存的形象不同。无论何种原因形成的差异，皆表明青要山附近确实存在着蜂形人型，亦即“黄”型的图腾群的存在，它们是我们进一步要考释的黄帝活动中心地域的科学基础。

3. ⊠类型怪物在青要山附近的分布

本书在“德与帝”专题讨论了⊠是浑天仪的符号，是帝。这里主要给出的是⊠及类似的天文观测仪或氏族图腾或图腾符号在青要山周围的分布。青要山的黄河北岸是《山海经·北次三经》所记的太行山，它西起中条山，东连王屋山，再东接太行山，共46山。此《经》总汇时言及，四十七山中有十山之神，“状皆彘身而八足、蛇尾”（图9.2），祠之皆用一璧而埋之。“黄帝生阴阳”专题中着重介绍了冯时认为距今5000多年以前南方与东方的氏族将北斗比喻猪。此处的彘身、八足、蛇尾的观天仪，主要应是观测北斗的，当然白天也可以运用八足一尾仪测影、定向、计时。如果以○为猪身的符号，则青要山黄河北岸这些神可以用符号✳来表示，那么所记述的“彘身而八足、蛇尾”之神，是怪物，又不是怪物，而原本是人们使用的夜晚依靠北斗计时、定向、制历

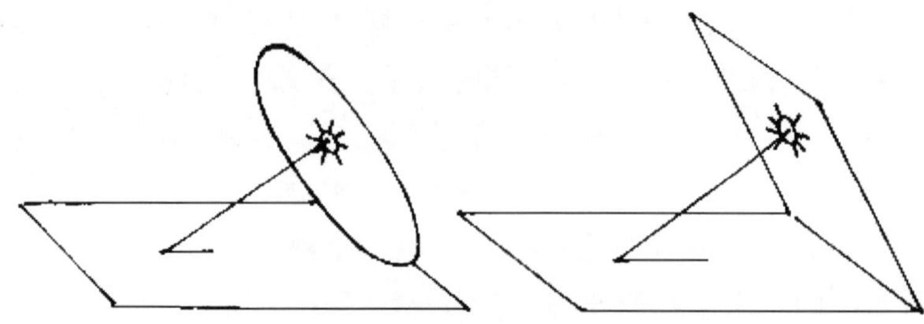

图9.2　✳形猪身八足蛇尾神

的仪器。“民咸用之为之神”。经过长期使用以后，逐渐转化为人们祭祀的“神器”。

人们为了理解这个“神器”的形象与作用，绘制示意图，将猪安置在两个相交的平面的斜面上，倾斜面与地球赤道也即天球赤道平面平行，其上的○表示猪身，✳是固定安置在猪身上的八条直棍，为与八条直棍区别，支撑神器的“尾”当时选用的是弯曲波折如蛇形的木棍，可制成猪形的猪首朝上方，以确定神器放置的位置。在一年之中，当北斗勺尾指向猪首时，便为夏至。先民们制作并使用这个神器时，它是一个平常的器具，不是怪物。但后世子孙可能不再使用它们观天测地，而是作为祖先的代表物祭祀崇敬它们时，族外人见了便认为它是怪物。悬象示物，猪示北斗，人形猪是图腾；✳也是图腾；以人形猪为中心的⧆是一个新的图腾，且广布于黄河北岸《北次三经》中的10座山上。这些内容应是各“经”文字或图绘形成时的状况，也应包括久远之前留存的信息。时间跨度应是距今5500～3000年。由此可以明了《山海经》中的那些“有鸟如枭，人面，一足”（《西山首经》）、“有神兽身，人面，一手，一目”（《西山四经》刚山）、“有兽如豹，人首，一目，牛耳”（《北山首经》）等皆是测日影的“Ⅰ”型单杆，即“太极”，是人形图腾。

4. 具茨山⧆四联体岩画的本质

在考释青要山附近⧆型怪物时，必须关注“天书”专题中的“具茨山岩画中的⧆四联体图案”。该专题仅仅介绍了⧆四联体及南斗、北斗、北极星的存在，并未讨论四个⧆连在一起的“天书”的深刻涵义。口为报，✳为德，⧆为帝，经浑天仪的讨论特别是《山海经》中所有九尾、八足等怪物皆是观天仪的讨论之后，回头再讨论四联体⧆这部天书的深刻涵义便清晰可见了。由于四联体⧆与南、北斗及北极星相邻，可知这四联体中有一架是观测北斗围绕北天极旋转的设备。进而说明，或用同样构造的设备，或者就是用这架设备，可以观察记录月亮在白道27分恒星站位上围绕北天极区旋转运行的情况，所以四联体⧆的功用之一应是对应月亮的。6000年前姜寨遗址的彩陶盆，可以认为是记述水平放置的恒星月观测仪的“天书”。现在这四联体之一的⧆同八足蛇尾猪一样是倾斜放置的。四联体第三个⧆应是观察太阳在黄道上围绕北天极区旋转的运行过程，是依靠与太阳相对位置的恒星而确定的。四联体的第四个⧆应是对应天球赤道的，也即是观察记录地球自身在一年之中不同季节所处的恒星位置。如此可知，在具茨山四联体

⊠岩画之前，中国远古人们已经熟悉环北极的恒星旋转，月亮在白道上的运行（实际是月球围绕月地质量中心的旋转）；太阳在黄道上周年的运行（实际是地球本身围绕太阳在轨道上运行的过程）；以恒星为标志的天在天球赤道上的变化过程，实际是地球自转又公转，观察者周日及周年在天球赤道见到的恒星背景。

由此可以相信《吕氏春秋》记载的黄帝教导颛顼关于天有大圜的事。《吕氏春秋》成书于公元前239年，其卷十二与十三之间的“序意”文记载：“维春八年，岁在涒滩，秋，甲子朔，朔之曰，良人请部‘十二纪’”，这时，文信侯曰：“尝得黄帝之所以诲颛顼矣，爰有大圜在上，有矩在下，汝能法之，为民父母。”此记载首先表明《吕氏春秋》的作者有所依据黄帝教导颛顼“爰有大圜在上”，佐证黄帝时代人们已清楚认知天球上圜形轨迹的存在；另外也表明，当时人们十分懂得谁能“法之”谁就是“民”的首领。具茨山的四联体天书确定证明当时的人们已经熟悉了天上四个大圜的存在。如果说贺兰山岩画中的报德之维的⊠只表示一个大圜，则汉画像砖中的⊠⊠必表示两个大圜，同样《北次三经》记载的黄河北岸的10座山上的彘身、八足、蛇尾⊠⊛也可能仅表示一个大圜。倘若具茨山岩画四联体⊠表述的不是四架观天仪，而是说一架观天仪可以有观测四个大圜的功用时，则上述单一的⊠也可能具有四方面的功能。但依据“帝张四维，运之以斗”的记载可知，初始时⊠主要还是用于观测北斗的周天旋转。

⊠⊛是帝，八足蛇尾猪⊠也是帝，四联体⊠也是帝，如此，在久远之前，青要山周围不仅有为数众多的蜂形人，即“黄”的氏族群分布，同时也有着势力强大的“帝”氏族群分布。“黄帝”是这两个强大氏族集团的共同首领，“黄帝”确有其人存在，不是“想象”，更不是臆测，而是真实存在的 “黄”与“帝”氏族集团的首领，“黄”与“帝”氏族集团是其基础。

5. 泰逢神好居于萯山之阳

本书到了这里，必然进入到一个十分重要的阶段，那就是科学地认真负责地审视华夏古籍中关于黄帝的所有记载。《山海经·中次三经》萯山，即今之青要山之中的第5座山，也是最后一座山，名曰和山。“其上无草木”“吉神泰逢司之，其状如人而虎尾，是好居于萯山之阳，出入有光。泰逢神动天地气也”。这一记述虽已在前文中有所涉及，但在此处值得进一步讨论。《经》载萯山五座山峰中有“蔓居之木”“美枣”，草药名曰荀草者三山，敖岸山未记草木之状，最后一座山“无草木”。“四、黄、蜂形人图腾的文字符号”专题“（三）·4”小节表4.3中讨论了《中山经》的一至七经及十经已无高大的针阔乔木，除一经外，其他各经皆有“无草木”之山，最多者5~6座，认为这是距今2600~2400年《山海经》编撰成书时的基本情况，但并未讨论“无草木”的成因与形成的时间。《诗经·周南》与《郑风》所颂“南有乔木”与“山有乔松”为以今新郑、洛阳为中心的黄河南岸之地域，周平王东迁后（公元前770年）150年间的诗篇。由诗可知，距今2800~2650年这一带山地乃有高大的乔木与松树生长。到了距今2600~2400年时，上述诸《经》之无草木，即童山，一般为20%~30%。造成这种情况的主要原因是无节制地采伐林木，这是当时青要山周围无草木童山形成的原因及出现的时间。

但，《中次三经》中所记述的和山无草木及吉神泰逢“好居于萯山之阳，出入有光。泰逢神动天地气也”，很有可能与距今2600～2400年的情况不同。《三经》所记的内容可能是吉神泰逢司职时留下的图画文字天书。吉神泰逢“出入有光”是夜间活动，白天有光是不明显的，夜间有光可见应是行人众多，手举火把，远望之动天地之气。这是十分生动而逼真的记载。泰者大也，逢者蜂也，此乃“其状如人而虎尾”的大蜂，是蜂形人，是黄，是观天仪，又是以大蜂形人为图腾的氏族。当它放置在和山上观天制历时，它是一架蜂形人型仪器；当它被氏族人们高举在前、众人跟随其后时，它是图腾；当它被集中在一个人的领导权限时，这个人可能被尊为神；当它被抽象成符号时，它被写成“黄”。这个泰逢神就是“黄”族群的一个具体的支脉。

若此，泰逢神所居和山“无草木”可能与《管子》所记述的“黄帝之王，童山竭泽”直接相关联。盛广智《管子译注》（812页）曰：“黄帝治理天下时，采取了伐光山木枯竭水泽的政策。”译注者没有再进一步解释。《管子》一书中留存了黄帝时的这一问题，很是重要。它表明泰逢神时期的黄帝与姜寨遗址时期的黄帝大不相同。这时的黄帝人马众多，一旦居住在一处山地丘陵三年五载，因烧柴、冶陶、垦田、修建房屋等用处，便易于伐光局部山林。《中次三经》和山“无草木”，记载的可能是泰逢神动天地之气时的实际情况，进一步证明了泰逢神族群人口众多，往来于和山和萯山之阳的气势宏大，特别是夜间火把冲天。

吉神泰逢“好居于萯山之阳”，此条记载十分重要，萯山之阳就是青要山之阳，亦即韶山之阳。可以说吉神泰逢喜好又经常居住在“仰韶之村”。为何如此武断？因为萯山之阳，也即韶山之阳，东西宽40余千米、南北宽近20千米，散落村庄数百个，只有仰韶有那么厚重的文物、那么众多的彩陶呈现在6000年以后的人们的面前，那真是“出入有光”“动天地之气”!仰韶遗址可划分为仰韶文化中期（应相当于距今6000年以前）、仰韶后期（应相当于距今5500年左右）、龙山文化早期（应相当于距今5000年左右）、龙山文化晚期。“黄帝生阴阳”专题中已经指出，黄帝与炎帝诞生于6300～6500年以前的渭水流域，仰韶村的6000多年前的彩陶与初始诞生之时的炎、黄二帝没有直接关系。青要山附近的“黄”与“帝”图腾群应属于距今6000～5500年的情况。

（五）大统一之后的活动中心

为了严肃地确信黄帝的真实存在，本书在“黄帝统一大业”之前诸多专题中，分别讨论了《山海经》中的怪、力、乱、神及“所有怪物”；从人面、一目、一手、一足等怪物开始，一直到九首九尾怪，让我们深刻地了解了《山海经》这部不朽的著作从远古的图画文字那里留取传承的几乎近万年的天文观测仪的栩栩如生的形象。如此长时期的、涉及地域广泛的、系统的、形象逼真的、大量传承的天文仪器的记载，将永久的为世界所惊叹。尽管一些人被近百年来强盗帝国蔑华、仇华文化浸染严重，会对《黄帝之研究》嗤之以鼻，但华夏天文学的万年光辉将如日中天。对《山海经》中大量的形象怪异的天文仪器的揭示，为我们确认黄帝的存在奠定了更坚实的科学基础。而“青要山”的深入讨论，为本专题要讨论的黄帝大统一之后的活动中心铺垫了更雄厚的基石。《山海经》中所有怪物宝藏大门的打开，令我们可以进一步去科学地对待中国古代从2000～3000年前的所有文献中关于黄帝的记载。读完八、九两个专题，再回去读“天书”“女娲之肠”“黄帝生阴阳”等专题，会深刻而具体地了解黄帝的真实存在。

“活动中心”是黄帝历史的重要内容，它必然要在“两个源地”“三条路线”“三场战争”等重大内容考释完成后再加以讨论，否则，长期以来被人搅浑了的“黄帝”是否真实存在的问题难以被人接受。可是当我们将大量的，真实记载的“蜂形人”——黄族群与怪物[illegible]、[illegible]即帝族群在青要山周围长期存在时，人们会确实地了解“黄帝”这个氏族集团广泛地活动在青要山周围，更会相信古代文献中诸多关于黄帝的记载是可信的信息。这些文献的令人遗憾之处在于，除《史记》外，无系统记述黄帝的历史，多是因各自所需择而取之。这些零散分离的信息孤立地去看，甚是有些离奇杂乱，但将它们时间序列理清后，空间位置安排合理，黄帝的历史事业便会恢复其真实的面貌。

1. 黄帝活动中心的地域

《史记·五帝纪》记载：“诸侯咸尊轩辕为天子，代神农氏，是为黄帝。天下有不顺者，黄帝从而征之，平者去之，披山通道，未尝宁居。东至于海，登丸山，及岱宗。西至空峒，登鸡头。南至于江，登熊湘。北逐荤粥，合符釜山，而邑于涿鹿之阿。”这里显然是黄帝完成大统一之后，诸侯都尊他为天下之王，代神农氏为帝。明白给出东及岱宗，西至空峒，南登熊湘，北邑涿鹿，可并未言明是以那里为中心，仅是说：“迁移往来无常处，以兵师为营卫”“未尝宁居”而已。实际上，迁移征伐由东而西、由南而北必然要多次往复于这东、西、南、北的中间地带。前两节讨论给出青要山附近众多的黄图腾与帝图腾之“神”司职各个山地，可清楚表明这里应是黄帝及其族群主要聚居与活动的地域。

《史记·封禅书》申公曰：“黄帝时万诸侯，而神灵之封居七千，天下名山八，而三在蛮夷，五在中国，中国华山、首山、太室、泰山、东莱此五山，黄帝之所常游，与神会。”这给出了黄帝活动的中心区域。万诸侯、神灵之封居七千，道出了各山的“神灵”是黄帝所封。实际上，黄帝时的各个分支图腾族群并不称为诸侯，诸侯应是周朝的名称，黄帝时应是封为“神灵”的。在《山海经》中见到那么多“神怪”，既是天文仪器，又是黄帝的分支族群的图腾。这一段记载最重要的是给出了当时中国的“天下”有八山，而八山之中有三山不在中心地带，是在蛮夷，居于蛮夷之三山可能是空峒、鸡头、熊湘。黄帝统一的天下有多大？它包括八山，八山中有华山、首山、太室含青城山、泰山、东莱居于中国之内。这五座山是黄帝所常游，并与其所封的“神”会。黄帝统一中国时的中心地带是东莱、泰山、太室、首山至华山一线，其居中之地为青要山及附近的太室山。

《韩非子》关于黄帝大合鬼神于西泰山的记载，给出黄帝的主要活动中心应在西泰山。《韩非子·十过》记曰，师旷言“昔者黄帝合鬼神于西泰山之上，驾象车而六蛟龙，毕方并辖，蚩尤居前，风伯进扫，雨师洒道，虎狼在前，鬼神在后，腾蛇伏地，凤凰覆上，大合鬼神，作为清角”，原注者谓西泰山即泰山。这恐怕与当时黄帝的实际活动相差太远。《史记》只言黄帝“东至于海，登丸山，及岱宗”，“及”在此处应是“到达”或“临近”之义，即到达泰山。虽然也记有“封禅七十二王，唯黄帝得上泰山封”，但《韩非子》所记“驾象车而六蛟龙”的大型车辆，由六匹马并排拉着登泰山，就是今天也不可能。所以西泰山不是今之泰山，只能是今之太室山。太室山山坡缓平，易于通行。“六蛟龙”是六匹马或六匹象，应与“（四）·5”小节所引《管子》“黄帝之王，童山竭泽”给出的黄帝居地皆童山的记载相符。大队人马生活需要木材，人马出行需要通道，童山之“童”局部只需3～5年，但大范围地域性者必须是一个较长期的过程，百年或二三百年。《史记》记述黄帝得宝鼎迎日推策380年后仙逝，应表明在这里大约经营300多年。

本书所记“风伯”“雨师”“虎狼”“鬼神”“腾蛇”“凤凰”实际皆是黄帝的各个司职人员，只是司职的名称而已，风伯与毕方、蚩尤同是司职人员。大合鬼神于西泰山之上，是召开各个山头的司职人员（称其为鬼神）大会。“蚩尤居前”足以证明这是炎黄与蚩尤族几次大规模战争之后即大统一之后，蚩尤族团的新的首领成为黄帝族群的重要成员，也是黄帝“宾”服各个方国集团之政策的实例，证明黄帝充分保留了蚩尤集团的普通成员。

2. 仓颉造字

仓颉造字是中国文化史上的一件大事，在历史学界褒贬不一。孙铁在《影响中国历史的100事件》一书中将仓颉造字列于第二件大事。李衡眉在《中国史前文化》一书中就“仓颉造字”作了重要的叙述：“文字不是个人的独创，而是群众智慧的结晶，是社会发展到一定历史阶段的产物。但是，这一观点并不排斥在早期文字规范化和改进工作中，个人可能起过某些突出的作用。仓颉如非虚构人物，可能就起过上述作用。（168页）”袁珂在《中国神话传说词典》中，将仓颉造字列为神话传说（185页）。历史学界在儒家正统思想、西方强权思维、疑古派的层垒式的压迫下，就中国远古文字发展史这一问题，也只能退到神话传说阵地，据此负隅顽抗。

古文献十分清楚地给出距今6500～5500年的黄帝时代，仓颉造字。《世本·作篇》载：“黄帝使仓颉作书。”《淮南子·本经训》曰：“仓颉作书而天雨粟、鬼夜哭。”汉许慎《说文·序》曰：“黄帝之史仓颉，见鸟兽蹄迒之迹，知分理之相别异也，初造书契，百工以乂，万品以察”《易·系辞下·二章》：“上古结绳而治，后世圣人易之以书契，百官以治，万民以察。”这些文献虽然没有明确记述仓颉造字，但却明确给出“后世圣人易之以书契”，既是说，在文字规范化和改进工作中，某些个人曾经起过突出的作用。在这些个人中，黄帝之史仓颉一定起到过令他那个时代的人们深刻不忘的作用，否则远古人们不会捏造出一个仓颉来。这些记载应不亚于西方某些史诗具有的历史的可信性。《吕氏春秋》（144页）中有“大桡作甲子”“尚仪作占月，后益作占岁”“史皇（注：仓颉）作图”，应特别关注“作图”，具茨山与贺兰山岩画皆是图，也就是说《世本》《淮南子》《说文解字》及《易经》记载的仓颉作书、造书契或易之以书契的“书”皆是图绘天书。《吕氏春秋》记载的“作图”是黄帝时代的历史实际。“书”则容易被近2000多年来人们见到的竹书、帛书、纸书形象所误解。

《山海经·中次五经》及《河图》给出仓颉造书作图的地点与内容。《中次五经》西起洛水中上游北岸的崤山，第1座为苟山，第2座山为首山。首山山体较大，阳坡多玉、多槐；阴坡有较长的山谷，多榖、多柞。其地理位置介于华山与太室中间，可能是《史记》中黄帝经常往来的“国内”的五座山之一的首山。此山应是今河南西部卢氏县与灵宝县之间的冠云岭（1866米）、石牛岭（1681米）、牛脊背（1372米），以及再东向的洛宁与陕县间的甘山（1885米）、摩云岭（1460米）、老庙山（1588米）一带。这一带山地距离目前有人主张灵宝县铸鼎原的荆山直线距离只有30～50千米。从而有可能又是《史记》所载‘黄帝取首山铜，铸鼎荆山’下的首山。由首山再东第9座山，“五经”的第11座山名曰尸山，尸水出南入洛，可确认“五经”处于洛水北岸。尸山东邻5千米的良余山，其阴出余水北入河，其阳出乳水南入洛，今这一地带只有孟津县西端的445米左右的仓头山具备这种条件，北出横水入黄河，南出瀍河南入洛。由良余山今仓头山再东42里即21千米，便为“五经”最后一座“临于玄扈之水”的阳虚之山。

《河图》曰“仓颉为帝南巡狩，登阳虚之山，临于玄扈洛汭，灵龟负书丹甲青文以授之”，出此水中。《河图》认为仓颉造书是灵龟所负，是丹甲青文以授。《易经·系辞·十一章》言及的“河出图，洛出书，圣人则之”，与《河图》所言应是一致的。“灵龟负书”长期以来被误读，“天书”专题之“七千年前的甲骨刻划”中，已介绍了7000年前河南舞阳贾湖遗址344号男性墓中放置8个内装大小不同、颜色各异的小石子的龟甲，不能不令人联想八卦与八方有关的“晷度顺序”，这些龟甲就是“灵龟”。更重要的是，M344与M378等墓穴内发现有刻纹的龟甲及甲骨。刘宝山认为甲骨上刻画的是“目”“日”“土”“父”。无论如何解读，这些刻符确应是华夏甲骨文字的源头。野外考古中多少重大发现，都震惊过世界，奇怪的是几乎皆震惊一时，此后则灰飞烟灭，沉没于“传说”与“疑古”的污泥浊水之中，甚至沉没于西方学者冷漠、轻蔑与木然的长河之中，渐渐地被人们所遗忘。

贾湖甲骨刻字也许已被遗忘、被忽视，多因人们以为它是“孤证”，仅此一地而已。实际上，贾湖遗址出土那么多规整的刻“字”，又不止一坟一龟出世，已应表明“灵龟”与“甲骨文”在7000年前同弓箭、陶器、房屋建筑一样有所普及，并开始规划整形。河南舞阳居于沙河与泥河之间的贾湖龟甲、骨器、石器上的刻字，距离禹县北缘具茨山的大量岩画留存地只有100千米左右，距今6500～5500年的仓颉获得丹甲青文的阳虚之山直线距离也仅在200千米之内，而时间却相隔了1500～2000年。在这千年以上的漫长发展过程中，在洛汭、在具茨山形成大面积、大数量的丹甲青文是必然的。

刘宝山在《黄河流域史前考古与传说时代》一书中语重情长地讲了：“诚如是，我们认为，如果把传说时代定在没有文字记载以前的时代。传说时代应该大大提前，绝对不可能在我们传统上所认为的5000年。而且，我们现在头脑中所认为的‘传说史料’实际上一直是配合记载流传下来的，特别是先秦史料。”（2003，11页）他的话不是“圣旨”，也不是“金科玉律”，所以自他的书问世至今8年，那么多大部头著作，那么多广播电视仍然重复他们头脑中的“传说史料”。黄帝之所以流传至今且人们对其崇敬有加，是因为统一文字、统一书契是其伟大功业之一。《淮南子》“仓颉作书”，许慎“黄帝之史仓颉”“初造书契”，《吕氏春秋》“史皇作图”，《河图》中提到仓颉南巡、登阳虚、临玄扈洛汭、灵龟负书，这些都是远古记载流传下来的真实的记述。

3. 铜器黎明时代

就铜器时代而论，铜器黎明仅是一个时期，难以称其为时代。但依中国远古文献记述的阶段而论，黄帝是一个时代，这一时代正与铜器黎明时期相吻合，所以称其为铜器黎明时代。这个时代应与苏秉琦等在《中国远古时代》一书中提出的公元前3500～公元前2600年的铜石并用时代早期（144页）相符。也应与表9.1列出的距今6675±135至5000年铜器黎明时期相符。在我国铜器“黎明”时期，一些地域内相当广泛地出现铜的萌芽遗迹，见表9.1。距今6700±135年前陕西临潼姜寨遗址出土半圆残铜片、铜管，距离“铜器黎明”期（距今6000～4600年）的时间早1000余年，应是值得深入讨论的特例。甘肃武威皇娘娘台遗址，为齐家文化，出土铜器30余件，其中包括15件铜锥、6把铜刀、2个铜钻头、1个铜凿、1个铜环、铜条形器、4个残铜片，时间为公元前2005～公元前1900年，晚于龙山文化数百年。在夏商周断代工程给出的夏始年代公元前2070年，已进入青铜器“旭日东升”的时期。由于地域性社会发展不平衡，我国进入铜器黎明时期以后，有些先进地区的铜器率先达到、甚至超过武威皇娘娘台水平，特别是山东大汶口地区。古文献所记蚩尤铜头铁剑，应是符合实际的。

表9.1　铜器黎明时代（距今6000～4500年）

距今年限	文化属性	遗址	器物及成分
6675±135	仰韶早期	临潼姜寨	铜片（黄铜）　（1）
5280～4740		甘肃东乡林家	一把青铜刀，铜器碎片　（1）
5000		山西榆次源涡镇	陶片上附有铜炼渣，铜47.76%、硅26.81%、钙12.39%、铁8.00%　（1）
5000	红山	辽宁牛河梁	4号墓出土铜环
5000～4600	大汶口	山东大汶口	骨凿上附有铜绿　（1）
4085	龙山	山西陶寺	铃形铜器，铜97.8%，铅1.54%、锌0.16%（1）
4400～4000	大汶口 大汶口	山东胶县三里河 山东诸城呈子	两段铜锥 铜片

续表

距今年限	文化属性	遗址	器物及成分
4400～4000	龙山	栖霞杨家圈 长岛北长山 日照安共王城	一段残铜锥，铜炼渣，炼铜原料 残铜片 铜炼渣 （1）
4360±175	龙山	河南淮阳平粮台	可见合范缝的铜渣
4500～4000	王湾三期	河南郑州牛砦、 临汝煤山 登封王城岗	熔化铅青铜的炉壁残块 熔铜炉底残块 铜容器残片（铅锡青铜） （1）

（1）张宏彦，《中国史前考古学导论》，132页，表5-2

苏秉琦等认为，大约从公元前3500年开始，即距今5500年，我国的远古文化进入了一个新的时期，即铜石并用时代。古文献中有“黄帝采首山之铜，铸鼎于荆山之下”（《史记·封禅》）、“蚩尤作冶”（尸子）、“蚩尤以金作兵器”（《古书》）。这些文献清楚记述，黄帝与蚩尤已开始了用金（即铜）、用铜铸鼎及作兵器。6000多年前的临潼姜寨、5280年前的甘肃东乡林家、5000年前的山西榆次源涡镇、辽宁的牛河梁，正处于黄帝、蚩尤时代末期，又皆邻近黄帝与蚩尤的活动地域。完全可以确信，这两个强大的氏族集团已经开始步入铜器黎明时代。那种认为“黄帝、蚩尤是否真有其人，是否真有采铜、作冶、作铜兵的事，都是很难确证的，他们所处的真实年代更是难以论定”的观点，忽略了他们是在研究5000多年前的历史，忽略了面对的是占据相当广阔的空间、历经数百年的两个强大的氏族集团，而非两个人，或两个仅有暂短人生的王者。至少从6500年前开始，我们的祖先在相当广泛的地域内知晓了铜。虽然此器物很小、真正掌握了铜的初始知识的人们很少，但已经开始了，正如最初出现弓箭的石镞一样。

我们确信那些古代文献关于铜的记载虽然为只言片语，但皆由远古时代的图画文字流传而来。由此可知《管子·地数》所说“黄帝问伯高曰：‘吾欲陶天下以为一家，为之有道乎？’伯高对曰：‘山之见其荣者，君仅封而祭之。’修数十年，而葛卢之山发而水出，金从之。蚩尤受而制之，以为剑、铠、矛、戟。是岁，相兼诸侯九。雍狐之山发而水出，金从之。蚩尤受之，以为雍狐之戟、芮戈。是岁，相兼诸侯十二。”此条记载包涵着诸多重要信息。这是发生在黄帝大统一之后，蚩尤族群成为黄帝集团成员之后发生的事件。开采铜矿、制造兵器是黄帝进一步扩大统一的战争需要，战争推动了冶铜科学与冶铜工业的进一步发展。当时人们已经有了一套较规范的开采铜矿的方法：“山之见其荣者”，在山上寻找并发现矿苗；“封而祭之”，不应解释为封山育林的封，而是用土修堤堰，积聚雨水；“修数十年”指积蓄几年以后；“发而水出”，是用水冲击林木、土层，甚至矿石，于是“金从之”。这里并未述及冶铜之事，似乎应是拾取天然金属来打造兵器。打造兵器的种类不少，但依靠水力冲击矿石，获得的铜或铜矿不会太多，兵器的数量也不会太多，当时最有杀伤力，每个人都可以携带数十支用来对付敌人的最强大的武器是弓箭。但并没有见到用铜打造的弓箭，可见铜的数量相当少，可能用于制造重要指挥官配备的兵器。

由以上所述还可以得知，《史记》所言及的“黄帝采首山之铜，铸鼎于荆山之下”的“采”铜，用的应是《管子》所言及的“发而水出”之方法。有人认为黄帝开采铜矿的矿洞尚存，似乎与此不相符合。《管子》时代，冶铜、冶铁已成大规模化，当时采用竖井及坑道。可《管子》反而记述的黄帝是用“发而水出”的方法采矿，应是符合5000多年以前的实际的记载。冶铜需要窑、木炭，铸铜需要范，纯铜需窑温达到1084℃，含金铜可低至1100℃。仰韶时代已普遍使用土窑烧制陶器。仰韶村遗址分为四期，第一期相当于庙底沟类型，时间为距今5500～5000年，这时已经出现了黑陶。黑陶烧成的温度为950～1050℃，下限已接近了纯铜的熔点。黑陶烧制到最后，要从窑顶徐徐加水，使木柴熄灭，形成木炭，木炭比木柴有更高的燃烧温度，为冶铜提供了燃料。加砂陶器的烧制，为冶铜炉壁及陶范制作提供了先期的技术条件（《中国冶金简史》，科学出版社，1978）。如此可知，黄帝与蚩尤时代，冶铜不仅有清楚的文献记载，而且有战事需要，更有必要的生产技术条件支撑，在他们的中心地区出现铜器的萌芽是历史的必然。

4. 天下不顺者 从而征之

《庄子·徐无鬼》载：“黄帝将见大隗于具茨之山，方明为御，昌寓骖乘，张苦、謵朋前马，昆阍、滑稽后车。至于襄城之野。七圣皆迷，无所问途。”适遇牧马童子，问途，具茨山、大隗所在皆知。黄帝：“请问天下。”小童曰：“夫为天下者，亦奚以异乎牧马者哉！亦去其害马者而已矣！”这是关于黄帝统一天下之后，稳定居住于中原地区，欲进一步安定天下“将见大隗”“请问天下”而寻找具茨山的记述。具茨山，今又称大隗山。大隗山的位置与《山海经·中次七经》中的大隗山位置相符，太室山东第4座山，即最后一座山，相距百里（50千米），是现今发现㊣的四联体岩画之地。黄帝迷路的襄城，在大隗山南、汝州境内，应与今之襄城县相关。此处黄帝将要见的大隗应是一个人、当时一个氏族群体的首领，可能是与具茨山刻造岩画有关的族群。

黄帝统一天下，常游于华山、首山、太室、泰山、东莱之时，进一步提出了“陶天下以为一家”及“为天下”安定的重大问题，这是历史的必然。黄帝若没有如此广大的“陶天下”“为天下”的宏大目标，不可能统一得了当时的天下。同开采铜矿的事业一样，“将见大隗”问“为天下”是历史的记载，但《庄子》将大隗神童化，试图用道教的思维涂抹黄帝的历史，是一大缺憾。《管子·地数篇》所记“黄帝取葛山之金，蚩尤制之，是岁相兼诸侯九；取雍山之金，蚩尤受之，以为雍狐之戟芮戈，是岁相兼诸侯十二”，证明黄帝大统一战争之后，仍然多次进行兼并战争。诸侯的提法是周朝的概念，《管子》将黄帝时代的诸多方国集团或氏族集团释成春秋战国的概念，是中国古籍对待远古史的通例，包括《史记》中有关黄帝的一些记载。

《史记·五帝本纪》载，黄帝“东至于海，登丸山及岱宗。西至于崆峒，登鸡头。南至于江，登熊湘。北逐荤粥，合符釜山”，这是关于黄帝的活动，特别是统一战争的重要记载。其中似应包含大统一过程的战事活动，如“合符釜山”，有人认为釜山在北方涿鹿附近，事件发生在黄帝与蚩尤战争时期。“东至于海，登丸山及岱宗”已是大统一之后，扩大势力范围、封禅、巡狩活动，可能有小规模的战事。黄帝统一战争之后，势力强大，政治队伍及军事队伍非一般氏族集团能相匹敌，其所到之处必然纷纷“宾服”。“南至于江，登熊湘”也是大统一之后的行动。“西至于崆峒，登鸡头”，后人有两种说法，一说崆峒在垅山东侧，现今是一旅游胜地；一说大统一之后，黄帝不可能西至垅山，空峒山或在河南，或在山西。“西至崆峒，登鸡头”应是黄帝氏族从其源地西行的途程，不是大统一之后的活动。

《史记·封禅书》载，黄帝“得宝鼎神策，是岁己酉朔旦冬至，得天之纪，终而复始，于是帝迎日推策，后率二十岁复朔旦冬至，凡二十推，三百八十年，黄帝仙登于天”。黄帝得宝鼎、得天之纪为己酉朔旦冬至，由此后推近二十次，三百八十年后“仙登于天”，这是两个黄帝，两者之间相隔380年。前一个黄帝是得宝鼎之黄帝，他迎日推策，应是具有雄才大略的成就大统一之人；后一个是于380年后“仙登于天”的黄帝。可以认为黄帝族群在青要山与太室山这个中心地带统一华夏至少380余年。前述黄帝的诸多功业皆非一人所为，是黄帝族群一个又一个统领所完成的功业。

5. 颛顼守业的功绩

颛顼，徐旭生认为他是古帝里“最难明了而关系又颇为重要的帝者”。颛顼在中国远古史上颇为重要，需借“天书”及有关古籍之记载加以说明。徐旭生认为“炎黄之前，氏族的范围大约还很小，社会自身还没有变化的倾向，社会秩序的问题还显不出很重要。及至炎黄与蚩尤大动干戈以后，散漫的氏族扩大成部落，再扩大为部落联盟；社会的新元素已经在旧社会里面含苞和发芽，新旧的矛盾开始显露，新旧交替不久就要开始”，这是中国远古史上特殊而重要的问题，本专题“三场战争”中已对之作了讨论。《史记·封禅书》载：“黄帝在己酉朔旦冬至，得宝鼎苑徇，迎日推策，后率二十岁复朔旦冬至，凡二十推，三百八十年。”“黄帝化登于天”“仙登于天”的黄帝，即是《史记·五帝纪》所述的“黄帝崩，葬桥山，其孙昌意之子高阳立，是为帝颛顼”时的黄帝，也必是凡二十推、三百八十年之后的黄帝。这里给出的是两个黄帝，一是己酉朔旦冬至得宝鼎的黄帝；一是凡二十推，三百八十年后“仙登于天”的黄帝。这就是说，黄帝不是一人，而是在二十推以后还有若干代。也可以说，炎黄与蚩尤大规模的惊天动地的战争年代之后，新旧社会经历若干黄帝发生巨大变化之后，才有颛顼之立。

颛顼不是一个人，也不是黄帝崩而颛顼立，而是“少昊之衰，九黎乱德”之后，“颛顼受之”。此点，《国语·楚语下》及《史记·历书》中皆有记载，且内涵基本一致。只不过《国语·楚语下·观射父论绝地通天》中确切地给出了徐旭生所说的炎黄与蚩尤战争之后社会“新旧交替”的本质的巨变内容。少昊之前，聚落或族群或称氏族集团是由巫、咸主掌“神之处位次主”“行气时服”“高祖之主”“宗庙之事”“四时之生，羲牲之物、玉帛之类”“屏摄之位、坛场之所”“氏姓之出”等“及少昊之衰，九黎乱德”之后，整个中国远古社会最大最本质的变化是“人作享，家为巫史”，这是《国语·楚语下》深刻而真实的记述。从氏族或聚落的集体性的一切，历经黄帝的三百八十年及此后的少昊时代，整个社会变成个人作享，家为巫史。“家庭”成了社会的政治、经济、文化祭祀的细胞状单元。徐旭生所说的社会“新旧交替”已经完成。在这新旧交替已经完成的历史进程中，颛顼族群的首领们，能如《国语·鲁语》“展禽论祭奠爰居非政之宜”所言的“黄帝能成名百物，以明民共财，颛顼能修之”一样，可以认为颛顼继承了黄帝的统一大业，“成命百物”“明民共财”包括政治上的宾服、军事上的小规模的征讨、下属神职的编排、民间新的财富原则及法制制度等，颛顼能修之。然而，在新的“人作享，家为巫史”的形势下，只是加强了分派官员的司管，虽然记有“使复旧常”，但却“无相侵渎”。可以说，并没有对这种以家庭为单元的重大变化有所侵扰或渎涂。也可以说，在炎黄蚩尤统一战争之后，远古社会发生剧烈质变，颛顼在继续炎黄的统一大业同时，又合理地安定了新的社会秩序，顺应潮流发展了炎黄统一大业，所以，在诸多远古帝王之中颛顼“颇”为重要。

在黄帝统一之后的远古史中，颛顼的另一项重大作用必须强调。有些历史学家注意到了《淮南子·齐俗训》所载：“帝颛顼之法，妇人不辟男子于路者，拂之与四达之衢，其于服一也。”“从母系制向父系制的过渡，并不是一帆风顺的”，期间母系制对父系制进行了长期的、形形色色的反抗斗争（李衡眉，2001，131页）。这就是说，从母权制转化为父权制历经了长期的复辟与反复辟的激烈的斗争。李衡眉指出，这种转变“并非一朝一夕即可完成的，而是通过若干代人的努力和经过复杂的过程才逐步得以实现的”。在《黄帝之研究》中，可清楚了解徐旭生所说的“炎黄之前氏族社会自身还没有变化的倾向”是确实的。而在炎黄与蚩尤的“大动干戈”之后，又经历至少300多年，到了颛顼的时候，“新旧社会交替”在男权与女权方面已经完成。“大约在颛顼以前，母系制度虽然逐渐被父系制度所代替，但尊男卑女的风习尚未大成。直到帝颛顼才以宗教的势力明确规定男重于女，男系制度才确实的建立”（徐旭生），这不是一般的确立，而是以“颛顼之法”确立的。这种确立是必须“通过若干代人的努力”才能实现的。可《史记·五帝纪》告知我们“黄帝崩，葬桥山，其孙昌意之子高阳立，是为帝颛项也”，只是间隔一代而已。且不说《史记》将原本处于黄帝与颛顼之间的少昊时代悄悄抹去，就是黄帝本身的380年也不清不白地混淆视听了，司马迁为了维护黄帝事业的“家”天下，将颛顼、尧、舜全排序在黄帝家族之列。当然由于炎黄蚩尤战争之后，黄帝势力强大，所有氏族集团皆纷纷归属于黄帝的系列，但将“若干代人”才能实现的巨大的社会转变，压缩于一、两代或两、三代之间，肯定是不符合历史实际的。这里要指出的是，黄帝大统一之后，至少经由少昊统一时期，才到了颛顼时代，完成了男权向女权的转化，并以法制的形式确定下来。所以正如李衡眉所说：“颛顼是一个关键性人物，在中国史前史的地位极为重要，他的出现，具有划时代的意义。”

颛顼虽然“没有很多战功”（徐旭生，2003，86页），但在《山海经》这部天书中，其地位可以与黄帝及俊相提并论。徐旭生将远古氏族大致划分为华夏、东夷、苗蛮三个集团，许多人物可以分门别类，只是颛顼很难划归某个集团。如果将颛顼看做一个人或一代氏族的名称，可能没有办法理清颛顼的所属。上一段在讨论解决女权向男权转化时的“颛顼之法”时，一再强调它需要若干代的努力才能实现。如果分析古代文献关于颛顼的记载时，立足于颛顼可能是几代人或几十代人时，便易于理解，首先看《史记》的记载，颛顼“北至幽陵，南至于交趾，西至于流沙，东至蟠木”“日月所照，莫不砥属”的明确表述，颛顼在黄帝大统一之后，进一步扩大了距今5000年左右的“砥属”的疆界。《左传·昭公十七年》（公元前528年）载：“卫，颛顼之墟也。故为帝丘。”卫居帝丘，即今之河南濮阳境内，濮阳地处河南省东北卫河与萱河间，东向邻近山东的蚩尤与少昊活动中心、大汶口附近。《大荒东经》载：“少昊之国，少昊孺帝颛顼于此。”《帝王世纪》载：“颛顼生十年而佐少昊。”这是一个少年时代孺居少昊之处的颛顼。《国语》载“少昊之衰也，九黎乱德”“颛顼受之”。与少昊的关系是先与后相继相受。

《楚辞·离骚》曰“帝高阳之苗裔兮，朕皇考曰伯庸。”《庄子》曰“颛顼得之以玄宫。”《墨子》曰“高阳乃命（禹于）玄宫。”《大荒南经》曰“有季禺之国，颛顼之子，食黍”“有国曰颛顼，生伯服，食黍”。这些皆应表明颛顼久处苗蛮地区的痕迹。《国语·鲁语上》曰“有虞氏帝黄帝而祖颛顼，郊尧而宗舜；夏后氏禘黄帝而祖颛顼，郊鲧而宗禹”又表明，中原华夏两大氏族集团源于颛顼。《山海经》及其他古籍中记述最多的是西方及北方的颛顼。《大荒北经》曰：“西北海之外，大荒之中，河水之间，附禺之山，帝颛顼与九嫔葬焉。”此处所记的“丘”西有沈渊，颛顼所浴及“颛顼之子，黍食”“西北海外流沙之东有国，曰中车扁，颛顼子，食黍”“西北海外黑水之北有人，有翼，名曰苗民。颛顼生驩头，驩头生苗民”，这是生子于北方、建国于北方、死后又葬在北方的颛顼，应该与《大荒南经》所记的“有国曰颛顼，生伯服”之颛顼不同。《淮南子·时则训》中的北方之极“北至令正之国，有冻寒积冰……，颛顼、玄冥之所司者”应与共工争帝的颛顼是同一代人，但与《大荒西经》中的西道北来，死即复苏，及生老童的又不是同一代人。总之，颛顼确如《史记》所载，东、南、西、北、日、月所照莫不砥属，东方有其墟，北方有其葬，西方有死而复苏，南方有其后裔。

6. 尧的复辟

这里要着重讨论尧的复辟问题。李衡眉（2001，137页）在言及鲧的历史时称他是“反传统的先锋”。实际上应称其为反复辟的英雄更切合实际，或称切中要害。他认为在母系氏族社会向父系氏族社会过渡的时期，“新旧势力的斗争还是相当激烈的，抱残守缺的母系的势力仍会暂时占上风的”“尧要把部落联盟首领的位置让给舜，所依照的是古老的氏族民主选举制，即传统的禅让制，也称传贤制，而不是世袭制。而当时的社会形态正处在由氏族制向阶级社会的过渡中，其继承方式要求由传贤改变为传子，以适应即将到来的阶级社会的需要”。鲧反对按传统的禅让制把首领位置让给舜，他的行动得到共工的响应和支持，结果尧殛鲧于羽山，流共工于幽陵。反复辟斗争宣告失败。

复辟，是社会历史重大变革中经常的必然出现的过程，按《辞海》中的定义，“失位的君主复位叫复辟”“国家政权落到旧制度的政治代理人手里”叫复辟。复辟的形式、内容、结局及发动复辟的人员各不相同。复辟出现的必然原因是新制度总要在旧制度的土壤中诞生，诞生它的土壤中最有活力的是人群。而人群中相当一部分人长期在旧有的权力、旧的利益网络、旧有的生活、旧有的习惯、旧有的文化、旧的思想体系的浸染下几乎被铸成旧制度的僵尸，他们对新制度充满了厌恶、敌意、更多的是刻骨仇恨，一旦旧势力召唤，他们便会朦胧的投入，并与新制度殊死搏斗。

在资本主义诞生的时代，有人勇敢地推翻皇帝，可过后不久自己又当上皇帝。有人推翻资产阶级，然后自己与其家族又利用各种手段千方百计地成为金融资本家。总之，复辟的形式、内容、人员及结局各不相同。当旧势力足够强大时，新生的制度或政权中的主要人物在旧势力收买、威逼、诱惑下实施复辟是最常见的。新生政权或革命政权中的当权者无能为力、没有办法从旧的一切包围中杀出一条血路，只好走回头路，这也是新生的革命势力的悲剧。本书上文所讨论的颛顼面对母权制势力的压迫的反抗，面对整个社会对新生的私有家庭男权制的仇恨，竟然经过几代人的顽强努力，制定出彻底扭转男女地位的“法律”：“妇人不辟男子于路者，拂之于四达之衢”。可以想象得出，刚刚从母权社会脱胎出来的远古社会，这样一种法律引起什么样的反响。据《史记》载，喾生二子，长为挚，次为放勋。喾崩挚立。因挚不善，于是放勋夺取了政权。以“善”取代“不善”，这是《史记》所记的尧复辟的原因，更是所有复辟势力套在新生政权首领人物颈项上的枷锁，更是用旧势力的“善”欺骗大多数人的政治标准！他不仅以“善”代替不善，而且在《史记》及《尧典》中及记述最多的也是氏族首领四岳推选贤能之人办事，最后，推选舜代替他行使管理天下的权力。走回头路，做旧制度的政治代理人，总是要掩饰的，但最敏感的是旧势力中的对新势力仇恨最深的人们，他们最先欢呼雀跃！复辟势力最恶毒的手段是不遗余力地攻击新势力的代表人物的主要思想、主要功业，绝对不惜造谣污蔑，罗列种种“罪恶”，甚至公开屠杀新势力的所有参与者。斩草除根，以绝后患。

任何新时代的诞生，都必然遭到旧势力疯狂的反抗，行将灭亡的旧势力必然做垂死挣扎，复辟是旧时代僵尸垂死挣扎的形式的一种。但整个大地的恶旧势力的冰封已经解冻，春暖花开的气势不可阻挡，复辟毕竟是短命的，尧舜的时代很快被大禹所开创的“家天下”结束。这就是历史，就是社会及自然规律。

黄立章（1999，341页）讨论了古代文献记载尧有四个葬地，一在河南偃师，一在山东菏泽，一在陕西长安，一在山西临汾。他认为尧为帝尧之子，“自帝喾时受封为君至唐之亡当有多位以尧为称的继位子孙，故有尧陵多处”。他还认为尧取代挚而立唐之帝者当有多位王者称尧，其中最后一位将女儿许配给舜为妻，并将权力禅让给舜。如以每位王者在位20年计，100多年有4～5位唐尧之王相继传位。但由于古代典籍只记述了顽固实行禅让的唐尧的信息，故对其他唐尧王者知之甚少。

《黄帝之研究》从“背景”与“天书”开始。书中涉及的与黄帝有关的天书几乎皆是图画文字或图腾符号。中国文字文化应从一万年前的图画文字及图腾符号开始，一直到5000年前仍然可以见到它们的足迹。仅从探讨黄帝这个狭窄的内容可知，中国文字文化有着近万年的连绵发展演化过程，许多文字、许多符号，甚至许多文化、许多科学都有着连续的记载。诸多天书都是远古人们重大问题、惊人成就的记述，只可惜人们未曾读懂它们。最令人不解的是，许多重大历史事件在古代文献中明明清晰而科学的记载了，却被“学者”们视为“想象”“臆测”“传说”“神话”。现今有一些专家学者开始科学地深入探讨古籍中的记载，并在它们与图画文字之间建立联系，为我们深入探讨黄帝奠定了重要的科学的基础。

一万年前山西柿子滩头顶七星脚踏六星的人形岩画，冯时确认它是女巫（97页），刘宝山认为它是图画文字与氏族图腾。笔者进一步深入研究，认为此非一般的女巫，而是一个可以带动南北斗在北天极一侧绕北天极旋转翱翔的蜜蜂与人互相拥有对方特征的图腾，可称其为蜂形人。整幅岩画是一部近万年前用图画文字编写的天书。一万年前的人们在这部天书中表述：他们已经认识到北天极有一个不动点；南斗与北斗在不动点一侧每日绕行旋转一周、每年旋转一大周；他们依靠北天极与南北斗在夜间定向、计时、制历；南北斗之间有一个巨大的善于翱翔的蜂形人带动它们周而复始地旋转。岩画中部的蜂形人告知我们，这是一万年前远古人的图腾，将蜜蜂作为图腾物表明当时的人们及他们的祖先同蜜蜂有着经常的非同一般的生态资源关联。这幅岩画还告知我们，蜜蜂是图腾的原始物件，蜂形人是图腾，而岩画是图腾的抽象图案，抽象图案进一步文字化便抽象成甲骨文中的“黄”字。

贺兰山骷髅十字岩画，是一部意义极不寻常的天书。这部天书初始出现的年代不应晚于蜂形人岩画出现的年代。岩画记述：骷髅十字是远古人们的神物，白天用它指路、定向、计时、制历，这是他们的图腾；“十”是平展双臂的人，骷髅是最具特征的标志物；岩画还应记述是什么人制作了这个神物，此项记述明白地传乘承载于《淮南子》一书之中。《说林训》所记的“上骈生耳目，桑林生臂手”应是对单杆测日影的圭表演变为骷髅十字圭表的过程的真实记录。这部初始出现年代应在一万年前的极不寻常的天书，具有强大的生命力，在近万年演变过程中，待到《山海经》、甲骨文、《淮南子》《说文解字》之中便演化为“十”“甲”“咼”“髀”。《山海经·大荒西经》曰“有神十人，名曰女娲之肠，化为神，处栗广之野，横道而处。”这个“十”是骷髅十字圭表。如果不了解骷髅在杂草灌木背景中的显示效用，便难以了解“处栗广之野”的含义。甲骨文中的“十”为“甲”，读作“甲”，且《说文解字》清楚表明：“人头空为甲”“人头空为骷髅”。甲为骷髅，是骷髅十字圭表最具特征的部分。“咼”，王增永在《华夏文化源流考》一书中，依据《说文解字》曰“冎，剐人肉而置其骨也，象形，头隆骨也。”（2005，74页）提出“娲是由女和咼两字组成”“娲由祖骨崇拜而来”（80页）。由此可知，咼崇拜不是一般的祖骨，而是骷髅十字圭表，是指路、定向、计时、制历的神器，是氏族的图腾。“髀”，李约瑟（1975，259页）、田合禄（2004，83页）等确认为甲骨文中的[illegible]，这正是用手握着“甲”，而“甲”是“人头空”之骷髅。总之，从久远之前的女娲时代开始，直至《说文解字》止，清晰地系列地长期地记载着祖骨骷髅十字的崇拜，“十”“甲”“咼”“髀”都源于骷髅十字圭表，贺兰山岩画则是其真实的形象。由此，我们确切地知晓女娲不仅是一个时代，而且是一个具有强大生命力的氏族群体的悠久历程。

依据苏秉琦等人提供的8000多年前的陶器资料可知，当时中国大地处于一个鼎盛时代，几乎所有器型都有三足器，称为鼎形器，钵形鼎、碗形鼎、盆形鼎、釜形鼎、壶形鼎。在这些鼎形器中，8200年前老官台遗址的三足双波纹潜十字四方位彩陶钵，是《史记·封禅书》所记“泰皇兴神鼎一”的神鼎，也是诸多古籍所载的伏羲之“初始八卦”，即四卦。蒋书庆（2001，33页）对这个神器进行了初步研究，给出这个彩陶钵即表述太阳周年运动，又是四节气分割的天书，足证三足器是安置在地平面上的仪器，是地平坐标天文观测的设备。四方位潜“十”字发展到姜寨遗址一期初始阶段演变为八方位双“十”字仪器，这便是《说文解字》记载的“五帝之书”典。运用“典”型器进行观天、计时、制历的氏族群体几乎皆依靠8～16岁的男女少年进行观测。中国远古史上称其为少典氏便依此为据。姜寨一期五个居住区皆有观天仪，表明各居住区观天工作无专有性，由此可知多数观天仪具备传递性，且由于当时各聚落所有人几乎都关注衣食住器的生产、观天计时制历、生儿育女繁盛人口，而繁盛人口是14～16岁之后男女的首要大事，所以14～16岁之后不再委派他们日夜连续观天，这是远古时代人口生态的一个突出的问题，以往有人研究，但重视不够。姜寨过时的观天仪归个人保存，可随大龄男女入葬，青壮年女性可用于自己的幼儿、孩童随葬。

蟜，《山海经》中有记载，且其内容不同。《海外北经》曰：“蟜，其为人虎文，胫有𦜝，在穷奇东，一曰状如人。”《中次六经》曰：“有神焉，其状如人而二首，名曰骄虫，是为螫虫，实惟蜂蜜之庐。”“蟜，为人虎文”，蟜不是人或不同于人，若是人时则虎文，清楚表明蟜是图腾，是蜜蜂式的虎文，给出如此清楚的虎文特征，更加胫有𦜝，蟜内含蜜蜂无疑。这是天书、图画文字的天书，其源头十分久远。《中次六经》的“有神焉，其状如人而二首，名曰骄虫，是为螫虫，实惟蜂蜜之庐”，乃是一万年前柿子滩蜂形人的完整形象，且明确给出“是为螫虫”。但按《中次六经》分析，此项记载的时间确是距今2000～2400年间该地带人们崇敬供奉的神灵形象。这就是说一万年前柿子滩蜂形人岩画是对神的天书的描述。而2000～2400年前《中次六经》地带的人们仍然祭祀着这一形象的神。詹鄞鑫、李惠章等考释《山海经》时认为：蟜即蜜蜂，有蟜氏是崇祀蜜蜂、以蜜蜂为图腾的氏族。应该说有蟜氏是以蜂形人为图腾的氏族。实际上，这一看法也不确切。依据甲骨文一期合5976喬字分析，为夭形人夭与两个部分，实为的方形化，即，骷髅十字抽象化，实际是夭形人与骷髅的复合图腾。到《说文解字》，则依据“蟜为人虎文”“是为螫虫，实惟蜂蜜之庐”演变为虫、夭、咼三部分组成，实则为蜜蜂、人、骷髅三者的复合图腾。这是源于女娲的有蟜氏，或蟜就是女娲的图腾！

少典氏与有蟜氏的真实存在，足可以证明《国语·晋语四》记载的：“昔少典氏娶有蟜氏，生黄帝、炎帝”不是传说、不是神话、不是想象、更不是层累叠式的臆测，而是历史、是图画文字的传承记载。既是真实历史，就必然存在“娶”的时间、地点，从而也必有“生”的时间与地点。娶者必居于原地，被娶者就是原地以外后来者。姜寨遗址墓地Ⅲ可以清晰地分出早期与晚期两批不同的人。他们制作的彩陶天书及他们提供的生态资源信息给出的巨大落差，特别是天书中艺术表现生态内容的巨大差异，促使笔者进行更深入的探讨，发现姜寨一期墓地Ⅲ区M159是中国远古史的一个奇特之点，或者说一个“海眼”，许多重大问题源出于此。“帝”就出现在这里。这个点在远古史中有着巨大的难以想象的作用，它在历史空间上给许多问题定了位，在发展时间上划出了一条线。这里是有蟜氏与少典氏汇聚的重要地点，这里是地平天文学与赤道天文学相结合的地点，结合后形成八方赤道天文学，阴阳五鱼盆是新的观天仪，又是天书，是“帝”这个神圣图腾存在的真实证物！

帝，是黄帝历史的核心、也是《黄帝之研究》一书的核心、更是中国远古史的核心。而记载与表述“帝”的却是M159中的四分边沿内绘黑白五鱼的彩陶天书。这五条鱼是活的、是一黑一白的、是围绕一个中心周而复始旋转的，它源于一万年前带着南斗北斗在北天极旋转的蜂形人，又充分见证于1500年以后的猪鹰八卦之神器，读懂这个阴阳五鱼盆，就读懂了黄帝。不过，还要借助湖南子弹库出土的楚墓帛书，它也是一份抄转于远古的天书，“非九天则大㱀”是“帝”这一核心不可忽视的重大问题。读懂帝这部书，关于中国远古史中黄帝的所有重大问题就一目了然了。这部天书充分证明黄帝对远古天文学的重大贡献。

“黄帝生阴阳，此乃女娲七、十之化”是华夏阴阳哲学的巨大贡献，《淮南子》的记载被歪曲、被误读。对《山海经》《逸周书》《孙子兵法》《史记》等古籍记载的黄帝的诸多统一战争深入考证，多数应是史实。黄帝沿渭水及其支流西行北上，有着贺兰山、双鹤山等各处的岩画天书记述。黄帝经营北海、北征黑帝、经营东海、东征青帝皆应是黄帝的伟大的统一大事业的组成部分。帝、、、四联体留下了帝的历史演化历程。具茨山四联体岩画的存在，在《庄子·徐无鬼》所记“黄帝将见大隗乎具茨之山”中当是有史有据。如此《山海经》与《史记》所记载的黄帝在中原地区的活动也必为史实。只不过历史上多年来把黄帝作为一个人，于是难免将6300年前诞生的黄帝族群与5500年前驾崩于中原地区的黄帝压缩在一起；将远在姜寨的黄帝与西泰山、具茨山、青要山或铸鼎山的黄帝移位在一处，五六千年来的伟大的黄帝竟被搅混得支离破碎。

黄帝除在天文学、哲学及华夏统一等方面的重大贡献外，还有“黄帝制宝鼎三，象天地人”，这一特殊问题，也应给予足够重视。《黄帝之研究》一书认为这些“象天、地、人”天书记述的是6000年前的古人们全面地认识到自身的伟大业绩。这是人类政治历史与思想史上一个十分光辉的阶段。这一问题可能不被人理解，更不被人看重，当然很难登上光辉业绩的殿堂。很难想象，远古先祖们，当他们面对自己取得的知天、识地、通达人世等光辉而伟大的成就时是怎样的激动心情；也难以理解他们又以何等聪明智慧编著出蜂形人、骷髅十字、三足双波纹潜十字、共工置闰、四分边沿内绘阴阳五鱼、二十七分边沿蟾蜍、八分边沿人面鱼纹、八分边沿人面鱼网纹、八分盆沿四鹿旋奔、贺兰山报德之维⊠、具茨山四联体⊠等诸多天书。一些天书还没有来得及读懂时竟被现代学者赞颂为“生动逼真”“异常美观”“杰出的艺术珍品”“不朽之作”，相信当这些艺术水平高超、科学内涵丰厚、图画语言文字精湛的天书被当今世上人们读懂时，不能不发出永久的惊叹！

注　释

[1]　（秦）吕不韦编、杨坚点校：《吕氏春秋》，岳麓书社，1989年，第84页。

[2]　苏秉琦：《中国远古时代》，上海人民出版社，2010年，第41页。

[3]　（春秋）孙武：《孙子兵法》（银雀山汉墓竹简本），文物出版社，1976年。

[4]　（战国）墨翟著、李小龙译注：《墨子》，中华书局，2007年。

[5]　黄怀信：《逸周书校补注释》，三秦出版社，2006年。

参考书目

专　著

常玉芝：《殷商历法研究》，吉林文史出版社，1998年。
陈济：《甲骨文字形字典》，长征出版社，2004年。
陈兆复：《古代岩画》，文物出版社，2002年。
冯时：《中国天文考古学》，社会科学文献出版社，2001年。
盖山林、盖志浩：《内蒙古岩画的文化解读》，北京图书馆出版社，2002年。
宫玉海：《山海经与世界文化之谜》，吉林大学出版社，1995年。
郭沫若：《中国史稿（第一册）》，人民出版社，1976年。
黄怀信：《逸周书校补注释》，三秦出版社，2006年。
蒋书庆：《破译天书——远古彩陶花纹揭秘》，上海文化出版社，2001年。
老子著、陈忠译评：《道德经》，吉林文史出版社，2006年。
李衡眉：《中国史前文化》，广东人民出版社，1996年。
李申：《易图考》，北京大学出版社，2001年。
李祥石：《发现岩画》，宁夏人民出版社，2005年。
〔英〕李约瑟：《中国科学技术史·第四卷·天学》，科学出版社，1975年。
刘宝山：《黄河流域史前考古与传说时代》，三秦出版社，2003年。
刘宗迪：《失落的天书——〈山海经〉与古代华夏世界观》，商务印书馆，2006年。
卢央：《易学与天文学》，中国书店出版社，2003年。
陆思贤、李迪：《天文考古通论》，吉林文史出版社，2006年。
吕不韦编、杨坚点校：《吕氏春秋》，岳麓书社，1989年。
吕振羽：《中国历史讲稿》，人民出版社，1984年。
墨翟著、李小龙译注：《墨子》，中华书局，2007年。
曲辰：《轩辕黄帝史迹之谜》，中国社会科学出版社，1992年。
施雅风：《中国全新世大暖期气候与环境》，海洋出版社，1992年。
苏秉琦主编：《中国远古时代》，上海人民出版社，2010年。
孙武：《孙子兵法》（银雀山汉墓竹简本），文物出版社，1976年。
谭承耕等点校：《山海经?穆天子传》，岳麓书社，1992年。
田广金、〔日〕秋山进午：《岱海考古（二）》，科学出版社，2001年。
田合禄、田峰：《周易真原——中国最古老的天学科学体系》，山西科学技术出版社，2004年。

王大有：《三皇五帝时代》，中国社会科学出版社，2000年。
王乃昂：《历史时期甘肃黄土高原的环境变迁》，《历史地理（第8辑）》，上海人民出版社，1990年。
王宇信：《西周甲骨探论》，中国社会科学出版社，1984年。
王增永：《华夏文化源流考》，中国社会科学出版社，2005年。
王振堂、盛连喜：《中国生态环境变迁与人口压力》，环境科学出版社，1994年。
西安半坡博物馆、陕西省考古研究所、临潼县博物馆：《姜寨——新石器时代遗址发掘报告》，文物出版社，1988年。
徐家声：《华夏古陆的沉浮》，海洋出版社，2001年。
杨冬：《尚书 国语 战国策》，远方出版社，1998年。
叶林生：《古帝传说与华夏文明》，黑龙江教育出版社，1999年。
詹鄞鑫：《神灵与祭祀》，江苏古籍出版社，2000年。
周兴华：《岩画探秘》，宁夏人民出版社，2002年。

论　　文

C.E.P.布路斯克：《地质及历史时期气候变化的事实（上）》，《气象学译报》1957年第4卷第3期。
高嵩：《贺兰山早期岩画例诂（二）》，《2000宁夏国际岩画研讨会文集》，宁夏人民出版社，2001年。
耿秀山：《中国东部晚更新世以来的海水的进退》，《海洋学报》1981年第3卷第1期。
郭旭东：《晚更新世以来中国海平面的变化》，《地质科学》1979年第4期。
胡镜荣、石凤英：《华北平原古河道发育的环境条件及其沉积特征》，《地理研究》1983年第4期。
黄崇岳：《简论我国母系氏族社会的形成、发展和繁荣》，《史前研究》1983年第3期。
李宝田、郑平：《河流的赠品，劳动的丰碑》，《燕京春秋》，北京出版社，1982年。
李壮伟：《山西化石人生存的自然环境》，《史前研究》1983年第2期。
林景星：《华北平原第四纪海进海退现象的初步认识》，《地质学报》1977年第2期。
陆巍、吴宝鲁：《试论第四纪晚期中国古人类三次迁移与气候变化》，《地理学报》1997年第52卷第5期。
孟繁仁：《山西吉县柿子滩“女娲岩画”的考古文化意义》，《中国文物报》2002年8月30日第7版。
山西临汾行署文化局：《山西吉县柿子滩中石器文化遗址》，《考古学报》1989年第3期。
史念海：《黄土高原主要河流流量的变迁》，《中国历史地理论丛（第22辑）》，陕西人民出版社，1992年。
史念海：《黄土高原主要河流流量的变迁》，《中国历史地理论丛》1992年第2期。

唐明邦：《伏羲画卦考》，《伏羲文化》，中国社会出版社，1994年。
王会昌：《一万年来白洋淀的扩张与收缩》，《地理研究》1983年第2卷第3期。
王彦俊：《试论伏羲文化》，《伏羲文化》，中国社会出版社，1994年。
王一曼：《渤海湾西北岸全新世海侵问题的初步探讨》，《地理研究》1982年第1卷第2期。
王振堂、申亨哲：《图们江流域人口压力对东北虎数量的影响》，《动物学杂志》1993年6卷第5期。
西安半坡博物馆、临潼县文化馆：《1972年春临潼姜寨遗址发掘简报》，《考古》1973年第3期。
徐南州：《〈山海经〉——一部中国上古的科技史书》，《山海经新探》，四川省社会科学院出版社，1986年。
徐显之：《〈山海经〉是一部最古的氏族社会志》，《〈山海经〉与中华文化》，湖北人民出版社，1999年。
杨超：《〈山海经〉及其相关的几个问题·代序》，《山海经新探》，四川省社会科学院出版社，1986年。
杨志荣、索秀芬：《我国北方农牧交错带人类活动与环境的关系》，《北京师范大学学报（自然科学版）》1996年第3期（第32卷）。
佚名：《禹州具茨山岩画岩刻》，大公网河南频道讯，2009年1月16日。
曾祥旺：《广西百色地区新发现的旧石器》，《史前研究》1983年第2期。
张华、夏峰：《伏羲·成纪·大地湾》，《伏羲文化》，中国社会出版社，1994年。
张忠尚、王建祥：《大地湾遗址与中国古代文化》，《伏羲文化》，中国社会出版社，1994年。
赵逸夫：《八进位制孑遗与八卦的起源及深化》，《伏羲文化》，中国社会出版社，1994年。
中国科学院贵阳地球科学化学研究所第四纪孢粉组、14C组：《辽宁省南部一万年来自然环境的演变》，《中国科学》1977年第6期。
周凤琴：《荆江近5000年来洪水位变迁的初步探讨》，《历史地理》1986年第4期。历史地理》第4辑，上海人民出版社，1986年。

图版1　正在采蜜的蜜蜂

图版2　黄黑或黄褐纹相间的虎

图版3　双鱼蟾蜍彩陶盆

图版4　仰韶文化时期的彩陶器物